U0856834

Meditations on Philosophy of Modern Materialism

现代唯物主义哲学的沉思

谭暑生　著

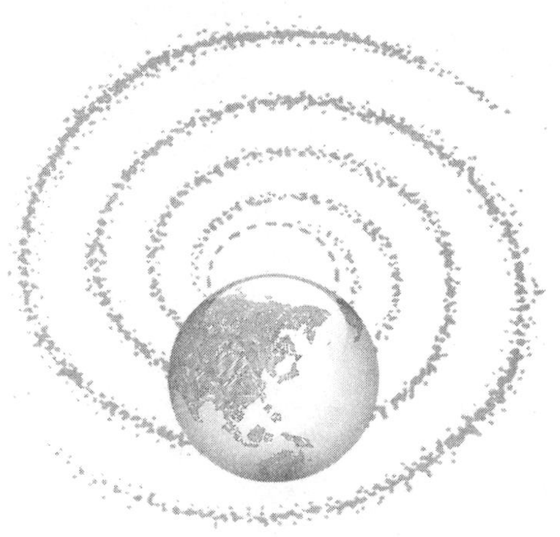

CMS 湖南教育出版社

前言

我在少年时代就喜爱和学习哲学。哲学是研究关于物质世界、人类社会和思维运动的普遍规律的学问。这种介绍和界定对于成绩优异、体魄健康、积极向上的少年男子，无疑有极大的诱惑力。我想学习和研究哲学。但是，后来社会的变动等历史原因使我彷徨和失望。我关心但不介入社会的动乱，选择并且走上了学习和研究自然科学(主要是物理学)的道路。尽管如此，我一直关心和学习哲学，钻研和思考着哲学问题。本书就是我一生努力于哲学思维的结晶。

尽管时代在进步，标新立异，述说不同的见解、看法和观点，或者建立自己的体系已被允许。但是，我知道，这是走进了一个充满争议的领域。30 多年来，在任何一本关于哲学原理争鸣、集辩、新探的书籍上，对于每一个哲学问题几乎都罗列着几个或十几个(n 个)不同观点。这意味着，我无论持任何一种观点，都面临着几个、十几个[n 或($n-1$)个]不同的或者反对的意见。我不想参与过度争辩，更不想也决不会参与相互的人身攻击。这决不意味着我害怕什么，或者毫无主见。追求真理和服从真理，国家、民族和人类的利益是我们的一切思想和行动的最高准则。关键在于，俗话说“理有八面”，秉持一面之理，相互对峙，关心争辩的输赢，胜于对真理的追求，终究没有什么意义。

从青少年时代开始，我就力求保持着清晰的头脑和坚定的信念：第一，坚持真理，不随世沉浮；第二，对于外部环境做出准确判断；第三，努力为科学的进步做出自己的贡献。这是我人生的真正意义之所在。

在世界上，特别是在中国，真正的全新意义上的创新的理论是难于发表和难于被人们接受的。人类思想具有某种惰性。人类科学的创新发展史在某种意义上可以说是一部蒙难史。但是，人类需要创新，我们的国家和民族需要创新。创新能够推动社会的真正的进步。

基于以上所述，我决定写作和出版《现代唯物主义哲学的沉思》一书，其中叙述了许多与传统的唯物主义哲学教科书不同的、创新的理论观点。这是我多年来独立地深思熟虑的结果。我当然确信它的正确性。缺点和纰漏也在所难免。听取各方面的意见后，我会做进一步的修改，力争第二版更为完善。但是，现在我就郑重地声明，我希望闲逸和安静，不允诺一定直接回答所有赞扬的或商榷、批评的意见。

尽管包含着许多新观点，但是，所有时代的哲学都是从以前的哲学中产生出来的。黑格尔在《哲学史讲演录》导言中说："我们的哲学，只有在本质上与此前的哲学有了联系，才能够有其存在，而且必然地从此前的哲学中产生出来。"所谓全新的、与以前的哲学无关的哲学理论是不存在的。写作本书时，除了每章所附的参考文献之外，我阅读了现有的哲学教科书。这些教科书作为一般参考书列在本书最后的附录之中。

更为重要的是，本书叙述的内容是对于马克思和恩格斯的思想的继承和发挥。本书大量引用《马克思恩格斯选集》第1～4卷的内容。为了节省篇幅和醒目，书中引文后面标注"(4.P.223)"，表示该内容引自《马克思恩格斯选集》第4卷(人民出版社2012年第3版)第223页。余类推。

在《1844年经济学哲学手稿》中，马克思指出："彻底的自然主义或人道主义，既不同于唯心主义，也不同于唯物主义，同时又是把这二者结合起来的真理。我们同时也看到，只有自然主义能够理解世界历史的行动。"这就意味着，哲学应当追求自然的实实在在的真理，探索客观的自然和人类社会的真谛，而不能人云亦云，固守那些人为制造出来的教条。

本书叙述的理论观点和逻辑论证就是按照这种"勇于探索，追求真理"的精神展开的。哲学的思维必须遵循客观的事实和思维的逻辑。一个人的直接观察的收获和自我领会的逻辑有限。我们应当并且必须充分地接受、熟悉和理解现代自然科学、思维科学和社会科学的各种知识。在这种坚实的基础上，展开深入的思考(沉思)，才有可能在真理的海洋中发现真理。

马克思和恩格斯创立了辩证唯物主义和历史唯物主义理论。这是哲学史上的伟大变革。恩格斯称他们创立的哲学理论为现代唯物主义。

马克思具有丰富而深邃的哲学思想，他的基本观点之间存在内在的逻辑联系。众所周知,除马克思的博士论文之外,马克思和恩格斯合著了《德意志意识形态》,该书首次对唯物史观做了系统的阐述。后来,马克思将主要精力放在与社会发展联系更直接的政治经济学和社会主义问题上,他专注于《资本论》的写作,没有撰写过其他的专门论述他的哲学思想的理论著作。马克思的哲学思想散见于各种不同的文本中,即见诸各种札记、短论、提纲、书信、手稿及论战性著作。但是,在马克思的著作中找不到关于现代唯物主义哲学的明确、完整、全面、系统的论述。

与马克思不同,恩格斯晚年写了一系列哲学著作,例如,《反杜林论》《自然辩证法》《路德维希·费尔巴哈和德国古典哲学的终结》《家庭、私有制和国家的起源》,在许多书信中阐述了马克思和他本人的哲学思想。因此,在马克思逝世之后,人们主要通过恩格斯的论述理解并阐释马克思的哲学观。恩格斯对现代唯物主义的创立和普及做出了巨大贡献。但是这些著作大多也是作为论战性著作写作和出版的,或者是未完稿,不是关于现代唯物主义哲学的完整、全面、系统的论述。

显然,关于现代唯物主义哲学的完整、全面、系统的研究和论述,无论立足于理论本身,还是人类社会的发展,无疑都是需要的。

用教科书形式来解释、宣传马克思主义由苏联首创。究竟如何编写哲学教科书?普列汉诺夫的意见对苏联哲学教科书的编创,产生过极其深远的影响。德波林写的《辩证唯物主义纲要》(1916年)和布哈林写的《历史唯物主义理论》(1921年)开启了以教科书形式阐释、宣传马克思主义的先河。布哈林的这本书的主要内容是历史唯物主义,但是用接近一半的篇幅叙述辩证唯物主义。1931年以斯大林为首的联共(布)中央向苏联哲学界提出了一个重大的政治任务,即编写新的统一的哲学教科书。1932年,出版了米汀和拉祖莫夫斯基主编的《辩证唯物论与历史唯物论》。此书标志着苏联哲学教科书体系已经基本形成。它按照列宁和斯大林所理解、认可和发挥的观点来阐述现代唯物主义的基本观点,直接为当时苏联政治和政策做出论证,体现了联共(布)中央对于哲学教科书的最终定位。苏联的哲学教科书很少甚至几乎没有引证马克思的著作。其中,引证恩格斯的著作多于马克思的著作,引证列宁的著作又多于恩格斯的著作。这种引证经典文献的格局,成为苏联哲学教科书引证经典文献的固定模式。1938 年在米汀和拉祖莫夫斯基主编的哲学教科书的基础上，斯大林的《论辩证唯物主义和历史唯物主义》发表，由此确立苏联哲学教科书的内容、观点和体系在整个国际共产主义运动中的权威地位。当今占主导地位的现代唯物主义哲学教科书的内容、观点和结构，与米汀和拉祖莫夫斯基主编的教科书的内容、观点和结构基本一致。

中国的哲学教科书不是对苏联的哲学教科书的简单模仿，在某些方面它有着更高的水平，具有一定程度的独创性。例如，结合中国新民主主义革命和社会主义建设的实际，结合中国传统哲学阐述辩证唯物主义和历史唯物主义的基本原理；更多引用马克思的著作；充分地反映毛泽东的哲学思想。尽管如此，中国的哲学教科书基本沿用苏联的哲学教科书的基本内容、理论观点和结构体系。

传统的哲学教科书是一种特殊的关于马克思主义哲学的解释系统。问题在于，任何一种解读都要受到历史条件、文化传统、政治形势、知识结构和价值观念等诸多条件的制约。苏联哲学教科书力求给出马克思和恩格斯没有给出的关于现代唯物主义哲学完整、全面、系统的论述，其中包括许多最初由列宁提出、后来由斯大林定夺并赋予最终形态、同马克思和恩格斯的思想并无渊源关系，甚至是背道而驰的理论观点。此后，苏联共产党对于马克思主义的理解和宣传，基本上就在这个封闭的体系内运行，拒绝任何创新。这种状况严重地背离了马克思主义的理论品格，阻碍了对于马克思主义的发展与创新。在现实的政治生活中，这种教条化的哲学体系，异化为苏联共产党违背生产力发展规律、超前推进社会主义改造，对外推行扩张性外交政策的工具。所有这些做法逐渐地动摇了马克思主义在苏联的认同基础，也逐渐地侵蚀并最终瓦解了苏联共产党的执政根基。

我把苏联的哲学教科书和沿用苏联哲学教科书的基本内容和理论观点所编写的哲学教科书，都称为传统的哲学教科书。传统的哲学教科书所叙述的全部内容和理论观点，力图构成一种完整、全面、系统的现代唯物主义哲学体系。一方面，传统的哲学教科书包含着许多马克思主义哲学的基本观点；另一方面，它们叙述的许多理论观点，却并不是马克思主义的观点。因此，决不能把传统哲学教科书所叙述的现代唯物主义哲学说成是等同于马克思主义哲学本身。对此,必须保持清醒的认识。

本书所说的现代唯物主义哲学是一个广义的概念,它是指根据马克思和恩格斯创立的辩证唯物主义和历史唯物主义理论的基本观点所建立的完整、全面、系统的哲学体系,是一个不断地自我完善的开放的理论体系。在传统的哲学教科书关于现代唯物主义哲学的论述中,存在什么偏差和缺陷?留下了什么值得深思、有待完善、甚至背离马克思和恩格斯的基本观点的问题?这是可以而且应当、甚至是必须加以讨论的。现代唯物主义哲学要获得发展,首先必须达到自身逻辑的精确和内容的完善。因此,现代唯物主义哲学需要自我反思和自身完善。这就是本书所从事的主要工作。

马克思和恩格斯把真正的哲学看作一个开放的思想体系,需要不断地从生产实践、社会实践和科学发展中吸取营养,以丰富和发展自己。

黑格尔说,哲学是"思想所集中表现的时代"。对此,马克思进一步指出:"任何真正的哲学都是自己时代的精神上的精华","是文明的活的灵魂"。恩格斯说:"甚至随着自然科学领域中每一个划时代的发现,唯物主义也必然要改变自己的形式。"这些论述说明,现代唯物主义哲学的基本内容和理论观点必然随着人类生产实践的推进、时代的变迁和科学的发展而取得新的进步和发展。这样,哲学理论才能具有旺盛的生命力。

100 多年来,特别是最近 70 年来,人类对于自然进行了巨大的改造,人类社会得到了极大的发展;与之同时,人类面临着深刻的危机,包括生态环境的危机,核战毁灭的威胁,大型陨星撞击、超级火山喷发等巨大自然灾难的威胁。

人类对于自然的改造,给自然带来了巨大的破坏。人类对于自然的需求,人类变革、改造自然的传统观念和传统方式,已经达到和超过地球所能承受的极限。人类濒临灾难的边缘。

世界各国,特别是世界大国,以其主要的资源和科学技术力量忙于军备竞赛,制造出核武器这个恶魔。自从核战可以成为战争手段,结局却是核战双方连同地球的毁灭,战争的手段和结果与战争的目的相悖。

人类利用科学发现创造出各种技术,上天入地,遨游于大海和太空,深入地、确切地认识地球、人类和天体,例如,46 亿年的地球演化史、生命进化史(包括五次生物大灭绝的历史),恒星的结构和演化学说描绘了恒星形成、发展和死亡的一生。这意味着,我们已经能够在以10亿年计的时间尺度上,达到对人类的过去和未来的确定了解。这是100年前所不可能做到的。现在我们能够确切地认识到,大型陨星撞击和超级火山爆发,是人类所面临的来自自然的毁灭性威胁。

三大危机都关系人类的命运;如果我们盲目乐观,狂妄自傲,而不谨慎对待,坚决采取所有必要的防御措施和解决办法,完全可能导致人类社会的彻底毁灭。只有在全世界、全人类倡导和构建人类命运共同体,才可能应对、克服和解决人类面临的危机。

所有这些非常需要我们按照马克思和恩格斯创立的辩证唯物主义和历史唯物主义的基本观点,从哲学上做出新的概括和总结。因此,现代唯物主义哲学担负着巨大的责任,同时也面临着新的突破和发展。在现代科学长足进步的基础上,我们能够而且应当站得更高,看得更深更远。整个人类的和谐、平安、幸福、发展和长存,就是本书的哲学思考关注的首要目标。尽管如此,本书不考虑、也不可能涉及当代人类社会所面临的所有重大问题。这既不是我的义务,也不是一本书所能完成的。

接着介绍本书内容的安排。

哲学是关于世界观的理论体系。世界观是人们对于整个世界以及人与世界的关系的总体看法和根本观点。现代唯物主义哲学主要包括辩证唯物论、人与世界的关系、唯物辩证法学说和唯物主义历史观,它们构成统一的完整的有机整体。本书将有关内容分五个部分共十一章叙述。

第一部分是绪论和唯物主义哲学的历史形态,包括两章。绪论是全书的铺垫,其中,定义世界是指天地间无限多样和纷繁复杂的一切事物现象和变化过程。第二章“中国古代元气论和古希腊原子论”,介绍古代唯物主义哲学的两种历史形态。现代科学揭示的物质世界的图景显示出中国古代元气论和古希腊原子论合流的趋势。总结现代科学的发展,把古代两种自然观结合起来,形成§3.5叙述的原子-元气论自然观。

世界本质上是物质的世界,物质处在永恒的运动之中。——这是唯物主义哲学在起始处所持的直接的观点。第二部分分为两章,从广袤的物质世界开始讨论,论述物质定义及物质存在形态和普遍属性。首先在第三章中研究本体论第一大问题“世界的本源是什么”，重点是说明世界的物质性，给出普适的物质定义；继而在第四章中阐述物质的存在形式和普遍属性。

尽管人类生活所及的地球，相对浩瀚宇宙、广袤的物质世界，只是沧海之一粟。但是人必然首先关心人类自身，这是我们考虑和分析问题的出发点和落脚处。人是智慧生命、万物之灵，以至唯心主义哲学家夸大人类意识的作用，认定意识、精神是世界万物的本源；自然界反而成了意识、精神的派生物。意识和物质及其相互关系的问题，是唯心主义和唯物主义的根本分歧之所在，直接涉及世界的本源。因此，第三部分接着研究人与世界的关系，划分为人类的意识和意识活动、人类的实践活动和人类的认识活动三章。简单地说，人与世界的关系三章包含意识论、实践论和认识论。其中阐述人类的意识活动是最高形式的物质运动，人类的意识是人类意识活动的产物，是人脑对于世界的主观映像，自然界和人类实践是人类社会形成、存在和发展的基础。

关于人与世界的关系三章之所以安置在中间位置，因为它既是讨论意识与物质的关系的需要，又包含了实践论和认识论的内容。人类的思维和认识是唯物辩证法学说将要讨论的重要内容之一。人类的实践活动涉及唯物主义历史观。实践的观点是唯物主义历史观的首要的和基本的观点。

第四部分是关于唯物辩证法学说，阐述本体论第二大问题“世界的状态怎么样”，研究世界普遍联系和运动变化的基本规律。它包括客观辩证法和主观辩证法。前者是关于物质世界的普遍联系和运动变化的普遍规律；后者则是关于主观世界即人类的思维和认识的普遍规律。

第五部分是唯物主义历史观，包括第十章“人类社会的发展规律”和第十一章“人与自然的对立和和谐 在宇宙中寻求人类的未来”。

第十章力求确切地给出历史唯物主义的所有基本概念的定义；力求对于历史唯物主义理论体系做出概念清晰、逻辑严谨、系统完整的阐述。

第十一章力求说明，在相对稳定的外部自然环境下，人类社会生存发展的规律决定于自然的本性和人的类本质；如若着眼于更长的历史时期，人类社会的产生、存在和毁灭首先决定于自然的本性。叙述人类所面临的危机。为了人类社会的平安、发展和长存，人类必须完全有把握地避免自我毁灭，首先是应对核战毁灭的威胁和生态环境的危机；同时，防止大型陨星撞击，控制超级火山爆发;在宇宙中,特别是在太阳系附近,寻找宜居行星,作为人类未来的避难所和发展基地。

这样,唯物主义哲学又回到了自己的出发点,回到了广袤的物质世界。这像黑格尔所说:"当哲学达到这个终点时,也就是哲学重新达到其起点而回归到它自身之时。"形成一个自己返回到自己的圆圈。当然,黑格尔的唯心主义哲学体系(《逻辑学》)是从绝对理念出发回到绝对理念的一个圆圈。黑格尔说,这种由概念到概念的思维运动,自己返回自己,自己满足自己,是哲学唯一的目的、工作和目标。现代唯物主义哲学认为,世界本质上是物质的世界;精神、意识是人脑对世界的主观映像。因此,现代唯物主义哲学必定要从广袤的物质世界出发,首先考察世界的物质性、物质的存在形式和运动变化规律;进一步研究人与世界,人类社会产生、生存和发展的规律;为了人类社会的平安、发展和长存,主张人与自然的和谐,最后必然要回到广袤的物质世界,去寻找人类的未来。

哲学家大多关心哲学体系创新的问题。所谓体系,可以理解为整个哲学理论的内容分为哪几个部分,各个部分之间具有什么逻辑关系,根据这种逻辑关系如何安排叙述的顺序。哲学体系就是哲学内容的结构体系。这无疑是哲学理论的一个重要问题。但是,相对于哲学的理论观点,哲学体系的创新显然只能算是一个次要的问题。

本书着力于分析和探讨现代唯物主义哲学的理论观点,其中包括许多与传统的哲学教科书不同的、原创的理论观点。例如:

(1)什么是物质?列宁的物质定义是完备的吗?如何定义物质?

(2)物质划分为实物和场,合适吗?物质的两种最基本的形态是什么?

(3)综述运动的基本形式。位移运动就是机械运动吗?位移运动仅仅是运动的一种形式吗?有没有比人类社会运动更高级的基本运动形式?

(4)究竟什么是时间?什么是空间?说"运动着的物质只有在空间和时间内才能运动",这种说法蕴含着什么错误观念?

(5)什么是人类的意识?人类的意识和意识活动是同一个概念吗?人类的意识活动能够直接作用于物质世界吗?论述人类意识只有通过意识活动才能够间接地反作用于物质世界。"我总是我"的根据是什么?

(6)应当如何定义实践？在许多哲学家讨论的基础上论述实践本体论不能成立。

(7)世界永恒发展还是循环演化的？如何表达开放的循环演化律？循环演化律符合恩格斯的思想吗？它有可靠的自然科学基础和根据吗？

(8)如何完整地理解黑格尔的方法论？同一律、不矛盾律和排中律仅仅是形式逻辑的规律吗？作为客观事物相对稳定状态下的规律，应当如何完整地和严谨地表述之？

(9)矛盾作为辩证法的核心范畴有什么含义？按照黑格尔和马克思的观点，矛盾是事物内部各个部分之间或各个事物之间的对立统一关系吗？如何定义矛盾？可以将矛盾划分为逻辑矛盾、自身矛盾和关系矛盾吗？

(10)自身矛盾和关系矛盾各自的本质以及二者的关系是什么？如何深化、修正和发展黑格尔的对立同一规律？

(11)在许多哲学家讨论的基础上进一步论述，如何确切地定义历史唯物主义的基本概念。这里涉及的问题很多，例如，经济基础只是生产关系的总和吗？政治上层建筑隶属社会意识范畴吗？这种定义的错误实质是什么？如何建立概念清晰、逻辑严谨、系统完整的历史唯物主义理论体系？

(12)综述人的类本质。详细论述人类社会生存发展的规律决定于自然的本性和人的类本质。

(13)综述人类面临的毁灭性威胁和如何应对人类面临的危机。

(14)生态文明社会是人类社会必须进入和必将进入的一个新时代。人类的物质生产实践活动一定要维护自然生态系统的健康、完整、平衡和稳定。这个表述是否可以提升为唯物主义历史观的一条基本原理？

(15)人类社会应当努力避免智慧生命所具有的自我毁灭的倾向，倡导和构建人类命运共同体，探索宜居行星、外星生命和外星文明，在广袤的宇宙中，寻找和追求人类的未来。

对于这些涉及现代唯物主义哲学的几乎所有主干构件的基本问题，本书做了深入的思考和分析。不仅如此，对于许多次要问题，诸如世界如何划分、区分认识对象和关于认识对象的概念、宏观层次物质的分类、实践是否是对于外部自然的否定性活动、事物的质和本质的区分等几十个问题，本书也提出了新观点，或纠正了传统哲学教科书的一些显然的错误，特别是自然科学常识的错误。许多新观点的总结性、概括性的叙述用仿宋体印出。翻阅本书仿宋体字所述，可以大致地了解我对于上面的基本问题的回答，了解本书阐述的理论观点的概貌。为了内容的完整和连贯，本书对于一般性问题，即使没有多少创见，也给予了简明的叙述。即使如此，本书所涉及的内容不可能面面俱到。

黑格尔在《逻辑学》上卷第二版序言中说："可以回忆一下柏拉图七次修改他关于国家的著作的故事。……一本属于现代世界的著作，所要研究的是更深的原理，更难的对象和范围更广的材料，就应该让著者有自由的闲暇作七十七遍的修改才好。"本书已经修改过多次。但是，毕竟凭我一人之力，难以尽善尽美。现在出版出来献给广大读者，欢迎评论和提出意见。

祝福每一位读者幸福安康！祝福中国和中华民族进步和日益强盛！祝愿人类和谐、平安、幸福、发展和长存！

谭暑生

二〇一六年八月十六日

目　录

第一章　绪　论

§1.1　什么是哲学

1　哲学是关于世界观的理论体系

什么是哲学？在汉语中，“哲，智也。”（见中国最早解释词义的书《尔雅》）“哲”是聪明、智慧的意思。“哲人”被解释为智慧卓越的人。在希腊文中“哲学”一词由Philos（爱）和Sophia（智慧）两个词组成，意为“爱智慧”。

古希腊赫拉克利特说过：“智慧只在于一件事，就是认识那善于驾驭一切的思想。”“思想是最大的优点，智慧就在于说出真理，并且按照自然行事，听自然的话。”[1]25—26 亚里士多德说：“既然人们研究哲学是为了摆脱无知，那就很明显，人们追求智慧是为求知。”[1]119 马克思认为：“人世的智慧即哲学”。[2]223

因此，从字面上可以说，哲学是启发人们的智慧，帮助人们获得知识，使人学会善于处理和驾驭自己与外部世界关系的学问。当然，这只是就哲学的目的和效果而言的，并不反映哲学的实质。

不同种类的哲学对于“什么是哲学”这个问题，可能会有不同的回答。我们研究的哲学作为一门学问，同人们的世界观联系在一起。所谓世界观，就是人们对于整个世界，以及人与世界的关系的总体看法和根本观点。人类自诞生以来，时时刻刻与自然环境密切接触，为了生存和生活，必须从事生产活动，获取衣食住行等生活物质资料。在长期的实践过程中，不断地、逐渐深入地认识了周围的现实世界，形成了对世界和人与世界关系的看法和认识。这样自发形成的世界观不是系统的，缺乏严密的逻辑推演和理论论证。随着人们实践活动的深入和发展，人们对于世界的认识不断深化，逐步地把对于事物的部分的、具体的认识上升为整体的、抽象的认识，由个性上升到共性，将自发形成的、不系统的、非理论形态的世界观加以提炼和升华，形成对于世界的相对系统的看法和观点。随着社会分工的出现，尤其是进入阶级社会之后，一部分卓有才华的人有了可能专门从事这种理论的研究，通过一系列特有概念、范畴、原理等逻辑形式，形成世界观的理论体系。哲学是关于世界观的理论体系。不同的人们由于实践水平、认识水平和阶级地位的差异，对于世界和人与世界关系的认识不可能是完全相同的。因此，不同的哲学家会产生出和分化出各种不同的哲学思想和哲学派别。

2 关于世界范畴和宇宙范畴

在哲学理论中，我们频繁地使用“世界”这个概念，仿佛十分熟悉它，以为含义是不言自明的。细想起来，这正应了黑格尔的一段话：“一般意义上的常识，正因为它是众所周知的，所以并不是真知。通常的那种自欺欺人的做法，就是在认识活动中把某些东西预设为常识，于是不予追究。”[3]

我们说哲学是关于世界观的理论体系，那么，世界是什么，这应当首先规定和叙述清楚。事实上，对于世界这个范畴，有着各式各样的理解，并且因此产生各式各样的哲学。例如，有的哲学家将世界理解为“一切社会生活”，认为这才是马克思关于世界概念的真正含义，并由此建立他的关于“一切社会生活”的哲学理论。还可以列举出其他的理解和与之对应的哲学理论来。

本书根据传统的广泛的意义来理解世界范畴，特清楚地叙述如下。

“世界”一词通常是指人类现时生活所居住的地球的所有地方以及周围环境。例如，地球表面可以用一张世界地图来描述。在日常生活和科学研究中，“世界”一词在狭义上套用于指称问题的论域或研究对象的范围，如动物世界、儿童世界、内心世界、科学世界等。

作为严格的哲学范畴，世界是指什么呢？

现在汉语所使用的“世界”一词，并非现代名词，追溯其源头，乃出于佛教。它从梵语（以及巴利语）的 loka，loka-dhātu（音译路迦驮睹）和 laukika 等印度佛教的术语翻译而来，意为“众生居住所依的可毁坏之处所”①。据《楞严经》卷四载，世，迁流之义，即过去、现在、未来三世之迁流；界，指方位，即东、南、西、北、上、下六方等场所之定位。佛教中“世界”一词，非仅指地球而言，而是指整个宇宙。“古往今来曰世，上下四方曰界”。世界是指天地间无限多样和纷繁

①佛学的这个定义和观点是十分正确的；人类应当爱护和保护好众生居住所依之处所。第十一章还会回到这个论题上来。

复杂的一切事物现象和变化过程。

在哲学上，在某种意义上与世界范畴同义的是宇宙范畴。在《庄子》中已有“宇宙”一词：“奚旁日月，挟宇宙?”(《齐物论》)“余立于宇宙之中，……日出而作，日入而息，逍遥于天地之间，而心自得。”(《让王》)战国时代的尸佼说过：“四方上下曰宇，往古来今曰宙”。哈里森在名著《宇宙学》[4]第一编第一章开头就说：“从一开始，我们必须明确是说‘大宇宙’(Universe)还是‘宇宙’(universe)。……大宇宙囊括万物，也包括在思考如何称呼它的我们。”大宇宙是包括全部万物万事即包罗万象的整体。显然，大宇宙是集合体。例如，月亮作为宇宙的组成部分并不具有大宇宙的质的规定性。

如前所述，世界是指天地间无限多样和纷繁复杂的一切事物现象和变化过程。在这种意义上，我们研究世界的运动、变化、联系和演化。我们有时也在以下意义上使用世界的概念，将世界理解为天地间无限多样和纷繁复杂的一切事物现象和变化过程的总和。那么，世界即大宇宙，世界观即宇宙观。世界或大宇宙作为包罗万象的整体无所谓运动或不运动的问题。容易区分在本书各处的叙述中究竟是在哪一种意义上使用世界概念的。无所不包的无限大宇宙，由许多以至无数的具体的有限宇宙构成。恩格斯说：“我们的自然科学的极限，直到今天仍然是我们的宇宙，而在我们的宇宙以外的无限多的宇宙，是我们认识自然界所用不着的。”(3. P. 941)① 因此，大宇宙是包括了“我们的宇宙”和无限多个“非我们的宇宙”的整体。大宇宙是不能完全观测的，人只能在关于“我们的宇宙”的观测和思维之中把握大宇宙的某些规律。人们时常不区分“大宇宙”和“宇宙”而统统使用“宇宙”一词。在本书中，除有非常的需要之外，为行文简洁，也常常将“大宇宙”写为“宇宙”。但是，需要非常清晰地意识到，我们究竟是在哪一个意义上使用“宇宙”一词的。

将以上所述简要地概括如下：世界是天地间无限多样和纷繁复杂的一切事物现象和变化过程，或者指这一切事物现象和变化过程的总和；世界观是人们对于整个世界以及人与世界的关系的总体看法和根本观点；世界观就是宇宙观；哲学是关于世界观的理论体系。

---

①为节省篇幅和醒目，引文后面标注“(3. P. 941)”，表示该内容引自《马克思恩格斯选集》第3卷(人民出版社2012年第3版)第941页。余类推。后同。

§1.2 哲学研究的内容

1 自然界和人类 关于人类社会

我们常常说自然或自然界。对自然界的理解可分为广义和狭义两种。

广义的自然界，是指包括人类在内的天地间无限多样的所有物质的存在形式和运动形式。在这个意义上，自然或者自然界的概念就相当于世界概念。自然界在时间上、空间上都是无限的，而人则是茫茫宇宙中的有限的存在物，有自己的起源和灭亡，也有自己特定的生存范围。

狭义的自然界又称为大自然，不包括人类在内。因此，有自然界和人类之说。阳光、空气、水、山脉、河流、海洋、微生物、植物、动物、地球、月亮、行星、太阳、恒星、星系等，都属于大自然。如果不加任何说明，我们通常是在狭义上理解和使用自然界这个概念。人类是人的总称。“自然界”和“人类”两个概念都是集合概念（参见§3.2.5）。

自然界原本是一个以自在形式存在的物质世界。作为以自然方式进行的不受人类活动影响的自然界，早在人类出现之前就已存在。在地球46亿年的漫长的演化进程中，人类的诞生和有文字记载的人类文明史只是短暂的一段时间。人类的祖先是类人猿。目前所知的最早的古猿，其生存年代约距今3000万年。人工制造的工具的出现，标志着从猿到人过渡阶段的结束。最早的石器出现在距今300万—200万年，这是完全形成的人出现的确实的年代。之后，按人类体质的发展状态分期，人类经历早期猿人（距今300万—180万年）、晚期猿人（距今180万—30万年）、早期智人（距今30万—5万年）和晚期智人（距今5万—1.5万年）。晚期智人就是现代人类。在这种意义上说，人和人的意识是自然界发展的最高产物。自然界是人类产生和存在的必要前提。人类只是自然界的一部分。问题在于，自人类诞生之后，人类从事有意识和意识活动参与的物质生产活动，人类生活所在的地球的自然环境就发生了根本的变化。

生物，尤其是动物，是能动性的物质存在。人类与一般动物又有本质的不同，人不是从外部环境中摄取自然所提供的现成的物质和能量，而是依靠自己的劳动去改变外界物质的自然形态，创造自己所需要的物质生活资料，满足自己生存和发展的需要。人们不仅适应于自然界，而且按照自己的目的能动地改造自然界。为了生存，人们相互联系，相互合作，组成人类社会，从事物质生产活动。人类社会是人类生活共同体。人总是社会的人。人是社会的主体，一切社会活动都是人的活动。人类社会是人的特殊的存在形式。人类社会的根本性质、进化方式和运动变化规律，与以自在形式存在的自然事物有着本质的区别。人作为人已超越生命的本能，成为自我生命的主宰者，在本能生命之上形成了支配生命的生命。

在人类活动所及的范围内，自然界不再与人无关，它成了被人类活动改造了的“人化自然”。所以，从人与自然的关系考察，可以将自然界划分为自在自然和人化自然两大类。自在自然是指未经人类实践干预的、与人类社会尚未直接地相互作用的那部分自然界。与自在自然不同，人化自然是人类实践活动改造过的、打上了人类活动印记的自然，包括人的创造物以及人所改造过的自然环境等。

需要明确地指出，按我们的定义，仅仅被人们观察过而未被人们直接地接触过、作用过、改造过的客观对象，如人们观察过的行星、恒星、星系等，都属于自在自然。这容易理解，天文观察只是观察者接收了天体在被观察到之前发出的光线而已。为了简洁，不对自然界的概念做出进一步的划分。

人化自然的外延在变化着、扩大着。人化自然现在大致限于地球表层和大气层。在地球表层，未被人们直接地接触过和作用过的客观对象已经不多了。也许喜马拉雅山脉的某些常年冰雪覆盖的山峰和许多大洋的底部例外。

按照我们的观点，大宇宙是无限的。大宇宙是包括了“我们的宇宙”和无限多个“非我们的宇宙”的整体。根据现代天文学的成果，我们观测所及的宇宙(即“我们的宇宙”)称为总星系，其尺度约为137亿光年。正如马克思和恩格斯所说：“先于人类历史而存在的那个自然界，不是费尔巴哈生活于其中的自然界；这是除去在澳洲新出现的一些珊瑚岛以外今天在任何地方都不再存在的、因而对于费尔巴哈来说也是不存在的自然界。”(1. P. 157) 但是，一方面，人类生活所及的地球表层和大气层相对浩瀚的宇宙来说，只是沧海之一粟。另一方面，自在自然对于人类来说并不是无，地壳内部和地球外部广袤宇宙空间中的物质存在，例如，月亮、太阳、银河系等发生的物理过程，都影响着地球表层及居住在那里的人类。自在自然与人化自然一样，都是人类应当而且必须关注和研究的对象。

现在讨论人类社会概念的外延。显然，人类社会的组成要素包括：(1) 人类或通常所说的人口：人的存在是社会存在的前提。(2) 自然环境和物质条件，指与人类所处的地理位置相联系的自然条件和物质条件的总和，诸如土壤、气候、山脉、河流、海洋、矿产、动植物资源和已有的物质财富。对于整个人类而言，它就是位于地球表层和大气层的人化自然。它包括人类的生产力系统的劳动资料和劳动对象。(3) 人类科学文化和人类社会关系体系，包括科学技术、社会意识形态，以及社会经济制度、社会政治制度等。简言之，人类社会包括人类、人化自然、人类科学文化和社会关系体系。严格地说，在人类的科学文化和社会关系体系中，人类的意识成果和人与人之间的关系完全属于人类自身，而相应的物质设施组分则属于人化自然。因此，简单地说，人类社会是人类和人化自然的统一。世界范畴的正确的划分是：(1) 自然界和人类；或者 (2) 自在自然和人类社会。人类社会包括人类和人化自然。这种划分满足子项互不相容和子项之和必须穷尽母项的逻辑规则。

哲学是关于世界观的理论体系。按照世界范畴的划分，我们可以将哲学内容划分为若干部分。

2　本体论、自然观、认识论、方法论、历史观

世界观的首要内容就是人们对于整个世界的总体看法和根本观点。这归属于哲学本体论的范畴。本体论是研究世界的本原和最终本性，以及世界万物变化的根本原因和普遍规律的学说。本体论，按照我们熟悉的语言来说，就是世界观。本体论的根本问题包括：什么是存在？存在如何分类？世界的本原是什么？什么是物质？什么是精神？物质和精神具有什么关系？物质的根本属性和存在方式是什么？世界万物如何存在和变化？万物变化的根本原因和普遍规律是什么？其中包括探索和研究“世界的本源是什么”和“世界的状态怎么样”两个问题。这两个问题是相互联系，不可分割的。前者是后者的基础，后者是前者的深化。

自然界（大自然）是什么？自然观是人们对于自然界的根本看法，包括有关自然界的本原、自然界演化的规律、自然界的结构以及人与自然的关系等方面的根本认识。自然观是关于两个世界观问题“世界的本源是什么”和“世界的状态怎么样”的重要的、不可分割的组成部分，是人们对整个世界认识的基础。因此任何完整的哲学理论必然包含与之相适应的自然观的论述。任何时代的自然观都是在一定的历史文化背景下形成的，与这个时代的自然科学的发展水平密切相关。中国古代元气论自然观和古希腊原子论自然观，是古代的朴素唯物主义自然观的两种主要形式，它们对于古代、近代、现代的哲学和自然科学的发展产生了或还将产生重要的影响。现代科学（首先是现代物理学）的发展，给人们提供了对于自然界的愈来愈准确、愈来愈丰富的认识，它所揭示的物质世界图景显示出中国古代元气论和古希腊原子论合流的趋势，形成一种新的自然图像，我称之为原子-元气论自然观。

哲学的另一个重要问题是对于人与世界的关系的总体看法和根本观点。人与世界的关系包括人类的意识和意识活动，人类的实践活动，以及人类的认识活动。如何看待人类的意识和意识活动，唯物主义哲学与唯心主义哲学存在根本的对立。唯物主义认为，人类的意识活动是最高形式的物质运动，意识是人类意识活动的产物，是人脑对于世界的主观映像。唯心主义则认为，物质是意识、精神的摹本或者派生物。人类的意识和意识活动是唯物主义与唯心主义根本分歧之所在；又是人类的实践活动和认识活动的条件和基础。人们不仅通过实践活动现实地改造世界，而且通过认识活动观念地把握世界。人类的认识活动是认识论的研究对象。认识论是人们对于认识的认识，是关于认识的哲学理论。认识论研究认识的性质，认识的前提和基础，认识的发展过程及一般规律，认识的真理性和价值性，认识的检验和评价标准等。

一般说来，人们对事物持有何种看法，就具有何种观点，将这种看法和观点运用于分析问题和解决问题，就是方法。方法论是关于人们认识世界和改造世界所遵循的根本方法的学说和理论。一般说来，方法论和世界观是内在统一的，是同一个问题的两个方面。用世界观指导人们认识世界和改造世界，就是方法论。哲学是世界观和方法论的统一。

人类和人类社会存在于地球上，尽管地球表层和大气层相对浩瀚的宇宙来说，只是沧海之一粟，但是，人类和人类社会是整个宇宙之中特殊的物质存在形态，它就是我们自身，对于我们而言是至关重要的。它是我们考虑分析问题的出发点和落脚处，理所当然地成为哲学的研究对象。人类社会是自然界长期发展的产物。人类社会及其历史和未来发展是唯物主义历史观的研究对象。唯物主义历史观简称“唯物史观”。其中，生产劳动实践是人类和人类社会形成的基础；实践的观点是唯物主义历史观的首要的基本的观点。唯物主义历史观的核心内容是人的类本质，人类社会的基本结构，人类社会中社会存在与社会意识之间、生产力与生产关系之间、经济基础与上层建筑之间、人与自然之间的对立同一，以及围绕这四对基本矛盾展开的人类社会的发展。唯物主义历史观是现代唯物主义哲学的独立的重要的组成部分。

广义的自然界涵盖包括人类社会在内的无限多样的物质运动形式和存在形式。研究各种物质存在形式和运动形式的科学可以划分为自然科学和社会科学。研究自然界的物质形态、结构、性质和运动规律的科学就是自然科学，其中包括数学、物理学、化学、生物学、天文学、恒星物理学、宇宙学等。这些科学的分支学科非常多而繁杂，各个学科交叉又衍生出许多分支学科。社会科学是以人类社会现象为研究对象的科学，它的任务是研究和阐述各种社会现象的本质和发展规律。

哲学以具体的科学为基础，以具体的科学成果为自身生长的土壤。就知识形态而言，哲学是关于自然科学知识和社会科学知识的反思、概括和总结。

§1.3 哲学的基本派别和历史形态

1 关于意识和物质及其相互关系的问题是哲学的基本问题

人类和人类社会是我们考虑和分析问题的出发点和落脚处。因此，尽管世界的存在无限复杂多样，但是从存在的来源和性质区分，可以归为两大类，一类是物质和物质现象，另一类是意识和意识现象，或称精神和精神现象。

人生活在自然界之中，是这个世界上的一种物质存在。人是万物之灵；它是一种不同于一般自然物的能思维、有意识的特殊的物质存在形态。面对着外部的物质世界，人们为了生存和生活，从事生产劳动，改造自然，将自己特定的意识、目的等属性赋予物质世界；同时，人们在思考着，“世界的本源是什么”，意识和物质，或者精神和物质究竟有什么关系。

在远古时代，处于蒙昧阶段和野蛮阶段的原始人的认识水平、思维水平十分低下，对外部自然和自己身体的构造缺乏了解，更不知道自己意识的起源和本质。一方面，他们通过自己的感觉器官（眼、耳、鼻、舌、身等）感受和认识到自然界及其巨大的力量，他们必须承认自然界的客观实在性，必须按照自然界自身的规律行动，才能达到预期目标，才能生存和生活下去。另一方面，他们对于自然界的巨大威力及其千变万化百思不得其解，于是，往往想象神灵在支配着一切；同时，受到梦中景象的影响，以为自己的意识是从外界注入人的肉体，而在人死时，就离开肉体独立活动的灵魂。这就有了神灵和灵魂，万物有灵和灵魂不死等观念。这些就是蒙昧时代以来唯物主义和唯心主义萌芽的认识根源。

随着生产的发展，人们对于自然界和社会现象的认识获得了进展。人类社会进入奴隶制社会阶段，并出现了脑力劳动和体力劳动的分离。一方面是少数人（奴隶主）对于多数人（奴隶）的残酷的剥削和压迫，另一方面，这又成为科学和哲学得以产生的条件。在自然知识和社会知识积累到一定程度，人们的抽象思维能力得到提高，逐渐发展成为哲学的思考。朴素的唯物主义哲学和原始唯心主义哲学几乎同时产生，并且延续发展直至今天。

在哲学所研究的问题中，关于意识和物质及其相互关系的问题，是贯穿整个哲学发展历史的基本问题。

恩格斯在《路德维希·费尔巴哈和德国古典哲学的终结》中说："全部哲学，特别是近代哲学的重大的基本问题，是思维和存在的关系问题。"（4. P. 229）

恩格斯接着说："思维对存在的地位问题，这个在中世纪的经院哲学中也起过巨大作用的问题：什么是本原的，是精神，还是自然界？——这个问题以尖锐的形式针对着教会提了出来：世界是神创造的呢，还是从来就有的？

"哲学家依照他们如何回答这个问题而分成了两大阵营。凡是断定精神对自然界说来是本原的，从而归根到底承认某种创世说的人（而创世说在哲学家那里，例如在黑格尔那里，往往比在基督教那里还要繁杂和荒唐得多），组成唯心主义阵营。凡是认为自然界是本原的，则属于唯物主义的各种学派。"（4. P. 230～231）

恩格斯指出："思维和存在的关系问题还有另一个方面：我们关于我们周围世界的思想对这个世界本身的关系是怎样的？我们的思维能不能认识现实世界？我们能不能在我们关于现实世界的表象和概念中正确地反映现实？用哲学的语言来说，这个问题叫做思维和存在的同一性问题，绝大多数哲学家对这个问题都作了肯定的回答。"（4. P. 231）

这里做两点说明。

第一，所谓"思维和存在的关系"，这是自黑格尔和费尔巴哈以来的惯常说法。黑格尔说过："思维和存在的对立是哲学的起点，这个起点构成哲学的全部意义。"[5]费尔巴哈也接近这个理解的边缘，他在自然观和反映论中较彻底地贯彻了唯物主义路线，他说："思维和存在的统一，只有在将人理解为这个统一的基础和主体的时候，才有意义，才有真理性。"[6]按照现今的习惯和更为准确的说法，所谓"思维和存在的关系"，就是指意识和物质的关系，或者精神和物质的关系。这是围绕着、贯穿着整个哲学发展历史的中心问题。

第二，关于意识和物质，或精神和物质的关系，涉及有关世界本原或者世界本源的问题。我想一开始就给出关于"本原"或"本源"的清晰的叙述。

何谓世界的本原？恩格斯引用亚里士多德的一段话："有一个东西，万物由它构成，万物最初从它产生，最后又复归于它，它作为实体，永远同一，仅在自己的规定中变化，这就是元素，这就是万物的本原。"（3. P. 867）这意味着，所谓世界的本原被定格地理解为构成世界万物的"始基""元素"或"宇宙之砖"。所谓本源则具有两层意思：一是指根源、来源；二是指本来就有或从来就有的。两层意思是统一的，即根源的东西应当是本来就有或从来就有的，它不再另有根源。

我们将在严格区分的意义上使用"本源"和"本原"两个词。世界本原曾经是古代哲学研究的对象，这种提法究竟是否有道理，§3.5另行讨论之。

什么是世界的本源？是意识、精神，还是物质？世界是神创造的，还是从来就有的？一种回答是：世界本质上是物质的世界。物质是本源的；意识、精神是派生的，是人脑意识活动的产物，人脑对世界的主观映像。另一种回答是：世界本质上是意识、理念或绝对精神的世界。意识、理念或精神是世界的本源；物质的现象世界只是意识、理念或精神的摹本、影子或派生物。持前一种观点的哲学是唯物主义哲学；持后一种观点的哲学是唯心主义哲学。自古以来，尽管哲学流派繁多，归根到底都分属于唯物主义和唯心主义两个基本派别。所谓二元论哲学无非是把这个问题上的唯物主义和那个问题上的唯心主义混杂在一个体系之中，并没有超出唯物主义和唯心主义之外。

随着人类实践和科学的发展，唯物主义经历了三个基本的历史形态，即朴素唯物主义、机械唯物主义和辩证唯物主义。

唯心主义哲学有两种基本形式，即主观唯心主义和客观唯心主义。前者否定客观的物质世界的存在，认为世界上一切事物都是个人的感觉、经验和意识的产物。按照这种逻辑，就必然导致唯我论。后者把客观精神，即所谓“绝对理念”“绝对观念”或“绝对精神”等说成是世界的本源，物质世界或现象世界不过是这种客观精神的摹本或者派生物。人们认识世界，要经历从感性认识到理性认识，再从理性认识到实践的发展过程。我们看到，如果片面夸大感性认识，把主观的感觉说成是唯一实在的东西，就会陷入主观唯心主义；如果脱离实践，片面夸大理性认识，把概念说成是脱离具体的个别的事物而独立存在的客观实在的东西，就会产生客观唯心主义。

既然意识和物质的关系问题具有如此重大意义，我们有必要精确地界定物质和意识的概念。没有物质和意识的准确的科学的定义，物质和意识的关系的讨论就成为无本之木。很遗憾，传统的哲学教科书并没有真正做到这一点，因而导致许多含糊和混乱，隐含着严重的逻辑矛盾。例如，将思维等同于意识、精神，将存在等同于物质；说意识是人脑的机能（发挥作用或者进行活动的能力，这意味着意识就是意识活动），又是人脑对世界的主观映像。不做详细的论证，也会感觉到有什么不合适的地方。本书第三章和第五章将仔细地阐述和厘清有关问题，并给出物质、意识活动和意识的准确定义。

2　“世界的状态怎么样”：关于辩证法和孤立静止观

哲学在回答了“世界的本源是什么”这个问题后，必然要进一步回答“世界的状态怎么样”的问题。世界上各种事物和现象是普遍联系的，还是各自孤立的？它们是运动变化的，还是静止不动、凝固不变的？如果有变化，只是场所的变更、数量的增减、简单的重复，还是由量变到质变、由低级到高级的发展，并且开放地循环演化的？它们运动变化的根本原因是什么？人们对“世界的状态怎么样”的回答，形成辩证法和孤立静止观两种不同的观点。

在古希腊，人们最初把论证和分析命题中的逻辑矛盾，揭露和克服谈话或者思维中的逻辑矛盾的方法，叫做辩证法。这自然是在否定对方谈话或思维内容的意义上使用“辩证法”这个术语的。在辩证法学说发展的历史长河中，亚里士多德和黑格尔是两颗明耀的巨星。恩格斯说：“辩证法直到今天也只有两位思想家曾作过较仔细的研究，这就是亚里士多德和黑格尔。”（3. P. 874）黑格尔方法论包含三个环节：第一个环节是抽象的知性（正题）；第二个环节是辩证的或否定的理性（反题）；第三个环节则是思辨的或肯定的理性（合题）。我们不能否认其中第一个和第三个环节的存在。黑格尔的方法论描述、论证和倡导一种完整地、动态地、全面地、深入地观察和思考世界的思维方式。不好也不便另找一个词称呼黑格尔方法论。但是，当我们称呼黑格尔的辩证法时，应当记住我们不是在单纯否定的意义上使用辩证法这个术语的，辩证法包括知性认识、辩证否定和思辨肯定三个环节。我们将辩证法学说理解为一种完整的世界观和方法论。

在大多数哲学教科书中，按照业已形成的习惯，用“形而上学”一词来指称与辩证法相反，孤立、静止、片面地看问题的观点和方法。《形而上学》是亚里士多德的名著。形而上学是研究一切事物的本原和终极本性的学问，它要求哲学的思维要超越感性经验领域而到达现象背后的本质，并力图从不变的终极存在中去理解和把握事物的本性。形式逻辑是亚里士多德对人类的重大贡献。黑格尔对于传统逻辑做了激烈的、常常是牵强附会的批判，把它们当作形而上学的基本原则。他用亚里士多德的著作《形而上学》的名称，指认他所认为的、与辩证法相对立的思维方法。由培根和洛克从自然科学移植到哲学中，孤立、静止、片面地思考一切的观点和方法，我主张称为机械论或孤立静止观，以便不去玷污“形而上学”的高雅的名声和崇高的目标。

辩证法和孤立静止观的对立是一个古老的、可以说是与哲学一同出现的问题。能否坚持辩证法的观点，关系到能否彻底唯物地解决世界本源的问题，关系到能否坚持世界本源问题上的一元论。反过来说，按孤立静止观看待客观世界，容易导致唯心主义。或者说，孤立静止观是通向唯心主义的桥梁。

辩证法和孤立静止观是从属于唯物主义或者唯心主义的。如何解决“世界的状态怎么样”的问题，以如何解决“世界的本源是什么”的问题为前提。在哲学史上，辩证法和孤立静止观可以分别存在于唯物主义哲学体系之中，也可以分别存在于唯心主义哲学体系中。同时，一个哲学体系可以既有辩证法的因素，也有孤立静止观的因素。但是，辩证法和孤立静止观总是依附于或者包含于唯物主义或者唯心主义的体系之中，而不会游离其外。这就意味着，辩证法和孤立静止观相对于唯物主义和唯心主义而言，不能不处于一种从属的地位。

在整个哲学发展历史上，在唯物主义哲学和唯心主义哲学的对立中，辩证法和孤立静止观交织其间。有唯物主义与辩证法的朴素统一，唯心主义与辩证法的有机结合，唯心主义与孤立静止观的融为一体，唯物主义与孤立静止观的混杂结合，最后有唯物主义与辩证法的科学统一。不仅如此，唯物主义哲学和唯心主义哲学向对方吸取辩证法要素，经过改造，用以发展自身，在哲学史上造就了哲学的巨大飞跃。

确立辩证法的观点对于确立彻底的唯物主义世界观非常重要。只有坚持辩证法才有彻底的唯物主义。彻底的唯物主义也应当同时是彻底的辩证法。

下面叙述唯物主义和唯心主义，辩证法和孤立静止观的历史形态。当然，这里主要针对本书将要叙述的内容而挑选有关的历史材料，而不是关于古代和近代哲学史的全面的和完整的介绍。为了叙述的方便，整个介绍也不会完全按照历史的顺序展开。

3 古代朴素形态的唯物主义哲学

古代朴素的唯物主义是唯物主义哲学的最初形态。古代的唯物主义肯定世界的物质本原性和统一性。它的基本特征是：试图把无限多样的物质世界归结为一种或几种元素，如气，或者水、火、土、气的统一。所说的元素从最初的具体的物质形态，经过漫长的历史发展，逐渐演变成为具有物质一般的特征，后来发展成中国古代元气论和古希腊原子论。近代和现代科学的发展，给人们提供了对于自然的愈来愈准确、愈来愈丰富的认识，它所揭示的物质世界图景，从根本特征上显示出中国古代元气论和古希腊原子论合流的趋势。这就是本书所倡导的原子-元气论自然观（参见§3.5）的历史渊源。有鉴于此，本书第二章将给出中国古代元气论和古希腊原子论的详细叙述。这里仅仅做一个简短的说明。

中国古代元气论萌发于先秦，形成于两汉，至宋、明、清得到了高度的发展。中国西周时代（前1046—前771），气作为明确的哲学范畴已经出现。太极阴阳说始于《周易》，认为太极和由此产生的阴阳二气是世界万物的本原。关于世界的本原，老子《道德经》五千言，提出了第一个完整的哲学体系。老子生于孔子（前

551—前 479）之前。老子哲学摆脱了天命神学寻找世界的统一性，肯定世界万物有着共同本原和普遍规律。老子哲学阐述了丰富的辩证法思想，系统揭示事物的存在是相反相成的对立同一。对于老子的理解有唯物主义和唯心主义两大支派，向着相反的方向发挥。

“元气”的观念在战国（前 475—前 221）后期就已经提出。在汉语中，“元”的基本含义是“构成整体的；元素；开始的，第一的；为首的；根本的”等义。把“元”和“气”结合，意味着把气作为天地万物的本原。汉代王充的唯物主义自然观就是元气论。北宋的张载（1020—1077）和明末清初的王夫之（1619—1692）是元气论发展过程中的两座丰碑。

张载和王夫之的元气论认为：气是连续性的一般物质存在，充满了整个宇宙；气处于有规律的永恒的运动变化中；气是构成万物的本原；气把天地万物联系成一个整体。张载建立了比较完整的元气论理论体系，王夫之继承张载的思想，把元气论发展成更加完备的形态。王夫之哲学是中国古代朴素的唯物主义和辩证法哲学的高峰。

古希腊米利都学派的泰勒斯（约前 624—前 547）被尊为西方哲学的始祖。他首先摆脱宗教神话传统，把水看作万物的本原，用以说明世界的统一性。米利都学派的哲学家阿那克西曼德（约前 610—前 546）认为，万物的始基是无限的，永恒的和无始无终的，处在永恒的运动之中。他无法具体指出它的名字，勉强称之为“无限”。米利都学派三杰中的第三位哲学家阿那克西米尼（约前 588—约前 525）认为，无限者就是气。

与米利都学派几乎同时期的赫拉克利特（约前 540—约前 480 至前 470 之间）继承了米利都学派的传统，从有形的感性事物中寻找万物的本原。他坚持世界的物质性、流动变化和对立同一，对世界做出了朴素唯物主义和朴素辩证法的描述。他认为，万物的始基是火；万物都从火产生，也都消灭而复归于火。他说：“这个世界，对一切存在物都是一样的，它不是任何神所创造的，也不是任何人所创造的；它过去、现在和未来永远是一团永恒的活火，在一定的分寸上燃烧，在一定的分寸上熄灭。”[1]21 列宁说：“这是对辩证唯物主义原理的绝妙说明。”[7]299 赫拉克利特认为，一切事物都在永不停息的运动变化之中，“一切皆流，无物常住”[8]17。他把万物比作一道川流，断言“人不能两次踏进同一条河流。”[8]27

在古希腊关于世界本原学说的发展中，可以确定如下三个阶段：以上所述的米利都学派和赫拉克利特关于世界本原的感性直观概念；阿那克萨哥拉的种子说和恩培多克勒的四根说；以及随后留基伯和德谟克里特、伊壁鸠鲁和卢克莱修的原子论。

留基伯（约前 500—约前 440）和德谟克里特（约前 460—约前 370）创立原子论，形成西方第一个系统的典型的唯物主义派别。原子论认为，万物都由最小的、不能再分的微粒——原子组成。原子是永恒的，不能分割，不可毁灭，并且处在永恒运动之中。原子之间的空隙里有什么呢？一无所有，一片虚空。万物的始基是原子和虚空，原子在虚空中运动着。世界万物都是由原子按照一定的规律结合而成的。

伊壁鸠鲁（前 341—前 270）进一步发展了原子论。古罗马诗人兼哲学家卢克莱修（约前 99—约前 55）继承和发展了伊壁鸠鲁的学说，在他的著名的哲学诗篇《物性论》中对古希腊的原子论做了最全面、最系统的阐述。卢克莱修的原子论是古希腊罗马时代唯物主义哲学发展的高峰。

在古代唯物主义与唯心主义的对立之中，同时交织着辩证法与孤立静止观的对立。一般说来，古代朴素的唯物主义，同时又是朴素的辩证法，是唯物主义与辩证法的自发结合。

4 辩证唯心主义哲学的历史形态

在中国古代，与唯物主义哲学产生和发展的同时，伴随着唯心主义哲学的形成和发展。中国古代唯心主义哲学是围绕所谓“天道”“天命”“理”“心”等概念展开的。

汉初董仲舒（前 179—前 104）已明确地使用了“元气”一词。但是，他继承西周以来关于“天道”“天命”的唯心主义世界观，认为天是自然界的最高主宰，是万物的创造者。他提出“天不变，道亦不变”“天人合一”“天人感应”等神学唯心主义的哲学体系。

魏晋南北朝时期，随着印度佛教传入，产生了中国的佛教哲学。同时原来的道家思想演变为道教哲学。道教、佛教盛行。到了隋唐，佛教和道教的宗教唯心主义弥漫到意识形态的各个领域。

北宋的周敦颐（1017—1073）是道学唯心主义的奠基人。他的代表作《太极图说》提出了关于宇宙形成过程的理论。随后的程颢（1032—1085）和程颐（1033—1107）认为，万物都由气变化而成，但是他们认为，“凡物之散，其气遂尽”，物散气随之消灭；只有理是永恒的。二程认为，理是世界万物变化所根据的法则，是自然界的最高原则，比气更为根本，气从属于理。

南宋的朱熹（1130—1200）继承二程的思想，同时采纳张载元气论。他尽量回避，甚至拒绝回答理气孰先孰后这个基本问题。他认为：“天地之间，有理有气。

理也者，形而上之道也，生物之本也。气也者，形而下之器也，生物之具也。”这是说，理是创造万物的根本，气是创造万物的材料，气并不是世界的最高本原。朱程理学是一个完整的客观唯心主义体系。

宋代的陆九渊（1139—1193）发展了程颢的主观唯心主义的某些观点，而不赞成程颐的学说。他认为，理在心中，“心即理”，“宇宙便是吾心，吾心即是宇宙”。这是一个主观唯心主义的思想体系。他曾经与朱熹展开大辩论。朱熹的“理学”和陆九渊的“心学”是南宋唯心主义的两大学派。

明代的王守仁（1472—1529，世称阳明先生）继承陆九渊的思想，把心学发展到更加完备的阶段。王守仁的哲学体系，包括“心外无物”“心外无理”的宇宙观，“致良知”的认识论和“知行合一”的先验论，集中国古代主观唯心主义学说之大成，到达了唯心主义逻辑发展的终点。

在西方唯心主义哲学的历史发展中，柏拉图（前 427—前 347）建立了第一个完整的、成熟的哲学体系——理念论。18 世纪初，黑格尔继承和发展了从柏拉图直至谢林的客观唯心主义基本观点，同时，继承和发展了从赫拉克利特、柏拉图到康德的辩证法，创立辩证唯心主义哲学的宏大体系。为了深入地研究黑格尔的辩证法（见第九章），有必要在这里从古希腊的巴门尼德（约前 515—约前 445）的存在论说起，简单地介绍柏拉图的理念论。

巴门尼德认为，只有一条可以确信的研究途径，那就是：“存在者存在，它不可能不存在。”[1]31 他由这条论述出发进行逻辑推理，认为“存在者之外，决没有、也不会有任何东西”[1]33。问题在于，任何具体的事物都有生有灭，存在于一定的时间之内；它是有限的而不是永恒的，最后一定不存在而消亡。怎能说“它不可能不存在”呢？因此，巴门尼德的逻辑起点已经把一切具体事物的存在排除在他的视野之外。处于运动变化之中的具体事物都成了“非存在者”。他之前的哲学家说，世界的本原具有感性直观的形体和性质；巴门尼德却认为，具体的感性事物都是“非存在者”，世界的本原只能是理性思辨和逻辑论证所把握的“存在”。

古希腊的柏拉图继承和发展了巴门尼德的存在论和苏格拉底的概念论，建立了他的哲学体系即理念论。柏拉图是西方历史上第一个清晰的客观唯心主义哲学家。他对亚里士多德和黑格尔的哲学思想产生了很大影响。

什么是哲学？柏拉图认为：哲学是一种对于真理的洞见。在他看来，哲学是一个动词，是爱智慧、爱真理的人认识事物、获得知识、洞见真理的行为。柏拉图理念论哲学建立在现象与实在相互区别的基础之上，这种区别最初由巴门尼德提出，后来由他的老师苏格拉底所继承，继而影响了柏拉图。

柏拉图在《理想国》[9] 中说：例如，对相似的许多只动物，我们指着其中一只动物说，这是一只猫。我们所说的“猫”这个词究竟是什么意思呢？显然，那是与每一只猫不同的东西。说一个动物是一只猫，只是因为所说的这个动物分享了一切猫所共有的一般性质。如果“猫”这个词富有含意的话，那它的含意就不是指这只猫或者那只猫，而是指普遍的猫性。这种猫性既不随一只个体的猫而产生，也不随一只个体的猫死去而消失。事实上，它在空间和时间上是没有定位的，它是永恒的。

柏拉图对理念做了明确的阐述和规定。他说：“当我们给许多个别的事物加上同一的名称时，我们就假定有一个理念存在。”[9]15 例如，世界上有许许多多的床，它们的式样、质地和大小各不相同，但是，我们可以把它们都称为床。这就表明它们具有共同性。这个共同性就是“床”这个名称所表现出来的东西，柏拉图把它称之为“理念”。理念是由共同名称所表述和界定、若干或许多具体事物所分享或分有、不能够被人们的感官所感觉，但是可以被人们的思想所把握的一类事物的共性或共相，即一类事物的概念。

个别事物始终处在生灭变化之中，它们是个别的、相对的和偶然的。理念的基本规定是由一种特殊性质所表明的一类事物。本来本质存在于现象之中，共性存在于个性之中。柏拉图却把它们割裂开来，使本质脱离现象而存在，共性脱离个性而存在，把本质、共性或共相变成了独立的实体。这样，理念并不被认为是人的抽象思维的产物，而是超越个别事物之外，作为其存在之根据的实在。一类事物都有一个理念，感觉的事物是多而理念是一。理念是自身永恒不变的、自我完善的整体。所以理念是绝对的自身存在，不会受到具体事物的影响。理念不生不灭、不变不动，具有绝对的稳定性。理念在时空之外，它是普遍的、绝对的和必然的存在。

理念是同类事物的本质、共性或者共相，它使相同的事物成为一类而区别于另一类。理念是绝对的终极的东西。柏拉图认为，理念是宇宙万物的本原，万物则是由理念派生出来（分有）的。例如，有很多张具体的床，正如镜子里反映的具体的床，它们是现象，并不是实在的东西。理念世界中“床”的“理念”才是实在的，真实的“绝对存在”，它是本原、原型或者形式；现象世界中每一张具体的床，只是“床”的“理念”的摹本、影子或派生物。

柏拉图认为有两个世界，可感世界和可知世界。可感世界是由个别事物组成的、人们的感官感觉到的世界。它是千变万化、生灭无常的。可感世界不是真实的世界，它只是一种假象。可知世界则是不能被人们的感官感觉到的，但是可以被人们知道和掌握的绝对永恒不变的一般事物的理念世界。只有理念才是真实的“绝对存在”，才是真实的永恒的世界。理念世界被看成是可感世界的本原、根据和原因；可感世界只是理念世界的摹本、影子或派生物。

柏拉图把理念划分为若干等级。最低一级理念是具体事物的理念，例如桌子、椅子等。高一级理念是数学、几何学方面的理念，例如圆、三角形等。最高级的理念就是“善”。善是创造世界一切的力量，它具有至高无上的权利。每一个理念都是该类事物中最完美最完全的本质，善的理念则是一切事物的最完美最完全的本质。各种事物都追求其完美，善的理念就是一切事物和全宇宙的终极目的。

理念如何被“分有”给可感的具体事物？这里存在着逻辑上的困难。柏拉图在《蒂迈欧》中设定一位高于理念的神，“分有说”便变成了“神创论”。他把神称之为“得穆革”（即创造者）。他认为，神是宇宙的最高主宰。在神之外还存在“理念”和“基质”。神用永恒不变的理念为模型，以无定型的基质做原料，在“善”的指导下创造世界万物。其间，首先创造了世界灵魂，将它撒向宇宙空间。世界灵魂是神的影像，其职责就是使可感世界受理念的支配。接着，又创造恒星，行星和地球；创造地球上的人和动物、植物以及其他的一切。在创造人时，“神遂把理性放进灵魂之中，而把灵魂放进肉体之中。”[10]226 所以人是万物之灵。

既然理念是自身永恒不变的自我完善的整体，理念论就不可能解释世界万物的生成和运动变化。柏拉图要想方设法克服这个困难。

柏拉图首先在现今的意义上使用“辩证法”一词。谈论辩证法，就涉及世界（不管可感世界或可知世界）的运动变化。世界如何运动变化？柏拉图认为，理念作为真实的存在本身，处于不断的辩证运动的过程之中。柏拉图的《门巴尼德篇》体现了概念本身的辩证法，一个概念否定自身而达到与自己的对立概念的统一。柏拉图强调理念的能动性。他说：“他们把变化的世界和理念分离开，认为感性事物属于变化、生成的世界，而共相只是独立自存的。他们把理念了解为无运动的，既不主动也不被动。”柏拉图反对这种意见，他说：“我们不能否认真实存在具有运动、生命、灵魂和思维，如果‘心灵’是没有运动的，则它便不可能在任何地方在任何东西内存在。”[10]208

如何解释世界万物的生成和运动变化？柏拉图认为，理念的能动性在于灵魂的能动性。他说，绝对的自动性，自我回复（回忆），永恒不朽，这是灵魂的根本性质；灵魂的能动性不过是神的能动性的最直接的证据，个体灵魂的能动性不过是对于超验的神的原初运动的追随。

柏拉图认为，灵魂不灭，并且多次投生，灵魂在阳间和阴间已经获得了所有事物的知识。因此，知识是灵魂所固有的东西，灵魂转世，与人体结合，借助于人的感觉激发人的回忆，通过回忆就能掌握内在于灵魂的知识。“我们的学习就是回忆”，“认识就是灵魂的回忆”[1]76。这就是柏拉图的“回忆说”。它是客观唯心主义认识论的原始形式。

理念论的产生标志着西方哲学的重要进步，它开创了强调共相、本质，追求普遍性和形而上者的哲学道路。追求世界的本质、共相、绝对、形而上者，是人类认识、改造世界的哲学认识活动所具有的基本形式，从柏拉图和其他许多古代思想家提出和强调共相问题以来，这个问题以各种不同的形式一直流传到今天，哲学本体论和认识论追求的问题的实质，就是共相问题。

柏拉图理念论包含许多不能自圆其说的逻辑矛盾，它的各种缺陷是显而易见的。作为柏拉图的学生，亚里士多德说："吾爱吾师，吾更爱真理。"亚里士多德对理念论进行了明确的系统的批判，力图克服柏拉图轻视感觉经验、不注重研究运动变化的倾向。理念论不能解释世界万物的生成和运动变化；理念论割裂一般与个别的联系，离开个别去寻找一般，将一般置于个别之上、之前。理念论借助神和灵魂来克服它固有的逻辑矛盾。理念论与辩证法并不是有机的结合，理念论与辩证法的结合是人为的和牵强附会的。

柏拉图是一位唯心主义的有神论者。尽管柏拉图的神并非基督教的上帝，但是他的这些思想被西欧中世纪的正宗神学家和经院哲学家所利用，成为统治人们长达千年的枷锁。

19世纪的黑格尔给柏拉图以最高的赞美。他说："哲学之作为科学是从柏拉图开始的。""柏拉图的著作，无疑地是命运从古代给我们保存下来的最美的礼物之一。"[10]151－152 黑格尔继承和发展了柏拉图的理念论。黑格尔认为，我们直接认识的只能是具体的事物现象，但是，"它们存在的根据不在它们自身之内，而是在一个普遍神圣的理念里。这种对事物的看法，同样也是唯心论，但有别于批判哲学那种主观唯心论，而应称之为绝对唯心论。"[11]127 黑格尔把"神圣的理念"称为"绝对理念"或者"绝对精神"；认定绝对理念或绝对精神是世界万物的本原；自然、社会和人类思维是绝对理念的派生物。黑格尔的对立同一学说是"纯粹理念"或概念的自身发展、自身认识的思辨体系。

5　西方近代机械唯物主义哲学

欧洲近代的机械唯物主义哲学，是在与中世纪经院哲学的唯心主义的谬误的根本对立中产生和发展起来的。它是人类思想进步的一个标志。

5世纪末至大约15世纪，史称欧洲中世纪，欧洲社会主要处于封建采邑制社会之中（参见§10.10.2）。476年，西罗马帝国灭亡，这是西欧奴隶制社会结束的标志。处在原始社会状态的日耳曼民族摧毁罗马帝国时，将古代文明摧毁殆尽，唯有基督教被承袭并且传播开来，逐渐地形成基督教神学在思想意识领域的统治地位。10世纪，欧洲封建制度确立后，统治阶级进一步使神学理论化，经院哲学产生并兴旺起来。托马斯·阿奎那（约1225—1274）是基督教神学的集大成者和理论权威。他的《神学大全》是基督教神学的百科全书，它阉割亚里士多德哲学的唯物主义和辩证法思想，歪曲地利用它的唯心主义成分，论证上帝的存在。它制定了包罗万象的神学唯心主义学说，完成了教会神权统治的思想体系。在欧洲中世纪时期，哲学成了神学的婢女，基督教神学占据着绝对的统治地位。

唯物主义与唯心主义的对立从来没有停止过，12世纪，在经院哲学内部发生过唯名论和唯实论的激烈争论。争论的主题是："共相"只是一类事物的名称还是唯一真实的存在？唯名论认为，只有个别的具体事物才是真实的，共相只存在于观念之中，它是思维的产物，是主观的东西，只是一类事物的名称，不具有真实性。唯实论则认为，个别的具体的事物不是真实的，只有共相才有真实性；共相是独立的、不变的和唯一真实存在的实体。后者当然是一种露骨的唯心主义。

14—16世纪是欧洲从封建社会向资本主义过渡的历史转折时期。面对中世纪政治黑暗、文化凋零的局面，以资本主义发展较早的意大利为中心，兴起了文艺复兴运动。所谓"文艺复兴"，是指广泛地利用古希腊罗马的文化成果，反对封建神权思想，促进人文科学和自然科学的复兴和发展。文艺复兴运动产生了哥白尼（1473—1543）、伽利略（1564—1642）和布鲁诺（1548—1600）等一批反对唯心主义宗教神学的伟大战士。

从16世纪末直到18世纪中叶，由于欧洲的资本主义经济和自然科学的发展，西方近代哲学从古希腊的经典文本（首先是柏拉图和亚里士多德的著作）中继承了古希腊的学术精神，近代哲学研究的重心需要并且实际转向了认识论，形成了经验论和唯理论两种思潮。经验论认为，感性经验是一切知识的唯一源泉，主张一切知识都通过经验获得，并在经验中得到证明。唯理论不承认一切知识起源于感觉经验的原则，认为具有普遍必然性的可靠知识不是、也不可能来自经验，而是从先天的、无可否认的"自明之理"出发，经过严密的逻辑推理得到的。在这两种思潮之中，都存在着唯物主义和唯心主义的对立。英国的弗兰西斯·培根（1561—1626）、霍布斯（1588—1679）和洛克（1632—1704）是唯物主义经验论的代表。培根提出"知识就是力量"的口号；他成为英国唯物主义和整个现代实验科学的真正始祖。尔后出现英国贝克莱（1685—1753）的主观唯心主义的经验论和休谟（1711—1776）的怀疑论哲学体系。法国笛卡儿（1596—1650）的二元论、德国莱布尼茨（1646—1716）的单子论是唯心主义唯理论的代表。笛卡儿的二元论所遇到的困难，促使荷兰的斯宾诺莎（1632—1677）提出泛神论体系，他是唯物主义唯理论的代表。18 世纪法国唯物主义在西方近代哲学中占有重要地位。

与西方近代自然科学发展的特点相适应，西方近代唯物主义哲学的总体特征，是具有明显的孤立静止观的性质。

从 15 世纪下半叶开始，近代自然科学在欧洲开始发展起来。最初阶段，需要通过对于经验材料的分类、比较和归纳而建立具有普遍性的知识。因此，必须对客观事物进行分门别类的研究，把事物从普遍联系中暂时地割裂出来，把运动的东西当作静止的东西，以便得到对事物的某个方面、某个部分的认识。这种研究和思维的方法，由培根和洛克从自然科学移植到哲学之中。它的特征就是用孤立、静止、片面的观点去思考一切。我称它为机械论或孤立静止观。15—18 世纪欧洲哲学被这种孤立静止的思维方式统治着。

与经院哲学的种种唯心主义谬论根本对立，霍布斯的哲学用物质的运动来解释一切（包括物体和人的各种性质），他把一切运动都归结为机械运动；他认为，人是一部机器，处于机械运动的因果链条之中；从人体组织的机械运动出发可以解释人的各种感觉的产生。

针对霍布斯用机械运动或数学运动解释一切，马克思在《神圣家族》中做了系统的分析和批评，其中写道："唯物主义在它的第一个创始人培根那里，还在朴素的形式下包含着全面发展的萌芽。物质带着诗意的感性光辉对人的全身心发出微笑。但是，用格言形式表述出来的学说本身却反而还充满了神学的不彻底性。唯物主义在以后的发展中变得片面了。霍布斯把培根的唯物主义系统化了。感性失去了它的鲜明的色彩而变成了几何学家的抽象的感性。物理运动成为机械运动或数学运动的牺牲品；几何学被宣布为主要的科学。唯物主义变得敌视人了。为了在自己的领域内克服敌视人的、毫无血肉的精神，唯物主义只好抑制自己的情欲，当一个禁欲主义者。"[12]

6　哲学的基本派别之间的对立统一关系

如前所述，尽管自古以来哲学流派繁多，但是，归根到底都分属于唯物主义和唯心主义两个基本派别。在整个哲学发展历史上，在唯物主义哲学和唯心主义哲学的对立之中，辩证法和孤立静止观交织其间。

自古以来，一方面，唯物主义和唯心主义两个基本派别之间存在尖锐的对立和斗争；另一方面，唯物主义哲学和唯心主义哲学向对方吸取辩证法要素，经过改造，用以发展自身，在人类历史上造就了哲学的巨大飞跃。

下面，特别以原子论学说的坎坷发展史为例，说明唯物主义和唯心主义两个基本派别之间的尖锐的对立和斗争。

德谟克里特（约前460—约前370）的原子论学说形成西方第一个系统的典型的唯物主义派别，与稍后兴起的柏拉图（前427—前347）的理念论的唯心主义派别形成了对立。这种对立和斗争贯穿于整个西方哲学史之中。德谟克里特写下了大量著作，卷帙之多，内容之广，同代人无与伦比，而他可与后来的亚里士多德媲美。据古代学者评述，德谟克里特著作文笔优美，富有诗意，修辞俏丽，行文潇洒，逻辑严密，雄辩而有说服力。伊壁鸠鲁（前341—前270）和卢克莱修（约前99—约前55）继承古希腊唯物主义的传统，把原子论学说发展到顶峰。他们用原子的运动解释一切现象，根本否认超自然的原因，直接导致了无神论的结论。卢克莱修歌颂伊壁鸠鲁是最先打倒众神和脚踹宗教的英雄。马克思说："如果说罗马人有过无神论，那末这种无神论就是由伊壁鸠鲁奠定的。"[13]基督教一经产生，就把原子论学说看成是比任何其他哲学学派都要危险得多的敌人。基督教信徒们焚毁了有关原子论学说的大量著作。到6世纪，德谟克里特和伊壁鸠鲁的著作已经基本失传，基督教会是罪魁祸首。这是哲学史上的不幸。伊壁鸠鲁遭遇到论敌的恶毒的人身攻击。奥涅金作为第一个用希腊哲学建立基督教的神学体系的人，他连篇累牍地攻击伊壁鸠鲁。在漫长的中世纪，原子论学说遭到禁止。但是原子论学说的科学精神并未被基督教神学的思想统治所窒息。到中世纪后期，原子论成为基督教内部异端思想家反对神学的思想武器。从文艺复兴至近代，原子论复兴了，成为冲击神学和发展科学的有力思想武器。从哲学和科学的殉道者布鲁诺，到近代科学之父伽利略，再经过笛卡儿、牛顿、道尔顿等伟大人物的创造性工作，德谟克里特的原子论假说，经过2300多年的坎坷命运，发展成为一种确定无疑的科学理论。

原子论在近代走向成功的征途中，有过许多悲惨和牺牲。例如，布鲁诺崇敬德谟克里特，用原子论与经院哲学斗争；支持和宣传哥白尼的太阳中心说；坚持物质是一切现象的基础和宇宙无限的观点等，他因此被宗教裁判所监禁8年，未改初衷，1600年被烧死在罗马鲜花广场。又如，伽利略继承古希腊原子论学说，把物质看成是具有一定结构的实体；他同样支持和宣传哥白尼的太阳中心说，因故受到教会审讯和终身监禁，著作被焚烧和禁止出版。伽利略病魔缠身，双目失明，被监禁9年直至病逝。

这样的事例举不胜举。例如，近代的费尔巴哈，因为否定灵魂和上帝、触犯了基督教教义而遭受政治迫害。他被撵下了大学讲台，迁居到偏僻的乡村，过着隐居的生活，度过大半生，在贫困中离开人世。

各种不同的哲学之间，除相互对立的关系之外，还有相互同一、相互补充的关系。传统哲学教科书只强调唯物主义和唯心主义，辩证法和孤立静止观之间的相互斗争，强调二者各自为不同的相互对立的阶级服务。这是真实的历史的一种情况和一个方面。但是，单纯地强调这一方面就有片面性，也不符合历史事实。

黑格尔在《哲学史讲演录》第一卷导言中说："哲学史所昭示给我们的，是一系列的高尚的心灵，是许多的理性思维的英雄们的展览，他们凭借理性的力量深入事物、自然和心灵的本质——深入上帝的本质，并且为我们赢得最高的珍宝，理性知识的珍宝。"[14]7 如果删除其中的"深入上帝的本质"，对于唯物主义者来说，我认为这段话还是包含了真理。

在中国古代哲学中，关于宇宙发生和发展，宇宙有始有终、终而复始、循环无穷的观点，虽然是元气论观点贯彻到底的必然结果，却不是由张载和王夫之等著名的元气论者提出和阐发的。北宋的周敦颐，作为道学唯心主义的奠基人，他的《太极图说》，全文仅200多字，却系统、完整地阐述了宇宙发生发展的全过程。他留下的《太极图》可以说是中国历史上最有名的一幅宇宙万物的生成图。

黑格尔在创建宏大的唯心主义体系时，就从唯物主义哲学家赫拉克利特那里吸取了丰富的辩证法思想。黑格尔对赫拉克利特推崇备至，他写道："［像在茫茫大海里航行］，这里我们看见了陆地；没有一个赫拉克利特的命题，我没有纳入我的逻辑学中。"[14]295

同样，马克思和恩格斯给予德国古典唯心主义哲学，特别是黑格尔哲学，以高度评价。当欧洲哲学界把黑格尔当成一条死狗时，马克思仍然以骄傲的口吻说："我公开承认我是这位大思想家的学生。"（2. P. 94）恩格斯赞扬德国古典哲学，说："在19世纪的德国，哲学革命也作了政治变革的前导。"（4. P. 220）他高度赞扬黑格尔："黑格尔的体系包括了以前任何体系所不可比拟的广大领域，而且没有妨碍它在这一领域中阐发了现在还令人惊奇的丰富思想。……他不仅是一个富于创造性的天才，而且是一个百科全书式的学识渊博的人物，所以他在各个领域中都起了划时代的作用。……哲学在黑格尔那里完成了，一方面，因为他在自己的体系中以最宏伟的方式概括了哲学的全部发展；另一方面，因为他（虽然是不自觉地）给我们指出了一条走出这些体系的迷宫而达到真正地切实地认识世界的道路。"（4. P. 225～226）正因如此，黑格尔哲学成为马克思和恩格斯创立现代唯物主义的直接理论来源之一。

列宁以黑格尔为例说："聪明的唯心主义比愚蠢的唯物主义更接近聪明的唯物主义。"[7]305 恩格斯和列宁曾多次批判机械唯物主义和庸俗唯物主义。

§1.4　马克思主义哲学的创立和发展

1　马克思主义哲学创立之前的哲学理论背景

在一定的意义上说，哲学的革命性进展的发生是哲学自身发展的结果。事实上，只有立足于时代的进步，解决以往哲学所未解决的重大问题，新的哲学才能超越以往的哲学并确立自身。

18 世纪欧洲的启蒙运动是广泛的思想解放运动。所谓启蒙是用光明驱散黑暗，以理性代替蒙昧。其中法国启蒙运动最为彻底，影响最大。以伏尔泰、孟德斯鸠和卢梭为代表的启蒙思想家，吹起了资产阶级反封建斗争的号角；“百科全书派”唯物主义哲学家群体，包括狄德罗、爱尔维修和霍尔巴赫等人，代表着当时唯物主义哲学的最高成就。法国唯物主义哲学吸收笛卡儿关于物理学的唯物主义观点，批判他的天赋观念论；继承 17 世纪英国的唯物主义经验论传统，克服其神学不彻底性，并且发展成为公开的无神论，从而将唯物主义推向一个新的高度。它明确地主张，只有物质实体，思维不过是人脑的机能；它坚持唯物主义反映论，力图克服经验论和唯理论的片面性。唯物主义思想的光辉照亮了法国资产阶级大革命的道路。但是，他们秉承机械唯物主义的观点，认为“人是一部机器”，属于孤立静止观的唯物主义。法国的启蒙哲学达到了唯物主义发展史上的第二种形态——机械唯物主义的最完备的形式。

18 世纪末和 19 世纪初的德国古典哲学，从法国的启蒙哲学中吸取思想营养，开辟了哲学发展的新纪元。德国古典哲学是指从康德开始，经过费希特、谢林到黑格尔完成的古典唯心主义哲学和费尔巴哈的唯物主义哲学。

康德是德国古典哲学的创始人。他提出了包含有辩证法思想的天体演化学说（星云说），第一次打开了孤立静止的自然观的缺口。尔后，辩证法思想在黑格尔那里得到了系统的发展。黑格尔继承和发展了从柏拉图直至谢林的客观唯心主义基本观点，同时，继承和发展了从赫拉克利特、柏拉图到康德的辩证法，创立了辩证唯心主义哲学的宏大体系。

黑格尔辩证法是近代哲学的巨大成就。黑格尔哲学不仅对于近代德国的民族精神，而且对于整个世界哲学思想的发展产生了巨大而深远的影响。恩格斯说：

“这种近代德国哲学在黑格尔的体系中完成了，在这个体系中，黑格尔第一次——这是他的伟大功绩——把整个自然的、历史的和精神的世界描写为一个过程，即把它描写为处在不断的运动、变化、转变和发展中，并企图揭示这种运动和发展的内在联系。”(3. P. 398)

黑格尔的辩证法是唯心主义的辩证法。他把“神圣的理念”称为“绝对理念”或“绝对精神”；认定绝对理念或绝对精神是世界万物的本原；自然、社会和人类思维就是绝对理念的外化或派生物。黑格尔的《逻辑学》以范畴为形式，通过对范畴的逻辑推演展开为绝对理念的整个发展过程。绝对理念异化为自然界和人类，通过人类的意识达到对自身的认识，最后又回到自身。黑格尔的研究对象或辩证运动的主体并不是客观存在的事物，而是在世界出现之前就已经在某处存在着的“绝对理念”或“绝对精神”。黑格尔的对立同一学说是“纯粹理念”或者概念的自身发展、自身认识的思辨体系。

黑格尔哲学是头脚倒置的。由于唯心主义体系发展的需要，他把自己的哲学看作是“绝对理念”发展的顶点，穷尽了一切真理的最终体系。他的辩证法思想是不彻底的，而且必然被他的唯心主义体系所窒息。

德国古典哲学最后一个杰出代表是费尔巴哈。他第一个指出黑格尔哲学头脚倒置的特点。他的伟大功绩在于尖锐地批判了黑格尔唯心主义哲学，结束了唯心主义在德国长达百年的独占统治，“直截了当地使唯物主义重新登上王位”，恢复了唯物主义应有的权威。他指出，现实的总和是自然界，人和人的思维是自然的产物，黑格尔的错误在于颠倒了自然与思维的关系。费尔巴哈的主要著作《基督教的本质》提出“宗教是人的本质的异化”的论断，把神的本质归结为人的本质，给予宗教神学和唯心主义哲学以沉痛打击。所有这一切，对于当时德国乃至欧洲的知识界从唯心主义的束缚下解放出来起了极大的作用。

如前所述，费尔巴哈触犯了基督教教义而遭受政治迫害。他被迫迁居到偏僻的乡村，脱离了社会实践和飞跃发展的自然科学，他的哲学没能超出孤立静止观的唯物主义的范围。费尔巴哈全盘否定黑格尔，把黑格尔的辩证法连同他的唯心主义一起简单地抛弃，并不能够真正制服黑格尔哲学并创造出划时代的哲学成果来。恩格斯说：“像对民族的精神发展有过如此巨大影响的黑格尔哲学这样的伟大创作，是不能用干脆置之不理的办法来消除的。必须从它的本来意义上‘扬弃’它，就是说，要批判地消灭它的形式，但是要救出通过这个形式获得的新内容。”(4. P. 229) 完成这个历史任务的并不是别人，而是马克思和恩格斯。

2　马克思主义哲学的创立和发展

19 世纪 40 年代产生的马克思主义哲学是人类的历史发展和哲学发展的必然产物。它首先适应了无产阶级变革资本主义旧世界的革命斗争的需要，同时，又是以往科学发展和哲学发展的反思、总结和提升。

19 世纪 30—40 年代，资本主义的生产方式在英国、法国，在很大程度上也在德国占据了统治地位。随着生产力的迅速发展，资本主义生产方式所固有的生产社会化与生产资料私人占有制的矛盾、企业生产的高度计划性与社会生产的无政府状态的矛盾、无产阶级与资产阶级的矛盾日益尖锐。时代精神的主旋律开始由资产阶级的民主革命转变为无产阶级的社会主义革命。无产阶级作为一种独立的政治力量已经登上了历史舞台，需要有一种代表自己的利益、指导自己行动的新的理论武器和科学世界观来指导。这为马克思主义哲学的创立，特别是历史唯物主义的创立，提供了必要的社会条件。

19 世纪自然科学的发展为新世界观的创立提供了必要的科学认识条件。进入 19 世纪以后，自然科学由原来“搜集材料的科学”发展成为“整理材料的科学”。揭示自然界中各种物质形态之间的联系和发展的科学，诸如地质学、有机化学、胚胎学、动植物生理学等纷纷建立和发展起来。其中细胞学说、能量守恒和转化定律、达尔文的生物进化论三大发现具有划时代的历史意义。自然科学的成就为辩证法关于普遍联系和运动发展的观点，提供了科学依据。恩格斯说：“由于这三大发现和自然科学的其他巨大进步，我们现在不仅能够说明自然界中各个领域内的过程之间的联系，而且总的说来也能说明各个领域之间的联系了，这样，我们就能够依靠经验自然科学本身所提供的事实，以近乎系统的形式描绘出一幅自然界联系的清晰图画。”（4. P. 252）19 世纪中叶，从哲学上全面概括自然科学的成就，深刻地揭示自然界的唯物辩证法性质的条件已经具备。

在一定的意义上说，马克思主义哲学又是 18—19 世纪欧洲哲学，特别是法国启蒙哲学和德国古典哲学发展的产物。

如前所述，法国启蒙哲学，尤其是百科全书派的唯物主义，代表着近代唯物主义的最高水平。德国古典哲学，尤其是黑格尔的辩证法，代表着近代辩证法的最高水平。然而，法国唯物主义是与孤立静止观结合在一起的；黑格尔的辩证法建立在唯心主义的绝对理念的基础之上。同时，法国启蒙哲学和德国古典哲学都坚持唯心主义历史观。这意味着，在 18—19 世纪欧洲哲学中，唯物主义与辩证法遥相隔绝，唯物主义自然观与唯物主义历史观彼此脱离。哲学发展的进程必然要求唯物主义与辩证法的统一，唯物主义自然观与唯物主义历史观的统一。

德国民族是具有理论传统，富有浓厚的哲学色彩的民族，19 世纪的德国处在革命风暴的中心。马克思（1818—1883）和恩格斯（1820—1895）在青年时代首先受到黑格尔哲学的熏陶，同时受到法国唯物主义的影响，尔后又经历了费尔巴哈哲学的洗礼。恩格斯说：费尔巴哈哲学的“解放作用，只有亲身体验过的人才能想象得到。那时大家都很兴奋：我们一时都成为费尔巴哈派了。”（4. P. 228）密切注意着科学发展的马克思和恩格斯，很快就以批判的精神对待他们的前辈。但是他们最了解黑格尔哲学和费尔巴哈哲学，最能珍惜它们的成果，最能抓住它们的缺陷。在总结实践经验和科学成果的基础上，他们抛弃了黑格尔的唯心主义外壳，批判地吸收他的辩证法的合理内核；抛弃了费尔巴哈哲学中的机械论和历史唯心主义杂质，批判地吸收他的唯物主义基本内核，以及法国唯物主义的合理成分，把唯物主义和辩证法、唯物主义自然观和唯物主义历史观有机地结合起来，加以发展，创立了辩证唯物主义和历史唯物主义理论。这是哲学史上的伟大变革。

马克思具有丰富而深邃的哲学思想，其基本观点之间存在着内在的逻辑联系。众所周知，除博士论文《德谟克里特的自然哲学与伊壁鸠鲁的自然哲学的差别》之外，他与恩格斯合著了《德意志意识形态》（未完稿，写于 1845—1846 年），该书首次对唯物史观做了系统的阐述。后来，马克思的主要精力放在与社会发展联系更为直接的政治经济学和社会主义问题上，他专注于《资本论》的写作，而没有撰写其他的专门论述他的哲学思想的理论著作。马克思曾经多次打算写作一本《辩证法》。遗憾的是，这个愿望最终没有实现。我们只能从他对于辩证法的实际运用和他从不同角度对于辩证法的多种论述中，去估量和揣摩他的辩证法思想。马克思的哲学思想散见于各种不同的文本之中，即见诸各种札记、短论、提纲、书信、手稿及论战性著作。但是在马克思的著作中找不到关于马克思主义世界观的明确、完整、全面而系统的论述。

与马克思不同，恩格斯晚年写下了一系列哲学著作，诸如《反杜林论》《自然辩证法》《路德维希·费尔巴哈和德国古典哲学的终结》《家庭、私有制和国家的起源》，在许多书信中阐述了马克思和他本人的哲学思想。恩格斯强调：“我不能否认，我和马克思共同工作 40 年，在这以前和这个期间，我在一定程度上独立地参加了这一理论的创立，特别是对这一理论的阐发。但是，绝大部分基本指导思想（特别是在经济和历史领域内），尤其是对这些指导思想的最后的明确的表述，都是属于马克思的。……所以，这个理论用他的名字命名是理所当然的。”（4. P. 248）因此，马克思逝世之后，人们主要是通过恩格斯的论述去理解并阐释马克思主义的哲学观。恩格斯对马克思主义哲学的创立和普及做出了巨大贡献。

恩格斯称马克思和他所创立的哲学理论为现代唯物主义。他指出："现代唯物主义把历史看做人类的发展过程，而它的任务就在于发现这个过程的运动规律。……现代唯物主义概括了自然科学的新近的进步，从这些进步来看，自然界同样也有自己的时间上的历史，天体和在适宜条件下生存在天体上的有机物种都是有生有灭的；至于循环，即使能够存在，其规模也要大得无比。在这两种情况下，现代唯物主义本质上都是辩证的，而且不再需要任何凌驾于其他科学之上的哲学了。"（3. P. 400）现代唯物主义主要包括辩证唯物论、唯物辩证法学说和唯物主义历史观，它们构成统一的完整的有机整体。

马克思和恩格斯把他们所创立的新世界观运用于无产阶级的革命实践，运用于现实问题和科学问题研究，在总结实践经验和科学发展成果的基础上，不断地推动哲学理论向前发展。马克思和恩格斯从来把自己的哲学看作开放的思想体系，它不断地自我完善，不断地从生产实践、社会实践和科学发展中吸取营养，丰富和发展自己。因此，马克思主义哲学具有旺盛的生命力。

§1.5　现代唯物主义哲学面临新的突破和发展

1　传统的哲学教科书所阐述的现代唯物主义哲学体系

马克思没有撰写过专门论述他的哲学思想的理论著作。恩格斯晚年写下了一系列哲学著作，但是，它们主要是作为论战性著作写作和出版的，不是关于现代唯物主义哲学的完整、全面、系统的论述。大多数人是通过传统的哲学教科书来了解现代唯物主义哲学的基本观点。

用哲学教科书形式解释、宣传马克思主义，由苏联首创。在十月革命之后，为普及马克思主义理论，需要有比较通俗系统的哲学著作。如何编写哲学教科书，涉及对马克思主义哲学的根本特征的理解。

恩格斯指出，唯物主义历史观和剩余价值学说是马克思一生的两个伟大发现。在国外和国内，有一派观点认为，马克思哲学就是历史唯物主义。他们认为，在黑格尔的所有著作中，对马克思产生了根本性影响的著作就是《精神现象学》和《法哲学》，把这两部著作中蕴含的历史唯心主义颠倒过来，就是历史唯物主义。他们认为，事实上，成熟时期的马克思从未提出过历史唯物主义以外的任何其他哲学理论。

问题在于，在《反杜林论》与《路德维希·费尔巴哈和德国古典哲学的终结》中，恩格斯论述了许多并不属于唯物史观的内容。他十分强调马克思哲学与费尔巴哈哲学和法国唯物主义的连续性，费尔巴哈和法国唯物主义哲学却更多地涉及自然界，而非历史领域。这使得人们不能将马克思主义哲学仅仅归结为唯物史观。与恩格斯有过直接交往、当时最有影响的俄国哲学家普列汉诺夫对于苏联的哲学教科书体系的形成产生了极为重要的影响。他在《马克思主义的基本问题》[15]215 中说："马克思主义是一个完整的世界观。简单说来，这是现代唯物主义，也就是现今发展到最高阶段的世界观，这种世界观的基础早在古希腊就由德谟克里特奠定了。"他的这部论著就是要将马克思主义哲学追溯到历史上的唯物主义那里去，为马克思的唯物史观奠定更为一般的基础。他说："'历史唯物主义'仅仅是马克思唯物主义世界观的一部分。谁要是肯花点工夫读一读恩格斯反驳杜林的论战性著作，他就会很容易地相信这一点。这部著作可以说是根据马克思的观点，甚至多多少少还是在马克思帮助之下写成的，而这部著作的第一编，大家知道，是阐述道道地地的哲学问题的。"

列宁曾经指出，俄国年轻一代的马克思主义者是在普列汉诺夫的影响下成长起来的。因此，普列汉诺夫的理解对于后来马克思主义哲学的阐释，产生了极其深远的影响。对于建构哲学教科书而言，这个影响通过德波林的《辩证唯物主义纲要》(1916 年) 和布哈林的《历史唯物主义理论》(1921 年)[16] 两本书的出版发生了作用。布哈林在书的序言中写道："作者之所以选择历史唯物主义的题材，是因为马克思主义理论的这个'基础的基础'还缺乏系统的阐释"；而"另一方面，要求对历史唯物主义理论作系统阐释的呼声是很急切的。"但是布哈林这本书用了接近一半的篇幅叙述辩证唯物主义。

德波林和布哈林开启了以哲学教科书形式阐释、宣传马克思主义哲学的先河，标志着苏联马克思主义哲学教科书体系开始形成。此后，苏联出版了一大批内容相似的哲学教科书。1931 年在批判德波林的高潮中，以斯大林为首的联共（布）中央向苏联哲学界提出一个重大的政治任务，即编写新的统一的哲学教科书。在当时苏联哲学界的主要领导人米汀主持下，组织苏联哲学界力量，以苏联科学院哲学研究所的名义集体编写、出版了米汀和拉祖莫夫斯基主编的《辩证唯物论与历史唯物论》(1932 年)。此书按照列宁和斯大林理解、认可和发挥的观点来阐述现代唯物主义的基本观点，直接为当时的苏联政治和政策做出论证，从而体现了联共（布）中央的意志。此书把辩证唯物主义与历史唯物主义相提并论，标志着苏联哲学教科书的内容和体系基本形成。当今占主导地位的辩证唯物主义和历史唯物主义哲学教科书的内容和结构，与米汀和拉祖莫夫斯基主编的教科书的内容和结构是基本一致的。

米汀和拉祖莫夫斯基主编的哲学教科书很少甚至几乎没有引证马克思的重要著作。其中引证恩格斯的著作多于马克思的著作，引证列宁的著作又多于恩格斯的著作。这种引证经典文献的格局成为苏联哲学教科书引证经典文献的固定模式[17]。后来苏联的哲学教科书，例如康斯坦丁诺夫主编的《马克思主义哲学原理》(此书在20世纪50—80年代曾多次修订再版，成为这个年代的主流教材和权威版本)，都维持了这种状况。

在米汀和拉祖莫夫斯基主编的哲学教科书的基础上，1938年斯大林发表《论辩证唯物主义和历史唯物主义》[18]，由此确立了苏联的哲学教科书的内容、观点和体系在整个国际共产主义运动中的权威地位。

在中国，瞿秋白开启了编写马克思主义哲学教科书的先河，他于1924年出版中国第一本哲学教科书《社会哲学概论》和《现代社会学》。1937年，李达出版《社会学大纲》。1961年人民出版社出版艾思奇主编的《辩证唯物主义 历史唯物主义》[19]。这是中华人民共和国成立之后出版的、由中国学者自己编写的第一本马克思主义哲学教科书。

中国的哲学教科书不是对苏联哲学教科书的简单模仿，它在某些方面有更高的水平，具有一定的独创性。例如，结合中国新民主主义革命和社会主义建设的实际，结合中国传统哲学阐述现代唯物主义哲学的基本原理；更多地引用马克思著作；充分地反映毛泽东的哲学思想。尽管如此，中国哲学教科书基本沿用苏联哲学教科书的基本内容、理论观点和结构体系。

改革开放以来，中国学者对传统哲学教科书体系的探索的一条路径，是沿着深化马克思的实践观点，以实践唯物主义、辩证唯物主义和历史唯物主义的统一为宗旨的方向上展开的。这种思路既有中国的现实基础，在一定程度上又受到了西方马克思主义、东欧新马克思主义的启发和影响。在中国，毛泽东的《实践论》和毛泽东对实践的强调；改革开放初期邓小平推动的关于实践是检验真理的唯一标准的讨论；此外，关于人道主义和异化问题的讨论，关于主体性问题的讨论，也都促使关于实践唯物主义的讨论不断深化。在历史上，1927年，河上肇在强调实践性、阶级性的意义上，把马克思主义哲学称作实践唯物主义；1948年，梅洛一庞蒂在否定辩证唯物主义的意义上，把马克思主义哲学看作实践唯物主义。西方马克思主义和日本马克思主义对于实践唯物主义做过许多探讨。中国学者对于实践唯物主义，以及实践唯物主义与辩证唯物主义、历史唯物主义之间的关系的讨论和研究，有着自己的特色。

在中国哲学界，关于实践唯物主义观点存在着严重的分歧。一些哲学家提出实践本体论，另一些哲学家持相反的意见。一些哲学家认为实践的观点是马克思主义哲学的首要的基本的观点；而另一些哲学家则认为：实践的观点是认识论的首要的基本的观点，也是唯物主义历史观的首要的和基本的观点，但是，不能说实践的观点是马克思主义哲学的首要的基本的观点；马克思主义哲学的首要的和基本的观点是唯物的观点和辩证的观点[20,21]。

通过上面的简单回顾，我们看到，苏联哲学教科书是一种特殊的关于马克思主义哲学的解释系统，它们力图给出马克思和恩格斯没有给出的关于现代唯物主义哲学的完整、全面、系统的论述。但是，问题在于，任何一种解读都受到历史条件、文化传统、政治形势、发展水平，以及编著者的知识结构和价值观念等诸多条件的制约。

我把苏联的哲学教科书和沿用苏联哲学教科书的基本内容和理论观点所编写的哲学教科书，称为传统的哲学教科书。传统的哲学教科书所叙述的全部内容和理论观点，构成一种完整、全面、系统的现代唯物主义哲学体系。一方面，其中包含许多马克思主义哲学的基本观点；另一方面，它们所叙述的许多理论观点，并不代表马克思主义的观点。因此，决不能把传统哲学教科书所叙述的现代唯物主义哲学说成是等同于马克思主义哲学本身。对此，必须保持清醒的认识。

2 现代唯物主义哲学面临新的突破和发展

如前所述，马克思和恩格斯创立了辩证唯物主义和历史唯物主义理论，这是哲学史上的伟大变革。恩格斯称他们创立的哲学为现代唯物主义。但是，马克思和恩格斯没有给出关于现代唯物主义理论的完整、全面、系统的论述。这种完整、全面、系统的研究和论述，无论立足于理论本身，还是人类社会的发展，无疑都是需要的。

本书所说的现代唯物主义哲学是一个广义的概念，是指根据马克思和恩格斯创立的辩证唯物主义和历史唯物主义理论的基本观点所建立的完整、全面、系统的哲学体系，是不断地自我完善的开放的理论体系。

如前所述，基于普及马克思主义的需要，传统的哲学教科书体系形成于 20 世纪 20 年代的苏联，后来传播到中国。传统的哲学教科书在宣传群众、动员群众，普及马克思主义理论方面发挥过重要的作用，取得过巨大的辉煌和成功。其根本原因在于，传统的哲学教科书毕竟阐述了许多马克思主义哲学的基本观点。

苏联编写、出版的哲学教科书，按照列宁和斯大林理解、认可和发挥的观点来阐述现代唯物主义的各种观点，直接为当时苏联的政治和政策做出论证，体现联共（布）中央对于马克思主义的最终定位，其中包含了许多最初由列宁提出、后来由斯大林定夺，并且赋予最终形态、同马克思和恩格斯的思想并无渊源关系、甚至背道而驰的理论观点。此后苏联共产党对于马克思主义的理解和宣传教育，基本上在这个封闭的体系之内运行，拒绝任何创新。在斯大林时代，谁发表违背斯大林的言论是要被杀头的。这种状况严重背离了马克思主义的理论品格，阻碍了马克思主义的发展。在现实中这种被教条化的马克思主义被异化为苏联共产党违背生产力发展规律、超前推进社会主义改造和对外推行扩张性外交政策的工具。这些做法逐渐地动摇了马克思主义在苏联的认同基础，逐渐地侵蚀并最终瓦解了苏联共产党的执政根基。

在传统哲学教科书关于现代唯物主义哲学的完整、全面、系统的论述中，有什么偏差和缺陷？留下了什么值得深思、有待完善、甚至背离马克思和恩格斯的基本观点的问题？这是可以、而且应当、甚至是必须加以讨论的。现代唯物主义哲学要取得新的进步和发展，首先必须达到自身逻辑的精确和内容的完善。为此，需要对传统哲学教科书所阐述的全部内容和理论观点，按照马克思和恩格斯创立的辩证唯物主义和历史唯物主义理论的基本观点，进行审视、清理和完善。

本书着力于分析和探讨现代唯物主义哲学的各个概念和理论观点。对于涉及现代唯物主义哲学的几乎所有主干构件的基本问题（十几个问题），以及许多次要的，被传统哲学教科书错误地理解和阐述的问题（几十个问题），本书做了深入的思考和分析，提出了与传统的哲学教科书不同的解读、理解或不同的理论观点。

马克思和恩格斯把真正的哲学看作一个开放的思想体系，它需要不断地自我完善，同时，需要不断地从生产实践、社会实践和科学发展中吸取营养，以丰富和发展自己。这样，哲学理论才具有旺盛的生命力。

黑格尔说，哲学是“思想所集中表现的时代”。马克思进一步发挥说：“任何真正的哲学都是自己时代的精神上的精华”，“是文明的活的灵魂”。[2]220 恩格斯说：“甚至随着自然科学领域中每一个划时代的发现，唯物主义也必然要改变自己的形式。”（4. P. 234）这些论述说明，现代唯物主义哲学的基本内容和理论观点必然要随着人类生产实践的推进、时代的变迁、科学的发展而取得新的进步和发展。

任何哲学理论必然要随着人类实践的发展而发展。奴隶制社会的哲学不可能提出和解决资本主义社会的问题，21 世纪的哲学不可能局限在 19 世纪提出的问题和认识上。实践是人类的生存和发展的方式。人类的实践与自然界一起构成人类社会的基础。作为人特有的生存方式，有三种基本的实践形式，即物质生产实践、社会交往实践和科学文化实践。100 多年来，人类实践活动的深度、广度、规模、成果，以及给自然界造成的巨大破坏、给人类带来的毁灭性威胁，都是空前的，是以往的实践活动所无法比拟的，需要我们按照辩证唯物主义和历史唯物主义的基本观点，从哲学上做出新的概括和总结。因此，现代唯物主义哲学担负着巨大的责任，同时也面临着新的突破和发展。

物质生产实践涉及人和自然的对立和和谐。自 20 世纪 40 年代以来，随着科学技术和全球经济的发展，人类具备了影响全球环境的能力。人类的实践活动在对自然进行巨大改造的同时，给自然造成了巨大破坏。人类对于自然的需求，人类变革改造自然的传统观念和传统方式，已经达到和超过了地球所能承受的极限。地球濒临灾难的边缘。人类与自然界处于严重的对立中：要么沿着原路走下去，这会加速对自然的破坏，灾难随之而至，甚至会导致人类的灭亡；要么从根本上改变对待自然的态度和观念，而选择可持续发展的道路，确立人类和自然的和谐关系，为子孙后代留下一个适合生存和发展的地球。现代唯物主义哲学必须论证和提示人类前进的方向。

在社会交往实践方面，几百年以来，世界各国，特别是世界大国，以其主要的资源和科学技术力量忙于军备竞赛，忙于冲突和战争，最终制造出了核武器这个恶魔。过去人们说，战争是政治的继续，是推动社会前进的力量。自从核战争可以成为战争的手段，战争的结局却是核战双方连同地球的毁灭，战争的手段和结果与战争的目的相悖。核大战是人类相互交换的自杀，是人类完完全全的自取灭亡。即使如此，不可能、也不应当轻率地得出人类决不会走上这条自杀道路的结论。事实上，许多学者认为，智慧生命具有自我毁灭的倾向。可能的灭绝方式包括核大战、生物武器、不理智的物理实验、程序失控的人工智能等。文明程度越高，自我毁灭的可能性越大。对智慧生命或者人类内部的矛盾，现代唯物主义哲学必须做出哲学的解读，清晰地论证关系人类社会的存亡所应有的认识和道路。

科学文化实践是人类重要的实践活动。众所周知，地球有四五十亿年的历史，地球上的人类有两三百万年的历史，而我们的科学技术，如果从近代科学技术的产生算起，至今也不过三四百年。但是，科学技术的发展是呈几何级数递增的。从 19 世纪到 21 世纪，至少一个半世纪或者两个世纪过去了，科学技术发展的深度和广度大大地超过了以往。例如，物理学研究从宏观物体运动的牛顿力学，到达分子、原子、原子核和基本粒子层次，人类掌握了核能，制造出原子弹、氢弹，掌握了电磁波技术和电子技术；生物学研究从整体水平、器官系统水平到达细胞分子水平，以至掌握了生物生长的奥秘，得以克隆哺乳动物，甚至克隆人自身。利用科学的发现创造各种技术，上天入地，遨游于大海和太空，深入地、确切地认识地球、人类和天体，其中包括 46 亿年的地球演化史、生命进化史（包括五次生物大灭绝的历史），而恒星的结构和演化学说描绘恒星形成、发展和死亡的一生。这意味着，我们在以10亿年计的时间尺度上对人类的过去和未来有了确定的了解。现在我们已经能够确切地知道，大型陨星撞击和超级火山爆发，是人类所面临的来自自然界的毁灭性威胁。19世纪以来科学实践所获得的认识成果，是19世纪的认识所无法比拟的。非常需要我们从哲学上做出新的概括和总结。

现代唯物主义哲学面临着新的突破和发展。

参考文献

[1] 北京大学哲学系外国哲学史教研室. 西方哲学原著选读：上卷［M］. 北京：商务印书馆，1981.

[2] 马克思，恩格斯. 马克思恩格斯全集：第1卷［M］. 2版. 北京：人民出版社，1995.

[3] 黑格尔. 精神现象学［M］. 先刚，译. 北京：人民出版社，2013：20.

[4] 哈里森. 宇宙学［M］. 长沙：湖南科学技术出版社，2008.

[5] 黑格尔. 哲学史讲演录：第3卷［M］. 北京：商务印书馆，1959：292.

[6] 北京大学哲学系外国哲学史教研室. 西方哲学原著选读：下卷［M］. 北京：商务印书馆，1981：489.

[7] 列宁. 列宁全集：第55卷 哲学笔记［M］. 2版. 北京：人民出版社，1990.

[8] 北京大学哲学系外国哲学史教研室. 古希腊罗马哲学［M］. 北京：商务印书馆，1961.

[9] 柏拉图. 理想国［M］. 北京：商务印书馆，1996.

[10] 黑格尔. 哲学史讲演录：第2卷［M］. 北京：商务印书馆，1960.

[11] 黑格尔. 小逻辑［M］. 北京：商务印书馆，1980.

[12] 马克思，恩格斯. 马克思恩格斯全集：第2卷［M］. 北京：人民出版社，1957：163-164.

[13] 马克思，恩格斯. 马克思恩格斯全集：第3卷［M］. 北京：人民出版社，1960：147.

[14] 黑格尔. 哲学史讲演录：第1卷［M］. 北京：商务印书馆，1959.

[15] 普列汉诺夫. 普列汉诺夫哲学著作选集：第3卷［M］. 北京：生活·读书·新知三联书店，1962.

[16] 布哈林. 历史唯物主义理论［M］. 北京：东方出版社，1988.

[17] 袁贵仁，杨耕. 马克思主义哲学教学体系的形成与演变［J］. 哲学研究，2011，10：3-17；2011，11：11-18.

[18] 斯大林. 斯大林文集［M］. 北京：人民出版社，1985：200-231.

[19] 艾思奇. 辩证唯物主义 历史唯物主义［M］. 北京：人民出版社，1961.

[20] 黄枬森. 哲学的科学之路［M］. 北京：北京师范大学出版社，2005.

[21] 本刊记者. 正确认识实践唯物主义 牢固树立辩证唯物主义和历史唯物主义世界观——访中国人民大学哲学院陈先达教授［J］. 马克思主义研究，2011，8：18-29.

第二章　中国古代元气论和古希腊原子论

在中国古代文明和希腊古代文明的基础上，分别产生了中国古代元气论和古希腊原子论。中国古代元气论和古希腊原子论是古代的朴素唯物主义的两种主要形式，它们对古代、近代、现代以至未来的哲学和自然科学的发展，已经产生或还将产生重要的和深远的影响。它们是§3.5叙述的现代科学的新的自然图像，即原子-元气论自然观的思想源泉。

§2.1　萌发、形成和发展中的元气论

元气的观念是几千年来中国古代的贤哲们在探讨世界本原问题的过程中逐渐形成、锤炼和完善起来的。元气论，是中国古代唯物主义哲学的基本理论，也是中医理论和气功理论的基础。

元气论自然观萌发于先秦，形成于两汉，至宋、明、清得到了高度的发展。本节是关于中国古代元气论萌芽、形成和发展历史的简明扼要的叙述。

1　阴阳二气概念的产生

在西周（前1046—前771），气作为明确的哲学范畴已经出现。据《国语·周语》（《国语》传为春秋时期左丘明所著）记载，在周宣王即位那年（前827），虢文公谏周宣王，说到“土气震发”，“阳气俱蒸”，这里用两种不同性质的气即阳气和阴气来解释四季的变化和万物的繁茂与凋衰。此书也记载了周幽王（前781—前770）时伯阳父对地震的解释：“夫天地之气，不失其序。若过其序，民乱之也。阳伏而不能出，阴迫而不能蒸，于是有地震。”在今天看来，这不能算是正确的科学解释，但是，用阴阳二气的失调作为地震发生的原因，而不归结为超自然的力量，

不失为一种朴素唯物主义观点的萌发。这是上古时代关于气的最早的学说。

2　太极阴阳说

伯阳父把阴阳二气看作是自然界的两种力量，没有认为它们构成了世界万物。后来出现太极阴阳说，认为太极和由此产生的阴阳二气是世界万物的本原。

太极阴阳学说始于《周易》。此书分为经和传两部分，《易经》和《易传》，都不是一个时期的作品，更不可能出于一人之手，即使同一篇，也可能经过前后许多人讲述、整理，最后才成为今天见到的样子。据《史记》所记，文王演《周易》。文王时期，周已强大，但是名义上仍是商朝属下的一个诸侯国。文王死后，武王继位，灭商，正式建立周朝。《易经》成于何时，历来说法各异。司马迁在《史记》中说，伏羲画八卦，文王演周易，也许只是一种传说。许多作者认为，《易经》没有周武王以后事件的记载，它的基本内容应是完成于西周初年（前 1046）。《易传》则是后人对《易经》的解释，阐发古经的基本思想，作于东周时代，可能到战国时代已经完成。《易传》对《易经》的思想有继承，也有独创性的发展。

《易·彖传》提出了以乾元和坤元为万物之本原的思想。乾元即阳，坤元即阴，阴阳二气交感作用而化生万物。《易·系辞传》则进一步追溯阴阳的本原，于阴阳之上统以太极，成为一元论。《系辞上传》说："易有太极，是生两仪，两仪生四象，四象生八卦。"易（即宇宙之变化）以太极为始。太极即至极而无以复加，指至高无上的本原，阴阳未分之体。由太极生两仪，两仪即阴阳。两仪生四象，四象即四时。四象生八卦，八卦是乾坤震巽坎离艮兑，也就是天地雷风水火山泽，被认为是其余一切事物和现象之基本。

《管子》的《心术》等四篇，《庄子》《荀子》《淮南子》乃至王充，都有阴阳二气交感化生万物之说，盖渊源于《易传》。可见太极阴阳说对元气论的产生和发展有重要的影响。后人（如汉代董仲舒、唐代孔颖达、北宋周敦颐等）把太极理解为阴阳未分之元气。太极阴阳说是以气为天地万物本原的元气论的雏形。

3　老子的"道"和"无"

关于世界的本原，老子提出了第一个完整的哲学体系。老子究竟是谁？早在《史记》中已不能肯定。司马迁举出三个人：一个是相传中孔子曾问过"礼"的周守藏史老聃，楚苦县厉乡曲仁里人，"老"字是尊称，不是姓氏，他姓李，名耳，字聃；一个是老莱子，楚人，与孔子同时；另一个是战国时期周太史儋。更早的记载，见《庄子·天下篇》，称老子为老聃，说他是“古之博大真人”。可见，老子其人，肯定是有的。现在大多数研究者认为，老子是周史官老聃，生于孔子（前551—前479）之前。《老子》一书（又名《道德经》）是老聃学说的记载和发挥，是老子后学所著，成书于战国中期。《老子》五千言，不是一本杂凑的语录，而是一本有完整体系的哲理诗。老子是哲学家，学术界习惯于把老子学派和后来庄子学派称为道家。老子并未创立宗教。因为老子哲学讲无为、清净、抱一，与道教的宗教思想一致，大约从东汉时期开始，老子被道教捧为教主。后来唐朝李家皇帝奉他为祖先。但是，老子的哲学的思想体系，毕竟与道教是有所不同的。

老子体系的核心概念是“道”。“道”是什么？老子说：“有物混成，先天地生。寂兮寥兮，独立不改，周行而不殆。可以为天下母。吾不知其名，字之曰道，强为之名曰大。”（《老子》二十五章）这就是说有那么一个浑然一体的东西，它先于天地而生，无声无形，独自存在，永不改变，循环运行，永不停息。它可以算做天下万物的本原。我不知道它的名字，把它叫做“道”，勉强取名叫做“大”。“大”（“太”）是指最初的本原。“道冲，而用之或不盈。渊兮，似万物之宗。”（《老子》四章）道空虚无形，却用之不竭，它那样渊深，它是万物之根本。因此道是客观存在的对象，是浑然一体的东西，它是构成万物的原始材料，它是万物之本原。

“道”看不见，听不到，摸不着：“视之不见名曰夷，听之不闻名曰希，搏之不得名曰微。”（《老子》十四章）“其上不皦，其下不昧，绳绳不可名，复归于无物。是谓无状之状，无物之象，是谓恍惚。”（《老子》十四章）它上面不显得光明，下面不显得阴暗，渺茫难以形容，回到无形无象的状态。这叫做无状之状，无物之象，所以叫做“恍惚”。

“道之为物，惟恍惟惚。惚兮恍兮，其中有象，恍兮惚兮，其中有物；窈兮冥兮，其中有精，其精甚真，其中有信。自古有今，其名不去，以阅众甫。”（《老子》二十一章）这就是说，道这个东西，恍恍惚惚，窈窈冥冥，但在恍惚窈冥中，它却有形象，并产生了万物；在恍惚窈冥中，涵着极细微的精气，这精气最具体、最真实。从古至今它的名字不能废去，根据它，才能认识万物的产生。所有这些表示，道是一种客观存在，又无形无象，正是这无形无象的道产生了世上万物。

道既是一种无形无象的东西，所以老子的道也称为“无”。“无名，天地之始。”（《老子》一章）“天地万物生于有，有生于无。”（《老子》四十章）一般而论，“无”字可以作两种解释：一种是一无所有的无，没有任何东西的无，这是绝对的虚无，“有生于无”便是一种唯心主义哲学；一种是浑然一体、无形无象的物质存在，“有生于无”便获得一种唯物主义解释。老子的“无”究竟是什么含义呢？

关于史籍上的“无”字，庞朴作过严谨的考证。他在《说“無”》[1]一文中指出，史籍上有三个无字：亡，無，无。它们的本来的意义各自不同，出现的时序互有先后。最先出现的是“亡”，其含义为有而后无，它同有相对待而成立，是有的缺失或者未完。其次出现的是“無”，其含义为似无实有。“这个‘無’，不等于没有，只是无形无象，永远看不见，摸不着而已。也正因此，它倒不受时空条件的限制，全无罣碍，无时不有，无处不在。更加上它被想象为事事物物的主宰者，因而它不仅不等于没有，简直成了统治万有的大有。”庞朴引用文化人类学材料，说明原始人通过舞蹈与他们认为似无实有的神灵交通。这种“看不见、不知住在什么地方”的神灵就是“無”。后来，以舞事“無”，分工由巫承担。“巫是主体，無是对象，舞是联络主体和对象的手段。巫、無、舞，是一件事情的三个方面。因而，这三个字不仅发一个音，原本也是一个形。”巫所事的無并不局限于神灵，“举凡人们相信其有或确实有但无法感知之存在，皆属巫的工作对象。”“巫以舞所事之無，……在他们和当时人看来，全部都是实有，只是看不见、摸不着，因而谓之無罢了。”“无”字则是晚出的。大概到了《墨经》时代即战国后期，人们才形成绝对空无的观念，并以“无”字表示。现在，如无特殊需要，无论“無”还是“无”，一律采用简化汉字“无”。那么，老子所尚的无究竟是三个无字中的哪一个呢？庞朴说：“即使按最保守的估计，老子也应是战国中期人。其时，如前所述，人们尚未达到‘无’的认识。因此，《老子》中‘有生于无’的‘无’，便不可能是‘无之而无’的‘无’，而只能是‘無’。”

如此看来，把商周之际的智者姜子牙手中的“無”字旗上的“無”理解为“Nothing”（什么也没有）[2]，是不符合历史本义的。

综上所述，可以看到，老子的无是道的另一种表述，决不是一无所有的绝对的虚无，而是无形无象的客观存在，它是构成有形有象的天地万物的原始材料。

许多哲学论文和教科书主要根据老子说了道“先天地生”“有生于无”就断言老子哲学是唯心主义。这种推断其实是不能成立的。任何有限事物都有一个产生、发展和消亡的过程。按照现代科学，天地（指我们的宇宙）也的确有一个生成的过程。作为万物本原的道必然先于天地而存在。老子的无是一种客观存在的对象，如果这个对象就是浑然一体、无形无象的物质，那么“有生于无”便是一种唯物主义的命题。不仅如此，这种“有生于无”的观点，与现代科学关于自然图像和宇宙演化最新探索的观点是完全一致的。

道周行而不殆，它从哪里得到动力？老子说：“反者道之动。”（《老子》四十章）道本身包含着相反的东西，这就是它的动力。关于世界生成的过程，老子说：“道生一，一生二，二生三，三生万物。万物负阴而抱阳，冲气以为和。”（《老子》四十二章）“一”指什么？老子没有明确交代，可能是道本身，也可能是指气。

"二"明显地指阴阳。阴阳相交变化产生了气。阴、阳、气三者产生了万物。万物内含着阴阳两种对立的势力，它们在看不见的气中得到统一。

老子的哲学，摆脱了天命神学去寻找世界的统一性，它肯定了世界万物有着共同本原和普遍规律。这是老子的伟大的理论贡献，也是人类认识的伟大飞跃。用现代语言来表述，道究竟是指什么？指普遍规律还是指本原物质？老子的道，作为普遍规律来看，不脱离本原物质，作为本原物质来看，又不脱离普遍规律。在老子那里，普遍规律和本原物质是同一个范畴。老子哲学确有含混不清的地方。概念含义歧混本是中国传统哲学的弊病。历史上，对于老子的理解有唯物主义和唯心主义两大支派，向着相反的方向发挥。

4 《管子》的精气说

在老子的哲学中，道是万物的本原，而气是道派生的。吸收并改造老子道的观念，提出万物由"精气"构成的，当推《管子》一书中《心术》上下、《内业》、《白心》等四篇的作者。《管子》是春秋战国时代一部重要著作，虽名曰《管子》，却并非管仲一人所著，其中大部分篇章系战国中、后期作品。近人（如郭沫若等）考证断言，《心术》等四篇系宋钘、尹文所作。学术界对此尚有不同意见。但是，四篇属于一个思想体系，而且为战国时代稷下学者所著①，大概是不成问题的。

《管子》的《心术》等四篇第一次提出了精气说。精气说认为，精气是构成万物的本原。何谓精气？"精也者，气之精者也。"（《内业》）精气是一种最精细的气。精气"虚而无形"。"灵气在心，一来一逝，其细无内，其大无外。"气虽然虚而无形，但是，它无处不在，充满一切形体。它是构成万物的原始材料。"凡物之精，比则为生，下生五谷，上为列星。流于天地之间，谓之鬼神，藏于心中，谓之圣人；是故名气。"（《内业》）由于精气的存在及其运动变化，才使"万物以生，万物以成"。精气化生万物有一定的规律："和乃生，不和不生"，并把这一规律称为"和之道"。精气说强调，精气的生化运动规律是客观的，不以人们的意志为转移。"是故所也，不可止以力，而可安以德，不可呼以声，而可迎以意。"（《内业》）人们只可以迎合适用精气的变化规律，而决不能强行制止和改变它。

在精气说看来，老子的道是什么呢？《心术》等四篇有时沿用老子的道作为精气的同义语，例如"夫道者，所以充形也"（《内业》）、"道在天地之间也，其大无

①齐宣王（前320—前302在位）喜文学游说之士，是以齐稷下学宫复盛，学者云集。邹衍、田骈、接子、慎到、环渊、宋钘、尹文等76人均为稷下先生。

外，其小无内”（《心术》上）。但是，在更多的场合，精气说中的道，主要不是指气这一物质实体，而是指精气的属性、功能、本质和运动规律，即从属于精气的、精气本身所固有的性能。

《心术》等四篇花很多篇幅用精气论解释生命和意识的起源。“凡人之生也，天出其精，地出其形，合此以为人。”（《内业》）精气和形结合，产生了人。《心术》等四篇仔细论述了精气与人体健康、人的精神智慧的关系。

精气与人的肌体，“一损俱损，一荣俱荣”。人只有储备了足够的精气，才能四肢坚固，器官通畅。为了有充足的精气藏于体内，人必须心中安静，排除欲望。“定心在中，耳目聪明，四肢坚固，可以为精舍。”（《内业》）“虚其欲，神将入舍。”“去欲则宣，宣则静矣；静则精，精则独立矣；独则明，明则神矣。神者至贵也。”（《心术》上）排除了欲望，精气才能宣通。精气宣通，就能保持平静，集中精力，专心思考，明察事理而获得最高的智慧。因此，萌芽的元气论在某种意义上也是萌芽的中医理论。往后，中医理论就是在元气论哲学的指导下形成和发展起来的。

《心术》等四篇提出的精气说真正确立了中国古代气一元论的自然观。它上承老子，下启荀子，为尔后中国古代的元气论哲学传统奠定了理论基础。不仅如此，精气说也是原始道家养生理论，中医理论的萌芽。

精气说并不是十分成熟的。“天出其精，地出其形，合此以为人。”这里，形是什么？形也是由气聚集而成的吗？应当如此，否则万物就有两个本原。但是，作者对此没有明言。精气“藏于胸中，是谓圣人”，胸必先于精气而存在，胸又是由什么构成的呢？作者对此也没有明言。此外，在《心术》等四篇中，气是一个没有矛盾、没有分化的绝对同一体，运动变化的动力来源哪里呢？作者对此没有回答。总之，精气说留下一些含混不清之处。

5 庄子

第一个明确地把形和气联系起来，把阴阳二气交互作用当作万物变化的动力的，是战国时代的庄子（约前 369—前 286）。庄子认为，“形本生于精”（《庄子·知北游》），“气变而有形”（《庄子·至乐》）。

“气变而有形”出自《庄子·至乐》中这样一个故事：庄子的妻子死了，惠子去吊唁，看见庄子蹲坐于地，鼓盆而歌。惠子说：“与妻子共同生活，她为你养儿育女，现在老而身死，你不哭也就够了，还敲着瓦盆唱歌，不是过分了吗？”庄子说：“不是这样。当她刚死的时候，我怎能不哀伤呢？只是我后来省察到，她开始本无生命；不仅无生命，而且无形体；不仅无形体，而且无气血。在恍恍惚惚、若有若无之间，变而有气，气变而有形，形变而有生命，现在又变而为死，这种生来死往的变化，好像春夏秋冬四季运行一样。人家安息在广漠的天地之间，而我还在啼啼哭哭，我以为这是不了解生命的实情，所以我便停止哭泣了。”

《庄子·知北游》提出了“通天下一气”的命题，其中写道：“人之生，气之聚也；聚则为生，散则为死。若生死为徒，吾又何患？故万物一也……故曰：通天下一气耳。”人之生死是气之凝聚与消散，万物都是气之变化。这是明确的元气论的物质概念。庄子认为，阴阳二气的交互作用是万物运动变化的内在的根据。“至阴肃肃，至阳赫赫。肃肃出乎天，赫赫发于地，两者交通成和，而物生焉”（《庄子·田子方》）。阴气肃杀，阳气炎热，阴气从地上发出，阳气从天上产生，两者交通融和，万物便由此产生。

这里庄子的局限性在于，他还没有把气和阴阳对立这两种观念有机地结合在一起，从而建立起包含阴阳两个方面的对立统一的气一元论观念。此外，庄子的上述思想仅见于个别言论，并未作为他的整个世界观的基础。

在庄子哲学中，继承和发挥老子的思想，道是最高的范畴，是万物的总根源。有的学者认为，庄周的道是唯心主义的精神实体，气为道所支配；有的学者认为，庄周的道是气，是构成万物的本原。这种分歧的发生，与确定《庄子》一书中的内篇，外篇和杂篇中究竟哪些著作属于庄周本人，又哪些著作是庄周后学的作品这样一个问题有很大的关系。在此不作进一步的讨论。

6 荀况——先秦哲学的集大成者

先秦哲学的集大成者荀况（约前 313—前 238，其政治和学术活动约在前 298—前 238）是一个彻底的唯物主义思想家。他认为，物质性的气是万物的本原。他说：“水火有气而无生，草木有生而无知，禽兽有知而无义；人有气、有生、有知，亦且有义。”（《荀子·王制》）世上万物，由水火、草木、禽兽到人类，所有非生物和生物，均由共同的本原——气构成。荀子的气是指一般物质存在，明确了世界的物质统一性，体现了人类抽象思维的高度发展。荀子说：“天地合而万物生，阴阳接而变化起。”（《荀子·礼论》）阴阳对立当作万物运动变化的内在根源。除上述明确的表述外，在《荀子》一书中没有展开地讨论气的问题。

7 《淮南子》

汉初，淮南王刘安（前 179—前 122）集合一批学者，合写了《淮南子》一书。

刘安是汉高祖刘邦的少子淮南厉王长的儿子。淮南厉王在汉文帝时以谋反得罪，在流徙途中绝食而死。公元前164年，汉文帝把厉王长的封地分为三份，以刘安为淮南王。刘安与其父一样，与西汉朝廷分庭抗礼，最后“谋反事发”，自杀身亡。淮南王为人好书，博学多才，招致宾客方术之士数千人，合写了《淮南子》这一哲学巨著，其中某些篇章可能出自门客之手，但是，全书的基本结构和基本思想则非刘安莫属。刘安在学术方面做出了为后人称道的业绩。

《淮南子》的宇宙观的根本范畴是道，但是他们对于道有自己的解释：“道始于虚霩”，“道始于一”，而不是道生虚霩，道生一。在天地生成之前，宇宙是浑然一体，无形无象的“虚霩”或“一”。“虚霩”或“一”是什么呢？它是怎样化生万物的？《淮南子》说：“道［日规］始于一。一而不生，故分而为阴阳。阴阳合和而万物生，故曰：一生二，二生三，三生万物。”又说：“道始于虚霩：虚霩生宇宙；宇宙生气；气有涯垠（分际），清阳者薄靡而为天，重浊者凝滞而为地……”这里，“虚霩”或“一”和气究竟是什么关系，缺乏明确的叙述。似乎是“虚霩”生了宇宙，宇宙生成后才有了气。但是，细玩文义，可以看出，“虚霩”或“一”就是气，自身等同的气不可能产生万物，只有当它分化成为阴阳二气，具有内在的矛盾和动力，才能合和而化生万物。把阴阳二气看作是一元之气自身分化的结果，自然是一个进步，但它承认了在此之前一个与自身等同的气之初始阶段的存在。

总之，《淮南子》已经有了气化生万物的思想，但是尚缺乏明确的表述。该书主要目的是论述一种治国之道，对气的问题没有作更多的探讨。

8　“元气”一词的出现

尽管前面说过，太极阴阳说是元气论的雏形，元气论导源于老庄学说，精气说为尔后的元气论奠定了理论基础等，但是，“元气”一词，在《荀子》《庄子》以及更早的古籍中是找不到的。在约成书于战国末期的道家学派的著作《鹖冠子》中，首次使用了“元气”概念，说：“精微者，天地之始也。……故天地成于元气，万物乘于天地。”精微者，就是指元气，天地之始，万物之母。“元”在中国古代哲学中指天地万物的本原。因此，把“元”和“气”复合，就意味着把气作为天地万物的本原。吴光在《黄老之学通论》一书中做了关于《鹖冠子》非伪书的详细考辨，认为此书成于战国时代的楚国。所以，“元气”的观念在战国后期已经出现。

“元气”一词，屡见于汉代著作中，在西汉后期已非常流行。汉初的董仲舒（前179—前104）已明确地使用了“元气”一词。他说：“元者始也，言本正也，道王道也。王者人之始也，王正则元气和顺，风雨时，景是见。”（《春秋繁露·重政》）董仲舒肯定气的存在，并且明确地说明了气的连续性。他说：“天地之间，有阴阳之气，常渐人者，若水常渐鱼也。……是天地之间，若虚而实。”（《春秋繁露·如天之为》）董仲舒虽然讲元气，但他认为天是自然界的最高主宰，是万物的创造者。他编造了一个“天人合一”“天人感应”的神学唯心主义的哲学体系。

9　汉代王充的元气论

王充（27—约 97）是继荀况之后伟大的唯物主义哲学家。他的被保存至今的著作只有《论衡》八十四篇。《论衡》一书对于当时的豪强贵族和官僚地主进行了尖锐的揭露和批判。因此它一问世就遭到非议。卫道士说王充是千古罪人。王充的战斗精神从下面的言论中可见一斑。当时有刘邦是龙的儿子的说法。王充对此批驳道：“《高祖本纪》言：‘刘媪尝息大泽之陂，梦与神遇。是时雷电晦冥，太公往视，见蛟龙于上，已而有身，遂生高祖。’其言神验，文又明著，世儒学者，莫谓不然。如实论之，虚妄言也。”（《奇怪篇》）王充指出，只有同种同类的动物才能互相交配，龙属兽类，怎能与人交配，产生后代？他说：“今龙与人异类，何能感于人而施气？”（《奇怪篇》）王充批驳关于刘邦的神话传说，这是需要勇气的。

王充唯物主义的自然观就是元气论。王充强调世界的物质性，他指出元气是天地之间万物的本原。他说：“天地，含气之自然也。”（《谈天篇》）天地之间充满着元气。“天地合气，万物自生。”（《自然篇》）他认为，自然界万物的生成死亡都是元气自身变化的结果，根本没有什么神意的安排。“谓自然无为者何？气也？”（《自然篇》）人和万物一样都是由元气构成的。“人，物也，禀天地阴阳之气以生。”“人禀元气于天。”（《无形篇》）“人未生，在元气之中；既死，复归元气，元气荒忽，人气在其中。”（《论死篇》）人气是元气的一部分。人和其他东西的不同之处仅仅在于，“人，物也，万物之中有智慧者也。”（《辩崇篇》）这样就根本否定唯心主义的天人感应的目的论。

王充指出，天地的运动是本身固有的，无须假设有外力的推动。“地固且自动”，“星固将自迁”（《变虚篇》），因此，“自然之道，非或为之也”，“自然之化，固疑难知，外若有为，内实自然”（《自然篇》）。他否定在自然界之外还存在一个推动力，否认天意是自然界变化的原因。

王充讨论了天究竟是气还是体的问题。他认为：“如实论之，天体，非气也。”（《谈天》）天是与地相类的有固定形体的存在。把天地看成物质实体，一点也不神秘，但是，把天地看成刚体，这种见解并不符合科学。天地与元气有什么关系呢？王充引述儒书之言说：“说《易》者曰：‘元气未分，浑沌为一’。儒书又言：‘溟涬濛澒，气未分之类也。及其分离，清者为天，浊者为地。’”对此王充断言：“儒书之言，殆有所见。”（《谈天篇》）又说：“天禀元气，人受元精。”（《超奇篇》）可以说，王充承认天地也由元气构成。王充的主要兴趣在于阐明“天道自然”，对天地如何起源的问题，他没有多讲。

天地是元气的产物，天地形成之后，其间充满着元气，化生万物。这样王充较之《淮南子》前进了一步，明确地把元气作为天地万物的本原，奠定和形成了元气论自然观。这是先秦之后唯物主义哲学的第一次跃迁。在王充前后，刘歆、何休、郑玄等人也都比较明确地认为元气是天地万物的本原，但他们都没有形成自己的哲学体系。王充的元气论是两汉时期元气论发展史上最重要的里程碑。

10　北宋张载的元气论

魏晋南北朝时期，随着印度佛教传入，产生了中国的佛教哲学，道教、佛教盛行，元气论研究处于相对停滞的状态。到了隋唐，儒学恢复了正统地位，佛教和道教的宗教唯心主义弥漫到意识形态各个领域；尽管如此，唯物主义还是有所发展，产生了柳宗元、刘禹锡这样的唯物主义者，在宇宙观上，他们坚持元气论，提出了“惟元气存”的重要命题。

宋代，哲学获得巨大的发展，不论唯物主义还是唯心主义，都在斗争中吸取各家的成就，达到了更高的水平。北宋是元气论获得重要发展的时期，出现了一批元气论的唯物主义哲学家，如李觏、王安石、张载等。其中张载（1020—1077）是元气论的集大成者，建立了宏大而丰富的元气论哲学体系。§2.2 将较详细地介绍张载的元气论，故这里暂且略去不提。

面对张载哲学的巨大成就，唯心主义哲学相应地改变了自己的形式。二程（程颢，1032—1085；程颐，1033—1107）采纳了元气论的一些观点，认为万物都是气变化而成的。但是，他们不承认无形之气，认为“有形总是气，无形只是道”（《遗书》六），“凡物之散，其气遂尽”（《遗书》十五），物散则气随之消灭；只有理是永恒的。二程认为，“理”就是世界万物变化所根据的法则，是自然界最高的原则，理比气更根本，气从属于理。

南宋的朱熹（1130—1200）继承二程的思想，同时，采纳张载的元气论。他有意地尽量回避，甚至拒绝回答理气孰先孰后这个基本问题。但是，他说：“天地之间，有理有气。理也者，形而上之道也，生物之本也。气也者，形而下之器也，生物之具也。”（《答黄道夫》）理是第一性的，创造万物的根本，气是第二性的，创造万物的材料，气不是世界的最高本原。

11 明代王廷相和方以智的元气论

明代的王廷相、方以智等人在与程朱派理学和陆王派心学的论战中，继承和发展了张载的学说。

王廷相（1474—1544）以气为世界的唯一实体。他认为，最根本的气，天地未分的原始状态，叫做元气，现在的物质世界是由元气转化而成的。他说："天地之先，元气而已矣。"（《雅达》）元气无形，而有形之物也都是气。"有形，生气也；无形，元气也。"（《慎言》）生气就是元气所生成的有形之气。王廷相强调，气是永恒的，永远不会消灭，处于经常的运动变化之中，理在气中，气有变化，理也不是永恒不变的。

方以智（1611—1671）认为，世界统一于气。他说："一切物，皆气所为也。空，皆气所实也。"（《物理小识》）他提出"气形光声为四几"（四种变化状态）之说。他说："气凝为形，发为光声，犹有未凝形之空气与之摩荡嘘吸。故形之用止于其分，而光声之用常溢于其余。气无空隙，互相转应也。"（《物理小识》）"形之用止于其分"，形彼此不连续，而"气无空隙"，是连续性的存在。

12 王夫之元气论——中国古代朴素形态唯物辩证法哲学的高峰

明末清初是元气论发展的又一个重要的时期。明末清初的王夫之（1619—1692，湖南衡阳人）是一位伟大的唯物主义哲学家。青年时代，王夫之参加湖广乡试，中举人。明朝灭亡，清军南下，王夫之于1648年在衡山举兵抗清。战败后逃往肇庆，投奔南明。因弹劾权奸，几陷大狱，险遭残害，后经农民军领袖仗义营救，得以脱险。后见事无可为，决计隐遁，辗转湘西，遁藏深山，窜身瑶洞，刻苦研究，勤恳著述凡四十年。晚年隐居在衡山石船山麓，著书讲学，后人尊为"船山先生"。他著述极丰，一百多种，四百多卷，而以《张子正蒙注》为代表。在这部书中，他以为张载《正蒙》一书作注的形式，发表自己的哲学见解。

王夫之系统地总结了我国古代朴素唯物主义，在自然观、认识论、辩证法和历史观方面都有很大的发展。他继承了张载的唯物主义思想，通过对宋、明以来唯心主义的清算和批判，把唯物主义元气论学说发展到更加完备的形态。王夫之以张载继承者自居。他十分推崇张载，说张载的学说"如日月丽天，无幽不烛，圣人复起，未有能易焉者也。"（《张子正蒙注·序论》）他鉴定自己一生的政治学术活动的宗旨是："抱刘越石之孤愤而命无从致；希张横渠之正学而力不能企。"

(《自题墓石》)张载家住凤翔郿县(今陕西眉县)横渠镇，世称横渠先生。王夫之这样推崇张载是作了过分的夸张。实际上，他大大发扬了张载的唯物主义元气论思想，又在很大程度上克服了张载思想中的唯心主义杂质。因此，他继承了张载，同时又大大地超越了张载。§2.2将较详细地介绍王夫之的唯物主义元气论自然观和丰富的朴素辩证法思想。唐朝诗圣杜甫留下过著名的诗句："会当凌绝顶，一览众山小。"确实，登上群山之巅，回首中国古代诸座思想峰峦，就会有"众山小"之感。王夫之哲学是中国古代朴素唯物主义辩证法哲学的高峰。

§2.2　成熟形态的元气论的主要观点

张载和王夫之是古代元气论发展过程中的两座丰碑。张载建立了比较完整的元气论理论体系，后来经过王廷相和方以智，到王夫之达到元气论自然观的成熟和完备的形态。因此，下面我们以张载和王夫之的论述为根据，详细地分析元气的性质，探讨成熟形态的元气论的主要观点。

第一，气是连续性的一般物质存在，充满了整个宇宙。没有任何物质的虚空是不存在的。

张载认为，一切存在都是气。他说："凡可状者皆有也，凡有皆象也，凡象皆气也。"(《正蒙·乾称》)一切可以表述的都是存在，一切存在都是可见之象，而一切可见之象都是气。

张载认为："太虚无形，气之本体"。无形不能看作虚无，"知太虚即气，则无无"。(《正蒙·太和》)世界上根本不存在绝对的"无"。张载关于"太虚即气"的观点较之《淮南子》的"道始于虚霩"的观点是一大进步。

张载说："太虚不能无气"，"气之聚散于太虚，犹冰凝释于水"。(《正蒙·太和》)这里似乎把太虚说成是气往来聚散的场所。在张载哲学中，气还不具有物质一般的含义。

张载的这种不严密的论证为王夫之所补充。王夫之肯定气是唯一的实体，他说："天人之蕴，一气而已。"(《读四书大全说》卷十)又说："人之所见为太虚者，气也，非虚也。""虚空者，气之量。气弥沦无涯而希微不形，则人见虚空而不见气。凡虚空，皆气也。""阴阳二气充满太虚，此外更无他物，亦无间隙。天之象，地之形，皆其所范围也。"(《张子正蒙注·太和》)"太虚非虚，充塞无余。"(《柳岸吟》）在王夫之看来，气是具有普遍性、无限性和连续性的物质存在，而“凡虚空皆气也”，没有任何物质的虚空是不存在的。

王夫之不把气仅仅看作是“生物以息相吹”（张载）的具体实物，他运用“实有”范畴，力图从哲学上对一般物质存在做出更高的概括。他说：“太虚，一实也。故曰‘诚者天之道也。’”（《思问录·内篇》）“诚也者，实也。实有也，固有之也。”（《尚书引义》卷四）用“实有”这种最高的抽象来表达物质的一般客观实在性，这是认识上的一个飞跃。

第二，作为物质一般的气永恒存在，不会消灭，并处于永恒的有规律的运动变化之中。

张载认为，气虽有聚散，却没有生灭。所以他说：“气不能不聚而为物，万物不能不散而为太虚。”“其聚其散，变化之客形尔。”“气聚，则离明得施而有形，气不聚，则离明不得施而无形。方其聚也，安得不谓之客；方其散也，安得遽谓之无!”（《正蒙·太和》）有、无及隐、显的区别，只是气化过程中物质存在的不同形态。张载达到了物质不灭的臆测。

张载认为，永恒的气处于永恒的运动变化之中，而且这种运动变化是有规律的。他说：“气坱然太虚，升降飞扬，未尝止息。”（《正蒙·太和》）又说：“若阴阳之气，则循环迭至，聚散相荡，升降相求，絪缊相柔，盖相兼相制，欲一之而不能，此其所以屈申无方，运行不息，莫或使之。”（《正蒙·参两》）张载认为：“天地之生物也有序，物之既形也有秩”（《正蒙·动物》）；“万物皆有理”（《语录》）。这是说，气运行变化不息，有自己运动变化的规律。不仅如此，“理不在人，皆在物，人但物中之一物耳。”（《语录》）

王夫之继承和发展了张载的理论。

王夫之说：“（气）聚散变化，而其本体不为之损益。”“（气）散而归于太虚，复其絪缊之本体，非消灭也。”（《张子正蒙注·太和》）所谓絪缊，是指气的运动变化。他举例说，柴草燃烧变成烟和灰，柴草不见了，并不是物质消灭了，而是各有所归，“木者仍归木，水者仍归水，土者仍归土，特希微而人不见耳。”又如，“汞见火则飞，不知何往，而究归于地。”王夫之认为，气有往来、屈伸、聚散的变化，但是气本身不生不灭，是永恒存在的。“故曰往来，曰屈伸，曰聚散，曰幽明，而不曰生灭。”他斥道：“生灭者，释氏之陋说也!”王夫之规定了气的永恒不灭性，他事实上明确了物质不灭定律。

王夫之认为，物质和运动是不可分割的，世上万物都在运动变化之中。他说：“天地之德不易，而天地之化日新。今日之风雷非昨日之风雷，是以知今日之日月非昨日之日月也。”“江河之水，今犹古也，而非今水之即古水。”人身上的爪发、肌肉，直至地上的江河、天上的风雷日月，无时无刻不在变化更新，从来就没有什么永恒不变的事物。只是“水火近而易知，日月远而不察耳。爪发之日生而旧者消也，人所知也；肌肉之日生而旧者消也，人所未知也。人见形之不变而不知其质之已迁，则疑今兹之日月为邃古之日月，今兹之肌肉为初生之肌肉，恶足以语日新之化哉！”（《思问录·外篇》）王夫之说的质变就是今天所说的量变或部分质变，他说的形变，就是今天所说的根本质变。王夫之触及到量变质变的规律。

王夫之认为，运动是绝对的，静止是相对的。“静者静动，非不动也。”“静即含动，动不舍静。”“废然之静，则是息矣。”（《思问录·内篇》）绝对的静是没有的。“动静皆动也。”（《读四书大全说》卷十）这是十分卓越的观点。

王夫之进而认为，运动变化是有规律的。“气之条绪节文，乃理之可见者也。”（《读四书大全说》卷九）但是，他说作为运动变化规律的理不能离开气。“气外更无虚托孤立之理。”（《读四书大全说》卷十）“气者理之依也。”（《思问录·内篇》）王夫之就这样唯物地解决了物质运动和运动规律的关系问题。

张载和王夫之把气的运动变化称为“气化”。气化概念的含义，在不同元气论者那里各有不同，大体上可区分为狭义和广义的两种。狭义的气化，指无形之气（太虚之气和游气）的运行变化，以及它们向有形万物的转化。与此义相对，所谓“形化”，则指有形万物以形相生的过程。张载和王夫之的气化是广义的概念，指无形之气和有形万物等一切物质形态的运动变化过程。

后来的唯物主义启蒙思想家戴震（1724—1777）提出“气化流行，生生不息”（《孟子字义疏证》卷中），对于气化观点做出了很好的概括。这就是说，物质世界处于永恒的无休止的运动和变化中，不断地产生出新事物。这表达了元气论气化观点的本质。

第三，气运动变化的根本原因在于它内部的矛盾性。气是包含阴阳两个对立面的统一体。

气为什么能运动变化呢？张载认为：“凡圜转之物，动必有机。既谓之机，则动非自外也。”（《正蒙·参两》）这个“机”，即气运动变化的动因，就在气内部所固有的矛盾性。张载提出“一两”的范畴，对气的内部矛盾给予深刻的论述。他认为，太虚之气一中有两。“一物两体，气也。”（《正蒙·参两》）若没有两，也就没有一：两如果不是一中之两，就不能形成对立。“不有两则无一”；“两不立则一不可见，一不可见则两之用息。”（《正蒙·太和》）太虚之气的一中之两是什么呢？概括言之，是有阴有阳；具体言之，“两体者，虚实也，动静也，聚散也，清浊也，其究一而已。”（《正蒙·太和》）“阴性凝聚，阳性发散；阴聚之，阳必散之，其势均散。”（《正蒙·参两》）包括阴性和阳性的统一的气叫做“太和”。张载说：“太和所谓道，中涵浮沈升降，动静相感之性，是生絪缊相荡，胜负屈伸之始。”（《正蒙·参两》）这是说，“太和”作为阴阳二性的统一体，阳性浮、升、动，阴性沈、降、静，二者相互作用，发生了相互渗透，相互推荡，此胜彼负，或屈或伸的变化。太和之气这种运行变化的过程，张载谓之“道”。他说：“气有阴阳，推行有渐为化，合一不测为神。”（《正蒙·神化》）阴阳二性相互推动，逐渐地转移变化，这是“化”；阴阳二性又相互结合，变动微妙不测，这是“神”。

张载说：“气本之虚则本无形，感而生则聚而有象。有象斯有对，对必反其为，有反斯有仇，仇必和而解。”（《正蒙·太和》）张载阐述了中国古代辩证法思维注重阴阳的统一性，论述了“和”的命题，提出“太和所谓道”“仇必和而解”。《周易》的智慧在和谐。和谐是中华民族五千年来一以贯之的理念。

如上所述，张载意识到气一分为二，其内部包含着阴阳二性的对立，形成了运动。这种朴素唯物论和朴素辩证法的统一，是张载的重大贡献。

王夫之发展了张载关于“一物两体”“动非自外”的观点，坚持内因论而反对外因论。他说：“一气之中，二端既肇，摩之荡之，而变化无穷。”（《张子正蒙注·太和》）他又说：“天下之变万，而要归于两端。”（《老子衍》）“两端”是什么呢？所谓“两端”就是阴阳二性两个对立面。“无有阴无阳，有阳无阴之气。”（《张子正蒙注·大易》）“絪缊太和，合于一气，而阴阳之体具于中矣。”（《张子正蒙注·参两》）阴阳两端，合于一体，不可分离，这是一方面。另一方面，阴阳“相峙而并立”，“判然各为一物，其性情、才质、功效，皆不可强之而同。”（《周易内传》卷一、卷五）“其中阳之性散，阴之性聚，阴抱阳而聚，阳不能安于聚必散，其散也阴亦与之均散而返于太虚。”（《张子正蒙注·参两》）因此，“阴阳合于太和，而性情不能不异，惟异生感。”（《张子正蒙注·太和》）总之，阴阳两端相对立，相摩相荡，引起气的运动变化。这就是万物运动变化的源泉。

有一种观点认为，气本无阴阳，由于有了动静才有了阴阳。王夫之认为这种看法是错误的。“非气本无阴阳，因动静、屈伸、聚散而始有也。”（《张子正蒙注·神化》）“天地之法象，……虽阴阳不相离，而抑各成乎阴阳之体。就有昭明流动者谓之清，就其凝滞坚强者谓之浊；阳之清，引阴以偕升，阴之浊，挟阳以俱降。”（《张子正蒙注·太和》）“谓太极本未有阴阳，因动而始生阳，静而始生阴。不知动静所生之阴阳，为寒暑、润燥、男女之情质，乃固有之蕴，其絪缊充满在动静之先。动静者既此阴阳之动静，动则阴变于阳，静则阳凝于阴。”（《张子正蒙注·太和》）这里强调运动离不开阴阳二性，运动是阴阳二性的属性，运动的源泉就在物质本身之中，说明阴阳始终同在，而且可以相互转化。这一切表明，王夫之比张载更加明确地深刻地阐述了阴阳的对立统一是运动变化的源泉。

第四，气凝聚而成有形物体，气散则归于太虚。气是构成万物的本原。

张载认为，一切存在都是气。“太虚无形，气之本体；其聚其散，变化之客形尔。”（《张子正蒙注·太和》）无形的太虚之气是气的本来状态，而凝聚消散只是气运动变化的暂时的形态。“太虚不能无气，气不能不聚而成万物，万物不能不散为太虚。”（《张子正蒙注·太和》）但是，太虚本然之气并不直接聚而为物，直接凝聚成有形的万物的是游气。“游气纷扰，合而成质者，生人物之万殊。”（《张子正蒙注·太和》）

王夫之继承和发挥张载关于一切存在都是气，天地万物由气构成的思想。他说：“凡虚空皆气也，聚则显，显则人谓之有，散而隐，隐则人谓之无。”（《张子正蒙注·太和》）“聚而成形，散而归于太虚。”（《张子正蒙注·太和》）他解释气：“游气，气之游行，即所谓升降飞扬。”王夫之称它为“分阴分阳”之气，“分阴分阳，生万物之形。”（《张子正蒙注·参两》）

这样，在张载和王夫之看来，无形的太虚之气，升降飞扬的游气和有形物体，是物质的三种基本形态。或聚或散，有形无形，都只是元气运动变化的结果。

第五，气不仅构成一切有形物体，还充满在这些物体之中。未聚之气不仅与物体发生相互转化和相互作用，而且是这些物体之间相互作用的中介。气把天地万物联系成一个整体。

张载把太虚无形未聚之气称为“清气”，把气凝聚的结果称为“浊气”。他说：“太虚为清，清得无碍，无碍故神；反清为浊，浊则碍，碍则形。凡气，清则通，昏则壅，清极则神。”（《正蒙·太和》）对此，王夫之加注写道：“气之未聚于太虚，希微而不可见，故清；清则有形有象者皆可入于其中，而抑可入于形象之中，不行而至，神也。反者，屈伸聚散相对之谓。气聚于太虚之中则重而浊，物不能入，亦不能入物，拘碍于一而不相通，形之凝滞然也。”（《张子正蒙注·太和》）这就是说，太虚未聚之气不仅具有可入性，有形的物体可以进入于其中，而且反过来，它也可以进入这些物体之中。因此，从人到草木瓦石，各种非生物和生物，内部都被气充满着。但是，气凝聚而成的物体具有互相的不可入性。

既然如此，物体之间的相互作用是如何发生的呢？王夫之说：“物各为一物，而神气之往来于虚者，原通一于絪缊之气。故施者不吝施，受者乐得其受，所以同声相应，同气相求，琥珀拾芥，磁石引铁，不知其所以然而感。”（《张子正蒙注·动物》）这已经认为物体之间的相互作用（如电磁相互作用）不是超距作用，而是通过元气（场）进行的。不仅无生命的物体之间，而且人体各部分之间的联系也由气作为中介。他说：“今夫体，皆听心之为者也。动静云为，皆气奉心之微指以喻于体。动静云为，皆心使气之效也。”（《经义》）不过，这里把气看作是与心相对的，气是相对心而独立存在的实体。最后，人与外在世界的联系也是由气做中介。关于这一点，王夫之说："盖气者吾身之与天下相接者也"（《读四书大全说》孟子　公孙丑上篇）。他又说："圣人化成天下，其枢机之要，唯善用其气而已。""存神以御气，则诚者而圣德成矣。"（《张子正蒙注·神化》）所有这些论述都表达了极其重要的值得深思的观点。

气是有形的天地万物之间相互作用的中介，因此，气把天地万物联系成一个整体。早在王充的《论衡》一书中，就以气的连接维系作用论证了天地万物一体的观点，这个观点在以后的元气论著作中得到了相当普遍的响应。张载说："有无、虚实通为一物者，性也。"（《正蒙·乾称》）又说："圣人尽性，不以见闻梏其心，其视天下，无一物非我。"（《正蒙·大心》）张载认为，万物的本性具有相互感通的能力，因而万物由"性"而通为一物（即一体），但是，这一点只有"尽性"的圣人才能体会到，对圣人来说，"无一物非我"。

以上根据张载和王夫之的论述阐述了元气的性质和元气论的主要观点。如果进一步加以概括，可以说中国古代元气论具有四个基本特征，即连续的物质本原，气化生生不息，阴阳的对立统一和有机联系的整体观。这些观点体现了东方人的智慧和中国哲学的特色，它更为深刻地反映了自然界本身的辩证法，并正在成为现代科学的新自然观的基础。

像任何事物和学说一样，张载哲学和王夫之哲学也会存在不足之处和历史的局限性。关于张载哲学，学术界尚存在较大的分歧。

从以上所述，我们看到，张载哲学和王夫之哲学是一个多么博大精深的理论体系。特别是王夫之哲学，达到了那个时代可能达到的理论高度，其成就是空前杰出、极其宝贵的，具有划时代的意义，它是中国思想史乃至世界思想史上一颗光彩夺目的明珠，直到今天还放射出不灭的光辉。继承这份宝贵的遗产，中国人应当对科学的发展做出更大的贡献。

§2.3　古希腊原子论

在古希腊关于世界本原学说的发展中，可以确定如下三个阶段：米利都学派和赫拉克利特关于世界本原的感性直观概念；阿那克萨哥拉的种子说和恩培多克勒的四根说；留基伯和德谟克里特、伊壁鸠鲁和卢克莱修的原子论。

1　米利都学派和赫拉克利特

古希腊米利都学派的泰勒斯（约前624—前547）被尊为西方哲学始祖。罗素说："每本哲学史教科书所提到的第一件事都是哲学始于泰勒斯，泰勒斯说万物是由水做成的。"[3]在西方，泰勒斯第一个提出了哲学命题：水是万物的始基[4]3。①

水是具体的感性物体，这与作为万物本原的物质概念的普遍性相矛盾。因此，米利都学派的第二个哲学家阿那克西曼德（约前610—前546）认为，万物的始基并不是泰勒斯的水，也不是我们所知道的任何其他的具体的物质，它是无限的，永恒的和无始无终的，处在永恒的运动之中。"万物所由之产生的东西，万物又消灭而复归于它。"[4]7阿那克西曼德无法具体指出它的名字，勉强称之为"无限"。

这个"无限"究竟是指什么呢？米利都学派三杰之中的第三位哲学家阿那克西米尼（约前588—约前525）认为，无限者是气。他认为，万物的始基是无限的气，这气通过浓缩和稀释形成各种实体。当它稀薄的时候，便形成火，当气浓缩，则先后形成风、水、土和石头。世界万物都是由气的浓缩和稀释而产生的。[4]11

与米利都学派同期的赫拉克利特（约前540—约前480至前470之间）认为，万物的始基是火；万物都从火产生，都消灭而复归于火。他说："这个世界对一切存在物都是同一的，它不是任何神所创造的，也不是任何人所创造的；它过去、现在和未来永远是一团永恒的活火，在一定的分寸上燃烧，在一定的分寸上熄灭。"[4]21他认为，一切事物都处在永不停息的运动变化之中，"一切皆流，无物常住"[4]17。他把万物比作一道川流，并断言"人不能两次踏进同一条河流。"[4]27

我们看到，关于世界的本原，中西方古代唯物主义哲学家最初的理解和回答是何等惊人的相似。认为万物的本原是一个唯一的连续的实体，并且把连续的没有固定形状的气（或者水、火）作为万物的本原，反映了人类关于世界的物质性、统一性和连续性这样一种正确的观念。但是，西方哲学并没有在这条道路上继续前进。先是阿那克萨哥拉的种子说和恩培多克勒的四根说，继而留基伯和德谟克里特提出多元的结构性原子概念，奠定了原子论的基础。这个转变决定了中西方哲学长达2000年的不同的历史进程。

①在中国古代，管仲（？—前645）第一个提出了"水者，万物之本原"的思想，而且比较详细地论证了他是怎样达到这一论断的（见《管子·水地》）。管仲较之泰勒斯要早了约一个世纪。

2 阿那克萨哥拉的种子说和恩培多克勒的四根说

阿那克萨哥拉（约前500—约前428）提出微小颗粒是万物的始基。他把这种微小颗粒称为“种子”。种子“数目无限多，体积无限小”，具有各种形式、颜色和气味。世上无限多样的具体事物都是由这样的种子构成的，它们的产生和消灭只是种子的“混合或与已经存在的事物的分离”[4]68−72。

恩培多克勒（前495—约前435）把物质的多样性归结为四种根源（元素），即火、水、土、气，世界万物（包括人）都是由这四种元素组成的，并提出“爱”是元素结合的动力，“憎”则是它们分离的原因。[4]74显然，四根说不过是前述以水、气、火等为万物本原的诸种学说的简单综合。

无论种子说还是四根说，都沿袭了物质连续无间的观念。阿那克萨哥拉认为，种子数目虽然无限多，体积无限小，并具有微粒性，但是种子不是彼此孤立的，“没有一件东西绝对地与其他东西分开。”卢克莱修说：“他不同意物体中有空隙，也不承认物体的分割有一个限度。”[4]68−71恩培多克勒认为：“在全体中既没有空虚，也没有过剩。”水、火、土、气，“这些元素毫无空虚”[4]81−83。此外，种子和四根仍然属于本原性（而非结构性）的物质概念。尽管如此，种子说和四根说却导致物质概念发生了根本性的变化：从单一的物质概念转变为多元性的物质概念。在这一点上，他们已经十分接近原子论观念，带有从本原性物质概念到结构性物质概念过渡的性质。这是原子论观念的萌芽。

3 留基伯和德谟克里特的原子论

多元的结构性物质概念的形成，以留基伯和德谟克里特提出的原子论为标志。留基伯（约前500—约前440）和德谟克里特（约前460—约前370）认为，万物都由最小的、不能再分的微粒——原子组成的。原子是永恒的，不能分割，也不可毁灭，并且处在永远的运动之中。原子的数目无限，种类也是无限的。原子之间有形状、大小、次序和位置的区别。由此又构成了千差万别的事物。原子之间的空隙里有什么呢？一无所有，一片虚空。他们认为，原子是存在，虚空是非存在，非存在并不是不存在，它也是一种存在。“存在并不比非存在更实在”，理由在于“虚空并不比实体不实在”。原子和虚空同样具有客观实在性。这样，“一切事物的始基是原子和虚空”[4]96，原子在虚空中运动着。原子聚集，互相碰撞，形成旋涡运动。“这些原子在虚空中任意移动着，而由于它们那种急剧的，凌乱的运动，就彼此碰撞了，并且，在彼此碰在一起时，因为有各种各样的形状，就彼此勾结起来了。这样就形成了世界及其中的事物，或毋宁说形成了无数的世界。”[4]99 万物的产生和灭亡只是由于原子的结合和分离。人的灵魂也是由最活动、最精细的原子组成的，这种原子一旦分散，灵魂随之消失。总之，世界万物都是由原子按一定的规律组合而成的。

由留基伯创立、德谟克里特系统化的古希腊原子论，形成了西方第一个比较系统的典型的唯物主义派别。请注意，原子和虚空并不是一种或两种具体的物质形态，而是多元的结构性的物质一般的概念。

到古希腊哲学的第三个阶段，伊壁鸠鲁（前 341—前 270）进一步发展了原子论。第一，他认为原子之间不但有形状、大小、次序和位置的区别，而且有不同的重量。第二，他认为，“原子永远不断在运动，有的直线下落，有的离开正路，还有的由于冲撞而后退……这些运动都没有开端，因为原子和虚空是永恒的。”[4]351 伊壁鸠鲁实际上想以这种起源于原子自身的内部机制的原子自动偏斜运动，来解释原子旋涡运动的成因。第三，他认为，各种原子都由“微小的部分”组成，这些“微小的部分”形状的差别是造成各种原子形状不同的原因。这些发展包含了辩证法的因素，是对德谟克里特的原子机械运动观念的一个发展。

古罗马诗人兼哲学家卢克莱修（约前 99—约前 55）继承和发展了伊壁鸠鲁的学说，在他的著名的保存完整的哲学诗篇《物性论》（共 6 卷，3000 多行）中对于古希腊的原子论做了最全面、最系统的阐述。卢克莱修原子论是古希腊罗马时代唯物主义哲学发展的高峰。

§2.4　元气论和原子论之比较

1　中国和希腊的古代文明

由野蛮时代走向文明时代的漫长的历程中，世界上各个民族栖息在天各一方的不同的自然地理环境、社会政治文化环境中，产生了各自的古代文明。他们在不同的环境中经历了漫长的劳动实践，密切地接触自然，直接地观察自然，产生关于自然本性的思辨性猜测，形成了既有共性又有差异的元气论自然观和原子论自然观。

世界文明的发祥地有五个：第一个是西亚的两河流域（幼发拉底河和底格里斯河流域），古代两河流域文明开始于约公元前4500年；第二个是埃及尼罗河流域，古代埃及文明开始于约公元前3500年；第三个是印度河流域，古代印度河文明的年代大约为公元前2500年至公元前1750年，大约从公元前18世纪开始衰落；第四个是中国的黄河流域和长江流域，中国古代文明约起源于公元前2500年龙山文化晚期，即传说中的黄帝时期；第五个是希腊的爱琴海区域，古希腊文明始于约公元前2000年。

古代中国显然处于一个封闭的自然地理环境之中。北面是寒冷的西伯利亚，西面和西南面是崇山峻岭，南面和东南面则是浩瀚的海洋。处于原始状态的人类一旦生活在这里，就很难离开。在欧洲发生过的延续几个世纪的民族大迁徙运动，在古代中国是不曾也不可能发生的。一个姓氏在一个村落繁衍生息，往往要经历几百年、上千年以至更长的时间。中国古代社会以家族为本位，由族产、族规、族谱、宗祠，以及一整套宗族伦理规范严密地组织起来，建立了以“家天下”为特征的宗族统治。在宗法制的基础上，形成专制主义社会的中央集权制国家。在这种社会政治环境下，强调的是大一统的整体性观念。“普天之下，莫非王土。”个人只能消融于宗族氏族中，消融于社会整体之中。中国先秦学术是人伦主义的，具有浓厚的政治伦理色彩，它起源于晚周的利害攸关的大变动时代，注重研究人与人之间的关系，始终把治理社会、规范家族人伦关系作为自己的主要课题。

古希腊的文明史是从爱琴文明开始的。所谓爱琴文明是指爱琴海区域的文明。爱琴海区域，包括希腊半岛、爱琴海及海上诸多岛屿和小亚细亚半岛的西部沿海地区，这是古代希腊的地理范围，其中前两个区域大致相当于今天的希腊共和国，后一地区属于今天的土耳其共和国。在希腊和小亚细亚沿海地区，找不到肥沃的大河流域和广阔的平原（具有这种天然的条件，是建立诸如印度和中国古代那种中央集权的帝国组织所必需的），只有连绵不绝的山脉，把陆地分隔成许多小块。爱琴海上散布着480多个大小岛屿，其中以南边的克里特岛为最大。爱琴海像是个“千岛之湖”，这里海陆交错，舟楫往来便捷，山光水色，启人遐想。

古代希腊史可分为五大阶段：爱琴文明（前20世纪—前12世纪）、荷马时代（前11世纪—前9世纪）、奴隶制城邦形成时期（前8世纪—前6世纪）、古典时期（前5世纪—前4世纪）和马其顿亚历山大帝国时代（前4世纪—2世纪）。

从公元前2000年最早在克里特岛出现奴隶制国家，到公元前1200年迈锡尼灭亡，爱琴海区域上古国家存在约800年。经过荷马时代，早期希腊奴隶制城邦形成时期，希腊人以爱琴海区域的自然地理环境为依托，建立了200多个奴隶制城邦，每一个城邦都以一个城市为中心，包括附近若干个村落，地不过百里，人口不过数万，政治经济上独立自主，具有小国寡民的特色。城邦奉行主权在民的民主制度，公民们直接参与城邦的治理。各个城邦之间通过结盟的方式加强政治军事上的联系，并且奉较大的城邦为盟主。希腊古代社会由城邦组成，每个城邦由一夫一妻制家庭组成，整个社会可以说是一个松散的个体的组合，就像爱琴海由众多的岛屿组成一样。在社会政治领域，个体观念流行。希腊人酷爱独立自由。每个人都有着独立的人格。个人自由意志的集合便形成社会，犹如单个原子集合构成物质一样。整个古希腊世界观和道德观的核心就是个体性。希腊学术是自然主义的，它起源于好奇冷静地观察和思考自然的自由的思维活动之中，注重研究自然规律，始终把对自然奥秘的探索，对自然的普遍原理的追求作为独立的重大课题。就是在这样的自然地理环境和人文社会环境中产生了古希腊原子论。

2　两种唯物主义的自然观

如前所述，在中国古代文明和希腊古代文明的基础上，分别产生了中国古代元气论和古希腊原子论。元气论和原子论是古代朴素唯物主义自然观的两种主要形式。元气论和原子论都否认世界是由神创造的，承认世界的客观性和物质性；承认物质的不灭性和宇宙的无限性；承认物质处在永恒的有规律的运动变化之中。元气论和原子论都具有直观性、思辨性和猜测性等特点。

中国古代朴素唯物主义试图从某种未成形质的物质中寻找物质世界的统一性，最后认为：连续性的元气是世界的本原。古希腊朴素唯物主义则试图从某种具有固定形体的物质中去寻找物质世界的统一性，最后认为：万物是由间断性的原子组成的，而原子在虚空中运动着；万物的始基是原子和虚空。元气和原子不是具体的物质形态，而是思维抽象的物质概念，是这两种哲学各自的最高范畴。

显然，元气论和原子论又是两种有着重大区别的理论形态，其差别主要表现在以下几个方面。(1) 整体性和个体性：元气是弥漫宇宙、无所不在、包罗万象、无边无际的整体性物质；原子是组成物体的最小单位，不可分割的个体、质点。(2) 连续性和间断性：元气论的元气是连续性的物质形态；原子存在于虚空之中，原子在虚空之中运动着，各个原子被虚空所分隔。(3) 无形性和有形性：元气是无形无象的物质存在，由无形无象之气产生有形有象的世界万物；原子有不同的形状、大小、次序、位置、重量。(4) 功能性和结构性：元气论强调元气的功能性，世界的运动变化由于元气运动变化的功能所致，至于无形的元气如何产生形形色色的事物，元气论很少谈及；原子论强调物质世界的结构性，认为世界万物由原子组合而成，形状、次序、位置、重量各不相同的原子组合而成各种不同的事物。(5) 内因论和外因论：元气论认为，气运动变化的根本原因在于它内部的矛盾性，气是包含着阴阳两个对立面的统一体；原子论把原子看作是绝对充实、不可分割的原始质点，取消了原子的内在矛盾性，原子在虚空中作纯机械的位移运动，这种运动是由于原子之间相互碰撞，来源于外因。这些差别决定了中西方哲学以至自然科学发展的不同进程。

3 原子论的长处和元气论的缺陷

古希腊原子论的长处在于它关于物质的结构性观念，即认为万物由原子组合构成，形状、次序、位置、重量各不相同的各种原子，机械地嵌合组成各种不同的事物，并由此造成了其性质的差异。这种猜测已经超越了对事物的自然属性的朴素认识和感性直观，而上升为对事物的构成要素和内部结构的理性分析。原子论这种物质结构性理论，为揭示物质系统的层次和特性，提供了极好的理论模式。这一点是中国古代元气论所不可企及的。

古希腊原子论促进了人们对物质世界进行分析的研究，形成了西方科学中的理性分析的方法。所谓分析的方法，就是把具体事物作为研究对象分解为它的各个要素（空间分布上的各个组成部分，时间发展过程中的各个阶段，复杂统一体的各种因素、各个方面和各种属性等），然后再分别地加以研究，找出要素之间的因果规律，用演绎的方法解释各种自然现象，从而认识事物的内在本质和整体的规律。显然，人们只有先通过各个部分、各个要素的分析，然后才能在高一级的程度上认识世界的整体性质。因此，古希腊原子论对于促进近代科学的发展起了重要的历史作用。

留基伯和德谟克里特的原子论受到亚里士多德的唾弃。亚里士多德除了不承认一无所有的虚空之外，还拒绝原子论的一切有关概念。因此，原子论在中世纪陷于停止状态，直到文艺复兴之后，才在欧洲重新活跃起来。培根（1561—1626）继承古希腊原子论自然观，开创实验科学的方法论。伽利略（1564—1642）赞同原子论。波义耳（1627—1691）和牛顿（1643—1727）在关于化学和物理学的思辨性见解中使用了它。尔后，原子论逐渐地摆脱直观的猜测，着力于实验根据，朝着自然科学的方向发展。1803 年英国人道尔顿（1766—1844）根据实验事实，创立化学原子论，完成了哲学原子论向自然科学原子论的转变。原子成为科学的物质概念。道尔顿原子论为整个化学的研究奠定了基础。毫无疑义，古希腊原子论是近代科学原子论的先驱。

中国古代元气论却始终未能走到这一步。其实，元气论哲学也可以在自己的理论框架中承认微观粒子的存在，从而容纳物质的微观粒子结构的观念。为此，只要把粒子理解为元气凝聚而成的结构。但是很遗憾，尽管在中国古代哲学史上有过这种思想的萌芽，却未能够形成明确的观点。元气论未能容纳粒子性的物质概念，未能容纳有形之物是微观粒子的一种结构的那种观念，因而，在讨论物质的结构和性质方面，元气论显得无所作为。

元气论停留在把事物当作一个整体的、笼统的、粗略的理解和猜测上，尽管这种理解的思路大体上正确，但是，忽略了对于具体事物的细节、构造、特性、机制和因果联系的精细的解剖和分析，不可能深入地认识事物的本质。如前所述，所谓分析的方法，就是把具体事物作为研究对象分解为它的各个要素，分别加以研究，从而认识事物的内在本质和整体规律。这种思维方式，把原来隐藏在混沌的总画面中的细节提升出来。这成为西方近代科学取得巨大进展的基本条件。元气论的思维惯性忽略了分析方法的运用，难以促进科学取得突破性的进展。

与分析方法相联系的是科学实验方法的运用。科学实验是人们按照预定目的，利用仪器设备等物质手段，人为控制实验条件，使自然过程在排除偶然的、次要的、无关的因素干扰的特定环境下，以纯粹的形态显现出来，以便对其进行精细的观察，并获得科学事实的一种研究方法。英国近代唯物主义的始祖弗兰西斯·培根把科学实验当作认识自然的基本方法，他在1620年出版的《学术的伟大复兴》一书奠定了科学实验方法的理论基础。此后，科学实验在欧洲逐渐地占据了重要地位，推动科学的进步和发展。中国古代元气论作为一种整体论自然观，却始终停留在用阴阳对立等观念笼统地、模糊地解释各种自然现象，给人一种精神上的满足，实际上没有说清和回答什么问题，却造成一种懒于实验的习惯和惰性。轻视实验也不善于实验，这是中国学术界长期的通病。直到明清之际的中国，科学实验方法还处于难产之中。这是近代科学技术不能在中国产生的重要原因之一。

4　原子论的缺陷和元气论的长处

在原子论取得巨大成就的同时，它的局限性也逐渐地、明显地暴露出来。原子论自然观包含的孤立静止观，诸如绝对虚空的存在，原子相互之间的绝对间断，原子运动的外因论，原子的不可分、不可变性等，严重地阻碍着自然科学的发展。恰恰在上述各点上，元气论比原子论要高明得多。较之原子论，元气论更深刻地反映了自然界本身的辩证法。

原子论承认绝对虚空存在。何谓虚空？“一种其中无物而不可触的空间。”[4]388 虚空必然存在吗？原子论认为，“如果没有我们称为虚空的空间、场所，那么物体就无处安置，也就根本不会往来移动。”[4]392 物体之所以能够运动，是因为物体之间有虚空存在。可见，虚空是原子运动必不可少的条件。既然原子在运动着，作为运动必要条件的虚空也是真实存在的。所以，原子论虽然称原子为“存在”，虚空为“非存在”，但是，他们认为，“存在并不比非存在更实在”，因为“虚空并不比实体不实在。”[4]98

重要的问题在于，原子论的所谓虚空是指一无所有的空间。无论古希腊原子论者，还是其他人如亚里士多德、黑格尔，都是这样理解的。亚里士多德在讨论虚空问题时写道：“为了确定是否有虚空，应当先了解这个术语的含义。虚空通常被理解为里面什么也没有的空间。”“主张有虚空的人是想说，虚空是没有任何可见物体的一个空的体积。由于他们认为存在的都是可见的物体，因而他们说，其中什么也没有的地方，就是虚空。”[5] 由此可见，与元气论者不同，原子论者并没有意识到，也没有设想过，除有形的物体外，还有无形无象的连续的物质（即太虚之气，或今天所说的背景场）存在。之所以如此，并不是因为原子论者缺乏想象力。猜测有形物体是由数目极大、肉眼不可及的原子所组成，这正是他们的丰富的想象力的明证！真正的原因在于原子论的这样一个观点，即虚空“乃是运动所必需的，因为一个物体不能在充实的空间里运动，物体运动所向的地方，一定要什么东西都没有。”[6]320

一无所有的虚空的观点，我们还可以从后来的原子论者牛顿那里看到。牛顿接受万物的始基是原子和虚空的思想，形成了他的绝对时空观。牛顿认为，空间是一个绝对空虚的不动的框架，原子及其组成的物体就在这个框架中运动着，而原子之间或者物体之间的空隙则是一无所有的虚空。总之，原子论的虚空是一无所有的空间即绝对虚空，因此，虚空肯定不是物质的。

早在古希腊时代，亚里士多德就反对虚空的存在。他认为：“充实的空间里面能够有变化，并且，即使在物体之间没有虚空把它们分开，它们也能够彼此掉换位置。”他又说：“虚空其实倒会把运动取消，在虚空里面，会只有一个普遍的静止。”[6]320-321 我们知道，托里拆利发现真空的存在，但是，现代物理学的发展愈来愈证实这样一种观点，即真空不空，真空具有复杂的性质和丰富的内涵，它实际上是物质存在的一种形式，因此，一无所有的虚空即绝对虚空是不存在的。

考虑到张载、王夫之有“虚空即气”的论断，为明确起见，我们称原子论的虚空（按其本意）为绝对虚空。有的人利用虚空、真空等名词术语的用法和译法上的混乱，以托里拆利发现真空为由，称“留基伯和德谟克里特的虚空概念是走在时代前面的”而予以肯定。这显然不合适，而且违背了科学发展的历史事实。

与原子论不同，元气论提出了“虚空即气”或者“太虚即气”的观点。太虚之气与有形的物体不同，“太虚为清，清则无碍”，因而它具有可入性，有形物体可以“无碍”地进入太虚之中。这样，太虚不空，太虚之气又完全允许有形物体的运动变化发生。元气论的这种观点更接近现代科学所揭示的自然界的本来面目。

按照原子论，原子内部绝对充实，绝对连续，不可分割，而周围则一无所有，一片虚空。这样，原子与外界绝对间断，没有任何联系，是一个孤立存在的物质单元。割裂了物质连续性和间断性的统一，原子论必然遇到很大的理论困难。

自然科学的发展表明，只看到物质的连续性，或只看到物质的间断性，都是片面的。正如黑格尔所说，连续性和间断性“这些规定，单独看来都没有真理，唯有它们的统一才有真理。”[7]恩格斯对此给予了充分的肯定，他说：“物质既是两者，即可分的和连续的，同时又不是两者。这不是什么答案，但现在差不多已被证明了。”(3. P. 970)

元气论认为，无形的连续的气（太虚之气、游气）和有形的间断的物体同时存在。有形物体可以进入无形之气，后者也充满在前者之中。连续之中有间断，间断之中有连续，二者处在运动变化和相互转化之中，整个物质世界构成有机的整体。元气论自然观体现了物质连续性和间断性的对立统一。

关于物质运动变化的问题，古希腊的赫拉克利特作过一些精辟的论述，充满了辩证法。赫拉克利特的这些思想并没有被原子论者完全继承下来。原子论认为，原子处在运动变化之中，但是原子本身是丧失了运动的内在源泉的不可分割的、不变的客体；一切运动变化仅仅是指原子的位移以及它们的结合和分离；原子的运动是由于原子与原子的相互碰撞而产生的。[4]97—99这就是原子不变性和原子运动的外因论。可以设想，如果原子之间的碰撞是非弹性碰撞，则原子运动的动量会逐渐地丧失，其结果正如亚里士多德所指出的，“在虚空里面，会只有一个普遍的静止”。如果这种碰撞是弹性碰撞，那么原子只能处于全然无序的位移运动状态，它们凭什么构成有形的物体？

与原子论不同，元气论认为，整个物质世界是永恒地运动变化着的气，无形的气和有形的物体都在运动变化，并不断地改变自己存在的形式。元气的运动不仅仅是简单的位移，也不仅仅是单纯的吸引；气升沉、聚散、屈伸、动静，吸引和排斥两种运动形式并存。气运动变化的原因在于气本身的阴阳对立，在于气的内部的矛盾性。没有有阴无阳或有阳无阴之气，这种矛盾存在于物质各层次之中。

原子论把原子看作是组成物质的不可分的终极单元，这种观点已经完全被现代物理学的发展所摧毁。现代物理学实验攻破了原子的壁垒，相继发现了原子的组分即电子、质子、中子等几百种基本粒子。这些基本粒子也有其结构，也是可分的。现代物理学不再认为原子不可分，完全抛弃了寻找组成物质的最小微粒的思想，从而使原子论的根基发生了动摇。

以连续的物质本原，气化生生不息，阴阳的对立统一和有机联系的整体观为基本特征的元气论给出了一幅物质运动变化及其相互作用的完整图像，较之古希腊原子论，它更深刻地反映了自然界本身的辩证法。何祚庥首先指出了中国古代元气论在现代科学中的重要地位，他说，元气学说是我国古代思想家的辉煌贡献，“不论在对宇宙总体运动的研究或在某些细节的研究上，都超过了古希腊原子论达到的水平。”[8]也许正因为如此，它只能在科学发展的较高阶段上表现出来。

非常清楚，无论对于中国的还是西方的传统文化，全盘肯定或全盘否定都是十分错误的。我们应取的态度是，站在历史发展所达到的新的高度上，对于各种传统文化进行具体的分析，扬长避短，吸取精华，剔除糟粕，融合中西文化，为创造一种更为优秀的人类文化而努力。涉及我们的论题，吸收中国古代元气论自然观和古希腊原子论自然观的理论智慧和哲学启示，力求避开它们的局限和缺陷，建立新的科学的自然观，这是摆在当今科学家和思想家面前的任务。这将是一次新的伟大的综合。我们在§3.5再回到这个问题上来。

参考文献

[1] 庞朴. 说“無”[M]//深圳大学国学研究所. 中国文化与中国哲学. 北京：东方出版社，1986：62.

[2] 方励之. 惠勒演讲集：物理学和质朴性[M]. 合肥：安徽科学技术出版社，1982：编者的话.

[3] 罗素. 西方哲学史：上卷[M]. 北京：商务印书馆，1963：49.

[4] 北京大学哲学系外国哲学史教研室. 古希腊罗马哲学[M]. 北京：商务印书馆，1961.

[5] 亚里士多德. 物理学[M]. 北京：商务印书馆，1982：108-109.

[6] 黑格尔. 哲学史讲演录：第2卷[M]. 北京：商务印书馆，1960.

[7] 黑格尔. 逻辑学：上卷[M]. 杨一之，译. 北京：商务印书馆，1966：208.

[8] 何祚庥. 我国法家的光辉哲学思想——唯物主义的“元气”学说[J]. 中国科学，1975，5：445-455.

第三章　世界的物质性

哲学是关于世界观的理论体系；世界观的首要内容是人们对于整个世界的总体看法和根本观点。这属于哲学本体论范畴。本体论是研究世界一切事物的最终本性和存在方式，以及世界上一切现象的根本原因和普遍规律的学说。本书第二部分含两章，从广袤的物质世界开始讨论，本章研究本体论的第一大问题“世界的本源是什么”，重点是研究世界的物质性，说明世界本质上是物质的世界；第四章论述物质的存在形式和普遍属性。

不管哪一个哲学派别，关于“世界的本源是什么”这个问题，首先应当阐明的是意识与物质的关系，即意识和物质何者是本源的、第一位的，何者是派生的、第二位的，世界本质上是物质的世界还是精神的世界。唯物主义哲学和唯心主义哲学对此给出了完全相反的回答。

任何科学都有称为基本假设的基本认识作为自己的逻辑起点，哲学也不例外。世界本质上是物质的世界，物质处在永恒的运动之中。——这就是唯物主义哲学在起始处所持有的直接的观点。

现代唯物主义哲学的基本观点和主要特征如下。

第一，唯物主义哲学认为：世界千姿百态、纷繁复杂、无限多样，世界本质上是物质的世界，世界上一切事物和现象，归根到底都是物质的具体形态；物质处在永恒的运动之中，世界上一切变化和过程都是物质运动的具体表现；人类和人类社会是自然界长期发展的产物，是物质发展的最高阶段；人的意识作为精神现象，是人脑对于世界的主观映像，意识和精神不过是物质的派生物和表现；自然界和人类在物质的基础上统一起来。这就是所有的唯物主义哲学的“唯物”的观点，当然也是现代唯物主义哲学的基本观点。

第二，与此同时，与旧唯物主义哲学不同，现代唯物主义哲学认为：作为一种特殊的物质存在形态，人类和人类社会既有物质的方面又有意识精神的方面。物质方面终归是根本性的和决定性的因素和力量。但是，一方面，人都有意识和意识活动，自由的有意识的生命活动是人特有的类特性。人是物质和意识、物质性和能动性的统一。另一方面，人们的意识是人的存在，人的生活和实践的必要条件之一或者一个必要条件；依赖于人们的意识是人的存在方式的特点之一或者一个特点。在人类活动所及的范围之内，自然界成了人类世世代代的实践活动所改造了的人化自然。必须从人的主体性，从人的能动的实践活动，从基于人的需要和精神意识的实践活动所创造的人化自然的特征出发，观察、理解和解释人类社会的物质对象和物质现象。

本章讨论物质范畴和世界的物质图像。所谓范畴，就是反映客观事物的本质和普遍联系的最基本、最一般的概念。物质范畴是现代唯物主义哲学的理论基石。本章首先叙述本体论的概念和最基本、最普遍的哲学范畴——存在。然后，回顾唯物论物质观的发展过程，分析以往物质定义的一些缺陷；特别指出列宁的物质定义是不够严谨的，是见物不见人。在此基础上给出新的普适的物质定义。继而阐述自然界和人类，自在自然和人化自然，以及非生物、生物和人类的概念。接着详细地论证最基本的物质形态不是实物和场，而是弥散态和聚集态，阐述原子-元气论自然观。最后阐述自然界的物质形态的多样性和统一性。

§3.1 本体论和最基本、最普遍的哲学范畴——存在

1 关于本体论

本体论（Ontology）一词由 onto-加上表示“学说”“理论”的后缀-logy 构成，是关于 onto 的学问。onto 源出希腊文，相当于英文的 being；也就是古希腊哲学家巴门尼德所说的“存在”。本体论是关于存在的理论。

本体是与现象相对的概念，本体是指世界的本原和最终本性。马克思以前的哲学本体论有广义和狭义之区别。广义上说，本体论是研究世界的本原和最终本性的学说；狭义上说，本体论是研究宇宙的本原和最终本性的学说。

什么是本原？恩格斯引用亚里士多德的一段话：“有一个东西，万物由它构成，万物最初从它产生，最后又复归于它，它作为实体，永远同一，仅在自己的规定中变化，这就是元素，这就是万物的本原。”（3. P. 867）在古希腊罗马哲学中，各派哲学家力图把世界的本原归结为某种物质实体（如水、火、土、气等）或终极存在，或精神实体或某个抽象原则。

巴门尼德（约前 515—约前 445）是爱利亚学派的重要奠基者，他从“存在者

存在，它不可能不存在”[1]31的论述出发，逻辑地推断出“存在”是不生不灭的、永恒的、不可分割的、唯一的和不动的，是思想的唯一对象。他认为，“存在者之外，决没有、也不会有任何东西”[1]33；处于运动变化之中、能够被人们所感觉和认识的具体事物只能是“非存在者”。巴门尼德所说的“存在”是表示世界本原的一个概念。之前的哲学家所说的世界本原具有感性直观的形体和性质。巴门尼德认为，在运动变化的事物背后应当有永恒不变的东西；唯有使一切存在物存在的存在本身是永恒不变的真实存在，它是宇宙的统一的普遍的本质；世界本原只能是理性思辨和逻辑论证所把握的存在。这个概念后来超出了自然哲学，成为形而上学的中心范畴。

按照生活经验，我们确信：任何具体的事物都有生有灭，存在于一定的时间之内；它们是有限的而不是永恒的，最后一定不存在而消亡。因此，在我看来，巴门尼德的逻辑起点已经把一切具体事物的存在排除在他的视野之外。没有运动变化、不涉及具体事物的、不可分割的存在，只能是抽象的世界整体，或是后来西方哲学所指的一切存在的最终根据或本质。“存在者之外，决没有、也不会有任何东西”，这样的判断远离客观现实。巴门尼德的存在论是一颗唯心主义的嫩芽。他使得关于存在的研究成为那个时期的主题，确立了西方哲学本体论研究的基本方向，即力求在一切现象的背后或者一切现象之外去寻求世界的本原和最终本性。这使得本体论研究远离了现实世界。

黑格尔说：哲学史开始于巴门尼德哲学；“存在者存在，它不可能不存在”，必须看成是哲学的真正开始点。“在这里第一次抓住了纯思维，并且以纯思维本身作为认识的对象。”[2]这只是黑格尔对于哲学史的不完整的理解。但是，将他所说的“哲学”改成“唯心主义哲学”，这个论述却接近事实。

在亚里士多德之前，哲学缺乏统一的研究对象。在前人众多的研究对象中，亚里士多德选择“存在”作为研究的聚焦点，对存在的哲学意义做了深入的探讨。亚里士多德对于这种哲学形态研究的范围、内容、概念、术语做了完整的论述，开创了理论的哲学形态。

亚里士多德定义存在论为“研究实体的存在的科学”，即“研究作为存在的存在的科学”。所谓“作为存在的存在”，就是指存在本身，存在的基础或基础性的存在。他认为，哲学研究的主要对象是实体，而研究实体的哲学是高于其他一切科学的第一哲学。什么是实体呢？实体与属性相区别，是一切事物的主体或基质。个体事物是第一实体，真正严格意义上的实体；种和属是第二实体，次一级的非严格意义上的实体。后来，他对实体的看法发生明显的变化，把实体分为三大类：质料、形式，以及由质料和形式组合而成的个别事物。其中质料是事物由以构成的原料，构成事物的最基本的东西，它不依赖别的东西，万物却依赖它。在这种意义上，质料成为实体。形式就是事物的本质。质料只是一种潜在的东西，只有形式才能使质料成为现实。他也做了形式或本质是第一实体的讨论。他认为，运动变化着的个体事物是由质料和形式共同构成的。到了晚期，他最终确立“必然有一个永恒的不动的实体”，它是宇宙万物的推动者，这就是神，它是终极的实体。

亚里士多德死后200多年，他的手稿才被重新发现。在公元前60—前50年，安德罗尼珂将亚里士多德著作编订起来，将他称之为第一哲学的文章汇集起来，放在他的著作《物理学》之后，取名为“Metaphysics”，即“物理学之后”，另成一卷。这就是亚里士多德的名著《形而上学》。亚里士多德本人认为，只有在研究所有关于自然的学问之后，才能研究哲学问题。希腊文meta-这个前缀有“之后、超越、基础”等意思，这正好与亚里士多德第一哲学（“being as being”，即一切存在背后的存在）的概念相符。中译文“形而上学”是来自明治时期日本人井上哲次郎的翻译，取自《易经》中“形而上者谓之道，形而下者谓之器”一语。形而上的东西称为道。如第二章所述，“道”是浑然一体、无形无象的存在，是构成有形有象的天地万物的原始材料。形而下的东西称为“器”，是指具体的可以捉摸到的东西或者器物，是拥有具体形态的世界万物。

亚里士多德把人类的知识分为三部分，用大树做比喻：第一部分基础的部分，是树根，亚里士多德本人称它为第一哲学，而后人则称它为形而上学，它是一切知识的基础；第二部分物理学，好比树干；第三部分其他自然科学，比喻为树枝。

“形而上学（Metaphysics）”是指通过理性的逻辑推理研究超越感性经验领域的关于世界万物的本原、基础、终极根据或本质的学问。形而上学要求哲学思维超越感性的经验领域而到达现象背后的本质，它追求的是一切实在对象背后的终极存在，力图从这种不变的终极存在去理解和把握事物的本性，以及人的本性和行为的依据。在这种意义上，存在论就是本体论。本体论是关于一切存在的最终本性或终极存在的理论；它是形而上学的组成部分，是形而上学的基础和核心。

亚里士多德之后，哲学家们逐渐地离开了亚里士多德的方向，沿着巴门尼德的方向，把“形而上学”中的“存在”逐渐变成脱离现实事物的存在，成为一种完全抽象化的本体。

在西方的近代哲学中，笛卡儿将哲学理解为一门包罗万象的学问，形而上学则是哲学的基础部分。他把研究实体或本体的第一哲学叫做“形而上学本体论”。17—18世纪，莱布尼茨及其继承者沃尔夫通过纯粹抽象的途径建立一套完整的、关于一般存在和世界本质的形而上学，即独立的本体论体系。沃尔夫把一般、普遍看作是脱离个别、脱离单一而独立存在的本质和原因。康德一方面认为不可能建立抽象的形而上学本体论，本体论要研究的只能是事物的普遍性质，以及物质存在与精神存在之间的区别；另一方面却又用与认识论相割裂的先验的哲学体系来代替本体论。康德承认，我们的感性直观是由我们之外的某种东西引起的，并称它为“自在之物”。康德认为，自在之物作用于我们的感官产生的感觉表象只是一种纯粹的主观心理状态，并不反映自在之物的任何性质。人们只能认识现象，而不能透过现象来把握“自在之物”的本质。黑格尔在唯心主义基础上，提出了本体论、认识论和逻辑学统一的原则，并从纯存在的概念出发，构造了存在自身辩证发展的逻辑体系。

在西方古代哲学和近代哲学中，本体论力求在现实世界一切现象的背后或者一切现象之外去寻求抽象的、不依赖于现实世界的物质的或者精神的本体。所谓形而下，是指现实的可感的世界。形而下学是研究和论述有形的现实世界的学说。所谓形而上，则是指可感世界背后的基础和根据，这是抽象的、不可感的存在。形而上学本体论是探讨形而下世界背后的抽象的、不可感的基础和根据的学说。在西方哲学中，现象与本体是相互对立的两个世界。

在中国古代哲学中，本体论叫做“本根论”，是指研究天地万物产生、存在、变化、发展的根本依据和根本原因的学说。中国古代哲学家把天地万物的本根归结为无形无象的、与天地万物不同的东西，按照不同的哲学形态，这种东西大体分为三类：（1）没有固定形体的物质，如“元气”；（2）抽象的概念或原则，如“理”；（3）主观精神，如“心”。这三种观点分别属于朴素唯物主义哲学、客观唯心主义哲学和主观唯心主义哲学。第二章详细叙述的中国古代元气论，就是中国古代朴素唯物主义哲学的本体论。

重要的问题是，中国哲学与西方哲学存在一个很大的差别。关于这个差别，张岱年在《中国哲学大纲》[3]中做出了清晰的论述。他说：“中国哲学家都承认本根不离事物。西洋哲学中常认为本根在现象背后，现象现而不实，本根实而不现，现象与本根是对立的两世界。这种‘本根是虚幻现象之背后实在’之观念，多数中国哲人，实不主持之。中国哲人决不认为本根实而不现，事物现而不实，而以为事物亦实，本根亦现；于现象即见本根，于本根即含现象。所以怀特海所反对的，西洋哲学中很普遍的‘自然之两分’，在中国哲学中是没有的。在中国哲学，本根与事物的关系，不是背后的实在与表面的假象之关系，而是源流根枝之关系。”我完全同意中国哲学的上述观点。

与西方哲学观点相对立，中国哲学确认事物和本体之间的直接的紧密的联系。事物和现象依赖于本体，事物和现象是本体的表现，通过事物和现象可以逐步地深入认识事物的本体和本质。因此，为了把握世界整体，就既要研究形而下学，也要研究形而上学，而且要把形而下和形而上统一起来研究；既要研究现象，也要研究本质，而且要把现象和本质统一起来研究；既要研究个别，也要研究一般，而且要把个别和一般统一起来研究，从大量个别事物的研究中总结、归纳出事物的普遍本质和普遍规律。这应当是现代唯物主义哲学不同于西方形而上学的研究方法。

概括地说，哲学是关于世界观的理论体系；世界观的首要内容是人们对于整个世界的总体看法和根本观点。这属于哲学本体论范畴。按照中国哲学的观点，我们认定，现代唯物主义哲学的本体论是研究世界上一切事物的最终本性和存在方式，以及世界上一切现象的根本原因和普遍规律的学说。

2　最基本、最普遍的哲学范畴——存在

我们试图给出普适的物质定义。下定义是什么意思呢？按形式逻辑，下定义是把待定义的概念即种概念，放在加上种差的另一个更广泛的概念即属概念之中。列宁说："在认识论所能使用的概念中，有没有比存在和思维、物质和感觉、物理的东西和心理的东西这些概念更广泛的概念呢？没有。这是些极为广泛的、最为广泛的概念，其实（如果撇开术语上经常可能发生的变化）认识论直到现在还没有超出它们。"[4]107这里列宁是在与物质相同的意义上使用存在概念的。

列宁的上述论断其实并不成立。在§1.1中，我们说世界是天地间无限多样和纷繁复杂的一切事物现象和变化过程。为了定义物质这个无限普遍范畴，必须找出与世界范畴相联系、与物质范畴相对应的无限普遍范畴，而比物质范畴更基本、更普遍的范畴就是"存在"范畴。因此，我们首先确定"存在"范畴的意义。

在西方哲学史上以至现代西方哲学中，"存在"这个范畴为各派哲学家所广泛使用，不同的哲学流派赋予它各种不同的规定。如前所述，巴门尼德的"存在"是不生不灭的、永恒的、唯一的、不动的，是思想的唯一对象，而人们所感觉和认识的具体事物却是"非存在者"。中世纪基督教神学家托马斯·阿奎那认为上帝是最真实、最完美、最高贵的存在，世界是上帝从虚无中创造出来的。近代主观唯心主义者贝克莱认为存在就是被感知。德国客观唯心主义者黑格尔把存在作为神圣的绝对观念的外化。费尔巴哈把存在概念解释为不依赖思维而且在思维之外存在的自然界、物质、客观实在或实体。马克思和恩格斯始终在这种唯物主义的意义上使用费尔巴哈的存在概念，把存在理解为物质的存在、物质、客观实在。这样，存在在狭义上就成了相对于意识而与物质同义的哲学范畴。前面所引用的

列宁的一段话也是把存在理解为物质的同义词。

海德格尔继承古希腊的思辨传统，重新提出“存在的意义”的问题。他认为阻挠深入地探讨“存在问题”的主要思想障碍就是人们将“存在”和“存在者”两者等同起来而不加区分。他强调：“存在者的存在本身不‘是’一种存在者。”[5]26-28在他看来，“存在”是动态过程，“存在者”则是实体名称。凡是现实存在着的就都是“存在者”；“存在总是某种存在者的存在。”[5]11但是，海德格尔自己对“存在”这个概念并没有做出过明确的界定。在他看来，这个范畴表现的是一种“显现”，“存在着”，“在世”，“在起来”的动态过程，究竟什么在显现，什么存在着，等等，则什么也不能说。当你一旦说出什么在显现，什么存在着时，已经是在说“存在者”而不是说“存在”本身了。他认为，哲学的根本问题是要追问存在者的存在。他的“存在的本体论哲学”建立在区别“存在”和“存在者”的不同含义的基础上。

海德格尔认为：一方面，“存在”是一切“存在者”存在的依据和先决条件，是“存在者”显示为“存在者”的活动过程。“存在”较之“存在者”具有逻辑上的优先地位。另一方面，必须依赖和通过“存在者”才能追索和揭示“存在”的自身意义。应当在哪种“存在者”身上破解存在的意义？应当把哪种“存在者”作为出发点，展示出“存在”来？海德格尔认为，称之为“此在”的“个人存在”是一切“存在”的出发点；人不仅自己意识到自己是一个“存在者”，而且还会从这种“存在”的过程中，领会他人和他物是如何存在着，是怎样一些“存在者”，从而得以揭示“存在的意义”。所以“此在”是一切“存在者”得以存在的基础和先决条件。只能通过“此在”，其他事物才能显示自己。在人存在之前和之后不可能有任何真理存在。

海德格尔将“存在”视为不同于“存在者”的整个的无限的动态过程，重新提出研究“存在的意义”，这是对自巴门尼德、亚里士多德的存在论以来西方哲学本体论研究的积极推进。但是，海德格尔等现代西方存在主义者把“存在”解释为个人的主观存在，从根本上讲，这是不能接受的。

我们不采用巴门尼德和黑格尔的存在概念，也不必跟随海德格尔舞蹈。实际上，“存在”这个词有一个最初的、本来的、最一般的意义。在广义上，“存在”与“无”（一无所有的“无”）相对，是有，实有，对一无所有的“无”的否定。存在就是指没有任何规定性的单纯的一个个单个的事物和现象。在这个意义上，存在是世界上所有的事物和现象的一般概括。存在概念是概括最大普遍性的最抽象的概念。它是一个无限普遍概念。一切存在的总和就是宇宙。我们应当在上述最初的、本来的、最一般的意义上使用存在概念，给出物质定义，叙述现代唯物主义的哲学观点。但是，在进行这些讨论之前，必须回顾唯物论的物质观的发展过程，并分析以往物质定义的一些缺陷。

§3.2 唯物论物质观的发展过程和分析

1 古代和近代唯物主义哲学的物质观

如何理解物质世界？古代唯物主义哲学围绕关于世界本原的问题展开讨论。古希腊原子论和中国古代元气论是古代朴素唯物主义哲学的两种主要形式。对此，第二章已经做了充分的阐述。现归纳如下。

最初，古希腊唯物论哲学家把某种或某些具体的物质形态看作是世界的物质本原。如泰勒斯、阿那克西米尼、赫拉克利特、恩培多克勒提出水、气、火或者四根（火、水、土、气）是万物的始基或本原。多元的结构性的物质概念的形成，以留基伯和德谟克里特提出的原子论为标志。德谟克里特认为，万物都由最小的、不能再分的微粒——原子组成。原子是永恒的，不能分割，不可毁灭，处在永远的运动之中。原子之间的空隙里有什么呢？一无所有，一片虚空。这样，“一切事物的始基是原子和虚空”，而原子在虚空中运动着。总之，世界万物都是由原子按一定规律组合而成的。万物的产生和灭亡只是由于原子的结合和分离。由留基伯创立、德谟克里特系统化的古希腊原子论形成了西方第一个比较系统的唯物主义派别。

在中国古代，较之泰勒斯早约一个世纪，管仲就提出了“水者，万物之本原”的思想。气的观念肇始于《周易》，太极阴阳说认为，太极和由此产生的阴阳二气是世界万物的本原。元气的观念，是几千年来中国古代的贤哲们在探讨世界本原问题的过程中逐渐形成、锤炼和完善起来的。元气论自然观萌发于先秦，形成于两汉，至宋、明、清得到了高度的发展。元气论是中国古代唯物主义哲学的基本理论。

元气论和原子论都否认世界是神创造的，承认世界的客观性和物质性；承认物质不灭性和宇宙的无限性；承认物质处在永恒的有规律的运动变化之中。元气和原子都不是一种具体的物质形态。元气论和原子论已经不局限于把某种或某些具体的物质形态看作世界的物质本原。它们是关于世界本原的一种一般性的探索和研究。尽管如此，元气论和原子论还只是一种可贵的猜测，缺乏科学的依据，都具有直观性、思辨性和猜测性等特点。

近代唯物主义物质观与近代自然科学紧密相连。古希腊原子论在中世纪受到基督教会的压制，陷于停止状态，直到文艺复兴以后，在欧洲才重新活跃起来。培根、伽利略、波义耳和牛顿在关于化学和物理学的思辨性的见解中都使用了它。1803年，英国人道尔顿根据实验事实，创立化学原子论，完成哲学原子论向自然科学原子论的转变。尔后，原子论逐渐地摆脱了直观的猜测，着力于实验的根据，朝着自然科学的方向发展。近代自然科学揭示，各种各样物质由不同的元素组成，各种元素又可以分解为原子。原子是当时自然科学认识达到的物质结构的最深层次。在近代自然科学的基础上产生了机械唯物主义哲学的物质观，它认为，原子是最小的物质单位，原子的属性是不变的，把物质归结为原子，得出原子是世界本原的结论。例如，伽森狄（1592—1655）恢复了伊壁鸠鲁的原子唯物主义，给出了物质定义："物质是按一定次序结合的不可分不可灭的原子的总和。"近代唯物主义哲学以此解释世界的物质性，这是唯物主义物质观的发展和深化。但是由于科学发展水平的限制和缺乏辩证思维，它仍然存在着很大的缺陷。近代唯物主义哲学又称为机械唯物主义哲学。它用孤立、静止、片面的观点解释世界，只承认机械的运动和机械的联系，看不到世界上事物和现象之间的普遍联系和变化发展，表现为机械论、孤立静止观；它不理解特殊和一般、个性和共性的辩证统一，把物质的某种特殊层次误认为物质一般，把原子的个性错看成物质的共性；把特定的历史条件下关于物质结构的自然科学理论同哲学的物质范畴混为一谈；不理解人类社会的物质性，割裂自然界和人类社会的物质统一性，从而在历史观中陷入了唯心主义。

2　恩格斯论物质和列宁的物质定义

关于物质是什么，早在19世纪70—80年代，恩格斯总结当时的哲学和自然科学发展成果，针对机械唯物主义的物质观就指出："物、物质无非是各种物的总和，而这个概念就是从这一总和中抽象出来的"（3. P. 939）。这就是说，物质这个名词无非是一种简称，"我们就用这种简称把感官可感知的许多不同的事物依照其共同的属性概括起来。"（3. P. 939）按照恩格斯的理解：实物虽然可称为物质，但物质并不简单地等同于实物。物质概念只能是从各种具体的物质形态的总和中，抽象概括出它们的共同属性而得到的普遍的哲学范畴。各种物质形态的共同属性是什么？1892年他赞许地引用英国唯物主义者霍布斯的观点说："物质是世界上所发生的一切变化的基础。……因为只有物质的东西才是可以被我们感知的，所以我们对神的存在就一无所知了。”（3. P. 755）他借用黑格尔的话说：“如果你知道了某一事物的一切性质，你也就知道了这一事物本身；这时剩下来的便只是上述事物存在于我们之外这样一个事实”（3. P. 758～759）。尽管话已经说得如此明白，恩格斯还是没有再向前跨进一步，没有指明物质的共同属性是什么，也没有给出哲学的物质定义。

列宁深化和发展了恩格斯的观点。19 世纪和 20 世纪之交，物理学发现放射性现象，一种原子可以转化为另一种原子，发现原子中还有电子等更小的微粒，电子质量会随着它的速度的变化而变化等等，从而推翻了原子的不可变性、不可分性和质量的不变性等观念，引起了物理学的革命。机械论唯物主义把物质等同于原子。在科学发现面前，唯心主义者高喊“物质消失了”“唯物主义已经被驳倒了”。物理学的重大发现使得唯物主义面临着严峻的挑战。列宁总结了自然科学的最新成就，为了捍卫辩证唯物主义，写出了《唯物主义与经验批判主义》一书，给出了关于物质的一个著名的定义：

“物质是标志客观实在的哲学范畴，这种客观实在是人通过感觉感知的，它不依赖于我们的感觉而存在，为我们的感觉所复写、摄影、反映。”[4]89

列宁指出：“物质的唯一‘特性’就是：它是客观实在，它存在于我们的意识之外。”[4]192 他在另一处还写道：“一般唯物主义认为客观真实的存在（物质）不依赖于人类的意识、感觉、经验等等。”[4]221

列宁的物质定义确认客观实在性是物质的普遍本质和根本特性，并且指出，一方面，它是客观的，是不依赖于人们意识的独立的客观实在；另一方面，它是可知的，可以为人们的感觉所反映。

列宁关于物质的这个经典定义的理论意义如下：

第一，坚持唯物主义一元论，同唯心主义一元论和二元论划清了界限。列宁对于物质做出了本质的规定，坚持物质的客观实在性原则，确认物质对于意识的独立性、根源性，意识对于物质的依赖性、派生性。意识不过是物质的反映，而反映者不能同被反映者相脱离，意识不可能成为世界的另一个本源。

第二，坚持反映论和可知论，批判不可知论。物质是可以认识的对象。由于科学技术条件的限制，目前世界还有很多事物未被人类认识，但是，这并不意味着它们不可认识。随着实践和科学的发展，人们对于未知世界的探索和认识将会不断扩展和深化。

第三，克服机械论唯物主义的缺陷。主张客观实在性是一切物质的共性，既肯定哲学物质范畴同自然科学的物质结构理论的联系，又把它们区别开来，从而克服了机械论唯物主义的缺陷。列宁的物质定义指明哲学的物质范畴不同于自然科学的物质概念，从而有力地反击了当时物理学界宣扬的“物质消失论”。

3　恩格斯论物质本身不是感性地存在着的东西

上小节正面叙述了恩格斯和列宁关于物质哲学范畴所做的历史贡献。接下来探讨他们的论述和定义中存在的某些问题。

恩格斯论述物质时，注意将物质哲学范畴和具体物质形态相区别。

恩格斯写道：“‘物质’和‘运动’这样的词无非是简称，我们就用这种简称把感官可感知的许多不同的事物依照其共同的属性概括起来。……因此，当耐格里说我们不知道什么是时间、空间、物质、运动、原因和结果的时候，他不过是说：我们先用我们的头脑从现实世界作出抽象，然后却无法认识我们自己作出的这些抽象，因为它们是思想之物，而不是感性事物，而一切认识都是感性的量度！这正是黑格尔所说的难处：我们固然能吃樱桃和李子，但是不能吃水果，因为还没有人吃过水果本身。”（3. P. 939～940）

物质、运动等，“它们是思想之物，而不是感性事物”！这究竟是耐格里的说法，还是恩格斯的思想？

恩格斯在另一处说：“注意。物质本身是纯粹的思想创造物和纯粹的抽象。当我们把各种有形地存在着的事物概括在物质这一概念下的时候，我们是把他们的质的差异撇开了。因此，物质本身和各种特定的、实存的物质不同，它不是感性地存在着的东西。”[6]598

当然应当将物质的哲学概念和具体物质形态区别开来，但是，更为重要的是，首先应当明确地区分作为认识对象的物质和关于物质的哲学概念。在恩格斯的叙述中，没有严格地区分物质本身和物质概念，而且“物质本身”究竟是指什么，也不十分清楚。似乎恩格斯将这三者都理解为是纯粹的思想创造物和纯粹的抽象，似乎又不是。

关于区分认识对象和关于认识对象的概念，留在第五小节叙述。我们在这里先就话说话，看看上述说法会带来什么严重的问题。

首先，说物质或者物质本身“不是感性地存在着的东西”，“它们是思想之物，而不是感性事物”，这种说法直接地与列宁的物质定义相矛盾。请注意，在《唯物主义与经验批判主义》一书“什么是物质？什么是经验？”一节中，关于物质定义，列宁说：“对唯心主义者和不可知论者所否认的那条哲学路线（指唯物主义哲学路线——引者注）的承认，是以如下的定义表达的：物质是作用于我们的感官而引起感觉的东西；物质是我们通过感觉感知的客观实在，等等。”[4]107 恩格斯的这个陈述显然与列宁的这个物质定义相矛盾。

其次，与之相联系，既然物质或者物质本身“不是感性地存在着的东西”，“是思想之物，而不是感性事物”，那么，感性地存在的、可以感觉到的几乎无限多的个别的具体物质形态，例如铁、食盐等，就都不是一种物质了？这是不能接受的。苏格拉底为了说明个别与一般的具体区分，举例说：“圆是‘一种图形’而不就是‘图形’……因为还有别的各种图形。”[7] 但是，圆毕竟是“一种图形”啊！在逻辑学观点上，中国战国后期的公孙龙不同于古希腊的智者苏格拉底，他的著名的“白马非马”论是割裂个别和一般，任意地混淆和玩弄概念的结果。他辩解道（译成白话文）：“白马”这个概念既说其“形”又说其“色”，“马”这个概念则只说其“形”而不管其“色”，黑马，黄马也都是“马”，故“白马”和“马”是有区别的，“白马不同于马，不等于马，不就是马”，即“白马非马”！追究其实质，公孙龙论证的不是“白马不是马”，而是“白马不等于马”，个别不等于一般，“是”被偷换为“等于”。白马不等于马，但白马还是一种马啊！同样，铁不等于物质，但铁还是一种物质啊！怎么能说个别的具体物质形态就不是一种物质呢！

4 列宁的物质定义的若干问题

首先我想指明，按照列宁的物质定义，“客观实在”或者“客观实在性”这个概念具有确切的含义，它是指“不依赖于人们的意识，存在于人们的意识之外”。毋庸讳言，仔细考虑列宁的物质定义，我们就会发现，它并非是十分完美和十分精确的。

第一，按形式逻辑学，定义项外延与被定义项外延必须全同。在列宁的物质定义中，被定义项是物质，定义项是客观实在。问题在于，运动、时间、空间等，是人通过感觉感知的，不依赖于我们的感觉而存在的客观实在，作为物质的存在形式或物质的性质，是依附于物质的，它们本身却不是物质。这里有定义过宽的问题。

第二，在列宁的物质定义中，并不是说“人能够或者可以通过感觉感知的”“能够或者可以为我们的感觉所复写、摄影和反映”，而是直接说“人通过感觉感知的”“为我们的感觉所复写、摄影和反映”。那么，没有或者暂时还不能为人的感觉所反映的客观实在就不是物质？人类产生之前和人类消失之后的世界就不是物质世界？回答是不言而喻的。

第三，单纯地说“复写、摄影和反映”，有机械反映论之嫌。在列宁著作中，除坚持一般唯物主义反映论之外，特别强调了反映的辩证性、能动性。这是确切无疑的。但是在物质定义中，将复写、摄影与反映写在一起，不加另外的说明，在形式上未能与旧唯物论的直观反映论划清界限，难免有机械反映论之嫌。

以上各点，多位研究者已经明确指出或隐晦暗示过。当然，遭到了坚持认为列宁的物质定义是完美无缺的研究者的反驳。但是，不管说辞如何，问题是明明白白地存在着。接下来，我还想指出两点。

第四，这是一个关于“客观实在”这一“特性”或者“性质”的定义。显然，物质肯定不仅仅是作为一种“特性”、一种“性质”而存在的。

第五，“物质是标志客观实在的哲学范畴”，严格地说，这显然不是一个关于物质的定义，而是一个关于物质范畴或物质概念的定义。若不如是观，将它视为“物质”的定义，就会出现如下谬误：物质世界就是标志客观实在的哲学范畴或者哲学概念的世界；物质的运动就成了一种哲学概念的运动。这必然陷入唯心主义。

以上所述各点，尽管非常重要，但是，在某种意义上可以归结为如何将物质定义精确化，如何精确地表述物质不依赖于人们的意识的问题。然而，事情并非到此为止，更为重要的是，关于物质不依赖于人们的意识这个论断对于人这种特殊的物质存在形态不能成立；物质定义必须做根本性的改变。

100多年来，世界在前进，科学在发展。我们现在研究物质概念时，不能将列宁的物质定义当作是顶峰和绝对真理，唯物主义哲学似乎“除了袖手一旁惊愕地望着这个已经获得的绝对真理，就再也无事可做了。”（4. P. 223）对于物质定义的更为科学的表述，可以而且应当进行新的尝试和探索。

5　必须区别认识对象和关于认识对象的概念

在尝试给出一个新的物质定义之前，我想进一步指出和阐明：必须注意区分物质和物质概念；广泛地说，必须注意区分认识对象和关于认识对象的概念。我想略为详细地讨论它，而且先正面地叙述我的观点。

一般地说，认识对象是什么？认识对象是进入人们的认识领域作为认识目标的事物、事物的性质和事物之间的关系。这些认识对象既包括客观事物，也包括人们对于客观事物的思想认识；既包括各种具体事物，也包括事物的各种性质和关系；它们一般是存在的，但也可能不存在。可以细分如下：

（1）不存在的事物，如上帝、天堂、永动机等；

（2）单个事物，如长城、抗日战争、屈原等；

（3）由有限个数的个别事物组成的一类事物，如人、国家、商品等；

（4）由无限个数的个别事物组成的一类事物，如天体、原子、自然数等；

（5）由个别事物组成的集合体，如军队、邓小平选集、森林等；

（6）具体事物的各种性质，如正义、红色、坚硬等；

（7）具体事物的各种关系，如大于和小于、压迫和反抗、欣赏和鄙视等。

注意，集合体是由许多个别事物作为部分所组成的有机整体；集合体的组成部分不必具有这个集合体的质的规定性，而组成部分的个别事物的质的规定性，也不必为集合体所具有。例如，森林作为一个集合体是由许多树木作为部分有机地组成的，树木不具有森林的质的规定性。类（一类事物）和集合体的区别在于，类的质的规定性必然为组成类的每部分事物、每种事物或每个事物所具有。例如，三角形是有并且只有三条边的平面几何图形。三角形的这个质的规定性，为每种和每个三角形所具有。

概念是反映事物的范围和特有属性的思维形式。所谓事物的特有属性，就是事物的质的规定性，即事物之所以成为某事物的规定性。按照辩证逻辑，概念所反映的事物的特有属性应当是事物的本质属性。概念反映的事物包括前述一切认识对象（1）～（7）。逻辑学将对应的概念分别称为：（1）零概念；（2）单独概念；（3）有限普遍概念；（4）无限普遍概念；（5）集合概念；（6）性质概念；（7）关系概念。（3）和（4）又称非集合概念，或类概念。

概念是人们的头脑对于认识对象的反映，是纯粹的思维抽象和纯粹的思想创造物。概念不同于它所反映的认识对象，它是人们关于认识对象的主观映像，是看不见也摸不着的。概念是意识的一个形态，是思维的逻辑形式。

认识对象和关于认识对象的概念是有联系但是又完全不同的东西。二者更深层次的差别将在§9.5做进一步的叙述。

人们的头脑中形成和抽象出一个概念，便有确定的认识对象与之相对应。只有零概念例外。零概念所反映的认识对象并不存在，它只是反映客观存在的认识对象的多个概念在人们头脑中歪曲的和虚幻的叠加的结果。

人们与认识对象接触，通过感觉和思维，形成概念，并做出判断，进行推理，运用逻辑思维能动地反映认识对象。无论在认识的过程中，或是在用语言（口头语言和书面语言）表达、交流思想的过程中，概念、判断、推理和论证所反映、所指称的都是认识对象，而不是关于认识对象的概念，除非已经特别指明讨论的对象是关于认识对象的概念。

必须注意区分物质客体和物质概念；广泛地说，必须注意区分认识的对象和关于认识对象的概念。物质概念或物质范畴当然是从现实世界中各种各样的具体物质形态抽象出来的纯粹的思想创造物，它外延最大而内涵最少，是最高的思维抽象；物质却是涉及对象最为广泛的客观存在。如果认为“物质”或“物质本身”只是纯粹的思想创造物，它不是感性地存在着的东西，没有客观的认识对象与之相对应，那必然会陷入极大的理论困境。

首先，个别的具体的物质形态与物质的关系是个别与一般的关系。关于个别与一般，自古希腊的巴门尼德、苏格拉底、柏拉图、亚里士多德，经过中世纪的波爱修、罗瑟林、阿伯拉尔、托马斯·阿奎那，到近代欧洲的斯宾诺莎、黑格尔等，做了长久的讨论和争论。考察2000多年来关于个别与一般的认识史，我们认识到，撇开零概念和单独概念①不说，一般概念来自对于一类事物的共同本质的抽象；一般概念是头脑中的概念，一般概念所反映的认识对象在客观上也是存在着的。可以这样说：一般不能脱离个别而存在，一般只能在个别中存在，在个别之外不存在一般。列宁说：“对立面（个别跟一般相对立）是同一的：个别一定与一般相联而存在。一般只能在个别中存在，只能通过个别而存在。任何个别（不论怎样）都是一般。”[8]这是完全正确的。作如是观，物质作为认识的对象是客观存在的，个别的具体物质形态就是物质的最直接的存在形式。白马是一匹马，食盐是一种化合物等，不仅如此，最后还要说，白马、食盐、马、化合物等都是一种物质。

其次，如果不区分物质和物质概念，将物质或者物质本身也视为纯粹的思想创造物，这种纯粹的思维抽象是做不了运动的“主体和承担者”的。运动的主体和承担者是物质范畴所反映的、它的外延所涉及的物质存在。

再次，如果不区分物质和物质概念，将物质或者物质本身只看作一种最高的思维抽象，一个哲学概念，那么“物质世界”岂不就成了一个概念的世界，“物质运动”岂不成了概念的运动。推崇这种物质或物质本身，并把它作为至上的主体，必然陷入唯心主义。

将概念设想为纯粹的思想创造物，没有客观的认识对象与之相对应，这完全符合黑格尔的哲学观。对于黑格尔，世界上的一切是绝对精神或绝对观念的一个发展阶段或外化。说水果是抽象的东西，不是感性地存在着的东西，“我们固然能吃樱桃和李子，但是不能吃水果，因为还没有人吃过水果本身”，那么，“水果盘当然是盛水果概念的盘子”。诸如此类的一些怪异说法，对于黑格尔一点也不怪异。但是，我们不能跟着他陷入唯心主义哲学的泥潭。

---

①单独概念，则是对单个事物的稳定本质的抽象。单独概念所反映的单个事物处在不停息的运动变化中，它的各种特性决非是恒定不变的。之所以还认定它是这个单独概念所反映的单个事物，是因为它所反映的认识对象的本质特性没有变化。如果它的本质特性改变了，这一单个事物就消亡了。所以，即使单独概念，也是对单个事物的本质的抽象。

做了前面的铺垫（包括绪论，第二章以及本章第一节），接下来我们进入现代唯物主义哲学的物质本体论，首先在存在范畴的基础上给出物质定义，确立世界本质上是物质的世界这个现代唯物主义哲学的基本观点。

§3.3　物质是世界的基础和本源

1　普适的物质定义

如何定义物质？如前所述，物质概念应当是从各种具体的物质形态的总和中抽象概括它们的共同属性而得到的普遍的哲学范畴。各种物质形态的共同属性是什么呢？

如果只顾及“列宁物质定义的若干问题”中所述的五点，则只需要考虑如何精确地表述物质不依赖于人们的意识，可以给出如下的物质定义：

> 物质是不依赖人们意识的客观存在，这种客观存在的总和是世界的基础和本源，其具体形态在观察可及的范围内能够为人们的感觉和思维所反映。

问题在于，仔细的思考提醒我：关于物质不依赖于人们意识的论断，即物质对于意识的独立性，只适合于自然界或自在自然（见§1.2）中的物质；对于包括人类社会在内的整个物质世界，这个论断不能普遍成立；对于整个物质世界而言，物质定义必须做根本性改变。关于物质的我认为更为准确、更为科学、普遍适用的定义可以表述如下：

> 物质是永恒运动的具有广延性的客观存在，这种存在的总和是世界的基础和本源，其具体形态在观察可及的范围内能够为人们的感觉和思维所反映。

第一个即前一个定义可以称为自然界的物质定义，第二个即后一个定义才是普适的物质定义。两个定义都涉及“世界”。世界是什么？在此重复一遍，世界是天地间无限多样和纷繁复杂的一切事物现象和变化过程。

为了往下叙述方便，马上给出意识的定义如下：意识是人脑对于世界的主观映像。

个人意识和社会意识的总和合称为精神。这样定义意识、精神的理由，这个定义的精细意义，关于人类意识的起源和本质，如何区别人类的意识和意识活动，人类意识活动对物质的直接作用等，将在第五章中详述。显然，

感觉、知觉、表象、想象，需要、欲望、目的、动机，
概念、判断、认识、观点，知识，假说，理论、学说，
计划、设计、理想、信仰，态度、意念、信念、观念，
体验、意志、情绪、情感

以及社会意识形态和精神文化等，都是人类意识世界或精神世界的不同存在形式和不同内容表现。

回到主题，为什么我认为应当如此给出普适的物质定义呢？首要的问题在于：物质的共同属性是什么？不依赖于人们的意识即对于意识的独立性是物质的共同属性吗？仔细思考得到的答案是：非也。

§3.2已述，唯物主义者伽森狄（1592—1655）的物质定义把物质等同于原子的总和，在物理学的重大发现面前，唯物主义面临严峻的挑战。由此产生了列宁的物质定义。研究发现，列宁的物质定义，与伽森狄的同时代人霍布斯（1588—1679）的物质定义是十分类同的。

我们来看看霍布斯，恩格斯称他为第一个现代唯物主义者（18世纪意义上的）(4. P. 612)。霍布斯建立了比较完整的唯物主义哲学体系。马克思和恩格斯对霍布斯做过许多论述。(3. P. 755）可以推测，列宁熟悉霍布斯以及马克思和恩格斯对霍布斯的论述。霍布斯自然哲学以自然的物体为对象，他将自然的物体称为物质，给物体下过如下定义："物体是不依赖于我们思想的东西，与空间的某个部分相合或具有同样的广延。"[1]392 在霍布斯看来，自然的物体或物质是不依赖于人们意识的客观实在。这是他的机械唯物主义哲学体系的出发点。霍布斯认为，空间是空的容器："要接受新的物体，空的空间要比充实的空间更加合适。"[1]385—392

由物体定义出发，霍布斯批判了经院哲学把上帝视为"无形的实体"的谬论，肯定世界的物质统一性。在他看来，实体和物体是同一个东西；"无形的实体"和"无形的物体"同样不可思议。这是容易理解的。无形的物质、场（电场、磁场、引力场等）或者弥散态物质（见§3.5）是后来的自然科学才发展出来的认识和概念。在伽森狄和霍布斯时代，自然界的物质就是物体。因此，看不见的"无形的实体"和"无形的物体"同样是不可思议的。

我们看到，霍布斯的物质定义加上反映论或者可知论的内容，就构成列宁的物质定义。霍布斯的哲学体系包括两部分：一部分是自然哲学，以自然的物体为对象；另一部分是公民哲学，以人或人类社会为对象。他的公民哲学分为两部分，一部分论人的气质和行为，称为伦理学，另一部分则是论公民的责任，称为政治学。因此，在霍布斯的自然哲学中，物质或物体的定义是不涉及人的，或者说，自然的物体或物质是不依赖于人们的思想或意识的客观实在。霍布斯认为，公民哲学研究的对象与自然哲学研究的物体，“彼此很不相同”；要研究公民哲学，就“必须先知道人们的气质、爱好和行为”。[1]385—392 然而，显然，列宁的物质定义并不局限于自然的物体或者物质，它涉及整个物质世界，其中也包括人和人类社会。问题就发生在这里。

人是什么？人是有意识活动和理性思维、创造并且使用语言和文字，制造和使用工具生产物质生活资料，并结合成社会从事实践和生活的智慧生命。

这是一个较为完整的定义。往后说到人时，不必也不会处处重复这个长句，不企求面面俱到。

人首先是一种物质，一种智慧生命。人肉体生命的存在，是人的存在的自然前提，是人的一切超越生命本质的物质载体。人有初级和高级的意识活动。某些动物也具备初级的意识活动。区别于动物，人创造并使用语言和文字，具有理性思维等高级的意识活动。人通过理性思维把一类事物和自身当作意识的对象，从而与动物根本区别开来。人是具有能动性的物质存在。人的能动性和创造性是人特有的类特性。物质定义所概括的物质整体的共同属性，也必须是作为物质世界的组成部分的人所具有的属性。那么，人不依赖于人们的意识吗？答案是否定的。详细的论述留在本书以后的有关章节中展开。

人的存在依赖于人们的意识和意识活动，这里给出简短的叙述如下。

第一，人都有意识和意识活动，他的意识活动可以随意地、任意地支配他的躯体和某些器官（如四肢）。可以说，他的一举一动都依赖于他的意识和意识活动，受他的意识活动的支配。这只是就个体而言，而且在初等的意义上，这也是一般动物的本能。

第二，刚生下来的婴儿只是一个自然存在物和本能生命体。正常的婴儿和儿童由家庭到学校再到社会，在身体成长（特定的生物遗传程序）的同时，接受实践的训练和各种文化的教育，不同程度地掌握世世代代人类所创造的文化成果，逐步地进入人类的物质文化、制度文化和精神文化的历史发展的进程之中，成长为有意识、有理性的人。但是，如果婴儿被丢弃，离开人群，即使侥幸地被动物所喂养而存活下来，离开了人们意识和人类文化的关怀和教养，他就不可能成长为真正的人。世界各地关于狼孩的报告就是明证。

第三，人的生存和生活，人的衣食住行都离不开人们的意识，因为人的衣食住行所涉及的所有物质生活资料，都是人类长期的和当代的实践——认识——再实践的结果，它们是物质的，又都凝聚着人类的意识活动的成果。

第四，人利用工具从事物质资料生产活动，维持自己生存。实践（包括生产劳动实践、社会交往实践和科学文化实践）是人特有的存在方式，是人的生命之根和立命之本。人们的实践活动是人作为主体在人的一定目的支配下有意识活动参与的主体与客体之间（以生产工具为中介）的相互作用过程。目的的提出必然以对于客观规律的认识和自身的需要为前提。实践的成功则依赖于实践者关于相关实践对象的知识和技能。精神意识活动是实践活动的不可或缺的环节。实践活动当然不能单纯地归结为精神意识活动，但是实践活动必须依赖于精神意识活动。

人总是从一定的已有的前代人所创造的客观条件（包括物质条件和科学文化成果）和社会关系出发，生活和实践，并进一步推进社会的进步和发展。因此，一方面，人是能动的，另一方面，人又是受动的。无论从受动还是能动的角度看，人的存在，人的生活和实践依赖于人们的意识。

自然界是人类和人类社会产生和存在的物质前提。人是一种不同于一般自然物质的特殊的物质存在形态。

人类和人类社会既有物质的方面又有意识精神的方面，其中，物质方面终归是根本的和决定性的因素和力量。我们说人的存在，人的生活和实践依赖人们的意识，这决不是说人的存在，人的生活和实践只依赖人们的意识。这只是说，人的意识或人们的意识是人的存在，人的生活和实践的必要条件之一或者一个必要条件；依赖人或人们的意识，是人特殊的存在方式的特点之一或者一个特点。事实上，人一旦停止和永久地失去意识和意识活动，就等同于死亡；人类社会一旦丧失人们的意识（全体个人的意识和社会意识），它必定立即瘫痪和灭亡。

总之，人类和人类社会依赖于人们的意识和意识活动。列宁的物质定义是“见物不见人”。那种物质本体论貌似严谨，实际上缺乏与人类社会的内在的逻辑联系。强调一切物质都不依赖于人们的意识的物质本体论，不能够成为研究人类社会及其历史的唯物主义历史观和科学社会主义的理论基础。

我们断言人的存在，人的生活和实践依赖于人们的意识和意识活动，并在此基础上给出了普适的物质定义。这并不意味着我们会偏离唯物主义哲学的方向，恰恰相反，这是为了更好地贯彻马克思的唯物主义的哲学路线。我们将坚持关于物质第一性、意识第二性（即物质对于意识的根源性，意识对于物质的派生性）的观点，并且由此出发来理解物质的客观实在性。重要的是，我认为，这是对于世界的本来面目的正确认识和描述。下一小节接着对此做进一步的讨论。

2　关于普适的物质定义的进一步讨论　论物质的客观实在性

车尔尼雪夫斯基说："凡存在的东西都叫做物质。"[9]显然，事实并非如此。尽管世界的存在无限复杂多样，但是，可以归为两大类，一类是物质和物质现象，另一类是意识和意识现象，或者称为精神和精神现象。意识并不是物质，意识是人脑对于世界的主观映像。

物质范畴是现代唯物主义哲学的理论基石。普适的物质定义实质上在强调：物质是本源，意识是物质派生的现象；物质产生了意识，产生世界上所有的物质现象和精神现象；物质是世界的基础和本源。因此，普适的物质定义本身表达了现代唯物主义哲学关于物质第一性、意识第二性的基本原理：世界本质上是物质的世界。这就是现代唯物主义哲学关于世界上一切事物的最终本性的回答。

普适的物质定义中所说的本源有两层意思：一是指根源、来源；二是指本来就有或从来就有的。这两层意思是统一的，即根源的东西应当是本来就有或从来就有的，它不再另有根源。我们这里不使用"本原"一词，因为所谓世界的本原已定格地被理解为构成万物的"始基""元素"或者"宇宙之砖"。我们将在严格区分的意义上使用"本源"和"本原"这两个词。世界本原的提法究竟是否还有道理，本章第五节再另行讨论之。

如前所述，按照列宁的物质定义，"客观实在"或者"客观实在性"这个概念具有确切的含义，它是指物质"不依赖于人们的意识，存在于人们的意识之外"。注意：列宁常用不依赖于"我们的意识"或"人类的意识"来表达，这里概括地称为"人们的意识"，不违背列宁的原意。列宁关于客观实在性的理解是不确切、不全面的。人的存在，人的生活和实践依赖于人们的意识和意识活动。这个论述一经清晰地说出，它实际上是一个众所周知的事实。但是决不能按照列宁的物质定义断言人不是一种物质啊！

"客观实在性"究竟是什么呢？所谓客观实在性，是指物质的这样一种特性，即不管个人或人们知道不知道、喜欢不喜欢、承认不承认，在任何情况下它都不依赖于个人或人们的看法和态度而实实在在地客观存在着。客观实在性是物质的根本特征。它是对于除精神、意识现象之外世界的万事万物的共同特性的抽象和概括。为什么物质具有客观实在性，而精神意识不具有客观实在性？根本的原因在于：相对于精神、意识现象来说，物质是第一性的东西，它派生出精神、意识现象，它是一切物质现象和精神、意识现象的基础和本源。作为物质的最高产物，精神、意识可能消失了，但是，物质不灭，它永远实实在在地客观存在着。

在《路德维希·费尔巴哈和德国古典哲学的终结》中，恩格斯明确地指出：思维对存在、精神对自然界的关系问题，是全部哲学的最高问题。“哲学家依照他们如何回答这个问题而分成了两大阵营。凡是断定精神对自然界说来是本原的，从而归根到底承认某种创世说的人（而创世说在哲学家那里，例如在黑格尔那里，往往比在基督教那里还要繁杂和荒唐得多），组成唯心主义阵营。凡是认为自然界是本原的，则属于唯物主义的各种学派。除此之外，唯心主义和唯物主义这两个用语本来没有任何别的意思，它们在这里也不是在别的意义上使用的。下面我们可以看到，如果给它们加上别的意义，就会造成怎样的混乱。”（4. P. 231）接下来恩格斯指出：“我们的意识和思维，不论它看起来是多么超感觉的，总是物质的、肉体的器官即人脑的产物。物质不是精神的产物，而精神本身只是物质的最高产物。这自然是纯粹的唯物主义。”（4. P. 234）

恩格斯所说的思维对存在、精神对自然界的关系，就是指意识对物质的关系。按照恩格斯的论述，我认为，非常清楚，我们不应当单纯地从物质是否依赖人们的意识来理解物质的客观实在性；必须从唯物主义关于物质对于意识的根源性，意识对于物质的派生性这个根本观点，去理解和论证物质实实在在地客观存在着。自然界不依赖于人们的意识。尽管人的存在，人的生活和实践依赖于人们的意识和意识活动，但是，人是实实在在地客观存在着的，是一种特殊的物质存在形态，同样具有客观实在性。往深处说，人之死亡，无非最后变成了无机物等别的物质。人类和人类社会是自然界长期发展的产物。在以理性思维为特征的人类意识活动的基础上，内在地形成了人的主观世界，即人们关于世界的概念、思想、观念、知识、理论和学说等，这就是人类的意识。（详见第五章）人类的意识根源于物质，它是人类的意识活动的产物。人类的意识是人脑对于世界的主观映像。不仅如此，人类意识必须依附于具体的物质形态而存在。语言（口头语言、书面语言和脑内语言）是表现人类意识的具体物质形态。（见§5.3.1）物质的具体形态总是处于永恒的运动变化之中。某一个具体的人类意识所依附的所有具体的物质形态一旦完全丧失，例如，历史上或者日常生活中的某种思想、观念、学说、理论、技术等完全失传，这些人类的意识就完全不复存在。因此意识、精神现象不具有客观实在性。普适的物质定义坚持唯物主义一元论，肯定和强调了唯物主义哲学关于物质对于意识的根源性，意识对于物质的派生性这个根本原则和根本观点。

在普适的物质定义中，给“存在”（属概念）加上了“运动”和“广延性”的种差属性。运动是一切物质的存在方式和根本属性。黑格尔说：“就像没有无物质的运动一样，也没有无运动的物质。”[10] 恩格斯说：“运动是物质的存在方式。无论何时何地，都没有也不可能有没有运动的物质。”（3. P. 435）时间就是物质的运动变化本身。广延性是物质的重要属性，空间是物质的广延性和并存性本身（详见§4. 2）。“运动”和“广延性”是物质和物质现象所具有的而意识和意识现象并不确定具有或并不具有的属性。例如，古希腊原子论、黑格尔辩证法等，作为历史上的意识形态，定格在人类历史之中。只有在人类消亡之后，它们才会消失。在普适的物质定义中，诸如结构、层次、系统和规律等，没有加为种差属性，因为它们既是物质和物质现象的特征，也是意识和意识现象的特征。世界上一切事物、现象、概念都可以形成结构，构成系统。有人说“没有结构的物质和没有物质的结构都是不存在的”，话虽好听，后半句其实并不成立。例如，思想可以形成思想体系，文章和理论有其结构。

必须指出，这样定义的物质概念，是一个无限普遍概念，一个类概念。因此，可以说一种物质、几种物质，一部分物质、几部分物质，一个物体、几个物体。如果物质概念不是一个类概念，就无从谈论物质的运动。

这里补充指出，所谓物体一般是指具有宏观的广延性、肉眼可见的物质个体。现代物理学表明：物体不是物质存在的唯一方式。肉眼可见的恒星、星系，无形无象的弥散态物质如真空态，都是物质的一种形态（见§3. 5）。

意识和意识现象，在整个宇宙中只占极小极小的份额。为什么在物质的定义中给它以极大的关注呢？问题的关键可以归纳为两点。第一，人类生活在世界上，世界观就是人们“观”世界，即人们作为观察者和实践者从观察世界和改造世界的实践活动中得到关于世界的根本观点。不同人们的世界观大相径庭。唯心主义者，如柏拉图、托马斯·阿奎那、贝克莱、黑格尔等，认为这个世界是理念、或绝对观念、或上帝、或个人的感觉观念的派生物、产物或者表现。对于这种关于世界本质的歪曲的理解决不可漠然置之。例如，柏拉图理念论和亚里士多德哲学中的唯心主义成分，经欧洲中世纪神学家和经院哲学家（如安瑟尔谟、托马斯·阿奎那等）歪曲利用之后建立的经院哲学体系，成为统治人们长达千年的枷锁。与唯心主义相对立，唯物主义按照世界的本来面目来揭示世界的本源，坚持认为，物质是本源的、第一位的；意识是物质运动的产物，是派生的、第二位的；世界本质上是物质的世界。第二，在广袤的宇宙之中，人首先因为有意识和意识活动而成为唯一的一种区别于自然界物质（包括动物、植物）的特殊的物质存在形态。人都有意识和意识活动，人的能动性和创造性是人所特有的类特性。由此出发，通过人类世世代代的实践活动，造就了丰富多彩的人类社会。因此，意识和意识现象对于人类生活有着极大的关联度和重要性。

按照物质对象的能动性，可以将物质划分为非生物、生物和人类。按照物质对象与人们意识的关系密切程度，可以将物质世界分为自在自然、人化自然和人三大类。按照物质对象的质量和能量的空间分布状态，可以将物质划分为弥散态和聚集态。这些内容在接下来的两节中分别讨论之。

§3.4　从自然界到人类社会　自在自然和人化自然

1　从自然界到人类社会

整个物质世界在永恒的流动和循环中运动着。

如前所述，我们在狭义上理解和使用自然界这个概念。狭义的自然界又称为大自然，不包括人类在内。阳光、空气、水、山脉、河流、海洋、微生物、植物、动物、地球、月亮、行星、太阳、恒星、星系等，都属于大自然。

现代天文学已经确认[11,12]，质量为零点几个至几十个太阳质量，尺度几十至几百秒差距（pc，1 pc＝3.26 光年），数密度很低（如 100 厘米$^{-3}$左右，“厘米$^{-3}$”表示每立方厘米，下同），温度很低（约 10 K）的氢分子云，在自引力作用下，经过多少万年至多少亿年的引力收缩阶段而形成恒星。太阳大约在 46 亿年前形成，它现在正处于以氢核聚变作为主要能源的相对稳定的阶段（所谓主序阶段），在这个阶段上大约还要持续 50 亿年，然后，演化为老年恒星白矮星，最后爆发而瓦解，终结其一生。爆发后留下的残骸和气体最终又会成为形成新恒星的材料。

地球作为太阳系的行星，几乎与太阳同时形成。地球的圈层结构（即地核、地幔、地壳）和大气圈、水圈依次逐渐地形成。此后 10 余亿年间，在地球表面和大气圈，发生了多种多样的化学变化。由无机分子生成低分子有机化合物，又由低分子有机化合物生成生物大分子；由生物大分子组成多分子体系，进而演变为原始的生命体。这个过程称之为化学进化。生命出现之后，进入生物进化时期。

生命是一种自我繁殖、自我复制、自我调节的新型的物质存在。从原始生命开始，由简单到复杂，由低等到高等，由水生到陆生，最后演化出微生物、植物和动物，形成了现今如此纷繁多样的生命世界。

自然界的演化和发展是人类社会产生的自然物质前提。人类起源于类人猿。恩格斯说："从最初的动物中，主要由于进一步的分化而发展出了动物的无数的纲、目、科、属、种，最后发展出神经系统获得最充分发展的那种形态，即脊椎动物的形态，而在这些脊椎动物中，最后又发展出这样一种脊椎动物，在它身上自然界获得了自我意识，这就是人。"（3. P. 858）与太阳和地球比较，人类的诞生和有文字记载的人类文明史只是很短暂的一段时间。人类的祖先是类人猿。目前所知的最早古猿，其生存年代距今约 3000 万年，而晚期智人即现代人类出现在距今 5 万—1. 5 万年。

达尔文进化论从生物学的角度研究了人类起源，得出人是由类人猿进化而来的结论。但是，单纯生物学的观点不能揭示从类人猿转变到人的主要原因和机制，不能完满地说明从猿到人的质的飞跃。马克思和恩格斯指出人与动物的根本区别："一当人开始生产自己的生活资料，即迈出由他们的肉体组织所决定的这一步的时候，人本身就开始把自己和动物区别开来。人们生产自己的生活资料，同时间接地生产着自己的物质生活本身。"（1. P. 147）恩格斯在《劳动在从猿到人的转变中的作用》（3. P. 988）一文中指出："劳动是整个人类生活的第一个基本条件，而且达到这样的程度，以致我们在某种意义上不得不说：劳动创造了人本身。"恩格斯详细地论述了从猿到人的转变过程，阐明了劳动在人类起源中的决定性作用。兹简单地复述如下。

距今约 2000 万年，由于地壳运动和气候变化，热带森林面积大量减少，古猿从林栖转入到开阔的热带草原，逐渐适应地面上的生活。

首先，"这种猿类，大概首先由于它们在攀援时手干着和脚不同的活这样一种生活方式的影响，在平地上行走时也开始摆脱用手来帮忙的习惯，越来越以直立姿势行走。由此就迈出了从猿过渡到人的具有决定意义的一步。"（3. P. 989）直立行走扩大了视野，解放了前肢，促进了手和足的职能分化。地面上生活的古猿为了自己的生存，前肢即手随时可以握住天然工具和武器如石块和木棒等，来获取食物和抵御猛兽。经过了漫长的时间，手变得自由了，并不断获得新的技能，从用手把第一块石头做成石刀之后，逐渐地得以制造和使用工具。制造工具是真正的人类劳动的标志。使用天然工具的动物式的本能劳动形式，逐渐过渡到制造和使用工具的人类劳动。人手解放出来了，成为从事劳动的器官。"所以，手不仅是劳动的器官，它还是劳动的产物。"（3. P. 990）

其次，“动物，甚至高度发达的动物，彼此要传递的信息很少，不用分音节的语言就可以互通信息。”（3. P. 991）但是，与动物不同，“劳动的发展必然促使社会成员更紧密地互相结合起来，……这些正在生成中的人，已经达到彼此间不得不说些什么的地步了。需要也就造成了自己的器官：猿类的不发达的喉头，由于音调的抑扬顿挫的不断加多，缓慢地然而肯定无疑地得到改造，而口部的器官也逐渐学会发出一个接一个的清晰的音节。”（3. P. 991）由此逐步地形成人类的语言。

再次，视野的扩大，营养的改善，有利于大脑的发展。在劳动中不断地认识事物和运用语言交流思想，增强和发展了大脑的思维机能，创造出人类所特有的高级思维活动。“首先是劳动，然后是语言和劳动一起，成了两个最主要的推动力，在它们的影响下，猿脑就逐渐地过渡到人脑”（3. P. 992）。这样，逐步形成了人类的意识和精神世界。

最后，劳动是人类社会形成的基础。古猿曾经是一种群居动物，它们在严酷的大自然面前，不得不以群体的有组织的协同行动狩猎和御敌，以弥补个体能力的不足。恩格斯指出：“我们的猿类祖先是一种群居的动物，人，一切动物中最爱群居的动物，显然不可能来源于某种非群居的最近的祖先。”（3. P. 991）古猿的群体关系的社会本能，是从猿进化到人类社会的最重要的生物学前提。同劳动的发展相适应，这种群体关系越来越广泛和密切，终于随着人类的出现而成为真正意义上的人类社会关系。人们相互联系，相互合作，组合成社会从事生产活动。人们通过交往形成了生产关系和各种各样的社会关系。人类社会就是人类生活的共同体。所以，劳动不仅生产人们生存必需的劳动产品，同时产生出人与人之间的社会关系，产生了人类社会。

恩格斯把人类起源和形成分成三个阶段，即攀树的猿群、正在形成中的人和完全形成的人。这是一个漫长的过程。人工制造的工具的出现，标志着从猿到人过渡阶段的结束。最早的石器出现在距今 300 万—200 万年，这是完全形成的人出现的确实可靠的年代。人类在成为完全形成的人之后，按照人类体质的发展状态分期，人类的进化经历了早期猿人（距今 300 万—180 万年）、晚期猿人（距今 180 万—30 万年）、早期智人（距今 30 万—5 万年）和晚期智人（距今 5 万—1.5 万年）几个阶段。早期智人的体质已经接近现代人类，但是还保留了一些原始人的特点。晚期智人就是现代人类。

2　非生物、生物和人类

物质形态千姿百态，无限多样。从微小的基本粒子、宏观物体到巨大的天体、无限的宇宙；在宏观物体之中，从无机物到有机物，从单细胞生物、植物、动物到人，都是物质的具体形态。

§4.4将叙述，按照空间尺度和质量大小，将物质系统分为微观、宏观和宇观三个基本层次。微观层次是指目前已知的包括基本粒子、原子核、原子、分子等实物粒子，以及与它们相应的弥散态物质所构成的物质系统。宏观层次是指包括地球上的物体（从尘埃沙粒到高山大川）、各种生物、卫星、行星、太阳等以及与它们相应的弥散态物质所构成的物质系统。宇观系统是指包括从星团到总星系，以及作为星际空间的弥散态物质构成的质量和尺度很大的物质系统。关于弥散态物质的概念，强调弥散态物质的原因，将在§3.5叙述。

宏观物质包括宏观物体和各种生物，都是由微观的基本粒子、原子核、原子、分子等实物粒子以及与它们相应的弥散态物质构成的。按照物质对象的能动性，可以将宏观层次的物质划分为非生物、生物和人类。

按空间和质量计，非生物占据了宏观物质的绝大部分。所有物体之间都存在相互联系、相互影响和相互作用。非生物在相互作用中都具有反应的特性。牛顿运动定律描述物体之间力学的作用和反作用规律。物体之间的热相互作用、化学相互作用和电磁相互作用等是物体反应特性的描述。反应特性是一切物体都具有的共同本性。生物的感觉、意识和人的高级意识活动是这种反应特性发展到物质的更高阶段的特殊表现。

生命是在自然界演化过程中出现的一种特殊的物质存在形式。除了地球之外，我们还没有发现存在大量的生命踪迹的其他星球。外星文明至今仍然是一个未解之谜。但是，除了地球之外，肯定还有存在生命的其他星球存在。研究生命世界，今天仍然只能以地球上的生物作为对象。

大约40亿年前，地球上出现了生命。从原始的生命开始，由简单到复杂，由低等到高等，由水生到陆生，最后演化出微生物、植物和动物，形成了现今如此纷繁多样的生命世界，给太阳系的这个星球增添了无限的生机。至今存在几百万种不同的生物。地球上的生物系统是微生物、植物和动物所组成的庞大而复杂的物质系统。病毒是个特例，它具备生命的物质基础（核酸和蛋白质），却没有细胞结构，小至纳米级。离开了寄主细胞，它简直就是死物，通常会变成为结晶体，毫无生命的活动特征；而一旦侵入寄主细胞，它就自我繁殖，显现出生命的现象。病毒似乎介于生物界和非生物界的中间地位上。

在从自然界到人类社会的整个进化历程之中，生命的出现是一个最为重要的中间环节。生命是物质运动的高级形式。生命的物质基础是生物大分子如核酸、蛋白质、多糖、脂类，以及水和无机盐等。

不同的生物需要的营养物质不可能完全相同。外界的营养物质如糖类、脂肪、蛋白质、水、无机盐或者维生素等如何变成生物体的组分，构建成生物的世界？关键在于细胞，在于细胞膜的吸收和细胞的繁殖或分裂。

细胞是生物的结构和功能的基本单位。复杂的生命现象通过细胞的活动表现出来。除单细胞生物之外，绝大多数生物体都由许许多多不同类型的细胞组成。细胞一般具有细胞核、细胞质、细胞膜等成分。植物细胞还有细胞壁、液泡或者叶绿素等。

细胞膜是分隔细胞内部和外部环境的脂质双分子层结构。细胞膜有一些特殊结构，如连接复合体或胞间连丝，实现细胞与细胞之间的连接和信号转导。组织细胞在生物体内生活在细胞外液的环境中，从这里得到营养物质和氧以进行新陈代谢，并向这里排除代谢产物。细胞外液是细胞赖以生存的内环境。一般而言，小分子物质凭借着膜两边的浓度差、电位差等，实现单纯扩散，或依赖膜中镶嵌的通道蛋白、载体蛋白，实现易化扩散等跨膜转运；大分子和颗粒状物质接触到细胞膜时，细胞膜会内陷将其吞噬或吞饮，形成吞噬泡或吞饮泡，通过膜包裹、膜融合、膜离断等过程，完成入胞或者出胞的过程。这样，营养物质进入细胞内消化和分解，变成生物体内的成分；代谢产物则排出胞外。对于哺乳动物，只有肺泡和胃肠上皮细胞才直接与外界环境进行物质的交换。例如，食物（包括水和无机盐）经过咀嚼下吞、胃肠蠕动，与唾液、胃液、消化液混合，在各种消化酶的作用之下，淀粉、脂肪和蛋白质分解为可以被细胞直接吸收的葡萄糖、氨基酸等大分子有机物，最终被胃肠（主要是小肠）绒毛皱襞的上皮细胞所吸收，然后通过跨膜转运，到达组织液，通过毛细血管壁，转运到绒毛腔内的毛细血管的血液中，随着血液运往全身各处。在身体各处，通过毛细血管壁进行血液与组织液之间的物质交换，在组织液和细胞液之间通过细胞膜进行物质交换，以供应身体各部分细胞的需要。

精卵细胞结合时两个细胞核融合，生成一个受精卵。大多数多细胞生物个体都是由一个受精卵细胞分裂发育而来的。细胞分裂时，核内染色体物质平均分配到两个子细胞中。生物的繁殖和生长是通过细胞的分裂实现的。

与非生物不同，生物要吸收营养，进行呼吸，排出体内的废物，新陈代谢是生命的本质特征和存在基础。生物能对外界的刺激做出反应，动物甚至有对外界事物的感觉、知觉、表象、简单的判断，以及喜怒哀乐等初等意识活动。生物的能动性是非生物的反应特性所不可比拟的。

生物有遗传和变异现象。生物能产生和自身相似的后代个体，这种现象称为遗传；生物的子代和其亲代总存在差异，这种现象称为变异。遗传和变异的物质基础是核酸（DNA 和 RNA）。DNA 分子主要存在于细胞核中。细胞核内的染色体主要由 DNA 分子和蛋白质分子构成。DNA 分子含有许多有遗传功能的片段，称为基因，不同基因含有不同的遗传信息，分别控制不同的生物性状。生命是一种自我繁殖、自我复制、自我调节的新型的物质存在。主要是由于 DNA 自我复制，产生相似的子代；也主要是由于 DNA 突变，使子代的某些性状发生改变。

营养物质通过细胞膜的吸收和细胞的自我繁殖而导致生物的生长，DNA 自我复制导致生物的遗传和变异，这是生物生命的两大机制。较之前者，关于后者的通俗、清晰和准确的叙述，需要更大的篇幅，在此从略。

人的生命与一般生物、与动物的生命究竟有什么不同？人究竟改变了生命的什么特征？将在§10.2 人的类本质中做详细讨论。这里仅做一般的叙述。

人所改变的首先是生命的生存方式。动物的生存方式完全是依附性的，一切都依靠大自然来安排和提供；人的生存方式则是自为性的，人所需要的生活资料主要靠自己的生产劳动来获得。这是人和动物生命活动的初始分野。

生存方式的变化，对生命而言是一种根本性的变化。人以自身对自然的改造和创造，获得与自然的统一，维持自己的存在，并且不断发展自己。生存方式的改变，就意味着人的生命从大自然的绝对主宰中获得了解放，它不再完全地依附于自然控制的生存环境；这就表明，生命的本性发生了根本的变化，它使生命从完全被支配的地位获得了某种自主的本性。

从这一意义我们可以说，人的生命已经不同于动物生命，它属于自主性生命。动物完全地受（物种规定的）生命本能的支配，动物属于它的生命、与它的生命直接同一，二者是一回事；人则不同，人作为人已超越了生命的本能，成为自我生命的主宰者。在本能生命之上形成了支配生命的生命。

生命的自我分化，从本能生命发展成为自主生命，这就是人性超越于物性、人优越于动物的基础和本源。人作为人的一切特质都是由此产生出来的。人自成一类，构成了独特的智慧生命。

关于物质、生物和人类的定义形成一个塔形结构，兹总结和概括如下。

§3.3 给出了物质的定义：物质是永恒运动的、具有广延性的客观存在，这种存在的总和是世界的基础和本源，其具体形态在观察可及的范围内能够为人们的感觉和思维所反映。

什么是生物？生物（又称生命体）是有生命的个体或生命个体的总称。所谓生命，可以定义为生存在一定的环境之中新陈代谢，生长发育，大多数能够繁殖并且呈现出遗传变异现象，能够对外界的刺激做出反应，以水为载体，以核酸和蛋白质等大分子为基本组分的开放的、能动的物质系统。

人是什么？§3.3给出了较为完整的定义：人是有意识活动和理性思维、创造并使用语言和文字，制造和使用工具生产物质生活资料，并结合成社会从事实践和生活的智慧生命。

3　自在自然和人化自然

在人类诞生之前，自然界的运动变化是完全自发地按照自然的客观规律自在地进行的。人类诞生之后，人类从事有人类意识和意识活动参与的物质生产活动，人类生活的地球的自然环境就发生了根本的变化。

人类与一般动物有着本质的不同。人不是简单地从外部环境摄取自然所提供的现成的物质和能量，而是依靠自己的劳动去改变外界物质的自然形态，创造出自己所需要的物质资料，满足自己生存的需要。恩格斯说："动物仅仅利用外部自然界，简单地通过自身的存在在自然界中引起变化；而人则通过他所作出的改变来使自然界为自己的目的服务，来支配自然界。"(3. P. 997～998)

通过生产实践活动和后来的科学实践活动，人们一方面创造出自己所需要的物质资料，满足生存的需要，另一方面认识自然界运动变化的规律，形成和发展人类的意识和精神世界，指导实践以更大规模、更有效率的方式进行。

> 在我看来，所谓生产实践，归结起来实际上就是一件事：人或者直接地（用手）或者间接地（通过工具或设备），适当地和实时地改变作为实践客体的各种物质的位置和状态，因而改变物质运动变化的条件、过程和方向，把自己的目的因素注入自然界运动变化的因果链条之中，使得自然界按照自己设定的目的和方向变化，从而生产出自己生存所需要的生活资料和生产资料。

人类的这种实践活动是人的生存方式。对于原本以自在方式运动变化的自然界而言，人类的实践活动是全新的和创造性的。人的创造物，例如汽车、飞机、计算机（更不必说互联网）是自然界几亿年、几十亿年也不可能自在地、自发地产生出来的。"我们还能引起自然界中根本不发生的运动（工业），至少不是以这种方式发生运动；我们能给这些运动以预先规定的方向和规模。"[6]573 因为人类的实践活动，原本自在自然的"自在之物"，改变它自在存在的形式，转化为满足人们需要的"为我之物"。这就是自然界的人化过程。

在人类活动所及的范围内，自然界不再与人无关，它成为被人类活动改造了的"人化自然"。所以，可以将自然界划分为自在自然和人化自然。

自在自然是指未经人类的实践干预的、与人类社会尚未直接地相互作用的那部分自然界。人类诞生之前的自然界，人类诞生之后超出人类实践活动所及范围以外的自然界，都属于自在自然。按我们的定义，仅仅被人们观察过而未被人们直接接触过、改造过的客观对象，例如人们观察过的行星、恒星、星系，都属于自在自然。实际上，天文观察只是观察者接收了天体在此之前发出的光线而已。例如，2016 年天文观察发现银河系中离我们约为 5 万光年的一颗恒星，天文观察所接收的图像是这颗恒星在 5 万年前发出的光线形成的，这颗恒星此时此刻的状态如何，甚至它是否存在，我们都不得而知。

与自在自然不同，人化自然是人类实践活动改造过的、打上了人类活动印记的那部分自然界，包括人的创造物，以及人所改造过的自然环境等。人类的实践活动不断地将自在自然转化为人化自然。随着人类实践活动的深入和扩大（上天、入地、下海），人化自然的外延在变化着、扩大着。人化自然现在大致限于地球的表层和大气层。在地球的表层，未被人们直接地接触过和作用过的客观对象已经不多了。喜马拉雅山脉的某些常年冰雪覆盖的山峰和许多大洋的底部也许例外。当然，人化自然并非完全地脱离自在自然，人化自然必然要参与到整个大自然的运动变化过程之中，受着自然规律的支配。

马克思强调人化自然和自在自然的不同，他特别关心人类产生以后进入人的实践活动之内的自然界即人化自然。在《德意志意识形态》中，马克思和恩格斯指出：“先于人类历史而存在的那个自然界，不是费尔巴哈生活于其中的自然界；这是除去在澳洲新出现的一些珊瑚岛以外今天在任何地方都不再存在的、因而对于费尔巴哈来说也是不存在的自然界。”(1. P. 157)

人化自然作为被人类实践活动改造过的自然，体现了人的需要、目的、意志和追求，以至人的认识水平和审美情趣等。人化自然是自然的人化，所强调的是自然对于人来说的生成过程，即自然界通过人的实践活动获得属人的性质，改造成为满足人们生存需要和发展需要的物质条件，成为人的本质力量的确证和展现。一句话，人化自然既是人类有意识活动参与的实践活动的成果，它体现了人们的意识，与人们的意识、人们的生活紧密地相互关联。因此，我们不可以脱离作为实践主体的人，脱离人类的实践活动，脱离人类的意识精神世界，单纯地直观地去理解人化自然。

在《关于费尔巴哈的提纲》中，马克思明确地写道：“从前的一切唯物主义（包括费尔巴哈的唯物主义）的主要缺点是：对对象、现实、感性，只是从客体的或者直观的形式去理解，而不是把它们当做感性的人的活动，当做实践去理解，不是从主体方面去理解。因此，和唯物主义相反，唯心主义却把能动的方面抽象

地发展了，当然，唯心主义是不知道现实的、感性的活动本身的。”（1. P. 133）

前一节详细地论述了人的存在，人的生活和实践依赖于人们的意识；人一旦停止和永久地失去意识和意识活动，就等同于死亡；人类社会一旦丧失了人们的意识，它必定立即瘫痪和灭亡。因此，人依赖于人们的意识和意识活动。

如前所述，自在自然不依赖人们的意识。关于人化自然，应当注意，人类的活动可以改变物质运动变化的条件、过程和方向，但是，却不可能改变物质运动变化的根本规律。马克思在《神圣家族》中指出："人并没有创造物质本身。甚至人创造物质的这种或那种生产能力，也只是在物质本身预先存在的条件下才能进行。"[13]58人按照自己的目的，根据对自然界的物质运动变化规律的认识，从事生产活动。人不能创造物质，人的实践活动并不能使物质运动变化的规律发生改变。因此，一方面，人们的实践活动使地球的自然环境获得了属人的性质，改造成为人化自然。人化自然是人类的意识活动参与的实践活动的成果，体现了人的需要和目的，与人们的生活密切相关，它是人类的思维认识的能力和改造自然的能力等本质力量的展现。我们不可以脱离作为实践主体的人，脱离人类的实践活动，脱离人类的意识精神世界，单纯地、直观地去理解人化自然。另一方面，自然界的物质不可能依赖于我们和我们的意识而存在。人类的实践活动不可能改变自然的客观实在性。人化自然与自在自然一样，有着不依赖于人们意识的客观实在性。离开了人们的意识，例如，即使人类灭亡，人化自然将仍然存在。经过若干万年之后，人类文明遗迹将消失殆尽，人化自然又回到自在自然的状态。因此，自在自然和人化自然都具有着不依赖人们意识的客观实在性。

有许多作品（包括采访作品、影视作品等）叙说人类灭绝之后地球将是什么样子。人类灭绝之后，第一个明显变化开始于人类消亡两天后，全球停电，现在从太空中可以看到的灯光已经熄灭，地球处于晚间的那面将陷入黑暗。20 年后，农作物消失，乡村道路会被野生植物覆盖，田野中杂草丛生。大部分基础设施将在 100 年或数百年内倒塌。人类建筑将快速腐朽。新的丛林将吞噬城市。几千年后，地球将变回到史前蛮荒的状况。人类灭绝之后，大自然将吞掉我们感到自豪的和惭愧的一切事物，几乎所有人类文明的遗迹将在 2 万年中消失殆尽。如果外星生命在 10 万年或 20 万年后造访地球，他们不会发现人类曾经生活在地球上的明显迹象。这说明，地球不会因为人类的灭绝而停止运转，自然界不依赖人们的意识而客观存在。

关心人类的未来，我们不仅应当关心和研究人化自然，而且必须关心和研究自在自然。我们将在 § 3. 3. 5 回到这个问题上来。

4 研究物质世界应持的现代唯物主义观点

唯物主义按照世界的本来面目来揭示世界的本源。唯物主义认为：世界千姿百态、纷繁复杂、无限多样，世界上一切事物和现象，归根到底都是物质的具体形态和物质运动的具体表现；人类和人类社会是自然界长期发展的产物，是物质发展的最高阶段；物质是本源的、第一位的；作为精神现象的人的意识是人脑对于世界的映像，因此，意识和精神是物质的产物和表现，它是派生的、第二位的；世界本质上是物质的世界；自然界和人类在物质的基础上统一起来。

这是纯粹的唯物主义的观点，也是现代唯物主义哲学观察和理解物质和物质现象时应持的第一个基本观点。

恩格斯在《自然辩证法》中说：“唯物主义自然观只是按照自然界的本来面目质朴地理解自然界，不添加任何外来的东西，所以这种自然观在希腊哲学家中间原本是不言而喻的。”（3. P. 896～897）在唯物主义哲学关于自然的研究中，包括了自在自然与人化自然，认定它们是不依赖于人们意识的客观实在。这样做当然是允许的，而且是必要的。正如爱因斯坦所说：“相信有一个离开知觉主体而独立的外在世界，是一切自然科学的基础。”[14]

自在自然不依赖人们的意识，人化自然也有着不依赖人们意识的客观实在性。面对自然界，人们必须通过分析，将客观事物的各个方面、各个要素暂时地割裂开来，抓住事物的某一方面的本质，分别地加以研究，目的在于揭示物质世界不以人们的意志为转移的基本范畴和客观规律。认识自然，是为了适应自然，利用自然和改造自然。这是人们实践活动获得成功，达到预想目标的必要条件。人们的实践活动正是根据人们对于自然界物质运动变化的客观规律的认识进行的。

当然，问题还有另一方面。唯物主义如果只强调自然界的客观实在性，即仅仅强调自然界不依赖于人们的意识，完全不从人的主体的方面、不从人的能动的实践活动出发观察和理解人类社会的物质对象和社会现象，无视人的精神意识和实践活动的目的性作用所创造的人化自然的特征，它实际上就与马克思所批评的旧唯物主义没有根本区别，就不能深入地客观地研究人类和人类社会的发展规律。

在《1844年经济学哲学手稿》中马克思指出：“我们在这里看到，彻底的自然主义或人道主义，既不同于唯心主义，也不同于唯物主义，同时又是把这二者结合起来的真理。我们同时也看到，只有自然主义能够理解世界历史的行动。”[15]105

针对霍布斯宣布唯物主义就是用机械运动或者数学运动解释一切，马克思在《神圣家族》中做了系统的分析和批评。

马克思写道："唯物主义在它的第一个创始人培根那里，还以朴素的形式包含着全面发展的萌芽。物质带着诗意的感性光辉对人的全身心发出微笑。但是，用格言形式表述出来的学说本身却反而还充满了神学的不彻底性。唯物主义在以后的发展中变得片面了。霍布斯把培根的唯物主义系统化了。感性失去了它的鲜明的色彩而变成了几何学家的抽象的感性。物理运动成为机械运动或数学运动的牺牲品；几何学被宣布为主要的科学。唯物主义变得敌视人了。为了在自己的领域内克服敌视人的、毫无血肉的精神，唯物主义只好抑制自己的情欲，当一个禁欲主义者。它变成理智的东西，同时以无情的彻底性来发展理智的一切结论。"[13]163－164

在马克思的论述中我们看到，他认为旧唯物主义和唯心主义同样是敌视人的。肉体生命和精神意识都是人的属性。唯心主义崇尚"毫无血肉的精神"，把有血有肉的人的精神意识绝对化为脱离人并决定一切的一种绝对的存在。与经院哲学的种种唯心主义谬论根本对立，霍布斯哲学用物质的运动来解释一切（包括物体和人的各种性质），他把一切运动都归结为机械运动；他认为，人是一部机器，处于机械运动的因果链条之中；从人体组织的机械运动出发，可以解释人的各种感觉的产生。例如，他认为，血液的运动可以使人们产生快乐或者痛苦的感觉；欲望、厌恶、爱、仁慈、希望、恐惧、愤怒、嫉妒等都是心脏运动的表现。马克思认为，片面强调人的肉体性即物质性，这种唯物主义，和片面强调人的精神意识的唯心主义一样，都是"漠视人"和"敌视人"的。这是马克思的物质观的生动说明。

已经指出，与霍布斯物质定义类同的列宁的物质定义是"见物不见人"，它也是"漠视人"和"敌视人"的。那样的物质定义不能成为唯物主义哲学研究人类社会及其历史的逻辑起点。

唯物主义历史观是现代唯物主义哲学关于人类社会及其历史发展的总体看法和根本观点，它揭示人类社会运动变化的最终原因和根本规律。

如§1.2所述，人类社会包括人类、人化自然以及人类的科学文化和社会关系体系。人化自然是人们实践活动的产物，体现人们的意识，与人们的意识、人们的生活紧密相关。这个特性在自然的本体论研究中，没有加以考虑，也不会加以考虑。我们必须注意由此带来的缺漏。研究人类社会的发展，不能像旧唯物主义那样，"对对象、现实、感性，只是从客体的或者直观的形式去理解，而不是把它们当做感性的人的活动，当做实践去理解，不是从主体方面去理解。"(1. P. 133)

我们应当理解：人类社会和人化自然的物质对象"决不是某种开天辟地以来就已存在的、始终如一的东西"，而是历史的产物，是世世代代人类的实践活动的结果；它们是人的实践活动，首先是生产劳动实践活动的具体表现，是人的本质力量的展示；它们处于一定的社会关系中，首先是社会生产关系之下的对象，还是未来生产的要素。

必须从人的主体方面，人的精神、意识和主观目的，从人的能动的实践活动，从人类社会的生产关系出发，观察、理解和解释人类社会的物质对象和物质现象。这是现代唯物主义哲学研究物质世界时应持的第二个基本观点。

重要的是，人是人类社会的主体，研究人类社会必须研究人。如前所述，人是一种不同于一般自然物质的、有意识和意识活动、又依赖于人们意识的特殊的物质存在形态。尽管特殊，反映物质及其属性的基本范畴（物质定义，以及运动、时间、空间、系统、层次、结构等范畴）当然应当而且必须适应于人类。§3.2已经指出列宁的物质定义不适应于人，给出了我认为更为准确和更为科学的普适的物质定义。普适的物质定义表达的物质的观点，是现代唯物主义哲学的理论基石。但是人作为一种特殊的物质存在形态，人的一切超越肉体生命的本质特性，不是反映物质及其属性的诸范畴所能完全触及的和穷尽的。对于包括人类、人化自然、人类科学文化和社会关系体系的人类社会，这样的问题同样存在。生产劳动实践是人类和人类社会形成、存在和发展的基础。实践的观点是唯物主义历史观的首要的和基本的观点。因此，唯物主义本体论可以作为研究人类和人类社会的理论背景，但是，它并没有足够潜质成为研究人类社会的完整的理论基础。唯物主义历史观并不是唯物主义本体论对于人类社会及其历史发展的推广和应用。

5　自在自然是人类应当和必须关注和研究的对象

有一种观点认为：自然与人类社会是不可分离的；自然与社会的分离，将使得唯物主义哲学变成二元论哲学。他们引用马克思《1844年经济学哲学手稿》中的话："社会是人同自然界的完成了的本质的统一"[15]83；"在人类历史中即在人类社会的形成过程中生成的自然界，是人的现实的自然界；因此，通过工业——尽管以异化的形式——形成的自然界，是真正的、人本学的自然界。"[15]89 "被抽象地理解的，自为的，被确定为与人分隔开来的自然界，对人说来也是无。"[15]116 他们认为，把自然界置于人类社会之前，就意味着脱离人类社会对自然进行考察。他们希望说明，根本就不存在与社会历史相分离的自然界，或者说，即使存在人的视野之外的自然界，它对于人来说也是无意义的。因此，根本不存在恩格斯所阐述的唯物主义的自然观即自然辩证法。必须将"与人的社会历史活动相分离的抽象的自然"排除在马克思哲学的视野之外。那么，唯物主义哲学的世界、物质、时间、空间的概念是什么呢？他们认为："一切社会生活"才是世界概念的真正含义；抽象的物质并不存在，真正存在的物质是生产对象、原料、工具、商品、产品、排泄物等；必须对旧唯物主义的时空观做出彻底的批判和清理，要从生产劳动出发阐述时空问题；我们不能满足于奢谈抽象的物质运动变化的时间，应当进入马克思本人的时空观的视野中，研究商品的“社会必要劳动时间”；等等。

只要实事求是，心怀广阔，就不会同意这种观点。一门学问分为几个部分，对各种事物加以分门别类的研究，这是再自然不过的事情，扯不上什么二元论。马克思论述中的自然界，肯定是指人化自然，而不是整个自然界。

按照我们的观点，世界即大宇宙，它是无限的。大宇宙是包括“我们的宇宙”和无限多个“非我们的宇宙”的整体。现代天文学确认，我们观测所及的宇宙（即“我们的宇宙”）称为总星系，尺度约 137 亿光年，它包含了约 1000 亿个以上星系。所谓星系，是众多恒星组成的天体系统，是构成可观察宇宙的基本成员。除了我们所在的银河系之外，其余的星系统称为河外星系。我们的银河系是一个中等尺度的星系，形状如运动场上的铁饼，直径约 8.5 万光年，中心厚度约 1 万光年，包括约 1000 亿颗恒星。我们的恒星即太阳系在距银心约 2.4 万光年处。我们生活所在的地球只是太阳系的一颗行星，赤道直径约 12756 千米，按光年计，不到 1/20 光秒。“光秒”是我自造的一个长度单位，即光在 1 秒时间内所通过的距离，为 299792458 米，约 30 万千米。我想要清晰地说明：人类和人类生活所及的地球表层、大气层，相对于浩瀚的宇宙来说，实实在在地只是沧海之一粟。

如前所述，人化自然大致限于地球的表层和大气层。说世界上不存在与人类社会历史相分离的自在自然，这真是只见树木不见森林。人化自然即地球的表层和大气层与人类的生活紧密关联。但是，自在自然对于人类来说并不是无意义的。从长远发展来说，无限的自在自然为人类的生存和发展提供无限广阔的拓展空间和不竭的自然资源。例如，人类可能移居异星球，自由来往于星际空间，与地外智慧生命建立友好联系和合作关系，共同组成星际文明社会。人类不能鼠目寸光啊！从眼前现状来说，整个世界的各个部分是相互联系和相互作用的。地壳内部和地球外部广袤宇宙空间中的物质存在，例如月亮、太阳、银河系、星系团等，都在发生各种各样、其中许多是非常持久激烈的物理过程，例如，太阳黑子活动，黑洞或者中子星靠近、黑洞之间或中子星之间或星系之间的碰撞、超新星爆发等，它们都在影响着地球表层以及居住在地球上的人类。这种影响可能是有利的，也可能是有害的。人类必须研究它，应对它、利用它或化解它。

举例来说，地球上可能发生来源于自在自然的灾难性事件，例如，大型陨石或小行星撞击地球。事实上，地球上这种灾难性事件很可能曾经发生过。恐龙是生活在距今 2.35 亿～0.66 亿年的一类陆生动物，支配全球陆地生态系统超过 1.6

亿年之久（注意：现代人类统治地球还不到5万年!)。长期以来，被大家普遍认同也是最为权威的观点认为，恐龙的灭绝和一颗大陨星撞击地球有关。6600万年前，一颗直径7～10千米的小行星（或是彗星），以2.5万千米/时的速度坠落在地球表面尤卡坦半岛墨西哥湾沿岸，发生猛烈碰撞，连带接踵而来的地壳内部熔岩喷发、强烈的火山爆发、遮天蔽日的尘雾、汹涌的海啸巨浪，造成地球表面75%的物种灭绝。这很可能就是造成恐龙大面积死亡甚至灭绝的主要原因。可以完全肯定，恐龙突然之间从地球上消失是地球上灾难性事件的结果。

§11.2将详细地叙述人类面临的危机。大型陨星撞击和超级火山喷发是人类可能面临的最大的自然灾难。这类灾难性事件很可能会再次威胁地球。如果人类不加以研究并采取防御行动（人类已经有了或者接近有了这种防御的能力），甚至可以导致人类的灭绝。人类有必要研究星际物质、行星、恒星，研究作为物质的运动变化的时间和作为物质的广延性的空间，研究物质运动的客观规律，等等。只有这样，才可能进一步发展出巨大的能力，抵御巨大的自然灾难的降临。

我将在第十一章阐述：人类社会及其历史的一切现象都根源于并表现着自然的本性和人的类本质；人类社会生存发展的规律决定于自然的本性和人的类本质。这里所说的自然并非局限于人化自然。

显然，表面上看、暂时地看与人类分隔开来的自在自然，对人说来也决不是无。只关心地球的表层和大气层，只关心人类内部的争斗，只研究商品的“社会必要劳动时间”（即商品的价值），对广袤的自在自然不闻不问，这首先有损人类的利益，当然不是一个拥有广阔心怀的科学家和哲学家应取的观点和态度。自在自然与人化自然一样，都是人类应当和必须关注和研究的对象。

人类社会发展的规律是唯物主义历史观的研究对象；自然界既是自然科学的研究对象，也必然是辩证唯物主义哲学的研究对象。现代唯物主义本体论与唯物主义历史观是地位并列、并行不悖的现代唯物主义的哲学理论。

§3.5　两种最基本的物质形态：弥散态和聚集态

物质是世界万物万事的基础和本源。物质概念作为一个最高的思维抽象，其外延最大而内涵最少。但是，物质的形态千姿百态，无限多样，从微小的基本粒子到巨大的天体，从无机物到有机物，从单细胞生物直至人类，都是物质的具体形态。它们具有丰富多彩的内涵。本节根据现代科学的发展提出并论证：弥散态和聚集态是两种最基本的物质形态。

1 令人惊异的科学事实

为了论证最基本的物质形态，我们先简单地叙述一些现代科学已经确认并且应当为公众所了解的科学事实。

通常说宏观物体是由原子分子组成的，原子分子是由基本粒子组成的。这类话写在各种教科书中。它既对又不对，至少是不准确、不完整的。

以最简单的原子即氢原子为例。按现代物理学实验测量的数据，氢原子第一玻尔轨道半径为 0.529×10^{-8}厘米，它的组分即质子的线度约 1 费米$=10^{-13}$厘米，电子的线度小于 1×10^{-16}厘米。按玻尔原子理论，在稳定的氢原子中，一个电子以第一玻尔轨道半径绕原子核即质子旋转；按量子力学，电子在原子核外的分布用概率云描述，第一玻尔轨道半径对应电子分布概率密度最大的位置。如果把上述数据都放大到 10^{13}倍，可以这样比喻：电子就好比一粒小于 1 微米的小灰尘，质子好比一颗直径为 1 厘米的玻璃球，电子绕质子旋转的直径大约为 1 千米。在质子和电子之间，存在着广漠的弥散态物质，在质子和电子两种带电粒子的作用下，呈现出电场的状态。没有这些弥散态物质作中介，电子和质子就不可能结合为氢原子。的确，组成氢原子的粒子（电子和质子）本身的尺度较之粒子之间的距离或者氢原子的尺度小得几乎可以忽略不计。质子、电子、氢原子的静止质量（按 2006 年的数据）分别为 $m_p=1.672621637\times10^{-24}$克，$m_e=9.10938215\times10^{-28}$克，$m_H=1.673532831\times10^{-24}$克。由氢原子的质量减去质子和电子的质量之和，我们看到，弥散态物质的质量小得几乎可以忽略不计。

其他原子无非核内多几个核子，核外多几个电子，情况没有根本的变化。

原子核是原子的核心部分，是质子和中子的紧密结合体。原子核在一般化学反应中不发生变化。原子核的稳定性是因为核内的质子和中子之间，质子和质子之间，中子和中子之间有一种强大的核力作用。这种力是近程力，有效力程只有 10^{-13}厘米，强度却比电磁力大 100 倍以上，称之为强相互作用。

原子核中中子的质量与质子的质量很接近，为 $m_n=1.674927211\times10^{-24}$克。质子和中子的质量密度都大得惊人，容易计算得到，数量级大约为 10^{15}克/厘米^3，即每立方厘米 10 亿吨，相当于将整个喜马拉雅山（按平均高 0.7 千米，宽 100 千米，长 1500 千米，密度 3 吨/米^3 计）压缩成小食品盒大小（约 1 分米^3）的密度。这个密度简称为核密度。

看看地球周围的大气层。在一个大气压和室温（如 25 ℃）下，空气分子密度约为 3.5×10^{19} 厘米$^{-3}$。利用最好的真空技术，能够达到的最好真空度一般为 10^{-8} 托（1 托为一个标准大气压的七百六十分之一），分子密度约为 3.3×10^{9} 厘米$^{-3}$，即每立方厘米体积中还有 33 亿个空气分子。

广袤无垠的星际空间的分子密度低得多，它几乎是完全真空的。其实，其间有实物粒子和辐射存在。星际介质的化学成分主要是氢和氦（氢最多，氦其次），按质量的相对含量占 95%以上，还有少量（不到百分之几）重元素。粒子密度极低，每立方厘米等于或少于 1 个粒子；辐射场是高度稀释的，平均辐射能密度为 1 电子伏特/厘米^{3}，换算成光子，每立方厘米不足 1 个光子。由此决定了星际介质的温度很低，接近绝对零度，为开氏几度。

密度的小幅扰动在引力作用下形成星际气体云。星云的平均原子数密度大致为 10 厘米$^{-3}$。个别非常浓密的气体云可以达到每立方厘米几千个原子，甚至更多。在数密度达 100 厘米$^{-3}$以上，运动温度较低的条件下，氢原子结合而成为氢分子。恒星形成于分子云，是由质量足够大的氢分子气体云在自引力作用下塌缩而成。气体分子云的质量和尺度很大，其质量以太阳质量来量度，尺度以光年来量度，温度约 10 K（即零下 263 ℃）。分子云由于自引力而收缩，引力势能转化为动能、热能，自身密度不断增大，温度不断升高，加上各种复杂的物理过程，如对流、自转、辐射、磁场等，经过几百万年或更长时间的引力收缩和质量外向流失过程，最终演化成恒星。

恒星的每个部分处在方向相反的自引力和热运动产生的气体压力的平衡状态之中。恒星是一个平衡的高温的发光的气体球。运动温度极高，从表面到中心，大约从 1 万度上升到 1000 万度。在这样的高温下，氢和氦完全电离。恒星的能源来自内部原子核聚变反应所释放的巨大能量。恒星质量愈小，维持聚变能量稳定供应（所谓主序阶段）的时间愈长。太阳主序阶段约 100 亿年。

演化后期的恒星，大多要经历爆发而瓦解。理论预言，核燃料烧完后，恒星依其初始质量的不同，最终将演变成白矮星，或中子星，或黑洞。现代天文学已经完全证实了中子星的存在。

核燃料烧完并经历外层爆发之后，恒星内层压力降低，它在强大的引力作用下向中心塌缩。压力是如此巨大，原子中的电子都被压缩到原子核之中，与质子中和为中子。这样的原子核紧挨在一起形成一个巨大的原子核。如果恒星的核心部分约 1～2 太阳质量，它将塌缩成直径只有大约 10 千米的天体。其密度可以达到 10^{15} 克/厘米^{3}，即前述的核密度。这就是中子星。中子星高速自转着，其赤道速度甚至可以接近光速；中子星的自行直线速度很大，达到 100～550 千米/秒；中子星磁场极强，可达100亿高斯。物理学家在地球上实验室中只是在很小的空间范围内和以毫秒计的很短的时间内，创造过几百万高斯的磁场。脉冲星就是高速自转、磁场极强的中子星。

2　弥散态和聚集态　原子-元气论自然观

尽管自然界的物质形态无限多样，每种物质形态各有其特殊性，但是，许多不同的物质形态在某些基本特征方面具有共性。在现代科学成果并加以深入思考的基础上，按照现代唯物主义哲学，我认为，自然界中所有的物质形态可以归结为两种最基本的形态：弥散态和聚集态。

古希腊德谟克里特的原子论认为：万物都是由最小的、不能再分的间断性的微粒——原子组成的。原子之间的空隙里有什么呢？一无所有，一片虚空。万物的始基是原子和虚空。中国古代元气论则认为：连续性的元气是构成世界万物的本原。空间是连绵的媒质的广延性。“凡虚空，皆气也”；“知太虚即气，则无无”；“阴阳二气充满太虚，此外更无他物，亦无间隙”。一无所有的虚空是不存在的；“太虚非虚，充塞无余”。气凝聚而成有形的物体，气散则归于太虚。气是物体之间相互作用的中介。气把天地万物联系成一个整体。

第二章详细地介绍了中国古代元气论和古希腊原子论，比较了二者的长处和缺陷。现代科学的发展表明，原子论包含一些孤立静止观的哲学观点，在整体上说来，较之原子论，元气论更深刻地反映了自然界本身的辩证法。然而，元气论并非尽善尽美的，原子论也并非对现代科学毫无思想贡献。现代科学的发展无疑彻底摧毁了原子论关于一无所有的虚空、原子之间绝对间断、原子运动的外因论和不变的原子的自然图像，但是同时保留了它关于物质的微观粒子结构的观念，把它作为自己的重要思想基础之一。有形之物是微观粒子的一种结构这一观念，是原子论长处之所在，这正是中国古代元气论所缺乏和未能采纳的，因而在讨论物质的结构和性能方面显得无能为力和无所作为。

首先讨论“真空不空”的问题。

古希腊原子论的虚空是指一无所有的空间。亚里士多德就反对虚空的存在。一无所有的虚空的观点，我们还可以从后来的原子论者牛顿那里看到。牛顿接受万物的始基是原子和虚空的思想，形成他的绝对时空观。牛顿认为，空间是一个绝对空虚的不动的框架，原子及其组成的物体在这个框架中运动，而原子之间或物体之间的空隙则是一无所有的虚空。但是，牛顿对虚空概念始终有一定的保留。他在1692年给本特利的信中说：“一个物体能够超距地通过虚空的任何距离作用于另一个物体，不经过任何媒介就传递作用力，在我看来，这是多么荒诞，以致对于任何一个通晓哲学事理的人都是不可思议的。引力应当是由自始至终按一定规律起作用的媒介引起的。但是，这种媒介究竟是物质的还是非物质的呢？我让自己的读者去判断。”

20世纪的现代物理学确切地证实：绝对的虚空是不存在的；真空不空，真空具有复杂的性质和丰富的内涵，它实际上是物质存在的一种形式。例如，量子电动力学考虑电子与真空的相互作用即辐射效应和真空极化效应，得到氢原子能级的兰姆位移和电子自旋磁矩值，与实验测量结果达到惊人相符的程度，分别准确到七位和九位有效数字。又如，在杨-米尔斯场，真空自发破缺和希格斯机制基础上建立的弱电统一理论已经获得实验的证实，取得了很大的成功。许多文章详细论述了真空不空的观点。真空是一种无形无象、能量密度低的连续的物质存在。在一定的意义上，真空相当于元气论的太虚本然之气，相当于老子的无，不过是未成形质的无，可称之为“纯无”。

其次，讨论场的问题。

在恩格斯（1820—1895）的时代，近代科学刚刚迈出前进的步伐。较之现代科学，近代科学对于物质世界的认识才达到一个初级的阶段。牛顿力学定律取得很大的成功。但是，牛顿并没有提出引力场的概念，他认为引力相互作用是一种超距作用。法拉第（1791—1867）和麦克斯韦（1831—1879）用电场和磁场描述带电体之间的相互作用，发展和建立电磁场理论。但是，直至麦克斯韦去世，他的电磁场理论并没有得到承认和重视。当时，牛顿学说的习惯势力根深蒂固，牛顿其人几乎成了偶像。电磁场理论否定超距作用，对物质世界做了完全崭新的描绘，这无疑带有叛逆的性质。因此，电磁场理论毫无立足之地，甚至被人们当作奇谈怪论。许多卓有名望的科学家对它采取观望态度。麦克斯韦生活清贫，中年丧妻，心情烦恼，年仅48岁就去世了。场之存在还未进入哲学家的视野。

1888年赫兹的电磁波实验证明了法拉第-麦克斯韦电磁场理论的正确性。20世纪物理学的理论和实验证实了电磁场具有能量、质量、动量、角动量等物理属性，遵守相应的守恒定律。现代物理学的发展揭示了电磁场的客观实在性。

在现代物理学中，有各种各样的场，电场、磁场、引力场等，在量子场论中，一种粒子有一种相应的场，粒子是相应场的激发态。比如，光子是电磁场的激发态，介子是介子场的激发态，等等。在任一空间点处，可以同时存在各种各样的场。各种场都被认为是一种具有相互可入性的物质。

场无疑是物质的。在这个大前提之下，关于场可以有两种观点。第一，在绝大多数教科书中，每一种场都直接被理解为一种物质。这意味着，有多少种场，就有多少种场物质。它们具有相互的可入性。这种说法实际上是难于理解和难于接受的。第二，按照中国古代元气论，也根据思维统一性原则和逻辑简单性原则，应当把各种各样的场看作是统一的场物质（弥散态物质）的不同表现形态和不同属性。这是非常自然的理解。尽管直至今天，还没有将这种观点普及到公众之中。但是，事实上，麦克斯韦一开始就持这种观点，他认为电磁场不过是运动以太的激发态，而且后来物理学的进展表明，这种观点更接近于描绘自然的本来面目。

到爱因斯坦（1879—1955）那里，事情有了根本性进展。在以前的物理理论中，引力场、电磁场和实物粒子是构成物质世界的三大要素。爱因斯坦坚信存在一个统一场。爱因斯坦统一场，是一切已知场（首先是引力场和电磁场）的共同起源和共同基础，连续地充满整个空间，各种已知场不过是它的不同表现形态和不同属性。不仅如此，爱因斯坦更向前跨出了一大步，认为实物粒子可以“看作是空间中场特别强的一些区域”。[16]

爱因斯坦的这个观点，不过是元气论关于“气凝聚而成有形物体”这一思想的现代表达。按第二章的叙述，我们看到，追本溯源，将统一场论的思想与中国古代元气论思想相比较，可以断言：统一场论是元气论自然观在现代物理学中的表现形态；元气就相当于现代物理学中的统一场；中国古代元气论自然观是现代统一场论的思想先驱。

但是，中国古代元气论停留在把事物当作一个整体的笼统、粗略的理解和猜测上，尽管这种理解的思路大体上正确，但是，忽略了对具体事物的细节、构造、特性、机制和因果联系的精细的解剖和分析，就不可能深入地认识事物的本质，难以促进科学取得突破性进展。§2.4已述，其实，元气论可以把粒子理解为元气凝聚而成的一种结构，把粒子看作是元气或统一场的自组织现象或者能量凝聚区，这样，就允许在自己的理论框架中承认微观粒子的存在。确立这个观点，就建立了联系元气论自然观和原子论自然观的一座桥梁。尽管在中国古代哲学史上有过这种思想的萌芽，却并未形成明确的观点。

爱因斯坦开创了现代物理学中统一场论的研究，最终目标是以场一元论达到整个物理学的统一。半个多世纪以来，经历了爱因斯坦几何统一场论、海森伯的量子统一场论，现在进入了同时考虑物质的时空特性和量子特性的规范统一场论研究的新阶段，并取得许多积极的成果。温伯格和萨拉姆弱电统一理论的提出和证实，是规范统一场论取得的具有历史意义的成就。大多数物理学家倾向于认为，统一场论的成功只是一个时间问题。

在几乎所有哲学和自然辩证法教科书中，自然界中的物质形态被归结为两种基本形态——实物和场。这种划分事实上是不合适的。首先，每一种场都被理解为一种物质，它们具有相互的可入性，这并不合适；应当把各种各样的场自然地看作是一种统一的物质，即弥散态物质的不同表现形态和不同属性。其次，具有间断性、并列性，即在空间的分布上具有互相不可入性的实物物体，其实是粒子和场的统一体。物质两种基本形态，作为物质形态概念的外延划分，是明确概念外延的逻辑方法，它必须遵守划分的逻辑规则，即划分的各个子项应当互不相容。但是，把物质形态划分为实物和场，其中实物这个子项作为粒子和场的统一体，已经包含另一个子项——场，犯了子项相容的错误。

实物和场的说法来自爱因斯坦。他在《物理学的进化》[16]一书中说："我们有两种实在：实物和场。""实物作为被我们的感觉器官感受的对象，事实上只不过是大量的能集中在比较小的空间而已。我们可以把实物看作是空间中场特别强的一些区域……在我们这种新的物理学中，不容许有场和实物两种实在，因而场是惟一的实在。""相对论加强了场的概念在物理学中的重要性，但是，我们还不能建立一种纯粹是场的物理学。目前，我们仍然需要认定场和实物两者并存。"

如何理解爱因斯坦的这些叙述呢？第一，爱因斯坦这里所说的场，当然是他追求的作为一切已知场的不同表现形态和不同属性的统一场；只是把实物粒子看作是空间中场特别强的一些区域的统一场论尚未获得成功，故目前尚"需要认定场和实物两者并存"。第二，爱因斯坦这里的表述的确是不严谨的，他没有严格地区分实物和实物粒子。第三，爱因斯坦在该书同一处还写道："我们能够把实物和场认为是两种不同的实在吗？试就一小粒实物来说，我们想象这个微粒有确定的表面，在表面处实物便不存在，而它的引力场便出现了。""最大部分的能集中在实物之中，但是，围绕微粒的场也代表能，不过数量特别微小而已。"显而易见，爱因斯坦在这里倾向于把实物理解为实物微粒，即实物粒子，而不是哲学家通常所说的实物物体。

后来的进展是，现代天文学发现中子星，这使我们认识到，场特别强的区域已经不限于一个实物粒子。中子星可以看作一个约 10 千米直径、约 1 个太阳质量的巨大的原子核。因此，应当用"聚集态"这样的名词，来表示作为场的凝聚区的诸如实物粒子和中子星这样的客观对象。

按照彻底的统一场论的观点，连续的弥散态物质广延为（或构成）整个空间，它是各种已知场的共同起源和共同基础。一切已知场，首先是引力场和电磁场，不过是它的不同表现形态和不同属性。AB 效应和 AC 效应为这种观念提供了理论和实验的支持。

在经典电磁场理论中，描述电磁场的基本物理量是电场强度 $\boldsymbol{E}$ 和磁感应强度 $\boldsymbol{B}$。由（$\boldsymbol{E}$，$\boldsymbol{B}$）可以求出运动电荷在电磁场中所受到的作用力。在电场强度 $\boldsymbol{E}$ 和磁感应强度$\boldsymbol{B}$的基础上，利用矢量分析中旋度和梯度的概念，引入矢势$\boldsymbol{A}$和标势φ（或称为磁矢势$\boldsymbol{A}$和电标势φ）。在变化的电磁场中，$\boldsymbol{A}$和φ的数值并不是唯一的，不具有明确的物理意义，不能够被实验观测到。因此，在经典电磁场理论中描述电磁场的基本物理量是（$\boldsymbol{E}$，$\boldsymbol{B}$），而电磁势（$\boldsymbol{A}$，φ）常常被看作纯粹是为了计算方便而引入的数学辅助量。按照电磁势（$\boldsymbol{A}$，φ）的定义式，即使在电场和磁场为零($\boldsymbol{E}=0$,$\boldsymbol{B}=0$）的区域，电磁势（$\boldsymbol{A}$，φ）仍然会受到邻近区域电磁场（$\boldsymbol{E}$，$\boldsymbol{B}$）的影响，随着邻近区域电磁场的变化而变化。在量子理论中，电磁势（$\boldsymbol{A}$，φ）作为基本的物理量被引入量子力学的基本方程即薛定谔方程之中。

1959年，阿哈罗诺夫（Y. Aharonov）和玻姆（D. Bohm）发表论文指出，在电子运动的路径上，无论是否存在电磁场，电子的波函数的相位都会受到空间中电磁势的影响。由此他们做出结论：在量子理论中，电磁势（$\boldsymbol{A}$，φ）比经典电磁理论中的电场强度与磁感应强度（$\boldsymbol{E}$，$\boldsymbol{B}$）更有意义；电磁势是比电磁场更为本质的物理量，而这一点要通过量子效应才显现出来。他们同时建议了几种能够证实上述理论的实验途径。

一种实验的设计如下。将磁场局限在通电的长直螺旋管之中，在螺旋管之外，两根荷电金属线产生静电场。入射电子束分为两束，在螺旋管外绕行通过（而不穿过螺旋管），在观察屏处相遇形成干涉。在电子所经过的路径上，磁感应强度$\boldsymbol{B}$为零，但是磁矢势$\boldsymbol{A}$却不为零。正是由于磁矢势$\boldsymbol{A}$的存在，使两束电子产生附加位相差，该值恰好为电子路径所包围的磁通量的e/h倍。他们认为，改变螺旋管内部的磁感应强度$\boldsymbol{B}$，将影响磁通量，使磁矢势$\boldsymbol{A}$和位相差改变，电子干涉图样就会受到影响而发生移动。

1960年，AB效应被钱伯斯（Chambers）的实验所证实。随后美国、德国、意大利等几个实验小组陆续进行了类似的实验支持这一预言。直到20世纪80年代中期，日本物理学家利用超导材料将磁场完全屏蔽，证实AB效应存在。至此，AB效应被物理界普遍接受。

AC效应由阿哈罗诺夫与卡谢（A. Casher）共同提出。他们认为，把AB效应实验中的螺线管，替换成一条无限长的带正电的金属线，把电子束替换成中子束。中子不带电，却由于其自旋而具有磁矩。令中子束中每个中子的磁矩与带电直线平行。中子不受电场力，但是，由于电标势φ的存在，将引起中子发生位相移动。他们预言，中子位相移动的大小与金属荷电线的带电密度成正比。1989年，这一预言也被实验所证实。

AB效应和AC效应的实验证实对物理学以至哲学的影响是深远的。这些实验说明，弥散态和粒子态两类物质必然相互影响和相互作用。例如，在AB效应中，螺线管导线上带电粒子的定向运动（电流）影响和改变了附近背景场的运动形态。在螺线管内部，产生了磁场；磁场只是螺线管内部弥散态状态的一种表现形态。在螺线管外部，尽管螺线管电流产生的电磁场为零，但是，背景场的运动形态受到带电粒子的定向运动（电流）影响，它作用于在其中通过的电子，产生可观测的物理效应。由此可以看到，单个粒子的运动，必然伴随着、影响着粒子附近的弥散态背景场的微观运动状态。

现代科学，首先是现代物理学的发展，给人们提供了对于自然的愈来愈准确、愈来愈丰富的认识，它所揭示的物质世界的图景显示出中国古代元气论和古希腊原子论合流的趋势。我们的任务就是要立足于现代科学发展所提供的丰富材料，把第二章介绍的中国古代元气论和古希腊原子论两种自然观结合起来，形成一种新的自然图像，我称之为原子-元气论自然观。

1990—1993 年，我相继发表了多篇论文阐述这个认识[17,18]。这里归纳地叙述现代科学的这种新自然图像如下。

世界是连续的物质世界，元气场（相当于统一场）是连续的物质世界的本原，它以两种不同的形态存在，即弥散态和聚集态。弥散态是元气场散而未聚、未成形质、无形无象、能量密度低的本然状态；聚集态是元气场聚而成形、有形有象、能量密度高的能量激发态或能量凝聚区。

较之人类在地球上制造的真空（每立方厘米体积中还有 33 亿个以上空气分子），广袤无垠的星际空间的分子密度或辐射密度低得多，它才是完全真空的。“真空”一词容易被望文生义地理解为一无所有的虚空，但是，一无所有的虚空并不存在。广袤无垠的星际空间主要是弥散态物质，物质的一种特殊的能量密度最低的运动形态。

还有一种弥散态物质是与粒子缔合的场（缔合场），在一般情况下，它与粒子同在，并且同时产生和消失，可视为微观粒子外延的一部分。

在原子分子构成的微观和宏观世界中，相对于聚集态，弥散态物质弥散、广延为绝大部分空间，而聚集态粒子的尺度小得几乎可以忽略不计；相对于弥散态，聚集态粒子聚集了绝大部分质量和能量，弥散态物质的质量和能量小得几乎可以忽略不计。对广袤无垠的星际空间和整个宇宙而言，不仅聚集态物质的尺度小得更加可以忽略不计，而且弥散态物质的质量和能量相对于聚集态物质而言可能占有更大的比率。

实物粒子主要是聚集态物质。整体上作为聚集态的粒子本身也并非均匀单一的组织，它是可分的，是更小尺度上弥散态和聚集态的统一体。因此，微观粒子是超微观世界中元气场的自组织现象。

在不同层次、不同尺度的物质结构中，弥散态物质是不同层次的聚集态物质相互作用和相互联系的中介。原子和分子是弥散态场和聚集态粒子（即电子、质子和中子等）的统一体。在宏观范围，无形无象、连续性的弥散态和有形有象、间断性的聚集态粒子同时并存。通常的宏观物体不过是弥散态和粒子态的统一体。只有通过弥散态物质的中介联系，原子和分子才能构成宏观物体，继而形成各种天体系统。

超密态（如黑洞、中子星、假真空态等）是另一类聚集态物质，其特点是物质密度极大，巨大的引力作用破坏了原子的结构。中子星密度在每立方厘米 10^{15} 克以上，达到甚至超过核密度。黑洞，如果能够确认它存在的话，其密度可能更高，巨大的引力挤压作用，使得它丧失了物质结构的所有信息（如内部结构、轻子数、重子数），只剩下三个可观测量，即质量、电荷和角动量。超密态存在于宇宙空间，是恒星或者宇宙演化处于某一阶段的产物。

作为背景空间的弥散态物质，可以简称为元气背景场。背景场决非均匀单一的组织，它也不是固定和静止不变的。在超微观的层次上，背景场也有多种多样的形态、结构，并且急剧涨落，千变万化，具有丰富多彩的内涵，它的复杂程度决不亚于，甚至远胜于微观粒子及其复合体。

弥散态物质就像海洋，弥散态是散布和出现在这个海洋中的聚集态粒子相互作用和相互联系的中介。同时，它又是一切物质过程发生的背景和本底。一切物质过程并非发生在这个背景和本底之外，而是发生在这个背景和本底之内、之中。例如，电磁场和引力场等只是这种弥散态物质的一种形态或者一种属性。连续性的弥散态是中国古代元气论中的太虚之气，再往前追溯，它就是老子的“道”或者无，一种浑然一体、无形无象的物质存在。

相对宇宙的时空尺度而言作静态和局部的考察，由于排斥和吸引的两极对立，弥散态和聚集态激烈地相互作用和相互转化。元气背景场急剧地涨落形成虚粒子，虚粒子吸收一定的能量便转化为实粒子；正反粒子湮灭又转化为真空弥散态；粒子的自旋运动和整体运动，与周围的缔合场、背景场运动密切关联，相互作用和相互影响。聚集态粒子是弥散态海洋中弥散态物质的能量激发子或能量凝聚子。弥散态物质把世界万物联系成一个整体。

上述新自然图像，是吸收了原子论长处的元气论自然观，可称之为原子-元气论自然观。它是现代科学发展所揭示的新自然观的明确、清晰和系统的表述。它将大大加深我们对于物质世界的理解和认识。

最重要问题的是，人们不能够只记得粒子、粒子、粒子，其实，如果没有在粒子之间、广延性远大于粒子的弥散态物质，所有的粒子将是一盘散沙。

3 关于世界本原的问题

什么是世界的本原？在《自然辩证法》中，恩格斯论述古希腊朴素唯物主义，引用亚里士多德的一段话："有一个东西，万物由它构成，万物最初从它产生，最后又复归于它，它作为实体，永远同一，仅在自己的规定中变化，这就是元素，这就是万物的本原。"恩格斯评论说："可见，在这里已经完全是一种原始的、自发的唯物主义了，它在自己的起始时期就十分自然地把自然现象的无限多样性的统一看做不言而喻的"（3. P. 867）。

按照亚里士多德的界定，世界的本原就是指与任何具体物质形态都相区别的一个终极存在，一个原始的非创造物，一切运动变化的初限，是构成万物的元素、始基、原初物质或者宇宙之砖。究竟什么是世界的本原？从古到今，许许多多的哲学家和科学家做过长久的、大量的和深入的探索。

必须指出，关于世界本原的问题，并不等同于哲学的基本问题。恩格斯提出，全部哲学的重大的基本问题，是精神和物质的关系问题。什么是本源，是精神，还是物质？哲学家依照他们如何回答这个问题而划分为唯心主义和唯物主义两大阵营。提出哲学基本问题，目的在于指出哲学家的基本分野点。显然，关于世界本原的问题与上述哲学的基本问题不能相提并论。

关于世界本原的问题可以有许多答案供人选择。这是一个见仁见智的大课题。在古希腊，哲学家最初把某种或某些具体的物质形态，如水、气、火或者四根（火、水、土、气）看作是万物的本原。留基伯和德谟克里特的原子论认为，一切事物的始基或本原是原子和虚空。近代机械唯物主义复活了古希腊原子论，认为原子是最小的物质单位，是"宇宙之砖"。在中国古代，较古希腊人早一个世纪，管仲提出了"水者，万物之本原"的思想。中国古代元气论认为，连续性的元气是构成世界万物的本原。

现在，有的学者认为：关于世界本原的问题的提法已经过时；对马克思主义哲学来说，这个问题根本就不应当存在。但是，另一方面，我们知道，爱因斯坦大约从1923年开始，投入统一场论研究，并很快成为探索和创建统一场论的中坚。爱因斯坦的几何统一场论并没有获得最后的成功，他本人带着未酬的壮志离开了人世。他在晚年写道："我完成不了这项工作了。它将被遗忘，但是将来会被重新发现。"历史证实了爱因斯坦的预见。如前所述，多数物理学家倾向于认为，统一场论的成功只是一个时间问题。

如果科学进一步向前发展，统一场论获得完全的成功，那意味着证明了世界有唯一的本原："元气场（相当于统一场）就是世界的唯一本原。"

将世界的本原称为"元气场"是非常合适的。在汉语中，"元"字的基本的含义是"构成整体的；元素；开始的，第一的；为首的；根本的"等义。"气"运行往复，生生不息；"元气"的直接意义是"生命力"。元气的观念，是几千年来中国古代的贤哲们在探讨世界本原问题的过程中逐渐形成、锤炼和完善起来的概念。在"元气"之后加上"场"，使之避开由一颗颗空气分子集合而成的图像，成为一种无处不在的连续性的存在，而且与前沿科学关于统一场论的探索成就相协调。

读一读老子的"道德经"，感到很难找出一个确切的词语来称谓世界的本原。现在看来，"元气场"就是这样一个非常合适的名称。元气场就是世界的本原。

统一场论的探索和最后的成功将说明，以连续的物质本原，气化生生不息，阴阳的对立统一和有机联系的整体观为基本特征的元气论，与原子论的粒子结构的概念相结合，给出了一幅物质运动变化及其相互作用的完整图像。

§3.6 世界的统一性在于它的物质性

1 自然界物质形态的多样性

自然界物质形态多种多样。自然科学考察的基本粒子和元素，微生物、植物和动物，行星、恒星和星系等，所有这些物质客体都是物质的具体形态。自然界的一切现实存在的物质形态都有自己的性质、特征，相互之间存在着质的差异。

高能物理学实验表明，夸克或反夸克组成强子（包括质子、中子和介子以及它们的反粒子在内的参与强相互作用的基本粒子）。现代物理学已经深入到比基本粒子更深的夸克层次。基本粒子，包括中子、质子、电子、光子等一系列粒子，总共300多种。质子和中子紧密结合为原子核。由带正电荷的原子核和绕核运动的电子以及其间的弥散态物质构成原子。

所谓化学元素，是具有相同的核电荷数（即核内质子数）的一类原子的总称。到 2016 年为止确认，总共发现有 118 种元素。单质是由同种元素的原子所组成的纯净物。与单质相对，化合物则是由多种元素原子组成的纯净物。

整个自然界可以分为非生命世界（非生物）和生命世界（生物）。非生命世界分无机化合物和有机化合物。无机物通常指不含碳元素的化合物，但是，分子量较小的含碳化合物，例如一氧化碳、二氧化碳、碳酸、碳酸盐等都属于无机物。有机物是指主要由氧元素、氢元素、碳元素组成的除上述一氧化碳、二氧化碳、碳酸、碳酸盐等之外的几乎所有的含碳化合物。

据统计，自然界有无机物几十万种，有机物数目更多，达几千万种。碳原子结合能力极强，可以互相结合成碳链或碳环，有机物中碳原子数量达几千、几万，甚至几十万个，而且同分异构现象非常普遍。这是有机化合物数目繁多的原因。

有机物的名称来自有机体。所谓有机体，是自然界中一切有生命的生物个体的统称。追溯至 19 世纪，当时生机论者认为，有机化合物只能从动植物有机体内取得和合成。自 1828 年维勒人工合成尿素后，大量有机物用人工的方法合成出来，有机物和无机物之间的界线随之消失。但是，由于历史和习惯的原因，“有机”这个名词仍沿用至今。因此，我们将物质分为非生物、生物和人类，而不是划分为无机界、有机界和人类。地球上所有的生命形式，主要由有机物组成。有机物对人类的生命、生活有着极其重要的意义。

如果不做过分严格的界定，蛋白质和核酸等生物大分子（分子量上万或者更多），已经进入生命的领域。蛋白质和核酸是生命的物质基础，是生命体的最低的结构层次。生物大分子彼此结合起来，形成生物超分子复合物，进而集合成各种亚细胞结构、细胞、组织、器官，最后形成完整的生物有机体。

在整个自然界中，生物分为动物、植物和微生物，微生物包括细菌、病毒、真菌等。已知植物约 38 万种，动物 100 多万种。

从物质聚集状态来看，过去人们把各种物质形态归结为三态，即固态、液态和气态。随着人们认识的深化，后来发现在高温条件下物质的分子完全电离，成为等离子体，相应的状态被称为等离子态。近年来，随着超低温和超高压技术的应用，人们又发现了超导体和超流体等。

恒星、星团、星系、星系团、总星系是高层次、大尺度、大质量的物质系统。大多数恒星与太阳有着近似的化学组成，按质量计，大约氢 78%，氦 20%，其余的仅占 2%，其中氧、氮、碳 3 种元素超过 1%，剩下不足 1%。宇宙的化学组成，按质量计，大约氢 75%，氦 23%，其余的仅占 2%。

地球与太阳都在同一个星云中形成，但是，在太阳系的形成和演化过程中，行星有不同的组成。地壳是地球固体地表构造的最外圈层。在地壳中最多的化学元素是氧，占总质量的46%；其次是硅，占27%；以下是铝、铁、钙、钠、钾、镁、钛、氢。上述10种元素超过地壳总质量的98%，其余80多种元素仅占不到2%。按原子数计算，最多的化学元素仍然是氧，其次是硅，氢占第三位。大约99%以上的生物体是由10种含量较多的化学元素即氧、碳、氢、氮、钙、磷、氯、硫、钾、钠等构成的。

物质形态的多样性在宇宙中的分布是不均匀的。在我们的宇宙中，唯有我们的地球或有待发现的类地球充分地呈现出物质形态的多样性。

如上节所述，广袤无垠的恒星际空间几乎是完全真空的，分子数密度极低，每立方厘米只有1个或少于1个粒子，辐射场是高度稀释的，换算为光子，每立方厘米不足1个光子，温度接近绝对零度，其尺度达到几千、几万光年。因为尺度巨大，银河系中星际空间物质的质量大约为10亿个太阳质量。

星际气体云的情况与星际空间类似。差别仅在于，星云的平均原子数密度高一些，约为100厘米$^{-3}$；尺度小一些，也以光年为单位来计量；温度高一些，约10 K。经过几百万年或更长时间的引力收缩和质量外向流失过程，星际气体云最终演化成恒星。

广袤无垠的恒星际空间和星云的物质形态的多样性呈现在哪里?

夜空中繁星闪耀。恒星是一个高温、发光的平衡的气体球。恒星的主要物质形态是氢和氦，在高温下，氢和氦完全电离。氢核聚合为氦核是恒星内部主要的运动变化过程。原子核聚变反应所释放的巨大能量是恒星的能量来源。恒星质量愈小，维持聚变反应的能量的稳定供应的时间（所谓主序阶段）愈长。太阳主序阶段约100亿年。

这就是事实。我们敬畏宇宙，它是无限的包容一切和决定一切的存在。地球的演化、人类的产生和生存离不开太阳的光和热。但是物质的多样性，多种多样的无机物、有机物和生命，只可能出现在条件适合的行星上，而决不可能出现在星际空间、星云和恒星。我们力求发现第二个、第三个地球，但是，这只是一种追求。现在还只能说，唯有我们的地球呈现出物质形态的千姿百态、绚丽多彩。物质形态的多样性是人类产生和生存的必要的和根本的条件。地球只有一个，珍惜我们的家园!

2 自然界物质形态的统一性

自然界无限多样的物质形态有没有统一性？现代自然科学的发展给出了肯定的回答。这里仅给出简要的说明。

首先，通过对太阳、各种恒星、银河系、河外星系、星云、彗星等天体光谱的分析，证明了宇宙物质的化学元素与地球上化学元素的一致性；通过对从月球和太阳系的其他行星上带回的土壤、岩石，以及从天外坠落的陨石的化学分析，也证明了这些物质的化学元素与地球上化学元素的一致性。天体力学、天体化学、天体物理学不仅证明各种恒星、各种天体和地球具有同样的物质基础，而且揭示了各种天体的物理运动和地球的物理运动具有同样的规律。

其次，化学家从无机物中制造出有机物，证明了无机物和有机物之间的联系；生物学家又将这种联系扩展到了无机物、有机物与生命物质的联系。通过对生命体的物质基础原生质（即细胞内的生命物质如水、脂类、核酸和蛋白质等）化学元素的分析，证明了生物体主要是由前述 10 种化学元素构成，其中氧、碳、氢、氮 4 种元素含量最多，约占原生质总质量的 98%。原生质含有的化学元素，没有哪一种是无机自然界中所没有的。这有力地证明了生物界和非生物界的物质统一性。生物科学证明了生物体不过是组成成分和组成结构十分复杂的一种物质形态，生命现象是自然界自身长期发展的结果，生物界与非生物界是统一物质世界发展的不同阶段。

再次，当代科学证明，来自遥远天体的宇宙射线中的粒子和高能加速器产生的粒子是同样的，自然界中各种各样的物质形态都是由相同的基本粒子组成的。自然科学在基本粒子层次上证明了自然界物质形态的统一性。

现代物理学的相对论和统一场论说明了物质运动同时间、空间的统一。量子力学关于微观粒子的波-粒二像性的理论揭示了连续性与间断性统一的物质基础。原子模型的建立和高能物理学的发展，说明物质结构的可分性和统一性。系统论、控制论、信息论的崛起，揭示了世界的系统性、整体性、层次性、有序性及系统之间的相互联系、相互作用，从新的角度证明和丰富了世界的统一性原理。

能量转化定律揭示了物质世界各种运动形式的联系和统一。自然界各种具体物质形态的无穷的相互转化过程，是自然界物质的统一性的极好证明。

3 世界的物质统一性

如果世界万物存在着统一性，它们究竟统一于什么呢？统一于物质还是统一于精神？

主张二元论或多元论的哲学家（如笛卡儿），否定世界的统一性。他们把物质和意识绝对地对立起来，认为它们是两个相互并存的实体，各自独立的世界本原。实际上，认为有一个独立的精神世界存在，这本身就是唯心主义的观点。在说明物质和精神的联系时，把神看作能够使物质和精神结合起来的高于一切的力量，更是地地道道的唯心主义。这种二元论观点不仅在逻辑上是自相矛盾的，而且不可能坚持到底，最终必然倒向唯心主义。

唯心主义一元论认为，世界统一于观念或精神。主观唯心主义者如巴克莱、费希特、马赫等人宣称世界是由人的感觉产生的，提出“存在就是被感知”“自我建立非我”等。这是极端荒谬的唯我论。客观唯心主义者如柏拉图、黑格尔等人认为世界统一于“理念”“绝对精神”，他们宣称精神实体是自身独立的存在，是世界的本原，物质世界则不过是“理念的分有和复制”或“绝对精神的外化”。

古代朴素唯物主义把自然现象的无限多样的统一看作是不言而喻的，它认为世界统一于某种或者某几种物质的具体形态，或者原子、元气这样的一般物质。古代人类尚处在对于客观物质世界的认识的初级阶段，古代朴素唯物主义具有直观性、思辨性和猜测性等特点。近代唯物主义在反对唯心主义时，依据当时自然科学关于各种物质都由原子构成的认识，提出世界统一于质量不变的、不可分的原子的理论。近代唯物主义者把事物的质的差别归结为量的差别，自然界被理解为服从力学定律的统一整体。这种观点把特定的历史条件下关于物质及其结构的自然科学成果，与哲学上的世界物质统一性问题混同起来，具有机械论的局限性。

唯物主义一元论总结哲学史上唯物主义和唯心主义斗争的成果，以各门科学提供的认识为基础，对世界统一性问题做出了唯物的辩证的科学回答。

现代唯物主义认为：世界本质上是物质的世界；世界上一切事物和现象，包括物质的现象和意识、精神的现象，归根到底都是物质的表现形态或物质的属性；世界上一切变化和过程，都是物质运动的具体表现，其原因都在物质世界自身。世界的统一性在于它的物质性。

恩格斯在《反杜林论》中，批判了杜林关于世界统一于存在的提法，指出这一提法含混不清。“存在”这个概念既可指物质的存在，也可指精神或神的存在。尽管世界的存在是世界统一性的前提，但是，在说明世界统一性时，必须摒弃世界统一于存在这一含混不清的说法。千差万别、无限多样的事物有其共性，这是世界的统一性。“世界的真正的统一性在于它的物质性”（3. P. 419），这才是确切的和科学的回答。

现代唯物主义既不像古代唯物主义那样依靠对于世界的直观和猜测，也不像近代唯物主义那样，仅仅依靠自然科学的认识去做出结论，将世界的物质统一性理解为机械的、死板的同一。现代唯物主义从自然科学的研究深入到哲学思维的领域，从局部看到整体，从特殊得出一般，从有限推出无限，从自然科学的成果出发，运用唯物的又辩证的思维，去认识和论证世界的物质统一性。

认识世界的物质统一性是一个持续的过程。统一的物质世界是无限发展的，人类对于物质世界的认识将不断深化。因此，对世界的物质统一性的科学研究和哲学论证也将不断提高和发展。人类对物质世界的认识每前进一步，科学的发展每出现一次重大的突破，都将使人们对世界的物质统一性的哲学认识提高到一个新水平。

参考文献

[1] 北京大学哲学系外国哲学史教研室. 西方哲学原著选读：上卷［M］. 北京：商务印书馆，1981.

[2] 黑格尔. 小逻辑［M］. 北京：商务印书馆，1980：191.

[3] 张岱年. 中国哲学大纲［M］. 北京：中国社会科学出版社，1982：15.

[4] 列宁. 列宁选集：第2卷［M］. 3版修订版. 北京：人民出版社，2012.

[5] 海德格尔. 存在与时间［M］. 陈嘉映，王庆节，译. 3版. 北京：生活·读书·新知三联书店，2006.

[6] 马克思，恩格斯. 马克思恩格斯全集：第20卷［M］. 北京：人民出版社，1971.

[7] 北京大学哲学系外国哲学史教研室. 古希腊罗马哲学［M］. 北京：商务印书馆，1961：155.

[8] 列宁. 列宁全集：第55卷　哲学笔记［M］. 2版. 北京：人民出版社，1990：307.

[9] 北京大学哲学系外国哲学史教研室. 西方哲学原著选读：下卷［M］. 北京：商务印书馆，1981：536.

[10] 黑格尔. 自然哲学［M］. 北京：商务印书馆，1980：61.

[11] 什克洛夫斯基. 恒星的诞生、发展和死亡［M］. 北京：科学出版社，1986.

[12] 李启斌，李宗伟，汲培文. 90年代天体物理学［M］. 北京：高等教育出版社，1996.

[13] 马克思，恩格斯. 马克思恩格斯全集：第2卷［M］. 北京：人民出版社，1957.

[14] 爱因斯坦. 爱因斯坦文集：第1卷［M］. 许良英，范岱年，译. 北京：商务印书馆，1976：292.

[15] 马克思. 1844年经济学哲学手稿［M］. 北京：人民出版社，2000.

[16] 爱因斯坦，英费尔德. 物理学的进化［M］. 长沙：湖南教育出版社，1999：170-173.

[17] 谭暑生. 老子的“有生于无”和现代科学的自然图像［J］. 自然辩证法研究，1990，6（1）：10-20.

[18] 谭暑生. 元气论和现代物理学［J］. 自然辩证法月刊，1991，2：20-29.

第四章　物质的存在形式和普遍属性

本章论述物质的存在形式和普遍属性。物质有自己的存在形式和普遍属性，如运动、时间和空间、系统、结构和层次。本章首先阐述运动是物质的存在方式和固有属性；继而叙述时间是物质运动的持续性和顺序性，而空间是运动物质的广延性和并存性；最后叙述系统、结构和层次等。

按照从简单到复杂、由低级到高级的顺序，将物质运动分为机械运动、物理运动、生命运动、人类社会运动（包括思维运动）四种基本形式。本章清晰地论述，不能把位移运动看成是等同于机械运动，位移运动是一切物质所固有的运动，是物质的一切运动的基础，是一切物质的现实的存在方式和固有属性。

时间是什么？圣·奥古斯丁说："当没人问我这个问题时，我是知道答案的；可一旦我试着解释的时候，我就懵然无所知了。"在许多当代物理学家眼里，这被认为是人类问了千百万次却还没能给出答案的问题。本章在恩格斯奠定的唯物论时空观的基础上，根据现代科学的成果，深入地讨论时间和空间问题，力求给出关于"时间是什么，空间是什么"这个哲学或科学问题的清晰和明确的答案。

本章指出，说"任何物体的存在和发展，都必须占有一定的空间，经历一定的时间"，或者如列宁所说的，"运动着的物质只有在时间和空间之内才能运动"，此类说法隐含着时间和空间与运动的物质相分离的思想，不可能揭示时间和空间的本质，相反，会导致对时间和空间的本质的错误理解。

本章将详细论述：（1）时间就是物质运动变化的持续性和顺序性。一切事物并不是在时间中运动和变化，反之，时间就是物质的运动变化本身。（2）空间就是指运动物质的广延性和并存性。物质并不是占据、充满、置于或者广延于空间之中，反之，空间就是物质的广延性和并存性本身。在这种认识的基础上，深入地探讨时间空间的本质，时间空间的无限性等各种问题。

§4.1 运动是物质的存在方式和固有属性

本节讨论运动。世界本质上是物质的世界，物质处在永恒的运动之中。物质永恒运动的观点是现代唯物主义哲学的基本观点。

1 关于运动变化问题的思考历来是哲学的重要问题

人类作为自然界的产物，是自然界的一部分。人们面对的是永恒运动变化的物质世界。如果说物质和意识的关系问题是全部哲学的重大的基本问题，那么，关于运动变化的哲学思考则历来是哲学的重要问题。

中国古代哲学有一个比较一致的倾向，即承认变易是宇宙中的一个基本事实；变易是根本的，一切事物莫不在变易之中。

“易经”是中国最古老的经典，它的基本内容完成于西周初年（约前1100）。“易”字象征着阴阳变化，“易”即变易。“易经”作为阐述“变易”的典籍，首先肯定宇宙万物都是运动变化的。孔子（前551—前479）自称“述而不作”，他编撰六经，将“易经”冠为六经之首。“子在川上曰：逝者如斯夫，不舍昼夜。”（《论语·子罕》）

老子说：“有物混成，先天地生。寂兮寥兮，独立不改，周行而不殆。可以为天下母。吾不知其名，字之曰道，强为之名曰大。”（《老子》二十五章）作为万物的本原，道独自存在，永不改变，循环运行，永不停息。老子广泛而深刻地触及世界运动变化的规律。庄子常说“万物之化”（《人间世》），“万化而未始有极也”（《大宗师》），认为一切皆在变动流转之中，千变万化而未曾有穷极。

《易传》详细地讲述宇宙的变化。其中《系辞下传》说：“易之为书也不可远，为道也屡迁，变动不居，周流六虚，上下无常，刚柔相易，不可为典要，唯变所适。”这就是说，《易经》是一部不可疏远的书，一阴一阳的道则经常变迁，一切变动不居，周流于六位而无定，或上或下而无常，刚柔相推而互易。变是绝对的，不可固执于典章，唯有因应变化，才能适当应用。

第二章叙述了宋代张载和明末清初王夫之的元气论，他们认为“气块然太虚，升降飞扬，未尝止息”，“气化流行，生生不息”，故“天地之化日新”。物质世界处于永恒的无休止的运动变化之中，不断地产生新事物。王夫之的认识到达了中国古代朴素唯物主义辩证法哲学的高峰。

在中国古代，也出现过否定运动变化的孤立静止的观点。汉代董仲舒把封建统治说成是“天道”的体现，在《对策》中提出“道之大原出于天，天不变，道亦不变”的观点，被历代的封建统治者奉为信条。

古希腊的哲学家同样认识到世界万物是处于运动变化之中，但是，对于运动有各种各样的理解。古希腊米利都学派的阿那克西曼德认为，“无限者”作为万物的本原，“这个包容一切世界的始基是永恒的和无始无终的。此外还有永恒的运动，在这个永恒的运动中产生出天。”[1]7 同时期的赫拉克利特认为，一切事物都处在永不停息的运动变化之中，“一切皆流，无物常住”。与同时代的孔子一样，他把万物比作一道大川，断言：“人不能两次踏进同一条河流。”[1]27 德谟克里特认为，原子是运动的，它在虚空之中运动。他认为，没有虚空，原子就不能运动；虚空不仅是原子运动的场所，也是由原子构成的万物生灭变化的必要条件。卢克莱修在《物性论》[2]第二卷“原子的运动”中对古希腊的原子论做了最全面、最系统的阐述。他认为，世界是永无止境的产生和消灭的过程，在宇宙中有无数的世界在形成、发展和消灭，不应当设想只有我们的世界才是唯一的存在。亚里士多德用潜能和现实这对范畴来说明运动，并把运动分为四种：本质的变化即产生和消灭；性质的改变；数量的变化；地点的改变即位移。

近代欧洲的机械唯物主义哲学承认物质的运动和运动的普遍性，但是，他们不了解运动形式的多样性以及为什么物质必然处于运动之中。他们将物质的一切运动归结为机械运动，即物体空间位置的变化和数量的增减，否定了物质运动的绝对性和多样性；并且把机械运动归结为外力推动的结果，看不到运动是物质的固有属性。牛顿寻找物质运动的最后源泉，最终得出了上帝是“第一推动力”的荒谬观点。设想存在不运动的物质，必然导致唯心主义。

黑格尔力图用辩证法去克服机械论的运动观，“第一次——这是他的伟大功绩——把整个自然的、历史的和精神的世界描写为一个过程，即把它描写为处在不断的运动、变化、转变和发展中，并企图揭示这种运动和发展的内在联系。”(3. P. 398) 但是，黑格尔否认物质的客观存在性，把运动看作是“绝对观念”或“绝对精神”发展到一定阶段外化的结果和表现。黑格尔的唯心主义辩证法不能够作为研究自然界和人类社会的科学方法论基础。

2 运动、运动和物质的不可分割性

恩格斯总结 19 世纪自然科学的成果，科学地规定了运动的范畴。他在《自然辩证法》中指出："运动，就它被理解为物质的存在方式、物质的固有属性这一最一般的意义来说，涵盖宇宙中发生的一切变化和过程，从单纯的位置变动直到思维。"(3. P. 951)

运动是物质的存在方式和固有属性。何为变化？变化是揭示事物运动的具体内容的概念。事物的内在性质（如事物的要素、结构、数量、尺度、状态、运动形式等）和外部联系与原来相比产生的某种差异，称之为变化。

物质和运动不可分割地联系着。物质是运动的承担者，是一切运动、变化的基础。不存在没有运动的物质，也不存在没有物质的运动。黑格尔说："就像没有无物质的运动一样，也没有无运动的物质。"[3]61 恩格斯指出："无论何时何地，都没有也不可能有没有运动的物质。""没有运动的物质和没有物质的运动一样，是不可想象的。"(3. P. 435～436)

现代唯物主义哲学认为，物质和运动不可分离。首先，物质是运动的物质。恩格斯指出："整个自然界，从最小的东西到最大的东西，从沙粒到太阳，从原生生物到人，都处于永恒的产生和消逝中，处于不断的流动中，处于不息的运动和变化中。"(3. P. 856) 绝对静止，脱离运动的物质是没有的。物质只有在它的运动中才能够被人们所认识；"认识了物质的运动形式，……也就认识了物质本身"(3. P. 920)。其次，运动就是物质的运动。科学表明，一切形式的运动都有物质的载体。凡是运动，都有物质作为它的实在的担当者。脱离物质的运动和脱离运动的物质一样，同样是没有的。

现代唯物主义强调物质的运动具有其固有的客观规律。天体的运行，四季的更替，生物的进化，人类社会从低级形态到高级形态的发展等表明，一切物质的运动变化过程都具有某种确定不移的基本秩序，它是物质本身所固有的、本质的、必然的联系，这就是物质运动的客观规律性。

现代唯物主义肯定规律性是客观事物本身所固有的。物质运动的规律性决定于客观事物本身的性质和它所依赖的客观条件。规律不能任由人的意志所改变，不能任由人的意志所创造，也不能任由人的意志所消灭。科学研究的任务决不是如唯心主义者所说的那样，把某种主观设想出来的秩序强加于事物，恰恰相反，科学研究的任务是要从客观事物中发现它本身固有的规律。

3　运动和静止　变易和稳定

现代唯物主义认为，运动是物质的存在方式和固有属性，运动和变易是绝对的、无条件的，但是，并不能因此就否认静止和稳定。静止和稳定总是相对的。

所谓静止和稳定，是指从一定的层次、一定的方面、一定的限度、一定的关系、一定的角度等来考察运动变化中的客观事物时，它所表现出来的相对静止、相对稳定不变的状态。客观事物这种相对静止、相对稳定不变的状态，是由运动物质的层次性、运动形式的多样性、客观事物的质的规定性、运动的相对性和观察的角度等决定的。正如王夫之所说的："静者静动，非不动也。"静止是有条件的、暂时的、相对的，它只是运动的一种常见的也是特殊的表现形式之一。

人们几十年甚至几百年连续地观察某一个星系如银河系，发现它整体上处于不变的状态。从星系层次上说，这个星系是相对稳定的。但是，在这个星系中，恒星形成的过程一直在不断地进行着。在银河系中，每年至少有一颗恒星死亡，平均讲来，每年至少也有一颗恒星诞生。因此，相对稳定不变的状态只是对一定的物质层次（这里是相对星系而不是恒星）而言的。

事物的运动形式多种多样。当我们说某一物体处于静止状态，这只是说此时此刻它没有进行这种或那种形式的运动，如不做机械运动，因而相对地面参考系静止，但是，此时此刻，它必定进行着其他形式的运动，如物理的热运动、化学运动等。

一切事物每时每刻都在运动变化，但是并非在任何时候都发生质变。当事物还没有发生质变时，这个事物还是它自己，在这个意义上它是静止的。黑格尔说："某物之所以为某物，只是由于它的限度，只是在它的限度之内。"[4]例如，当原子的核内质子数没有改变时，它仍然是一定化学元素的原子而不是别种化学元素的原子。在原子内部，组分电子和质子之间的相对运动却每时每刻都在进行。

一切事物都处在运动变化之中，但是，某一具体事物相对某一个观察角度、相对某一个参考系而言，不具有某种特定的运动形式，相对这一个参考系而言，它是静止的。例如，在一定精确度范围内，地面上的建筑物相对地面参考系不做机械运动，它是静止的。但是，这种静止仅仅是相对地面参考系而言。相对太阳参考系，"坐地日行八万里"，它随地球一起围绕着太阳在运转。而且它随太阳系一起在银河系中运行。

任何物质运动都是绝对运动和相对静止的对立和统一。在相对静止中有绝对运动的一面，纯粹的静止是没有的；在绝对的运动中也有相对静止的一面，没有相对静止的纯粹的运动也是没有的。没有绝对的运动，就无所谓相对静止。没有相对的静止就不可能确定究竟什么东西在运动以及它以什么形式在运动，因而也不可能有绝对的运动。恩格斯说："不应当牺牲一个而把另一个片面地捧到天上去，应当设法把每一个都用到该用的地方，但是只有认清它们是相互关联、相辅相成的，才能做到这一点。"（3. P. 930）

现代唯物主义哲学在运动和静止的关系问题上，既反对孤立静止的观点，也反对纯粹流变的观点。孤立静止观把相对的静止夸大为绝对的东西，不是把静止看成运动的一种表现，而是把静止看成与运动不相容的独立状态。这样，在孤立静止观学者那里就出现了所谓不变的天体、不变的物种、不变的社会制度、不变的人性等荒谬的观念。纯粹流变观则完全否认任何意义上的静止，因而也就必然否认宇宙间有任何确定的事物。赫拉克利特说："人不能两次踏进同一条河流。"这句哲学名言可以视为强调了运动变化的绝对性。他的学生克拉底鲁再向前一步，认为"人甚至一次也不能踏进同一条河流"，甚至认为万物只是一阵风。把事物的运动变化比作不停顿、无中断的质变流，否定了相对静止、相对稳定不变的状态的存在。这样，一切存在、一切生活和一切研究都变得完全不可能和毫无意义。这就走向了荒谬。

相对的静止和稳定并不是单纯的消极保守的因素，恰恰相反，它是事物存在和发展的必要条件。正因为事物有相对静止和稳定的一面，才可能成为具有确定性质和确定形态的事物，才可能被人们认识和利用。即使寿命极短，例如，一亿亿分之一秒的微观粒子，在其存在的瞬间也有相对静止的一面，也有可以观测和描述的确定性质。如果连这点相对静止也没有，就没有理由说它存在，也就无从认识它。正因为事物有相对静止的一面，才可能在事物内部生长出新的因素，为事物向高级形态的发展准备条件。例如，各种社会形态都有相对稳定即相对静止的一面，因而生产力才能在其内部发展起来，最后促使一种社会形态向更高级的社会形态转变。

现代唯物主义哲学并非一味地追求变化。不能造成这样一种印象，似乎强调变化才是进步的和革命的；而认可稳定就是退步的和保守的。恰恰相反，对于人们可以影响其进程的事物，对于适当的变化和适当的相对的稳定性、不变性的追求，正是人们努力的目标。

任何事物都避免不了产生、发展、衰退和最终灭亡的命运。但是，政府维持国家稳定和长治久安，人们追求健康长寿，社会倡导保护良好的生态环境，这些不正是一种追求稳定不变性的努力吗?！必须记住：当我们努力追求变化和发展的时候，不能以牺牲基本的稳定性、危及基本的生存环境和生存秩序为代价。这些都是不言而喻的。

4　运动形式的多样性　运动的基本形式

世界上的具体物质形态千差万别、无限多样，而运动是一切物质的存在方式和固有属性，因此物质的运动形式也必然是多种多样的。现代唯物主义哲学克服机械论唯物主义的机械论世界观的缺陷，肯定运动形式的多样性。运动作为一个最高抽象的哲学范畴，涵盖宇宙中各种形式、各个层次的物质所发生的一切变化和过程，从单纯的机械运动，到各种复杂的物理、化学、生命和社会的运动变化，直到人的思维。

我认为，首先可以确认，位移运动是一种基本的运动，或者说，位移运动是物质的一切运动的基础。所谓位移运动，是指物质客体的位置移动，即所考察的物质对象的位置随时间的变化。它是最简单又最普遍的运动。各种形式的物质（包括聚集态物质和弥散态物质）和各种层次的物质，都无一例外地时时刻刻在做位移运动；一切形式的物质客体都时时刻刻包含着它自身及其各个组分或大或小的位移运动。恩格斯指出："一切运动都和某种位置变动相联系，不论这是天体的、地上物体的、分子的、原子的或以太粒子的位置变动。"（3. P. 952）仔细的考察表明，并非"运动形式越高级，这种位置移动就愈微小"。准确的说法是，对于实物粒子及其组成的物质体系，物质层次的尺度愈小，运动的位移量就愈小。

位移运动是一切物质所固有的运动，是物质一切运动的基础。没有物质的位移运动，就不会有物质的任何运动。对于任何位置上的任何物质，位移运动都是普遍地和永恒地存在的。位移运动是一切物质的现实的存在方式和固有属性。

不同层次物质的位移运动层层相套。例如，氢原子中的电子围绕着原子核旋转，水分子中的氢原子相对水分子在振动，动物体内的水分子跟随体液相对动物身体在流动，动物相对地球在奔跑，地球相对太阳在自转和公转，太阳沿接近正圆的轨道绕银河系中心在转动，银河系本身又在自转等。旋转、振动、流动、奔跑、自转、公转等都是对不同形状、不同尺度、不同层次的物质客体的位移运动的描述。显然，不宜将一切位移运动，例如微观粒子的位移、银河系的自转，都称之为机械运动。

恩格斯根据当时科学的发展状况，按照从简单到复杂、由低级到高级的顺序，将物质运动划分为机械运动、物理运动、化学运动、生命运动、人类社会运动

(包括思维运动) 五种基本形式。根据现代科学的发展，可以把化学运动归入物理运动形式中。根据恩格斯的分类原则和现代科学的发展状况，可以将多种多样的物质运动分为机械运动、物理运动、生命运动、人类社会运动（包括思维运动）等四种基本形式。

宏观物体的位移运动，称为机械运动。机械是一切具有确定运动程序的宏观机器和宏观装置的总称；机械各部分之间具有人为设计的确定的相对运动过程。这也许是我们给某些名词（如哲学观点或行为方式）加上“机械的”这个定语的原因。考虑到这些，如上所述，不能将各种形式、各种层次的物质的位移运动都称为机械运动，例如，不能将微观粒子的位移运动（如电子绕核旋转和电子自旋）称为微观粒子的机械运动，也不能将银河系的自转称为银河系的机械运动。只有宏观物体的位移运动才称为机械运动。

物理运动包括各种非生物在强相互作用、弱相互作用、电磁相互作用和引力相互作用中的表现形式。它主要有：

（1）基本粒子运动。基本粒子通过强相互作用、弱相互作用和电磁相互作用不断地产生和湮没。例如，由正、负电子对湮没产生光子，或者由光子产生正、负电子对；粒子通过高速碰撞而相互转化；在短程（10^{-15}米）的强力作用下质子和中子交换正电子而结合为原子核。

（2）原子核运动。例如，太阳等恒星在几千万年甚至几百亿年里普遍进行的氢核聚变为氦核等聚变反应，是恒星在主序阶段的主要能源。在地球上，人为的原子核裂变释放出巨大的能量。这都属于原子核运动。

（3）原子核和电子通过电磁相互作用结合为原子。原子-分子的热运动，以及涉及带电粒子和弥散态电磁场的电磁运动是两种典型的物理运动。

几本哲学教科书说电子是电运动的主体，这是不恰当的。现代物理学不使用“电运动”的概念。“电运动”这种说法，容易造成电流和电磁场运动两个概念的混淆。电流运动的主体和承担者是一切带电粒子（如电子、正电子、质子、介子等），电子只是带电粒子的一种。按照通常的观点，电磁场运动是一种独立的物质运动形态；按§3.5的叙述，电磁场是弥散态物质的一种形态和属性。电子的运动能够影响电磁场，但是，电磁场并不依赖电子的运动。

（4）地球物理运动，包括地壳的形成和演化、海陆的变迁、造山运动、气象变化等。地壳的形成和演化是天体演化的一个特例。

（5）天体运动，即在引力相互作用、电磁相互作用以及其他各种相互作用之下，各级宇宙系统即恒星、星系、星系团、总星系等的形成和演化。

化学运动的物质基础是元素，它涉及原子层次以上的物质层次。原子与原子之间形成化学键，从而结合为分子和晶体。化学键的生成和断裂造成分子的分解和化合。原子是化学变化中保持不变的最大粒子。在化学变化中参与化学变化的各物质（反应物）分子中的原子重新组合生成其他物质（生成物）的分子。原子-分子的这些运动决定着元素的各种化学性质，以及伴随发生的物理现象。恩格斯把化学运动规定为原子的运动，把化学说成是原子的物理学，这仍然是正确的，因为化学运动的实质就是通过原子的运动（重新组合）而实现分子变化的过程。所以，也可以把化学运动归入物理运动。

与分子相比，每一个天体系统都涉及分子数量及相应空间尺度的几十个数量级的增长。天体运动决不是简单的机械运动，它具有特殊的运动变化规律。这是天文学和宇宙学的研究对象。因此，也可以把天体运动作为一种基本的运动形式，它涉及行星、恒星、星系和总星系等物质层次。

生命运动是高级的运动形式。§3.4.2 给出了生命的定义。生命是以蛋白质和核酸为主的大分子系统的存在方式。在漫长的化学进化的过程中，从无机小分子形成氨基酸、核苷酸单体等有机小分子，再组成生物小分子，以至于生物大分子，即蛋白质和脱氧核糖核酸（DNA），直至形成多分子系统，实现从非生物到生物、从物理运动到生命运动的飞跃。生命运动的主要表现包括：(1) 生物的新陈代谢，即同化和异化；(2) 生物的遗传和变异；(3) 生物反映，即有机体与外界交换信息，进行反馈调节的过程。此外，生物生活在一定群体和生态环境中，因而生命运动总是表现出群体内部、群体之间、生物与非生物之间、以及自然界与人类之间的相互作用，以至整个地球生态系统的变化和发展。

人类社会运动是由组成社会的人的有目的、有意识的活动构成的。社会生产力的水平和状况一般决定着社会生产关系的性质，后者反作用于生产力的发展。在阶级社会中，人与人的关系表现为阶级和阶级斗争。先进阶级总是代表着生产力发展的要求，并通过社会革命而取代反动阶级的统治，推动人类社会从低级向高级发展。

是否可能存在比生命运动和人类社会运动更高级的运动形式呢？我在《循环演化律》[5]一文中提出出现一种新型的更高级的可称之为星际文明社会运动的基本运动形式的可能性。这个内容留待§8.3叙述。

对各种物质运动形式的划分，原则上也是科学分类的基础。不了解物质运动的不同形式，就找不到科学分类的客观依据，就无法真正把握事物。

5 各种运动形式之间的相互联系和相互转化

自然界中各种物质的具体运动形式千变万化，这些千变万化的运动过程不是孤立地存在着，而是紧密联系的。各种运动过程的联系普遍存在。

首先，在同一个物质层次上，不同的物质的运动相互作用，相互影响，相互制约。这是物质运动的横向联系。例如，19 世纪，由于观察天王星的运动轨道的摄动现象而发现了海王星。这个发现说明，太阳系的各个行星的运动状态，只有考虑了各个星体在轨道运动中的相互影响，才能给予恰当的说明。再如，在地球生物圈中各种不同种群的运动构成相互联系和相互影响之网。所谓生态平衡，是指生态系统中生物和环境之间、生物的各个种群之间，通过相互联系、相互制约达到一个高度协调适应、相对稳定平衡的状态。

其次，在不同的物质层次上，不同运动形式相互包含。这是物质运动的纵向联系。例如，宏观物体的运动包含着微观粒子的运动，而宏观物体的运动又包含在宇宙天体的更高物质层次的运动之中。

再次，不同的运动形式之间是内在地相互关联的。低级运动形式是构成高级运动形式的基础，高级运动形式由低级运动形式发展而来，并且包含着低级运动形式。不清楚低级运动形式的规律，就很难理解高级运动形式的规律。恩格斯说："研究运动的本性，当然不得不从这种运动的最低级的、最简单的形式开始，先学会理解这样的形式，然后才能在说明更高级的和复杂的形式方面有所建树。"(3. P. 951）把高级和低级的运动形式割裂开来，看不到它们之间的相互联系，就无法说明多种多样运动形式的统一性。但是，另一方面，高级运动形式不能归结为低级运动形式；高级运动形式的规律并非低级运动形式的规律的简单的加和；高级运动形式有着特殊的规律性。例如，生命运动包含机械运动和物理运动（包括化学运动），但是，企图仅仅将生命运动简单地等同于机械运动和物理运动，并不能穷尽生命运动的本质。

各种运动形式不仅相互联系，而且在一定条件下相互转化。相互转化事实上也是一种联系，它是各种不同质的运动形式之间相互联系的根本形式。在自然界中，各种运动形式的相互转化普遍存在。

空间并存的各种不同运动形式通过转化而相互过渡。例如，物体的机械运动如摩擦、水流等可以发热、发电，转化为物理运动；热机和电动机将热和电转化为物体的机械运动。热和电可以引起化学分解；化学化合反过来又可以产生热和电。生命活动可以产生机械运动和物理（化学）运动，同时，在有机体中，无机物转化为有机物，无机物、有机物通过生物新陈代谢，转化为生命组分和生命的运动过程。在自然界中，总是从一种运动形式向另一种运动形式转化。运动形式相互更替，由此构成自然界永恒的运动过程。

从纵向方面看，物质运动形式经历从低级向高级发展的过程。例如，在地球的演化中，经历了从物理运动到化学运动的转化，又由于化学进化，出现蛋白质和核酸，并由它们组成了蛋白体，产生了生命运动；生物经历从低级到高级，从简单到复杂的进化，最后产生人类和人类社会。各种运动形式在地球的演化过程中依次展现出来，形成物质运动发展的不同阶段。

6　物质守恒原理和运动守恒原理

物质既不能创造，也不能消灭，这是众所周知的真理。物质守恒原理是经历了漫长的年代才确立下来的。

卢克莱修在他的著名诗篇《物性论》中，长篇描述了古希腊原子论关于物质永恒的观点："第一个规律：无物能由无中生"和"第二个规律：无物能够归于无"[2]9−14。王夫之明确地、详细地表述了物质守恒定律。他认为，一切存在都是气，气有往来、屈伸、聚散的变化，但是气本身不生不灭，是永恒存在的。"故曰往来，曰屈伸，曰聚散，曰幽明，而不曰生灭。"他斥道："生灭者，释氏之陋说也！"

法国化学家拉瓦锡用定量的方法研究了燃烧过程，1789 年，拉瓦锡系统地用公理的形式表述了质量守恒原理：在化学变化中，反应物的质量之和等于生成物的质量之和。在物理变化中，物质守恒定律也普遍成立。

恩格斯概括了物质守恒原理的内容，指出："我们面前的物质是某种既有的东西，是某种既不能创造也不能消灭的东西"（3. P. 952)。物质的具体形态都会经历产生、发展、衰退和灭亡的过程。但是，每一个具体物质形态的产生和成长，都来自其他物质组分的结合；每一个具体物质形态的灭亡，都伴随着新的物质形态的产生。就整个物质世界而言，物质是不生不灭的。

质量和能量是运动的物质的两种属性。任何物质客体和物质系统（在下面几段中统称为物体）都具有质量和能量。爱因斯坦质能关系式 $E=mc^2$ 表明，物质和运动不可分割，即一定质量的物质客体必然具有和这质量相当的能量。它揭示了物质的质量和能量这两个属性之间的必然联系和量值关系。

通俗地说，质量是物质之量，表示物质的多少。它依赖于该物质客体的某一线性性质来量度。在物理学中，质量分为惯性质量和引力质量，分别是物体抵抗运动状态变化的惯性性质和物体与其他物体相互吸引的引力性质的量度。实际上可以说，物体的惯性性质和引力性质都与物质之量成正比。

能量是物质的运动能力或做功能力的量度。一个物体由于其整体运动所具有的能量称为动能；两个或几个物体由于它们之间的相对位置和相互作用所具有的能量称为势能；势能为相互作用的两个或几个物体共同具有。此外，每一个物体都具有静质量能（也称为物体的内能），它实际上是组成该物体的所有微观粒子和弥散态物质内部旋转运动的动能和它们相互作用的势能等一切形式的能量之总和。不管物体的静质量能所包含的一切形式的能量的详细情况如何，其总和即物体的静质量能或内能 E_0，与它的静止质量 m_0 成正比，$E_0=m_0c^2$。运动物体的能量等于它的静质量能 E_0 和动能 E_k 之和，即 $E=m_0c^2+E_k=mc^2$，式中 m 是该物体的运动质量，即这个物体运动时的质量。

现代物理学发现质量亏损现象，即核聚变前核子质量的总和大于核聚变后核子质量的总和。应当注意，所谓质量亏损，是用反应物和生成物的静止质量计算的。但是，在实际反应中，反应物（氘核或者氚核等）接近静止，生成物（氦核和中子）却并非静止，而是高速飞开，具有极大的速度和动能。在任何情况下，在任何变化过程中，按相对论质量公式计算就会发现：反应前后的相对论质量和能量都是严格守恒的。反应过程前后，能量是守恒的，它只是从一种形式转化为另一种形式，即从微观的核内部运动能量（即核内部众多组分粒子各自旋转运动的动能和相互作用的势能）转化为核反应产物宏观的整体运动的动能；质量也是守恒，但是有形式上的变化，即从反应物的静质量（运动速度接近于零）转化为生成物（氦核和中子）的运动质量。

有学者对“质量亏损”缺乏正确明晰的理解。例如，几本传统的哲学教科书这样写道：“核聚变前核子质量的总和大于核聚变后核子质量的总和，人们把这种差额叫做‘质量亏损’。这部分‘亏损’的质量是否已经消失，转化为‘纯粹’的运动或者说转化为没有质量的能量呢？科学事实作了否定的回答。所谓‘亏损’的质量乃是从核子的静止质量转化为光子等场量子的运动质量，并以光能等能量形式释放出来。”这种把质量亏损理解为“核反应时核子的质量变成了运动光子的质量”的说法比比皆是，实质上都是含混、糊涂和错误的。所谓转化为光子，那是后续的过程。我曾著文指出几本被广泛采用的哲学教科书有 15 例以上自然科学常识的错误，但是没有引起重视和改正。[6]

既然物质不生不灭，与物质不可分割的运动也必然不生不灭。恩格斯指出：“既然我们面前的物质是某种既有的东西，是某种既不能创造也不能消灭的东西，那么由此得出的结论就是：运动也是既不能创造也不能消灭的。”(3. P. 952)

笛卡儿首先从哲学上提出运动守恒原理。他在 1644 年出版的《哲学原理》中写道：“物质的运动有一个固定量，这个量从来不增加也不减少，虽然在物质的某些部分中有时候有所增减。”他详细地解说了物体的平移动量（质量乘以速度）的守恒。笛卡儿并不了解运动形式的多样性和它们之间的相互转化。他所说的运动守恒，只是动量守恒。但是，早于自然科学 200 年，笛卡儿就得到运动守恒的结论，这是难能可贵的。

十九世纪四五十年代，物理学发现能量守恒和转化定律，为运动守恒原理提供了科学根据。虽然能量、能量转化和能量守恒今天看来是不言而喻的，但是，直至 1850 年，它还是一个非常新奇的概念。甚至像伽利略和牛顿这样的科学家也没有发现它。当初好几位思想家大约同时得到这个发现时，他们中的每一个人，不是受到冷淡的待遇，便是完全不被人所理睬。资料表明，发现这个定律的 6 个人都是年轻人，而且主要的职业兴趣都不在物理学领域：迈耶（医生，28 岁）、亥姆霍兹（生理学家，32 岁）、科尔丁（工程师，27 岁）、焦耳（企业家，他继承父亲的酿酒厂，25 岁）、卡诺（工程师，34 岁），相比之下，伦福德（45 岁）也许算是一位老人。

物理学给自然界的物质系统的每一种不同的运动形式，都制定了用系统参量来表达的称为能量的物理量。它是物质系统的这种运动的表现和量度。能量守恒和能量转化定律可以表述如下：自然界一切物质都具有能量，能量有各种不同的形式，它能够从一种形式转化为另一种形式，从一个物体传递给另一个物体，在转化和传递中总能量保持不变。

当时的科学家大多只从量的方面去理解运动的守恒。恩格斯认为，这个定律的质的转化方面才是更本质的内容。恩格斯明确地指出："运动的不灭性不能仅仅从量上，而且还必须从质上去理解；一种物质的纯粹机械的位置移动即使有可能在适当条件下转化为热、电、化学作用、生命，但是这种物质如果不能从自身中产生这些条件，那么这样的物质就丧失了运动；一种运动如果失去了转化为它所能有的各种不同形式的能力，那么即使它还具有潜在力，但是不再具有活动力了，因而它部分地被消灭了。"（3. P. 862）所谓运动在质上的不灭性，是指自然界物质的各种运动形式之间的相互转化的能力永远不会丧失，而且实现这种转化的条件和这种转化的能力一样，是运动的物质所固有的，所以，运动形式之间的转化是永恒的。因此，恩格斯表示："我们还是确信：物质在其一切变化中仍永远是物质，它的任何一个属性任何时候都不会丧失，因此，物质虽然必将以铁的必然性在地球上再次毁灭物质的最高的精华——思维着的精神，但在另外的地方和另一个时候又一定会以同样的铁的必然性把它重新产生出来。"（3. P. 864）

现在来讨论热寂说。热力学第二定律（熵增原理）表明，孤立系统向着均匀、简单、无序的状态演化，最后达到有序度最低，混乱度最大的热平衡状态。克劳修斯不适当地将热力学第二定律推广到整个宇宙，认为宇宙最后也会达到这样一个温度均匀、物质均匀、除分子热运动之外没有任何宏观差别和宏观运动的死寂状态。这就是热寂说。热寂说违背了运动在质上不灭的原理，违背了世界的现实状况，显然是荒谬的。恩格斯提出并依据运动在质上的不灭性原理对热寂说进行了深刻的批判。恩格斯指出："发散到宇宙空间中去的热一定有可能通过某种途径（指明这一途径，将是以后某个时候自然研究的课题）转变为另一种运动形式，在这种运动形式中，它能够重新集结和活动起来。因此，阻碍已死的太阳重新转化为炽热气团的主要困难便消除了。"（3. P. 863～864）从科学上考察，导致热寂说荒谬的根本原因在于它不适当地将热力学第二定律推广到整个宇宙，同时却没有考虑宇观系统作为引力系统的特点。热寂说问题留待§8.5再做详细的讨论。

§4.2 时间是物质运动的持续性和顺序性 空间是运动物质的广延性和并存性

1 一个令人困惑的问题

时间是什么？富兰克林和鲁迅说："时间就是生命。"巴尔扎克说："时间就是财富。"如同商人们说："时间就是金钱。"还有许多诸如此类的说法。这些都只是对一定时间中发生的现象（生命现象或经济现象等）的文学描述，决非关于时间的本质这一科学问题的答案。我们要探讨和回答关于时间本质的问题；这个问题与关于时间量度的问题是既有区别又有联系的。

时间是什么？1600年前，罗马帝国神学家圣·奥古斯丁给出了一个最为狡黠的恐怕也是非常无奈的回答。他说："当没人问我这个问题时，我是知道答案的；可一旦我试着解释的时候，我就懵然无所知了。"在许多严肃的当代物理学家眼里，"时间是什么"被认为是人类问了千百万次却还没能够给出答案的一个问题。在许多哲学家那里，"时间是什么"，口头上说是知道的，但是，如果对于"物质只有在时间和空间之内才能运动"的说法并不感觉到有什么不妥，心里恐怕也是似懂非懂。为纪念爱因斯坦创立狭义相对论100周年，联合国把2005年定为世界物理年。2005年《物理》杂志发表中国科学院物理研究所曹则贤的一篇纪念论文《时间的沙漏》，其结束语云："时间是一个我明白我并不明白的概念（Time is a concept that I understand that I don't understand)，但我希望我把我的不明白讲明白了。"[7]

科学在发展，哲学在进步。本节在恩格斯所奠定的唯物论时空观的基础上，根据现代科学的成果，深入讨论时间和空间问题，期望和力求给出关于“时间是什么，空间是什么”这个哲学和科学问题的清晰、明确的答案。

2　时间范畴和空间范畴的历史发展

在古希腊，泰勒斯、阿那克西曼德、毕达哥拉斯、赫拉克利特等都提出或者表述了时间和空间问题，包含时间和空间是客观的和永恒的猜测。在德谟克里特的原子论中，时间和空间范畴获得了进一步的研究。

德谟克里特认为，一切事物的始基是原子和虚空。所谓虚空，原子论者把它理解为盛物的容器，原子运动的场所。原子是一种存在，虚空是非存在。“存在并不比非存在更实在”，因为“虚空并不比实体不实在”[1]98。虚空是原子论的空间。虚空与原子一样具有客观实在性。因为原子和原子组成的物体都是无限的，所以原子和原子组成的物体所在的空间也必然是无限的。原子论者说：“时间就不是被创造出来的。”[1]100这就是说，时间也是客观的。

如§2.4所述，亚里士多德反对虚空的存在。亚里士多德基本上站在唯物主义的立场上系统地研究了时间和空间问题。他在《物理学》[8]一书中对此做了详细的讨论。

亚里士多德认为，事物不能离开空间，而空间却可以离开事物而存在。空间是什么？他说：“空间乃是一事物的直接包围者，而又不是该事物的部分。”空间就是“包围物体的界面”，“恰如容器是能够移动的空间，空间是不能移动的容器。”[8]100—103因此，实际上，他认为空间与物质是相互分离的，空间就像一个不动的容器，它是物体存在和运动的场所。亚里士多德主张地球中心说，把宇宙看作是一个有限的、具有最完善的形状（球形）的东西，因此，他实际上认为空间也是有限的。

亚里士多德认为，时间并不是运动和变化。“每一个事物的运动变化只存在于这变化着的事物自身，或存在于运动变化着的事物正巧所在的地方；但时间同等地出现于一切地方，和一切事物同在。其次，变化总是或快或慢，而时间没有快慢。”但是，“时间是不能脱离运动和变化的。”“时间是通过运动体现的。”时间是什么？“时间不是运动，而是使运动成为可以计数的东西。”“以时间判断运动的多或少。因此时间是一种数。”“时间呢，是被数的数，不是用以计数的数。”[8]123—125

亚里士多德提出了“现在”这个概念，揭示了时间的连续性和间断性。他说：“‘现在’分时间为‘前’和‘后’。”“时间也因‘现在’而得以连续，也因‘现在’

而得以划分。”“‘现在’是时间的一个环结，连接着过去的时间和将来的时间，它又是时间的一个限：将来时间的开始，过去时间的终结。……并且，作为这种分开时间的‘现在’，是彼此不同的，而作为起连接作用的‘现在’，则是永远同一的。”“显然，没有时间就没有‘现在’，没有‘现在’也就没有时间。”“正如运动总是在不停地继续着那样，时间也是不停地继续着的。”[8]126－132

亚里士多德从运动的永恒性导出时间的无限性。他说：“一切变化和一切运动都是发生在时间里的。”“那么时间会消失吗？回答是：只有运动永远存在，时间是一定不会消失的。”“既然‘现在’是时间的终点和起点，但不是同一时间的终点和起点，而是已过时间的终点和将来时间的起点，那么就像圆的凸和凹在某种意义上是同一的，时间也这样，永远在开始和终结之中。……时间也不会消灭，因为它总是在开始着。”[8]133－135

关于时间的量度亚里士多德说：“我们一方面用时间来计量运动，另一方面也用运动来计量时间。”“如果一个基本事物是与之同类的所有事物的计量单位的话，整齐划一的循环运动最适于作为单位，因为它的数最容易为人所认识。”[8]135－137

在人类历史上，亚里士多德第一次对于时间和空间的哲学做了系统的研究和详细的阐述，达到了相当高的水平，是人类认识史上的一个里程碑。历史局限性是必然的和显而易见的。可以说，它基本上是一种时间空间与物质运动相分离的唯物主义的绝对时空观。

通过 2000 年时间的长流，牛顿继承古希腊德谟克里特和亚里士多德的观念，提出了绝对时间和绝对空间的概念。牛顿在《自然哲学之数学原理》一书中说：“绝对的、真实的和数学的时间，由其特性决定，自身均匀地流逝，与一切外在事物无关”；“绝对空间，其自身特性与一切外在事物无关，处处均匀，永不移动”[9]。牛顿强调绝对的时间和空间的客观实在性。牛顿的绝对时空观正是亚里士多德的时空观念的明确阐述。

自古以来就出现了关于绝对空间的图像，即空间为一种连绵的弥散态的媒质所充满。这是中国古代元气论的基本观念，也出现在 16 世纪法国笛卡儿哲学之中。中国人称这种媒质为“元气”，笛卡儿称它为“以太”（Ether）。笛卡儿的以太论是来自中国古代的元气论。牛顿在构建他的理论时，内心肯定地有一个为连绵的弥散态媒质（Ether 或 Plenum）所充满的绝对空间的概念。

与唯物主义相反，唯心主义者否认时间和空间的客观实在性。客观唯心主义者（如柏拉图、黑格尔）把时间和空间看作是绝对观念的派生物。主观唯心主义者（如康德、马赫）把时间和空间看作人类感性直觉中的主观形式或内心体验。

柏拉图从理念论和神创论（见§1.3.4）出发，对空间和时间做出了唯心主义的解释和规定。他认为："空间不是通过感官而是通过一种奇特的推理把握的。""它很难说是真实的，我们就像在梦里看到它。"他认为，时间不是理念，也不是理念的摹本（即不是可感事物），而是介乎理念和可感事物的中介。"时间和宇宙一道，曾有过一个生成，宇宙也是有过一个生成的。"[10]

康德认为，时间和空间既不是客观存在，也不是客观事物所具有的某种性质；它们只是人类感性直觉中先天地存在于人脑中的两种直观形式，它们不仅不是从经验中来的，而且是经验形成的前提条件。人们通过这两种先天的直观形式，把自在之物作用于我们的感官获得的材料（如颜色、声音、气味、硬度等）整理成为在时空的格局或形式中（即在空间上有广延、并列等关系，在时间上有持续、相继等关系）的现象。如果没有人类的感性或知觉，这世界就不会有时间和空间。

黑格尔在《自然哲学》中，用大量的篇幅讨论时间和空间的问题。黑格尔是一个客观唯心主义者，他认为物质不过是绝对观念的外化，而否认物质在时间中有发展。但是，他对时间空间有过许多正确的论述。他批评了牛顿把时间和空间与物质运动割裂开来的观点。他说："人们绝不能指出任何空间是独立不依地存在着的空间，相反地，空间总是充实的空间，绝不能和充实于其中的东西分离开。……自然事物存在于空间中，自然界必须服从外在性的束缚，因为空间就总是自然事物的基础。"[3]43 又说："空间和时间充满了物质。……人们常常从物质开始，然后把空间和时间视为物质的形式。……物质是时间和空间中实在的东西。"[3]61 他认为："作为己外存在的否定性统一，时间同样也是纯粹抽象的、观念的东西。"[3]48 他说："一切事物并不是在时间中产生和消逝的，反之，时间本身就是这种变易，即产生和消逝"[3]49 。但是，他接着说："即使事物持久存在，时间也不是静止不动的，而是不断地流逝着；就是以这种方式，时间表现为独立的和不同于事物的。""尽管某些事物持久存在，但变化终归会表现于其他事物，比如说表现在太阳的运行之中，因此，事物终归是在时间里存在的。"[3]50 这里，黑格尔错误地否定了运动变化的绝对性和普遍性，否定了时间就是运动变化本身，并且把时间与物质的运动变化分离开来。但是，总的说来，黑格尔对于时间空间与物质运动关系的论述，的确比一切旧唯物主义还唯物得多。

恩格斯对时间和空间做过一系列专门的论述，建立了辩证唯物主义的时空观。他强调时间和空间与物质运动密不可分。恩格斯说："物质的这两种存在形式离开了物质当然都是无，都是仅仅存在于我们头脑之中的空洞的观念、抽象。"(3. P. 939）现代唯物主义哲学认为，物质是无限的，运动是永恒的，因此时间和空间也必然是无限的。恩格斯论证了有限和无限是对立的统一。

科学发展到今天，较之亚里士多德、牛顿和黑格尔，我们获得了关于时间和空间的许多新认识。我们应当在恩格斯所奠定的辩证唯物主义时空观的基础上，向前推进关于时间和空间的研究。

3 什么是时间？什么是空间？

先讨论空间。物质世界具有广延性和并存性。任何物体都有一定的体积，也就是说有一定的广延性。不同的物体之间有一定的位置关系或者并存关系。并不像德谟克里特、亚里士多德或牛顿等人所设想的那样，空间是一个可以与运动的物质分离的不动的容器，好像物质就在这个容器中运动着。实际上，空间就是指运动物质的广延性和并存性本身。这是再清晰不过的概念，我们必须将这个理解贯彻到底。应当清晰地意识到，地球周围的大气圈就是大气或空气的广延性存在。我们在空气中跑步，就像在湖水中游泳，只是人体与流体（气体或液体）的相对位置在变动。

如何理解地球所处的外层背景空间呢？§3.5已经阐明，世界是连续性的物质世界，物质以两种不同的形态存在，即弥散态和聚集态。星际空间主要是弥散态物质，是物质的一种特殊的能量密度最低的运动形态。一般而言，弥散态物质既是聚集态的粒子相互作用和相互联系的中介，又是一切物质运动过程发生的背景和本底。作为背景空间的弥散态物质称为背景场。宏观物体和天体相对背景空间运动，这是宏观物体、天体和作为背景空间的弥散态物质的合流和统一。人们心目中的空间概念大多是指这个背景空间。在背景空间中，聚集态的粒子密度极低，每立方厘米等于或少于1个粒子。背景空间是连绵的弥散态物质的广延性。当我们谈论物质在空间中的运动，实际上是说我们所考察的物质相对背景空间，即相对于作为背景场的这种弥散态物质在运动。注意：背景空间不空，它就是弥散态的背景场！

因此，我认为：

(1) 空间是指运动物质的广延性和并存性。物质不是占据、充满、置于或广延于空间之中，反之，空间就是物质的广延性和并存性本身。

(2) 在严格的意义上，不宜说物质在空间中运动着；所谓物质在空间中运动，实际上、实质上就是指物质世界的各部分物质（弥散态物质和聚集态物质）的相对位置在变化。

诚然，从渺观层次看，背景场迅速脉动，它不可能是均匀和绝对静止不动的。

但是，在宏观或宇观尺度上，背景场均匀和各向同性，并且由于与有形有重物质的相互作用十分微弱，的确如牛顿所说，“其自身特性与一切外在事物无关，处处均匀，永不移动”。背景场就是牛顿所说的绝对空间。相对这个参考系，宇宙微波背景辐射均匀和各向同性，可以测量地球或太阳系相对这个参考系的运动速度。

再讨论时间的概念。恩格斯说，运动，就它被理解为物质的存在方式、物质的固有属性这一最一般的意义来说，涵盖宇宙中发生的一切变化和过程。事物的内在性质（如它的要素、结构、数量、尺度、状态、运动形式等）和外部联系与原来相比产生的某种差异，称为变化。时间就是物质运动变化的持续性和顺序性。注意：一切事物并不是在时间中运动和变化着，反之，时间就是物质的运动变化本身。在下一小节叙述时间的量度之后，这个论断将更为清晰。如果物质世界没有运动变化，就不会有时间存在。但是，如前所述，没有运动的物质和没有物质的运动，都是不存在的也是不可设想的。

这里有必要展开详细的讨论。

定义“变化”，说是事物“与原来相比产生的某种差异”，这里说的“原来”，当然也可以说成“此前”或“以前”。这已经暗示，“时间就是这种运动变化本身”这个定义中的“变化本身”，已经隐含了先后的观念。关于这一点是不必过分苛求的。事实上，人作为观察者，即使没有受过任何正规教育，都会产生对于时间的主观体验。首先，会有“现在”“过去”“未来”的观念。当你读到这里的“观念”一词，你会认为此时此刻——“现在”——正在读“观念”一词；当然，当你读完它，读“观念”的时刻已经不是“现在”，它成了“过去”。“现在”总在不停地刷新自己，它在不断地流逝着。子在川上曰：“逝者如斯夫。”（《论语》）每个人会有一种深入心灵的直觉，认为“过去”已不可更改，“现在”转眼即逝，“未来”尚未确定。其次，作为主观的体验，会有先后顺序的观念。你接连两次眨眼，你会本能地判别第一次在先，第二次在后。你会本能地判断，点火在先，燃烧在后；瞄准射击在先，击中目标在后；结婚结合在先，生育后代在后；等等。最后，通过对外界各种变化过程的观察，你还会本能地比较某两个持续变化过程（例如，一根火柴的燃烧和一堆木柴的燃烧，书写一个句子和写作一篇文章）的短暂或长久。

这是否意味着时间的概念，完全或纯粹是人作为观察者对外界事物运动变化的主观体验的结果？仅仅是我们感觉的产物，只是人们的幻觉？非也！

物质世界是永恒运动的。客观的物质世界由数目无限的各个部分组成，各个部分都经历着各自的运动变化过程。所有部分的运动变化是相互关联、相互影响和相互制约的。这种相互关联、相互影响和相互制约服从一个规律，即因果律。

一般地说，因果律是自然界的一个基本的、普遍适用的规律，是客观物质世界的普遍联系和相互制约的表现形式之一。任何一种自然现象发生，都是由另一种或另一些现象（原因）所引起的，任何一种自然现象也必然会引起另一种或另一些现象（结果）发生。这种引起和发生的关系就是事物之间的因果联系。因果联系的突出特点是，原因总是发生在结果之前。对于有因果联系的两个事件，其发生时间的先后次序是不可能颠倒的。例如，母亲出生在儿子之前，在任何一个惯性参考系中观测，这一点都必须成立。又如，瞄准射击、发射炮弹，经过一段时间之后击中目标，在任何一个惯性参考系中观测，击中目标都决不可能发生在瞄准射击之前。

简言之，物质运动变化的持续性和顺序性等时间观念既是人作为观察者产生的对时间的一种主观体验，也是客观物质世界的各个部分在它们各自的运动变化过程中，所有运动变化事件之间相互关联和相互影响服从因果律的一种表现形式。

因此，我认识到：

> (1) 时间就是物质运动变化的持续性和顺序性。一切事物并不是在时间中运动和变化，反之，时间就是物质的运动变化本身。
>
> (2) 因果律将物质世界的所有运动变化的事件排序（先后顺序），并且因为任何变化过程都可以看作是由许多连续的子过程组成的，这也同时确定地比较了任何两个持续变化过程的短暂或长久。

物质是永恒运动的具有广延性的存在；时间就是物质的运动变化本身，空间就是物质的广延性和并存性本身。因此，说“任何物体的存在和发展，都必须占有一定的空间，经历一定的时间”，或者如列宁所说，“运动着的物质只有在时间和空间之内才能运动”，诸如此类的说法，隐含着时间和空间与运动的物质相分离的思想，因而不是一种准确的表述，它们没有揭示时间和空间的本质，相反，会导致对时间和空间的本质的错误理解。

4　时间和空间的量度

人的主观状态（例如，年龄老幼、健康与否、心情好坏、内心期待等）的确会影响关于客观对象的空间尺度大小（如高度、长宽、面积等）和时间快慢久暂的主观感受。但是，这并不能否定存在时间和空间的客观的量度。

空间是以物质在时间中的运动来量度的。例如，用光在真空中在规定的时间内所经过的距离，作为量度长度的基准。光速 $c=299792458$ 米/秒已被科学界公认为精确值（注意：这只是双程平均光速值，而不是单程光速值!），长度基准单位 1 米被规定为光在 1/299792458 秒时间内所经过的距离。空间的特点是三维性。任何一个物体都具有一定的长度、宽度和高度，并且它与周围物体总是存在着前后、左右、上下的关系。因此，要说明一个物体的空间位置，需要用三个坐标的三个数量来表示。人们用空间坐标来区别不同物体的位置、形状和前后、左右、上下的并存关系，用长度和体积来标示不同物体的长、宽、高尺寸及其所占据的空间范围的大小。显然，空间的量度与空间的概念是既有联系又有区别的。

在数学和物理学中，常常使用“多维空间”概念，例如物理学上的“相空间”和色度学上的“颜色空间”。如果某个体系的状态由多个（n 个）条件给定，这种体系的一个确定状态就可以理解为某一个多维空间（n 维空间）的点。这种想法的好处是提供了在研究所讨论的对象时应用熟知的几何类比和几何方法的可能性。因此，多维空间只具有比喻或模拟的性质。

在上述思想之外，这里有必要简单地介绍探讨中的十一维时空理论。20 世纪粒子物理学的研究成果最终被总结成为标准模型。标准模型并不是故事的结局，它不能解释为何有如此众多的基本粒子，以及完全统一四种相互作用。量子力学和广义相对论是 20 世纪两个非常成功的理论，但是二者却是相互冲突的。20 世纪 80 年代初开始研究的弦理论或超弦理论，被弦理论家们认为是最有希望将自然界的基本粒子和四种相互作用统一起来，并将广义相对论和量子力学结合到一个数学上自洽的框架里的终极理论。弦理论认为，所有的基本粒子，如电子、光子、中微子和夸克，都是尺度约为普朗克长度（10^{-33} 厘米）的很小的线状弦（包括有端点的开弦和圈状的闭弦）的不同振动激发态。更深的弦理论学说不只描述弦，还包含了二维的圈、环或者膜，以及三维的液滴等。弦理论描述的世界不是我们肉眼所看到的三维空间和一维时间。弦理论方程要求空间是十维的，再加上一维时间。假定在我们熟悉的 3 个展开的空间维之外，还存在 7 个卷缩的空间维，这些多余的空间维生长在三维展开空间的每一点上，它们的延展度远小于我们所能探测的最小尺度。但是，额外卷缩维的几何性质决定着在三维空间里观察到的粒子的基本物理属性。弦理论目前尚未做出可以实验验证的准确预测。理论与现实的联系相差太远。除非间接的验证，实验探索的能力不可能达到或接近普朗克长度的限度。弦理论无疑是当今理论物理学研究的最活跃的领域之一。但是，它连同十一维时空还只是一种未经证实的理论设想。

时间是以特定物质在空间的运动来量度的。人们用不同的时刻标明不同事件发生的先后次序，用时间间隔来描述运动变化过程的持续性的久暂。时间量度是人类对时间这种客观存在的对象进行主观处理的一种活动，是人们在认识事物的基础上，对事物的运动变化过程进行定义、划分和比对而逐步地形成和完善的。一般选定某种特定的物质运动过程作为参考，把其他物质的运动过程与这个参考过程进行比较，据此判别和排列事件发生的先后顺序，导出事件发生的时刻和运动变化过程所经历的时间间隔。时间的量度与时间的概念是既有联系又有区别的。人们往往通过时间的量度来认识时间。但是，不管是否有人类存在，也不管是否有人作为观察者在进行时间的量度，作为反映物质运动变化的持续性和顺序性的时间都是一种客观存在的对象。

客观世界的物质运动变化丰富多彩，千差万别，各式各样，不能够说真实的变化都在“自身均匀地流逝”着。事实上，有的事物呈现出周期性的运动变化，而有的事物的运动变化则不具有明显的周期性，或者根本不具有周期性。因而，不是任何一种物质运动过程都能作为计量时间的标准。只有那些具有明显周期性运动变化的事物，例如地球的自转和公转、钟摆的运动、原子的震荡等，才往往被人们用来作为时间量度的标准。

> 时间就是物质的运动变化本身。我们选取特定物质的单调、规则、重复的，即“自身均匀地流逝”的周期性循环运动过程，来给出时间的普遍量度。

关于时间的观念，最早来自人类对日出日落、四季更替的观察。地球自转就是一个天然的时钟。在1967年之前，地球自转周期被用作时间的基准，规定平均太阳日的1/86400为1秒。以地球的自转运动为标准的时间计量系统称为世界时（UT，Universal Time）。后来发现由于极移、地球自转速率的改变和季节性变化等原因，世界时不是一个严格均匀的时间系统，其误差约为每日数毫秒。1967年第13届国际计量大会决定，定义铯133原子基态两个超精细能级之间在零磁场下跃迁辐射周期的9192631770倍的持续时间为1秒，测量的准确度达到每100万年的误差才1秒。这称为原子时。

用作时钟的物理客体的物理过程应当具有稳定的周期性。但是，说时钟的前一个周期和随后的其他周期完全一样（时钟时间流逝的均匀性），只能是一个假定而不能严格验证；我们无法证明钟表所读秒数中的这一秒和下一秒严格相等。在实际操作中，我们究竟如何确定不同时钟的周期稳定性呢？如何确定地球的自转速率在改变，而原子时却具有更高的准确度？兹说明如下。

实际上，根据原子时秒的定义，任何原子钟在确定起始历元后，都可以提供原子时。各实验室用足够精确的铯原子钟导出的原子时称为地方原子时。世界上不同国家不同实验室的原子钟产生的原子时均可达到每100万年误差才1秒的准确度，即不同的地方原子时尽管有差异，但其每日差值仅为若干纳秒。国际时间局对位于世界上50多个国家不同实验室的共计约200座原子钟产生的原子时加权平均，形成国际原子时（TAI，International Atomic Time）。国际原子时是一个高度精确、均匀的时间系统，准确度达到每日数纳秒。

自转的地球是一个天然的单一的时钟。原子时和国际原子时更高的周期稳定性，是依靠多个或者许多个完全相同的原子钟在高准确度下的可重复性实验来证实，并通过相互比对和加权平均而得到加强的。

人类通过对时间和空间的科学量度，得以对物质的运动规律进行精细的研究。可以说，时间和空间的量度是一切科学研究的基础。

5 牛顿的时空观，它的被颠覆和一定程度的复归

在历史上，牛顿首先提出了一个完整的时空理论。牛顿的时空观，用现代的语言来表述，可以分解为以下三个要素：

（1）时间和空间的客观实在性：牛顿承认和强调时空的客观实在性，认为时间和空间是运动着的物质的存在形式。

（2）绝对时间和绝对空间的概念：绝对时间是一种自身的持续的均匀的流逝；绝对空间是处处均匀永不移动的；绝对空间构成一个绝对的惯性参考系。在牛顿看来，空间好像是一个可以与运动的物质分离的不动的容器，物质就在这个容器中运动着。

（3）时间和空间与物质运动的不相关性：绝对时间和绝对空间与外界的任何事物无关，时间的流逝和空间的性质与物质的运动之间没有任何联系。

按照牛顿的理解：时间是客观的；事件发生的先后顺序，对所有观察者一样；“同时”也是绝对的、与观察者无关。这都是符合常理的认识。

爱因斯坦相对论获得广泛的承认之后，人们总是带着贬义来提及牛顿的绝对时空观，似乎它已是形而上学的历史陈迹，可以一带而过，不屑一顾。

牛顿是人类历史上最伟大的科学家。既然牛顿按照这种思维方式如此有效地构建了宏伟的宇宙体系，世人沿用它长达300年之久，我们还能要求牛顿什么呢？难道还有哪一种方法给我们带来过更多的关于世界的真正知识？

1905年爱因斯坦创立狭义相对论。狭义相对论的理论贡献在于：它从相对性

原理和光速不变原理出发，构建了一个逻辑体系；由此出发，充分地揭示了牛顿力学体系所没有揭示的物质运动的相对性，即物质的时空性质与物质运动的依赖关系；并用以解释了经典物理学无法解释的许多实验事实。这样，它把 19 世纪和 20 世纪之交物理学实际上已经达到的认识，囊括在他的物理理论体系和他的理解之中，为物理学研究开辟了道路。尔后，狭义相对论和量子力学成为现代物理学的基石。

按照狭义相对论，对于两个所谓具有类空间隔的事件，这两个事件在某一个惯性系中是同时发生的；但是，在任何其他惯性系中观测，这两个事件并不同时发生。关于两个具有类空间隔的事件的时间先后次序的表述，也是相对的，可以颠倒的，与惯性系的选取或观察者有关，不具有绝对的意义。这完全颠覆了符合常理的认识，牛顿时间观在爱因斯坦的攻击下土崩瓦解。

按照狭义相对论，物质的时空性质与物质运动存在着依赖关系，例如，运动的时钟随着运动速度的增加而延缓，运动的量尺沿运动方向的长度随着运动速度的增加而缩短，等等。

狭义相对论并不是无懈可击的。光速不变假设是一个不可检验的、人为的、过分的和违背常理的假设。狭义相对论的时间延缓和长度收缩等效应都是根源于光速不变假设所引起的测量效应，是观察者按照光速不变假设校准异地的时钟而观察测量的结果，并不表示物质和物质运动过程本身真实地发生了什么变化。更有甚者，狭义相对论时间延缓效应和长度收缩效应是相对的、互逆的，在每一个惯性系中观察，相对它运动的任何一个其他惯性系中的时钟都变慢，量尺都缩短。通俗一点说，你我是相对运动的观察者，你看我的时钟比你的慢、量尺比你的短，我看你的时钟比我的慢、量尺比我的短。你和我的判断截然相反，但是，你和我的说法在科学上同时成立，而且除此之外不可能存在另外客观公正的判断。真是公说公有理，婆说婆有理，公婆都有理，除此之外，客观公正的判断是不存在的。难怪有人惊呼：科学没有了原则，科学没有了标准！物理学陷入了相对主义。

狭义相对论认为："只有当人们抛弃了以太假设，才能得到一个令人满意的理论。于是组成光的电磁场不再像是臆想的媒质的状态，而是一种独立的实物，它从光源发射出来，就像牛顿的光的发射论所描述的那样。按照光的发射论，一个没有辐射通过的、没有有重物质的空间是真正虚空的空间。"[11]55 狭义相对论实际上恢复了真空是一无所有的虚空的图像。1915 年，爱因斯坦创立广义相对论，情况有了变化。爱因斯坦认为："依照广义相对论，空间已经被赋予物理性质；因此，在这种意义上说，存在着一种以太。依照广义相对论，一个没有以太的空间是不可思议的；因为在这样一种空间里，不但光不能传播，而且量杆和时钟也不可能存在，因此也就没有物理意义上的空间-时间间隔。”在广义相对论中，“我们不得不用十个函数，即引力势 $g_{\mu\nu}$，来描述空虚空间的状态，这无疑最终取消了空间在物理上是空虚的这个见解。”[11]126−128后来爱因斯坦努力创建统一场理论。统一场连续地充满了整个空间，各种已知场不过是统一场的不同表现形态和不同属性。光或者电磁场不再像狭义相对论断言的那样是一种独立存在的物质，而是电磁振荡在弥散态统一场中的传播过程。因此，在狭义相对论之后，爱因斯坦广义相对论和统一场论，实际上是对狭义相对论基本原理的一种实质上的否定①。

自从 20 世纪 70 年代以来，现代物理学实验，特别是贝尔不等式的实验检验表明，存在超光速运动。2009 年《科学美国人》发表长文《爱因斯坦错了》[14]，指出贝尔不等式的实验检验表明，世界是非定域的，这种非定域性要求绝对的同时性，它否定狭义相对论的光速极限性原理，对狭义相对论构成严重威胁，甚至撼动了整个物理学的基石。文章写道：“过去几年来，这种担忧终于得以步入物理学殿堂，成为严肃思考的课题和学术争论的中心。这样的争论最终可能会瓦解、扭曲、重构或从根本上腐蚀这个物理学的根基。”沈致远在《科学》上发表文章[15]指出：“纠缠光子之间具有超光速作用，是许多实验证明的客观存在。我们必须放弃主观偏见，承认纠缠态中超光速传递信息是客观事实。”许多著名的物理学家认为，必须超越狭义相对论，接受超光速运动和超光速信号的概念。

在这种物理学发展的形势下，标准时空论应运而生。标准时空论作为原创性的理论研究成果，是本人从中国古代元气论思想出发，将洛伦兹的以太论完善化、系统化，以绝对参考系原理和回路平均光速不变原理为基本假设建立的一个超越爱因斯坦理论的严谨的逻辑体系。[13]

爱因斯坦狭义相对论否定存在绝对参考系，它实际上恢复了真空是一无所有的虚空的图像。但是实验事实表明：真空不空，一无所有的虚空并不存在。一种空间图像认为，空间为一种连绵的弥散态媒质所充满。这正是中国古代元气论的基本观念。牛顿引入绝对空间的概念，他实际上认为连绵的弥散态媒质所充满的绝对空间理所当然地是一个绝对的惯性参考系。标准时空论以实验所揭示的事实作为基本假设而建立自己的理论体系。

标准时空论在基本假设的合理性、逻辑简单性和逻辑自洽性上，要胜于狭义相对论。我发现并详细地论证了狭义相对论的滑落悖论[13]225−229。在适当的配置下，光滑的刚杆沿着水平的光滑平面匀速运动，其间通过一个方洞。刚杆是否会

①关于“以太”，请参阅本人论文（本章参考文献［12］）；关于本段所论及问题的详细阐述，请参阅拙著（本章参考文献［13］）。

滑落在洞中？按照狭义相对论关于长度收缩效应，及其相对性和互逆性的论断，相对该平面静止的观察者和匀速运动的观察者将得出两个完全相反的结论。对此狭义相对论无法自圆其说。悖论的发现和解决永远是科学发展的一种内在的推动力量。滑落悖论揭示了狭义相对论单纯强调运动的相对性而否定运动的绝对性所导致的深刻的逻辑矛盾。滑落悖论破坏了狭义相对论理论体系的逻辑严密性和可信度。标准时空论的确完满地解释了以前的所有实验结果，包括狭义相对论无法解释的几大类实验事实。狭义相对论是标准时空论在某种情况下的近似。按标准时空论，所有事件发生的时间先后顺序和“同时性”都是绝对的、与观察者无关。这就复归到了牛顿对时间的理解和符合常理的认识。标准时空论消除了滑落悖论。

按标准时空论的研究，物质的时空特性为物质运动所制约，随物质运动特性的变化而变化，它揭示了牛顿力学体系所没有揭示的物质的时空性质对物质运动的依赖关系。标准时空论结果表明：运动物质（包括量度工具，即量尺、时钟和砝码）相对真空背景场运动会产生长度收缩、时间延缓和质量增加，这些效应并不是表面的外部关系的产物，而是一种真实的变化，具有绝对的意义，应当把它们归因于运动物质体系与作为绝对参考系的背景空间物质相互作用的结果。运动物质在任一参考系中的长度、时间和质量的量度结果很自然地决定于三个要素：运动物质本身的时空特性和这种时空特性在不同运动状态下的变化；参考系量度工具的时空特性和这种时空特性在不同运动状态下的变化；量度对象即运动物质体系和量度工具的相互关系即它们的相对运动状态。这个论述的正确性鲜明地表现在标准时空论的公式之中。较之狭义相对论，标准时空论关于时空性质的数学演算所导出的主要关系式，都可以获得自然和明晰的物理理解和物理解释。

按标准时空论，牛顿时空观的主要部分是正确的，至今仍然指导着科学探索的道路。随着时代的进步，科学实验越做越精细，哲学思辨愈想愈清晰，能够确认，牛顿关于时间、空间与运动物质的可分离性和不相关性的思想则是必须放弃、必须改变的。

其实，当年牛顿做了一系列实验（例如钟摆实验等），企图发现真空背景场（以太）对物质运动的影响。我们现在知道，这种影响极其微小，牛顿肯定得到了零结果。牛顿从实验获知，如果真空背景场（以太）真的存在，它对有形物质运动的影响也小得可以忽略不计。因此，牛顿时空观的缺陷受限于当时科学技术的发展水平。我们是不应当苛求于前人的。

标准时空论继承和综合了牛顿力学和爱因斯坦狭义相对论的基本思想和成就，它反映了物质、运动、空间和时间的客观实在性，物质和运动、空间和时间的相对性和绝对性，以及它们的不可分离性和相关性，揭示了空间和时间的紧密联系，以及空间、时间与物质运动的相互关系。

标准时空论作为自然科学的基本理论发现要被科学共同体所接受，必然依靠实验的检验。经验事实最终必定是公正的裁判者。我已经提出和描述两个在现有技术条件下可以实施的实验，能够以很高的精度和清晰的读数来测量单程光速，并确认是否存在绝对参考系和精确地测定地球的绝对运动速度。这自然也是精细思考的结果。需要筹措经费去实际地进行实验。这将是狭义相对论和标准时空论之间的最为重要的实验判决。本人深信，只要真空不空，光是弥散态媒质中传播的一种波动过程，而不是光子在虚空之中的运动，光速就不可能各向同性。历史必将走向标准时空论。

6　时间和空间的有限性和无限性

时间和空间是有限的还是无限的？这是一个长期争论不休的问题。

古希腊米利都学派的阿那克西曼德认为万物的本原是“无限者”，“这个包容一切世界的始基是永恒的和无始无终的。”[1]7 这种宇宙无限论的观点后来得到德谟克里特、伊壁鸠鲁和卢克莱修等原子论者的继承和发挥。德谟克里特认为无限的空间中存在着无数个原子，这些原子结合构成了各种物体。他还认为，在宇宙中存在着无数个与我们的太阳相类似的太阳。卢克莱修在他的著名诗篇《物性论》中，用很长的篇幅和绚丽的语言对原子论做了最全面、最系统的阐述，并且描述了无限的宇宙：

> “我们必须承认/整个宇宙之外再没有别物存在，/
> 所以它没有什么外边，/因此它也没有终点。/……
> 一个人不论站在任何地方，/在他周围总会有那无限的宇宙/
> 向各方面伸展；……”[2]52

他用生动的比喻说明空间的无限性：一个人跑到天的尽头，向前投射一支飞矛，每一次都可以投得更远，“你必得承认宇宙向各方伸展，绝无止境。”

中国古代宣夜说，主张万物由气构成，宇宙没有一定形状，是无限的。东汉科学家张衡在他的《灵宪》一文中做出了“宇之表无极，宙之端无穷”的结论。天外有天，则是中国老百姓描述空间无限性的最通俗的语言。

古希腊的柏拉图认为世界是神创造的，他说：“整个世界究竟是永远存在而没有开始的呢，还是创造出来的而有一个开始呢？我认为它是创造出来的。”[1]208 这就是说时间有起点。宗教神学鼓吹上帝创世说，散布世界末日论；主张时间有开端也有尽头。中国古代主张天圆地方的盖天说，主张天地形状如鸡卵的浑天说，二者实际上都认为空间是有限的。

在近代，布鲁诺、牛顿等人的宇宙论中都论述了时间和空间的无限性。康德在他的天文学研究中也得出了宇宙是一个越来越大的系统的等级系列的结论。但他所描绘的宇宙无限性是一种恶的无限，即“重重世界，层层星系”经常的无限的重复。他认为，人的理性既可以证明“世界在时间上是有起端的，在空间上也是有界限的”；也可以证明“世界在时间上没有起端，并且在空间中也没有界限”[16]。他认为这是一个不可解决的矛盾，并把它作为怀疑人类知识可靠性的四个“二律背反”之一，并由此做出了否定时间和空间的客观实在性的结论。

恩格斯在他的著作中批判了康德的这一观点。他根据物质和运动既不能创造也不能消灭的观点论证时间的永恒性和空间的无限性。他说：“时间上的永恒性、空间上的无限性，本来就是，而且按照简单的词义也是：没有一个方向是有终点的，不论是向前或向后，向上或向下，向左或向右。”（3. P. 425）这是说宇宙无边无际，无始无终。他同意后来黑格尔对恶的无限性的批判，指出无限并不仅仅是同一个东西的永恒的重复，而是发展，是上升或下降，前进或后退，是无限多样性的统一。也就是说，既要看到时间和空间的量的无限性，也要看到质的多样性。恩格斯论证了有限和无限是对立的统一。具体的物质运动具有的广延性和持续性是有限的，自然界由无数个具体的物质运动构成，因而“自然和历史的这种无限的多样性，在自身中包含了时间的和空间的无限性”（3. P. 940）。他指出：“诸天体在无限时间内永恒重复的先后相继，不过是无数天体在无限空间内同时并存的逻辑补充。”（3. P. 864）恩格斯指出，无限纯粹是由有限构成的，这是一个矛盾，“正因为无限性是矛盾，所以它是无限的、在时间上和空间上无止境地展开的过程。”（3. P. 427）

7　现代宇宙学：时间有起点和终点吗？宇宙是有限的吗？

回顾20世纪现代宇宙学的成就，其中最为重要的事件应是宇宙膨胀的发现和大爆炸宇宙学的建立。1929年，哈勃宣布发现：河外星系的谱线红移和星系距离成正比。把红移解释为多普勒效应，他得到速度-距离定律，即星系的退行速度与它们的距离成正比；愈远星系离我们远去的退行速度愈大。由此得到结论：可观测宇宙在膨胀！星系之间的距离在不断地增加，是因为它们之间的空间在膨胀。如果时间倒流，追溯过去，宇宙会逐渐变得致密，最终会达到非常致密的状态。

按这种观点，伽莫夫等人提出大爆炸宇宙学[17]。该学说认为，宇宙最初是由一个温度极高、密度极大的奇点（其尺度小于1纳米的原始粒子）发生爆炸而产生的，大爆炸之后，立即开始膨胀，温度和密度下降，逐渐形成基本粒子、化学元素、天体和星系，直至演化为目前的状态。后来，它的物理数学模型不断修正并趋于完善。

大爆炸宇宙学得到了一些重要观察事实的支持，但是，也产生了难以解释或无法解释的疑难。1980年美国人古斯提出暴胀宇宙学，这个学说后来经过多人的发展，大体上克服了大爆炸宇宙学遭遇的困难。

现在几乎所有的宇宙学家都坚信，宇宙背景辐射证实了伽莫夫等人关于早期宇宙是既密又热的预言。大爆炸宇宙模型已为多数宇宙学家所接受。当然，仍有少数宇宙学家坚定地认为它是错误的。

可以肯定地断言，大爆炸宇宙学是关于可观测宇宙即“我们的宇宙”的模型，而不是关于大宇宙的模型。这是许多宇宙学家的观点。

也有许多宇宙学家不那样看。他们把大爆炸宇宙学所描述的可观测宇宙当作是唯一的、独一无二的宇宙，即“大宇宙”，即物质存在的总体，因而实际上假定了大宇宙是有限的，而且由此出发断言：没有任何东西存在于我们的宇宙之外，宇宙之外是无（一无所有的无）；宇宙创生于无；正是宇宙之外的无，决定了宇宙之中的有。这是一种所谓“有生于无”的框架。[18,19]他们认为，时间有起点，宇宙起源于约137亿年前作为奇点的原始火球的大爆炸。由此确定宇宙的年龄大约是137亿年。不能进一步追问137亿年前宇宙怎么样的问题：“只要认为宇宙是创生于无的，都会认为空间和时间不是永恒的，而是从没有空间也没有时间的状态产生的。”[19]

在最近几十年的宇宙学研究中，出现了若干关于时间终结的理论。一种理论认为，宇宙永远膨胀下去，它将变得越来越空旷，最后达到一种“热寂”状态，时间将失去意义。另一种理论认为，宇宙膨胀受到物质引力的作用而放缓，最终停止膨胀，转而收缩，最后塌缩（大挤压）成为一个奇点。这个奇点意味着时间的终结。还有一种理论认为，按量子引力论，物质塌缩形成黑洞，黑洞发出辐射，辐射出无质量的粒子如光子等，最终黑洞消失，留下一片真空；从此之后，不会再有其他变化发生，时间失去了意义。诸如此类的理论都认为时间本身会终结，所有的活动都将停滞，再也不会恢复和更新。时间的终结是所有终结的终结。

时间有起点或终点，宇宙是有限的，这种论断无论从科学上或哲学上考察，实际上都是荒谬的。

第一，现代宇宙学所依据的基础理论是广义相对论、量子力学和热力学，这三个理论是否完全适合于宇宙学的研究呢？

首先，一般而言，在一种理论中出现奇点就是对理论适用范围的一种限制。著名的相对论物理学家柏格曼说："膨胀宇宙极早期存在奇性，这是现有理论观念并不适合于极高密度物质的一个讯号。"这句话是说，尽管爱因斯坦广义相对论为宇宙学研究提供了科学框架，但它并不适合于描述高密度宇宙。其次，量子力学本身不是一个成熟的理论。量子力学提供了一整套计算规则，但是，计算过程所涉及的对象，都不具有明确的意义，没有对应的物理图像。狄拉克说："量子力学的基础还没有正确地建立起来，……人们太乐于接受一个具有基本缺陷的理论。"[20]再次，广义相对论和量子力学本来就不相容，前者是定域的，而后者是非定域的。因此，不宜过高地期待和评价量子引力论的理论成果。最后，实际上，热力学与广义相对论也不相容。为什么？经典热力学的结论，特别是热力学第二定律，是在不考虑引力作用的条件下得到的理论结果，不适用于引力占主导地位的宇宙的研究。

一个不完善的理论在宏观领域应用可能误差不大，应用于宇宙这样的大尺度时空，随着时空的扩展，误差的积累，得到的理论结果可能远离真实，甚至面目全非。人类的宇宙学研究还处在初级阶段，夸大已有的研究成果并加以唯心主义的解读是幼稚可笑的。

第二，讨论现代宇宙学问题，有必要区分大宇宙和"我们的宇宙"。无所不包的无限大宇宙，由无数的具体的有限宇宙所构成。正如恩格斯所说："我们的自然科学的极限，直到今天仍然是我们的宇宙，而在我们的宇宙以外的无限多的宇宙，是我们认识自然界所用不着的。"（3. P. 941）大宇宙是不能完全观测的，人只能在关于"我们的宇宙"的观测和思维中把握大宇宙的某些规律。

在我们选择道路、展望未来的时候，首要的最为重大的问题是：大宇宙是无限的；我们的宇宙不是唯一的，它只是大宇宙的一部分；与我们的宇宙同时并存、处于我们的宇宙之外还有许许多多"非我们的宇宙"；我们的这个膨胀中的宇宙也受着外部的"非我们的宇宙"的影响。因此，将"宇宙之外是无（一无所有的无）；宇宙创生于无；正是宇宙之外的无，决定了宇宙之中的有"作为求解宇宙演化的边界条件，肯定会得到荒谬的解答和结论。

暴胀宇宙学本身就证明我们的宇宙只是可能存在的众多宇宙中的一个。1983年林德提出混沌暴胀宇宙论。这个理论断言，宇宙在极早期发生对称性自发破缺之后，可能存在许多不同的真空态，从而使空间分割成一个一个空间畴，每一个空间畴做指数式膨胀，形成一个一个的微宇宙泡。他认为，我们的宇宙就是由这众多的微宇宙泡中的某一个演化而来的。

“人存原理”或“人择原理”导致相同的观点。宇宙为什么是这样的？1961 年由迪克提出、后经卡特尔改进的人存原理认为：宇宙之所以这样，就是因为我们存在；或者以更强的形式表达为：宇宙一定具备在宇宙历史的某个时段上存在生命所必需的特征。或者给出一个更为简单明白的叙述，即存在许多具有不同物理条件和不同初始条件的宇宙，生命和人类只能生存在自己可以生存的宇宙之中。人存原理自然会导致无限多个宇宙的存在。这就意味着，在我们的宇宙之外，还存在着许许多多“非我们的宇宙”。

资深学者张操提倡“局爆宇宙学”，与大爆炸宇宙学相对立，他认为：宇宙是无限的，在时间和空间上没有起点；星系团内的致密暗物质在碰撞时或者致密暗星体在晚年时会发生爆炸，宇宙中这种局部性爆炸形成我们的宇宙，它只是整体宇宙演化的一个组成部分。

第三，时间有起点和终点，显然远远偏离了人类有文明史以来所达到的物理认识和思维逻辑，否定了物质和能量守恒定律这个支配宇宙中的一切过程的普遍规律。物质不灭原理和运动不灭原理是经历了漫长的年代，通过人类反复的实践所确立下来的众所周知的真理。物质既不能被创造，也不能被消灭；与之相对应，无论从数量上去把握，还是从质量上去理解，物质的运动都是不灭的。这就是说，不仅物质的运动是永恒的，而且一种运动具有的转变为其他各种不同形式的运动的能力也不会丧失。物质守恒定律和能量守恒定律也许在将来的发展中会改变它的形式，包含新的内容。但是，如果从根本上否定这个定律，认为物质和物质的运动可以创生，从虚无中创造出部分或者整个物质世界，或者物质和物质的运动可以消灭，部分或者整个物质世界将变成虚无，那么，是什么力量能够实现这种创生或者消灭呢？只有承认某种超物质范畴的存在。这必然导致神创论。

设想我们的宇宙在宇宙年龄的起点，不过是一个小于 1 纳米（10^{-9}米）的原始粒子，它爆炸形成了今天的世界，这对于一个普通听众来说可真是天方夜谭，对于一个宇宙学家来说也未必是肯定无疑的科学结论。如果更进一步，断言这原始粒子从虚无中产生，它集中了可观测宇宙的全部质量（上千亿个银河系的质量），它就是整个物质世界存在的总体，而在原始粒子以外则一无所有，一片虚空，那断然是丢弃真理而走向了荒谬，以至于对任何一个通晓哲学事理的人来说，都是不可思议和不能接受的。

中世纪（5—15 世纪）的宇宙学是亚里士多德宇宙的最终形式，即流行了 1400 年的托勒密体系，它把宇宙描述为以地球为中心的有限宇宙。经过 16 世纪哥白尼及其后的天文学革命，到 19 世纪末形成了维多利亚时代的标准宇宙模型：地球和太阳被安置在银河系的中心，银河系之外是无限延伸的神秘虚空。维多利亚宇宙的奇迹，在成百上千本普及读物里被夸耀，在每一个讲坛上被宣扬，令无数欧洲人和北美人惊叹不已。但是，2000 年的标准宇宙模型和 1900 年的标准宇宙模型，几乎没有任何相似之处。维多利亚时代的人们相信他们接近了真理，今天的宇宙学家是否持有相同的信心？可以展望，与 2000 年标准宇宙模型相比较，2100 年的标准宇宙模型也许不会留下多少相似的特点。

要确认哪一个宇宙模型描述了真实的宇宙，除哲学的思考之外，首先依赖于观测事实的检验。很遗憾，与一般自然科学的丰富的实验事实相比较，宇宙学的观测事实寥寥无几。在这种情况下建立的自洽的宇宙模型，思辨性假设和随后的逻辑推演起着重要作用。宇宙学假设显然蕴含着哲学前提，因此，现代宇宙学离不开哲学的思辨。正如恩格斯所说："自然科学家尽管可以采取他们所愿意采取的态度，他们还得受哲学的支配。问题只在于：他们是愿意受某种蹩脚的时髦哲学的支配，还是愿意受某种建立在通晓思维历史及其成就的基础上的理论思维形式的支配。"（3. P. 899）

辩证唯物论哲学认定，物质处于永恒的循环运动之中，物质在它的一切变化中永远是同一的，它的任何一种属性都决不会丧失，一种运动所具有的转变为其他的各种不同形式的运动的能力也决不会丧失。因此，物质在某个时候会以铁的必然性毁灭自己的某种具体存在形式，而在另外的某个地方和某个时候又一定以同一种铁的必然性把它重新产生出来。运动是永恒的，宇宙是无限的，时间没有起点，时间也不会终结。

§4.3 系统 结构和功能

1 概述

现代科学的研究表明：具体的物质形态多种多样，但是，它们都是具有一定结构和特定功能的物质系统；系统是物质存在的一种基本形式，系统性是物质的固有属性。

恩格斯在《自然辩证法》中就明确地指出："我们所接触到的整个自然界构成一个体系，即各种物体相联系的总体，而我们在这里所理解的物体，是指所有的物质存在，从星球到原子，甚至直到以太粒子，如果我们承认以太粒子存在的

话。”（3. P. 952）

自然界的物质系统普遍存在，不论非生物界和生物界，都是由许多物质系统构成的。在非生物界，从基本粒子、原子核、原子、分子、物体到地球、太阳系、银河系、星系团、总星系；在生物界，从生物大分子、细胞、个体、群体到生物圈，都具有自身特殊的系统结构、系统性质、系统功能和系统运动的规律，它们都是由各种不同要素组成的物质系统。

一般地说，每一门科学都以一类特定的系统为研究对象。例如，天文学研究太阳系、恒星、银河系、星系、星系团以至总星系等；生物学研究各种不同层次的生物系统。系统科学不研究特定的具体系统，而是撇开系统的具体形态，研究一般系统共同的规律性、一致性和同构性，研究系统的类型、结构、性质和运动的规律。在这种意义上，对于一般系统，我们可以从系统与要素、结构与功能、系统与环境等方面进行分析。

2　系统、要素与环境

什么叫做系统？从词源上讲，它的拉丁语“Systema”是表示群和集合等意义的抽象名词；英文“System”一词有许多中文含义，如系统、体系、制度、体制、方式、方法、组织、秩序等。由相互联系和相互作用的若干个要素组成的、具有一定结构和适应环境的特定功能的相对稳定的有机整体，称为系统。

系统由要素组成。要素是系统的基本成分和系统存在的基础。组成系统的各个要素之间存在着有机的相互联系和相互作用。对于不同的系统，各个要素之间的相互联系和相互作用的情况和强度各不相同。各个要素在系统中的地位和作用各异。在简单的由相同要素构成的系统中，各个要素可能地位平等和作用相同，也可能地位和作用各不相同。一般地说，在复杂系统中，各个要素所处的地位和所起的作用可能有很大差别。处于中心地位并支配和决定整个系统的行为的要素，称为中心要素。系统中心要素和非中心要素的地位和作用在一定条件下可以相互转化。

必须注意，系统和要素的区别是相对的。系统具有层次性。所谓系统，只有相对于构成它的要素而言才是系统，相对于由它和其他事物构成的较大系统而言，则是一个要素；同样地，一个要素只有相对于由它和其他要素构成的系统而言才是要素，相对于构成它的要素而言，则是一个系统。

为了语言上的方便，引进“子系统”和“超系统”的概念。通常说一个系统由若干个要素即子系统构成，一个系统又可以与其他系统结合而构成更大的系统即超系统。这样，可以得到两个相反方向的系统等级序列：

系统→第一级子系统→第二级子系统→…→第 n 级子系统→要素

系统→第一级超系统→第二级超系统→…→第 n 级超系统→总系统

例如，当我们将“我们的宇宙”作为一个总系统考虑，可以得到如下的系统等级：基本粒子→原子核→原子、分子→物体→行星→恒星→星系→星系团→总星系。

在等级系统中，越是低层次的系统，个体数越多；越是高层次的系统，个体数越少。低层次系统的规律必然渗透到高层次系统中，因此，不清楚低层次系统的运动规律，就很难理解高层次系统的运动规律。但是，高层次系统的运动规律并不是低层次系统的运动规律的简单加和。在高层次系统中，由于各个要素（子系统）及其运动规律之间的相互作用，会形成特殊的运动规律。这些特殊的运动规律不能完全地还原为低层次系统的运动规律。因此，高层次系统不同于低层次系统，它是一个全新的个体。同时，低层次系统作为高层次系统的组分，其运动规律又要受高层次系统运动规律的制约。

每一个系统都是时空上一个有限的存在。既然有限，必然有系统之外的存在。一般把一个系统周围的所有其他事物或存在称为该系统的环境。环境是系统存在和演化的必要条件和土壤。系统与它的环境之间存在紧密的相互联系和相互作用。系统和它的环境之间，通常都有物质、能量和信息的交换。这种相互联系和相互作用会引起对方各自的变化。因而，系统必须有一种特殊的功能，以适应环境的变化，保持和恢复系统自身的状态和功能。这就是系统的环境适应性。一个系统与它的环境一起可以组成一个更大的系统。

在实际研究中，系统与要素、环境的划分，依据人们具体的认识和实践所指向的目标、对象、范围和任务而确定。这就是说，系统与要素、环境的划分包含人为的因素，对于一个具体的研究对象，人们的研究和实践所指向的目标、对象、范围和任务不同，系统与要素、环境的划分也不相同。

按系统的实际内容分类，有一般系统与具体系统、物质系统和概念系统、非生命系统和生命系统、自然系统和社会系统、天然系统和人工系统等。按照系统的数学模型分类，有封闭系统和开放系统，静态系统和动态系统，线性系统和非线性系统，连续系统和离散系统，确定性系统和不确定性系统，黑色系统、白色系统和灰色系统，等等。

严格地说，不与环境发生任何相互联系和相互作用的绝对孤立的系统是不存在的。所谓封闭系统是指在一定时间内不依赖外界的影响而具有稳定的生存能力的系统。所谓开放系统是指与外界保持着经常性的相互作用或物质、能量、信息交换的系统。一般而言，任何系统都具有开放性，而且愈是高度组织化的系统，开放性的特征愈明显、愈丰富。

物质世界的各种物质形态普遍以系统的形式存在着和发展着，既表现为物质的系统，又表现为物质运动变化过程。系统是过程的系统，过程是系统的过程。二者的统一才是对物质形态存在和运动变化的完整描述。

此外，并非系统就必然是物质的系统。例如，存在着概念系统，如科学体系、哲学体系、法律体系等。

3　系统的整体性

系统是由相互联系的诸部分（即要素）组成的整体。部分是构成整体的基础，没有部分就没有整体；但是，部分是整体制约之下的部分，离开了整体，部分就丧失了该整体的部分的品格。整体和部分既相互区别，又相互联系和相互规定。局部的变化以整体联系为前提，整体的变化在局部变化的联系中实现。片面强调整体对部分的支配作用，或者认为整体的所有属性只不过是各个部分属性的加和，是割裂整体与部分联系的两种错误观点。

整体和部分相互联系的方式和性质不同，因此，整体与部分之间的关系具有各种各样的形式。第一种形式是，整体中的部分保持相对独立性。整体中的部分可以独立存在，也可以在整体中保持相对独立性而相互结合。例如，一个剧团由几个或几十个演员组成，各个演员保持着相对的独立性。第二种形式是，整体中的部分不能保持其相对独立性，但是，又存在着改变形态离开整体而独立存在的可能。例如，在水分子中，氢元素和氧元素不能保持其相对的独立性，但是，水可以电离为氢气和氧气，转化为独立的氢分子和氧分子。第三种形式是，整体中的部分只是名义上的部分，它不可能离开整体而独立存在。例如，人脑不能离开人体而独立存在。人脑一旦离开人体，就意味着死亡。

整体是它的各个部分的集合。当整体各个部分之间相互作用比较微弱，对于某些性质、某些量度或某种研究目的而言可以忽略不计，对于这些性质、量度和目的而言，整体等于部分之总和。对于这种情况，我们说整体和部分之间存在着加和关系。

整体和部分之间除加和关系之外，还必定存在非加和关系。整体的各个部分的性质和行为相互影响，整体中各个部分的性质和行为，不可能完全等同于它们在孤立状态下的性质和行为。因此，整体会出现它的组成部分所不具有的新质，以及新的功能和新的规律。例如，分子由原子构成，一个化学分子的化学特性是组成它的原子在孤立状态中所不具有的。一个生物机体的特性，同组成它的细胞相比也完全不同。整体的功能不是它的各个部分功能的简单相加。我们说，整体和部分之间存在着非加和关系。非加和性是世界上各种系统普遍存在的现象。

系统是由各个要素按照一定的方式构成的有机整体，要素作为整体的部分，要素与整体，要素与环境，以及要素与要素之间必然存在相互联系和相互作用，系统呈现出各个要素所没有的新质，具有各个要素所没有的功能，或者说，系统整体的功能不等于组成它的各个部分的功能之和。简言之，整体不等于它的各个部分的总和。这就是系统整体性原理。

系统整体所出现的整体效应，来自于系统的各个要素之间的相互联系和相互作用。恩格斯说："自然科学证实了黑格尔曾经说过的话（在什么地方?）：相互作用是事物的真正的终极原因。"（3. P. 920）

系统整体的功能，是否必定大于它的组成部分的功能之和？不一定。有两个熟悉的俗语："三个臭皮匠，顶一个诸葛亮"；"一个和尚挑水喝，两个和尚抬水喝，三个和尚没水喝"。这描绘了截然相反的整体效应，表达了来自系统要素之间相互作用的不同类型。因此，亚里士多德在他的著作中，这样来表达关于整体和部分之间的关系："一般说来，所有的方式显示，整体并不是其部分的总和。"

之所以整体不一定大于它的部分的总和，还因为尽管由部分组成的系统整体具有各个孤立组分所不具有的特性，但是，它又会使各个组分丧失组分在其孤立状态下所具有的部分特性。系统整体的形成，就是组成该系统的各个要素的部分特性的丧失。这种情况在自然界和人类社会都屡见不鲜。例如，原子结合成分子，形成共价键的电子运动已经属于分子，而不再属于原子，原子在化合为分子时失去了它的大部分属性。又如，将爱因斯坦选为以色列总统，组成以色列政府机构系统，肯定意味着爱因斯坦科学研究能力的毁弃。因此，爱因斯坦当年没有同意人们的这种请求。

正是由于系统具有非加和性，系统的性质功能和运动规律只有从整体上才能显示出来。人们认识自然界中各种各样的物质客体，要把它作为一个系统、一个整体来认识。人们在变革物质客体的过程中，必须从整体出发，以整体为归宿，力求达到整体一定大于它的部分之总和的最佳效果。

4 系统的结构和功能

无论什么系统，都具有一定的结构。所谓系统结构，是指系统内部各个组成要素之间的相互联系和相互关系，即各个要素在空间和时间上的排列和组合方式或顺序。系统结构是系统保持其整体性和一定功能的内部根据。在自然界中，有粒子的结构、原子的结构、太阳系的结构、星系的结构等，有细胞的结构、生命有机体的结构、生态系统的结构、生物圈的结构等。非物质系统即精神系统也有它的结构，如思维结构、逻辑结构、语言结构等。

系统结构的基本特点是稳定性、可变性、相对性和层次性。系统的结构一旦形成，就趋向于保持某种相对不变的状态，这是系统结构的稳定性。但是，任何系统本质上是开放的，它总是处于一定环境之中，总要与外界进行物质、能量和信息的交换，因此，任何系统总处于不断的变化过程之中。系统的结构在与外界进行物质、能量和信息交换的过程中发生变化，这是系统结构的可变性。§4.1.3阐述的变易和不变的辩证法，也适应于系统结构的可变性和稳定性之间的关系。变化是绝对的，稳定和不变是相对的。例如，没有一种元素是绝对稳定的，但是，不同元素的可变性的确有着很大的差异。107号元素的半衰期（即一定数量的放射性同位素原子的数目，减少到初始数量的一半所需要的时间）为2毫秒，而有的元素的半衰期可长达几十亿甚至几百亿年。关于系统结构的层次性，在§4.4中进行讨论。

系统功能是与系统结构相联系的范畴。只要系统结构存在，系统就必然具有一定的功能。系统的功能是指系统整体在与外部环境的相互关系中所表现出来的作用和能力。系统整体的功能与系统组成要素的功能有关，但不等同于各个要素的功能，也不等于它的各个组成要素功能的总和。

系统功能是系统内部固有能力的外部表现，归根到底它是由系统的内部结构决定的。系统功能的发挥，受环境变化的制约，环境的不同和变化，将会相应地引起系统功能的变化。系统功能又受系统内部结构的制约和决定。这体现了系统功能对于系统结构的相对的独立性和相对的依赖性。

自然界物质系统的结构与功能之间的关系，存在着多种多样的情况，兹概括如下：

（1）系统要素是系统的整体结构的基础，组成要素不同，系统的功能也不同。组成要素一旦有了改变，就会引起系统结构的变化和功能的改变。

（2）系统要素相同，但是结构不同，系统可能出现截然不同的性质和功能。金刚石和石墨是同素异构异能的例证。金刚石和石墨都是由碳元素构成的，但是，由于它们的碳原子的空间排列组合的结构形式不同，两者的物理性质全然不同。金刚石为立方晶体，是自然界最硬的物质，其硬度比石墨大10级，不导电，透明。石墨是六方片状晶体，几乎是自然界中最软的固体，具有优良的导电性，不透明。在生物学中，分子生物学表明，大约20种氨基酸和4种核苷酸组成的生命系统，因为其要素的不同的排列组合方式，即结构的不同，构成了各种不同的生命个体，产生出千差万别的生命世界。

(3) 同一系统结构，处于不同的环境之中，与外界发生着不同的相互作用，因而发挥了多种不同的功能。这种情况，在自然界和人类社会到处可以看到。这是系统结构的多功能效应。

(4) 组成系统的要素与结构都不同，但是却具有相似甚至相同的功能；或者组成系统的要素与结构都相似或相同，却具有不同的功能。因此，系统功能对于结构来说存在着相对的独立性。

系统与环境相互作用，实现一定的功能，这是系统保持结构稳定的必要条件。如果一个系统不能发挥它特有的功能，就不能与外界环境进行正常的物质、能量和信息的交换，这个系统就无法保持自身结构的稳定性。同时，环境总是在变化，环境的变化将导致系统功能的变化，从而推动系统结构做出自发或自觉的调整。如果外界环境对系统的输入变化很大，可能使系统结构恶化或瓦解，或促使系统结构向新的结构转化。总之，系统功能的变化成为系统结构变化的前提条件。

§4.4 自然界物质的层次性

自然界各种不同的物质系统并不是各自孤立地存在的，它们总是同周围其他的物质系统相互联系着。如前所述，一个系统相对较高一级系统而言，只是一个要素；同样地，作为较高一级系统的要素，相对构成它的要素而言，它又是一个系统。这样便形成自然界物质系统的层次性。物质系统的层次性，是自然界物质系统纵向联系的体现。

1 自然界物质系统的基本层次

物质的形态千姿百态，无限多样，从微小的基本粒子到巨大的天体，从无机物到有机物，从单细胞生物到人，都是物质的具体形态。

恩格斯说：“不论人们对物质构造采取什么样的观点，下面这一点是十分肯定的：物质按质量的相对的大小分成一系列大的、界限分明的组，每一组的各个成员在质量上各有一定的、有限的比值，但相对于邻近的组的各个成员则具有数学意义上的无限大或无限小的比值。目力所及的恒星系，太阳系，地球上的物体，分子和原子，最后，以太粒子，都各自形成这样的一组。”（3. P. 982）

这就是自然界的物质系统的层次性。按照空间尺度和质量的大小，可以将非生物物质系统区分为微观、宏观和宇观三个层次。兹列表如下：

层次		质量/千克	尺度/米
微观	基本粒子	$0\sim10^{-25}$	10^{-15}
	原子核	$10^{-25}\sim10^{-23}$	$10^{-15}\sim10^{-14}$
	原子	$10^{-25}\sim10^{-23}$	$10^{-10}\sim10^{-9}$
	分子	$10^{-24}\sim10^{-17}$	$10^{-10}\sim10^{-8}$
宏观	宏观物体	$10^{-17}\sim10^{22}$	$10^{-7}\sim10^{5}$
宇观	行星	$10^{22}\sim10^{28}$	$10^{6}\sim10^{8}$
	恒星	$10^{30}\sim10^{33}$	$10^{6}\sim10^{9}$
	星系	$10^{34}\sim10^{43}$	$10^{18}\sim10^{21}$
	总星系	2×10^{53}	$1.5\times10^{26}\sim2\times10^{26}$

下面简单地介绍微观、宏观和宇观三个层次的主要内容。

微观系统指目前已知的包括基本粒子、原子核、原子、分子等实物粒子以及与它们相应的弥散态物质所构成的物质系统。现代自然科学揭示，微观系统各个层次具有共同的属性——波粒二象性，它们服从量子力学的规律。

基本粒子，包括中子、质子、电子、光子以及在宇宙射线和高能原子核实验中发现的一系列粒子。已经发现 300 多种基本粒子，大多数是不稳定的共振态粒子。按照基本粒子的质量的大小及其他性质的差异，可分为光子、轻子、介子、重子（包括强子和超子）四类。粒子之间存在着强相互作用和弱相互作用，并按一定方式相互转化。一种粒子可以由另一种粒子碰撞而成，正反粒子相碰时可以湮灭并转化成其他粒子。目前高能物理实验结果表明，基本粒子有其内部的结构，肯定了强子是由夸克和反夸克所组成的。

原子核是原子的核心部分，是质子和中子（合称核子）的结合体。原子核在一般的化学反应中不发生变化。原子核的稳定性是因为核内核子之间有一种强大的核力作用。这种力的有效力程只有 10^{-13} 厘米，强度却比电磁力大 100 倍以上，所以称为强相互作用。它是由核子之间交换胶子所产生的。一个核子只与周围其他几个核子相互作用，强度与核子的电荷无关。

原子是构成单质和化合物分子的最小微粒，它是由带正电荷的原子核和绕核运动着的、与核电荷数相等的电子，以及其间的弥散态物质所构成的。例如，在构成氢原子的质子和电子之间，存在广漠的弥散态物质，在质子和电子两种带电粒子的作用下，它呈现出电场的状态。没有这些弥散态物质作中介，电子和质子不可能结合为氢原子。

原子是化学变化中不变的最大粒子。特定的原子核和电子之间的弥散态物质的电磁相互作用维持原子的系统平衡，使原子呈现化学的相对稳定性。

分子是微观系统中的最高层次，它是物质在保持化学性质不变的条件下分割的极限。分子由原子以及其间的弥散态物质构成。在化学变化中，参与化学变化的各种物质（反应物）的分子中的原子，重新组合而生成其他物质（生成物）的分子。分子中原子的种类、数量以及空间排列形式决定着物质的物理和化学性质。

宏观系统是由地球上的物体（从尘埃、沙粒到高山大川）、卫星、行星、太阳等以及与它们相应的弥散态物质所构成的系统。对宏观系统层次的物质运动规律，用牛顿力学、麦克斯韦电磁理论和热力学来描述。

太阳系的行星是沿椭圆轨道环绕着太阳运行，近似球形的天体；包括水星、金星、地球、火星、木星、土星、天王星、海王星等八大行星。所有行星都勾绘出公转和自转两种基本运动的轨迹，各行星的运动轨迹又有明显的差异。

恒星是由炽热的气体组成，自己能够发光的天体。恒星的能源来自其内部的氢聚合为氦的热核反应所释放的巨大能量。恒星的每一个部分都处在方向相反的自引力和热运动产生的气体压力的平衡状态之中。

太阳是宇宙中的一个中等大小的恒星。相对行星而言，太阳质量巨大，作为一个引力中心，八大行星围绕太阳运转。太阳系是由太阳、围绕太阳运行的行星、矮行星，以及小行星、彗星、流星体、卫星、尘埃物质，其间弥散态的星际空间物质组成的天体系统。

宇观系统是质量或尺度很大的物质系统，由星团、星系、星系团、超星系团、总星系以及作为星际空间的弥散态物质所构成。对宇观系统层次的物质运动规律，需要用广义相对论、宇宙电动力学和星系力学来描述。

宇宙中除有单个的恒星之外，还有成对恒星相互绕转的双星体系，三五成群组成有力学联系的聚星，甚至成千上万聚集成一个更大的“有组织”的恒星集团，称为星团。

星系是由恒星集团、星云和作为星际空间的弥散态物质所组成的更高一级的天体系统。太阳系所属的星系称为银河系，形状如运动场上的铁饼，中心厚度约 1 万光年，直径约 8.5 万光年，质量约为太阳质量的 1800 亿倍，约有 10^{11} 个恒星。银河系以外的其他类似于银河系这样的天体系统，称为河外星系。二、三个星系在一起组成双重星系、三重星系，更多的星系组成多重星系，乃至形成星系团。众多的星系团又组成超星系团等各级天体系统。

总星系就是我们现在所观察到的宇宙，即恩格斯所说的“我们的宇宙”，尺度约 137 亿光年。大约包括 1000 亿个星系。总质量约为 2×10^{53} 千克，其中，氢占 73%，氦占 25%，其他仅占 2%。总星系是目前人类认识的最高一级的天体系统。但是人们还没有看到总星系的边缘。应该说总星系不是宇宙结构的极限层次。比总星系更高的层次是什么，现代宇宙学正在探索之中。

必须指出，微观、宏观和宇观系统层次之间的空间界限是相对的。按照物质系统的质量和尺度的差异来划分它们界限的标准，借以做出本质的规定，自然只有在一定条件下才有意义。在微观和宏观系统之间，宏观和宇观系统之间又互相交叉，如任何宏观客体和宇观客体，都是由微观客体组成的，热、电、声、光等许多宏观现象，都是微观客体的宏观效应。在宇观、宏观系统的物质过程中，也存在着大量的微观过程。

我们熟悉以微观、宏观和宇观这三个层次来划分物质世界。根据科学的前沿发展，钱学森在 1984 年 11 月 8 日给我的一封长信[21]中首次阐述了渺观、微观、宏观、宇观和胀观五个层次来划分物质世界的学术观点。他写道：

“（一）我很赞成您说的要深入到量子力学微观层次以下的‘超微观’去解决量子力学的矛盾。附上 D. Bohm 的一本书（不是我的书，阅后请退还给我）和复制件（不必还），请看看。其中不少是五十年代发表过的，您可能熟悉，这里综述了，全面些。所谓‘超微观’（可否称为‘渺观’?）是指 $(hG/c^3)^{1/2}\cong10^{-34}$ 厘米的尺度。我们要研究这个尺度的场，一种涨落极快的场。Bohm 说粒子就是这种场的一些暂时的结构。我从这一点认为 Bohm 对现在出现的系统科学（系统学，Synergetics，Cellular Automaton，……）还不熟悉；五十年代当然还没有这门学问。所以他不用‘自组织’这个词，而微观的粒子是渺观场的自组织，就如宏观的物体（包括生物、人）是微观原子、分子的自组织。

“所以 Bohm 缺的是系统学。一旦结合系统学，渺观物理是可以建立的，量子力学也就能‘解释’清楚了。

“（二）这样正如 Bohm 讲的，人体特异功能、气功……都可以理解了。

“（三）我们在微观、宏观、宇观之外，在深层加了一个渺观。在宇观之上，还有什么吗？以银河星系为宇观尺度，即 10^5 光年～10^{21} 米，有没有再大的尺度？

今年 5 月期的 *Scientific American* 上 Alan H. Guth 及 Paul J. Steinhardt 讲 Inflationary Universe的文章给我启发：我们的宇宙只是众多‘宇宙’中的一部分，在大得多的尺度，10^{40} 米还得有一种新的物理。这种新物理叫什么？叫‘胀观’物理？在这里广义相对论也不行了。

“（四）由此看，现在有人在把量子力学推广到渺观，搞什么超对称论（Supersymmetry），是错误的，不会有结果。两个不同层次怎么能相混？”

钱学森将物质世界的层次由原来的微观、宏观、宇观三个层次拓展为渺观、微观、宏观、宇观、胀观五个层次，认为它们研究的对象分别是希格斯场、基本粒子、山川物体、银河星系、宇宙，并且认为，物理学相应地也包括了从渺观到胀观五个层次，对应的理论分别为超弦理论、量子力学、牛顿力学、广义相对论和还有待建立的胀观物理学；不能混淆不同的物质层次，不仅如此，不同层次的物理学也不能相互混淆。这是一个对于现代科学有着重要指导意义的高瞻远瞩的学术思想。

生命是在自然界的演化过程中出现的一种特殊的物质存在形式。尽管许多人认为，只要具备类似地球的条件，肯定会出现生命；进而认定，外星智慧生命是必然存在的。但是，除地球之外，我们至今还没有在其他星球上发现生命的踪迹。外星文明仍然是一个未解之谜。因此，研究生命世界，只能以地球上的生物作为对象。

地球上的生物系统是由微生物、植物和动物等组成的庞大而复杂的物质系统。按照组成可以将生物系统划分为生物大分子—细胞—组织、器官—个体—群体、群落—生态系统—生物圈等不同的层次。

生物大分子是相对于小分子而言的。例如，作为小分子，水分子的分子量为 18，食糖的分子量为 342。生物大分子的分子量很大，为几万、几十万、几百万、几千万，甚至上亿。蛋白质和核酸等生物大分子是生命的物质基础，是生命体的最低的结构层次。蛋白质由大约 20 种氨基酸组成，成百上千个甚至更多的氨基酸分子，按照不同的排列组合形成多种多样的蛋白质大分子。估计地球上全部生物中的蛋白质的种类可达 10^{10}～10^{12} 种。生物的生命活动主要通过蛋白质的活动来实现。核酸由 4 种共 4×10^{2}～1×10^{6} 对核苷酸组成，分子量可达 4×10^{9}；每一种核苷酸则由碱基、核糖和磷酸组成。它们具有复杂的化学结构和空间结构。生物的遗传特征主要由核酸决定。核酸分为核酸核糖（RNA）和脱氧核酸核糖（DNA）两大类。作为蛋白质和核酸组分的氨基酸和核苷酸等有机小分子，已经进入化学研究的领域，属于非生物世界。

生物组织的更高一级水平是生物大分子彼此结合，形成生物超分子复合物。

例如，脂类和蛋白质结合成脂蛋白，它是构成各种生物膜的超分子复合物。核酸与蛋白质组成核蛋白，它是构成染色体及核蛋白体（核糖体）的超分子复合物。细胞中的多酶系统以及收缩系统也都属于超分子复合物。

生物组织的再高一级水平是各种超分子复合物进一步集合，构成亚细胞结构，诸如细胞膜、细胞核以及细胞质和其中的各种细胞器、液泡等。各种亚细胞结构组成为细胞。除病毒外，细胞是所有生物的形态结构和生命活动的基本单位。

由结构相似、功能相同的细胞和细胞间质，构成组织。组织是行使某种特定功能的细胞的联合。例如，动物有上皮组织、结缔组织、肌肉组织和神经组织，植物有分生组织、保护组织、营养组织、机械组织和输导组织等。

几种不同的组织按照一定的次序结合在一起，构成行使一定功能的结构，称为器官，例如心、肝、脾、胃、肾。若干器官按照一定的次序结合起来形成系统，例如呼吸系统、运动系统、循环系统、消化系统、排泄系统、神经系统、内分泌系统、生殖系统、骨骼系统等。最后按照一定的层次组成一个完整的生物有机体。

许多个体组合成种群，又叫群体。种群不是许多个体的简单堆积，而是一个有机的系统。种群是物种存在和物种繁殖的基本单位。生活在一定地区、相互之间具有直接或者间接关系的各种不同的生物种群形成生物群落。

生物的生存依赖于环境。在一定的空间范围之内，生物群落及其生活的环境所形成的统一的整体，叫做生态系统。一个生态系统由无机环境（阳光、空气、水和土壤）、植物、动物和微生物四个部分组成。它是生物和非生物的统一。较小的生态系统组成较大的生态系统。

地球上所有的生物与其环境的总和就叫做生物圈。它是生物系统的最高层次，其中有一部分已经跨进非生物领域。生物圈是包括我们人类在内的所有生物的共同家园。

显然，在不同的进化阶段上，生物系统的层次结构会呈现出不同的情况。

2　自然界物质层次的多样性和统一性

上述物质系统的层次表明，自然界每一个物质系统的层次都具有明显的差别，都有各自的结构、特性和运动的规律，呈现出自然界物质系统的层次的多样性。

物质系统的层次性，是自然界物质系统纵向联系的体现。不同层次的物质系统之间存在着隶属关系，高层次由低层次组成，高层次包含着低层次，低层次从属于高层次。

各层次的系统内部各个要素之间相互结合的紧密程度，随着层次由高到低而逐渐加强，即层次越深，尺度越小，其结合能密度越大。所谓结合能，是自由的物质要素结合成为一个系统所释放的能量，也等于将这个系统分解为组成要素所必需的能量。例如，两个氢原子（每一个氢原子含有一个质子和一个电子）结合成为氢分子，其结合能为4.476电子伏特；而一个质子和一个中子结合为氢的同位素氘原子核，结合能为2.224兆电子伏特，相差约50万倍。质子和中子质量接近相等，相对而言，电子质量可以忽略不计，而氢分子和氘核两者的质量接近相等。因此，用化学燃烧的方法将氢分子分解为氢原子比较容易做到，而要将氘核分解为一个质子和一个中子，则需要使用高能加速器。结合能密度不同，体现了物质的不同层次的质的差异。结合能密度的不同值，可以看作物质层次从量变到质变的关节点。

要注意，这里说的是结合能密度或者比结合能，而不能如流行的哲学教科书那样简单地说成结合能。通俗地说，所谓结合能密度是系统的结合能对系统质量取平均值而得到的单位质量物质的结合能。要理解结合能的密度的概念。否则，就不能解释，对于行星系统和恒星系统，为什么我们不可能将月亮从地球周边拉走，更不可能将地球从围绕太阳公转的轨道上移开。

如前所述，自然界存在四种基本相互作用，它们在各种物质层次中普遍存在。但是，在某一种物质层次中，往往有一种相互作用占优势。例如，弱相互作用在基本粒子的衰变过程中才表现出来，强相互作用、电磁相互作用、引力相互作用分别在原子核结构层次、原子结构层次、太阳系和银河系结构层次起着决定作用。这是物质层次多样性的一种表示。

不同层次的物质运动服从不同的运动规律。在微观领域，基本粒子运动服从正在探索和发展中的粒子物理学的规律；原子分子的运动服从量子力学的规律；在宏观领域，宏观物体运动服从牛顿力学运动定律和万有引力定律，热现象服从热力学定律，电磁场运动服从麦克斯韦电磁场方程；在宇观领域，宇宙学研究服从广义相对论引力场方程。当然，所有这些定律、方程、理论、学说都只是相对真理，不可能穷尽相关物质层次的认识。人类在不断探索，逐渐接近绝对真理。

恩格斯指出："物质的每一有限的存在方式，不论是太阳或星云，个别动物或动物种属，化学的化合或分解，都同样是暂时的，而且除了永恒变化着的、永恒运动着的物质及其运动和变化的规律以外，再没有什么永恒的东西了。"（3.P.864）不同的物质结构层次都是物质的具体存在形式。物质在它的一切层次和一切变化中永远是物质。只有物质及其变化规律是永恒的。

参 考 文 献

[1] 北京大学哲学系外国哲学史教研室．古希腊罗马哲学［M］．北京：商务印书馆，1961.

[2] 卢克莱修．物性论［M］．北京：商务印书馆，1981.

[3] 黑格尔．自然哲学［M］．北京：商务印书馆，1982.

[4] 黑格尔．小逻辑［M］．北京：商务印书馆，1980：204.

[5] 谭暑生．循环演化律——一种新的变化观［J］．自然辩证法研究，1991，7（2）：9-17.

[6] 程烈书，谭灏元．哲学教科书要努力避免自然科学常识的错误［J］．求索，1991，1：80-83.

[7] 曹则贤．时间的沙漏［J］．物理，2005，35（8）：545.

[8] 亚里士多德．物理学［M］．北京：商务印书馆，1982.

[9] 牛顿．自然哲学之数学原理［M］．王克迪，译．西安：陕西人民出版社，2001：10-11.

[10] 柏拉图．柏拉图全集：第 3 册蒂迈欧篇［M］．王晓朝，译．北京：人民出版社，2012.

[11] 爱因斯坦．爱因斯坦文集：第 1 卷［M］．许良英，范岱年，译．北京：商务印书馆，1976.

[12] 谭暑生．以太论的历史发展［J］．自然辩证法研究，1987，3：16-26.

[13] 谭暑生．从狭义相对论到标准时空论［M］．长沙：湖南科学技术出版社，2007.

[14] Z ALBERT D，GALCHEN R．Was Einstein Wrong? Quantum weirdness defies special relativity［J］．Scientific American，March 2009：32-39．中译文见：艾伯特，加尔享．爱因斯坦错了［J］．科学美国人，2009，4：16-23.

[15] 沈致远．物理三问［J］．科学，2010，62（2）：3-4.

[16] 康德．纯粹理性批判［M］．北京：商务印书馆，1960：330.

[17] 伽莫夫．膨胀宇宙的物理学［M］//宣焕灿．天文学名著选译．北京：知识出版社，1989.

[18] 方励之，李淑娴．宇宙的创生［M］．北京：科学出版社，1987.

[19] 方励之．哲学是物理学的工具［M］．长沙：湖南科学技术出版社，1988：113，119，126.

[20] 狄拉克．物理学的方向［M］．北京：科学出版社，1981：20.

[21] 钱学森．钱学森书信选：上卷［M］．北京：国防工业出版社，2008：120-122．影印件见：钱学森．钱学森书信（2）［M］．北京：国防工业出版社，2008：74-78.

第五章　人类的意识和意识活动

哲学是关于世界观的理论体系。世界观是人们对于整个世界以及人与世界的关系的总体看法和根本观点。在阐述本体论的第一大问题“世界的本源是什么”之后，本书第三部分开始阐述关于人与世界的关系的根本观点，包括人类的意识和意识活动，人类的实践活动和人类的认识活动三章。

关于意识和物质及其相互关系的问题是哲学的基本问题，也是唯心主义哲学和唯物主义哲学根本分歧之所在。同时，在一定的意义上可以说，人类的意识和意识活动是人类的实践活动和认识活动的条件和基础。因此，第三部分首先讨论人类的意识和意识活动。

第三章已述，按照物质的能动性，可以将宏观层次的物质分为非生物、生物和人类。物质在受到外部或内部的作用时都具有反应特性。反应特性是一切物质具有的共同本性。生物的感觉、初级意识活动和人类的初级、高级意识活动都是非生物的反应特性发展到物质的更高阶段的特殊表现。

人类的意识活动是人脑对于世界的能动的反映活动。人脑是高度精密复杂的物质系统。意识活动是人脑的机能。人类意识活动包括感觉、知觉、表象和形象思维等初级意识活动，以及在初级意识活动的基础上借助于语言符号进行的理性思维。理性思维是人所特有的区别于动物的高级意识活动。在思维活动的基础上进行的，与思维活动密切关联的情感活动和意志活动，也属于意识活动。人类的意识活动是人类社会运动的一部分。

本章论述，人类的意识活动是一种最高形式的物质运动；立足于客观事实和§3.5 所述的原子-元气论自然观，进一步详细地论述，作为物质的运动，人类的意识活动可以直接作用于人体自身和外部物质世界。

在以理性思维为特征的人类意识活动的基础上，内在地形成了人的主观世界，即人关于世界的概念、观念、知识、理论和学说等，这就是人类的意识。人类的意识是人类意识活动的产物，也是人类意识活动的内容。作为非物质的观念形态，它构成一个不同于物质世界的主观观念世界，这就是人的意识世界，或者说精神世界。人类的意识是人脑对于世界的主观映像。

我将着重地论述：人类的意识不是意识活动，人类的意识和意识活动是互有联系但意义迥然不同的两个概念；对于人类的意识和意识活动这两个不同的概念若不加区分，将造成否定和破坏唯物主义的理论基础的恶果，而且势必堵塞关于人类的意识活动直接作用于人体自身和外部物质世界的研究道路。

§5.1　人类意识活动的起源

1　人类意识活动产生的自然基础

按照物质的能动性，将宏观层次的物质分为非生物、生物和人类。物质形态的进化，首先是指物质体系功能的进化。物质体系与周围环境相互作用的方式和能力的发展，即它的功能的发展，是物质形态发展的标志。系统的功能与系统的结构密切相关。从非生物到生物，再到人类的进化，凸显物质体系的功能和结构的进化和发展。

人是万物之灵。人类和人类意识活动是物质世界自身长期进化的结果。人类意识活动的产生经历了漫长的历史过程，其中有三个决定性的发展环节：（1）由一般物质即非生物所具有的反应特性到低等生物的刺激感应性；（2）由低等生物的刺激感应性到高等动物的初等意识活动；（3）再由高等动物的初等意识活动到人类的意识活动的产生。这种由非生物的反应特性到人类的意识活动的依次转化过程，就是人类意识活动产生的自然基础。

首先叙述一般物质即非生物的反应特性。一般物质在相互作用中都具有反应特性，这是人类意识活动产生的物质基础。

世界万物都处在相互联系和相互作用之中（见§8.1），物质的反应特性表现在事物的相互联系和相互作用之中。物质的组织结构和存在方式不同，它的反应特性相应地表现为不同的形式。非生物对于外界作用的反应，是以机械的、物理的或化学的反应形式表现出来，其特点是改变自身的运动状态、存在方式或转化为他物。例如，机械力表现力学的相互作用，牛顿运动定律描述宏观物体受到力的作用所产生的运动速度的变化。又如，阳光、空气和水分作用于岩石（对岩石产生机械的、物理的和化学的作用），其反应的结果就是岩石的风化；热学和化学给出了物体之间的热相互作用、化学相互作用的反应特性的描述；某些晶体受压会产生明显的压电反应；某些半导体材料受到照射产生光敏反应；带电粒子之间存在着库伦相互作用；带电粒子在电磁场中按照麦克斯韦方程描述的规律做电磁运动；等等。

关于一般物质都具有的反应特性，有两个重要的特点。第一，如果没有引起反应的东西，就不会有反应，而引起反应的东西则是不依赖于产生反应的对象而存在的；但是，反应或者作用总是相互的。第二，在反应的过程中，反应的物体只是反应了被反应对象的部分属性，而不是全部属性。

接着叙述生物的反映形式。人类由生物演化而来，生物的反映形式是人类的意识活动产生的生物学前提。

在地球的演化史中，地质历史划分为冥古宙（距今46亿—40亿年）、太古宙（距今40亿—25亿年）、元古宙（距今25亿—5.4亿年）和显生宙（距今5.4亿年至今）。生命起源于约38亿年前。在原始大气圈、覆盖地面的水圈中和岩石圈的表面，发生了多种多样的化学变化。由无机分子生成低分子有机化合物，由低分子有机化合物生成生物大分子，进而演变成为原始的生命体。这是生命产生的化学基础。太古宙的生物主要由细菌和单细胞藻类组成。后来就进入生命大量出现和生命进化的时期。

生命的出现产生了生命体特有的反映形式。它的特点是生物体在与外界环境的相互作用中，通过与外界的物质、能量和信息的交换，不停地进行新陈代谢，实现自我更新。生物从外界摄入营养物质，转化为自身的组分，这是以合成为主的代谢过程，称为同化；同化过程伴随着能量的吸收和储藏。生物将自己产生的废物降解并排出体外，这是以分解为主的代谢过程，称为异化；异化过程伴随着能量的释放和利用。新陈代谢过程，即同化异化过程，在每一个生物体内不断地进行着。新陈代谢是生命个体的本质特征和存在基础。

生命的产生和存在，是生物体对周围环境适用和选择的结果。这种适用性和选择性构成生物的反映形式和反映能力的直接基础。生物体对于周围环境的适用和选择，意味着它必然具有对外界刺激物和刺激信号的感应、接受、分辨和决定取舍的能力；生物体得以趋向营养物质并摄取之，避开有害物质，不理会无意义的东西。这种反映特性是生物体适用和选择环境，维持生存和发展的基本条件。

生物的进化，生物的反映形式和反映能力，经历了由低级到高级、由简单到复杂的发展过程。

生物最初的低级反映形式是植物和原生动物的刺激感应性。例如，植物生长需要阳光、水分和肥料，植物的枝叶会向着阳光充足的方向伸展；它的根系会向着有水多肥的地层生长。道理很简单：在生长所需的阳光、水分和肥料的方向上，它的枝叶或者根系就能较快地生长起来。生物有机体应对环境条件变化的刺激而发生相应反映的特性，就叫做刺激感应性。恩格斯把刺激感应性称为“最简单的生命要素”（3. P. 459）。这是低等生命体按环境的状况和变化与自身生存的关系，来调控自己的活动，表现为自我保存和自我发展的能动性。低等生物的有方向性的反映行为，是后来进化出的感觉的萌芽。

非生物的反应性是非生物之间的直接的相互作用，通过改变自身的运动形态、存在方式或者转化为他物而表现出来。单细胞生物的刺激感应性是通过细胞膜的外层——质膜获得的。低等生物的反映特性建立在自身生命活动的基础之上，为维持其生存和发展，以新陈代谢、自我更新为特征。非生物的反应性没有选择性，低等生物的反映特性是为了维持其生存而选择性地趋利避害。非生物的反应性是被动的，刺激感应性则是生物体自我保存、自我更新和自我发展的一个重要环节。这就是低等生物的刺激感应性不同于非生物的反应性的特点。但是，低等生物没有分化出特殊的感觉器官和神经系统，它只能以自身整体的或局部的直接反映来应对外界的刺激。

随着生物进化，感觉器官和神经系统出现了，成为产生感觉的主要物质基础。从腔肠动物开始，分化出神经细胞；其体壁内的神经细胞形成弥散式神经系统，它与感觉细胞和皮肌细胞相连，其反映能力显著提高。扁形动物有较完整的梯形神经系统。发展到环节动物的链状神经系统，对外部刺激能够通过完整的反射弧传导途径经过分析综合做出反应。此后，经过脊椎动物的管状神经系统，逐渐地形成高等动物的以大脑为指挥中心，连接各种不同感觉器官的复杂的神经系统。脊椎动物亚门包括鱼纲、两栖纲、爬行纲、鸟纲和哺乳纲。其中鱼类已经有比较发达的视觉、听觉、嗅觉、味觉和触觉；而高等哺乳动物的反映能力已经发展到动物心理活动的水平，可以产生感觉、知觉、记忆、表象和情感等，具有初级的形象思维能力和分析综合能力，还能做出简单的判断。

动物的视觉、听觉、嗅觉、味觉和触觉等感觉能力，是动物在它所处的特定的外界环境中，基于维持生命的需要而形成和发展起来的。例如，蚯蚓生活在泥土中，没有视觉和听觉，但是，它有分辨明暗的能力，所以它不会白天爬上地面，让鸡或者鸟儿吃掉。它有比较发达的触觉，可以感知泥土的震动，逃避捕食它的田鼠。苍鹰有敏锐的视力，翱翔在高空，可以看到地面上奔跑的老鼠或小鸡，并急速俯冲下来而捕食之。蝙蝠有感知超声波的能力，利用超声波导航，在暮色中飞翔，能够敏捷地避开障碍物，准确地捕食飞虫。生物的感觉能力是由于其生活条件和自身机体结构的不同，以及二者的相互作用而进化和发展起来的，其目的都在于维持生命的需要。

动物的一定的感觉能力，总是与其相应的感觉器官和神经系统密切联系的。没有眼、耳、鼻、舌、身等感觉器官，就不会有视觉、听觉、嗅觉、味觉和触觉等感觉。感觉器官和神经系统是产生感觉的主要物质基础。其中，感觉器官是神经系统的直接感受器，神经系统则能够把各种感觉密切联系和协调起来。高等动物进一步发展和形成中枢神经系统即脊髓和大脑，作为神经系统的指挥和调控中心。与此相适应，生物的反映形式由感觉进一步发展为动物的心理活动。大脑是动物心理活动的物质基础。

哺乳纲灵长目的类人猿（如大猩猩、黑猩猩、猩猩和长臂猿等）达到了动物反映能力的最高水平，它们智力极高，会使用简单的工具，较之其他现有灵长类动物更接近人类。例如，大猩猩不仅能够认识事物的综合属性，而且有了初级的形象思维能力，能够反映事物之间的简单联系。

动物（包括类人猿）的意识反映活动，不能离开眼前的现实感受和具体场面；它们不能够将一类事物当作对象，不能够认识事物的本质；它们没有语言，不具有抽象思维的能力，不能够把自己的生命活动本身变成自己意识的对象。这说明类人猿的反映活动还只是高级意识活动的萌芽。

从低等生物的刺激感应性到高等动物的感觉和心理活动的发展，为人类意识活动的产生准备了前提条件。在这个意义上，人类的意识活动是自然界长期发展的产物。

2 人类意识活动的产生

§3.4 叙述了从类人猿到人的进化过程。由生命运动即生物运动形式产生人类和人类社会运动，这是物质世界的运动发展中的巨大飞跃。与此相适应，发生了由生物的反映形式，即高等动物的感觉和心理活动，再到人类的意识活动的根本质变。

人类的意识活动包括感觉、知觉、记忆、表象等初级意识活动，以及在初级意识活动的基础上借助于语言符号，运用概念、判断和推理等抽象思维体系进行的理性思维。人类的意识活动不仅仅是自然界长期发展的产物，更重要的是社会运动的产物。人脑和人的形成，同从猿到人的社会进化的过程中特殊的生存方式即生产劳动活动，同人的社会关系和社会生活方式的形成密切相关。从高等动物的感觉和心理活动到人类意识活动的进化，是与从猿到人这个社会运动过程一起完成的。

劳动和社会实践是人类意识活动产生和发展的根本动力。人类的劳动与动物的活动有着本质的区别。某些动物也能表现出某种有计划的行动能力（如蜜蜂、海狸、蚂蚁等为自己营造巢穴或住宅），但是，动物的活动是一种没有思想、没有目的指导的本能的活动，是对于环境的消极的适应。人类的生产劳动实践是人为了满足自己的生存需要，通过制造和使用工具而进行的自由、自主、自觉的活动。马克思指出："自由的有意识的活动恰恰就是人的类特性。"[1]制造并且使用工具是人类劳动同动物的活动的根本区别。人类制造和使用工具、改造自然的劳动不仅要求人们认识事物的表面现象，而且要求人们把握事物的本质和规律。这是动物的感觉和心理活动所不能胜任的。要做到这一点，就必须极大地发展眼、耳、鼻、舌、身等器官的感觉能力，特别是双手的运作能力，同时，还需要大脑具有反映事物本质的抽象思维能力，能够透过表面现象认识事物的本质和自然的规律。

人的劳动一开始就具有社会性。古猿群体关系的社会本能是从猿进化到人类社会的最重要的生物学前提。恩格斯说："我们的猿类祖先是一种群居的动物，人，一切动物中最爱群居的动物，显然不可能来源于某种非群居的最近的祖先。"(3. P. 991）类人猿要适应地面上生活，必须相互联系，相互合作，组成社会从事生产活动。同生产劳动的发展相适应，这种群体关系越来越广泛和密切，终于随着人类出现而成为真正意义上的人类社会关系。

人类的起源和形成是一个漫长的过程。长期的社会性的劳动实践活动为人类意识活动的产生和发展提供了客观的需要和可能。正是在长期劳动实践的过程中产生和发展了人类意识活动的能力。人工制造工具的出现，标志着从猿到人过渡阶段的结束。最早的石器出现在距今300万—200万年，这是完全形成的人出现的确实可靠的年代。如§3.4所述，在成为完全形成的人之后，按照人类体质的发展状态分期，经历了早期猿人、晚期猿人、早期智人和晚期智人几个阶段。从智人开始，人类身体已经发展到与现代人没有什么差别。晚期智人就是现代人类。在这样长期社会性劳动实践的过程中，由于实践的锻炼和经验的积累，类人猿的不发达的手变成了能够制造和使用工具、高度完善的灵巧的人手；由于实践锻炼，环境改善，生活方式和活动方式的变化，加上火的使用和营养增加，人类的整个机体和各种感觉器官得到相应的发展；大脑发生了巨大的变化：大脑容量成倍地增加，大脑机能加强，组织结构趋于完善，特别是大脑皮质抽象思维机能的形成，促使人类的意识活动的产生。

人类意识活动的产生，与语言的产生和使用有着十分密切的关系。作为思维外壳的语言也是在劳动过程中产生和发展的。实际上，在高等动物之间，普遍地存在着彼此以叫声相互呼唤的习惯，例如亲情的呼唤、危险的警告等。但是，由于没有实践活动，动物之间需要交换的信息很少，还存在大脑结构的限制，这种呼唤没有发展成为语言。人是一种社会性的存在。离开了社会，人就无法劳动和生活下去。马克思指出："人是最名副其实的政治动物，不仅是一种合群的动物，而且是只有在社会中才能独立的动物。"（2. P. 684）恩格斯指出："动物，甚至高度发达的动物，彼此要传递的信息很少，不用分音节的语言就可以互通信息。"（3. P. 991）与动物不同，人类"劳动的发展必然促使社会成员更紧密地互相结合起来，……这些正在生成中的人，已经达到彼此间不得不说些什么的地步了。需要也就造成了自己的器官：猿类的不发达的喉头，由于音调的抑扬顿挫的不断加多，缓慢地然而肯定无疑地得到改造，而口部的器官也逐渐学会发出一个接一个的清晰的音节。"（3. P. 991）由此逐步地形成了人类的语言。语言的产生对于高级意识活动的形成是具有决定性意义的一步。语言的产生使人脑能运用词语，运用概念和判断来概括各种感觉材料，进行抽象思维，使人类获得了交流思想的工具，推动了人类意识活动的发展。人们在劳动和生活中不断地认识事物，并运用语言交流思想，发展和增强了大脑理性思维的机能，创造出人类特有的高级思维活动。"首先是劳动，然后是语言和劳动一起，成了两个最主要的推动力，在它们的影响下，猿脑就逐渐地过渡到人脑"（3. P. 992）。随着劳动和语言的发展，大脑日趋完善，为人类意识活动的产生和发展提供了物质基础。

因此，作为人脑的机能，人类的意识活动的产生不仅仅有自然界进化的基础，更重要的是社会运动的产物。人类意识活动是自然界进化到产生人类社会的阶段，在长期的劳动实践和交往活动的过程中产生和发展起来的。

§5.2　人类意识活动是最高形式的物质运动

1　人脑是结构高度精密复杂、功能极其完善的物质系统

人作为一种智慧生命，产生、生存或困守在一颗小小行星即地球上，在一个普通星系即银河系的边缘，围绕着一颗普通的恒星即太阳旋转。但是，人却凭着自己的头脑和实验，发现和理解着宇宙的规律。人是万物之灵。人类依靠自己的

聪明才智，创造了灿烂辉煌的物质文明和精神文明。人类主宰了地球，将它变成了地球村，而且漫步月球，进入了宇宙空间。这一切值得自豪的成就，应当首先归功于人类的发达的大脑，以及由大脑控制的整个神经系统的功能。

人脑是意识活动的器官，是意识活动的物质承担者。人类的意识活动，包括人所特有的理性思维活动，离不开人脑这个高度精密复杂的物质系统。

与类人猿的大脑比较，人脑重量成倍地增加，其结构特别是大脑皮质的构造更为复杂。黑猩猩的脑重不到400克，与其体重之比为1 ∶ 150；大猩猩的脑重约540克，体重却远远超过了人类，其脑重与体重之比为1 ∶ 500。猿人脑重在800克至1000克之间。现代人类的脑重约1500克，与体重之比为1 ∶ 50。猴子的脑重与体重之比虽然超过了人类，为1 ∶ 18，但是，它的绝对脑量太小，不可能包含必要的复杂性。大象和鲸鱼的脑重可以分别达到6000克和9000克，但是，其脑重只有它们各自的体重的千分之一和万分之一。

更为重要的是质的变化。大脑皮质是人类各种意识功能活动的最高中枢，是人所特有的理性思维活动的最重要的部位。人脑容量和重量的增加主要与以皮质为主要组分的大脑两半球的发展相联系。

人类的神经系统可以划分为中枢神经系统和周围神经系统两部分，前者是指人脑和脊髓，后者则为脑和脊髓以外的部分。

脊髓和脊神经相连。人脑分为六个部分：端脑、间脑、小脑、中脑、脑桥、延髓。其中端脑俗称大脑，形成左、右大脑半球，遮盖着间脑和中脑，并把小脑推向后方。中脑、脑桥与延髓组成脑干。脑中分布着很多由神经细胞集中而成的神经核或者神经中枢，并有大量上、下行的神经纤维束通过，连接大脑、小脑和脊髓，在形态上和机能上把中枢神经各部分联系成为一个整体。

人体解剖学的研究表明，大脑两半球主要由大脑皮质、神经纤维髓质和基底神经节组成；大脑两半球划分为额叶、顶叶、枕叶、颞叶与岛叶；大脑左右半球的表面积扩大，由于颅腔容量的限制而出现沟、回。大脑皮质覆盖在两半球的沟、回上，它是人脑的最重要的构成部分，是高级神经活动的物质基础。大脑皮质与皮质下的丘脑、下丘脑相互协调，并与小脑、脑干、脊髓等相连，组成整个中枢神经系统；进而与周围传入和传出神经系统、各个感觉器官相连接，形成以大脑为司令部的复杂的遍布全身的等级式神经网络。

神经生理学的研究表明，人脑由大约1000亿个（10^{11}）神经细胞和更大数量的胶质细胞组成。神经细胞是神经系统的基本的结构和功能单位，又称为神经元。在神经元的周围，分布有大量的胶质细胞，其数量为神经细胞的10～50倍，保护、支持和滋养着神经元，保证微环境的稳态和正常的功能活动。不同部位的神经元形态各异。除少数例外，神经元都从其胞体发出突触，即多个树突和一条轴突，其中树突较短，反复分支；而轴突很少分支，其长度从几微米到 1 米左右不等。神经元具有接受刺激、传递和整合信息的功能。神经元的轴突很长，称神经纤维，其末端形成神经末梢。大脑皮质有大约 100～150 亿个神经元，皮质伸展开来可达 2600 厘米^2。大脑皮质有大约 200 个功能区，分别对感觉器官传入的各种信息进行分析和综合，做出反应，是执行相应功能的最高中枢。大脑两半球各自主管不同的功能，对 90%以上的人而言，左半球主管语言、符号、抽象逻辑思维；而右半球主管颜色、声音、空间位置、形象思维。两半球之间由 2 亿多条神经纤维联结，联结的形式复杂多样，每秒钟在两者之间可传递 40 亿个神经冲动。各神经元之间以电的和化学的方式相互传递信息。整个人脑是通过这种联结组成的一个巨大的自调控、自组织、自学习的神经网络系统。

意识活动消耗大量的能量。人脑重量占体重的 2%，但是，人脑耗氧量却占人体总耗氧量的 20%。当主客体相互作用时，外界信息通过眼、耳、鼻、舌、身等感觉器官将感觉到的刺激转化为神经冲动，由传入神经纤维把兴奋传导到大脑的各个既有分工又联合协作的皮质区域，产生各种感觉、知觉、表象、思维和情绪等意识活动。其中，中枢神经系统低级部分即脊髓、延髓、中脑和间脑执行简单的分析、综合和调节行为的职能。小脑调节多种运动功能。大脑皮质是理性思维活动的最重要的部位，同时，在大脑皮质的调节下，神经系统各个部分组成一个完整的功能系统。

人脑是结构高度精密复杂、功能极其完善的物质系统，是人类的意识活动的物质承担者。

2　人类意识活动是最高形式的物质运动　意识活动是人脑的机能

17 世纪之前，人们还不知道人脑是主宰感觉、生命运动和意识活动的器官。例如，亚里士多德（前 384—前 322）这样伟大的学者坚信：“心脏是智慧之源”。他认为，脑只是一个“散热器”，被“火热的心”加热沸腾的血液在脑中降温，脑的冷凝功能使躯体能够保持合适的体温。莎士比亚在 16 世纪末还曾写道：“告诉我，想象力来自何处，是脑还是心？”

神经生理学是最近 400 年发展起来的。最近大约 100 年，即 19 世纪末至 21 世纪初，神经生理学的研究不断取得重大的发展。20 世纪 60 年代后期，神经科学和脑科学的概念相继提出，这是人类认识脑的历程中的重大发展。脑科学已经成为举世公认的前沿科学。20 世纪 70 年代以来，神经生理学和脑科学的研究已经深入到细胞和分子的水平。它们的研究成果证明：没有结构高度精密复杂、功能极其完善的人脑，就不可能有人类的意识活动；人脑是人类的意识活动的中枢；人类的意识活动是人脑的机能。

从19世纪末到20世纪初，巴甫洛夫对动物神经系统进行了客观的研究，提出了条件反射理论，对于理解人的心理活动和意识活动的生理机制，解开人类意识活动之谜具有重要意义。巴甫洛夫对动物见到食物就会引起唾液的分泌进行长期的实验研究，他的研究说明，动物与周围世界的相互作用，是通过反射活动进行的，反射可以分为无条件反射和条件反射两大类。所谓无条件反射是动物对外界环境作用的生而具有的反射。它是遗传而来的本能，不需要后天的学习。例如，动物见到食物就会分泌唾液，初生的婴儿会吸吮碰到他嘴唇的乳头，这都是无条件反射。条件反射则是在无条件反射的基础上，通过动物自身活动的经验的积累而建立起来的。例如，铃声会引起狗脑的一定区域兴奋，但是，不会引起唾液的分泌。如果我们每一次在铃声之后紧接着就给狗喂食，让食物和喂狗的信号即铃声的联系多次重复（这个过程称为强化），狗脑中兴奋的两个区域就会沟通起来，建立起暂时的联系，此后，铃声一响，狗就会发生分泌唾液的反射。这就是条件反射。

无条件反射是中枢神经低级部分的活动，是一种生理过程；条件反射则涉及中枢神经的高级部分即动物大脑两半球的皮质的活动，已经不是纯粹的生理过程，同时也是一种心理活动现象。条件反射使动物不仅能够反映对生命有直接联系的那些事物和现象，而且可以反映那些对生命只有间接联系的事物和现象。这大大加强了动物的反映能力和活动能力，使之能够更好地适用复杂多变的环境。

1927年，巴甫洛夫在《大脑两半球机能讲义》中首次提出了第一信号系统和第二信号系统的概念。他对动物脑和人脑的神经反射活动进行比较研究，把直接接受外部现实刺激物的刺激而引起的条件反射，叫做第一信号系统。它是动物的唯一的信号系统。人脑是远比动物脑高度发达、结构精密复杂和功能极其完善的神经系统，人类意识活动需要反映和能够反映的事物、现象、信息远远超过动物，第一信号系统远不能满足这种反映的需要，因而出现了第二信号系统。所谓第二信号系统，就是由于语言刺激引起的条件反射。语言与具体的现实的刺激物不同，它是信号的“信号”。

无条件反射和第一信号系统的条件反射，是人类和动物所共同具有的。无条件反射和第一信号系统的反射活动使人或者动物从物质世界中得到感觉、知觉、记忆和表象，产生关于观察到的事物的具体、生动、形象的反映；这种反映可以不借助于语言就能够形成。因此，动物也能够以感觉、知觉、记忆和表象等初级的意识活动的形式反映物质世界，在一定程度上认识物质世界。不仅如此，高等动物甚至能够在感觉、知觉、记忆和表象的基础上，运用表象这种主观形象进行初级的形象思维，做出简单的判断，甚或有喜怒哀乐的情感。但是，任何感性的形象不能够直接反映一类事物的本质、以及事物内部的联系和关系。无条件反射和第一信号系统的条件反射，是动物所唯一具有的反射活动。因此，动物，包括高等动物，不可能将一类事物当作对象，不可能认识事物的本质，没有语言，不具有抽象思维的能力，不能把自己的生命活动本身变成自己意识的对象。

在第二信号系统基础上所产生的反映活动，是人所特有的对于世界的抽象的理性思维。语言作为引起条件反射的信号，是对许多同类事物的本质属性的概括和标志。事物的本质、事物内部的联系和关系是任何感性的形象不可能直接反映的。但是，这种抽象的理性反映可以借助于语言，形成概念被大脑所把握。这样产生了高级的意识活动，即抽象的理性思维。它使人的条件反射的广度和深度达到了动物所无法比拟的高度。这就是人的意识活动和动物的心理活动的根本区别之所在。

20 世纪 70 年代以来，分子生物学的进展，推动神经生理学向着更深的层次即细胞、分子水平的研究方向发展。细胞、分子水平的研究是当前神经生理学研究中最活跃的部分。脑科学的研究证明，人脑通过神经元传递生物电、处理信息流进行意识活动。神经元胞体和树突接受和整合输入信号，而轴突发出传出信号，并将信号传输到末梢，再把信号从一个神经元传递给另一个神经元或效应细胞。轴突传递分为电轴突传递和化学轴突传递两大类。前者以离子电流作为信息传媒。后者则以某些特定的化学物质（即神经递质，如乙酰胆碱等）作为信息传媒，它也包含着生物电过程。

这里仅以电轴突传递为例，给出刺激信号的产生和传递过程的说明。

对于电轴突传递，神经元产生并沿着轴突传送的信号是电脉冲。电轴突传递是基于细胞的生物电现象。细胞生物电是由于带电离子（如 Na^+，K^+，Ca^{2+}，Cl^-等）的存在和它们跨细胞膜的运动而产生的。设定细胞外液为零电位，在安静的情况下，神经元内外静息电位为－70毫伏。当受到有效刺激，细胞膜对Na^+和K^+离子的通透性相继改变，Na^+和 K^+ 离子相继跨膜流动，产生先Na^+向内、后K^+向外的电流，跨膜电位迅速升高至＋30 毫伏，持续时间约 1 毫秒。这就是神经细胞膜上产生的动作电位脉冲。这种动作电位脉冲按照“全或无”的方式产生和传递，也就是说，只有当刺激达到一定的强度，才会有电位脉冲产生，并且达到其确定的最大值（全），否则，就不产生电位脉冲（无）。电脉冲能够沿着神经纤维不衰减地传送；由于细胞外液电阻很大，细胞之间则无法形成有效的局部电流，各个轴突的信号传送互不干扰。

通过神经元末梢之间的连接缝隙，通常一个神经元接受另外几百或者几千个神经元传来的信息，又把信息传输给几百或几千个神经元。

现代神经生理学研究已经从整体水平、器官系统水平和细胞分子水平上阐述神经系统的初级意识活动和高级意识活动的机理和规律。这些内容不是用几千字能够叙述清楚的。21 世纪是生命科学大发展的时代，其中，最具挑战的研究就是探索人脑的奥秘。人脑特别是大脑的奥秘的研究，还会不断地深入和向前推进，取得新进展。

总起来说，按照巴甫洛夫的条件反射理论，人脑在无条件反射和条件反射、第一信号系统和第二信号系统协调统一的基础上的神经活动及其机能表现，就是人类的意识活动。按照细胞、分子水平的神经生理学的研究，人类的意识活动，是在大脑皮质的控制和调节下，由其中枢神经系统和周围神经系统的细胞、分子组成的完整的功能系统的有序的物质运动。

人类意识活动是人脑对于世界的能动的反映活动。人类意识活动包括感觉、知觉、记忆、表象、形象思维等初级的意识活动，借助于语言进行的抽象的理性思维，以及与思维活动密切关联的情感活动和意志活动。其中理性思维是人区别于动物、为人所特有的高级的意识活动，体现了人类意识活动的本质特征。人类意识活动是人类社会运动的一部分，是一种最高形式的物质运动。

感觉、知觉、记忆、表象、形象思维等初级意识活动直接以客观存在的物质现象作为反映对象。

感觉器官（眼、耳、鼻、舌、身等）接受外界事物的刺激，相应的神经细胞就兴奋起来，把刺激信号传递到大脑皮质的相应部位而出现感觉。例如，外界光的运动到达人眼，引起人眼视觉神经的反映引起视觉；外界空气层的震动到达人耳，引起人耳听觉神经的反映引起听觉；气味分子运动到达人的鼻腔，引起嗅觉神经的反映引起嗅觉；等等。感觉是感觉器官对环境刺激物的不同属性的分辨性反映。感觉是认识活动的起点，是一切意识活动的基础。不同种类的感觉（视觉、听觉、嗅觉、味觉和触觉等）相互联系，经过大脑综合，形成关于事物的整体映像。这就是知觉。知觉是在感觉的基础上发生的对于当前事物的整体性、选择性和稳定性映像。感觉、知觉是对于外界刺激物直接的接纳和整理，它既不是外界刺激物本身，也不是完全脱离外界事物的主观自生的东西。感觉和知觉只是意识活动的初级要素，是从外部世界通向人的主观意识世界的中介和桥梁。

记忆是神经系统的一种功能。从反映过程看，感觉和知觉依赖于记忆。知觉和记忆的结合产生一种新的反映形式——表象。表象与感觉、知觉不同，它并不直接依赖于外界事物的刺激。表象是大脑对过去感知的事物的直观形象的记忆。简言之，表象是关于知觉的直观形象的记忆、再现和重组。因此，表象是大脑对于感觉和知觉材料进行初步加工的产物，它突出了客体的固定特性，扬弃了个别感觉、知觉所具有的偶然因素。

在表象的基础上发展出形象思维。例如，我们说："风起云涌，大雨将至。"可以看到，形象思维不限于单个事物的表象。形象思维涉及一类事物、甚至不同种类事物的表象及其变化、它们之间的联系以及动态变化的预测。不同种类事物的表象的连接形成形象链。形象链作为思维形象，是关于事物之间的相互联系的反映和动态变化的预测，是一种开始涉及事物的本质的间接反映形式。形象思维的特点在于不能脱离有关的各种事物的直观的整体形象。

在实践活动的推动下，人类借助于语言，人脑通过对感性材料的分析、综合、抽象、概括，形成概念、做出判断、进行推理，运用这种逻辑形式，掌握事物的本质，事物之间的根本联系和事物运动变化的规律。这就是抽象的理性思维。这是人区别于动物、为人所特有的高级意识活动。

语言是人类约定俗成的符号系统。其中词语是语言的基本要素，表示事物及其属性的标志和符号。这就是词语的对象性。词语扬弃了对象的直观形象，成为表达一类事物的思维形象的标志和符号，因而具有显著的概括性。语言既是表达和保存感性认识和理性思维成果的基本手段，又是理性思维的工具。关于语言，下节再做较为详细的叙述。

在感觉、知觉、表象和思维形象中，具体事物的特有属性和偶然属性、本质属性和非本质属性是浑然不分的。概念不再是具体形象，它是对于同类事物的概括。它是反映一类事物的特有属性（固有属性或本质属性）的思维形式。判断与概念具有同样悠久的历史。概念本身就是关于一类事物的本质的判断。但是，在逻辑形式上，判断是概念的提升，反映两个或多个概念的联系形成判断。判断是比概念更高级的思维形式。但是，在人类意识活动中，无论概念还是判断，决不是概念、判断的脑内游戏，它们必须真实地正确地反映现实事物及其属性，理性思维才能引领个人或人们达到真理的彼岸。

人类意识活动的目标不仅在于正确地反映世界，更在于掌握世界发展的规律，因而能够预见事物运动变化的未来，并且相应地调节人的活动，做出超前的反应。这就是"人是万物之灵"关键之所在。为此，人类意识活动的形式必须更进一步。比概念和判断更高级的思维形式就是推理。推理是由两个或者多个已知判断引出新判断的思维形式。各个判断串联成更大的整体，完成由已知领域向未知领域的推进。通过推理，人们从个别把握一般（归纳推理），又从一般把握个别（演绎推理)，形成新概念，做出新判断。推理的真理性来自人类的实践经验，同时，接受实践的检验。概念、判断、推理，新的概念、新的判断、新的推理，这样循环往复，抽象的理性思维形成无比丰富的高级的意识活动过程。

一方面，我们看到，人类意识活动与人脑的高度精密复杂的结构，极其完善的功能，与人脑神经活动的物理学、化学和生理学过程是不可分割的。离开人脑高度精密复杂的结构，离开人脑神经活动的物理学、化学和生理学过程，就根本不可能有人类的意识活动。另一方面，我们知道，劳动创造了人本身；人类意识活动，特别是高级的意识活动，即理性思维，是实践（主要是生产劳动实践）的产物，同时也是人类社会的产物。人类的理性思维也是以生产实践和社会实践为主要内容的。

无论加上什么限制性说明，我们完全可以确认：人类的意识活动是人脑对于世界的能动的反映活动；人类的意识活动显然是物质的运动，而且是最高形式的物质运动；意识活动是人脑的机能。

3　论人类意识活动对于物质世界的直接作用

恩格斯在《自然辩证法》中说，运动，“涵盖宇宙中发生的一切变化和过程，从单纯的位置变动直到思维。”(3. P. 951) 他把思维这种人类特有的高级意识活动视为最高的物质运动形式。整个物质世界是相互联系、相互影响和相互作用的。人类意识活动既然是物质的运动，而且是最高的物质运动形式，它自然可以直接作用于物质世界。

于光远早就论述过[2]，人的意识活动可以直接作用于自己躯体中能够随意地运动的部分（如四肢）。我们的意识活动“可以让我们的四肢运动。我想举起我的右臂，我的右臂就举起来了。”① 意识活动不仅可以直接作用于四肢，而且可以直接作用于自己身体的许多部位。这种直接作用的生理—心理机制在于：不仅外界刺激物如光波、声波等传递的信息，能够通过相应的神经通道，传至大脑转化为感觉如视觉、听觉等，而且意识活动也可以转化为外周神经活动和肌肉收缩以发生运动。意识活动不仅可以直接作用于人体运动系统，而且直接影响人体的整个生理活动过程，例如，极度的兴奋、惊骇、恐惧等情感活动，将明显地影响血压、心率、血流量、脑电图等生理指标；在危险情况下，求生的欲望使人体能够做出

①这里引用于光远的话，把他说的“意识”改成“意识活动”。必须做出这种改动的理由，将在下节阐述。

超常的反映。

意识活动可以直接作用于自己的四肢、躯体以至内部的生理过程，人类意识活动是否可以直接作用于躯体之外的外部物质世界呢？

传统的观点认为，只有通过实践，人的意识活动才能反作用于外部物质世界。所谓实践能力，是由人的意识活动能力和肢体动作的能力，以及工具的作用功能结合而成的。通过意识活动的反映控制，肢体动作把人的主观意图转变为自身的物质性力量，操作工具，对外部物质世界发生能动的改造作用。只有意识活动和肢体动作的有机结合，才能够形成由人脑到肢体、再由肢体（一般经由工具）到外部世界的一个统一的实践过程。单是意识活动，单是想撕掉这本书，烧掉这本书，改变这本书的位置，而不动手去撕，不点火去烧，不用力去移动这本书，是丝毫不能改变这本书的状况的。总而言之，单纯的意识活动不能直接作用于外部物质世界。这就是传统的认识。

科学研究愈深入，理论思维愈彻底，就愈会发现上述传统观点不能成立。

现代神经生理学证明，一个人想象躯体的外部活动，和他在躯体上实际进行这个活动时，无论脑电图和肌电图都伴随着相同的电波波形。这表明，人的意识活动和外部动作活动遵循着同样的程序，具有某种相同的生理机制，特定的意识活动必然依赖于特定的神经冲动。

美国科学家进一步做过一些很有意义的实验。为了破译脑密码，请许多不同的人同时想一个词，比如“茶杯”，分别测量这些人的脑电波，然后在这些大量的脑电图中寻找共同的特征波型，最后确认某一个波型代表“茶杯”这个词在大脑意识活动中的出现。已经用这种方法识别了几十个单词的代表波型。这项实验进一步证实了思维活动的内容与神经生理活动的相关性。

生理学研究证明，人脑皮层内神经元有100亿～150亿个，其锥体细胞排列整齐，顶树突互相平行，并垂直于皮层表面。同时，丘脑非特异投射系统的活动，促进皮质的电活动的同步化。这样，大量有序排列的皮质神经组织的电的活动的同步总和，形成强大的电场，从而改变了皮质表面的电位，这就是临床观察到的脑电波。伴随脑电波的肯定有躯体外部背景场电磁属性的变化，这就产生了对于外部物质世界的直接作用。愈是调整、控制意识活动，使之出现低频率、高振幅的波形，这种作用就愈大。

如果能够设计一种装置，识别不同的脑电波，并且把不同的脑电波转化成操作某机器系统的信号，则即使对于常人而言，意识活动对外部物质世界的直接作用也易于明朗化，并且成为驱使外界巨大的物质力量的手段。

要理解人类的意识活动必然能够直接作用外部物质世界，关键的观念在于：第一，人脑作为物质演化的最高阶段而出现在“地球上的最美的花朵”，是由数量巨大的（约 1000 亿，即 10^{11} 个）神经元组成的高度精密、复杂、有序的神经网络系统，具有极其完善的自组织形态和极其特殊的功能。第二，作为最高运动形式的人类意识活动，其主体是人脑，但涉及的却是脑内粒子态和脑内外弥散态物质的运动。第三，万物相关，各种形态的物质是相互联系，相互作用和相互转化的。在意识活动的过程中，脑内粒子的运动必然伴随、影响和改变着粒子附近弥散态背景场的微观运动形态；人脑以至人体内大量粒子的同步运动，必然伴随着躯体内外弥散态背景场的定向、整体的运动。

可以设想，在显意识或者潜意识活动状态下，如果整个神经系统数以亿计的神经元，联合体内各个器官组织细胞，进入高度有序、同步、协调的活动状态，就有可能直接作用于躯体内外的弥散态背景场物质，使之产生同步、定向、整体的运动，以至对于外部物质世界产生宏观的效应，表现为单纯的意识活动不通过肢体动作和工具而对于自身肢体和外部世界的直接作用。

意识活动对自身肢体和外部物质世界的直接作用，仍然是物质对物质的作用。物质世界只有通过物质力量来改变。这种直接作用必须符合物质运动变化的客观规律；因为人类意识活动所能控制调节的物质能量总是有限的，这种直接作用的能力当然是受限制的。这都是非常自然的道理。尽管如此，肯定人类的意识活动作为物质的一种最高形式的运动能够不通过肢体直接作用于自身肢体和外部物质世界，毫无疑义，这是认识上的一项突破和飞跃。

本小节以上所述，是我在 1993 年发表的论文《论物质、意识、意识活动及其相互关系》[3]第 3 节的完整转录。仅仅为了读起来更为流畅，做了几处文字修饰。我想接着做一些补充和说明。

第一，意识活动不仅直接作用于人体的运动系统，而且直接影响人体的整个生理活动过程。当然，人体生理活动有其自身的规律，并不是你想如何改变体温、血压、心率等，便一定会出现你所希望的变化。但是通过对自我意识活动的控制，能够对自身的生理活动过程，诸如脑电图、血流量、皮肤温度、皮肤电阻、血压、心率等产生明显影响。人的意识活动首先是人体内神经系统的物质的运动，这种物质运动影响、调控人体的生理活动，这是非常自然的事情。不必依赖于、求证于科学实验，日常生活就给我们丰富的启示：人的意识活动可以给予健康以极大的影响，快乐决定着健康。例如，突然而来的惊吓能够使心脏停止跳动；过度的激动、欢乐可能令心脏跳动剧烈，以至头部血管爆裂；长期悲哀、忧愁的心境会严重地影响食欲，以至使人渐渐衰弱而死亡；保持平静、愉快的心境能够促使人健康长寿。实验证明，经过练习，人可以通过对于自我意识活动的控制和调节来改善生理活动和心理活动。这为我国流传悠久的气功提供了科学的说明。

第二，关于单纯的意识活动对外部物质世界的直接作用。

前面关于单纯的意识活动对外部物质世界的直接作用的机理和过程的分析，是基于原子-元气论自然观（请参见§3.5）。按照原子-元气论自然观，相互邻接的弥散态物质和粒子态物质必然相互影响和相互作用。粒子的运动必然伴随着粒子附近弥散态背景场的微观运动；粒子的运动必然影响和改变粒子附近弥散态背景场的运动状态。

实验证实了特定的意识活动以至思维活动的内容，与特定的神经生理活动的相关性，这是人脑意识活动的研究中具有重要意义的发现。这类研究有待进一步全面、深入地展开。尽管如此，所有这些仍然是在体内（主要是人脑内部）发生的物质运动过程。所谓脑电图，实际上是在头皮上用双极或单极记录法临床观察皮质电位变化所记录的脑电波。虽然称它为脑电波，记录的并不是远处电磁场的变化，而是大脑皮质内数量众多的神经元传递的冲动在头皮表面处所发生的物质运动，即在头皮表面处产生的生物电位的变化。这是脑内神经元的运动引起头皮表面处弥散态物质的运动所产生的效应。

我在1993年发表的论文《论物质、意识、意识活动及其相互关系》[3]已经提出设想："如果能够设计一种装置，识别不同的脑电波，并把这种不同的脑电波转化成操作某机器系统的信号，则即使对常人而言，意识活动对外部物质世界的直接作用也易于明朗化，并且成为驱使外界巨大的物质力量的手段。"这可以称为基于脑电波的意念控制技术。进入21世纪之后，这个设想逐渐地变成现实，意念控制技术的研究成为研究的热门。

2009年之后，这类研究成果不断涌现。例如，设计某种装置，让瘫痪或残疾人士完全依靠自己的意念控制假肢、轮椅，控制电脑的图像显示或灯具开关等，或通过自己的意念，让机械手拿起咖啡给自己喂食。2009年，美国全球最大玩具商美泰公司推出一款基于脑电波技术的脑波控制玩具，玩家可以仅仅依靠自己的"意志"，让小球悬浮至空中，意念越专注，小球漂浮得越高。意念控制电脑图像的研究报告，已经发表在英国《自然》杂志上。

2013年6月，美国明尼苏达大学华人科学家贺斌带领的研究团队展示了他们的意念控制的研究成果。使用者只需要戴上一顶帽子，通过帽子上的电极记录下使用者的脑电波，并将信号传递给电脑。电脑对这些数据进行处理后将其转化为另一种电子信号，传递至飞行器的接收器上，从而控制飞行器的飞行动作。他们展示了如何利用自己的意念操控一架模型直升机在空中飞行、俯冲、上升，甚至可以毫无困难地穿越环形障碍物。

基于脑电波的意念控制技术说明人可以不需要经过肢体动作，仅仅依靠单纯的意识活动操控工具，就能够作用于外部物质世界。进一步的问题是，人类意识活动是否有可能不经过任何工具或装置直接作用于外部世界?

值得注意的是，上述贺斌的意念控制技术是完全无创的，无须进行大脑植入的操作，使用者只需戴上一顶帽子，通过帽子上的电极就可以记录下使用者的脑电波。这就证明，人的意识活动已经作用于并改变了体外的电磁场；这就是意识活动对于外部物质世界的直接作用；只是设计了一种装置来识别和放大这种作用的信息和能量。

想要单纯的意识活动不经过任何工具或装置的识别和放大而直接作用于外部物质世界，并获得明显的可观察的宏观效应，这种意识活动必须具有强大的操控弥散态物质的运动状态的能力。

人脑的意识活动涉及大量神经元和大量粒子的运动。如果各个神经元和各个粒子的运动混乱无序，伴随它们的弥散态物质的微观运动在宏观上必然接近相互抵消，显示不出可观察的效应来。以前述脑电波为例，显而易见，单个神经元的突触动作电位的变化是不足引起皮层表面的电位改变的，必须有大量的神经组织同时同步的发生突触动作电位变化，才能在皮质上产生所观察到的脑电波。因此，一般认为，脑电波是由大量皮质神经组织的电活动的同步总和所形成的，是大脑皮质神经元突触的电位的代数和。中枢神经系统提供了这种有序同步变化的物质结构基础。首先，目前知道，这种同步化活动和丘脑的功能密切相关，是丘脑非特异投射系统的活动，促进了皮质的电活动同步化。其次，人脑皮质神经元有100亿～150亿个，其锥体细胞排列整齐，其顶树突互相平行并垂直于皮层表面。由于皮质神经元的这种有序排列，皮质与丘脑交互作用产生的同步的电活动易于总和形成强大的电场，从而改变皮质表面的电位。既然如此，可以推断，当人脑高度入静时，通过控制和调节自身的意识活动，人脑数以百亿计的神经元，联合体内各个器官、组织细胞，步调一致，进入高度有序、同步、协调的优化状态，以此控制和调节人体内外弥散态物质的运动形态，使之产生同步、定向、整体的运动，以至对外部世界直接产生宏观效应，就有可能出现单纯的意识活动不经过工具或者装置对于外部物质世界的直接作用。这可称为“意识活动技术”。

以上有关单纯的意识活动对于物质的直接作用的机理和过程的分析，可称为“弥散态作用模型”，即通过控制意识活动，使人脑以至整个人体进入高度有序、同步、协调的优化状态，来调节和控制躯体内外弥散态背景场物质的运动形态，实现对人体自身和外部物质世界的直接作用。

显然，意识活动对外部物质世界的直接作用，是物质对物质的作用，遵循着物质运动变化的客观规律。研究和掌握这种意识活动—弥散态物质—外部世界的相互作用规律，人类对于自然和自身的认识必将跨入一个全新的阶段。

4 人类意识活动的主要目标和作用

人类的意识活动是在长期的生产劳动实践中，伴随着人类的产生而一起产生和发展起来的。在从猿到人的转变过程中，随着直立行走，扩大视野，解放前肢，手足职能分化，人手成为劳动的器官；社会成员紧密交流，逐步形成人类的语言；加上营养的改善利于大脑的发展；在生产劳动过程中不断地认识事物和运用语言交流思想，创造出人特有的理性思维活动。人类意识活动，特别是理性思维活动成为人类社会进步和发展的必要条件。

人类的意识活动，特别是理性思维活动，是长期的生产劳动实践活动的结果，也适用了人类认识自然规律，更好地从事生产劳动实践，更好地改造自然的需要。因此，人类的意识活动是人脑对世界的能动的反映活动，它的主要目标和作用就是正确地认识自然，以便指导实践，改造自然，维护人类生存和幸福，推动人类社会的进步和发展。人类的意识活动如何实现认识自然、指导实践、改造自然的目标，§5.4.2再做较详细的叙述。

§5.3 人类意识是人脑对于世界的主观映像

1 人类的意识不是意识活动 人类意识的本质

如前所述，人类的意识活动是人脑对于世界的能动的反映活动，是一种最高形式的物质运动。借助于语言进行的抽象的理性思维，是人区别于动物、为人所特有的高级意识活动，体现了人类意识活动的本质特征。在以理性思维为特征的人类意识活动的基础上，内在地产生和形成了人的主观世界，即关于世界的概念、观念、知识、理论和学说等，这就是人类的意识。人们接受新的感性材料，利用已有的概念、观念、知识、理论和学说等，进行思维活动。

人类的意识不是意识活动。人类的意识既是人类的意识活动的产物，也是人类的意识活动的内容。作为一种非物质的观念形态，它构成一个不同于物质世界的主观观念世界，这就是人的意识世界或精神世界。人类的意识是人脑对于世界的主观映像。

动物虽然有初级的意识活动，但是动物没有语言，也没有抽象的理性思维，因此，动物只有初级的意识，如感觉、知觉、表象、需要、欲望等，不可能产生、也不存在动物的精神世界。

§3.3 已经叙述，人的或人们的

感觉、知觉、表象、想象，需要、欲望、目的、动机，
概念、判断、认识、观点，知识，假说，理论、学说，
计划、设计、理想、信仰，态度、意念、信念、观念，
体验、意志、情绪、情感

等以及社会意识形态和精神文化，都是人类的意识世界或者精神世界的不同存在形式和不同内容表现。当然，上述感觉、想象、判断、认识、计划、设计、体验等词语，在这里都不能当作表达意识活动的动词或者动名词，而只能当作表达意识活动的结果或产物的名词去理解。

人脑是人类意识活动的器官，意识活动是人脑的机能，但是，光有人脑不能有意识活动，不能产生意识。从本质上看，人类意识是人脑对于世界的主观映像。马克思说：“观念的东西不外是移入人的头脑并在人的头脑中改造过的物质的东西而已。”（2. P. 93）人类意识是人类的意识活动的产物，它是根源于物质的。不仅如此，人类意识作为一个主观观念世界，必须依附物质而存在。没有物质外衣的赤裸裸的纯粹的意识是不存在的。马克思和恩格斯说：“‘精神’从一开始就很倒霉，受到物质的‘纠缠’，物质在这里表现为震动着的空气层、声音，简言之，即语言。”（1. P. 161）人类意识以语言的物质形式而存在，或者说，语言是表现人类意识的外部物质形式。口头语言、书面语言和脑内语言是语言的三种主要形式。语言既是表达、交流、保存、延续意识的基本手段；同时，又是高级意识活动即理性思维的工具。

语言是由语音、词汇和语法三个方面构成的体系。词汇是语言的要素，表示事物及其属性的标志和符号。这就是词汇的对象性。离开了对象性，词汇就失去意义，不能作为思维的内容参与思维活动之中。词汇按照语法规则而形成句子，

句子的组合代表或者表达一个完整的对象性意义。句子的组合便是语言。

语言是最复杂、应用最广泛的符号系统，代表着人类最高的认识功能。语言是人类文化的基础。其中，口头语言是由震动着的空气层，即声音组成，是最早出现、最古老的语言，是人类社会人与人交流的基本工具。任何时代，一个人都是从幼儿时先学口头语言开始学习语言的。书面语言即文字是后来人类的发明。摩尔根说："文字的使用是文明伊始的一个最准确的标志。……没有文字记载，就没有历史，也没有文明。"[4]文字最早刻录在龟甲、竹简、羊皮、金属片、丝棉布，以至建筑物和岩石上，后来则印制在广泛使用的纸张上，这就是书面语言。今天，纸质书籍，以及数字化存储在磁带、磁盘、光盘等介质上的电子书籍，成为书面语言的主要载体。每一代人都用文字记录下自己这一代人的意识活动成果，传递给当代人，并且遗传给后代。个人通过语言文字，不仅可以掌握人类历史的经验，也可以掌握相距遥远的他人的经验，从而大大提高了对于世界的反映能力。文字成为人与人、当代人与历史和未来联系的主要纽带，由此推动着人类社会的传承、进步和发展。

脑内语言是意识在脑内赖以存在的物质形式。人脑是通过传递生物电、处理信息流来进行意识活动的。如前所述，实验证明，人不仅在讲到一个词，而且在想到一个词的时候，人脑之中都会出现特定的脑电波波形与之相对应；当人听到某一个多义词并在脑内出现这个词的不同词义时，仪器测得的脑电波也不相同。这就是意识活动的内容（即意识）与神经生理活动的相关性。因此，脑内语言是以某种脑电波活动和生化活动的形式而客观存在的。意识以脑内语言的物质形式存在于意识活动的主体即人脑之中。现代神经生理活动的研究表明，记忆的神经基础是中枢神经系统的高度可塑性，其中，神经元突触连接是神经可塑性的关键部位。记忆就是将获得的信息（将知识编码）储存和读出的神经过程。可以认为，记忆是突触蛋白质分子上磷酸基团数目改变（或简短地说，是突触修饰）的结果。如前所述，大脑皮质有 100 亿～150 亿个神经元，每一个神经元发出的突触多寡不一，从几百个到 2×10^5 个数目不等。每一个突触上锚定或游离着许多蛋白囊泡。蛋白质含有碳、氢、氧、氮 4 种元素，此外，大多含有硫，有的还含有磷、铁、碘、铜或镁等元素。大约 20 种不同的氨基酸鉴定为蛋白质的组分。蛋白质大分子是由成百上千个甚至更多的各种氨基酸分子按照不同的排列组合组成的多聚体，分子量可以高达几万至几千万。蛋白质分子结构千差万别，种类繁多，估计地球上全部生物中的蛋白质种类可达 10^{10}～10^{12} 种。由此不难理解和解释人类有着惊人的记忆力，而且许多记忆可以终生得以保持。

脑内语言在脑内相对静止的存在状态，就是记忆；脑内语言在脑内相对活跃的存在状态，就是思维。思维活动是活生生的脑内语言的活动过程。当然，思维活动的特征不仅在于它的神经生理过程，而且更在于它的内容，在于人脑所反映的那些对象及其本质。然而，正因为意识作为人类意识活动的产物，首先以脑内语言的物质形式存在于脑内（其后才可能以口头语言、书面语言的物质形式存在于外部世界），它才能作为意识活动的内容参与到意识活动之中。不仅如此，外部语言所表现的人的意识之所以能够被听者或读者所理解，并且参与人的意识活动过程，也是通过人脑的反映机能，把外部语言相应地转变为自己的脑内语言而实现的。总而言之，必须通过脑内语言的物质形式，意识才能产生、储存并参与人的意识活动之中，而人类的意识活动可以间接地或直接地作用于自身和外部世界，从而实现意识对于自身和外部物质世界的间接的、能动的改造作用。

应当注意，意识毕竟不是语言和语言活动本身。意识作为人在自我意识中所觉察到的主观世界，是在语言的物质外衣下生长着、运动着的不同于物质世界的另一个观念世界。因此，意识不是一种物质。人的意识作为非物质的观念形态，既不能直接作用于外部世界，也不能直接作用于自身肢体和内部生理过程，一句话，意识是不能直接作用于物质世界的。

2 混淆意识和意识活动的概念将否定和破坏唯物主义的理论基础

毋庸讳言，在列宁的著作中，没有严格区分意识和意识活动两种概念，没有在严格的意义上使用如感觉、思维、思想、意识等词语，在不同地方将它们相互代用。列宁在《唯物主义和经验批判主义》一书中，多处说道：

"我们的感觉、我们的意识只是外部世界的映像。"[5]66

"我们的感觉是客观世界（或外部世界）的映像。"[5]78,86,89－90

"心理的东西、意识等等是物质（即物理的东西）的最高产物，是叫做人脑的这样一块特别复杂的物质的机能。"[5]170

依照列宁的论述，传统的哲学教科书给出了关于意识的两个不能并存的判断：（1）意识是人脑的机能；（2）意识是客观世界的主观映像。可以读到这样的叙述："作为人脑的机能，意识是人脑在第一信号系统和第二信号系统的基础上进行的精神活动。"（这里，即使把意识理解为意识活动，也遗漏了意识活动的重要方面，即非条件反射）又说："意识从其生理基础来看，它是人脑的机能，……从其对象和内容来看，它又是客观存在的反映。"

感觉是一种初级意识活动，同时，"感觉"这个词作为初级意识活动的结果，它又是一种初级的意识。从"感觉"这个词看，的确容易混淆意识和意识活动的概念。但是，从总体上看，意识和意识活动两个概念的区别是十分清楚的。如果混淆意识和意识活动这两个概念，把意识活动理解为意识的同义词，从而允许用“意识活动”一词代替“意识”或反之，将造成严重的混乱。

列宁给出物质的定义：“物质是标志客观实在的哲学范畴，这种客观实在是人通过感觉感知的，它不依赖于我们的感觉而存在，为我们的感觉所复写、摄影、反映。”[5]89 列宁说：“物质的唯一‘特性’就是：它是客观实在，它存在于我们的意识之外。”[5]192 他在另一处写道：“一般唯物主义认为客观真实的存在（物质）不依赖于人类的意识、感觉、经验等等。”[5]221

我在§3.2已经论述了列宁物质定义的若干问题。如果不考虑人作为一种不同于一般自然物质的特殊的物质存在形态，那么，只需要考虑如何精确地表述物质不依赖于人们意识的客观实在性，我给出了物质定义如下（见§3.3）：

> 物质是不依赖人们意识的客观存在，这种客观存在的总和是世界的基础和本源，其具体形态在观察可及的范围内能够为人们的感觉和思维所反映。

首先，从列宁的物质定义出发，看看混淆意识和意识活动的概念有什么严重的后果。注意意识活动可以直接作用于自身肢体这个人人都能自我感受到的客观事实，进一步顾及上节所论述的人类意识活动对于外部物质世界的直接作用（可以说这也是确凿无疑的事实，请回忆贺斌的意念控制飞行器的实验），我们看到，如果允许混淆人类的意识和意识活动的概念，那么，就肯定不能维护唯物主义的基本前提，即物质是不依赖于人们的意识，存在于人们的意识之外，离开人们的意识而独立存在着的客观实在。我们的意识（活动）“可以让我们的四肢运动，我想举起我的右臂，我的右臂就举起来了。”我们的四肢还“存在于我们的意识之外”吗？它完全受我们的意识所支配！顾及上节论述的人类意识活动对于外部物质世界的直接作用，这种破坏和否定就变得更为彻底和毋庸置疑。这就完全否定和破坏了唯物主义的理论基础。这当然不是唯物主义本身的缺陷，而是混淆人类的意识和意识活动的恶果。

其次，考虑§3.3所给出的普适的物质定义：

> 物质是永恒运动的具有广延性的客观存在，这种存在的总和是世界的基础和本源，其具体形态在观察可及的范围内能够为人们的感觉和思维所反映。

普适的物质定义强调：物质是世界的基础和本源，而意识是物质派生的现象。

按本章的叙述，意识是人脑这种结构高度精密复杂、功能极其完善的物质系统的意识活动的产物，是对于世界的主观映像。普适的物质定义承认依赖人们的意识和意识活动是人特殊的存在方式的一个特点，但是同时承认外部物质世界（包括自在自然和人化自然）具有客观实在性，即它们不依赖人们的意识，存在于人们的意识之外。如果混淆意识和意识活动的概念，考虑上节论述的人类的意识活动对于外部物质世界的直接作用，这就意味着，外部物质世界的客观实在性就不能成立，从而否定和破坏了唯物主义的理论基础。这就是混淆人类意识和意识活动的概念的恶果。

为了把道理说个水落石出，这里再次重复：人类意识是人类意识活动的产物，也是人类意识活动的内容；作为非物质的观念形态，它构成一个不同于物质世界的主观观念世界。人类意识作为一种非物质的观念形态，既不能直接作用于外部世界，也不能直接作用于自身肢体和内部生理过程，一句话，人类意识不能直接地作用于物质世界。人类意识作为意识活动的内容，参与到人的意识活动之中，才可以通过人的意识活动直接作用于自身，直接或间接地作用于外部物质世界，从而实现人或者人类的意识对于自身和外部物质世界的间接的能动的改造作用。所以，只要清晰地区分人类意识和意识活动两个概念，对于唯物主义基本前提的破坏和否定就根本不会发生。

由此可见，意识不是意识活动。人类的意识和人类的意识活动是互有联系但意义迥然不同的两个概念。不是人类的意识，而只是人类的意识活动，作为最高形式的物质运动，能够直接作用于人体自身和外部物质世界。这个事实并不违背唯物主义的基本前提。所有这些，都是完完全全的现代唯物主义的观点。

3　人类意识的特点

如前所述，人类的意识是人类意识活动的产物；人类意识作为非物质的观念形态，构成一个不同于物质世界的主观观念世界，这就是人的意识世界或者精神世界；人类的意识是人脑对于世界的主观映像。

马克思指出："观念的东西不外是移入人的头脑并在人的头脑中改造过的物质的东西而已。"（2. P. 93）这清楚地表明，马克思在物质和意识的关系上坚持唯物论和能动反映论的观点。

"反映"（Reflexion）概念原用于描述光的反射性质。当事物和现象作用于人的感觉器官和思维器官，人也相应地做出反应，并在人脑中复制和再现客体。人的感觉等初级意识活动和高级意识活动都具有这种类似的反射的特性。这种意识活动的结果，是人脑对于世界的主观映像。这就是人的意识。

下面联系人类的意识活动（反映）来讨论人类意识（映像）的特点。

首先，人们对世界的反映是主体和客体在生活和实践的基础上形成的关系，它不是封闭在人们头脑中纯粹的主观自生的活动，而是与人类的生活和实践活动、与现实世界不可分割地交织在一起，是人们对周围环境和自身的一种精神的把握。人类的反映活动，不但以感觉和心理活动为基础，而且以生产实践、社会交往和科学文化实践为基础，其结果以意识作为世界的主观映像的形式出现。

其次，人类的意识活动并不是简单的反射，而是建立在能动的反映基础之上。人类的意识活动，是与外部物质世界的运动变化既相联系又相区别的最高形式的物质运动。人类的意识反映活动，不是消极的被动的反映，不是盲目直观的摹写，而是积极能动的反映。这表现在人类的反映活动是有目的、有选择的反映；不仅为了适应环境，而且为了改造环境；不仅反映事物的表面现象，而且力求反映事物的本质和规律；不仅反映现存的事物，而且通过思维和想象，设想世界的未来，甚至虚构出现实世界中所没有的东西。

人类的意识活动是人脑对于世界的能动的、创造性的反映活动。人类的意识作为世界的主观映像，具有明显的主观特征。这主要表现在以下三个方面：第一，意识形式的主观性。人们意识包括了感性认识和理性认识。理性认识是人类主观世界所特有的。理性认识似乎远离了客观事物，但是，实际上它透过现象而深入到事物的本质和规律。理性认识要受到认识主体的主观状态（感情、兴趣、知识结构、价值观念、思想方法等）的影响。第二，个体意识之间的差别性。对于同一个对象或同一个客观过程，不同的人可能有不同映像，表现出意识因人而异，具有主观性。第三，意识的创造性、反思性、预见性和超越性。意识的主观性不仅表现为主观的映像是对于认识对象的近似真实的摹写，而且可以深入到事物的本质之中，能够预见未来，甚至可能虚构同现实似乎是毫不相干的虚幻的、荒诞的观念形象，如神话、鬼怪等。

尽管人类的意识具有明显的主观特征，但是，归根到底不能离开反映的对象而独立。人类的意识有着不以人们主观意志为转移的客观内容。它是客观内容和主观形式的统一。断言人类的意识是人脑对于世界的主观映像，就意味着承认：

第一，尽管意识的形式是主观的，但是，所反映的对象是客观存在的。

第二，尽管个体意识之间存在着差别，但是，这种差别的原因，无非是先天素质和后天实践的差异所形成的。无论哪种原因，归根到底都可以从实际的生活过程中得到说明，或者说，产生的根源都是客观的。

第三，意识的任何创造性反映，即使是虚假的主观映像，归根结底有着自己的客观原型，人类的意识都是现实的反映——正确的或歪曲的反映。

第四，一方面，我们承认，人类的意识活动具有反映和认识外界客观事物的能力。另一方面，必须承认，人类的意识活动能力不可能直接地感知物质世界的全部信息。人们一般不能感知无形无象的弥散态物质的存在，例如，除非电磁场很强，人们一般不能直接地感知到电场、磁场和全波段电磁波的存在。人们一般也不能直接地观察到微观（更不要说渺观）的事物，尽管微观、渺观的事物就在我们身边和我们自己的身体之中。人们直接地观察到宇观的事物也是极其模糊和十分有限的。因此，人类的认识作为人脑对于世界的主观映像，总是一种近似的反映，可能是正确的反映，也可能是歪曲的反映。人类只能依靠自己的理性思维和实验手段，逐渐地使自己的认识接近认识对象的客观性和真理性。

人类意识的存在和发展，是通过个体主体和社会历史主体两种基本形式体现出来的。人类意识的显著特征是个体主体性和社会历史性的统一。

首先，人类意识的产生和存在离不开具体社会和具体的历史条件下的个人。马克思和恩格斯在《德意志意识形态》中指出："全部人类历史的第一个前提无疑是有生命的个人的存在。"（1. P. 146）"我们的出发点是从事实际活动的人，……符合现实生活的考察方法则从现实的、有生命的个人本身出发，把意识仅仅看做是他们的意识。"（1. P. 152～153）人类社会的历史并不是处在个体之外，而是由世世代代从事实际活动的个人的活动所组成的。社会意识的历史发展是由过去、现在和未来的许多的个体主体来实现的。个体主体是人类意识的现实的产生地和现实承担者。因此，人类意识具有明显的个体的主体性。

其次，人生活在社会中。"个人是社会存在物。因此，他的生命表现，即使不采取共同的、同其他人一起完成的生命表现这种直接形式，也是社会生活的表现和确认。"[6]个人的意识除了体现个人特性的意识，例如个人的需求和愿望、个人的信念和情感、个人的气质和品格等内容之外，更多的内容是关于外部物质世界的客观对象的本质和规律的一般性认识。后者容易成为人类共同的精神财富。个人意识一经产生，可以通过语言符号等客观物质形式表现出来，脱离思维着的个人而相对独立。被社会群体或社会整体接受的个人的意识就是人们的社会意识。

最后，人类的意识世界既是过去历史的结果，又是未来社会的出发点。每个人首先必须学习、继承和掌握历史的、传统的社会意识，即前人意识活动的成果，才有可能成为有意识的主体和创造新意识的主体。任何时代的任何一种意识，既是以往历史意识的继承和发展，又是该时代的社会存在的反映和表现。这就是说，人类的意识具有鲜明的社会历史性。

此外，世界上的人分属不同的国家、不同的民族、不同的阶级等，这些不同的人群所获得的某些方面的意识，会表现出国家、民族、阶级的差异，也就是说具有地区性、民族性或阶级性。但是，当代世界变成了地球村，世界上整个人类紧密相连，人类利益高于国家的、民族的、阶级的利益。意识的地区性、民族性或阶级性，不能与整个人类的利益背道而驰。

4 人类意识的结构

人类的意识，作为非物质的观念形态，构成一个不同于物质世界的主观观念系统。它有着丰富多样的形式和内容，错综复杂的层次和结构。

首先考虑按照意识的对象和内容结构做出的人类意识的分类。

马克思和恩格斯指出："这些个人所产生的观念，或者是关于他们对自然界的关系的观念，或者是关于他们之间的关系的观念，或者是关于他们自身的状况的观念。"（1. P. 151）这是马克思和恩格斯对于人类意识的内容结构所做出的原则性分类。遵照这个叙述，按照意识所反映的对象，人类意识可以划分为自然的意识、社会的意识和自我的意识。自然的意识和社会的意识合称为对象意识。另外，我认为可以增加一类，即关于自我意识的意识。这样，按照意识反映的对象，意识的内容结构可以分为关于对象的意识、关于自我的意识和关于自我意识的意识。

关于对象的意识指人们关于客观世界的各种事物、现象、关系和过程所形成的认识。对象意识包括关于自然以及人与自然的关系的意识，关于社会以及人与人、人与社会的关系的意识。

自我意识是人作为认识主体对于自身肢体活动、生理活动、心理活动、意识活动的状态、过程和特征的认识，对于自己同客观世界的关系（例如自己与周围人们相处的关系，自己在集体中的位置与作用等）的认识，以及作为认识的主体由于对自身的认识而引发的内心情感和体验。自我意识是衡量个体性格成熟水平的标志。心理学研究表明，一般需要经过 20 多年的发展，直到青年的中后期才能形成比较稳定和成熟的自我意识。

可以说，存在关于意识的意识，它可以分为两类。一类是人关于以物化形式表现的意识的意识。所谓物化形式表现的意识，是指口头语言、书面语言、文化艺术作品，乃至宗教道德礼仪等所表达的人类意识。人的感官看到、听到、读到和感受到这种物化形式表现的意识，形成自己的意识。这是关于对象意识的意识。它本质上可以归类于对象意识。另一类就是关于自我意识的意识。关于自我意识的意识并不等同于自我意识，它必须另列一类。

关于自我意识的意识包含什么内容？例如，对于自己的生理活动和心理活动，情感和体验等有了明确的自我意识，尔后自己在想：如何恢复正常的生理指标？如何控制自己过度兴奋或忧伤的情绪？并且得到了某种答案。又如，对于自己所获得和形成的认识，自己在思考：这些意识是如何获得的？它是否正确？会不会忘记？并且同样得到了某种答案。再如，自己思考自我："我是什么？""为什么我总是我？"这是关于自我意识的更深层次的问题。思考关于自我意识的意识，并获得某种答案（即使答案是暂不知道答案），这就是关于自我意识的意识。它是关于自我意识的理性思维的产物。

正因为人类意识包含着关于自我意识的意识，所以本节标题是"人类意识是人脑对于世界的主观映像"，而不说"人类意识是人脑对于物质世界的主观映像"。我十分注意，不随意地说"客观世界""物质世界"，以避免将"主观世界""意识世界或精神世界"排除在考察的范围之外。

按照意识的具体内容，意识是知、情、意的统一。"知"指知识，是人类对于世界的一种真理性的追求，它统一于认识的内涵；"情"指情感，是人类对于客观事物的感受和评价，表现为热爱、仇恨、向往、遗憾，以及喜怒哀乐等心理体验；"意"指意志，是人类自身追求某种目的和理想时所表现出来的自我克制、毅力、信心和顽强不屈的精神状态。作为一种有意识的存在物，人类不仅追求着对世界的真理性的认识，而且表现着追求真理，追求人类的进步和发展，追求人与自然的和谐的情感和意志。

按照意识的发展历史，意识分为传统意识、现实意识和未来意识。传统意识是人类从以往历史中继承的意识，它已经渗透到人们业已习惯的行为方式、生活方式和情感方式之中；现实意识则是人们在现实生活、实践和交往活动中所形成的意识；而未来意识是人们依据社会和实践的发展趋势而形成的意识。

按照意识的存在方式，它基本上可以划分为两类：一类存在于人们的内心的主观世界中，可称为主观意识；另一类是以口头语言、书面语言、文化艺术作品，乃至宗教道德礼仪等物化形式所表达的人类意识，它存在于外部物质世界之中，可称为客观意识。

人类的意识有着丰富多样的形式和内容，错综复杂的层次和结构。关于人类意识的详细的分类，这里不做进一步的讨论。

5　"我总是我"的根据是什么？纯粹自我和人格同一性

每一个成熟的人都会思考："我是什么？""为什么我总是我？""我总是我的根据是什么？"这种问题是在问："我"在时间上是否真的具有同一性？这种同一性

的根据是什么？如何确认这种同一性？这在哲学上称为自我同一性和人格同一性问题。它发人深思、令人遐想、引人入胜。

自我同一性和人格同一性问题是一个真正困难的理论问题，自古至今，众说纷纭，莫衷一是。许多哲学家对此做过研究，但是至今尚无定论。人格同一性的问题在现代西方哲学中占有重要位置。尽管中国传统的哲学教科书对此鲜有论及，但是，这是真正的哲学和哲学家必须研究的一个重要哲学问题。本书对此只限于做一个初步的介绍。

自我概念是从日常用语“我”字的意义发展和抽象出来的。“我”是第一人称代词，是说话者或书写者对于自己的自称。自我首先是指称一个在现实社会中从事实际活动的人。问题在于，“人”可以划分为肉体、心理和社会等层面的存在，因而，自我可相应地划分为身体的自我、心理的自我和社会的自我。但是，我们知道，身体自我、心理自我和社会自我都在变化着。

活着的人体是一个开放的系统，不断地与外界进行着物质交换以维持生命。细胞是构成生命的最基本的单位，人体细胞更新的周期一般为 120～200 天，由于不同细胞代谢的时间和间隔不同，经过 6～7 年的时间，一个人全身的细胞将全部被换掉。这意味着，一个人体经过一定的时间周期，物质全部更新。直接的经验告诉我们，老年的我与（或者将与）童年的我、青年的我比较，形象大不相同，甚至面目全非。与久违的朋友见面，对方可能对你说：“几年不见，都认不出你了！”人的心理活动、心理特征也在不断变化。一个温暖如春的人可能会变得冷酷无情；一个优柔寡断的人可能变得坚强如钢。“社会的自我”更是在变化着。去年的高官今年变成了阶下囚；昔日的乞食者今日变成了富翁和慈善家。世事难料啊！

然而，不管身体自我、心理自我和社会自我怎样变化，总有一个“我”伴随着变化着的自己的身体、自己的心理活动和社会地位而存在。“我”则是构成这个变化着的自我的一个不变的因素。身体自我、心理自我和社会自我，都不具有严格意义上的自我同一性。人应当有第四个层面：这个层面是一种深层的心理精神因素，是人的深层的自我，可称之为“纯粹自我”。只有作为第四个层面的“纯粹自我”才具有在一般情况下一生不变的真正的同一性。为了清晰的区分，下面把身体自我、心理自我和社会自我，称为自我同一性，而把后者即“纯粹自我”的同一性，称为人格同一性。[7]

洛克的《人类理解论》[8]第 27 章集中地讨论了人格同一性问题。他在讨论人的同一性时，首先区分了个人的自我同一性和人格同一性。洛克认为，一个人是有理性、能思想的存在物，但是，必须与肉体相结合，肉体和思想两个方面共同的延续、稳定不变，才能构成个人的自我同一性。人格同一性则是以理性和自我反思、特别是以能够意识自身过去生命活动的记忆为根据的。意识到过去的活动与当前的活动是由同一个自我所完成，是人格同一性的真正根据之所在。他认为，人格同一性是以个体的意识和记忆为特征，而不是以个体的肉体特征为根据的。但是，他在讨论具体的伦理事件时却坚持主张，即使一个人因为酒醉做错事也要受惩罚，惩罚既要针对个体的人格，又要针对其自然的肉体。洛克的思辨和困惑引发了后人的无穷的争论。

康德认为，各种具体心理经验的内容，例如，一个物体的形象、一个声音、一个回忆的景象等，这些具体的表象是不同的空间和时间上的存在，它们之所以在个人的心理活动中构成一个有机的整体，这乃是“先验自我”的综合作用使然。“先验自我”使认识活动得以进行。由于这个自我是先于经验的，所以，它是比经验现象（可感的表象活动）更深层次的东西。

“先验自我”与“纯粹自我”意义相同，它是一切个人的心理经验的内容能够统一起来的深层的精神因素，它构成人之生命的核心意义。

胡塞尔（1859—1933）认为有“先验自我”存在。他把人的心理自我（经验的心理活动的总体）称为经验自我。他认为，经验自我的意识活动只能指向对象而不能发现自身。那么，人们是如何有自我意识的呢？必须向“主观深处”迈进，因而他提出“先验自我”的概念，认为先验自我能以经验自我的意识活动本身为意识活动的对象，它是人的自我意识的根源。

人的心理活动有一种特性，就是将所感知、所认识、所经历的一切意识活动都“归我统管”。这个特性体现在各种心理的经验之中，使得“纯粹自我”既存在于一切心理活动的内容中，又区别于这些具体的心理内容，成为一种比心理内容更深层次的东西。这个纯粹自我的存在可以通过深度的自我意识去感悟和洞见，并非纯粹逻辑推理的结论。

从心理活动变化的角度来看，“纯粹自我”与具体的心理内容不能等同。人的心理内容处于频繁的消失和产生之中，但“纯粹自我”并不改变。“纯粹自我”也不是一切具体的心理内容之总和，因此，“纯粹自我”并不随着心理活动的进行和积累而不断改变以至失去稳定的个性。尽管心理内容千变万化，但是，我们并未意识到“纯粹自我”有什么明显的改变和损失，否则，心理活动就不可能“归我统管”，人生历程也不会有一个稳定的生命核心。这一事实表明，深层的“纯粹自我”乃是心理活动的万变中之不变的因素，它贯穿于变幻不居的一切心理内容之中，使“为我所感”“为我所知”“为我所经历”的心理内容统一为一个整体。

“纯粹自我”是个人生命的根本和核心。个人的一切意识活动都“归我统管”。人生的一切甘苦荣辱都由“纯粹自我”来承受。“纯粹自我”支承着人的意识活动和生命的意义。只要“纯粹自我”存在着，哪怕自己身相改观、性格易移、社会地位发生变化，自己的生命依然存在着。如果“纯粹自我”丧失了或者改变了，自己的主观生命立即结束，即使身体依旧保持着也是枉然。正像《封神演义》中的妲己小姐，当她的“自我”被狐狸精夺走并替换之后，虽然在别人看来，妲己小姐还活着，可是对于她自己来说则已经死亡。所以，深层之“纯粹自我”乃是个人性命攸关的东西。

人的心理活动之中有一个深层的“纯粹自我”存在着，它在人的心理活动和生命意义中起着极为重要的作用，是“人”之概念的必要内涵和生命核心。“纯粹自我”与常规心理学的内容有着显著的区别，它不出现在各种心理学教科书上。心理学只研究可以经验、可以直接或者间接观察的自我意识的心理现象，不涉及深层的“纯粹自我”。深层的“纯粹自我”隐含在经验的现象里，是不可观察到的，只能通过哲学反思或深度的自我意识来感悟、洞见和把握。

纯粹自我是如何产生的？我之为我的根据究竟是什么？或者说，人格同一性的根据是什么？如何确认人格同一性？简单地说，按照已有的研究，能够被普遍接受的答案在于：第一，肉体的存在及其唯一性；第二，以个体的意识和记忆为特征，即关键在于，意识到过去的活动与当前的活动都是由同一个自我所完成，是人格同一性的真正根据之所在。这也是洛克的主要观点。

媒体报道过许多失忆人的真实事例。例如，某人遇到了意外事故，被人救起后失去记忆，他不知道自己究竟是谁，叫什么名字，家住哪里，有什么亲朋好友，等等。于是他只能起一个新名字，在一个新的地方，开始自己新的生活。失忆人尽管肉身未变，但是，如果他永远地不能唤醒记忆，连接以往，他显然已经不再是原来的他，他只能与“原我”断裂，一直以“新我”生活，直至生命终结。神经错乱的人与上述失忆人一样，要丧失“纯粹自我”。当然，如果失忆人后来恢复了记忆，神经错乱的人得以治愈，情况则另当别论。

记忆就是对于个人自我意识、以往经历、实践过程、自我身份以及社会交往关系的保持和确认。记忆就是对于自己以往历史的自我意识。保持一定的基本的人生记忆是人格同一性的必要条件。

以上主要转述此前的研究者在纯粹自我和人格同一性问题上我认可的观点，并且归纳、整理成比较流畅的叙述。下面给出我在这些论述的基础上的一段思考和发挥。

每一个人除了具有人的类本质（见§10.2）之外，还有自己的质的规定性。世界上不存在两个彼此完全等同的人和事物。各个个人、各个事物是千差万别的。所谓人或者事物的质，是指一个具体的人或具体的事物的质，是一个人或者一个事物成为它自身并区别于其他人、其他事物的内部所固有的规定性。一个人或者一个事物的质和这个人或者这个事物的存在是直接同一的（见§9.4）。特别地说，每一个人都具有自己特有的时空属性及其时空连续性，以区别于世界上任何其他的人。这就是他一生的经历。尽管他的身体的自我、心理的自我和社会的自我都在变化着，但是，唯有纯粹自我按其特定的状况、能力和方式掌握着这个变化的全过程。自我变化和环境变化都是自我感知的，就实质而言，这些变化是连续地一件接着一件逐渐地发生的，只有自我，世上没有任何其他人，能够确认它们，并且领悟到这些变化的真实性、可信度、时空连续性及其因果的联系。这种对于自我变化和环境变化之时空属性、时空连续性及因果连续性的领悟、确认和记忆，就是"纯粹自我"的真正根据之所在。

至于纯粹自我和人格同一性问题的思考对裂脑人、换体人、冷冻人和克隆人的实际运用，也是重要的课题。这里从略。

§5.4　物质世界和人类意识的相互作用

1　物质对意识的决定作用

第一章已经界定，尽管世界的存在无限复杂多样，但可归为两大类，一类是物质和物质现象，另一类是意识和意识现象，或称精神和精神现象。什么是物质？§3.3已经给出普适的物质定义，它强调了物质是意识的本源；意识来源于物质；物质具有对于意识的决定作用。

前面两节内容清晰地阐述了关于人类的意识和意识活动的理解和规定，阐述了物质对于意识的决定作用。兹概括如下。

第一，人类的意识是物质运动的产物。这里所谓物质运动，是指人类的意识活动这种最高形式的物质运动；而这种物质运动是人脑这种结构高度精密复杂、功能极其完善的物质系统的机能。

第二，人类的意识作为人类意识活动的产物，是人脑对于世界的主观映像。人脑是人的意识活动的器官，但是，人们只有在实践中与世界上各种各样的事物现象相互联系和相互交往，才会产生意识活动的结果即人类的意识。因此，人类的意识是人脑对于世界的主观映像。这里所谓世界，包括物质世界和意识世界。

关于意识的意识也是人类的一种意识（详见上节的相关内容）。但是，人类的意识首先是，而且归根究底是人脑对于物质世界的主观映像。

第三，人类的意识必须依附物质而存在。没有物质外衣的赤裸的纯粹的意识是不存在的。上节已经阐述，意识以语言的物质形式存在，口头语言、书面语言和脑内语言是语言的三种主要形式。

第四，人类社会的生存和发展以人类的实践活动为前提，物质生产实践无疑是首要的、决定性的、基本的实践活动。离开了这种现实的物质活动，包括人类意识在内的整个人类的存在都是不可能的。人类的产生、人类意识的产生和发展离不开人类的物质生产实践活动。

物质生产实践活动造就和发展了人类的意识活动，特别是高级的意识活动，因而产生了人类意识和人类的实践能力；同时，实践的进行又依赖于人类的实践能力。人类的实践能力不仅在于人的体力，更在于人类的知识和技能、人的情感和意志，即人类的意识。人这种特殊的物质存在是一种体力和智力、物质和精神相统一的社会存在物。人类的实践活动首先依赖物质的条件和物质的力量，同时也依赖于人们的意识和意识活动。因此，人类的意识离不开人类的物质生产实践，而人类的物质生产实践也离不开人类的意识。对此，第六章将做详细的论述。

第五，意识不可能直接作用于人体自身和外部物质世界。意识具有对于物质世界的能动的反作用，这种能动的反作用只有通过意识转化为意识活动这种最高形式的物质运动才能实现。这是下面一小段要详细地叙述的内容。

2 人类意识对于物质世界的能动的反作用

人类的意识活动是人脑对世界的能动的反映活动，它的主要目标和作用就是要正确地、深入地认识自然，以便指导生产实践，更好地改造自然，维护人类的生存和幸福，推动人类社会的进步和发展。人类的意识活动特别是理性思维活动，是人类在长期的生产劳动实践、社会交往实践和后来的科学文化实践中，自然地、逐渐地产生和发展起来的。

依靠人类的意识活动，特别是理性思维活动，人类获得对于世界的映像，即感觉映像、知觉映像、表象和理性认识。这就是人类的意识。其中理性思维活动及其获得的理性认识是人类所特有的。人们在初级意识活动的基础上，通过理性思维的“去粗取精、去伪存真、由此及彼、由表及里”的加工制作功夫，超越动物所不能逾越的现象界限，达到对于事物的本质和规律的认识。理性认识虽然就其抽象性而言较之感性映像远离了认识对象，但是由于它把握了感性映像所不能把握的事物的本质和规律，它实际上更接近于认识对象本身。例如，感觉映像不可能把握30万千米/秒的光速；但是，抽象思维能够把握它，并积淀在理性认识之中，进一步用于理性思维。

人类的意识对物质世界的能动的反作用的最重要的表现和作用，就是它对于人类实践活动的指导作用。人类实践是有目的、有计划的能动地变革、改造世界和探索、研究世界的对象性活动。人在行动之前，根据对于事物的本质和规律的认识（已有的人类意识），引出意见、思想，提出计划、方案、办法，然后运用一定的物质手段，去改造客观对象，使之满足自己的需要。这就是人类的意识对于人类的实践活动的指导作用。人类的意识愈是正确地反映了世界的本质和规律，人们的计划、方案愈是周密和细致，需要的物质条件愈是能够得到充分的保障，人们的实践活动就愈能达到预定的目标。

马克思谈到建筑师与蜜蜂活动的区别时指出："蜘蛛的活动与织工的活动相似，蜜蜂建筑蜂房的本领使人间的许多建筑师感到羞愧。但是，最蹩脚的建筑师从一开始就比最灵巧的蜜蜂高明的地方，是他在用蜂蜡建筑蜂房以前，已经在自己的头脑中把它建成了。劳动过程结束时得到的结果，在这个过程开始时就已经在劳动者的表象中存在着，即已经观念地存在着。"[9]

动物的活动是一种没有思想、没有目的指导的本能的活动，是对环境的消极适应。人类的实践活动依赖于此前意识活动的成果，即已有的人类意识，用以指导自己的实践。这是一种自由、自主、自觉的活动，人类的意识及其指导的正确与否，对于实践的成败具有决定意义。正是在这里有力地显示出意识对物质世界的巨大的反作用。

上节已述，语言是表现人类的意识的外部物质形式。语言既是表达、交流、保存和延续意识的基本手段；同时，又是高级意识活动即理性思维的工具。口头语言、书面语言和脑内语言是语言的三种主要形式。脑内语言在脑内的相对静止的存在状态，就是记忆；脑内语言在脑内相对活跃的存在状态就是思维。脑内的思维活动是活生生的脑内语言的活动过程。意识作为人类意识活动的产物，首先以脑内语言的物质形式存在于脑内，其后才有可能以口头语言、书面语言的物质形式存在于外部世界。不仅如此，外部语言（即口头语言和书面语言）所表现的人的意识又必须通过人脑的反映机能，相应地转变成为自己的脑内语言，然后才能作为意识活动的内容，参与到意识活动的过程之中。总而言之，必须通过脑内语言的物质形式，意识才能产生、储存并参与人的意识活动的过程之中，而人类的意识活动可以间接地或直接地作用于自身和外部世界，从而实现意识对于自身和外部物质世界的间接的能动的改造作用。

人们对于事物的认识、观念和理论，作为人们的意识，是由人们在实践活动过程之中和之后的意识活动，特别是其中的理性思维活动所产生的。理性思维和由此建立的认识、观念和理论是整个实践活动的一个必要环节和重要组成部分。但是，人们的意识最终是为人们的实践活动服务的。人们的意识作为主观的观念形态要能够服务于人们的实践活动以改造世界，必须作为意识活动的内容参与到人们的意识活动过程之中，人们的意识活动（即理性思维）根据已有的认识引出意见、思想，提出计划、方案、办法，然后指导人们的实践活动，改造物质世界。简言之，人类的意识对于物质世界的能动的反作用，是通过意识作为意识活动的内容转化为意识活动，进而驱使自身肢体（一般运用工具或操作设备），实现对外部物质世界的利用和改造。

意识对于物质的能动作用的发挥，归根究底取决于意识的内容对事物的本质和规律的符合程度；同时还要受到意识转化为意识活动指导人们实践活动时现实的物质条件的制约。“批判的武器当然不能代替武器的批判，物质力量只能用物质力量来摧毁。”（1. P. 9）这是马克思的至理名言。只有具备一定的物质条件，意识对于物质世界的能动的反作用才能实现和发挥出来。

参考文献

[1] 马克思. 1844年经济学哲学手稿［M］. 北京：人民出版社，2000：57.

[2] 于光远. 意识对物质的反作用［J］. 哲学研究，1979，11：7-13.

[3] 谭暑生. 论物质、意识、意识活动及其相互关系［J］. 自然辩证法研究，1993，9（1）：27-36.

[4] 摩尔根. 古代社会：上册［M］. 北京：商务印书馆，1977：30.

[5] 列宁. 列宁选集：第2卷［M］. 3版修订版. 北京：人民出版社，2012.

[6] 马克思，恩格斯. 马克思恩格斯全集：第42卷［M］. 北京：人民出版社，1979：122-123.

[7] 维之. 试论人的第四层面［J］. 自然辩证法研究，1999，15（12）：1-4.

[8] 洛克. 人类理解论：第2卷［M］. 北京：商务印书馆，1997.

[9] 马克思. 资本论：第1卷［M］. 北京：人民出版社，2004：208.

第六章　人类的实践活动

自然界是人类和人类社会产生和存在的物质前提；人类和人类社会是自然界长期发展的产物。自然界和人类的生产劳动实践，是人类社会形成、存在和发展的基础。实践的观点是唯物主义历史观的首要的和基本的观点。

§3.4已述，通过生产劳动，人在自然界中生产出自己生存所必需的物质生活资料。同时，正是在长期的生产劳动实践中创造出人类所特有的语言文字和抽象思维能力，逐步地形成了人类的意识和精神世界，人成为一种不同于一般动物，更不同于一般的自然物的特殊的物质存在形态。人们相互联系，相互合作，相互交往，共同从事生产劳动实践，形成了人类社会。

现代唯物主义哲学认为：人是社会的主体；人有意识和意识活动，自由的、有意识的生命活动是人所特有的类特性。一方面，人的生活和实践依赖于人们的意识。另一方面，实践是人特有的存在方式，人类意识的产生和发展，人类社会的生存和发展以实践活动为前提，都离不开人类的实践活动。

人的实践活动是一个双向的过程。一方面，人通过自己的对象性的实践活动改造自然，将自身的本质赋予自然界，使之具有人的属性，形成人化自然。人化自然是人的实践活动的成果，体现了人们的意识，与人们的本质和社会生活紧密相关。我们不能只从“不依赖人们意识”的见物不见人的那种物质概念出发，而应当从有意识的人、人的主体性和能动的实践活动出发，观察、理解和解释人类世界。另一方面，整个人类的历史就是人通过人的实践活动（首先是生产劳动实践）自我生成、自我发展和自我追求完善的过程。

每一代人总是从已有的前代人实践所创造的客观条件（包括物质条件和科学文化成果）和社会关系出发，生活和实践，并且进一步推进社会的进步和发展。人人都追求幸福生活。这里所谓生活，是指日常生活，是生存和活着，吃、喝、住、穿等和休闲。

如何定义实践？许多哲学教科书定义实践是人们有目的地、能动地改造世界的物质活动。纯粹的理论研究活动算不算实践活动？对此却避而不谈。本人认为，实践是人们有目的地进行的、有意识和意识活动参与的、通过与世界的相互作用能动地变革、改造世界和探索、研究世界的对象性社会活动。这就是说，人类的实践包括生产劳动实践、社会交往实践和科学文化实践；纯粹的理论研究和理论创造活动（最终以对象化或者物化的形式展现为精神产品）也是人类的实践活动，归属于科学文化实践的范畴。

自然界和人类实践是人类社会形成、存在和发展的基础。“全部社会生活在本质上是实践的。”（1. P. 135）实践构成社会生活的基本领域。实践是人特有的存在方式，是人与世界相互作用的根本途径。实践既是物质的，又是自觉的能动的，是物质性和能动性的统一。生产劳动实践是决定生产力发展的主要因素，是推动人类社会历史发展的根本动力。人们通过实践活动把握世界和改造世界，并改造人自己，推动人类历史的变化或发展。

本章讨论实践的本质、定义、形式、要素和活动的规律，以及实践与世界的关系、实践在人类社会中的地位等问题。

最后论述：第一，不可以断言任何实践都会推动人类社会的进步和发展；在关于人类实践活动的研究中，必须开展关于实践的善或恶、正确或错误和实践后果的整体评估的研究。第二，不能简单地说实践是人对于外部自然的现存事物的否定性活动；在改造自然的否定性观念和否定性活动之前、之中和之后，人作为实践的主体，实际上包含着对于实践客体或自然对象的肯定性理解；在大自然面前，我们的态度应当是：敬畏自然！研究自然，顺应自然，利用自然，改造自然！第三，人类的实践活动不可能成为世界一切存在的本质、根据、基础、本原或者最终本性；实践本体论根本不能成立。

§6.1 马克思实践观的创立及其基本特征

1 从亚里士多德到黑格尔关于实践的理解和探索

什么是实践？或者说，实践的本质是什么？对于这个问题，历史上哲学家们有过各种不同的理解和探索。

在中国古代哲学史上，实践作为“行”是与“知”相对应的范畴。中国古代唯物主义者如王廷相、王夫之等人，十分重视“行”对“知”的决定意义。他们所说的“行”即践履、实行、行动等，往往局限于个人的、孤立的伦理道德方面的行为，而不是以生产劳动为主的客观物质活动。

西方实践观的演变大致分为古希腊、近代和现代三个阶段。

古代的实践观以亚里士多德为代表，他构建了哲学史上第一个实践哲学体系[1]。亚里士多德把人的活动分为三种：创制、实践和思辨。所谓创制是指生产和技艺活动。实践主要是指道德伦理行为和政治行为。它着眼于如何在不同的历史条件下追求善和幸福。思辨活动以普遍和永恒为对象，主要包括了哲学、数学和物理学的研究活动。他有时也把思辨活动归入实践，而且认为这是最高的实践。亚里士多德把实践理解为人的存在方式，认为实践是人的一种自由的、自主的、以自身为目的的活动，是人之所以为人、体现人区别于自然界物质，即无机物和动植物之超越性活动。亚里士多德认为，政治活动、伦理活动和思辨活动的目的就在活动之中，人在这种活动中能够得到快乐，它们是人的自由、自主的活动。他把创制活动排除在实践之外，在他看来，创制是人出于自然的必然性，为了满足生存需要而不得不从事的低级活动，其活动的目的在活动之外，它只是人从事自由的政治活动、伦理活动或思辨活动的手段。

在近代欧洲，康德将实践概念引入哲学中。康德将理性分为理论理性和实践理性；实践理性是通过规范人的意志而支配人的自主的伦理道德活动，使人达到自由。康德的实践概念没有脱离伦理道德活动的范围。

近代欧洲哲学对实践的理解是复杂的、多义的，既有对亚里士多德实践概念的继承（如康德），更有对它的超越。这种超越表现在：主要从理论与实践对置的角度看待和规定实践，凸显“行”的含义，把实践看作是理论的应用；实践不再专指政治伦理活动，主要是指物质生产活动，即亚里士多德所说的“创制活动”。

近代实践观的典型的代表是黑格尔。黑格尔吸取费希特和英国古典经济学家的有关论述，明确地把行动、劳动、实践等概念，作为哲学的基本范畴。黑格尔认为，在外延上看，劳动是指人加工自然界所直接提供的物质，使之满足人的需要的活动过程；在内涵上看，或就劳动的本质而言，劳动是意识“外在化自己，进入到持久状态”的过程。他把活动过程区分为“需求—劳动—享受”三个阶段。介于需求和享受之间的中间阶段就是劳动。劳动就是主体通过创产客体、扬弃客体，达到主体自身的自我实现和自我确证。在《逻辑学》[2]中，黑格尔以纯思辨的逻辑方式，把这一过程表述为行动的推理过程，包括三个环节：（1）主观目的；（2）手段；（3）实现了的目的，即目的性活动的产物。由此揭示劳动、实践是从主观目的出发达到客观现实的转化过程。他说：“目的通过手段与客观性相结合，并且在客观性中与自身相结合。手段是推论的中项。”[2]433 他明确地指出：“人以他的工具而具有支配外在自然界的威力，尽管就他的目的说来，他倒是要服从自然界的。"[2]438这就是说，主观目的必须通过劳动工具"这个外在的他物"才能够转化为客观现实，人们通过工具支配自然界，但是，就目的自身来说又服从于自然界，是为了满足自己生活的需要。这一思想被列宁称赞，誉为"黑格尔的历史唯物主义的萌芽"。列宁接着评论说："历史唯物主义，是在黑格尔那里处于萌芽状态的天才思想——种子——的一种应用和发展。"[3]

黑格尔的劳动与实践本质上其实并无分别。这也许是他没有专门区分这两个概念的原因。在黑格尔哲学中，实践包括生产劳动和技术活动。劳动是一种具体的目的性行为，是更为广泛的实践概念的重要部分，但是，较之一般意义的实践，它与目的的结合更为密切。

黑格尔认为理念是世界的本质。在《逻辑学》[2]529中，他把理念分为理论理念和实践理念，实践与理论相对应，突出主观见之于客观或"行"的意义。在实践活动和理论活动的关系上，黑格尔不仅揭示两者的辩证关系，而且强调实践理念高于理论理念，因为实践理念"不仅具有普遍的资格，而且具有绝对现实的资格"。他认为理论活动是从客体到主体，存在着的世界进入主观的表象和思想内，从而扬弃主观世界的片面性；实践活动是从主体到客体，把客观世界当作对象，凭借主观的内在本性整理和改造客观世界，从而扬弃了客观世界的片面性。理论活动的目的在于认识这个世界"是如此"，实践活动的目标则是使这世界成为"应如此"，实践在它的结果里，回归到认识所假定的前提，实现理论理念和实践理念的统一。

黑格尔哲学体系在晦涩、歪曲的形式中集丰富、深刻的思想之大成。他关于实践的论述确实包含着许多十分深刻的认识。他指出理论活动和实践活动的联系和区别，揭示了实践活动的创造性特征，以及实践（尤其是劳动）在改造世界、创造人类历史方面的重要意义。黑格尔实践观是马克思实践观的最重要、最直接的理论来源。但是，黑格尔说的"劳动"，并不是现实的人的感性活动，而是一种超历史、无主体的精神活动。在黑格尔的理论体系中，人是绝对观念异化的产物，实践不过是他虚构的"绝对观念"自我运动过程中的一个环节，是一种精神性的活动，而不是现实的感性活动本身。

旧唯物主义哲学家一般强调实践是物质性的活动。例如，费尔巴哈理解实践是尘世的生活、感性的活动，提出了一些很富于启发性的思想，恢复了唯物主义的权威。他说："理论所不能解决那些疑难，实践会给你解决。"他说的实践主要是吃喝穿住等消费活动即人们的日常生活，而不是生产实践。他对实践的理解主要局限于人本主义和自然主义。他强调只有人性的东西才是真实的，实在的，人才是理性的尺度。"思想和存在的统一，只有在将人理解为这个统一的基础和主体的时候，才有意义，才有真理性。”[4]这里，所谓“人”是抽象的“人”。他设定的是“一般人”，而不是“现实的历史的人”。但是，实际上，人类所创造的一切都是人们共同活动的结果。

费尔巴哈坚决抛弃黑格尔的唯心主义，反对把神秘的“绝对精神”作为研究对象，主张把自然界和人这种“感性客体”作为研究的对象，因而实现了从唯心主义向唯物主义的转变。这是应该肯定的。但是，费尔巴哈不把人的实践活动看作改造世界的客观物质活动，他不了解实践活动的意义和作用，而且鄙视实践，割裂认识和实践的联系。在《基督教的本质》一书中，他说：“直到今天，犹太人还不变其特性。他们的原则、他们的上帝，乃是最实践的处事原则，是利己主义，并且是以宗教为形式的利己主义。”[5]163 “如果人仅仅立足于实践的立场，并由此出发来观察世界，而使实践的立场成为理论的立场时，那他就跟自然不睦，使自然成为他的自私自利、他的实践利己主义之最顺从的仆人。”[5]161 马克思指出：“他在《基督教的本质》中仅仅把理论的活动看做是真正人的活动，而对于实践则只是从它的卑污的犹太人的表现形式去理解和确定。因此，他不了解‘革命的’、‘实践批判的’活动的意义。”（1. P. 133）

2 马克思实践观的基本特征

实践是马克思哲学中最重要的范畴。马克思实践观是对黑格尔实践观和费尔巴哈实践观的扬弃和超越。在《1844年经济学哲学手稿》《关于费尔巴哈的提纲》《德意志意识形态》中，马克思对实践做了许多极为重要的论述。《关于费尔巴哈的提纲》是马克思思想发展史上一个极为重要的文本，被恩格斯称为包含“新世界观的天才萌芽的第一个文件”。马克思说：“从前的一切唯物主义（包括费尔巴哈的唯物主义）的主要缺点是：对对象、现实、感性，只是从客体的或者直观的形式去理解，而不是把它们当做感性的人的活动，当做实践去理解，不是从主体方面去理解。因此，和唯物主义相反，唯心主义却把能动的方面抽象地发展了，当然，唯心主义是不知道现实的、感性的活动本身的。”（1. P. 133）马克思不仅把思维的客观真理性的问题理解为实践问题，而且认为，全部社会生活在本质上是实践的，环境的改变与人的自我改变的一致，只能被看作并且合理地理解为革命的实践。

在马克思的时代，人类为生产力的快速发展所震撼。在《共产党宣言》中，马克思恩格斯写道：“资产阶级在它的不到一百年的阶级统治中所创造的生产力，比过去一切世代创造的全部生产力还要多，还要大。自然力的征服，机器的采用，化学在工业和农业中的应用，轮船的行驶，铁路的通行，电报的使用，整个整个大陆的开垦，河川的通航，仿佛用法术从地下呼唤出来的大量人口——过去哪一个世纪料想到在社会劳动里蕴藏有这样的生产力呢?”（1. P. 405）当时，生产力和科学技术发展的负面效应还没有显露出来。人们欢欣鼓舞，思考着如何促进生产力更快发展。物质生产活动显然是最基本的实践活动。马克思所强调和论述的“实践”，主要是指建立在生产力和生产关系相统一的基础上的现实的物质生产的社会实践活动。

尽管实践在马克思哲学中处于基础性地位，但是马克思没有给出实践的定义。马克思本人在他的早期、成熟期和晚年对于实践的理解和认识肯定也会有所变化。我们只能通过他对这个概念的使用，来大致地把握他对这个概念的理解。通过对马克思实践观的基本特征的认识，来理解实践的本质、实践与世界的关系、实践在人类社会中的地位。

(1) 物质生产活动是基本的、决定性的实践活动

马克思看到物质生产实践在人类社会发展中的巨大作用，发现物质生产活动是最基本的、决定性的实践活动，由此发现和揭示人类社会历史发展的秘密。

物质生产实践也称为生产劳动实践，前者是就这种实践的目的或结果而言的，后者是就这种实践的过程而言的。

马克思和恩格斯说：“我们首先应当确定一切人类生存的第一个前提，也就是一切历史的第一个前提，这个前提是：人们为了能够‘创造历史’，必须能够生活。但是为了生活，首先就需要吃喝住穿以及其他一些东西。因此第一个历史活动就是生产满足这些需要的资料，即生产物质生活本身，而且，这是人们从几千年前直到今天单是为了维持生活就必须每日每时从事的历史活动，是一切历史的基本条件。”（1. P. 158）

生产劳动是人们能动地利用、改造自然，生产满足自己需要的物质生活资料和生产资料的对象性社会活动。人以其特有的劳动作为自己生命活动的基本形式，通过劳动与自然界相互作用，从自然界中获取他们必需的生活资料和生产资料，来维持自己的生存、发展和种的繁衍。物质生产实践是在人类历史上最先出现的实践活动。它无疑是首要的、基本的、决定其他一切活动的实践活动。正是物质生产实践创造着人类生存和人类社会发展的根本条件。它是人类和人类社会赖以产生、存在和发展的基础。因此，物质生产实践是人的生命之根和立命之本。

(2) 客观现实性：实践是人的现实的、物质的和感性的活动

马克思不把实践看作纯思辨的思维活动，也不认为实践只是吃喝穿住等消费活动即人们的日常生活，而是在理论与实践对置的意义上，突出实践的“行”的

含义，把实践理解为人的现实的、物质的和感性的活动。人都有意识和意识活动，但是，单纯的意识活动不能看作实践；实践不是仅仅停留在意识活动的范围内。实践是通过人与客观世界的实际相互作用引起世界发生变化的活动过程，是人与自然之间的物质、能量、信息的变换过程。而实践的过程和结果都是可以感知的。

马克思在他的早期和成熟时期的著作中均持上述观点。在上述马克思的著作中，将实践与理论、思维、观念、思辨等概念相对置，而与感性活动、实际活动、现实生活、物质生产等概念互用。他多处使用“实践上和理论上”或者“从理论方面还是从实践方面”的说法。《关于费尔巴哈的提纲》第 2 条写道：“人的思维是否具有客观的真理性，这不是一个理论的问题，而是一个实践的问题。人应该在实践中证明自己思维的真理性，即自己思维的现实性和力量，自己思维的此岸性。”（1. P. 134）这里的实践不仅是与理论对应的感性活动，而且被看作是理论的应用。马克思的实践概念主要是指生产劳动等现实的、感性的对象化活动，同时，包容社会交往、社会改造或社会革命等感性活动。例如，在 1843 年写的《〈黑格尔法哲学批判〉导言》中，马克思明确地用“实践”这个概念来指称与哲学、理论对应的现实的革命、人的解放。

为什么马克思着重在感性活动、在“行”的意义上使用实践的概念？马克思生活在唯心主义盛行的时代：康德、费希特的主观唯心主义和谢林、黑格尔的客观唯心主义，这类沉迷于遐想、漂浮于天上的思维方式无法解决现实的问题，无法揭示和指明无产阶级解放的道路。马克思从现实出发，在与理论相对置的意义使用实践概念，凸显实践的基础地位，批判唯心主义，标明自己的唯物主义立场，为现实问题的解决和无产阶级的解放开辟道路。

（3）人的类本质和劳动的对象化：实践是人的特有的对象性活动

马克思肯定实践是以人为主体，以客观事物为对象的现实活动。实践把人的需求、目的、知识、能力等本质的力量对象化为客观实在，创造一个属人的对象世界。马克思说：“劳动所生产的对象，即劳动的产品，作为一种异己的存在物，作为不依赖于生产者的力量，同劳动相对立。劳动的产品是固定在某个对象中的物化的劳动，这是劳动的对象化。劳动的现实化就是劳动的对象化。”[6]52 马克思采用费尔巴哈的术语，认为人之所以为人，在于人有一种不同于动物的“类本质”“类生活”“类特性”，因而人是一种“类存在物”。他说：“正是在改造对象世界中，人才真正地证明自己是类存在物。这种生产是人的能动的类生活。通过这种生产，自然界才表现为他的作品和他的现实。因此，劳动的对象是人的类生活的对象化：人不仅像在意识中那样在精神上使自己二重化，而且能动地、现实地使自己二重化，从而在他所创造的世界中直观自身。”[6]58

（4）自觉能动性：实践是人所特有的自由、自主、自觉的、有目的、有意识的创造性活动

马克思认为，人类的生产劳动实践是人为了满足自己的生存需要，通过一定的手段而进行的自由、自主、自觉的活动。它与自然界各种物质相互作用的运动过程有着本质的区别。自然界中所发生的物质运动过程是不自觉的、盲目的自然力之间的相互作用，是一种纯粹的自然过程。在自然界中，虽然动物的活动也是客观的感性的活动，能够引起物质世界的变化，但动物的活动是一种没有思想、没有目的指导的本能的活动，是对环境的消极适应。人类的实践活动都有一定的目的和预期，人在行动之前，根据对客观事物的思考，引出意见、思想、理论，提出计划、方案、办法，并运用一定的物质手段去改造客观对象，使之成为满足自己需要的"为我之物"。

在《1844年经济学哲学手稿》中，马克思说："劳动这种生命活动、这种生产生活本身对人来说不过是满足需要即维持肉体生存的需要的一种手段。而生产生活就是类生活。这是产生生命的生活。一个种的整体特性、种的类特性就在于生命活动的性质，而自由的有意识的活动恰恰就是人的类特性。生活本身却仅仅表现为生活的手段。动物和它的生命活动是直接同一的。动物不把自己同自己的生命活动区别开来。它就是自己的生命活动。人则使自己的生命活动本身变成自己意志的和自己意识的对象。他具有有意识的生命活动。这不是人与之直接融为一体的那种规定性。有意识的生命活动把人同动物的生命活动直接区别开来。正是由于这一点，人才是类存在物。"[6]57

马克思接着写道："诚然，动物也生产。它为自己营造巢穴或住宅，如蜜蜂、海狸、蚂蚁等。但是，动物只生产它自己或它的幼仔所直接需要的东西；动物的生产是片面的，而人的生产是全面的；动物只是在直接的肉体需要的支配下生产，而人甚至不受肉体需要的影响也进行生产，并且只有不受这种需要的影响才进行真正的生产；动物只生产自身，而人再生产整个自然界；动物的产品直接属于它的肉体，而人则自由地面对自己的产品。动物只是按照它所属的那个种的尺度和需要来构造，而人懂得按照任何一个种的尺度来进行生产，并且懂得处处都把内在的尺度运用于对象；因此，人也按照美的规律来构造。"[6]57—58

马克思和恩格斯批判了唯心主义把能动性仅仅归结为精神活动，而否定人类物质实践活动的能动性的观点。马克思和恩格斯认为：现实世界的物质存在通过人的实践活动改变形态，这首先是实实在在的物质运动。人在物质生产活动中，将人的目的性因素注入自然界物质运动变化的因果链条之中，使之在各种变化的可能性中按人规范的方向和过程发生变化，改变了自然界物质的自在存在形式，

体现了人的主体性，确立了人对自然界的主体地位。因此，实践既是符合物质的客观规律的活动，又是能动地符合人的目的的活动，是物质性和能动性的统一。人的能动性、创造性正是从物质生产活动中产生出来和发展起来的。

马克思认为，对于人而言，生产劳动并不是如亚里士多德所理解的那样，是一种简单的、重复性的活动，是一种被迫的、“不得不”从事的活动。真正的生产劳动体现人的自由性、创造性。即使是异化劳动也会在一定程度上展示出劳动的这种性质。当然，生产劳动实践的自由性、自我生成性在劳动者和生产资料相互分离的条件下是被遮蔽着的。在劳动者与生产资料分离的情况下，劳动者进入劳动过程是为生存压力所迫，因而工人像逃避瘟疫一样逃避劳动，生产劳动被异化、被贬低为维持生命的手段。一旦生产力发展到解决人的生存问题的程度，劳动者和生产资料不再分离，分工不再出于自发而且出于自愿，人们不仅不会逃避劳动，劳动和实践会成为人的第一需要，就会展示其作为自由、自主、自我生成活动的魅力。因此，马克思认为，不仅政治活动和伦理活动是人的存在方式，而且生产劳动，即亚里士多德所说的创制活动，属于人的自由自主的活动领域，理应纳入实践的范畴。

（5）社会历史性：实践是社会的历史的过程

实践的社会历史性首先表现为劳动创造人的历史过程。马克思说：“整个所谓世界历史不外是人通过人的劳动而诞生的过程，是自然界对人来说的生成过程，所以关于他通过自身而诞生、关于他的形成过程，他有直观的、无可辩驳的证明。”[5]92 恩格斯说：“劳动创造了人本身。”（3. P. 988）

马克思和恩格斯认为，不是人的观念预先选择了自然界，也不是超自然的力量即马克思称之为“凌驾于自然界和人之上的存在物”预先选择了人，而是人的社会性劳动导致人类和人类社会的产生。在类人猿转变为人的进化过程中，劳动起着决定性的作用。经过漫长的劳动，类人猿才超越了动物的本能状态，从动物界中分化出来，使自己成为人。“只有一种有计划地生产和分配的自觉的社会生产组织，才能在社会方面把人从其余的动物中提升出来，正像一般生产曾经在物种方面把人从其余的动物中提升出来一样。”（3. P. 860）

实践总是社会的活动。无论是生产劳动实践还是其他社会实践，都不可能是单个人的活动，而是通过人们一定的交往形式进行的。即使表面上看来是单个人的实践活动，其背后也总是要凭借着社会的力量。马克思说：“甚至当我从事科学之类的活动，即从事一种我只在很少情况下才能同别人进行直接联系的活动的时候，我也是社会的，因为我是作为人活动的。不仅我的活动所需的材料——甚至思想家用来进行活动的语言——是作为社会的产品给予我的，而且我本身的存在

是社会的活动；因此，我从自身所做出的东西，是我从自身为社会做出的，并且意识到我自己是社会的存在物。”[6]83－84

实践的社会历史性表现在，人和自然之间的物质变换始终离不开人与人之间的交往活动，即离不开人与人之间的社会关系。人对自然的关系表现为生产力发展的一定阶段，而生产力发展的一定阶段必定与一定的社会关系，即社会发展的一定阶段相联系。马克思和恩格斯指出：“人们之间一开始就有一种物质的联系。这种联系是由需要和生产方式决定的，它和人本身有同样长久的历史；这种联系不断采取新的形式，因而就表现为‘历史’”（1. P. 160）。离开人与人之间的交往活动即社会关系，人对自然的物质变换活动即生产劳动实践就不可能进行。劳动不仅生产人们生存和生活所必需的劳动产品，同时，也生产着人与人之间的社会关系。劳动是人类社会全部社会关系形成和发展的基础。

在社会关系的形成过程中，最重要的是人们在劳动过程中结成的人与人之间的生产关系，如劳动的分工和协作关系，劳动产品的交换，劳动资料的占有和使用关系，分配和消费的关系等。物质交往活动是一切其他交往活动的基础。当然，社会关系不限于劳动产品的交换，它还包括一切交换活动。在《德意志意识形态》中，称之为相互“交往”。社会交往是从物质生产领域中历史地形成和发展起来的一种实践活动。广义的交往超出生产领域，包括人们心理的、思想的、道德的、政治的人和人之间的各种社会交往活动，遍及社会生活的各个领域。马克思曾经把贸易甚至战争也列为社会交往的形式。一般说来，人们的社会交往形式是由物资生产活动所决定的，但是，物资生产本身又以个人之间的社会交往为前提。

人与自然的关系，始终离不开人与人之间的社会关系。实践体现着自然过程和社会历史过程的统一。理解实践的社会历史性，恰恰是理解这两者双重统一的关键。崇尚自然的旧唯物主义者不了解这一点，因而表现出旧唯物主义的局限性和不彻底性。

每一代人总是从已有的前代人实践所创造的客观条件（包括物质条件和科学文化成果等）和社会关系出发，生活和实践，并进一步推进社会的进步和发展。实践是社会历史的过程。

（6）自然界和人类生产劳动实践是人类社会形成、存在和发展的基础

人类和人类社会是自然界长期发展的产物。人类依靠生产劳动实践改造自然，生产自己所需要的生活资料和生产资料，保障人类社会的存在和发展。自然界是人类和人类社会存在的物质前提。

马克思指出：“人靠自然界生活。这就是说，自然界是人为了不致死亡而必须与之处于持续不断地交互作用过程的、人的身体。所谓人的肉体生活和精神生活

同自然界相联系，不外是说自然界同自身相联系，因为人是自然界的一部分。”[6]56—57又说：“没有自然界，没有感性的外部世界，工人什么也不能创造。它是工人的劳动得以实现、工人的劳动在其中活动、工人的劳动从中生产出和借以生产出自己的产品的材料。”[6]53物质生产是人类的一切社会形态所共有的，不管在什么社会形态下，物质生产总是每日每时都必须进行的。马克思说：“任何一个民族，如果停止劳动，不用说一年，就是几个星期，也要灭亡，这是每一个小孩子都知道的。”（4. P. 473）

自然界永远是人类的生存、活动和发展的现实基础。它是人类产生的自然的“子宫”和现实的人类与人类社会所赖以存在的前提。但是，自在自然的状态并不完全适合人。自然界是人类生产劳动实践的对象。人类在改造自然的实践过程中，将自己需求、目的、知识、能力等本质力量对象化为现实的客观存在，以满足人类生存和发展的需要。实践改造过的自然对象是人类赖以生存的基础。人在社会活动中改造自然，人在改造自然的同时也改造着人类社会本身。自然向人的生成也就是自然界人化的过程。人化自然并不是单纯自然生成的，更不是始终不变的存在物，它是人类世世代代的社会实践活动的结果。这说明实践是自然的存在和自觉的社会存在的统一，既体现了自然的尺度，又体现了社会历史的尺度。

马克思认为，实践在本质上是一种能动的力量。“全部社会生活在本质上是实践的。”（1. P. 135）自然界和人类实践是人类社会形成、存在和发展的基础。

§6.2　实践的本质、定义、形式和要素

1　什么是实践？实践的本质和定义

马克思没有给出实践的定义。什么是实践？如何定义实践？哲学界存在狭义和广义两种不同的阐释和理解。前者定义实践是人们有目的地能动地改造世界的物质活动，将物质活动之外的其他一切活动（如理论研究活动）排斥在实践活动之外；后者定义实践是人和社会生活的一切过程。前一个定义是占有主导地位的观点，这样的或类似的定义见于许多哲学教科书中。

我们应当在考察哲学史上关于实践的各种不同观点的基础上，遵照马克思的实践观，从实践的本质出发，考虑人类社会发展的现状和趋势，确定实践的内涵

和外延，给出实践的定义。

如前所述，正是长期的生产劳动实践，产生了人和人类社会。在长期的生产劳动实践中，人把自己从动物界提升出来，产生了人类所特有的高级思维活动，逐步地形成了人类的意识和精神世界，创造出人之为人的一切特征，人成为一种不同于一般动物、更不同于一般自然物的特殊的物质存在形态。

马克思指出："有意识的生命活动把人同动物的生命活动直接区别开来。正是由于这一点，人才是类存在物。或者说，正因为人是类存在物，他才是有意识的存在物，就是说，他自己的生活对他是对象。仅仅由于这一点，他的活动才是自由的活动。"[5]53

第三章强调地指出过：作为一种特殊的物质存在形态，一方面，人有意识和意识活动，自由的有意识的生命活动是人特有的类特性；另一方面，无论从受动还是能动的角度看，人的存在，人的生活和实践依赖人们的意识，因而也依赖于人类社会。人是物质和意识、物质性和能动性的统一。

实践的本质是什么？根据上节引用的亚里士多德和马克思的论述，可以认为，实践的本质在于：实践是人所以为人，即人区别于自然界物质（包括动植物）之特有的超越性活动，是人的自由、自主、自觉、有目的、有意识的现实活动。人以自身对自然的改造和创造，获得与自然的统一，维持自己的存在，并不断发展自己。生存方式的改变，就意味着人的生命从大自然的绝对主宰中获得了解放，它不再完全地依附于自然控制的生存环境；人作为人已超越了生命的本能，成为自我生命的主宰者。这表明，人类的实践活动使生命的本性发生了根本的变化，使生命从完全被支配的地位获得了某种自主的本性。因此，自然界和人类的实践活动，是人类和人类社会形成、存在和发展的基础。简言之，人类的实践活动是人的存在方式，自然界和人类实践构成人类社会的基础。

马克思在谈到人的实践活动时，大多指向人的物质生产或者生产劳动实践。物质生产活动无疑是首要的、决定性的、基本的实践活动。但是，这决不意味着，在马克思的视野里，物质生产实践是人的唯一的实践形式。在《德意志意识形态》中马克思和恩格斯指出："思想、观念、意识的生产最初是直接与人们的物质活动，与人们的物质交往，与现实生活的语言交织在一起的。人们的想象、思维、精神交往在这里还是人们物质行动的直接产物。表现在某一民族的政治、法律、道德、宗教、形而上学等的语言中的精神生产也是这样。"（1. P. 151～152）他多次并列地提到"物质劳动和精神劳动"。

针对黑格尔的实践观的缺陷，马克思指出："黑格尔唯一知道并承认的劳动是抽象的精神的劳动。"[5]101针对费尔巴哈的实践观，马克思指出："他在《基督教的本质》中仅仅把理论的活动看做是真正人的活动，而对于实践则只是从它的卑污的犹太人的表现形式去理解和确定。”（1. P. 133）黑格尔和费尔巴哈只把人的精神活动、理论活动看作是真正的人的活动。这当然是他们的片面性。不能诉诸一种非此即彼的思维方式，不能要么认为人的精神劳动是真正的人的活动或者唯一的实践形式，要么认为物质生产是唯一的实践活动。马克思指出：“全部社会生活在本质上是实践的。”（1. P. 135）人的社会活动形式丰富多彩，不但包括物质生产和物质交往等物质活动，也包括精神生产和精神交往等精神活动。应当将其中体现人之所以为人、人所以区别于自然界物质（包括动物、植物）之超越性的现实性、对象性活动都归于实践。所有这些活动构成了人的存在方式，并且与自然界一起成为人类社会的基础。

如果单纯地规定实践只是人们能动地变革和改造世界的物质活动，这种定义是否涵盖了实践活动的全部内容？答案是“否”。

首先，人们的许多感性的物质活动，并不必然地表现为改造世界的物质活动。人们的一切活动或多或少地都以改造世界作为终极目的，但从活动的直接结果来看，有些活动，如天文观测、气象观测、地质考察、社会调查、军事侦察等，并不直接使活动的对象发生实际的改变，而只是为了了解和认识世界。在这些活动进行时，人们还没有能力，或者还不准备对这些活动的物质对象进行控制、变革与改造。然而，这些活动也都是实践活动，并且还可以说是感性的实践活动。

其次，如果实践只是人们能动地变革和改造世界的物质活动，那么自然科学和社会科学的纯粹的理论研究活动算不算实践活动？对此，许多哲学教科书避而不谈。在前述狭义的实践定义下，实际上意味着给出了否定的回答。但是，按照亚里士多德的观点，这种思辨活动和理论活动应当归入实践，而且是最高的实践。我们接下来略微详细地讨论这个问题。

看看近现代自然科学的理论研究，牛顿的《自然哲学的数学原理》（创立牛顿经典力学）、玻耳兹曼的《气体理论讲义》（创立统计物理学）、麦克斯韦的《电磁学通论》（建立电磁场理论，论述电磁波的理论发现）、爱因斯坦的《论动体的电动力学》（创立狭义相对论）以及玻尔、海森伯、薛定谔的量子力学论文和著作等，这一系列著作所创立的经典物理学和现代物理学基本理论几乎都是纯粹理论研究的成果。建立新理论当然离不开此前的科学实验，新理论的建立只是此前的科学实验成果的解释、总结和提升。科学实验当然是创新的源头和基础，而且是理论的真理性的检验标准。但是，除了牛顿（他做过许多光学实验），上述科学家并没有亲自从事过实验研究，对于他们个人而言，新理论的建立只是他们在书房中理论研究的结晶。总结前人或者他人的实验研究成果，经过严密的逻辑思考和大量的数学计算，建立全新的科学理论，这是一种重要的纯粹理论研究活动。再来看社会科学领域，亚里士多德的《工具论》《形而上学》等，康德的《纯粹理性批判》等，以及黑格尔的《精神现象学》《逻辑学》等，都主要是理性思维、精神生产的成果，是伟人们留给人类的宝贵的精神财富。所有这些理论研究的成果，放射出人类理性的光辉，永远照耀着世世代代人类进步的道路。这种高尚的精神劳动、精神文化的创造活动算不算实践?

如前所述，人是物质和意识、物质性和能动性的统一。维持自己肉体与精神的存在，是人的实践所要解决的双重任务。人们在物质生产中，生产满足自己的物质生活需要的物质生活资料，与之同时，人们还必须从事精神生产，生产满足自己的精神生活需要的各种精神产品。精神生产活动与物质生产活动具有不同的作用和特点，前者需要后者作为源头和基础，后者则需要前者作为行动的指导。精神生产本身是一种相对独立的感性活动形式。更为重要的是，纯粹理论研究和理论创造的成果是人类进步的重要标志，是现代人类社会发展的重要依据和基础。可以说，没有它们，就没有今天的人类社会。

当然，也可以将理论活动与实践活动相对置、相区分，将物质活动之外的其他一切活动（包括纯粹的理论研究和理论创造活动）绝对地排斥于实践活动之外。也许这就是人们以前的相当普遍的观点。问题在于，这样定义的实践不能在完全的意义上说成是人的存在方式，这样定义的实践不可能成为现代人类社会的基础。如果要承认、要维护前述实践的本质，即“实践是人的存在方式，人类实践与自然界一起构成人类社会的基础”，就应当按亚里士多德的观点，将纯粹理论研究和理论创造活动归属于实践的范畴。

把精神生产与精神交往所构成的精神生活排斥在实践范畴之外，不仅会遮蔽关于实践本质的理解，也违背马克思关于“社会生活在本质上是实践的”论断，而且不符合人类社会发展的现状和趋势。因此，我们不能否认科学家的理论研究活动、作家的写作活动、艺术家的表演活动等也是一种实践活动。它们都是构成人类社会生活的一个有机部分。

因此，我认为，应当明确地认定，精神生产、纯粹理论研究和理论创造归属于实践的范畴。根据上述考虑，应当给出实践的定义如下：实践是人们有目的地进行的、有意识和意识活动参与的、通过与世界的相互作用而能动地变革、改造世界和探索、研究世界的对象性社会活动。

关于上述实践的定义，给出必要的说明如下。

首先，人有意识和意识活动；人的存在，人的生活和实践依赖于人们的意识。"有意识的生命活动把人同动物的生命活动直接区别开来。"实践有意识活动参与是自然的、必然的和必需的。在定义中加上"有意识活动参与的"，无非是强调我在第三章关于人之本性的论述。对此，下节将详加论述。

其次，这样定义实践，强调了不仅能动地变革、改造世界的物质活动是实践活动，而且探索、研究世界的对象性活动也是一种实践活动。因此，人们的实践活动既包括物质生产和物质交往等物质活动，也包括精神生产活动。

这里，探索研究是指探求事物的真相、性质和规律。探索研究世界，实际上是一种理性思维的认识活动。所谓认识，是人作为主体对于世界客体的能动的、创造性的反映。认识是在实践活动的基础上，人作为主体以观念的形式把握世界的意识思维活动的过程。人以感性直观形式和理性思维形式把握客体。感性直观包括感觉、知觉和表象，是感性地把握客体的外部现象、外部属性和外部联系的过程；理性思维则是借助语言符号，运用概念和逻辑体系理性地把握客体的内在本质、客体之间相互联系的过程。理性思维既是以感性直观为基础，又是对感性直观的超越。理性思维产生精神观念形式的结果。系统的理性思维活动作为观念的认识活动，是一种精神生产，精神生产的产品就是精神产品。它本身不是直接的物质存在，但是要通过某种可以感知的物化形式表达出来，成为在人类社会中客观存在的可以为人们享用的精神食粮。

理性思维活动和实践活动相互联系、相互依赖和相互渗透。如上所述，整个认识过程建立在实践活动（包括物质实践活动）基础上；其中理性思维又以感性直观为基础。改造世界的实践活动，又是在一定的意识成果和意识活动的指导和支配下所进行的活动，实践本身内在地包含着思维认识活动的因素。作为系统的理性思维活动的结果，观念和理论产生于实践活动，并且最终总是为实践活动服务的。因此，系统的理性思维和由此而建立的观念、理论是整个实践活动的一个必要环节和重要组成部分。所以马克思说："宗教、家庭、国家、法、道德、科学、艺术等等，都不过是生产的一种特殊的方式，并且受生产的普遍规律的支配。"[6]82

我们将探索、研究世界的对象性社会活动纳入实践活动之中。这意味着作为探索研究世界的理性思维活动的结果所产生的观念和理论，如果已经以对象化或物化的形式展现为精神产品，这种探索、研究世界的活动成为对象性社会活动，它们便归于实践的范畴。

可以同时指出，如果认识活动只停留在感性直观阶段，或者即使进入了理性思维阶段，但是仅仅停留在头脑中的主观思维活动，没有展现为对象化或物化的精神产品，这样的意识活动都不被认为是实践活动。简言之，没有展现出对象化或者物化的精神产品的意识活动都不被看作是实践活动。

此外，在我看来，吃喝住穿和休闲等并不是人区别于动物的本质的存在方式。动物尽管不谈穿（如果不计及季节性换毛的话），但是也本能地要吃喝住和休闲。因此，与费尔巴哈相反，我没有将人们的日常生活归于实践范畴之内。

这样，关于实践的上述定义也不同于广义的实践定义，即不将实践理解为人的全部实际生活的一切活动和过程。

最后指出，人作为主体对于世界客体的实践活动是一种相互作用的过程。这就是说，这种作用不是单向的，而是双向的，相互的，如我们经常所说的，人在改造客观世界的同时，人的自身也得到了改造。下节对此再加以讨论。

2 实践的基本形式

社会生活的形式多种多样，社会实践的形式也是多种多样的。作为人所特有的存在方式，实践主要有三种基本形式，即生产劳动实践、社会交往实践和科学文化实践。

生产劳动实践或称为物质生产实践，是人们有目的地进行的、有意识和意识活动参与的能动地利用自然、改造自然，生产满足自己需要的物质生活资料和生产资料的对象性社会活动。生产劳动实践是人以自身的活动引起、调整和控制人与自然之间的物质变换过程。如前所述，物质生产实践是人类历史上最先出现的实践活动，是首要的、基本的、决定其他一切活动的实践活动。它是人类和人类社会赖以产生、存在和发展的基础。正是这种物质生产实践活动创造人类生存和人类社会发展的根本条件。因此，物质生产实践是推动人类社会历史发展的根本动力，是人的生命之根和立命之本。

社会交往实践是适应于物质生产实践活动的需要而发生和发展起来的。人们生产物质生活资料和生产资料，同时也创造社会关系。物质生产实践总是在一定的社会关系中进行的。人与人之间相互交往，以及组织、管理和变革社会关系的活动，都是社会交往实践活动。

社会交往实践由物质生产实践所决定，同时又反过来制约物质生产实践。人与人之间的社会关系依赖于人与自然之间的关系，同时，人与自然之间的关系又受制于人与人之间的社会关系。社会关系的好坏，直接影响人与自然之间的关系。因此，必须维护和巩固那些适合生产力发展的社会关系，调整和变革那些不适合生产力发展的社会关系。调整和解决各种社会矛盾，这是社会政治活动的领域。

在阶级社会中，人与人之间的社会关系主要通过阶级关系表现出来。处理人与人之间的社会关系的活动，主要表现为阶级斗争。阶级斗争是阶级社会中实现社会改造的基本实践方式。各个国家之间友好来往或尖锐冲突甚至战争，也属于社会交往的活动。

科学文化实践是随着物质生产实践的发展而发展起来的科学文化的探索性和创造性活动。这里所说的科学实践活动主要是指自然科学研究，同时，它实际上也涵盖了科学的技术活动。这里所说的文化实践是狭义的文化实践，是指以社会意识形态为主要内容的观念体系，即政治、法律、道德、宗教、艺术、哲学等意识形态领域内的创造性活动。

科学文化实践活动可能是一种理性思维指导下的物质活动，例如，科学实验、技术发明、文艺表演等。科学文化实践活动也包括纯粹的理论研究和理论创造，它也是一种生产，是精神生产。

科学观察和科学实验是基本的科学实践活动。科学观察是人们在一定的科学理论指导下，借助科学仪器，有目的地主动地观察、描述和确认未受干预的自然现象的实践活动。科学实验是人们高度自觉的通过积极地干预现象、精确地观察现象而进行的探索和研究自然的实践活动。在科学实验中，人们根据一定的研究目的，利用科学仪器和设备，人为地控制或模拟自然现象，将认识对象从外界的复杂联系中隔离出来，移至实验室中，使之处于纯粹的、典型的、理想的状态之下，排除偶然因素，突出主要因素，在有利的环境下进行观察研究，得出准确的具有普遍意义的科学认识。科学观察是科学实验的前提，科学实验则是科学观察的发展。科学实验是一切科学认识的基础，贬低实验，就动摇了科学理论的根基，理论之树会因为没有营养而枯萎；同时，科学实验离不开理论思维的指导，忽视理论思维，科学实验就会因为盲目而失去力量。

纯粹的精神生产出现在物质生产发展到一定阶段上，出现在体力劳动和脑力劳动分工之后。精神生产是人们运用理性思维的能力对反映在自己头脑中的客观现实和以往思想文化资料进行加工，创造出一定的思维产物，并把它物化在一定物质资料上，从而形成精神产品的实践活动。精神生产的产品，如理论、学说、文学作品、音像作品等，以一定的对象化或物化的形式提供给社会，可以为人们所享用（阅读、欣赏等）。当然，在这种情况下，人们所注重的主要不是精神产品的物化形式，而是其物化形式所体现的精神内容。

精神生产对社会的存在和发展具有重要作用。精神生产为人类提供理论观点、科学知识、价值取向、行为规范、行动计划和未来预见等。它是实现和提高人的活动的自觉性、主动性、创造性的重要条件，是人类精神生活和精神文明所需品的直接来源，也是发展精神文明的直接动力。从这个意义上说，精神生产所生产的精神产品无疑是人类财富不可或缺的组成部分。精神生产的发达程度以及精神产品的丰富程度是衡量人类文明程度的重要标志。

三种基本的实践形式有着各自的特殊的规定性，在社会生活中执行着不同的功能。它们是相互联系、相互促进和共同发展的。

我们经常使用“劳动”的概念，马克思对劳动做过大量的论述。什么是劳动？“劳动”概念应当有确定的含义和明确的定义。如何定义劳动，的确见仁见智，无法也不必千篇一律。重要的问题在于，一经定义，所有的论述就必须按照给定的定义展开。如何定义“劳动”？《现代汉语词典》对“劳动”的解释是：劳动是人类创造物质财富或精神财富的活动，包括体力劳动和脑力劳动。这是现在人们通常的理解。其实，没有单纯的体力劳动，体力劳动伴随着脑力劳动的付出。按照这种理解，我认为，劳动是指包括生产劳动实践和科学文化实践在内的人类的实践活动，劳动是人们有目的地进行的、有意识和意识活动参与的能动地利用、改造自然和探索、研究自然的对象性社会活动。这意味着，社会交往实践活动不包括在劳动的范畴之中。

3 实践活动的要素

作为人们能动地变革改造世界和探索研究世界的对象性社会活动，实践活动有其特定的要素和过程。实践活动包含主体、客体和中介手段三个基本要素。在每一个具体的实践活动中，作为三个要素的具体对象相互联系、相互作用，实现和完成实践的整个过程。

实践主体是具有一定实践能力并实际地从事实践活动的人。实践能力是实践主体的体力和智力、物质和精神的有机整体。具体地说，它包括三方面内容。

一是“人本身的自然力”，即人的体力和脑力的总和。这是主体的实践能力的物质基础和精神意识基础。人是自然界长期发展的产物，是不同于一般自然物质的特殊的物质存在形态。人都有意识和意识活动。人的力量是精神意识支配下的物质力量。“人本身的自然力”不仅包括执行大脑指令的各种运动器官和效应器官，而且包括作为人的一切活动的指挥中心的大脑以及神经系统。人使自己的身体和四肢在大脑的指挥下协同动作，通过中介工具，与自然界进行物质、能量、信息的交换和变换，能动地变革、改造和探索、研究世界的各种事物现象，甚至创造出自然界不可能自动生成的客观对象。

二是主体具有的相关的知识、经验和技能。这是主体实践能力结构中的智力因素。实践是人的有目的的活动。只有掌握有关实践客体、中介手段的各种知识，主体才能够根据自身的需要、客体的本性以及中介手段提供的可能性，提出一定的实践目的，设计实现实践目的的具体方法、途径和步骤。然后，凭借主体拥有的利用和操作中介手段的经验和技能，实现既定目的，完成实践的过程。

三是主体的情感和意志。这是主体实践能力的精神因素。它对实践活动起着重要的控制和调节作用。实践主体能力的发挥不仅取决主体的知识、经验和技能，而且总是与主体对于客体的情感体验和意志努力紧密相关。“激情、热情是人强烈追求自己的对象的本质力量。”[6]107 从事实践活动时，积极的情感和坚强的意志能够激发主体努力克服各种困难，百折不挠地追求和实现实践的目的；反之，消极的情感和薄弱的意志肯定妨碍甚至破坏实践的顺利进行，阻滞实践目的的实现。

所有这些表明，人的实践能力不仅在于其体力，更在于其知识和技能、情感和意志。人作为特殊的物质存在，是一种体力和智力、物质和精神相统一的社会存在物。人的存在，人的实践首先依赖于物质的条件和物质的力量，同时也依赖于人们的意识和意识活动。精神意识活动是实践活动不可或缺的环节。实践活动当然不能单纯地归结为精神意识活动，但实践活动却必须依赖于精神意识活动。实践造就和发展了作为实践主体的人的能力，实践的进行又依赖于人的实践能力，人的实践能力推动着实践的发展。

实践主体按其社会构成可以划分为个人、群体、特定社会和人类整体。

个人作为实践主体不是脱离社会的抽象的个人。群体由个人组成，例如确定的集体、集团、团体、科学共同体等。群体作为实践主体不是脱离个人的抽象的社会群体。特定社会是指一定地域内的人所组成的社会。

人类整体是实践主体的最高形式。由于地理隔离、阶级对立和意识形态差异等原因，人类过去和现在还只能在十分有限的领域，以整体的身份共同从事某些实践活动。例如，为了缓解世界气候危机，世界各国协同努力，减少二氧化碳的排放量。随着交通、通信现代化和世界经济一体化的推进，整个世界将连成一片，变成了地球村。越来越多的人认识到，事实上存在着人类整体的越来越多的共同利益。人类整体作为实践主体将从事愈来愈多的全球范围的实践活动。

实践客体是主体的实践活动所指向的对象，是进入主体实践活动领域的客观事物。客观事物并不等同于实践客体，当客观事物自在地存在着、处于与人无关的状态时，它并不是实践客体；只有当客观事物进入人的实践活动的领域，成为人的实践活动所改造和研究的对象，它才转化为现实的实践客体。因此，在实践活动中，主体和客体是相互生成、相互规定的。客观世界中的哪些事物能转化为实践客体，这不仅与客观事物的性质有关，而且与人类的实践能力和实践活动的发展水平有关。客体的存在是主体本质力量的对象化，客体存在范围的扩大，是主体本质力量发展的证明。

客体的存在及其范围在不断扩大和变化，它具有多种多样的形式。实践客体有三种基本类型，即自然形式的客体、社会形式的客体和精神形式的客体，三者构成了客体的内在结构。自然形式的客体是客体的最基本的形式。它包括同人的对象性活动发生关系的自然物，也包括人用某种方式改造或制造出来的并进一步成为改造对象的人工自然物。社会形式的客体是指成为人们改造对象和认识对象的现实的社会结构（如经济制度、政治制度等）和社会关系。人们在实践活动中形成的社会关系作为自己改造和认识的对象，社会关系因而成为实践客体。精神形式的客体是指以物化形式存在并成为人们实践活动对象的人类精神产品，如以书籍作为载体的各种理论、学说等，以磁带、磁盘为载体的音像作品等。

实践中介手段是指将主体的实践能力现实地传导到客体，使主体和客体联系起来相互作用的手段，主要包括各种生产工具以及使用和操作这些工具的程序和方法。中介工具包括作为肢体延长、体能放大的工具（例如手工工具、畜力使用、机械系统、动力能源系统等）和作为人的感官延伸、智力放大的工具系统（例如望远镜、显微镜、探测器、遥感装置、电子计算机等）。工具的制造和使用突破了人的体力、身体感官和大脑的自然限制，极大地提高了主体作用于客体的能力和主体接受、处理、加工外界信息的能力。生产工具是在人们的实践过程中不断地产生和发展起来的。使用和操作工具的程序和方法是人们在以往实践活动过程中所获得的，它和工具结合起来，成为人们实践活动的强大手段，决定着人类实践活动的方式、规模和水平。

在实践中，人主要不是借助于自己的天然器官，而是借助于身外器官即生产工具作用于劳动对象。生产手段即生产工具是人的生理器官的延伸，它是主体和客体之间相互作用不可缺少的中介物，依靠它实现物质变换过程，拓展物质变换空间，加快变换的速度，提高变换的数量和质量，大大增强了人类利用和改造自然的能力，使人超越动物界，充分显示出人是万物之灵。生产工具这种中介手段不是现成的自然物，而是人的实践的创造物，在它们身上凝聚人类理性的力量。在人的实践活动中，手段是人的身内器官功能的外化，是人的身外器官。依靠它，人占有和支配一部分外部的自然力，使之变成主体自身的力量，用它去驾驭其他自然力，实现人们自身的目的。这样，人们就突破了自身的功能和力量的局限，使自己获得无限发展的可能。

一定水平的生产工具体现人类理性的本质力量在广度和深度上的发展。实践主体的劳动能力及其发展主要体现在实践手段（即生产工具）的发展和更新上。

手段的改进和发展标志着人类实践的质量水平和发展程度。马克思把生产工具的发展水平作为衡量社会发展和进步的物质标志。

生产工具作为人的生理器官的延伸，属于人的身外器官，具有超个体的特征，能够不断地被复制，同时，能够在个体之间转换，不会随着个体的死亡而消失。因而生产工具成为个人之间相互联系的中介，使人们联合起来，成为一个有机的社会整体。

中介手段即生产工具是过去人们实践活动的结果，又是后来人们实践活动的前提，它把前人的实践活动和后人的实践活动联系起来。这样，每一代人都突破了本身力量的局限，把历史上所创造的人类力量的总和纳入自身的实践活动之中，使人的活动具有了不同于动物活动的特点，形成了区别于生物进化的人类社会的发展规律。

实践是以主体、客体和中介为基本构成要素的一个动态系统。其中实践主体是自主性和能动性的要素，实践客体是制约性和受动性的要素，而中介手段则是将主体和客体联系起来，使二者相互作用得以实现的条件。主体和客体通过中介相互作用，这既不同于物质与物质之间的相互作用，也不同于物质与精神之间的相互作用，它把这两种相互作用包含于自身之中。

§6.3　人对世界的实践把握

人在实践活动中，选择外界的某种或某些具体的客观事物作为利用改造或者探索研究的对象，变成自己实践活动的客体，同时自己成为主体性的存在。实践是一个以主体、客体和中介手段为基本要素的动态的相互作用过程。人作为实践主体按照自己的目的，运用物质手段，对作为客体的对象进行变革改造或者探索研究，改变它们原有的存在方式，使其成为人的物质生活和精神生活的一部分。在整个实践过程中，人作为实践主体通过（1）实践的目的和实践方案的确定，（2）按照实践的目的和方案通过一定的手段实际地作用于客体，（3）对实践结果的检验和评价三个环节来实现对于世界的实践把握。

1　实践的主体和客体在实践活动中的相互作用

在自在自然中发生的一切物质实体之间的相互作用遵循着客观的规律，这种相互作用是自发的、无目的的（盲目的）。人并不能创造物质，人也不能使物质的运动变化的规律发生改变。如 § 3.4 所述，在我看来，所谓生产实践，归结起来实际上就是一件事，即人按照自己的目的，根据对自然界物质运动变化规律的认识，直接地（用手）或者间接地（通过中介手段即工具或设备）适当地和实时地改变作为实践客体的各种物质的位置和状态，因而改变物质运动变化的条件、过程和方向，把自己的目的因素注入自然界运动变化的因果链条之中，使自然界的物质按照人自己设定的目的和方向变化，从而产生自己生存所需要的生活资料和生产资料。人的实践是有目的、有意识和意识活动参与的对象性社会活动。

在人们的实践过程中，主体通过操作各种工具、运用各种手段，与客体发生相互作用，其中既包括一般的物质实体之间的相互作用，又包括精神和物质之间以及主体和社会之间的相互作用，从而出现了一般的物质实体之间的相互作用中所没有的崭新的关系。这就是目的与手段、创造者与被创造者、能动者与受动者、个人与社会之间的关系。在这一崭新的关系中，主体主导地位和中心地位即人的主体性被确定下来。人作为实践主体，总是自己活动的策划者、发动者和实施者。在实践过程中，一方面主体受到客体的限定和制约，另一方面主体不断地发展着自己的需求和能力，以自觉的、能动的活动不断打破客体的限定，超越现实客体，力求达到既定的目的。成功实践的结果，客体成为“为我之物”。如马克思所说：“在生产中，人客体化，在消费中，物主体化。”（2. P. 689）在整个实践过程中，主体和客体之间的相互作用是通过主体客体化和客体主体化的双向运动实现的。

所谓主体客体化，或者称为主体对象化，是指人通过实践使自己的本质力量转化为对象物。人类的物质生产实践生产的产品，是主体的知识、经验、技能和创新能力等本质力量的对象化的结果。主体的本质力量积淀、凝聚和物化在产品这种客体之中，主体实现了客体化或对象化。人们处理和调整的社会关系，包括社会制度、体制、规章等，体现了统治阶级的思想和意志，或管理者的目标和理念，或普通群众的利益和共识。主体的本质力量凝聚和体现在各种社会关系中，实现了主体客体化或对象化。理论研究获得的精神产品即自然科学或者社会科学的理论著作，是人类的宝贵的精神财富，放射出人类理性的光辉。这些对象化的精神产品都是主体客体化的成果。

主体客体化实现人的认识活动的成果和实践活动的成果的体外对象化积淀，这种积淀是人类文化和人类本质力量的一种特殊的社会遗传方式，它使得人类的精神文化和物质文化成果不会因为个体的消失而消失，能够世世代代地积累下来和发展下去。这显然是人类区别于所有动物，得以统治地球的决定性因素。

客体主体化是指客体转化为主体的生命结构或本质力量的构成因素。

人的生活消费和生产消费，是实现这种转化的一种方式。主体消费生活资料，使得生活资料成为主体生命结构或生活条件的一部分；主体消费劳动工具或劳动手段，使得生产资料成为延长的主体器官，从而转化为主体本质力量的构成因素。区别于生活资料和生产资料，人类的社会关系体系和科学文化是另一类社会客体。社会制度和社会组织等实施于人类社会，对于主体的本质力量产生制约和影响。科学理论和文艺作品等精神产品的消费，教育消费和文化消费，使精神客体转化为主体享用的精神食粮，从而成为主体意识和主体本质力量的一部分。

人类通过客体主体化的形式，将自己的物质文化和精神文化的成果，继承和传递、吸收和创新，不断丰富和发展人类自身的本质力量，提高主体的能力。这就是说，在客体主体化过程中，主体并不是被动地消化和吸收客体，而是在消化和吸收的过程中有所创造，形成新的本质力量，使主体在更新、更高水平的基础上，去认识世界和改造世界。

在人类实践活动的过程中，主体客体化和客体主体化是不可分割的两个方面，它们互为前提，互为媒介。实践主体和客体的相互作用、相互渗透，不断地在新的广度和深度上进行，从而推动人类实践的不断发展和人类社会的不断进步。

2 实践的主要环节

现实的实践活动是实践主体通过一定中介手段实际地作用于实践客体，从而能动地利用改造客体或者探索研究客体的动态过程。黑格尔在《逻辑学》[2]中，以一章共 25 页的篇幅按照纯思辨的逻辑方式，把这一过程表述为行动的推理过程，包括三个环节：(1) 主观目的；(2) 手段；(3) 实现了的目的，即目的性活动的产物，由此揭示实践从主观目的出发达到客观现实的转化。依照我们现在的理解，实践活动包括如下三个基本环节。

第一，实践目的和实践方案的确定。

实践目的反映实践主体的需要和意愿，它必须有利于主体自身的生存和发展。许多自然物不能直接满足人的需要，于是，在人的头脑中思考应当如何改造它，创造出一种客观世界中尚不存在的理想的客体，满足自己的需要。实践的目的是实践主体根据自身的需要和对于实践客体的认识而产生的对于实践结果的构想和预测。这就是说，人在改造客体之前，先在思维中对客体进行观念的超前的改造，预先设想和规定活动的结果，形成关于理想客体的观念模型。这是动物的本能的活动所做不到的。

马克思说："蜘蛛的活动与织工的活动相似，蜜蜂建筑蜂房的本领使人间的许多建筑师感到惭愧。但是，最蹩脚的建筑师从一开始就比最灵巧的蜜蜂高明的地方，是他在用蜂蜡建筑蜂房以前，已经在自己的头脑中把它建成了。劳动过程结束时得到的结果，在这个过程开始时就已经在劳动者的表象中存在着，即已经观念地存在着。他不仅使自然物发生形式变化，同时它还在自然物中实现自己的目的，这个目的是他所知道的，是作为规律决定着他的活动方式和方法的，他必须使他的意志服从这个目的。”[7]

实践的基本方向由主体的目的所指引。主体的目的是体现人的需要和意愿的内在尺度。但是，实践目的的确立不是盲目的，它建立在对客体本质及其规律（即符合事物的客观尺度）的认识的基础上。在人以实践方式把握世界的观念阶段，首先在自己的头脑中，以观念的形式实现实践主体的内在尺度和外部事物的外在尺度的统一。

关于理想客体的观念又称作实践观念。实践观念与理论观念一样，都是对于世界的观念把握，但是，两者有明显的区别。一是理论观念以抽象、简约、精确的思维形式反映事物，而实践观念则不仅追求真实、准确地再现客体，而且追求在观念上创造出现实世界中不存在的、具有符合人的需要的形式和规定性的理想化的客体。二是理论观念属于“实然观念”，它追求对象“本来如此”，实践观念则属于“应然观念”，它追求对象“应当如此”。三是理论观念的目标是认识真理，而实践观念的目标则是直接指导实践。因此，实践观念比理论观念更丰富，它既包括关于外部对象的理论观念，又反映着人们的需要、目的、愿望等，是主体的知、情、意的统一。

实践过程并不是在自然界中所发生的遵循客观规律的“原因——结果”转化的自在过程。实践是实践主体实现自己的目的的一种活动。但是，这种合乎自己目的的活动必须同时合乎外界事物运动变化的客观规律。按照客观的规律，外界事物在不同的条件下有多种多样运动变化的可能和方向。人们按照自己的目的，根据对于自然界物质运动变化规律的认识，通过中介手段，适当地和实时地改变作为实践客体的各种物质的位置和状态，因而改变物质运动变化的条件、过程和方向，把自己的目的因素注入自然界运动变化的因果链条之中，使自然界在其运动变化的多种可能性中，按照人设定的确定的目的和方向变化，从而产生自己所需要的“为我之物”。所以，实践过程是“原因—目的—结果”的转化过程，人的目的作为一个环节，插入到客观的因果关系的链条之中，作为一种特殊的原因起作用。对于原本以自在方式运动变化的自然界而言，人类的实践活动是全新的和创造性的活动。人们的创造物，例如，汽车、飞机、计算机（更不必说互联网）是自然界经过几亿甚至几十亿年也不可能自在地、自发地产生出来的。

实践目的的提出以人自身的需要，以及过去的实践经验和实践成果，即确定的精神条件和物质条件为前提。人们在以往的实践过程中，积累了关于实践客体的物质属性和变化规律的认识，获得了改造实践客体的经验，而且积累了以往的实践活动的成果，具备了进一步实践的物质条件，产生了自身更高的需求，因而能够提出新的实践目的。显然，这是一个不断发展的社会进程。

实践方案是人们为实现实践目的而制定的实践活动的程序，包括实践活动的阶段或步骤，在实践的各个阶段或者步骤上要完成和实现的目标，为完成和实现目标要选择和采用的客体（物质材料）和工具（或手段）等。

第二，主体按照其目的和方案通过一定的中介手段实际地作用于客体。

实践观念可以实现内在尺度和外在尺度的统一，但是这种统一尚在观念之中，而纯粹停留在观念之中的东西是没有现实意义的。因此，它必须走向实际的实践活动，即实践主体以实践观念为指导，通过运用工具等中介手段，对作为客体的现实事物进行实际的改造，改变它们已有的存在形式，创造符合实践观念所规定的现实的客体。实践的过程就是主体通过中介手段作用于客体而实现实践目的的过程。

作为实践结果的客体，就是对象化或者物化了的实践观念。实践观念既是从客观的可能向主观的设想运动的最高点，又是主观的设想向着客观的事物运动的起点，超过这一最高点或起点，实践观念便进入了实践活动的过程，开始了人对物质世界的实践把握，由此创造出满足主体需要、当前还不存在、甚至是没有人类的参与自然界几乎永远也不可能出现的崭新的“为我之物”。总之，在实践过程中，把两种尺度和两个发展阶段有机地结合起来，是人对物质世界的把握的精髓所在。两种尺度体现了实践过程中自然与人、必然与自由、合规律性与合目的性的矛盾统一。人类的全部文明成果都建立在这种对物质世界的把握的基础之上。

第三，实践结果的检验和评价。

实践过程的终结，形成了相应的实践结果。实践结果是实践过程中各种因素融合的产物。客体改变了原有的存在形式，转化成为符合实践目的的客体；主体目的没有消失，它从原先的观念形态，对象化为改变了存在形态的客体之中。这是实践目的在改变了存在形态的客体之中的实现。主体的本质力量最终都积淀、凝聚和物化在这种对象物之中。

实践结果怎样？是成功还是失败？如果是成功，成功程度又如何？要对实践结果进行事实的检验和价值的评估，通过检验和评价，对实践结果做出相应的验收和评价的结论。一般说来，实践结果同预期的目的一致，也就是在实践的结果中实现了预期的目的，就表明实践的结果（对于实践者来说！）是好的和成功的。如果实际的结果并不是实践目的所预期的，或实践结果起初似乎符合预期的目的，但往后的发展却证明这种结果同预期的目的完全相反，甚至使实践者受到惩罚，这个实践就是失败的。

由于主体、客体、中介手段以及外界各个方面各种复杂的原因，人们在实践活动中一下子完全实现实践的目的的情况是很少的。对此，毛泽东说："一般地说来，不论在变革自然或变革社会的实践中，人们原定的思想、理论、计划、方案，毫无改变地实现出来的事，是很少的。这是因为从事变革现实的人们，常常受着许多的限制，不但常常受着科学条件和技术条件的限制，而且也受着客观过程的发展及其表现程度的限制（客观过程的方面及本质尚未充分暴露）。在这种情形之下，由于实践中发现前所未料的情况，因而部分地改变思想、理论、计划、方案的事是常有的，全部地改变的事也是有的。即是说，原定的思想、理论、计划、方案，部分地或全部地不合于实际，部分错了或全部错了的事，都是有的。"[8]在这种情况下，人们必须通过不断的反馈和调节，将阶段性的实践结果反馈到头脑中，与实践的目的相对照，根据出现的偏差，调整或者变更实践的手段和方案，直至实现实践的目的。

以上两段所述，只涉及从实践主体（实践者）的角度、从实践的目的实现与否来检验和评价实践的成功或失败。人类的实践正在到达一个新时代。许多实践在推动着社会的进步和发展，也有不少实践在威胁着人类的生存。决不是任何实践都是值得称赞的。实践有善与恶、正确与错误之分。在这种背景下，应当站在国家利益和人类利益的立场上，对每一项重大实践活动的全面和长远的影响做出整体的检讨和评估。下节还会返回到这个问题上。

人类的实践是一个连续的社会历史过程。每一个具体的实践结果，不论成功还是失败，都是实践过程的终结。实践不但改变了客体，也可以提高和增强主体自身的本质力量，这将成为在新的实践过程中的重要因素。每一代人总是从一定的已有的前代人通过实践所创造的客观条件（包括物质条件和科学文化成果）和社会关系出发，在新的水平上不断地总结经验，从事新的实践活动，进一步推进社会的进步和发展。

3　自在自然和人化自然、自在世界和人类世界的分化和统一

自人类诞生之后，人类就从事有意识和意识活动参与的物质生产活动，人类生活所在的地球的自然环境发生了根本的变化。生物，尤其是动物，是能动性的物质存在。人类与一般动物又有本质的不同，人类不是从外部环境摄取自然所提供的现成的物质和能量，而是依靠自己的劳动去改变外界物质的自然形态，创造

自己所需要的物质生活资料，满足自己生存的需要。人们不仅适应自然界，而且按照自己的目的能动地改造自然。

人们根据自己的需要和对于自然界运动变化的客观规律的认识，把自己的目的因素注入自然界运动变化的因果链条之中，使自然界在其运动变化的多种可能性中，按照人所设定的目的和方向变化。这样，将人的内在尺度加到实践的对象上，改变了自在自然的自在存在的形式。在人类活动所及的范围内，自然界不再与人无关，它成了被人类活动改造了的人化自然。所以，从人与自然的关系考察，可以将自然界划分为自在自然和人化自然。

一方面，人化自然和自在自然一样，具有客观实在性。人们的实践可以改变自在自然某些物质对象的外部形态、内部结构乃至其客观规律起作用的方式，使自在自然转化为人化自然。但是，人只能在自在自然的基础上创造人化自然，却改变不了自在自然的客观规律性和客观实在性。相反，自在自然的客观实在性通过实践延伸到人化自然，构成人化自然的客观实在性的基础。

另一方面，与自在自然不同，人化自然是人类的实践活动改造过的、打上了人类活动印记的自然界，它获得了属人的性质，具有社会历史性。人化自然就是自然的人化，是“自然界对人说来的生成过程”，是人通过自己的实践活动不断地改造自然，使之成为人生存和发展的条件，体现人的需要、目的、意志以至审美情趣，同时展现了人的认识能力和改造能力等人的本质力量。

自然人化的过程同时就是人类社会形成和发展的过程。为从事生产实践活动，人与人之间必须交换其活动，并结合成一定的社会关系来进行。人们在通过生产实践活动改造自然的同时，形成、改造和创造自己的社会联系和社会关系。“一切生产都是个人在一定社会形式中并借这种社会形式而进行的对自然的占有。”[9]24 自然的人化是在社会之中而不是在社会之外进行的。

人类、人化自然以及人类的科学文化和社会关系体系的统一，构成人类社会。人类社会可以称为人类世界，与之相对，自在自然可以称为自在世界。人们通过实践活动在自在世界的基础上，使世界二重化为自在世界和人类世界。自在世界和人类世界具有内在的相互联系，不可能完全地割裂和对立起来。一方面，自在世界的一部分通过人们的实践活动转化为人化自然，人类世界形成后又反过来影响自在世界，并且不断地改变人化自然和自在世界的界限。另一方面，人化自然不可避免地要参与整个大自然的运动过程之中，或者被大自然的强大力量所削弱甚至消除其属人的性质，或者在人类改造自然的过程中，产生不可预料的相反的消极后果，破坏自然系统的内在平衡，出现生态危机，导致人与自然关系的严重失衡，因而受到自然界的无情的报复。恩格斯早就提出“人类同自然界和解”的科学命题。马克思认为，应当合理地调节人和自然之间物质、能量的流通和变换，实现人与自然的和谐相处。

有一种观点见诸几本传统的哲学教科书，它认为，人类世界是人化自然和人类社会的统一。这意味着：人化自然和人类社会合起来构成人类世界；人类社会则不包括人化自然在内，人类社会只是人类以及人们通过交往形成的社会关系的总和，不包括除人之外的任何物质对象在内。

这不是一种合适的划分。我们通常说，按唯物主义历史观，人类社会的发展规律是生产力决定生产关系，社会存在决定社会意识。这意味着，人类社会包含着生产力和社会存在。人类社会的生产力是指人类的物质生产的能力，包括劳动资料（主要是生产工具，生产设备和生产系统等）、劳动对象（包括土地、原料和自然物）以及劳动者，再加上科学技术。人类社会的社会存在是什么？社会存在作为社会生活的物质方面，包括：（1）人类或通常所说的人口；（2）自然环境和物质条件；（3）物质生产方式。对整个人类而言，人类社会的生产力和社会存在包含在位于地球表层和大气层的人化自然之中。人化自然是人类社会的组成部分。因此，我们得到了前述论断：人类社会是（1）人类、（2）人化自然和（3）人类的科学文化和社会关系体系的统一。严格地说，在人类的科学文化和社会关系体系中，人类的意识成果和人与人的关系完全属于人类自身，相应的物质设施组分则属于人化自然。因此，简单地说，人类社会是人类和人化自然的统一。

§6.4　关于实践的几个争议观点的论辩

1　关于实践的善或恶、正确或错误和实践后果的整体评估

本章前几节已经阐明实践在人类社会中的地位：实践是人的存在方式；实践，首先是生产劳动实践活动，创造了人本身，产生了人类社会；自然界和人类实践是人类社会形成、存在和发展的基础。

有一种观点进一步认为：实践是人类社会发展的根本动力。我认为，这不是一个正确的论述。关键在于：具体的实践有善行与恶行、正确与错误之区分；不可能任何实践都会推动人类社会的进步和发展。

这些年来，我们一起高唱实践的赞歌。这本是对世界本质和历史真相的描述，是对人类历史发展的普遍性和整体性的肯定。在有关实践的研究中，“实践”全部限定于指人的实践，包括个人的实践、群体的实践、社会的实践、人类的实践；仅仅如此而已，未见对实践主体做进一步的区分。同时，在关于实践的基本环节中，可以看到关于实践结果是成功还是失败的讨论，却未见关于实践是善还是恶，是正确还是错误的讨论。但是，实际上，人类是划分群体的。在人类社会的历史和现实之中，残暴的恶行并不少见，成功的然而却是错误的实践更是举不胜举。

即使不谈阶级利益或者国家利益，人群中总是有好人和坏人，善人和恶人，朋友和敌人等。他们都在生活着和实践着。坏人的偷盗抢劫，恶人的杀人放火，敌人的侵略杀戮（请回忆希特勒和东条英机发动野蛮的侵略战争）等，这些当然也都是人的实践活动。这类实践，难道会是人类社会发展的动力？从政治领导人到普通民众，不会愚蠢到听信这类论述，以至于认为凡是世界上人的实践，包括那些坏人、恶人和敌人的恶劣行径的实践，都是社会发展的动力。相反，要采取坚决的行动，制止和打击坏人、恶人和敌人有害于人类社会的实践活动。

就一般个人的实践活动而言，由于人与人之间某些利益的对立，人与人之间的道德水平、知识水平和认识水平的差异，每一个具体人的每一项实践活动究竟能不能推动人类社会的发展，能不能成为人类社会发展的动力，是善还是恶，是正确还是错误，这是一个因人因事而异、没有唯一答案的问题。

就人类整体而言，人类的实践正在到达一个新时代。随着交通、通信的现代化和世界经济一体化的推进，整个世界连成了一片；世界变小了，变成了地球村。人类实践能力空前提高，地球的变化日新月异，现在10年的实践引起的变化超过过去100年。随着科学技术和全球经济的发展，人类实践活动大踏步前进，人类文明具备了毁灭整个人类的力量，同时也具备了影响全球环境的能力。许多实践在推动社会的进步和发展，也有不少实践活动威胁着人类的生存。第一，人类制造出了核武器。现在全球核武器储量足以毁灭地球数十次以上。核大战不会有胜利者，它只是相互交换的自杀和毁灭。如果核战降临人间，人类将灰飞烟灭，变成放射性尘埃四处飘荡，连化石都不会给后来的物种留下。人类并未远离核战毁灭的威胁。第二，人类的实践活动在对自然进行巨大改造的同时，也给自然造成了巨大的破坏。全球濒临灾难的边缘。人类与自然处于严重的对立之中。主要由于人类的实践活动，出现了全球人口剧增、气候变暖、环境污染、酸雨、臭氧层破坏、森林锐减、物种灭绝、土地荒漠化等生态环境危机。生态危机是以天灾形式表现出来的人们错误的实践或者实践的错误所造成的人祸。对于核战毁灭的威胁和生态环境的危机，如果我们盲目乐观，狂妄自傲，不谨慎对待，不采取坚决的和必要的防御措施，必将导致人类文明的彻底毁灭！§11.2～11.3 将较为详细地讨论人类面临的危机和相应的人类观念的应有的变革。

由于人类认识的历史局限性，往往要经历一个较长的时期，才能够看清人类的实践活动所产生的不利于人的负面效应。§11.3 将叙述，用作制冷剂的氟氯烃类化合物和用作杀虫剂的 DDT，曾被认为是科学技术的重大成就。但是后来发现，它们在给人类带来许多实惠和方便的同时，也给自然环境带来了巨大伤害，严重地威胁人类的生存。这是科学技术的片面性缺陷所造成的负面效应。最后被禁止使用和完全停止生产。

科学的认识尽管是真理，但是，它可能只是一种关于认识对象的片面的知识。它可能只是正确地反映了一个事物的出现对于有限空间中的个别事物在有限的或短期的时间内的影响和效果，没有反映这个事物的出现所带来的对于世界上所有事物的长期的影响和效应。按照这种认识所进行的实践活动，尽管最初被认为是成功的，达到了预想的结果，实现了预定的目的，但是，经过较长的时期，也许就会看到它所产生的不利于人的负面效应。

有鉴于此，我们应当站在国家利益和人类利益的立场上，对每一项重大实践活动的全面和长远的影响、后果做出整体的检讨和评估。必须对具体的实践做出具体的分析。提倡和支持正确的实践，制止和反对恶行，反对错误的实践。这是更高层次的关于实践整体后果的评估问题。

在确立实践的目的，展开实践过程和评估实践的结果时，每一个人、每一个团体、每一个民族、每一个国家，都不仅要顾及个人、团体、民族、国家的利益，而且要顾及更大范围的人群的利益，必须考虑和顾及全人类的利益和人类社会的进步和发展。

2　实践是人对于世界现存事物的否定性活动？关于敬畏自然

有一种观点认为：实践是人们对于外部自然的现存事物的否定性活动。一本权威的哲学教科书[10]用两页篇幅叙述这个观点。在这两页之中，“否定”一词一共用了 21 次，而几乎未用到“肯定”一词。在说到“人不是像动物那样肯定自然的直接存在状态”时，用了一次“肯定”，但是，说“不是……肯定”，实际上也还是“否定”啊！因此，这种观点可以表述为：实践是人们对于外部自然的现存事物的否定性活动。

我认为这种观点是不可取的。问题在于这不是人对于自然应有的态度。

人们常说，“否定辩证法”的祖师爷是黑格尔。其实，黑格尔反对对于自然界或现存事物单纯地作否定的理解。§9.3将详细地叙述，黑格尔方法论实际上包括知性认识、辩证否定和思辨肯定三个环节。黑格尔认为，抽象知性是第二个环节即辩证否定的基础；辩证否定的优点在于把否定性引入僵硬的知性思维中，但是，没有知性的规定性和确定性作为基础，辩证否定成了无源之水，无本之木，流于单纯的无休止的怀疑和否定，变得不可理解，甚至导致虚无主义。

实践是人们能动地变革改造世界和探索研究世界的对象性活动，当然会涉及人们根据自身的需要，以自身的活动改造和部分否定自然对象的直接存在状态。但是，实际上，在实践的否定性观念和否定性活动之前、之中和之后，作为实践主体的人，实际上包含着对于自然对象或者实践客体的肯定性理解，即认定它是有用之物，可以变成"为我之物"，"为我所用"，认识到自然界是人类生存之根本，它具有人类无法替代的力量。因此，对于大自然，决不能够一味地否定它，首先必须尊重它、善待它和爱惜它。

我们的态度是：敬畏自然！研究自然，顺应自然，利用自然，改造自然！

与上述问题相关联，接下来讨论广泛引用的马克思和恩格斯的一句名言。

马克思和恩格斯在《德意志意识形态》中写道："实际上，而且对实践的唯物主义者即共产主义者来说，全部问题都在于使现存世界革命化，实际地反对并改变现存的事物。"(1. P. 155)

在那本权威的哲学教科书[10]中用两页的篇幅、21次"否定"叙述实践是人们对于外部自然的现存事物的否定性活动这个观点之后，就引用上面这句话，随后评论道："这里表达的正是马克思主义哲学的基本精神。"

在关于实践唯物主义的讨论中，往往会引用这句话。在主张辩证唯物主义的哲学家和主张实践唯物主义的哲学家之间，对于这句话的理解引起了许多争论，问题集中在实践的观点是否是马克思主义哲学的首要的和基本的观点，是否应当肯定马克思主义哲学就是实践唯物主义。

这里我先要讨论的主题是：这句话是普遍适用的真理吗？我没有看到哪一位中国哲学家对此发表过意见。沉默意味着肯定？

对于这句话，应当考虑两个背景。第一，《德意志意识形态》一书是马克思和恩格斯于1845年秋季至1846年夏季共同撰写的，当时未能出版；其中第一卷第一章《费尔巴哈》是未完成的手稿，直到1924年才由苏共中央马克思恩格斯研究院第一次译成俄文发表。这章的手稿丢失了许多页。其中所引的这句话位于第15页的开头处。就是在这句话之前，有5页手稿丢失。这句话之前，写了一些什么话、表达一些什么意思，永远不得而知。第二，该书首次系统地阐述唯物主义历史观的基本原理，并根据唯物主义历史观对共产主义和无产阶级革命的理论进行了科学的论证。19 世纪 30—40 年代，一方面，政治上处于四分五裂状态的德国，封建反动势力仍然处于统治地位，从封建主义桎梏下解放出来是当时德国的现实任务。另一方面，欧洲资本主义迅速发展，工人与资本家之间矛盾日趋尖锐；工人阶级作为独立政治力量登上历史舞台，为反对封建专制制度和资本主义压迫展开声势浩大的革命斗争。革命就是被压迫阶级运用暴力夺取政权，摧毁旧的腐朽的社会制度，建立全新的进步的社会制度。马克思和恩格斯积极投身于理论研究和革命实践活动，将自己的命运同无产阶级革命事业紧密地联系在一起。所以，在那个时代，对共产主义者来说，“全部问题都在于使现存世界革命化，实际地反对并改变现存的事物。”

非常清楚，这句话适用马克思和恩格斯所处的时代。对于当今中国，基本的现存事物就是中国共产党领导的中国特色的社会主义事业。难道共产主义者要“实际地反对并改变”这个“现存的事物”？显然，马克思和恩格斯的这句话不是普适的真理，不能不分青红皂白地到处套用。这是十分重要而又十分明白的道理！

3　物质范畴包括实践活动？关于实践本体论

有一种观点认为：物质范畴包括实践活动。一本权威的哲学教科书给出物质的定义如下：“物质是标志客观实在的哲学范畴，是对一切可以从感觉上感知的事物的共同本质的抽象，因而它既包括一切可以从感觉上感知的自然事物，也包括可以从感觉上感知的人的感性活动即实践活动；这种客观实在独立于我们的精神而存在，为我们的精神所反映。”[10] 显然，这是一个经不起推敲的、不能成立的论断。

首先，“实践活动，这种客观实在独立于我们的精神而存在”吗？前几节阐述，实践是人们有目的地进行的、有意识和意识活动参与的活动。实践活动怎么能够独立于我们的精神而存在呢？其次，最为重要的，物质是“物”不是“事”。也就是说，物质是具体的物质现象、物质状态、物质运动和变化的基础和本源；物质不是物质现象、状态、运动和变化本身。这是人们的常识。恩格斯对此说得非常清楚：“物、物质无非是各种物的总和，而这个概念就是从这一总和中抽象出来的”（3. P. 939）。物质概念只能是从各种具体的物质形态的总和中，抽象概括出它们的共同属性而得到的哲学范畴。实践活动是什么？实践活动是人的活动；而人是一种不同于一般自然物的特殊的物质存在形态。说到底，实践活动是一种与人类意识和意识活动相关联的物质活动，显然，它不是物质本身。

与上述观点类似，或作为上述观点的引申，持实践唯物主义观点的一些哲学家提出了实践本体论。它的基本内容可以概括如下：(1) 自然的人化是人的实践活动使自然界不断地获得属人的性质，改造成为人的生存和发展的条件的过程；自然人化的过程同时就是人类和人类社会形成和发展的过程。(2) 把人化自然从人类社会分离出去是不可能的，整个人类世界对自在自然具有不可还原性。(3) 这是实践一元论，实践是自在自然和人化自然等一切存在统一的基础。(4) 人类面临的世界是属人的世界或者人化自然；离开实践的存在是没有的，或者是没有意义的；与人类分离的自然界，“先于人类历史而存在的自然界”，或者在人活动范围之外的自然界，如果不是根本不存在的话，对于人类来说也是无。(5) 自然环境并不能决定社会的性质和社会形态的更替，相反，自然环境的面貌及其变化却受制于人类的实践活动；只有物质资料的生产方式才是人类社会存在发展的基础和决定力量。(6) 人类世界只能是实践中的存在，人的生存和人类世界与人的实践紧密相关；实践是人的生存和人类世界的真正根据、基础和本体；实践唯物主义就是实践本体论。(7) 传统的物质本体论以抽象的物质作为世界的最后的终极存在，这是见物不见人的机械唯物主义或唯客观主义。

“实践唯物主义”这一概念是从马克思的“实践的唯物主义者，即共产主义者”这一句话中引申出来的。这句话的意思很明白，不过是说作为共产主义者的唯物主义者是实践的，即革命的。马克思当时已经把自己的哲学叫做唯物主义，有时为了区别于旧唯物主义，又叫新唯物主义或现代唯物主义，比较确切的名称是唯物主义历史观（简称为唯物史观）。如果从“实践的唯物主义者”可以逻辑地引申出“实践唯物主义”的话，那么，“实践唯物主义”不过标明唯物史观的重要功能，即改造世界，并没有提出与唯物史观不同的另一种唯物主义形态。因此，实践唯物主义这个概念，不过是在马克思用以称呼唯物史观的众多称呼中增加了一个称呼而已。

实践本体论并不同于卢卡奇提出的社会存在本体论或者社会实践本体论[11]。卢卡奇确认科学实践观是历史唯物主义的理论基础，实践构成人类社会的本体论基础。但是，卢卡奇认为，“社会本体论以一般本体论为前提”，“社会存在本体论只能建立在自然本体论的基础上”。

实践本体论的提出者在下述本体论意义上提出和理解实践本体论：本体论是关于一切存在的本质、根据、基础、本原或最终本性。他们认为，实践本体论是从马克思关于实践的大量论述中得出的必然结论。但是马克思从没有说过，他的哲学是实践本体论。所以，问题的症结在于，实践本体论的提法是否正确？是否正确地反映了客观世界的本质？我认为，回答是否定的。

本章通篇叙述实践对于人类和人类社会的重大意义；实践的观点是唯物主义历史观的首要的和基本的观点。这里无须再次重复这些道理。

实践本体论之所以不能成立，或者说，实践之所以不能作为一切存在的本质、根据、基础、本原或者最终本性，原因在于本书在各个章节中已经或者将要详细叙述的道理。兹简单地归纳如下。

第一，人类实践与自然界一起构成人类社会形成、存在和发展的基础。

自然界对于人类和人类社会的意义在于：人类和人类社会是自然界长期发展的产物；人类和人类社会的产生、存在和发展都离不开地球这个适宜于人类生命产生、存在和发展的行星的自然环境。反之，只要存在符合宜居条件的行星（详见§11.1和§11.5），生命和智慧生命一样可以产生。

自然界不仅是人的实践活动的对象，而且是人的实践要素和生活资料的来源。实践活动的每一个要素无不包含着自然界的成分。马克思说："没有自然界，没有感性的外部世界，工人什么也不能创造。"[6]53 自然界是人类生存的前提，离开了自然界，人的实践活动就不可能进行。自然界是人类实践活动的基础和前提，而"人是自然界的一部分"。[6]57

第二，自然界作为广袤的物质世界，在空间上是无限的，在时间上是永恒的。人类社会或者人类世界只是茫茫宇宙中一个非常有限的存在物，只是整个自然界中极小的一部分。

§3.4已述，总星系尺度约137亿光年，银河系直径约8.5万光年，我们地球的尺度还不到1/20光秒。人类社会或人类世界所涉及的地球表层、大气层，相对浩瀚的宇宙来说，实实在在地只是沧海之一粟。地球早在人类出现之前就已存在。在地球约46亿年的漫长的演化进程之中，人类的诞生和有文字记载的人类文明史只是很短暂的一段时间。

人类的实践基本上是在宇宙中沧海之一粟的地球上进行的。人化自然与自在自然比较只是沧海之一粟。人类的实践根本就谈不上作为人化自然和整个无限的自在自然统一的基础。

第三，需要正确地认识人化自然、人类的实践活动和人类自身。

人化自然是人类实践活动改造过的、打上了人类活动印记的自然。人们通过对象性实践活动，将自身的本质力量赋予外在的自然界，使之具有了人的属性，形成人化自然。人化自然是人的实践活动的成果，体现人们的意识，与人类意识、人们的生活紧密相关。因此，我们不能只从"不依赖人们的意识"的物质出发，而应当从有意识的人、人的主体性和人的能动的实践活动出发观察、理解和解释人类世界，包括人类和人化自然。整个人类的历史是人通过人类的实践活动自我生成、自我发展和自我追求完善的过程。人与自然统一于现实的人类实践活动的过程之中。所有这些，的确是以前的唯物主义理论解说中未能注意或者被忽视的重要的理论观点。

问题在于，人化自然仍然具有客观实在性。人化自然来自哪里呢？人化自然来自自在自然。人们只能按照自然的客观性质、客观的变化规律来改造自然，才能获得预想的结果，达到预定的目标。人们还将不断地扩大自己的实践范围，使现今的自在自然的某些部分变成人化自然，使之服务于人类的生存和生活的需要。人类不能离开客观的物质世界；相反，客观的物质世界可以离开人类和人类社会。人类产生之前，客观的物质世界就存在了；客观物质世界的极小一部分，即我们的地球，经过长期的演化，具有了产生生命和智慧生命的条件，人类和人类社会是自然界长期演化发展的产物；人类产生之后，地球的自在自然被人类改造成为人化自然，但是，它仍然是客观的；人类消亡之后，客观的物质世界仍然存在着，按照自己的客观规律运动变化。在某种意义上说，人类实践活动和人化自然只是广袤的物质世界中的一段插曲。人类总是要消亡的，实践不是世界的本体。

这样的论述，既不想贬低、也不想抬高人类实践和人化自然。在前言中我就声明："人必然首先关心人类自身，这是我们考虑和分析问题的出发点和落脚处。"第十一章将论述，即使太阳系毁灭，人类应当提前寻找宜居的行星，作为自己的避难所和新的发展基地。但是，只有正确地估量自己，眼光广阔，不局限于沧海之一粟，实事求是，才有利于人类的平安、发展和长存。

第四，大自然的力量是无穷的。在广袤的宇宙，物质世界处于普遍联系之中。无限的自在自然为人类的生存和发展提供无限广阔的拓展空间和不竭的自然资源；与之同时，自在自然也能够给人类社会带来巨大灾难。自然环境的面貌及其变化并非仅仅受制于人类的实践活动，更受制于自然的本性。自在自然带来的巨大灾难能够毁灭一切人化自然的成果，独立地改变人类社会发展的现状和进程，甚至造成地球和地球生命（包括人类社会）的灭绝。无限的自在自然与人化自然一样，对于人类来说也决不是无，它是人类应当和必须关注研究的对象。关于这些内容将在第十一章进行详细讨论。

第五，自然是征服不了的。

人类无法与无穷的大自然的力量相抗衡。例如，人类无法阻止和影响恒星的形成和灭亡；无法阻止超新星的爆发；无法改变太阳系在银河系中的运动和地球绕日运行；无法深入到地球中心，甚至无法阻止地球板块的移动；无法根本改变生物的生长死亡和人体生老病死的规律。这些无法做到的事情都在影响着人类；

如果其中哪一项被人们做到了，在大多数情况下，那只意味着人类末日的到来。人们常常把人与自然对立起来，宣称征服自然、统治自然，彰显某些人对于自然的傲慢。殊不知在大自然面前，人类的力量十分有限。第十一章将举更多的实例和数据来说明这一点。

第六，自然界的优先地位与它的客观性联系在一起。

世界（包括人类出现之前和灭亡之后的世界）是物质的世界。物质世界有着自身运动变化的客观规律，人们可以并且应当认识它、研究它和掌握它，然后，按照自然规律适当地、合理地改造自然；但是，不能按照主观意愿，违背自然界客观规律，去任意地改变它。根据自己的需要确立实践的目的和进行实践的过程，首先必须考虑和遵守自然界的客观规律性和自然界客体的现实可能性。离开客观世界的规律性和现实性的实践不仅不可能获得成功，而且会妨碍其他目的的实现、损害人的生存和发展。

自然环境影响着实践的发展，归根到底制约着人类社会的进步和发展。§11.3将论述，正是因为自然的报复，人类面临深刻的生态危机，人类社会形态从原始社会，经历了农业文明和工业文明两个时代，必将进步到可以永续发展的生态文明社会的新时代。

第七，人类社会的产生、存在和毁灭首先决定于自然的本性。

§11.1将详细论述，着眼于数以万年计的更长的历史时期，人类社会的产生、存在和毁灭首先决定于自然的本性；在相对稳定的外部自然环境下，人类社会的生存发展的规律决定于自然的本性和人的类本质。

如前所述，世界是指天地间无限多样和纷繁复杂的一切事物现象和变化过程；人们通过实践活动在自在世界的基础上，使世界二重化为自在世界和人类世界；实践对于人类和人类社会具有重大意义；实践的观点是唯物主义历史观的首要的和基本的观点。但是，即使只对于人类而言，也有着比人类实践活动更为重要的事物，那就是大自然、大自然的运动变化和大自然运动变化的规律性。人类实践与自然界二者一起构成人类社会形成、存在和发展的基础。其中人类的实践必须以自然界为前提、对象或基础；没有人类的实践活动，就没有人类社会；而没有自然界，就根本没有人类和人类的实践。

人类的实践活动不可能成为世界一切存在的本质、根据、基础、本原或最终本性。这些都是明明白白的事实和道理。因此，实践本体论不能成立。

参 考 文 献

［1］ 亚里士多德．尼各马科伦理学［M］．苗力田，译．北京：中国人民大学出版社，2003.

［2］ 黑格尔．逻辑学：下卷［M］．杨一之，译．北京：商务印书馆，1976.

［3］ 列宁．列宁全集：第 55 卷　哲学笔记［M］．2 版．北京：人民出版社，1990：159-160.

［4］ 费尔巴哈．费尔巴哈哲学著作选集：上卷［M］．荣震华，李金山，译．北京：商务印书馆，1984：180-181.

［5］ 费尔巴哈．基督教的本质［M］．荣震华，译．北京：商务印书馆，1984.

［6］ 马克思．1844 年经济学哲学手稿［M］．北京：人民出版社，2000.

［7］ 马克思．资本论：第 1 卷［M］．北京：人民出版社，2004：208.

［8］ 毛泽东．毛泽东选集：第 1 卷［M］．2 版．北京：人民出版社，1991：293-294.

［9］ 马克思，恩格斯．马克思恩格斯全集：第 46 卷（上）［M］．北京：人民出版社，1979.

［10］ 肖前．马克思主义哲学原理：合订本［M］．北京：中国人民大学出版社，1998：42-43，64-65.

［11］ 卢卡奇．社会存在本体论导论［M］．北京：华夏出版社，1989.

第七章　人类的认识活动

人类通过实践活动现实地改造世界，通过认识活动观念地把握世界。人们不仅需要和能够认识世界，而且需要和能够对自身的认识活动进行反思，将认识的本身作为思考的内容和研究的对象。这就产生了认识论。认识论是人们对于认识的认识，是关于认识的哲学理论。

在日常语言中，“认识”可以指熟悉和能够确认某人某物，如“我认识他”，“我认识这种草药”等。在认识论中，“认识”一词一般作为动名词或动词来使用，指人的认识活动；也用作名词，用来指称认识活动的结果、成果或产物。在英语中，认识和知识作为名词是同一个词（knowledge）。现代唯物主义认为，人类的认识活动是社会的人作为认识的主体对于世界的能动的反映。反映性或摹写性，能动性或创造性是人类认识活动的两个基本特征。

本章阐述现代唯物主义哲学关于人类认识的发生和认识的本质，认识的辩证发展过程，认识与实践的关系，以及真理和价值及其相互关系。

认识依赖于实践；实践对于认识具有决定的作用，它是整个认识过程的基础。我要强调的是：人们的任何实践活动都依赖于人的意识活动的参与和已有的认识成果或者理论的指导；实践和认识是相互联系、相互依赖、相互促进，共同发展，不可分割的。

本书按照列宁和毛泽东的阐述来理解和定义相对真理和绝对真理，而且我想阐明：人类的思维按其本性，能够逐步地、正确地认识世界，不能排除人类认识逐步地不断地接近世界的全部真实情况的可能性。人们的每一个真理性认识实际上都在朝着这个方向前进。问题在于，人类并不可能无限地存在下去，最终结果必然是：世界不会完全地、彻底地被人类所认识。

传统的哲学教科书认为，价值具有主体性并不意味着价值是主观的。我认为并要明确地指出：一方面，价值不是纯粹主观的，作为一种客观存在，价值具有相对的客观性；另一方面，价值，特别是对个人的价值，既然具有强烈的主体性特征，就不能不包含一定的主观成分和色彩。这就是说，价值不可能具有完全的、绝对的客观性。

最后，关于真理的价值，关于善，我给出了清晰的解读。

§7.1　认识的发生和认识的本质

1　认识是什么

认识是什么？本章讨论的认识，是指人类的认识活动，或者认识活动的结果、成果或产物。认识活动和认识活动的结果、成果或产物，如同人类的意识活动和意识一样，是互有联系，但意义迥然不同的两个概念。人类的认识活动是人对于世界的能动的反映活动。人类的认识活动归属于人类的意识活动，但是并非人类意识活动的所有形式都属于认识活动。人类的意识活动包括感觉、知觉、表象和形象思维等初级的意识活动，以及在初级意识活动的基础上，借助于语言符号所进行的抽象的理性思维。这些都属于人类的认识活动，分别称为感性认识活动和理性认识活动。在思维活动的基础上所进行的、与思维活动密切关联的情感活动和意志活动，属于意识活动，却不属于认识活动。作为认识活动的结果、成果或产物，感性认识则是人们通过自己的感觉器官和认识工具形成的对于世界的直接映像，是人们直接感受的关于事物、现象及其外部联系的认识；理性认识是人们借助于理性思维所把握的关于事物的本质和内部联系的认识。与之相联系，感觉活动和感觉、知觉活动和知觉、表象活动和表象，亦可作如是观。

在本章各节的叙述中，在用词上不会严格地区分认识活动和认识、感性认识活动和感性认识、理性认识活动和理性认识等，而是一概称之为认识、感性认识、理性认识等。但是，读者不难区分我们是在哪一种意义上使用这些概念的。

2　历史上的各种认识论概述

意识和物质，或者精神和物质的关系，是认识论研究的前提。一切唯物主义都坚持物质第一性、意识第二性，主张从物质到意识，从客观到主观的认识论路线。一切唯心主义都坚持意识第一性、物质第二性，把意识或精神看作是世界的本源；奉行从意识到物质，从主观到客观的认识论路线。

如何理解认识的本质？这是一切认识论都要探讨和回答的核心问题。它直接涉及认识的内容、认识主体和认识对象即认识客体的本性，以及认识主体与认识对象之间的关系。不同哲学学派关于这个问题的观点存在着尖锐的对立，展开过激烈的争论。在马克思主义哲学产生之前，对于认识的本质的理解大体上有三种观点，即唯心主义认识论的观点、怀疑主义不可知论的观点和旧唯物主义的直观反映论观点。

唯心主义哲学认为：世界本质上是意识、理念或绝对精神的世界。客观唯心主义把客观精神，即所谓“绝对理念”或“绝对精神”等说成是世界的本源，而物质世界或现象世界都不过是这种客观精神的摹本或派生物。主观唯心主义否定客观物质世界的存在，认为世界上一切事物都是个人的感觉、经验和意识的产物。

在西方唯心主义哲学的历史发展中，柏拉图建立了第一个完整的哲学体系——理念论（见§1.3）。他认为，借助于人的感觉激发人的回忆，就能够掌握内在于灵魂的知识。“我们的学习就是回忆”，“认识就是灵魂的回忆”。[1]76 这就是柏拉图的“回忆说”——客观唯心主义认识论的原始形式。

中国古代的程朱理学、德国近代黑格尔哲学都坚持客观唯心主义的认识路线。黑格尔认为，绝对理念是物质世界的本原，自然界和人类社会是绝对理念的外化和表现；绝对理念的发展异化为自然界和人类，通过人类的意识达到对于自身的认识，最后又回归到自身。这就像宗教所说的那样，神创造了人和世界，而人在神的启示下又可以认识世界和认识神。

主观唯心主义否定客观的物质世界的存在，实质上取消了人们能否认识客观物质世界的问题。主观唯心主义认为，人的知识、人的思想是主观自生的东西，是人的头脑所固有的。宋代的陆九渊认为：理在心中，“心即理”，“此心此理，我固有之”，“宇宙便是吾心，吾心即是宇宙”；如要了解事物的真面目并不需要向外去探求，做学问的道理就在于到自己心中求得知识。明代的王守仁继承陆九渊的思想，把心学发展到更加完备的阶段。王守仁哲学体系，包括“心外无物”“心外无理”的宇宙观，“致良知”的认识论和“知行合一”的先验论。王守仁说：“致吾心之良知天理于事事物物，则事事物物皆得其理。”西方近代哲学家贝克莱认为[1]502−505：人类知识的对象是观念；事物是感知的各种观念的复合；感知事物的是心灵或自我；“在心灵之外没有任何存在”；“存在就是被感知”；“除了‘精神’或感知者以外，再没有任何‘实体’”；心灵或自我是唯一的实体。这就是贝克莱哲学的基本原则，是典型的唯心主义的经验论和露骨的唯我论。

唯心主义认识论重视感觉和思维在认识中的地位和作用，它的根本错误在于，按照意识第一性、物质第二性的唯心主义的观点，把认识看作是先于物质、先于实践经验的东西，把认识封闭在主观精神的范围内，否定认识的客观来源，认识成了无源之水和无本之木，实际上取消了人能否通过主观正确反映客观的问题。

皮浪（约前 365—约前 275）是怀疑主义的创始人，因此，皮浪主义常常成为怀疑主义的同义语。皮浪认为："我既不能从我们的感觉也不能从我们的意见来说事物是真的或是假的。所以我们不应当相信它们，而应当毫不动摇地坚持不发表任何意见，不作任何判断，对任何一件事物来说，它既不不存在，也不存在，或者说，它既不存在而也存在，或者说，它既不存在，也不不存在。"[1]177 人们不可能对事物的存在和认识的真假做出判断，因此，事物是不可知的。他认为，对任何事物都应当采取悬而不决、不作判断（即所谓"悬搁判断"）的态度，这是最高的善。"随着这种态度而来的就是灵魂的安宁，就像影子随着形体一样。"[1]177

柏拉图逝世之后，他创立的学园前后更替过几个领袖。到了阿尔克西劳（前 318—前 244）和卡尔尼亚德（前 217—前 132）的任期，怀疑主义的思潮占据主要地位。哲学史称他们为中期学园派。阿尔克西劳认为，我们根本无法将我们对于某一个事物的观念与这个事物相比较：前者存在于我们内心，后者就存在于我们身外；前者属于精神领域的摹本，后者则是外界的原本；二者无法比较。他认为，感官只能揭示事物的形象，不能解释事物的本来面目，因此我们不能认识事物的本性。卡尔尼亚德着重批评了真理标准，他认为，第一，我们什么也不能证明，因为结论需要前提来证明，而前提本身也是需要证明的，如此就没有终结；第二，我们不可能知道我们对某一个事物的观念是否正确，因为我们根本不可能将我们的观念与这个事物相比较；第三，事物的或然性程度各不相同，没有必要做出判断，必须铭记，最大程度的或然性的判断也不能保证一定是真理。

古希腊的怀疑主义作为一个哲学流派，其基本宗旨是错误的。但是，其中所包含的对于某些在当时的哲学中被忽略的和未解决的问题的诘难，从反面提出了问题，刺激人们思考，孕育着此后哲学争论的契机。

休谟（1711—1776）在近代欧洲哲学史上创立第一个系统的怀疑主义的哲学体系。他是不可知论的主要代表之一。

休谟认为：一切观念都来源于知觉经验；我们所知觉的不是外界事物，而是感官传来的印象和观念；认识完全局限在知觉经验的范围内，至于知觉之外有无实体存在，那是不可知的；理性不可能由知觉存在得出对象也存在的结论；不仅不能感知和证明物质实体的存在，也不能感知和证明自我实体和精神实体（包括上帝）的存在。休谟认为，当反省自我时，我们永远不可能离开知觉而单独知觉到自我，"形成自我的就是这些知觉的组合"。究竟有没有物质实体、自我实体和精神实体？他认为提这种问题是徒然的。他把感官和理性不能产生外部世界存在的信念，称为"怀疑主义的惶惑"，认为这是一种永远不能根治的"患疾"。

休谟对因果关系做了深入的思考。他认为：作为原因和结果的那些对象总是接近的，在时间上因先于果，二者之间应当存在着必然的联系；但是，单靠感觉经验不可能发现事物之间的必然联系。他否定因果规律的客观性。他认为，所谓因果关系观念实际上不是来自理性，而是根据过去经验的一种习惯性的联想，并不具有普遍性和必然性；建立在因果观念之上的自然科学知识只能是一种或然性的知识。

我们不能同意休谟的哲学结论。关键的问题在于，休谟“把感觉不是看做意识和外界世界的联系，而是看做隔离意识和外界世界的屏障、墙壁；不是看做同感觉相符合的外部现象的映像，而是看做‘唯一的存在’。”[2]47 但是，应当看到，休谟的惶惑看似好笑，他内心的追求的确执着，他的思考是深刻的。休谟的怀疑主义揭示了一个真理：单靠感觉经验不能发现事物之间的必然联系；感觉、经验如何正确地反映外部世界，如何确认它正确地反映了外部世界，应当做出深入的思考。这对于后来哲学的发展有着积极的意义。

近代不可知论的另一位重要代表康德（1724—1804）是德国古典唯心主义哲学的创始人，他为德国古典唯心主义和辩证法的发展开辟了道路。

康德名著《纯粹理性批判》[3]提出和发表了他的批判哲学体系，在该书第二版序言中说，他在哲学中实现了一个哥白尼式的革命。这是康德的三大批判著作的第一部，是意义重大、影响深远的经典巨著，系统地阐述了康德唯心主义先验论和不可知论的认识理论，它是康德的整个哲学体系的理论基础。康德的批判学说本质上限定在认识论的范围之内。

以前的形而上学，作为一切科学的科学，建立在人的理性认识基础上。休谟哲学对于当时形而上学思想的挑战是摧毁性的。休谟的不可知论证明，因果性、必然性这些哲学探讨的问题都是可疑的；科学展示的公理、定理和公式，其实都不具有普遍的必然性。针对休谟的不可知论，康德要重建科学的形而上学。康德认为，首先要对纯粹理性本身进行批判。通过这种批判和考察，解决形而上学何以可能的问题，即解决科学何以可能的问题。为此，康德对于感性、知性、理性三种认识能力做了深入细致的分析和考察。

康德首先回答人类知识的普遍必然性来自哪里。康德有一句名言：一切知识都开始于经验，但是，并非都来源于经验。在经验里既有后天的东西，也有先天的东西。康德认为，空间、时间不是事物本身的存在形式，而是人类感性直观的主观形式，先天地存在于人们的心中，用来整理和安排各种感觉的内容，使之具有一定的关系和秩序，因而构成现象。除了空间和时间之外，还有更高的形式，那就是范畴——知性的范畴。他列出了 12 个范畴，分为 4 组，即量的范畴，质的

范畴，关系的范畴（包括原因和结果），模态的范畴（包括可能性、不可能性，必然性、偶然性等）。[3]71−72

康德认为，认识开始于感性。康德把感性规定为“通过我们被对象所刺激的方式来获得表象的这种能力”[3]25。康德认为，感性直观是人类认识的第一阶段和全部认识的基础。他承认，人的感性直观是由独立于我们之外的某种东西引起的，他把这种东西称为“自在之物”或“物自体”。他承认和肯定“自在之物”的存在。但是他认为，感性只是一种纯粹的主观心理状态，并不反映“自在之物”的任何性质，“自在之物”的本来面貌是不可认识的。

康德将知性规定为先天的思维能力，知性将感性提供的分散而无联系的材料综合统一起来，产生具有普遍性和必然性的科学知识。知性思维是认识的第二阶段。他认为：感性直观在人们心中形成的各种感觉是零散的，相互之间没有什么联系；人们凭借着先天的直观形式即空间时间和先天的知性范畴，思维感性对象，使感性对象之间有了联系，具有规律性。科学知识的可靠性的来源，就在于人类有一套先天的认识结构，这是任何人不能改变，也改变不了的。例如，哪怕一个事情的原因没有发现，但是，人们都相信，事情肯定是有原因的。人们依靠心中先天具有的“因果关系”的范畴去思考“太阳晒”和“石头热”两个现象，才能将两者联系起来，确定“太阳晒”是“石头热”的原因，“石头热”是“太阳晒”的结果。

康德认为：我们不是通过经验，在自然界里去寻找自然界的普遍法则；而是反过来，“自然界的最高立法必须是在我们心中，即在我们的理智中”[4]。他认为，一方面，空间和时间，以及知性范畴是人类固有的先天的思维形式，它们是先于一切经验和独立于一切经验的；另一方面，它们又离不开经验；没有经验材料，不与经验材料相结合，不能形成任何知识；空间和时间，以及知性范畴只适用于现象世界，而不适用于自在之物；自在之物不是我们可能经验的对象。

康德关于感性、知性、理性三种认识能力中所说的“理性”，是狭义的理性，它与感性、知性相区别、相对立，是指人先天具有的超越现象世界把握经验之外的存在即自在之物的思维能力。康德认为，人们只能认识事物的现象，而不可能认识现象背后的本质，因为后者不是我们能够经验的对象。空间时间和知性范畴仅仅适用于现象世界，而不适用于自在之物。感性直观经过空间时间的先天直观形式和知性范畴的增添和改变，早已不是自在之物的本来面目。自在之物包括灵魂（所有精神现象的最高统一体）、世界（所有物理现象的最高统一体）和上帝（以上二者的统一）；它们是理性思维的最高概念，康德称为理念。理念是理性的产物，也是理性的对象。自在之物不可认识，但却是可以思维的东西。理性力求认识灵魂、世界和上帝这三个绝对完整的统一体，但是，这并不是理性所能胜任的，永远达不到目标。理性又没有其他工具，它只能依靠时间空间和知性范畴去认识经验之外的自在之物，这样，必然发生将主观的东西误认为是客观的东西的错误。康德把这种谬误称为“先验假象”或者“先验幻相”。他认为，当运用纯粹理性去认识和解释经验之外的自在之物，以这种方式对世界的整体性质做出判断，其后果是造成一对对逻辑上都能成立的正相反对的命题，康德称之为二律背反。这就必然陷入谬误推理或者自相矛盾之中。康德认为，事物本身其实并无矛盾，矛盾只是在认识活动中不可避免地产生的一种误认或者幻相，因而被看作是一种不幸之事。康德的辩证法（“二律背反”）是认识论意义上的辩证法，即所谓先验辩证论。这是一种消极的辩证法，人类理性认识的一种两难困境，并不具有积极的意义，是人们应该予以克服的一种认识谬误。

这就是康德的唯心主义先验论和不可知论认识论。康德深受休谟哲学的影响，提出了一条从主观到客观的唯心主义的认识路线。

历史上，唯物主义哲学家和彻底的唯心主义哲学家都从各自的立场出发反对不可知论。黑格尔指出，本质和现象是统一的，本质就存在于现象之中，并通过现象表现出来；在本质和现象之间没有不可逾越的鸿沟，人们可以通过认识现象去把握事物的本质；因此，康德的不可知的自在之物不过是“没有真理的空洞的抽象”。

旧唯物主义的认识论是直观反映论，它认为认识是人脑对于客观世界的反映。17—19世纪欧洲唯物主义哲学家弗兰西斯·培根、狄德罗、费尔巴哈等开始认识到实践对认识的作用。

马克思高度赞誉培根，说：“英国唯物主义和整个现代实验科学的真正始祖是培根。”“唯物主义在它的第一个创始人培根那里，还在朴素的形式下包含着全面发展的萌芽。”[5]培根认为，人类通过科学可以认识自然，通过技术可以改造自然。他提出了一个响亮的口号：“知识就是力量。”培根奠定了关于知识和观念起源于感性世界的原则。他认为，经验不只是单纯的直观，更重要的是实验，从而丰富了经验的内涵。他强调要克服感性认识和理性认识的各自的片面性，把二者结合起来。他已经接触到真理的标准问题，他认为，真理的确定就在于效果的证明。培根对于整个欧洲近代唯物主义的发展，对于唯物主义认识论的发展，对于现代实验科学的发展，都产生了巨大的影响。

狄德罗认为，观察、思考和实验是认识自然的三种方法。他指出：“观察搜集事实，思考把它们组合起来；实验则证实组合的结果。”

§1.4已述，费尔巴哈是德国古典哲学最后一个杰出代表。他的伟大功绩在于尖锐地批判了黑格尔的唯心主义哲学，结束了唯心主义在德国长达百年的独占统治，恢复了唯物主义应有的权威。费尔巴哈对不可知论增加了唯物主义的批判。他认为，现象和自在之物没有原则的区别，不能将现象与本质截然地分开；康德哲学使真理和现实分开，不可避免地要走向唯心主义。

旧唯物主义的直观反映论，坚持客观世界不依赖于人类的意识而独立存在，认识来源于客观世界；认识的发生是外界事物作用于人的感官的结果，感觉经验是一切认识的起点；认识能够达到与认识对象的符合。直观反映论标志着反映范畴从科学概念向哲学范畴的提升和转换，是人类认识的一大进步。但是，旧唯物主义的直观反映论有着重大的理论缺陷。他们从生物学层面去理解人的认识，把反映看成是一种消极被动的反映。无论狄德罗，还是费尔巴哈，都把反映理解为由客体到主体的运动，仿佛主体只是顺应着客体，听命于客体，接受来自客体的刺激，获得关于认识对象的完整印象。

旧唯物主义者脱离人们的实践活动来考察认识，他们不懂得或者不完全懂得人们是在改造自然的实践过程中认识世界。因此，旧唯物主义的认识论是以感性直观为基础的消极的、被动的反映论。马克思指出："从前的一切唯物主义（包括费尔巴哈的唯物主义）的主要缺点是：对对象、现实、感性，只是从客体的或者直观的形式去理解，而不是把它们当做感性的人的活动，当做实践去理解，不是从主体方面去理解。"（1. P. 133）

3 人类认识的发生

马克思主义的能动反映论的创立，标志着哲学认识论发展的全新阶段。下面首先叙述现代唯物主义哲学关于人类认识的发生的认识。第五章叙述了人类意识活动的起源，包括"人类意识活动产生的自然基础"和"人类意识活动的产生"。所述的内容已经回答了人类的认识活动是如何发生的。兹综述如下，并针对认识活动加以进一步的阐述。

人类和人类的意识活动是物质世界长期进化的结果，人类的意识活动的产生经历了漫长的历史过程。其中有三个决定性的发展环节：（1）由非生物所具有的反应特性到低等生物的刺激感应性；（2）由低等生物的刺激感应性到高等动物的初等意识活动；（3）由高等动物的初等意识活动到人类的意识活动的产生。这种由非生物的反应特性到人类的意识活动的依次转化过程，就是人类意识活动产生的自然基础。非生物具有的反应特性是人类的意识活动产生的物质基础；生物的反映形式是人类意识活动产生的生物学前提。

生物的反映经历了由低级到高级、由简单到复杂的漫长的发展过程，由低等生物的刺激感应性，到分化出特殊感觉器官和神经系统，由高等哺乳动物的反映能力发展到心理活动的水平，产生了感觉、知觉、记忆、表象和喜怒哀乐等情感，具有初级形象思维能力和分析综合能力。类人猿具有高级意识活动的萌芽。所有这些为人类意识活动的产生准备了生物学前提条件。

在人类发展过程中，逐渐地形成了以大脑为中心，以感觉器官为门户的功能完善的神经系统（见§5.2）。当主体和客体相互作用时，外界信息通过刺激眼、耳、鼻、舌、身等感觉器官而转化为神经冲动，传导到大脑相应的皮质区域，使人作为认识的主体产生各种感觉，以及知觉、表象、思维和情绪等意识活动。在大脑皮质的调节下，神经系统各个部分组成一个完整的功能系统。这是结构高度精密复杂、功能极其完善的物质系统，它是人类的意识活动的物质承担者，成为人类对于客体对象的相符性和创造性反映，即认识活动的前提条件和物质基础。

从生物运动形式产生人类和人类社会运动，这是物质世界运动发展中的巨大飞跃。人类认识活动不仅是自然界长期发展的产物，更重要的，它是社会运动的产物。人脑和人的形成，人类的认识活动的产生，同从猿到人的社会进化过程中特殊的活动方式，即生产劳动实践和社会交往实践密切相关。人类的认识的起源和发生，与人类的生产劳动实践和社会交往实践的起源和发生是一个统一的过程。认识和实践相互联系、相互依赖、相互促进。人类的生产劳动实践和社会交往实践在人类认识的发生中起着决定的作用。

首先，人类的生产劳动实践提出了人以观念形式把握世界的客观要求，提出了人类认识世界的必要性。

人类的劳动与动物的活动有着本质的区别。某些动物也能表现出某种有计划的行动能力（如蜜蜂、海狸、蚂蚁等为自己营造巢穴或住宅），但是，动物的活动是一种没有思想、没有目的指导的本能活动，是对环境的消极适应。人类的生产劳动实践是为了满足自己的生存需要，通过制造和使用工具而进行的自由、自主、自觉的活动。人类的实践活动是全新的和创造性的。人类通过制造和使用工具、改造自然的劳动，创造自己需要的，甚至自然界根本不可能自在地、自发地产生出来的人造物，例如汽车、飞机、计算机等。这不仅要求人们认识事物的表面现象，而且要求人们深入地把握事物的属性、本质和规律。这是动物对于个别事物的感性直观的反映方式所不能胜任的。要做到这一点，必须极大地发展眼、耳、鼻、舌、身等感觉器官的感觉能力，双手的运作能力，同时，需要大脑具有反映事物的本质的抽象思维能力，能够透过表面现象认识事物的本质和自然的规律。人类生产劳动实践提出了以观念形式把握实践对象的认识方式的必要性。

其次，生产劳动实践、社会交往实践和后来发展起来的科学文化实践，为人类通过认识活动观念地掌握世界的属性、本质和规律提供了条件和方法的保证，使之有了现实的可能性。

人的劳动一开始就具有社会性。类人猿为适应地面上的生活，必须相互联系，相互合作，组合成社会从事生产活动。同生产劳动的发展相适应，这种群体关系越来越广泛和密切，终于随着人类的出现而成为真正意义上的人类社会关系。在长期的社会性劳动实践的过程中，由于实践的锻炼和经验的积累，环境的改善，生活方式和活动方式的变化，加上火的使用和营养的增加，人类整个机体和各种感觉器官得到相应的发展；大脑发生了巨大的变化：大脑容量成倍地增加，大脑机能加强，组织结构趋于完善，特别是大脑皮质抽象思维机能的形成，促使人类认识活动的产生和发展。

在生产劳动实践中，人们以工具为中介与对象发生相互作用，这是使用一种具有稳定性和普遍性的特殊物质手段作用于客观事物，使之发生人们期待的变化，使“自在之物”变成“为我之物”，产生了人化自然，即人生活于其中的现实世界。正是在这种实践的过程中，人自己成为认识的主体，对象成为认识的客体，摆脱了主客不分、物我不分的状态；开拓认识对象的范围，揭示认识对象的各种属性，客观事物成为人们以观念形式所把握的对象，人们在更大的广度和深度上获得关于物质世界的具有普遍性的知识。因此，实践活动是人们以观念形式把握客体、认识客体的前提。

生产劳动实践不仅促进人类认识的发展，而且通过人体外部活动向人脑内部活动的转化（所谓活动的内化），逐步地产生和形成人类所特有的认识结构、认识程序和认识能力。例如，人的视觉运用和观察模式的形成与人手劳动的动作习惯有着密切的关系。劳动时人手的动作受到眼睛的监督和支持，人的视线随着做工的手而运动，眼睛观察获得的信息传递到大脑，经过分析和判断，然后下达指令，指挥手的动作。人手—眼睛—大脑之间的相互联系和相互作用，贯彻主体的意图和目的，使得劳动实践得以改造劳动对象成为“为我之物”；同时，通过这种劳动训练，使人手的动作更加灵活、主动和协调，使人眼能够按照人手的动作和大脑的思维主动地和有秩序地对劳动对象进行扫描，重要的是促进了人脑的发展和认识能力的提高。经过漫长时间的积淀，这种活动方式在人脑中以理性和逻辑的方式形成人类的感知活动的结构和程序。因此，人类的感觉方式、思维模式和认识能力等，并不是纯天然的，而是以自然的进化为前提的实践活动的产物。

最后，人类的意识活动的产生和发展，与语言的产生和使用有着十分密切的关系。作为思维外壳的语言，是在生产劳动实践和社会交往实践的过程中产生和发展起来的。与动物不同，“劳动的发展必然促使社会成员更紧密地互相结合起来，……这些正在生成中的人，已经达到彼此间不得不说些什么的地步了。”(3. P. 991）这样逐步地形成了人类的语言。语言的产生对于高级意识活动的形成是具有决定性意义的一步。语言的产生使得人脑能够运用词语，运用概念和判断概括各种感觉材料，反映事物的普遍性，进而进行抽象的思维。语言是人类交流思想的工具，它使认识超越了时空的限制，超出个体经验的狭隘范围。利用书面语言得以记录认识成果，使之能够传播给他人和后世。语言文字记录的认识成果不会随着个体的消亡而丧失，它能够以社会遗传进化的方式一代代传承下去，并不断向前发展。每一个人都能学习和掌握人类的历史经验，能够学习和掌握相距遥远的他人和他国的经验。每一代人都能以上一代人的认识成果为起点，进一步向前推进对于世界的认识，从而大大地推动人类认识水平和认识能力的提高。

4　认识与实践

列宁说：“生活、实践的观点，应当是认识论的首要的和基本的观点。”[2]103 所谓生活，就是指日常生活，是生存和活着，吃、喝、住、穿等和休闲。我们一般不把生活计入实践。实践是指人们有目的地进行的、有意识和意识活动参与的、通过与世界的相互作用，能动地变革、改造世界和探索、研究世界的对象性社会活动。生活和实践之间既有区分又没有截然分开的界线。例如，人们外出旅游，既是享受生活，也是一种社会交往活动。

上一小节从人类认识的发生的角度阐述了人类生产劳动实践、社会交往实践和科学文化实践在人类认识的产生的过程中的决定作用。这里进一步阐述：实践是人类的认识活动发展的根本动力和条件保证，实践对于认识具有决定的作用，是整个认识过程的基础。同时必须指出，实践和认识是相互联系、相互依赖、相互促进，共同发展，不可分割的。

这里做出一个必要的说明。不同的作者可能给出关于实践的不同的定义。在第六章中，根据亚里士多德和马克思的论述，实践是人的存在方式，人类实践与自然界一起构成人类社会的基础，我认为，纯粹的理论研究和理论创造活动应当归属于实践的范畴（详见§6.2）。但是，纯粹的理论研究和理论创造活动当然也属于认识活动，而且是最重要的理性认识活动。所以在本章中讨论认识与实践的关系，只从认识活动的角度来理解和讨论纯粹的理论研究和理论创造活动。

我们先阐述实践对于认识具有决定性作用。

第一，实践是认识发展的动力。

世界上事物无限多样，哪些事物能够成为人们关注和认识的对象，是由人类实践的发展和需要所决定的。人们总是围绕人类需要这个中心，按照轻重缓急，考虑需要与可能，去选择关注和认识的对象。古代农耕民族和游牧民族为了发展农业和牧业，要求种植植物，饲养动物，确定季节、了解气候、丈量土地、衡量容积。现今地球上生存着500万～1000万种生物。人们首先着力研究和关注的还是能够作为农耕畜牧对象的几十、几百个物种，如小麦、水稻、玉米等植物，牛、羊、马等动物。古代的天文学、力学、数学也是这样发展起来的。近代资本主义生产力的发展，需要新的强大动力，在这种需要的推动下，力学、热学和电磁学的研究发展起来，产生了蒸汽机、热机、电动机等，后者进一步推动了相应学科的发展。当代，人类认识到，地球面临着未来的灾难性威胁，所以，监视、跟踪近地小天体和寻找太阳系外宜居行星的研究活跃起来。恩格斯说："技术在很大程度上依赖于科学状况，那么，科学则在更大得多的程度上依赖于技术的状况和需要。社会一旦有技术上的需要，这种需要就会比十所大学更能把科学推向前进。"(4. P. 648)

第二，实践为认识的发展提供手段和条件。

历史表明，实践提出的问题只能够依靠和通过实践来解决。对于自然科学的发展，实践既提出需要解决的问题，又为解决问题提供经验资料，实验的材料、仪器和工具。近代开始的科学实验大大提高了人类的认识能力。最初的实验手段是简陋的。现代工业为现代的科学研究提供了强大的物质力量。例如，当代为了探测宇观和微观所建造的某些实验设施成为巨大的工程项目。大型粒子对撞机，周长可达几十千米，造价高达几十亿美元。射电望远镜可以用于搜寻奇异天体，搜索星际通信讯号，探索地外文明，口径达到几百米。我国500米口径球面射电望远镜FAST（Five-hundred-meter Aperture Spherical radio Telescope）是目前世界上口径最大、最具威力的单天线射电望远镜。人类使用现代工业所提供的手段和条件，认识自然的本性和规律。

第三，生活和实践是认识的源泉。

任何事物在自发存在的状态下，不可能充分地显示它的多方面的现象和属性。只有改变事物所处的状态和环境，把它置于各种不同的条件和不同的关系之中，才能使它的现象和属性呈现出来。因此，要认识一个事物的本质和规律，就必须进行变革这个事物的实践，除此之外别无他途。这就是所谓"实践出真知"。生活和实践是认识的源泉。这里作两点必要的说明。

(1) 对于任何时代的任何具体的个人，活动范围、时间精力都是有限的，不可能事事都亲身参加实践，取得直接经验，才确信知识的可靠性。贬低书本知识，拒绝学习已有的科学知识是愚蠢的。但是，从总体上说，间接的知识只是“流”而不是“源”。

(2) 如果排除纯粹的理论研究和理论创造活动，感性经验和实践并不是一切认识的唯一来源。实际上，从已有的丰富、可靠的知识（认识）出发，经过严格的逻辑推理，也能得到重要的科学发现。历史上万有引力、电磁波等科学发现是典型的实例。正如恩格斯所说：“对一切理论思维尽可以表示那么多的轻视，可是没有理论思维，的确无法使自然界中的两件事实联系起来，或者洞察二者之间的既有的联系。”（3. P. 890）又说：“一个民族要想站在科学的最高峰，就一刻也不能没有理论思维。”（3. P. 875）理论思维对于科学的发展有着重要的、不可或缺的能动的推动作用。但是，无论如何，一切理论发现只有借助科学实验的证实才能确认其真理性。

第四，实践是检验认识的真理性的根本标准。

认识的过程是一个接近、逼近绝对真理的过程。要检验和判定某种认识是否更符合实际，是否更具有真理性，需要一个客观标准。除论证的逻辑自洽的思维原则，这个最终的标准只能是实践。这个问题留在§7.4进行阐述。

接着阐述实践对于认识的依赖性和认识对于实践的指导作用。实践对于认识的依赖性在第六章关于实践的定义中已经表露无遗。

人们通常说，认识依赖于实践。这无疑是对的。我要补充说的是：实践也依赖于认识；完整地说，实践和认识是相互联系、相互依赖、相互促进，不可分割的。实践对认识的依赖性的确存在。认识包括感性认识和理性认识。设想如果人没有眼、耳、鼻、舌、身等感觉器官产生的各种感觉以及知觉、表象等感性认识，还有什么人类实践活动和人类社会存在？至于理性认识，随着基础理论研究的深入发展和实践规模的大规模扩展，当代实践对于理论的依赖性越来越大。早年的曼哈顿工程，当今的登月工程、大型粒子对撞机工程等，没有可靠的理论基础、理论论证、理论指导，都是不可能实施的。人们的任何实践活动都离不开意识活动的参与和已有的认识成果或者理论的指导。离开人的意识活动的参与和理论指导的实践是胡乱的、盲目的实践。

实际上，生活、认识和实践是人类社会的全部内容，是人类社会历史的统一的过程。我们既要反对认识或理论脱离实践，又要防止实践脱离理论。现代唯物主义认识论强调认识和实践的相互联系、相互依赖和相互促进。

5　认识的本质

现代唯物主义认识论坚持从物质到精神、从客观到主观的唯物主义认识路线。与唯心主义、不可知论根本对立，与旧唯物主义的直观反映论相区别，现代唯物主义认为，人类的认识是社会的人作为认识主体对于世界的能动的反映。它不仅认为自然科学知识是人对于物质世界的能动的反映，而且认为人们的社会意识是人们对于人们的社会存在的能动的反映（详见§10.7）。

首先，现代唯物主义认识论坚持从物质到精神、从客观到主观的反映论原则，认为反映性，或者说相符性、客观性、摹写性，是人类认识的基本特征。马克思指出："在黑格尔看来，思维过程，即甚至被他在观念这一名称下转化为独立主体的思维过程，是现实事物的创造主，而现实事物只是思维过程的外部表现。我的看法则相反，观念的东西不外是移入人的头脑并在人的头脑中改造过的物质的东西而已。"（2. P. 93）所谓反映性，是指人的认识作为主观对客观的反映，必然以客观事物、客观存在为原型。人的认识无论表现形式多么抽象和复杂，归根结底是对于客观对象的反映，包含着不依赖主体的客观内容。否则，就背离了认识的目的，也谈不上认识对实践的指导作用。主体观念地把握客体的认识活动，是为主体实际地把握客体对象的实践活动做准备的，可以说，这就是认识发展的最终目的。实践活动只有遵守客观的规律才有效。所以，认识必须真实地反映事物的属性、本质和规律。

在承认和坚持认识是人对于世界的反映的同时，现代唯物主义又揭示了人的认识所具有的能动性或者创造性的特征。人的认识不是对于事物的简单、直接的摹写，而是主体对于客体的能动的、创造性的再现。第一，人们为了改造自然，不仅要认识事物的现象，而且透过现象去掌握事物的本质和规律。事物的本质和规律并不直接显露在现象中。为此，必须运用抽象思维的方法，进行创造性的思维活动。列宁说："认识是人对自然界的反映。但是，这并不是简单的、直接的、完整的反映，而是一系列的抽象过程，即概念、规律等等的构成、形成过程。"[6]152 认识主体的能动性、创造性在抽象思维过程中得到鲜明的体现，感性认识上升为理性认识，更深刻、更完全地反映着世界的真实面目。第二，认识的意义在于，不仅要反映对象"本来如此"的真实状态，而且要使人们能够借助于关于事物的本质和规律的认识，改造自然，创造"应当如此"的物质实体，满足人类的需要。应当承认，许多自然资源，例如阳光和空气，森林和原野等，能够直接为人类所利用。但是，自然界不可能自发地产生公路、铁路、桥梁、飞机、大炮、电脑和互联网等，更不可能把人送上太空、月球又安全返回。人们通过对事物的本质和规律的认识，在头脑中把自然物质改变为“应当如此”的面貌呈现出来，然后，经过反复实践，创造人类理想中“应当如此”的世界。正是在这种意义上，列宁说：“人的意识不仅反映客观世界，并且创造客观世界。”[6]182

在人的认识活动中，反映性、摹写性与能动性、创造性两方面是不可分割的。反映性和创造性不是认识的两种不同的本质，而是同一个本质的两种不同的功能。创造离不开反映，创造是在反映的基础上实现的，反映也离不开创造，反映是在创造过程中的反映。只承认认识反映、摹写客体的方面，而否认认识的能动性、创造性方面，就会成为消极的直观反映论；而只承认认识主体的能动性、创造性方面，否认认识反映、摹写客体的方面，会使认识的能动性、创造性脱离反映论的前提，就会走向唯心主义和不可知论。

§7.2　认识的辩证运动过程

人类意识活动是人脑对于世界的能动的反映活动。认识的运动过程就是认识与实践的对立同一关系的具体展开。列宁说：“从生动的直观到抽象的思维，并从抽象的思维到实践，这就是认识真理、认识客观实在的辩证途径。”[6]142这里所谓“生动的直观”是指感性认识，“抽象的思维”是指理性认识。认识的辩证运动过程是在实践的基础上由感性认识到理性认识，再由理性认识到实践的能动的飞跃。毛泽东进一步阐述为，实践、认识、再实践、再认识，循环往复以至无穷的运动过程。

1　感性认识和理性认识

感性认识和理性认识是由实践到认识的辩证运动过程中的两个阶段，是人们观念地把握世界的两种形式。

感性认识是认识的初级形式。它是人们通过自己的感觉器官和认识工具形成的对世界的直接反映，是人们直接地感受的关于事物现象的各个片面和外部联系的认识。感性认识包括感觉、知觉、表象等初级意识活动。

感觉器官（眼、耳、鼻、舌、身等）接受外界事物的刺激，相应的神经细胞兴奋起来，把刺激信号传递到大脑皮质的相应部位而出现感觉，包括视觉、听觉、嗅觉、味觉和触觉等。感觉是感觉器官对于环境刺激物的不同属性的分辨性反映，是认识活动的起点，是一切意识活动的基础。不同种类的感觉相互联系，又经过大脑综合，形成关于事物的整体映像。这就是知觉。知觉是在感觉的基础上发生的对于当前事物的整体性、选择性和稳定性映像。感觉和知觉是意识活动的初级要素，是从外部世界通向人的主观意识世界的中介和桥梁。记忆是神经系统的一种功能。当客体刺激消失之后，感性映像暂时或持久地保留在人脑的记忆中，并且可以通过回忆而再现出来。知觉和记忆的结合产生一种新的反映形式，那就是表象。表象与感觉、知觉不同，它不直接地依赖外界事物的刺激。表象是大脑对过去感知的事物的直观形象的记忆和重组，是大脑对于感觉和知觉材料进行初步加工的产物，它突出客体的固定特性，扬弃了个别感觉、知觉所具有的偶然因素。感觉、知觉、表象是对于事物的表面现象的直接认识。

在实践活动的推动下，人类借助语言，通过人脑对于感性材料的分析、综合、抽象、概括，形成概念、做出判断、进行推理，运用这种逻辑形式，掌握事物的本质，事物之间的根本联系和事物运动变化的规律。这就是抽象的理性思维。这是人区别于动物、为人所特有的高级意识活动。§5.2.2已经详细地叙述了概念、判断、推理等理性认识形式。这里不再重复。理性认识超脱关于客观事物的生动直观的形象，揭示现象背后的事物本质和内部联系，因而具有抽象性、间接性、相对独立性等特点。

理性认识是认识的高级阶段，是人们借助理性思维所把握的关于事物的共性和本质，以及事物内部联系的认识。

理性认识首先表现为个别概念、个别判断表达的单个的理性认识（可以称为一般理性认识或一般认识），还可以通过系统的研究，上升为由一系列概念、判断和推理所组成的完整的理论体系（可以称为理论认识或者理论），概括地、系统地反映某一领域内客体的本质和规律。理论是人类思维概括地反映某一领域客体的系统化形式，是主体观念地把握某一领域的客体的最高形式。理论的建立标志着人的认识的发展远远地超出了感性认识的水平。

2 感性认识和理性认识的辩证关系

毛泽东说："一切比较完全的知识都是由两个阶段构成的，第一个阶段是感性知识，第二个阶段是理性知识，理性知识是感性知识的高级发展阶段。"[7]感性认识和理性认识不仅有量和质的相互区别，而且相互联系、相互依赖和相互渗透，是辩证统一的。

首先，理性认识依赖于感性认识。

现代唯物主义哲学认为，感性认识是认识过程的起点，是达到理性认识必经阶段。理性认识不是人的头脑中主观自生的东西，它建立在感性认识的基础之上。没有感性材料，不对感性材料进行抽象、概括，就不可能产生概念、判断和推理，以及由它们构成的理论体系。尽管理性认识达到了对事物的本质、共性以及内在联系的认识，克服了感性认识的具体直观性，但是，同时它也将感性认识的具体的丰富内容包容于自身。

感性认识是对于事物的外在现象的认识，理性认识是对于事物的本质的认识。人们认识事物总是要经历从现象到本质的过程，只有首先把握了关于事物的一个个现象的感性认识，积累了足够的感性材料，才能通过科学的抽象思维，发现和把握事物的本质、共性和一般规律。

毛泽东说："理性的东西所以靠得住，正是由于它来源于感性，否则理性的东西就成了无源之水，无本之木，而只是主观自生的靠不住的东西了。从认识过程的秩序说来，感觉经验是第一的东西，我们强调社会实践在认识过程中的意义，就在于只有社会实践才能使人的认识开始发生，开始从客观外界得到感觉经验。一个闭目塞听、同客观外界根本绝缘的人，是无所谓认识的。认识开始于经验——这就是认识论的唯物论。"[8]290理性认识对于感性认识的依赖关系，正是认识对于实践的依赖关系所决定的。

其次，感性认识有待深化、发展到理性认识。

毛泽东说："认识有待深化，认识的感性阶段有待于发展到理性阶段——这就是认识的辩证法。"[8]291感性认识是认识的起点，认识的第一个阶段。但是，它毕竟只是对事物的表面的、片面的和外部的现象的认识，通过感性认识，只能把握个别而不能把握一般，只能把握现象而不能把握本质和规律。即使感性认识的数量再多、内容再丰富，也没有深入到事物的共性、本质和规律。感性认识不是完全的认识，更不是认识过程的完成。认识的任务是经过感性认识发展到理性认识，认识事物的本质和规律，才能真正指导人们变革现实和改造世界的实践。

由感性认识发展而来的理性认识，反过来又可以促进感性认识。毛泽东说："我们的实践证明，感觉到了的东西，我们不能立刻理解它，只有理解了的东西才能更深刻地感觉它。"[8]286对于任何事物，只有当人们认识了这种事物的本质和运动规律，也就是说，达到了对于这种事物的理性认识，才能更深刻、更敏锐、更准确地认识眼前事物的外观、特点和变化。例如，一般人无法从脉搏的感觉中确认身体的状态，但精通医术和脉理的中医却能够敏锐地、清晰地感觉到一个人脉搏的细微变化，并对病情做出准确的判断。

最后，感性认识和理性认识是相互渗透的。

在人们的认识活动中，感性认识和理性认识总是相互交织，你中有我，我中有你，没有绝对分明的界限。

在人的感性认识之中渗透着理性认识的因素。第一，认识主体的价值观念、目的要求影响和制约着感知活动的方向。马克思说："忧心忡忡的、贫穷的人对最美丽的景色都没有什么感觉；经营矿物的商人只看到矿物的商业价值，而看不到矿物的美和独特性；他没有矿物学的感觉。"[9]87 人的感觉是包含理性因素的感觉，始终与人的认知图式相联系，受思维方式的制约。人的价值观念和社会关系渗透并影响着人的感觉。因此，对于同一时间的同一个事物，不同认识主体可能产生不同的感性认识。第二，认识主体已有的理论知识影响和制约着感性认识的深度和水平。当各种刺激信息通过神经系统通道传输到大脑，大脑往往要运用已有的理论知识对这些信息进行分析和比较。因此，感性认识的产生是包含着感觉信息与脑内理论知识相互作用的过程。例如，看见孔雀开屏，小孩子只感觉到它洋洋得意，华美无比；而一个有生物学知识的人，特别是生物学家立刻会注意观察这是为了求偶，还是一种防御行为。第三，感性认识的结果（感觉、知觉和表象等）只能通过一定的理性的形式（概念、判断等）表达和陈述出来。这种对感性材料和感性经验进行描述的过程，也就是理论解释的过程。

正如没有纯粹的感性认识一样，也没有纯粹的理性认识。在理性认识中同样渗透着感性认识的因素。第一，尽管理性认识达到了对于事物的本质和内在联系的认识，但是，同时它也将感性认识的具体的丰富内容包容于自身。第二，理性认识需要语言、符号来表达，语言、符号就其深层的意义上说，包含着某种抽象和概括。但是它们不能脱离感性形式本身。例如，断言"猫能抓老鼠"，这是一个理性认识。这里猫已经不是一只具体的猫，老鼠已经不是一只具体的老鼠。但是这里的猫和老鼠仍然不能脱离它们的感性形式。

总之，感性认识和理性认识作为认识过程中相互区别、相互对立的两种反映形式和两个认识阶段，是相互联系、相互依赖、相互渗透，辩证统一的。没有感性认识，理性认识就失去了赖以产生的基础和得以实现的手段；没有理性认识，认识只能是动物式的被动感知，而不会有真正的人的认识。割裂感性认识和理性认识的辩证关系，就会犯经验论或唯理论的错误。

如果把感性认识绝对化，片面夸大感性认识的作用，不认识到感性认识发展到理性认识的必要性，就要犯经验论的错误。主张感性经验是人一切认识的唯一来源的哲学理论都叫做经验论。由于对于经验有唯心和唯物的两种理解，经验论区分为唯心主义经验论和唯物主义经验论。唯心主义经验论的主要代表有贝克莱、休谟、马赫等人。他们认为，感性经验是人的主观体验，经验限定为感觉的总和。他们认为，感觉是唯一的存在，它是从自我的意识中产生出来的，而不是从客观事物中产生的，不与客观事物发生任何关系。经验与物质隔开，也与实践相分离，这是赤裸裸的主观唯心论。唯物主义的经验论主要代表有培根、霍布斯、洛克、狄德罗、霍尔巴赫等。按唯物主义的观点，经验是人们通过自己的感觉器官直接接触客观事物获得的对于客观事物的表面现象的认识。因此，他们认为，经验是从客观事物中产生的，是客观事物在人的头脑中的反映；客观事物是感性经验的基础。这些观点无疑是正确的。但是，他们不了解理性认识的意义，不了解理性认识同感性认识的质的区别，认为感性认识是认识的全部内容，理性认识不过是对感性材料进行整理和分类，对感性经验做出描绘和说明，并不会为认识提供新的内容。例如，洛克断言："凡是在理性中所有的，最初无不在感觉之中。""我们的全部知识是建立在经验上面的，知识归根到底都是导源于经验的。"[1]450 唯物主义经验论蔑视理论思维，甚至可能陷入唯心主义的迷途。

与经验论相对立，把理性认识绝对化，片面夸大和强调理性认识的作用，就要犯唯理论的错误。唯理论这个名称一般用于狭义，与经验论相对立，主要表现在认识的起源和可靠性问题上。一般说来，唯理论者不承认经验论者主张的一切知识都起源于感觉经验的原则；认为具有普遍必然性的可靠知识不是、也不可能来自经验，而是从先天的无可否认的"自明之理"出发，经过严密的逻辑推理得到的。唯理论认为，依靠感觉经验得来的感性认识是不可靠的，相反，它们往往是错误认识的来源；只有依靠理性直接把握事物的本质的那种"理性直观知识"，或者依靠理性进行逻辑的推理所得来的知识即理性认识，才是可靠的。

唯理论也有唯心主义唯理论和唯物主义唯理论之区分。

唯心主义唯理论的主要代表有柏拉图、笛卡儿、莱布尼茨等人。公元前6世纪古希腊的巴门尼德以理性作为真理的标准，宣称别让感官（茫然的眼睛、轰鸣的耳朵）欺骗我们，"要用你的理智来解决纷争的辩论"[1]31；公元前5世纪的柏拉图认为，知识是关于理念的知识，他将知识分为四个等级，按照其可靠程度依次分为想象、信念、理智、理性；宣称认识是灵魂对人的生前在理念世界已经具有的知识的回忆（见§1.3.4）。西方近代唯理论哲学的开创者是法国笛卡儿。他认为人的感觉器官是骗人的，不能完全相信我们的感官；他要求以观念的"清楚明白""确实可靠"和"普遍全面"作为认识的真理性标准，并且以数学，特别是欧几里得几何学作为一切可靠知识的标本，认为只有像几何学那样，从极少几条完全清楚明白的"自明"的公理出发，依靠人的"自然灵明"即天赋的理性认识能力，进行每一步骤清楚明白、准确无误的推理，这样得来的知识才是可靠的。笛卡儿唯理论受到英国的霍布斯和法国的伽森狄等唯物主义经验论者的驳斥和诘难，其“天赋观念论”更是受到稍后的英国经验论主要代表洛克的系统批驳。另一方面，笛卡儿唯理论受到许多人的拥护和追随，形成笛卡儿学派。德国的莱布尼茨吸取经验论的一些因素，对于笛卡儿的“天赋观念论”做出了部分修正，维护和发展笛卡儿的唯理论，甚至认为一切观念都是天赋的，把“天赋观念论”推向极端。他认为，理性认识的普遍性和必然性是先天的，是“心灵”“理性”本身具有的，观念与真理作为倾向、禀赋、习性或自然的潜能天赋潜伏在人们的心中。沃尔夫将莱布尼茨的唯理论加以系统化，一度成为在德国占统治地位的哲学。柏拉图、笛卡儿、莱布尼茨的唯理论都是唯心主义先验论。

正是笛卡儿的二元论和唯心主义的唯理论遇到的困难，促使斯宾诺莎（1632—1677）走向唯物主义一元论和唯理论的道路。斯宾诺莎哲学是一个泛神论体系，它肯定上帝是客观存在的自然，是唯一的实体，广延与思维是唯一实体的两种属性。这种观点继承和发扬笛卡儿的唯理论思想，但是，把它置于唯物主义的基础上，认为理性认识的对象就是实体及其属性。唯物主义的唯理论强调理性认识的重要作用，同时认为理性认识不依赖感觉经验，不把感觉经验当作认识的源泉，而是当成错误的根源，割裂感性认识和理性认识的联系，否定感觉经验在认识中的作用。

实际工作和生活中的经验主义和教条主义，也违背了感性认识和理性认识的辩证统一原理。经验主义片面夸大感性经验的作用，轻视科学理论，把局部经验当成普遍真理，犯了类似经验论的错误。教条主义则片面夸大书本知识的作用，轻视感性经验，犯了类似唯理论的错误。把握好感性认识和理性认识的辩证统一关系，努力防止和纠正两种片面性，是我们应当时刻注意的一个重要问题。

3 由感性认识到理性认识

感性认识有待深化，需要发展到理性认识。由感性认识到理性认识，是认识的辩证运动过程中的第一次能动的飞跃。在这个阶段，理性思维把感性认识提供的分散而无联系的材料综合起来，加以改造制作，使之获得知识的意义，成为有意义的思想，产生了具有普遍性和必然性的知识。

在生活和实践中，人们获得十分丰富和合乎实际的感性材料，这成为实现由感性认识到理性认识的能动的飞跃的基础和条件。感性认识阶段获得的关于对象的大量的、个别的、具体的感性材料中，蕴含着对象的本质和规律。必须力求充分地、全面地收集、掌握和了解关于客体的各种各样的感性材料。为了从大量的感性材料中揭示深藏现象之中的对象的本质和规律，必须运用抽象思维的方法，形成概念、判断和进行推理，实现由感性认识到理性认识的能动的飞跃。其中，抽象化是理性认识阶段认识活动的基本特点。

何谓“抽象”或“抽象思维”?

理性认识是关于事物的本质和规律的认识。但是问题在于，世界上永远没有两个完全相同的事物，也永远没有一个完全不变的事物。从空间横向上说，例如，世界上没有两片完全相同的树叶；从时间纵向上说，世界上任何一个事物都处于永不停歇的运动变化中，在每一瞬间，任何一个事物都会有某种变化，最后，它消亡以至面目全非。因此，必须凭借着抽象思维，把丰富多彩、变化无常的实际事物加以分类、割裂、僵化并使之粗糙化，以便能够抓住事物的相对稳定的属性和运动变化的主要线索，即事物的本质和规律。

这里涉及对于语言、词汇和概念的深入的理解。§3.2.5 叙述了必须注意区分认识对象和关于认识对象的概念。概念并不是概念所反映的事物本身。除了单独概念，一般概念都是对一类事物而言的。概念是反映事物的范围（外延）和特有属性（内涵）的思维形式。所谓事物的特有属性，就是指事物的质的规定性，即事物之所以成为该事物的规定性。按照辩证逻辑，概念所反映的事物的特有属性就是事物的本质属性（见§9.4.1）。

通常语言中的一个名词表达某个或者某类对象，作为事物的名称，它是人们从一个或一类事物的丰富而真实的感性材料，通过理性思维的抽象概括而得到的一个概念。形象地说，所谓抽象，就是从感性对象的大量表象之中，抽掉或排除那些非本质的表面细节和表面现象，留下那些反映本质属性的自身所固有的普遍特征。概念脱离具体事物的直接性和特殊性而上升到普遍性。因此，概念不完全等同于概念所反映的具体事物本身。任何一个具体事物都有大量的、天文数量的信息特征，而且它每时每刻都处于不停息的运动变化之中。要真正完整地、点滴不漏地再现或者描述一个具体事物及其运动变化（例如，它的每一个特征，以至每一个原子分子，每一个电子的位置及其变化），实际上既不可能也无必要。我们不能因为某人的头发今天比昨天长长了半毫米，就说某人已经不是某人；更不能因为某一个物体失去一个原子，或者它的一个原子中某一个电子从原子核的上方旋转到了下方，就说该物体已经变成了别的东西。只要事物没有发生质变，它就还是原有概念所表达的那个东西，就不能说它已经变成了别的东西。概念和判断不可能，因而也不允许跟随着具体感性对象或者现象世界的不停歇的运动变化而千变万化。

语言和逻辑表达必须：（1）抽掉事物的非本质的表面细节和表面现象，留下反映本质属性的自身固有的普遍特征；（2）按照事物本质的稳定性保持其稳定性。注意事物的本质是分级次的，有所谓初级本质、二级本质和更高级的本质等（见§9.2）。因此，概念和概念的稳定性也是分级次的。否则，人们无法描述世界，人与人之间也无法交流思想。

§3.2明确地阐述过，具体的认识对象和关于认识对象的概念，是既相互联系又完全不同的东西。概念和判断脱离了具体认识对象的直接性和特殊性而上升到普遍性。这就是理性思维对于感性对象或者现象世界的一种加工和转化过程，即“抽象”的过程。毛泽东说：“要完全地反映整个的事物，反映事物的本质，反映事物的内部规律性，就必须经过思考作用，将丰富的感觉材料加以去粗取精、去伪存真、由此及彼、由表及里的改造制作工夫，造成概念和理论的系统”。[8]291

关于科学的思维方法，诸如归纳和演绎、分析和综合、抽象和具体等，都是使感性认识上升到理性认识的思维方法。

对于感性材料的加工处理，常常用到理想化、比较、分类、统计等方法。

所谓“理想化”，是指从比较纯粹、比较理想的形态上反映事物本质的方法。实际存在的客观的事物和现象都不是绝对纯粹的，它会受到各种各样因素的影响，有本质的和非本质的、主要的和次要的、长久的和暂时的因素。为了反映事物的本质和规律，决不能够一开始就罗列事物的全部细节和全部因素，而是需要消除那些非本质的、次要的和暂时的东西，把握和凸显那些本质的、主要的和长久的东西。例如，关于伽利略自由落体实验，精确地说，实际地说，两个不同质量的物体从同一高度同时下落，即使把它们设想或者做成绝对光滑，一般并不会同时落地。只有满足两个物体的质量 m 之比等于它们所受的空气阻力 f 之比的条件（$m_1/m_2=f_1/f_2$）和静风条件，它们才同时落地。相对重力，空气阻力显然是一个次要的因素。因此，在理想化的思考中，忽略实际存在的空气阻力不计，就揭示和表达了自由落体定律。

比较是从不同事物的异中求同、同中求异，从而揭示事物的本质和规律。在比较的基础上，可以根据事物的共同点和差异进行分类。分类使大量的感性材料条理化、系统化，借此人们能够发现或者推断事物的内在联系，揭示事物的客观规律性。至于统计的方法，它有助于处理大量现象，能够有效地消除那些非本质的假象，发现大量个体组成的客体的运动规律和内在本质。

从感性认识到理性认识，形成科学理论，不仅依靠逻辑的方法加工制作感性材料，而且要发挥想象、直觉、猜测、灵感等非逻辑思维形式的作用。

想象是人们对保留在记忆中的表象进行加工改造形成新的形象的思维方法。

它本身实际上已经不再是感性认识的形式，而是在思维中对感性形象进行分析、比较、选择、重组的创造性构思的过程。列宁高度地评价过想象在科学创造中的作用。他说："以为只有诗人才需要想象，这是没有道理的，这是愚蠢的偏见！甚至在数学上也需要想象，甚至微积分的发现没有想象也是不可能的。"[10]122

想象往往伴随着直觉和灵感。直觉就是人们的思维直接对事物本质的接近和把握，它超越一般的认识程序，不经过严格、仔细、全面的分析，一下子就抓住事物的症结，找到解决问题的答案。灵感则是思维在外部刺激的诱发下突然产生的对客体的整体洞察，由此导向对关于客体问题的瞬时顿悟。灵感是直觉过程的一个内在环节。直觉和灵感实际上不是不劳而获的成果，而是在放松之后对此前艰苦思维的奖赏。

逻辑思维的循序渐进过程和非逻辑的跳跃上升过程，是感性认识上升到理性认识的思维过程的两个不同的方面。它们相互作用，相互补充，促成由感性认识向理性认识的飞跃。

4 由理性认识到实践的飞跃

如前所述，实践对于认识具有决定性的作用，是整个认识过程的基础。同时，实践和认识又是相互联系、相互依赖、相互促进，不可分割的。理性认识是认识的高级阶段，是人们借助理性思维所把握的关于事物的共性、本质和规律的认识。理性认识通常表现为个别概念、个别判断所表达的一般理性认识（称为一般认识），或者通过系统的研究，上升为由一系列概念、判断和推理组成的完整的理论体系（称为理论认识或理论），概括地系统地反映某一领域内客体的本质和规律。

人们的认识由感性认识上升到理性认识，实现了从事物的现象到事物的本质的飞跃。但是认识的运动过程并没有结束。作为完整的认识过程，还需要由理性认识回到实践中去，实现认识过程的又一次意义更为重大的飞跃。

由理性认识向实践的飞跃之所以必要，就在于通过这次飞跃使认识物化或者对象化，精神的力量变成物质的力量。首先，这是理性认识自身的要求，认识的目的是为实践服务，认识世界是为了改造世界。其次，这也是实践本身的要求。实践寻求理论的指导。技术的重大发明和进展，几乎都是在科学理论的基础上和指导下获得的。同样，社会发展史表明，"没有革命的理论，就不会有革命的运动"。最后，在实践中获得的理论认识需要回到实践中接受检验，从而得到修正、补充、丰富和发展。

从理性认识（包括一般理性认识和理论认识）向实践的飞跃需要特定的条件，

具有特定的途径。

首先，理论概括地、系统地反映一类客观事物的本质和规律，它只有与具体条件下人的实践活动结合起来，坚持从实际出发，才能发挥自己的指导作用，并随着实践的发展自身不断地得到发展。这就是说，理论付诸实践，就必须使理论具体化，将理论应用于实践对象所处的具体情况，坚持理论与具体实践相结合的原则。

其次，理性认识是关于客观事物的本质和规律的认识，人作为认识主体必定从自己的内在尺度即自身的需要和利益出发，以理性认识为基础，对客体对于自己而言的价值做出科学的评价，确定对客体进行实践把握，即实际地利用和改造客体的方式，以满足自己的需要（见§7.3）。所以，由理性认识向实践的飞跃，不仅要实现一般理论与具体实践的统一，而且要实现客体尺度与主体尺度的统一。在观念中所建立的实践所应当实现的理想客体，称为实践观念，它反映了客体对人的需要而言“应当如此”的面貌。

最后，正确的理论要在实践中得到应用，必须具有适当的条件和手段。主体必须根据自己实际拥有的物质条件，确定实践的方案，体现客体的规律性、主体的目的性和现实的可能性的有机结合。在改造自然的活动中，人们通过创造相应的技术、工艺，对基础理论进行开发和应用研究；在社会活动中，人们通过制定各种方针、政策、计划来实现某种战略意图，规划社会的发展。这种观念模型仍属于观念性的东西，但是，它们已不属于抽象的理论，带有直接指导行动的特点，向实践接近、融合和转化。

人们在实践的基础上由感性认识上升到理性认识，又由理性认识实现向实践的飞跃，并在实践中检验理性认识，使之得到修正、补充、丰富和发展。这是一个实践——认识——再实践的过程。只要某一个理论在具体的实践中达到预期的目标，获得预想的结果，就可以说，这个具体发展阶段上的认识运动算是完成了。但是，对于实践和认识的矛盾运动过程的推移而言，人们的认识运动还没有完成。作为认识运动的全过程，不仅是实践到认识和认识到实践这两次飞跃的综合，而且表现为实践、认识、再实践、再认识，这种形式，循环往复以至无穷。在人类社会中实践和认识表现为相互联系，相互作用，不断深入和无限发展的过程。

物质世界及其发展是无限的。从时间上说，事物运动变化过程是无限的；从空间上说，事物的结构和层次、事物之间的联系也是无限的。实践和认识的对象的无限性，决定了人们的实践和认识必然是一个不断深化、无限发展的过程。

实践、认识、再实践、再认识，循环往复以至无穷。认识运动的反复性和无限性表现为认识的波浪式的前进运动或螺旋式的上升运动。每一次循环都使实践和认识比较地进到高一级的程度。毛泽东说："根据于一定的思想、理论、计划、方案以从事于变革客观现实的实践，一次又一次地向前，人们对于客观现实的认识也就一次又一次地深化。客观现实世界的变化运动永远没有完结，人们在实践中对于真理的认识也就永远没有完结。"[8]295－296 正是在这种认识运动的过程中，人们不断接近客观真理。

认识的辩证运动过程，就是主观和客观、理论和实践的矛盾运动过程。认识的任务就是要求得它们之间的具体的历史的统一。这就是说，主观认识要与一定时间、地点的具体实际相符合，同时，要与一定历史条件下不断发展变化的客观实际相适应。当实践的具体过程已经向前推移，主观认识应当随之而转变，如果主观认识仍然停留在原来的阶段上，就会犯思想认识落后于实际的错误；当实践的具体过程尚未结束，原有矛盾尚未解决，向下一个阶段过渡的条件尚不具备，如果主观地强制过渡，企图超越历史阶段，提前去做那些未来才可能做的事情，就会犯冒险主义的错误。中国革命的历史上有过这两种错误的严重教训。

5 认识：信息的处理和建构

人对于客观事物的认识过程，是人对客观世界的能动的、创造性的反映过程。任何一个客观事物，作为认识对象和认识客体，包含着大量的甚至是天文数量的信息。人作为认识的主体，以主体的认识能力和主体与客体的相互作用为基础，从客体的海量信息中，获取其中一部分然而也是大量的信息。人脑对于这些信息进行选取、加工和改造的过程，就是在主体的大脑中建构一个与外在的认识客体具有同构异质关系的观念或观念系统的过程。在一般情况下，人之所以认识一个客观事物，有着一定的或者特定的目的，人作为认识的主体，不会去关注自己从客体那里获取的全部信息。因此，根据认识的目的，主体自然地对于获取的全部信息进行选择、解析、重组、加工和建构。人在特定的目的、目标之下能否正确地认识客体，取决于人能否在自己的思维中建构出同外在的客体的本质结构一致的信息构造。

作为与外界事物的相互关系，人的认识活动伴随着认识主体对于认识客体的信息的处理过程。主体是客体信息的获取者、加工者和组织者，即信宿；客体是客体信息的发出者和提供者，即信源。主体和客体结合，形成信息的发出、接受、选择、存储、加工和输出的过程。人们为了认识某一个客观事物，必须通过各种信息传输媒介即信道，获取关于客体的各种各样的信息。按照唯物辩证法学说，人们不能孤立地、静止地、片面地观察和获取客观事物的有限的信息，而必须以联系的、运动变化的、全面全方位的角度观察并获取客观事物的完整信息。人们在生活和实践中，关于某一个客观事物所获取的信息量愈大，信息涉及面愈全面，信息保真度愈高，针对特定目的对于信息的选择愈准，透过现象抓住事物本质的能力愈强，就愈能达到接近于对事物的确定性反映。反之，主体建构的信息构造就充满着不确定性，表现为主观代替客观，丧失正确地认识客体的可能性。

认识主体对于认识客体信息的这种建构，既是主体认识的能动性的突出表现，也是主体实现自己对于客体的相符性反映的必要条件。

人们通过对客体信息的一次性建构，往往不能获得关于客体的完整的、真实的和准确的知识。主体必须利用大脑作为信息加工系统的输出和反馈的功能，使自己的认识向实践转化，在实践中检验自己的观念建构是否与客观对象相符合。实践的检验又修正建构，建构的结果又诉诸实践的检验，这样反复不断地更新、丰富和加深对于世界的认识。

§7.3 真理和价值

1 真理

认识的任务和目的在于引领人们排除谬误，探求真理，并在真理的指导下改造世界。真理是人们对于客观事物及其规律的正确反映，是与客观事物及其规律相符合的人的认识。

真理是客观的。所谓客观真理，就是指在真理性认识中包含着不依认识主体，即不依任何个人、任何集团的主观意志为转移的客观内容。列宁说："有没有客观真理？就是说，在人的表象中能否有不依赖于主体，不依赖于人、不依赖于人类的内容？"[2]81-82真理作为人对事物的正确认识，包含着人类认识的主观成分，而且其表达具有人类认识的主观形式。说"花岗岩很硬""林妹妹很美丽"，当然包含认识主体的主观成分。真理通过主观形式如概念、判断、知识、理论等表达出来。对于同一个客观内容，可以采用不同的主观形式、不同的语言文字表达它。不管如何表达，只要这些表述正确地反映真理的认识，真理之为真理的内容都不会随表述的形式而改变。

真理之所以是客观的，就在于真理的内容是客观的。真理内容的客观性首先来自认识对象的客观性，其次在于实践及其主客体关系的客观性。人们按照真理的认识改造客体对象，能够得到认识所预期的结果。

既然真理是与客观事物及其规律相符合的人的认识，在真理或客观真理的概念中就不包括阶级性、民族性、集团性等含义。真理本身没有阶级性。自然科学的真理没有阶级性，社会科学的真理同样没有阶级性。但是，这并不否认人们对于真理的认识受到阶级地位和阶级倾向的影响和制约。

坚持客观真理论，必然承认真理面前人人平等。这意味着，第一，任何个人和任何阶级，不能凭借着自己的地位和权势，而只有采取老老实实的科学态度，实事求是，认真地探索客观事物的本质和规律，才能发现真理和发展真理；第二，真理对于任何个人、任何阶级一视同仁，人们只有尊重真理，按真理办事，才能在实践中取得成功。

与真理相反，在认识论上，谬误或者错误是指在人的意识中与客观事物及其规律相违背的认识。谬误或者错误是在人类的认识和实践过程中难以避免的现象。对于不同时代的不同的人们，认识能力和认识水平都要受到他们所处时代的历史条件、发展水平、思维方式、科学技术基础，以及个人知识结构和社会地位等诸多条件的限制。任何时代都不可能只有正确的认识而无错误的认识；任何理论都不可能百分之百正确，达到对于绝对真理的认识，而不包含一点儿错误或缺陷。后代人在继承前代人发现的真理的同时，总是在纠正前代人的错误。科学的发展正是通过不断地排除谬误来实现的。

2　相对真理和绝对真理

为了对认识的真理性做出深入的讨论，首先应当对认识加以适当分类。认识的分类可以各种各样。这里所说的认识是指认识活动的结果、成果或产物。关于认识的简单划分是：感性认识、一般的理性认识、系统的理论认识即科学理论。

对于感性认识和一般的理性认识，其中大部分是关于单个的客观事物在确定的时间、地点和具体条件下的状态、属性和关系的描述，称为事实描述。例如，斯大林死于1953年3月5日；这匹马很强壮；等等。在一般情况下，单个对象的事实描述谈不上是关于事物的本质和规律的认识。更广泛地说，一般的理性认识包括日常生活常识、经验性知识。例如，（1）太阳每天升起和落下一次；（2）天鹅都是白的；（3）凡生物都要死；（4）面包有营养；等等。这些常识和知识概括一个或者一类事物的属性和规律。

事实上，即使上述常识和知识也决不是永远和绝对成立的。（1）大家知道，在北极地区和南极地区有极昼、极夜现象，太阳决不是每天都会升起和落下一次；其次，人类已经知道，未来总有一天太阳不会再从东边升起。(2) 世界上也有黑天鹅存在。(3) 有些细菌，特别是病毒不一定都会死。(4) 法国一个村庄的人们曾经因为吃了经过正确烘烤做成的面包而死于麦角中毒。

恩格斯说："谁要在这里猎取最后的终极的真理，猎取真正的、根本不变的真理，那么他是不会有什么收获的，除非是一些陈词滥调和老生常谈，例如，人一般地说不劳动就不能生活，人直到现在总是分为统治者和被统治者，拿破仑死于1821年5月5日，如此等等。"(3. P. 466)

因此，本小节的讨论主要针对系统的理论认识即科学理论来展开。

现代唯物主义哲学认为，从真理的内容来说，真理是客观的；从认识的过程来说，认识真理是一个从相对真理走向绝对真理的逐步深化的过程。

每一个具体的真理，都是人们在一定历史时代，对世界特定对象的一定程度的认识，所以，它是有条件的、相对的；然而，任何真理都包含着符合客观事物及其规律的客观内容。所以，它同时又是无条件的，包含构成绝对真理的成分。

恩格斯论述了认识的至上性和不至上性，他说："人的认识的产物究竟能否具有至上的意义和无条件的真理权，如果能有，那么是哪些产物。"(3. P. 462)

恩格斯指出："思维的至上性是在一系列非常不至上地思维着的人中实现的；拥有无条件的真理权的认识是在一系列相对的谬误中实现的；二者都只有通过人类生活的无限延续才能完全实现。在这里，我们又遇到了在上面已经遇到过的矛盾：一方面，人的思维的性质必然被看做是绝对的，另一方面，人的思维又是在完全有限地思维着的个人中实现的。这个矛盾只有在无限的前进过程中，在至少对我们来说实际上是无止境的人类世代更迭中才能得到解决。从这个意义来说，人的思维是至上的，同样又是不至上的，它的认识能力是无限的，同样又是有限的。按它的本性、使命、可能和历史的终极目的来说，是至上的和无限的；按它的个别实现情况和每次的现实来说，又是不至上的和有限的。"(3. P. 463)

列宁在《唯物主义和经验批判主义》一书中引用了恩格斯的这些论述，并进一步阐述："当一个唯物主义者，就要承认感官给我们揭示的客观真理。承认客观的即不依赖于人和人类的真理，也就是这样或那样地承认绝对真理。"[2]92 又说："从现代唯物主义即马克思主义的观点来看，我们的知识向客观的、绝对的真理接近的界限是受历史条件制约的，但是这个真理的存在是无条件的，我们向这个真理的接近也是无条件的。图画的轮廓是受历史条件制约的；而这幅图画描绘客观地存在着的模特儿，这是无条件的。在我们认识事物本质的过程中，我们什么时候和在什么条件下进到发现煤焦油中的茜素或发现原子中的电子，这是受历史条件制约的；然而，每一个这样的发现都意味着‘绝对客观的认识’前进一步，这是无条件的。”[2]96

列宁说：“马克思和恩格斯的唯物主义辩证法无疑地包含着相对主义，可是它并不归结于相对主义，这就是说，它不是在否定客观真理的意义上，而是在我们的知识向客观真理接近的界限受历史条件的制约的意义上，承认我们一切知识的相对性。”[2]97 “人类思维按其本性是能够给我们提供并且正在提供由相对真理的总和构成的绝对真理的。科学发展的每一阶段，都在给这个绝对真理的这一总和增添新的一粟”。[2]95

毛泽东引用并发挥了列宁的真理观，他说：“马克思主义者承认，在绝对的总的宇宙发展过程中，各个具体过程的发展都是相对的，因而在绝对真理的长河中，人们对于在各个一定发展阶段上的具体过程的认识只具有相对的真理性。无数相对的真理之总和，就是绝对的真理。”[8]295

究竟什么是相对真理？什么是绝对真理？对此存在着不同的理解和定义；而不同的理解和定义意味着必须做出不同的表述和论述。本书按照以上所引的列宁和毛泽东的阐述来理解和定义相对真理和绝对真理。相对真理是指在一定的历史条件下，人们对于在一定发展阶段上的具体事物的相对正确的认识；绝对真理则是无数相对真理的总和，是关于世界的最大限度完备的、无限地逼近世界的真实情况的绝对正确的认识。这就是说，把绝对真理比作一条长河，每个具体的相对真理就是这条长河中的水滴。科学发展的每个阶段，都是绝对真理长河中的一个成分或者阶段，都是无穷的绝对真理链条中的一个环节，都使人们的认识向绝对真理前进了一步。它既是以往实践和认识业已达到的终点，又是进一步迈向绝对真理的起点。无数相对真理的“水滴”和“河段”汇合和连接成永无止境的绝对真理的长河。

每一个现实的真理都是相对真理。每一个相对真理都是具体的、有限的、不完全的，具有近似的性质。具体说来，相对真理的相对性表现在两个方面：第一，任何一个真理性认识都是对宇宙的某些部分或某些片段的正确反映，是对于一定的空间和时间范围内的世界及其属性的一部分内容的认识。但是，世界在空间和时间上都是无限的，世界的运动变化过程也是无限的。因此，任何真理性认识都不可能穷尽关于世界的认识。承认真理性的认识有待扩展，也就从总体上承认了真理的相对性。第二，任何真理性认识都是对于特定对象的一定层次、一定方面、一定程度的正确反映。认识和反映事物的深度是有限的，具有近似的性质。承认人们的认识有待深化，也就承认了真理的相对性。

人类的思维按其本性，能够逐步地正确地认识世界，不能排除人类对于世界的把握可以逐步地、不断地接近世界的全部真实情况的可能性。实际上，人们的每一个真理性认识都在朝着这个方向前进。但是，另一方面，世界和世界的运动演化是无限的；真理性认识一步一步向前发展，无数相对真理的总和构成绝对真理，绝对真理的长河永无止境。所以，严格地说，绝对真理可望而不可即。考虑人类不可能无限地存在下去，因而人类变革、改造世界的实践活动和探索、研究世界的认识活动，也不可能无限地进行下去，所以，最终结果必然是：世界不可能完全地、彻底地被人类所认识。

如前面的定义所述，相对真理和绝对真理是两种不同属性的真理。但是两者之间有着辩证的关系。一方面，任何相对真理之中都包含着绝对真理的颗粒（比喻为谷堆中的“粟粒”，或者长河中的“水滴”），也就是说，相对真理之中包含着绝对真理的成分。人们对于自然和社会的每一个正确的认识，都是在一定条件下、一定范围内、一定程度上的认识，因而是有条件的、相对的，但是在这一定条件、一定范围、一定程度上，这种认识又是对于客观现实的正确反映，在这个条件、这个范围、这个程度内不能被推翻，作为一种稳定的因素、颗粒保留在客观真理的体系之中，所以又具有绝对性质的一面。正是无数的相对真理的总和构成绝对真理。另一方面，绝对真理由相对真理汇合而成。在这种意义上，这就意味着，真理的绝对性寓于相对性之中，绝对真理必须通过相对真理表现出来。

3　实践是鉴别真理和谬误的根本标准

根据什么标准来判断认识是否与它所反映的客观事物及其规律相符合呢？这是关于鉴别真理和谬误的标准问题，哲学史上对此长期争论不休。

唯心主义认为，真理的标准存在于精神范围之内，不应当在人们的物质活动中去寻找它的客观尺度。在唯心主义者之中，有的认为，应当以“圣人”的意见为标准，如“以孔子的是非为是非”；有的主张以“圣经”来裁判一切；有的则以自己的观念、“良知”作为自家的标准。黑格尔虽然接近主张以实践为标准，但是，黑格尔的实践仍然只是一种精神的活动。

唯物主义承认真理的客观性，并以认识是否符合于实际来判断认识的真理和谬误，因此，主张在主观与客观的联系中寻找鉴别真理和谬误的标准。在马克思之前，狄德罗坚持唯物主义反映论，他提出实验是检验认识的唯一标准。他说：“除了实验以外，没有别的办法可以识别错误。”他又说：认识世界“三种主要的方法：对自然的观察、思考和实验。观察搜集事实；思考把它们组合起来，实验则来证实组合的结果。”[11]他认为，对自然的观察应该专注，思考应该深刻，实验应该精确；实验和思考是哲学用来推动世界的两根杠杆。费尔巴哈说：“理论所不能解决的那些疑难，实践会给你解决。”这些思想都是非常宝贵的。但是还局限于旧唯物主义的直观反映论，对于实践的理解还是狭隘的和片面的。

马克思指出：“人的思维是否具有客观的真理性，这不是一个理论的问题，而是一个实践的问题。人应该在实践中证明自己思维的真理性，即自己思维的现实性和力量，自己思维的此岸性。”（1. P. 134）这就是说，只有实践才是鉴别真理和谬误的根本标准。这是由真理的本性和实践的特点所决定的。

真理就是人们的与客观事物及其规律相符合的认识。要判明认识与客观是否符合以及符合的程度，如果只局限于主观思想的范围内，而不与客观世界打交道，肯定是根本无法解决的。同时，客观世界本身不可能直接地充当鉴别真理和谬误的标准。外在客观世界，即使它是人化自然的一部分，一般也不具有这样的能力，不可能自发地、自动地将人们的某一个特定的认识与客观现实加以对照，并将结果直接地展现在人们的面前。即使可能，也需要等待时机，需要人们细心的观察，而观察已经进入了人类实践的领域。所以，能够检验认识是否具有真理性的标准，只能是主观与客观沟通和联系的桥梁、纽带或“交错点”，即人类的实践活动。

实践能够作为检验真理的根本标准，也是由实践本身的特点所决定的。列宁说：“实践高于（理论的）认识，因为它不仅具有普遍性的品格，并且还具有直接现实性的品格。”[6]183认识和理论本身并不具有直接的现实性。实践的直接现实性的特点是双重的：一方面，实践是人们现实的物质活动，它本身就是直接的现实；另一方面，它又能使本身认识和理论变为直接的现实，从而直接检验认识和理论是否与客观现实相符合以及符合的程度，检验认识的真理性。实践的双重的直接现实性使它成为鉴别真理和谬误的根本标准。

实践作为检验真理和谬误的根本标准，既是确定的，又具有不确定性。从总体上说，除了实践之外，没有任何其他的东西能够作为鉴别真理和谬误的最后的、最高的、根本的标准。这是它的确定性一面。但是，就每一个在具体的历史条件下进行的实践活动来说，必然具有自己的局限性。这就是它的不确定性。简单地说，个别的、局部的实践往往不足以证明或反驳具有普遍性的命题，只有在不断进步的人类实践活动的长河中，才能为认识是否与客观事物相符合，以及符合的程度提供最高的、可靠的判决。

列宁说：“当然，在这里不要忘记：实践标准实质上决不能完全地证实或驳倒人类的任何表象。这个标准也是这样的‘不确定’，以便不让人的知识变成‘绝对'，同时它又是这样的确定，以便同唯心主义和不可知论的一切变种进行无情的斗争。如果为我们的实践所证实的是唯一的、最终的、客观的真理，那么，因此就得承认，坚持唯物主义观点的科学的道路是走向这种真理的唯一的道路。"[2]103

在严格的意义上说，（1）只有实践才是鉴别真理和谬误的可能的、唯一的、根本的标准；（2）实践对于真理的检验具有一定的历史的局限性，因而具有一定的不确定性；（3）决非任何一个实践都能够完全地证实或驳倒人类的某一个认识；（4）这种情况说明，检验认识的真理性的实践活动必须经过深入的思考和精心的设计，需要在严格、可靠的条件下进行；（5）人类历史不断地向前发展着，历史的发展和实践的进步又使得实践最终一定可以确定无疑地检验认识的真理性；（6）通过观察和实验，能够确认一个理论的个别结论是真理还是谬误，确认两个相关理论的结论的优劣。

对于真理的实践检验，特别是对于科学理论的实践检验，离不开理论的思维。实践本来就是人们有目的地进行的、有意识和意识活动参与的对象性社会活动。要检验一个理论的真理性，首先必须根据已有的真理性认识，深入地思考和精心地设计实验方案，在严格、可靠的条件下进行实验检验，最后，对于实验的结果要进行仔细的理论分析，才可能得出实践检验的结论。真理的实践检验不仅不能排斥，而且根本不可能脱离理论思维的参与。

在探索真理、论证真理和检验真理过程中，逻辑证明具有重要的作用。所谓逻辑证明，是指从已知的正确概念和判断出发，通过推理，在理论上确定另一个判断的正确性的逻辑方法。逻辑证明作为探索真理、论证真理的方式，也是建立科学理论体系的重要途径。

首先，逻辑证明使实践经验由特殊上升到普遍。检验理论的实践总是在特定的条件下对于特定的对象所进行的，而待检验的理论总是关于某一领域的对象的带有普遍性的认识。没有逻辑证明的帮助，没有从普遍到特殊和从特殊到普遍的推理，就不能完成从特定的具体实践去充分证实或驳倒普遍性的理论原理。

其次，科学理论体系的完整的证明依靠逻辑的证明。一个科学理论一般是由若干个基本假设和由这些假设出发得到的一系列定理、定律和推论所组成的完整的体系。理论接受实践的检验，并不等于理论的各个细节、各个论断都要或者都可以在直接的实践中接受检验。事实上，这既不需要，也不可能。例如，化学中的阿伏伽德罗定律，即在相同的温度和压强下，相同体积的任何气体都含有相同数目的分子，就不可能直接地用实验来检验。已知1摩尔气体含有6.023×10^{23}个分子，实验是无法直接计数的。只可能通过检验由它所推出的宏观定律来间接地检验阿伏伽德罗定律本身。在一般情况下，针对理论的基本假设和重要结论设计出可能付诸检验的实验，同时，必然要求理论的所有组成部分满足逻辑一致性或逻辑自洽性原则。逻辑一致性或逻辑自洽性原则，是任何科学理论都必须满足的原则，因此，它成为科学理论和真理性认识能够被人们所接受的前提条件。是否满足逻辑一致性或者逻辑自洽性原则，依靠逻辑的证明才能被确认。因此，科学理论体系的完整证明依靠逻辑的证明。

承认逻辑证明的作用，与强调实践是检验真理的根本标准并不矛盾。

第一，逻辑证明的根据和可靠性实质上是实践活动的产物。列宁说："人的实践经过亿万次的重复，在人的意识中以逻辑的式固定下来。这些式正是（而且只是）由于亿万次的重复才有着先入之见的巩固性和公理的性质。"[6]186 因此逻辑证明的作用是实践经验的间接的、集中的表现。

第二，逻辑证明的整个思维过程决不能脱离实践。逻辑推理的前提、过程和结论，都离不开实践。逻辑推理的前提应当是实践已经证明了的认识（即判断）。逻辑推理的过程必须遵守逻辑表达、逻辑思维的规则，逻辑规则无非是现实世界的本质和客观规律的正确反映，它们是否符合客观实际，已经不断地得到了实践的检验，并且需要在实践中不断地得到丰富和发展。逻辑推理的结论则必须等待得到实践的证实。

为了鉴别真理和谬误，理论思维和逻辑证明都是必要的，具有重要的作用；但是，它们的作用再重要，也不可能取代实践在检验真理和谬误的过程中的地位和作用。只有实践检验是检验认识之真理性的根本途径和根本标准。

4 科学理论及其观察和实验的检验

并非任何知识都是科学理论。科学理论是系统化的知识体系。详细地说，科学理论是人们在社会实践的基础上，以反映现实世界及其运动变化的规律为内容，通过概念、判断、假设和推理等逻辑形式形成的关于自然知识、社会知识和思维知识的理论体系。

在整个奴隶制社会和土地占有制社会（通常所说的封建社会）中，自然科学处于逐渐形成而远未成熟的过程中，总的说来还没有形成成熟的科学理论。西方资本主义生产力的发展推动近代自然科学的出现。科学和生产力相互推动，相辅相成。机器大工业的要求和它所提供的条件，使得科学实验成为相对独立的实践活动。到15世纪下半叶，真正的自然科学开始产生，并得到了全面、系统的发展，真正地成为实验的科学和理论的科学。16世纪哥白尼太阳中心说的创立，标志着自然科学冲破神学的桎梏宣告独立。17世纪牛顿力学建立，它全面地描述了物体的力学运动规律。这是人类对于自然认识的一次重大飞跃。牛顿的《自然哲学之数学原理》[12]被公认是科学史上最伟大的著作。300 多年来，它一直是全部天文学和物理学思想的基础。中世纪的人都认为，古希腊人最聪明。牛顿的成就，恢复了人类的自信。18 世纪，电学、热学、无机化学、生物学等先后建立起来。经过了长期的搜索材料的阶段，到 19 世纪，法拉第-麦克斯韦的电磁场理论、克劳修斯和玻耳兹曼等人所创立的热力学理论、达尔文的生物进化论等是对于电磁现象、热现象、生物学现象等所有知识的系统化的理论综合和总结。

从 19 世纪末到 20 世纪，科学加速地、大踏步地向前发展着，并进入了微观和高速运动的领域。首先是狭义相对论和量子力学的建立。1905 年，爱因斯坦创立狭义相对论，它是从相对性原理和光速不变原理出发构建的一个逻辑体系；由此出发，充分地揭示了牛顿力学没有揭示的物质运动的相对性，即物质的时空性质与物质运动的依赖关系；解释了经典力学无法解释的许多实验事实。这样，它把 19 世纪和 20 世纪之交物理学实际上已经达到的认识，囊括在他的理论体系和他的理解之中，为物理学的发展开辟了道路。量子力学揭示微观客体具有波粒二象性，它们不服从牛顿力学的规律，而满足薛定谔方程描述的规律。狭义相对论和量子力学成为现代物理学的基石。20 世纪，科学向宏观、微观和宇观各个层次延伸，发展速度之快、涉及范围之广、成就之辉煌、影响之深远，都是前所未有的，它极大地推动了技术的发展。科学技术成为第一生产力，人类进入一个新时代。

科学发展的历程表明：(1) 尽管理论总是力求正确地反映现实世界及其规律，但是，实际上，任何理论都不可能百分之百正确，它包含正确的认识即真理之外，也总是包含着错误或者谬误，即使只是针对理论所涉及的领域，任何理论都不可能达到对完全真理的认识；(2) 科学的发展正是通过不断地坚持真理、排除谬误实现的；(3) 实践是检验理论真理性的根本标准，理论的真理与谬误的分辨依赖于科学理论和经验事实的对比研究。

科学理论是人们在社会实践的基础上，对于经验事实进行概括和总结，提出理论假说，通过严格的逻辑思维和逻辑推理建立起来的理论体系。随着近代自然科学的产生，科学观察和科学实验逐渐地从生产活动中分离出来，成为一项独立的实践活动。观察和实验积累了大量经验事实。必然要求科学理论回到经验事实中去，回到观察和实验中去得到证明。为了检验理论的真理性，必须通过深入的思考和精心的设计，并且在严格的、可靠的条件下进行观察和实验的验证；通过一系列的长期的观察和实验，最终检验理论的真理性，包括确认一个理论的真理部分及其适用的范围，同时，确认一个理论的谬误，或确认一个理论较之此前的相关理论是否取得了新的进展。

科学理论的真理与谬误的分辨，各种理论之间的矛盾的解决，依赖科学理论和经验事实（包括观察事实和实验事实）的对比研究。经验事实就是客观存在的事物和过程，是第一性的；科学理论则是对于经验事实的概括和解释，是第二性的。但是，科学理论并不单纯地是对于客观事物的消极、被动的反映。回顾一下麦克斯韦电磁波的理论发现，它在总结实验结果的基础上，做出了对于未知事物的正确预言，指导人们发现新事物，显示人类思维的巨大力量。关于理论预言的观察和实验的证实，无疑就是理论的相对真理性的证明。

科学理论和经验事实的对立同一是推动科学发展的动力。一方面，依赖观察和实验，科学理论的相对真理性才能得到证实，同时观察和实验将不断地获得新的事实，揭露原有理论的局限性或错误，要求做出新的理论解释和理论概括，从而修正原有理论或者建立新理论；另一方面，修正的或全新的理论反过来又指导进一步的观察和实验的研究，开拓新的领域，获得更新的经验事实。观察和实验是一切科学认识的基础，贬低观察和实验，科学理论就没有根基，理论之树就会因为没有营养而枯萎；同时，观察和实验离不开理论思维的指导，忽视理论思维的指导，它就会因为盲目而失去力量。科学理论和观察实验事实如此地相互作用，相互渗透，推动科学不断前进，人类逐渐达到更加全面、完整、系统和更加接近世界真实情况的认识。

波普尔作为20世纪的重要的科学哲学家，毕生孜孜不倦地追求科学知识如何增长的问题。波普尔证伪主义学说认为，任何一个科学理论都不可能被经验事实所证实，而只能被经验事实所证伪。为什么呢？波普尔认为[13]，首先，科学理论一般表达为全称陈述，而人们在实践中所获得的关于经验事实的知识是个别的。个别的事例无论重复多少次，也证实不了一个全称陈述。其次，对于一个理论，正如爱因斯坦所说，“从它推出的许多结论中，只要有一个被证明是错误的，它就必须被抛弃”[14]；也就是说，只要有理论的一个结论被证伪，整个理论就被证伪。真理具有“不对称性”，即真理不能被证实，只能被证伪。通俗地说，再多的白羊也不能证明所有的羊都是白的，而只要有一只黑羊存在，就能证明所有的羊都是白的这个全称陈述是错误的。

波普尔针对归纳法的弊病提出证伪主义。归纳法原理是“从特殊陈述中引出一般规律”，即通过重复的观察，来证明理论一般规律的有效性。例如，如果观察到1000只羊是白色的，根据归纳方法，我们得到“羊是白色的”这一规律。休谟在18世纪对归纳法提出质疑。休谟认为，从经验过的重复的事例推出没有经验过的其他事例（结论），从个别经验事实或者单称陈述推出普遍命题或全称陈述，并不具因果的必然性。因此，休谟认为，归纳推理不可靠，它缺乏严格的逻辑基础。

休谟认为，归纳法的本质不能够用逻辑，而应该用心理学来说明。归纳法实际上是在重复的过程中把几个感觉印象联系在一起的心理习惯；没有这种习惯，人类就无法生存。

波普尔认为休谟是人类有史以来最理智的思想家，他对于休谟的思想加以有保留的肯定和大胆开拓，自称在休谟的怀疑论上挖到了宝藏。波普尔认为，休谟的归纳问题包含着两个方面，即逻辑问题与心理学问题。他认为，“我们肯定没有理由从一个实例推断出相应的定律的真理性”，但是，“我们有理由从一个反例中推断出相应的普遍定律的虚假性”，也就是说，“一个反例可以反驳一条定律”。这就是波普尔的证伪主义思想的原则。从这个意义上说，任何科学理论都不可能被经验事实所证实。

证伪主义使人们相信，所有的科学都只是一种假说和猜测[15]，它们不可能被最终证实，但是随时可能被证伪。人们应该大胆地提出假说和猜测，然后去寻找与这个假说不符合的事例。根据事例对假说进行修正，不断重复这个过程，乃至将最初的假说全盘否定。这种试错法对理论的修改和完善是没有止境的；试错法的结果只是一个较好的假说，但是，不能说是最好的假说。最好的假说只是终极真理的代名词，与科学精神相悖。

波普尔同时批判唯理论和经验论，同时又希望整合唯理论和经验论的冲突。唯理论和经验论都承认，知识起源于一个不变的基础。唯理论认为这个基础就是普遍必然的原则，经验论认为它是人的感觉经验。波普尔科学哲学的核心在于，一切理论和原则都可以被证伪，而经验（包括观察和实验）虽然不是知识的来源和基础，却是检验知识的标准。他将这种观点称作理性批判主义。

波普尔证伪主义反映了科学认识过程的某些侧面。它明显的优点和同样明显的缺点对我们都有着重要的借鉴意义。

证伪主义认为，任何科学理论都包含着潜在的错误，它们都只是科学发展的一个暂时的阶段；科学发展表现为一种不断否定、不断批判或者不断革命的永无止境的发展过程。它认为，科学进步的主要机制就是批判。批判嵌入科学的本性之中。除相互竞争的理论之间的相互批判之外，批判作为科学进步的主要机制，主要是观察和实验对于理论的否定。证伪主义的本质在于否定。

波普尔的这些思想是符合辩证法的。辩证法承认今天看起来正确的任何东西都包含着明天可能发现的错误。马克思说：“辩证法对每一种既成的形式都是从不断的运动中，因而也是从它的暂时性方面去理解；辩证法不崇拜任何东西，按其本质来说，它是批判的和革命的。”（2. P. 94）“一切发展，不管其内容如何，都可以看做一系列不同的发展阶段，它们以一个否定另一个的方式彼此联系着。……

任何领域的发展不可能不否定自己从前的存在形式。”[16]恩格斯甚至直截了当地说：“科学史就是把这种谬论逐渐消除或者更换为新的，但终归是比较不荒诞的谬论的历史。”[17]

证伪主义学说提醒研究者在科学大繁荣之后要注意克服绝对主义，保持怀疑精神和谦虚态度，对现有的理论进行重新审视和积极批判，为学术研究赋予新的活力。这是波普尔对科学哲学的重要贡献，对当代科学发展具有重大意义。当代对于历史权威的绝对崇拜，对于真正卓有成效的真理探索的断然拒绝，是与唯物辩证法学说和波普尔的科学创新精神背道而驰的。

波普尔证伪主义的软肋是它片面地强调证伪、否定、谬误、质变等方面，而完全地忽略了证实、肯定、真理、量变等另一个方面。恩格斯指出：“今天被认为是合乎真理的认识都有它隐蔽着的、以后会显露出来的错误的方面，同样，今天已经被认为是错误的认识也有它合乎真理的方面，因而它从前才能被认为是合乎真理的”（4. P. 251）。波普尔对此缺乏全面的理解。

我们知道，在偶然发现天王星之后，对天王星的跟踪观察发现，它总跟牛顿万有引力定律计算的位置有所偏差。科学家预言，在天王星外有一个星体对它的运动轨迹产生影响，根据这种影响计算出那个星体所在的位置。1846 年，在预告的位置上（仅差 1°）发现了海王星。1930 年，又根据海王星自身运动的不规则性记载发现了冥王星。这两个星体的发现将牛顿万有引力定律的威望推上了顶峰。这难道不是对牛顿引力理论的相对真理性的证实吗？

1919 年，爱因斯坦广义相对论的一个重要预言，即光线在太阳引力场附近会发生 1.75 角秒的偏转（牛顿引力理论预言其偏转不会超过 1 角秒），成功地经受了英国两个观测队的观察检验。牛顿引力理论的根基似乎一下子动摇了。这难道不就是对于广义相对论的相对真理性的证实吗？同时，回顾此前海王星和冥王星的发现，难道牛顿引力理论就一无是处？它肯定也有其合乎真理的方面。实际上，现在仍然根据牛顿引力理论来计算太空飞行的轨道。

爱因斯坦的狭义相对论较之牛顿力学更准确地描述了物体运动的规律，能够解释更广泛的实验现象。在高速运动的情况下，二者会出现可以实验发现的偏差。但是，在物体运动速度远小于光速的通常情况下，如工程设计、机械设计等许多领域，牛顿力学仍然适用。此外，狭义相对论是否在各个方面都优于牛顿力学？并不一定！例如，狭义相对论否定了绝对参考系的存在，它实际上恢复了真空是一无所有的虚空的图像。但是，实验事实表明：一无所有的虚空并不存在。牛顿引入绝对空间的概念，承认绝对参考系存在。基于 1965 年宇宙背景辐射的发现，许多著名的物理学家认为：宇宙背景辐射定义了一个优越的绝对参考系，在某种意义上说，牛顿和洛伦兹是正确的，而爱因斯坦则是错误的。正是从这类确定的实验事实和基本认识出发，我创立了标准时空论（参见§4.2.5）。

至于科学理论表达为全称陈述，人们在实践中获得的经验事实无论重复多少次，也证实不了一个全称陈述。——这是真正的不可知论！科学理论为什么一定要表达为全称陈述？其实，全称陈述都离不开一定的条件，全称陈述只有在一定的条件下才是真的。无须细说，许多全称陈述能够成立的一个确定的前提条件是，我们的宇宙存在。“一切产生出来的东西，都注定要灭亡。”（3.P.860）如果我们的宇宙不存在了，还谈什么绝对的惯性参考系？还谈什么自然界运动变化的规律？

能够解释许多自然现象的理论，特别是理论的预言业已被观察和实验所证实的理论，都包含着相对真理。理论的预言被观察和实验所证实，例如，海王星和冥王星的发现，电磁波的发现，光线经过太阳附近发生的偏转等，难道不是对于理论的相对真理性的证实吗？对于这种理论，如果“从它推出的许多结论中，只要有一个被证明是错误的，它就必须被抛弃”？这是一种简单化的错误的理解和认识。牛顿力学在高速运动情况下不成立，只说明它有一定的适用范围，需要给它加上“物体的运动速度远小于光速”的限制性条件。在许多情况下，所谓证伪，无非是找出理论成立的条件和适用的范围。爱因斯坦说过，任何物理理论的最好命运在于，它指出一条通往更为广泛理论的道路，在这个新理论中，它作为一种极限情况继续存在下去。

对观察和实验的检验，我们不能采取不可知论的观点和态度。这是明白易懂的道理。不可知论者说：人类诞生以来，看见太阳每天早晨从东边升起，这并不能够证明未来的每天早晨太阳都会从东边升起。但是，当代科学已经完全揭示了恒星演化的本质和规律，观察和理论的结合得到了可靠的结论：只要太阳系存在，在南北极圈之间各个纬度的地面上，太阳每天早晨都会从东边升起！

5　价值　价值的主体性和客观性　价值和评价

人与世界的关系是多方面的，其中最为重要的是认识关系和实践关系。人们不仅通过认识追求真理，而且要通过掌握真理去实践改造世界，而改造世界是为了创造价值，满足人自身的需要。客观的事物，或者是人们实践的对象或结果，或者是自然存在物（例如，阳光和空气，森林和原野等），对于人而言必然有一个有利还是有害、何种情况下有利、何种情况下有害、能否满足人们的需要，以及在多大程度上满足人们的需要的问题。广泛地说，存在着客观事物的存在、属性和变化是否适合、接近或满足一定主体的需要的问题。这样，在追求真理的基础上提出了价值的问题。价值关系是人与世界的另一种关系，它作为指引人们从事实践活动的内在尺度和目的性因素，随时随处渗透在人们的认识活动和实践活动中。哲学的价值论是关于价值现象的普遍问题的理论。

什么是价值？价值是客观事物对于人而言的价值。人是构成价值关系的主体，客观事物作为客体是构成价值的基础和载体。所谓价值，就是指客观事物的存在、变化和属性能够适合、满足、符合人的尺度和需要的一种特定的关系。一个或者一种事物由于其存在、变化、一定的性能或属性，能够满足主体的某种需要（即物质需要、制度需要或者精神需要等），对主体具有积极的肯定的意义，就说这个或者这种事物对主体是有用的、有意义的即有价值的。否则，就说这个或者这种事物对主体是无用的，甚至是有害的即无价值的，甚至是负价值的。客体对主体的有用程度越高，满足主体需要的范围越大，价值就越大；反之，价值就越小。客观事物对于人而言的价值，只有当主体认识到客体的用处，并在生活或者实践中实际地利用它，而客体实际地满足了主体的需要，客体对于主体的价值才成为现实的，价值的形式通过价值的实现得以完成，或者说，客体的潜在价值变成了真实价值。

价值不是一种实体，而是主体和客体之间的一种特定的关系，即客体以自身的存在和属性满足主体的需要和主体的需要被客体所满足的利益关系。说到价值必然涉及两方面，即客体的属性和主体的需要。客体的属性是价值的基础和载体，没有它就根本无所谓价值；主体的需要是构成价值的主体中心因素，它肯定客体属性的有用性和意义，并将其转化成为现实的价值形态。没有主体的需要，同样也无所谓价值。价值是具体的，判断任何价值，都必须弄清楚是“什么事物对谁”的价值。

> 有一种观点见于权威的哲学教科书，它认为：自在的自然物不具有价值属性；一切价值都是人的创造物，是作为主体的人的实践活动的产物；人的需要必须依靠人自己改变世界的活动去满足。这种立论失之偏颇，它是一种否定自然生态价值的错误的哲学观点。其实，现实的客观事物，无论是人工的或者自然的存在物（例如，阳光、空气、水、土壤、森林和原野等），还是精神文化现象，都可能成为价值关系的客体，成为人和社会需要的对象。

不仅上述客体能够成为价值关系的客体，而且主体之间的社会规范（如道德、法律、权利、义务、自由等），以至人本身，都是价值的重要形态。因此，从价值客体即“什么东西的价值”划分，大体可以划分为物质价值、精神文化价值和人的价值三种基本类型。

价值主体各不相同，依照其层次主体可以是个人、群体、社会和人类，因而从价值的主体即“对谁的价值”而言，可以分为个人（某个人）价值、群体价值、社会价值和人类价值。依照主体需要所属的社会生活领域的不同，即“什么样的价值”，则可以分为经济价值、政治价值、道德价值、审美价值、科学价值等。还可依照客体在主体活动中地位的不同而分为目的价值和手段价值、认识价值和实践价值。此外，无论从客体或者主体考虑，价值关系本身的形成和变化的情况各种各样，因此，有潜在价值和现实价值、瞬时价值和永久价值、正价值和负价值、高价值和低价值之区分。各种各样的价值现象彼此相伴、交织发展，形成了无穷无尽的人类价值生活的网络。

价值并不是价值客体的固有属性本身，而是客体的存在、变化和属性与主体的关系，即它对于主体的意义。某个客观事物是否对人有价值，并不以它自身的属性一方为标准，而是以主体是否需要具有这种属性的客体为标准。主体现实的需要以及这种需要的程度，是这个客观事物是否具有价值和价值大小的内在尺度。可以说，具有现实需要的主体是具体的价值关系的中心。因此价值的主体性倾向成为价值的基本特征。所谓价值的主体性，是指价值的形成、性质、特点和变化，是以价值关系的主体为尺度，它取决于主体，依主体的不同而不同。

人们说某物有某种价值，常常不指出具体的主体（对谁的价值），在一般情况下，这往往是指对于一般人和社会的价值。例如说“诚实是美德”，就是指在一般的朋友交往中，诚实的品德对于正常的、友好的、进步的人类来说是美德。而在具体的特殊的情况下，事情就不是如此简单，对什么人诚实和怎样诚实都必须加以具体的分析。世界上不存在绝对普遍的永恒的道德规范，任何道德都是具体的、历史的，具有阶级性、社会性、群体性和民族性这类主体性。其他类型的价值也是如此。

价值的主体性表现在以下四个方面。

第一，任何客体对于不同主体的价值可能相同，也可能不同，其性质和程度与主体本身的特性和需要直接相关，表现着价值的个体性或特殊性。价值的主体依照其层次可以是不同的个人、不同的群体、不同的阶级、不同的民族、不同的社会或整个人类。与此相应的价值具有个人性、群体性、阶级性、民族性；此外，对于一定发展阶段上的社会整体的价值具有时代性；以整个人类为主体的价值则具有人类普遍性等。任何一个确定的客体对于不同主体的价值不是同一个价值，不能相互替代或等同视之。

第二，价值主体的多样性使任何一个客体的价值表现出多元性。这是一个不可避免的客观事实。例如，真理本身不具有阶级性，但是，真理对于不同阶级的价值并不相同，具有阶级性。所以，同一个事物和现象（例如某一个国家政权的建立或灭亡），对于不同的群体、不同的阶级，其价值各不相同。价值的多元性将导致人类在价值关系的领域中有着不同的需要和追求，比较和竞争，甚至较量和斗争。

关于价值的多元性必须注意两点。（1）不同层次的主体之间存在着从属关系，这就是说，任何个人总是从属于一定的群体，如阶级、民族等，最后都属于整个人类。部分服从整体，是基本的原则。所以民族的和国家的利益高于个人的利益，人类的利益又高于民族的和国家的利益。有人不服从这个规律，终究要被历史的发展所淘汰。通过价值主体的从属关系，历史发展的规律总是要求实现价值主体的需要的统一。（2）如果个人站在社会和人类的对立面，或者社会分裂为对抗的阶级或者利益集团，结果形成价值的多元化冲突。在这种情况下，如果对立中的一方与社会发展方向背道而驰，长久的历史发展将使得这样的价值主体失去存在的历史根据，代表社会前进方向的先进一方最终必将战胜落后，使价值趋向历史的一元化。价值的多元和一元是在人类社会的历史发展中的一个辩证统一的过程。多元是一元中的多元，一元是多元基础上的一元。

第三，作为价值主体的人，有各种各样的需要。个人有生理需要、物质需要、安全需要、精神需要和自我实现的需要等；群体有群体的各种需要。因此，一个客体对于同一个主体的价值关系是多重、多方面的。例如，一片森林覆盖的大山，人们可以把它用作建筑材料或燃料的来源、逃避战乱的藏身之地、调节生态环境、审美观赏对象或者旅游休闲疗养基地等。在同一个时期，或者随着社会的发展，它可以对主体呈现多重、多方面的价值。

第四，价值具有因主体的变化而改变的时间性特征。这就是价值的时效性。任何客体对于同一主体的价值，不会因客体不变就一定保持不变。只要主体所处的状况和生产的能力变了，它的需要就可能改变，客体对于主体的价值也必定在性质上或程度上发生变化。例如，柴薪过去是农民做饭、取暖的主要燃料，“柴米油盐”是日常生活的必需品，但是，随着燃煤、液化气和电力的推广普及，如今农民很少上山砍柴用作燃料，森林植被作为燃料的价值渐渐淡出人们的价值生活。人的需要具有不断增长、不断更新的特点，而且每一个需要的满足都会产生新的需要。所以，人类的价值生活是一个动态的、不断发展的过程。超越过去，不断创新，是它的逻辑和灵魂。

价值是主体和客体之间的一种特定的关系，具有强烈的主体性特征；但是，价值不是纯粹主观的，作为一种客观的存在，价值具有相对的客观性。所谓价值的客观性，是指价值关系本身不依赖于主体的主观意志，并且独立于人们对它的认识和评价的性质。价值之所以具有客观性，在于从总体上说，价值关系的前提、过程和结果是客观的。首先，作为价值的来源，价值关系的客体及其属性是客观的。其次，价值关系的主体和主体的正常需要也是客观的。作为主体的人，固然是有意识、有思维的人，有主观性方面，但是，人并不完全是精神的主观存在物，人有物质的客观的方面，人的本质在于人的物质存在和社会存在。主体的客观性就在于人的生命活动的客观性。以人的需要而论，不仅人的生理物质需要不以人的主观意志为转移，而且人的正常的心理和精神需要也有不依赖于人的主观意志的特点。最后，价值关系中主体客体的需要和满足之间的相互作用和相互作用的结果，必将作为一种客观事实而存在。例如，高速铁路给人们提供出行的快捷和方便，这种价值通过人们乘坐高铁出行、旅游就能够表现出来；某项土地制度对农民有什么价值，在于它给农民带来什么利益，在农村会形成哪种社会事实。

由于社会的复杂性和人的处境、个性的多样性，在同一个社会中，不同的人产生各种不同的需要和欲望。其中大部分人的需要和欲望几乎都是正常的和客观的。但是，不可否认，个别人除了人的正常需要和欲望之外，还会产生一些无理的、荒唐的需要和欲望。例如，昔日皇上需要餐餐山珍海味，三宫六院，妃子上千；今日有的贪官和名流希求几位美女同时陪寝，性伙伴成百上千；当年希特勒纳粹党要消灭犹太人和所有的低等民族，统治全世界。当然，一方面，你可以说，这是一种社会存在的客观现象；但是，另一方面，我又不得不说，这种不正常的、无理的、荒唐的、邪恶的需要和欲望，它是个别人或者个别人群的意识和思维活动所产生的特有的违背社会发展规律的一种奢望，蒙上了浓厚的主观性色彩。价值的主观性在于并不是所有情况下人的需要都是客观的，实际上存在着某些人的无理的、荒唐的需要和欲望，而某些客体具有满足这种需要和欲望的价值。传统的哲学教科书认为："价值具有主体性并不意味着价值是主观的。"我却认为并要明确地指出：一方面，价值不是纯粹主观的，作为一种客观存在，价值具有相对的客观性；但是，另一方面，价值，特别是对于个人的价值，既然它具有强烈的主体性特征，它就不能不包含一定的主观性成分和色彩。这就是说，价值不可能具有完全的和绝对的客观性。

广泛地说，价值的相对性产生于具体的历史环境之中。除了同一个客体对于不同的主体（或同一个主体）可能具有不同的价值，同一个客体的价值随着客体本身的性质和环境的变化而变化，一般而言，在一定的历史条件下人们对于客观事物的认识和实践是有限的、具体的和相对的，人们对于客观事物的把握和需要、选择和利用也是有限的、具体的和相对的，从而使客观事物对于人的价值表现出相对性。随着人类社会实践的发展，人们对于客观世界的认识和改造的能力不断提高，自在自然不断向着人化自然转化，人化自然变得愈来愈既符合自然本身的规律，又适合人类的生存和发展，创造出一个日益丰富多彩的价值世界。

接着阐述价值的评价问题。

所谓评价，是人们在认识客体的属性、本质和规律的基础上，从主体的角度，考虑客体与自己的价值关系所得到的关于客体价值的认识。所以，评价主要地不是获得和表达关于客体的知识，而是要形成和表现主体对于客体的态度，对客体满意还是不满意，喜欢还是不喜欢，亲近还是不亲近，肯定还是否定等。因此，客体价值的评价是一种特殊的认识。一般的事实性认识只是追求客体“是什么”或“怎么样”的认识，客体价值的评价则强调客体“应该怎样”和“不应该怎样”，表达主体肯定或者否定什么的价值要求。评价是一定价值关系的主体对于该价值关系的现实结果或可能后果的反映，主要并且必定通过主体的态度、情感、意志等主观意向性形式表现出来，它是一种主观性很强的认识。

主体的需要和欲望就是主体的价值标准。主体根据其价值标准产生对于客体价值的评价。在不同主体其需要和欲望不同甚至对立时，他们对同一个客体就会做出不同的，甚至相反的评价。这里产生三个方面的问题。

首先是评价与价值事实之间的关系。同任何认识一样，评价既能够而且应当与价值事实一致，也能够并且常常同价值事实相背离。例如，人们对于事物好坏的判断，有时同这个事物对于主体实际上是好是坏并非一致，甚至完全颠倒，如“认敌为友，认友为敌”“将毒品当良药，将良药当毒品”等。这就说明，评价的主观性与价值的客观性之间存在着差距。因此，不能够把价值与对于价值的评价混为一谈。对客体实际状态的正确认识，是形成正确的价值评价的基础和前提。尽可能正确、深刻、全面地认识事物，才能够保证价值评价的准确性、深刻性和全面性。对于客体的错误认识，对于主体的需要、利益和能力的错误判断，以及对于客体能否满足、适合主体的需要、利益和能力的错误判断，都将导致评价与价值事实相背离。

其次是主体的价值标准是否客观、正确、合理。作为主体的价值标准，主体的需要和欲望带有很强的主观性成分和色彩。如上所述，某些个人（或个别人群）的某些需要和欲望可能是无理的、荒唐的，甚至是邪恶的。这就涉及主体的价值标准，即主体的需要和欲望是否客观、正确、合理的问题，或者说，实际上存在

“评价标准的标准”的问题。评价标准的标准，就是客观的价值标准。所谓客观的价值标准，实际上就是指主体本身的客观存在和内在尺度，即主体的客观需要、现实利益和真实能力等现实本质。这种现实本质的界定不依赖主体的主观意志，而依赖于历史地形成的主体现实。这就是说，主体本身的客观存在和规定性，在价值关系中起着客观标准的作用。客观价值标准与主体的客观存在（主体的客观需要、现实利益和真实能力等）是直接同一的。一个主体要建立一套自觉的客观的价值评价标准，就必须正确、深刻、全面地了解自己的客观需要、现实利益和真实能力，真正地知道自己实际上需要什么，现实利益在哪里，自己能够接受和处理什么，并且以此来检验、校正自己的主观需要、欲望、兴趣、爱好和愿望。但是，这只是哲学给人们提示和描述的“应该怎样评价”的人生观点。实际上，人们总是凭借自己的主观的需要和欲望对客体做出自己的评价。差别仅在于是否力求主观的价值标准与客观价值标准趋于一致。这是一种客观的社会现实。因此，始终存在主体的主观需要和欲望是否客观、正确、合理的问题。

最后，客观的价值标准是任何人、任何阶级进行切实有效的评价所必须贯彻的原则。但是，这种所谓切实有效的评价，与价值的事实（客体满足主体的需要事实本身）是否正确、科学完全是两回事。对于同一个事物，不同的个人、不同的阶级可能有不同的评价，可能产生不同的价值事实。可以说，不同的价值主体按照各自的客观的价值标准所做出的不同的评价，即使都是“如实的”和“切实有效的”，但是，其中有的价值认识是正确的、先进的，有的价值认识则是错误的、落后的甚至是反动的。这涉及主体的历史地位，主体的需要和利益是否与社会的发展规律和方向相一致。只有站在符合社会发展方向的历史地位上的主体（个人、群体或者阶级），才具有真正意义上的科学的价值标准，才能真正有效地、科学地评价事物的社会历史价值。

这里关键在于主体需要的性质。只有那些既有利于社会以至整个人类的生存、进步和发展，又对个人或群体有意义的需要，才是真正符合主体利益的具有客观必然性的需要。整个人类的根本利益是特定主体实际需要的最高尺度。同时，在强调整个人类的利益的前提下，并不否定、也不能否定在同一个社会中根本利益不相冲突的个人或者群体价值的多样性。人的需要是丰富、具体和多种多样的，各种各样的物质和精神现象及其属性也千差万别、丰富多彩，可以满足人们各种不同的需要。只要不损害人类的根本利益，不违背社会发展的规律，那么，价值需求越生动丰富，就越有利于人的个性的全面发展，人类就会生存发展得更好。每一个人都要自觉地以人类社会的生存、进步和发展作为主体需要的最高尺度，从而做出正确、科学的价值选择。

6 人的价值

价值是客观事物对于人而言的价值。人是价值关系的主体。又何言人的价值呢？其实，个人或者群体不仅是价值主体，而且可以成为对于自身、他人、其他群体以至整个人类的价值的客体。人与人之间互为价值。所谓人的价值，就是指具体的个人、群体作为客体能够满足自身、他人、其他群体以至整个人类的需要的这种特定的关系。

人的价值是人与人之间的特定的关系。人与人之间之所以可互为价值，关键在于，人能够通过实践活动创造价值，而每一个人有着各种物质生活和精神生活的需要，并且按照自己的需要去占有价值。“人最为天下贵”（荀子），人的价值是一种创造价值的价值，它是一切价值中的最高价值。

探讨个人价值，即探讨个人对于自身、他人、群体（例如团体、民族和国家）和人类的价值。个人价值可分为性质不同的两大类，即个人的自我价值和个人的社会价值。前者是个人作为客体通过自己的活动对于自己需要的满足；后者则是个人作为客体满足他人、群体，以至整个人类的需要的这种特定的关系。个人的社会价值包含着个人对于不同的他人、不同的群体以至人类的价值关系，体现着价值的多元性，前小节已阐述其处理原则，在此不再赘述。

个人的社会价值就是个人对于社会的贡献。一方面，个人只有在能满足自己生存和发展的基本需要的基础上，才能为社会做出贡献。因此，在大致公平合理的社会中，一个人必须通过自己的合法的、诚实的劳动和活动满足自己的需要，实现自我价值。自我价值是个人价值的重要方面，缺少了它，个人价值是不完全的，也难以创造社会价值。另一方面，任何个人都必须努力创造个人的社会价值。个人不创造社会价值，为社会做出自己的贡献，就会遭到社会的反对和唾弃，他就不能很好地实现个人的自我价值。所以，个人的自我价值的实现，也不能离开个人的社会价值。

人生的价值在于奉献。马克思说：“人们只有为同时代的完美、为他们的幸福而工作，才能使自己也达到完美。”爱因斯坦说：“人生的价值，应当看他贡献了什么，而不应当看他取得什么。”中国自古以来重视人格的塑造，重视人生修养和自我反省。孟子说：“贫贱不能移，富贵不能淫，威武不能屈。”范仲淹的名言是：“先天下之忧而忧，后天下之乐而乐。”

生命是最可宝贵的，人生却很短暂，长不过百年左右；单纯追求财产、奢侈等庸俗的目标，毫无意义甚至是极为可鄙的。将人生与自己确定的崇高目标联系在一起，为我们的民族、国家和人类做出自己的贡献，生命虽短，个人的价值却可以与世长存。

7 真理和价值的关系 真理原则和价值原则

人类的生命活动即人类的生活和实践，无不围绕认识真理、追求真理，并且通过遵循真理改造世界、寻求价值、创造价值而展开。人类必须按照世界的本来面目认识世界和改造世界（包括认识和改造人自身），因此，必须追求真理和服从真理。这就是人类活动的真理原则。同时，人类必须按照自己的尺度和需要认识世界和改造世界，使世界适合人类的生存和发展。这就是人类活动的价值原则。

真理和价值有着不同的规定性。真理所体现的是主体的认识与客体实际状态之间的符合关系；价值所体现的是客体的属性与主体的需要之间的满足关系或者利益关系。它们实际上体现了人类处理自身与外部世界的关系中必须遵守的两大基本尺度，即客体尺度和主体尺度。

马克思说："动物只是按照它所属的那个种的尺度和需要来建造，而人却懂得按照任何一个种的尺度来进行生产，并且懂得处处都把内在的尺度运用于对象"。[9]58这是说，动物只有一个尺度，即它的本能的尺度，人却有两个尺度：一个是客体的尺度，即客体的本性和规律；另一个是主体的尺度，即人自身的本性、规律和需要，这就是人的内在尺度。人高于动物，人能够意识到这两个尺度，并在行动中自觉地把二者结合起来。

客体尺度和主体尺度的存在是人类活动的特殊内涵和本质特征。真理和价值是这两个尺度在人的活动中的体现。人是生活和实践的主体，一方面，主体必须认识、掌握和服从客体的本性和规律，通过劳动去改造它们，实现自然的人化。人越是改造自然，就越是要认识自然和尊重自然；越是要追求真理和服从真理，使自己的行动不违背客体的本性和规律，从而获得成功。这就是客体尺度和真理原则。另一方面，主体的活动使客体按主体的需要得到改造和重建客体，为主体的目的服务，这就是马克思所说的"把内在的尺度运用于对象"，实现客体对主体的价值。这就是主体尺度和价值原则。

人类活动的真理原则和价值原则的形成有一个从不自觉到自觉的发展过程。人类认识和实践发展的历史，也就是人类的真理原则和价值原则发展的历史。

真理原则和价值原则在人的活动中各有作用，承担不同的功能。二者的区别主要在于以下三个方面。

第一，真理原则是一种侧重于客体性的原则，价值原则是一种侧重于主体性的原则。真理原则要求人们的思想和行动要符合客观对象的规定性和规律，按照客体的尺度来规定主体的活动。这就是说，主体不能只凭主观的需要和意愿构造世界，而应当无条件地承认和尽可能全面地把握客观对象的真实性，只能去寻求世界本身所具有和能够具有的东西。它充分地体现了一切对象性关系中客体尺度的存在和作用。价值原则要求人们的思想和行动符合人的需要和利益，并按照人的内在尺度使客体为主体服务。这就是说，人的活动仅仅承认和把握客观对象的真实性还不够，需要按照人的内在尺度去改造对象、创造价值，创造与人的内在尺度相一致的客观实在性。这就充分体现了一切对象性关系中主体尺度的存在和作用。

第二，真理原则是人的活动中的条件性原则，价值原则是人的活动中的目的性原则。真理所包含的关于对象的本性及其规律，不仅是主体活动的对象，而且是主体活动的限制性条件。只有充分地尊重和服从这种前提条件，人的有目的的活动才能够获得成功，否则就会失败。不是目的决定真理的命运，而是真理决定目的的命运。在一定情况下，特别是某些高尚的人们，将追求真理本身作为目的；只在这种情况下，真理与目的才是统一的。目的性是价值原则的核心。价值原则是人的活动的动机和动力。

第三，真理原则是社会活动中的统一性原则，价值原则是社会活动中的多样化原则。真理本身没有个体性、群体性（包括民族性、阶级性），真理的作用在于使不同的主体的具有不同目的的活动服从统一的客观规律。真理的一元论，社会活动的统一性，归根到底是世界的物质统一性在人类活动中的体现。价值主体性通过价值的多样化和价值主体的多元化表现出来。不同主体有不同的价值需求；即使不同主体对同一个客体有相同的价值关系，也有这个具体的客体究竟属于谁、为谁服务的问题。在人类社会生活中人们的需要、利益、追求的多样化和多元化，是人们处理社会关系、进行社会选择的必须考虑的原则。

真理原则和价值原则的差别和对立，深刻地体现了人类社会生活本身是一个包含着矛盾的过程。人们既要无条件地承认和尽可能全面地把握对象的真实情况，又要根据自己的尺度对于对象的真实情况加以取舍和改造，使之具有实际的价值。在追求真理和创造价值之间难免存在矛盾。在人类的认识和实践活动中，真理和价值的对立同一关系的展开促成了人类文明的进步。

真理原则和价值原则的对立同一关系是人类社会进步的内在根源。真理原则和价值原则之所以能够同一起来，主要源自下面的三个理由。

第一，作为人类活动的基本内容，真理原则和价值原则不是根本排斥，而是相互补充的。人类活动是二者的矛盾统一体，统一体的存在就是二者的同一性的基础和表现。客体的本质属性和规律性，主体的内在尺度和能动性，单独看来，都只是人的活动的一个方面，但是，如果只有一个方面，人的活动就不可能有效地展开。脱离真理的价值原则会成为失去客观依据的原则，脱离价值的真理原则则成为没有主体意义的原则。二者都是不可或缺的，只有二者的同一，相互补充，才可能正确地引导人类的活动。

第二，真理和价值都是人的活动追求的目标，一旦二者存在冲突，人类作为认识和实践的主体，总是通过自我调节，使二者达到某种统一。总结经验教训、认识真理，根据真理调整自己的需要和计划；或者根据自己的需要，寻找其他的客观事物，认识新的真理，创造新的可能。一般说来，这种调节，总是要使价值服从真理，需要服从可能，局部服从全局，暂时服从长远。

第三，真理原则和价值原则具体的历史的统一，表现为二者相互贯通和相互引导。一方面，二者在人类活动中互为前提，相互贯通。没有真理原则的指导，价值原则不可能成功地贯彻下去；没有价值原则的推动，真理原则就会失去坚持和发展的动力。另一方面，二者又相互适用，相互引导。对于每一个真理，人们要探讨它有什么价值；对于任何价值，特别是关于价值的评价，人们要问，它是否符合客观实际。

价值关系是人与世界的关系中普遍的基本的内容。价值关系总是与人的认识活动、实践活动相联系的。认识世界、改造世界、创造价值，三者紧密联系，不可分割。我肯定地认为，一方面，完全不考虑追求价值和创造价值的活动，不是人类的真实的对象性活动；另一方面，又不能提倡人们的一切活动都以直接获得一定的价值为目的。后一个论断的原因在于，在很多情况下，在探索和获得一个具体的真理之前、之时，甚至之后，这个真理的具体价值可能不为人们所了解。如果提倡人们的一切活动都以直接地获得一定的价值为目的，没有确定的明确的目的的探索真理的活动便会无人问津。这样的民族不可能是世界上最优秀的民族，这样的国家不可能是世界上最伟大的国家，它们不可能对人类的生存和发展做出自己的重大贡献。

这里特别论述“真理的价值”。按价值原则来看待真理，真理对人类来说是最有价值的。这是因为一切价值的创造和获得，只有在不违背真理的前提下才有可能。真理具有高于其他一切价值的价值。人类一切活动应当尽可能遵守客观事物的本性和规律，即遵循真理、服从真理，人类才能避免暗礁，追求光明的未来。重大的自然科学真理和社会科学真理，对于人类的生存和发展有着巨大的影响，它们对于人类有着最大的价值。有一句名言说，真理最先总是掌握在少数人手里。在人类历史上，多少伟大人物为了寻求、宣传和捍卫真理而献身。他们是人类的精英！

最后我们论述真、善、美和自由。真理和价值都是主体与客体的符合和统一。真理是以客体尺度为基础的主体与客体的统一；价值是以主体尺度为基础的主体与客体的统一。真理和价值的统一则是主体与客体之间全面的完整的统一。真理和价值的统一所达到的现实状态，就表现在真、善、美三种境界，以及作为三者统一的最高形态——自由。

“真”是指获得了真理、达到了真理的境界，即主体在认识上和实践上充分地接近和适合客体的必然性。这是主体和客体之间达到实质性统一的第一种状态，意味着客观的事物本真地成为人的主体性活动的对象。没有这种状态，人的任何活动都不可能成功。在这个意义上，真理具有高于其他一切价值的价值。因此，求真和守真，追求科学认识，尊重客观规律，这是人类的理想的目标和境界，是人类文明得以存在和发展的第一个前提。

“善”是指实现主体的必然性和合理性的主体客体关系的和谐、统一的境界。在主体和客体的关系中，作为不同层次的价值主体如个人、群体或社会有着各种各样的现实需要，这种需要表明主体对于客体的依赖。善既表现为以主体尺度为基础的主体与客体的和谐和统一，也表现在不同层次的主体之间，或同一层次的不同主体之间主体客体关系的和谐和统一。

“善”有广义和狭义之区分。

广义的善是指客观事物使人生存的需要和欲望得到满足的实际价值。客体为主体服务，满足主体的需要，客体向主体接近而转变成现实的利益，这就是人们所说的各种各样的善。孟子曰：“可欲之谓善”（《孟子·尽心》），善是客观事物对人的生命欲望的满足。苏格拉底认为，对任何人有益的东西就是善。广义的善是一种以主体尺度为基础的主体与客体的统一状态，是典型的价值形态，具有强烈的主体性，如时代性、阶级性等。人是善的尺度。这里所谓人，不是指个别人，而是指占社会绝大多数比例的人民大众。

狭义的善是指不同层次的主体，如个人、群体或者社会的行为在道德上合乎待人处世的规范。详细地、具体地、通俗地说，个人或者群体的需要、欲望和利益，顾及别人或更大群体以至整个人类的需要、愿望和利益，符合人类社会发展的方向，这就是善。如前所述，部分服从整体是基本的原则。所以，个人的需要和利益要服从民族的和国家的需要和利益，民族的和国家的需要和利益要服从人类的需要和利益。不仅如此，至高的善要求人类超越自我利益至上的价值观，达到对自然界的整体利益的尊重和维护，确立人类与自然的和谐。这就是理性，这就是善。一般所谓德性，就是指欲望与理性的统一与和谐。经过这种解释和理解的狭义的善，其实是更高形态的善，它体现了善的真谛。

普遍的善是以“真”为前提的更高一级层次上的主体客体的统一，这种统一的特点在于，它的重心从客体移到了主体，意味着主体进一步的自我实现，人的自由程度得到了提高。

“美”是在真和善的基础之上真和善的统一和升华的更高境界。美是以主体尺度为尺度，超越主体的功利性，通过人无私的美感（愉悦感、和谐感和自由感）体现出来的主体客体的高度的和谐与统一。美感的产生在于主体从客体那里体验到了生活中健康的、积极的、和谐的内容和形式。在现实生活中，美有各种形式，如自然美、科学美、道德美、艺术美等。美与真、善一样，有着客观的基础。美与真、善之间有着内在的联系。美以真为前提，又超越了真；美不局限于客体的现实性和必然性，还在于客体自身及其与周围环境的关系所展现的均衡、对称与和谐。美也以善为前提，不善的东西肯定不会美。但是，美也超越了善；美不会停留于主体的必然性和合理性上，而是表现为主体求真向善、高尚纯真、真和善的综合与升华。

真、善、美从不同的层次和不同的侧面体现了主体与客体、真理和价值之间达到完整统一的境界。作为人类理想境界的三个层次和三个侧面的真、善、美之间的统一，既是真理与价值的高度统一，又是人类全部价值目标的高度统一，它意味着人类的认识和实践达到了高度的自由。

在实际的历史进程中，真、善、美达到统一的过程决不可能如理论上和逻辑上那样简单。由于主体的多元化和多层化，不可避免地存在群体、社会的分化、对立和斗争。社会生活的多样性和复杂性产生了认识和实践发展的不平衡性。真、善、美的东西总是与假、恶、丑的东西相比较而存在，相斗争而发展。此外，真、善、美之间相互独立和排斥、社会生活的分裂、多种价值之间的冲突，都会阻碍真、善、美的统一，并使之出现复杂曲折的局面。真、善、美的具体统一是艰难曲折的长期的历史过程。

什么是自由？自由是比真、善、美的抽象程度更高的哲学范畴。恩格斯说：“黑格尔第一个正确地叙述了自由和必然之间的关系。在他看来，自由是对必然的认识。”（3. P. 491）又说：“自由就在于根据对自然界的必然性的认识来支配我们自己和外部自然”。(3.P.492) 哲学上所谓自由，是指人在真、善、美统一的基础上对于必然的认识和支配。详细地说，自由就是主体在真、善、美统一的基础上认识客观的必然性，依据这种必然性的认识做出选择，付诸行动，因而获得充分的行动自如、自我实现和自我发展。

对于真、善、美及其统一的追求应当是具体个人的人生目标，又必然是人类社会的永无止境的历史过程。这一个目标和过程的实现，依赖人类对自己的本质、需要和能力的不断自我认识、自我改造和自我发展，更依赖人类对地球及其周围的客观环境的认识、利用和改造的不断深化和扩展。全人类自觉地追求和实现真、善、美高度统一的时代，就是大同世界即共产主义的时代。

参考文献

[1] 北京大学哲学系外国哲学史教研室．西方哲学原著选读：上卷［M］．北京：商务印书馆，1981.

[2] 列宁．列宁选集：第2卷［M］．3版修订版．北京：人民出版社，2012.

[3] 康德．纯粹理性批判［M］．邓晓芒，译．北京：人民出版社，2004.

[4] 北京大学哲学系外国哲学史教研室．西方哲学原著选读：下卷［M］．北京：商务印书馆，1981：286.

[5] 马克思，恩格斯．马克思恩格斯全集：第2卷［M］．北京：人民出版社，1957：163.

[6] 列宁．列宁全集：第55卷　哲学笔记［M］．2版．北京：人民出版社，1990.

[7] 毛泽东．毛泽东选集：第3卷［M］．2版．北京：人民出版社，1991：816.

[8] 毛泽东．毛泽东选集：第1卷［M］．2版．北京：人民出版社，1991.

[9] 马克思．1844年经济学哲学手稿［M］．北京：人民出版社，2000.

[10] 列宁．列宁全集：第43卷［M］．2版．北京：人民出版社，1987.

[11] 北京大学哲学系外国哲学史教研室．十八世纪法国哲学［M］．北京：商务印书馆，1963：326.

[12] 牛顿．自然哲学之数学原理［M］．王克迪，译．西安：陕西人民出版社，2001.

[13] 波普尔．科学发现的逻辑［M］．北京：科学出版社，1986.

[14] 爱因斯坦．爱因斯坦文集：第1卷［M］．许良英，范岱年，译．北京：商务印书馆，1976：113.

[15] 波普尔．猜想与反驳［M］．上海：上海译文出版社，1986.

[16] 马克思，恩格斯．马克思恩格斯全集：第4卷［M］．北京：人民出版社，1958：329.

[17] 马克思，恩格斯．马克思恩格斯全集：第37卷［M］．北京：人民出版社，1971：489.

第八章　世界普遍联系和运动变化的基本规律(1)

如前所述，世界观是人们对于整个世界以及人与世界的关系的总体看法和根本观点。关于整个世界的根本观点，现代唯物主义哲学在探索和研究了“世界的本源是什么”之后，接着探索和研究“世界的状态怎么样”。这是本体论的第二大问题。两个问题相互联系，不可分割。前者是后者的基础，后者是前者的深化，对两个问题的研究和回答，共同构成现代唯物主义哲学本体论的基本内容。

恩格斯指出：“当我们通过思维来考察自然界或人类历史或我们自己的精神活动的时候，首先呈现在我们眼前的，是一幅由种种联系和相互作用无穷无尽地交织起来的画面，其中没有任何东西是不动的和不变的，而是一切都在运动、变化、生成和消逝。”(3. P. 395)“整个自然界被证明是在永恒的流动和循环中运动着。”(3. P. 856)“运动着的物质的永恒循环是最终的结论。”(3. P. 854)

现代唯物主义哲学认为，世界是普遍联系，永恒运动和循环演化的。这就是现代唯物主义哲学对“世界的状态怎么样”这个本体论问题的回答。唯物辩证法学说[①]是研究世界的普遍联系、永恒运动和循环演化的一般规律的科学。这是本书第四部分（含第八章和第九章）所论述的内容。

用世界观来指导人们如何认识世界和改造世界，就是方法论。方法论是关于人们认识世界和改造世界所遵循的根本方法的学说和理论。一般说来，方法论和世界观是统一的。

应当首先将唯物辩证法学说理解为本体论与世界观。唯物辩证法学说，作为关于“世界的状态怎么样”的回答，是关于世界即关于自然界和人类的存在状态的正确描述。因此，人们应该按照唯物辩证法学说所揭示的世界的本来面目正确地理解和认识世界，思考和处理问题，把握和改造世界。唯物辩证法学说的世界观与本体论维度，是唯物辩证法学说的更为本原性的本质维度，它决定了对唯物辩证法学说的方法论维度的理解。

---

①“Dialectics”译为“辩证法”，并不是很好的译法。它很可能被单纯地理解为方法论。其实，它首先是世界观，即关于整个世界的根本观点，然后才是方法论。“Dialectics”可译为“辩证学”或者“辩证论”。故这里称“唯物辩证法学说”，也可简称“唯物辩证论”。

本章首先叙述世界的普遍联系。所谓联系就是指事物与事物之间、一个事物内部各个要素之间，以及现象与现象之间的相互影响和相互作用。然后在§8.2中叙述不同事物之间的相互作用所包含的相互对立和相互统一的规律。这就是对立统一规律。

这里涉及关于矛盾的问题。黑格尔认为，矛盾是同一个事物本身内在的否定和对立；或者说矛盾是同一个事物自身包含的否定和对立的本质的和内在的规定。马克思和恩格斯批判地吸收了黑格尔关于同一个事物既与自身同一又包含对立于自身的思想，表述为对立同一规律。按照黑格尔、马克思和恩格斯的观点，我把同一个事物自身的相互反对的两种性质、方面、倾向或者趋势的对立，称为自身矛盾；而把§8.2将要讨论的不同事物之间相互对立的关系，称为关系矛盾。关系矛盾不同于自身矛盾。黑格尔、马克思和恩格斯关于矛盾的论述，以及自身矛盾，自身矛盾与关系矛盾的关系，留在第九章详细讨论。

本章接着叙述世界的运动和变化、发展和衰退；论述变化的方向性及其评判标准；最后论述饱含中国哲学元素而拒斥永恒发展观的开放的循环演化律。

列宁的无限发展、永恒发展的观点，通过斯大林的《论辩证唯物主义和历史唯物主义》系统通俗的概括得到广泛的普及。作为编写哲学教科书的蓝本，这种观点被广泛浸透到苏联和我国的哲学教科书之中。无限发展或永恒发展，被视为唯物辩证法学说的基本特征。这违背恩格斯的原意，更与自然科学的发现和物质世界运动变化的事实不符。本章详细地阐述开放的循环演化律。我希望通过本章的论述提醒人们，我们需要警惕，所谓无限发展或永恒发展，并不是世界的客观规律，它是一种对于人类十分有害的盲目乐观主义思想；盲目乐观可能导致人类社会的毁灭。

§8.1 世界的普遍联系

唯物辩证法学说首先研究永恒运动的世界的普遍联系的规律。恩格斯指出："辩证法是关于普遍联系的科学。"（3.P.841）作为一个普遍的哲学范畴，联系就是指事物与事物之间、事物内部各个要素之间，以及现象与现象之间的相互影响和相互作用。

1　事物、现象之间的普遍联系

世界上的事物和现象千差万别、纷繁复杂。普遍联系是一切事物和一切现象的客观本性。

首先，联系是客观的。联系的客观性是指，联系是事物和现象本身所固有的，不以人的主观意志为转移。世界上没有孤立存在的事物，每一个事物都是和其他事物相互联系而存在。世界上没有孤立发生的现象，每一个现象都是和其他现象相互联系而发生。这是一切事物和一切现象的客观本性。

任何具体事物的客观存在和运动变化，都表现为一定的内部联系和外部联系。没有事物内部的各个要素之间的相互联系，就不会有该事物的存在；没有事物与周围事物之间的相互联系，也不会有该事物的存在和运动变化。事物之间、现象之间的联系，与事物、现象的存在和运动变化一样，是不以人们的意志为转移的。

坚持联系的客观性，就是要求我们要从客观事物和客观现象本身固有的联系出发来考察事物和现象。这是唯物辩证法同唯心辩证法的重要区别之所在。抛开联系的客观性，只讲主观概念的联系或者主观臆想的联系，会从根本上背离唯物辩证法学说。

其次，联系是普遍的。这包含两方面的含义：一是任何一个事物与其他事物、任何一个现象与其他现象都处于相互联系之中。二是世界上任何一个事物都具有内在的结构，其内部诸要素之间是相互联系和相互作用的。联系的普遍性根源于世界的物质统一性。世界上一切事物和现象，归根到底都是物质的具体形态和属性，它们有着共同的基础和本源，从而有着统一的本质的联系。这种统一的联系通过各个具体的事物、现象之间的相互影响和相互作用等形式表现出来。

联系的普遍性，已为人类的实践经验和科学发展所证明。从宏观世界到微观世界，从无机界到有机界，从自然界到人类社会，不存在完全孤立的事物和现象，任何事物和现象都处在普遍联系之中。整个世界是一个统一的相互联系的整体；任何事物和现象都是统一联系之网上的一个网结，通过它体现出联系的普遍性。

自然界中的一切非生物都是相互联系着的。宇宙中的行星、恒星、星系以至星际物质主要依赖相互之间的引力相互作用相互联系着。地球作为一个行星，同其他行星一起共同围绕着太阳运行，构成太阳系。太阳系按照一定规则在银河系中运行，而银河系按照一定规则运行于浩瀚的宇宙之间。无限的宇宙就是由无数相互联系的天体构成的系统。

将目光移向我们的地球。这是一个充满生机的世界，包括我们人类在内的各种各样的生物在这里生活繁衍。在一定的空间范围内，生物和环境（包括阳光、空气、水和土壤）相互联系形成的统一的整体就是生态系统。例如，一个农庄中的小池塘是一个生态系统，整个农庄也是一个生态系统。由较小的生态系统组成一个较大的生态系统。地球上所有的生物及其环境（包括阳光、空气、水和土壤）的总和叫做生物圈。生物圈是一个相互联系的统一的整体，是最大的生态系统，是所有生物共同的家园。生物包括植物、动物、细菌、真菌、病毒。绿色植物是有机物的生产者，其产品不仅供给植物本身，也是动物的食物来源；作为消费者，动物直接或间接地以植物为食，同时，促进了生态系统的物质循环；细菌和真菌是生态系统的分解者，如果没有分解者，动物植物的遗体将会堆积如山。在一定的限度内，生态系统依靠自身的调节能力维持相对稳定的生态平衡。

生态系统包括生物成分和非生物成分。在生物圈中，一切生物和非生物都是相互联系的。绿色植物利用环境中的简单的无机物合成复杂的有机物，养活地球上几乎所有的生命。任何生物离不开阳光、空气、水和土壤。植物在阳光照耀下发生光合作用，吸收二氧化碳，生成糖类等有机物，同时释放氧气，造就了富含氧气的大气圈。

各种生物之间通过现实的联系彼此依存，相互制约。例如，草原上野狼成群，野狼饥饿时，固然偷猎牛羊，但是，在正常情况下，它以野兔为食。为了人畜的安全，牧民大量捕狼，导致其数量锐减，野兔随之以惊人的速度增加。野兔与牛羊争食牧草，导致草场的急剧退化。野狼的存在控制了野兔的繁殖，避免了野兔和牛羊争食的现象。看清了生物之间的普遍联系，牧民对野狼便多了一份宽容。

食物链是指在生态系统中，各种生物之间由于食物关系（捕食与被捕食）而形成的链状结构。在非洲大草原上，狮子、猎豹和猎狗等食肉动物对角马、斑马等食草动物的猎杀，既是食肉动物生存繁衍的需要，也利于食草动物的优胜劣汰，同时也是保持草原植被繁茂和生态平衡所必不可少的因素。

人类社会是一个有机联系的整体。任何个人都生活在一定的社会关系之中，不存在脱离社会的孤立的个人。人类社会离不开地理环境，地理环境包含了整个人化自然。一个国家、一个民族、一个政党、一个集团的存在和活动，都是通过一定的社会联系实现的，这种联系在当今世界上变得更加紧密和更加突出。人类思维领域处于普遍的联系之中，它是客观世界的普遍联系在思维中的反映。没有哪一个人的思想不同别人的思想发生联系，也没有哪一种思想不同别的思想有着历史的或现实的关联。

整体世界，包括自然界和人类，是“一幅由种种联系和相互作用无穷无尽地交织起来的画面”，是一个统一的相互联系的整体。

最后，联系是多种多样的、具体的。一方面，相互联系着的事物或现象不同，它们的联系方式也就不同。自然界的联系和人类社会的联系各具特点。非生物之间的联系直接表现为各种力的相互作用、相对位置的变化、能量的交换等。生态系统和生态平衡是生物之间的联系形式。社会的联系以人与人之间的联系为特征。另一方面，同是两个事物之间的相互联系，也具有多方面的特点和形式。例如，在化学反应过程中，既有不同元素的原子和电子重新组合，也伴随着能量的变化，甚至有光和热的产生或者吸收；人和人之间既有物质利益的联系，也有思想意识的沟通和交流。一切事物、一切现象都处在各种各样的联系之中，表现出联系的多样性。

唯物辩证法学说肯定联系的普遍性，同时要求认识联系的多样性，具体分析联系的特殊性。哲学研究自然界、人类社会和思维意识中发生的各种联系的一般形式。事物联系的基本形式可分为外部联系与内部联系、非本质联系与本质联系、间接联系与直接联系、非因果联系和因果联系、偶然联系和必然联系、可能联系和现实联系等。不同的联系，对事物的存在和发展所起的作用是各不相同的。从一定意义上说，所谓认识，就是认识事物的各种联系。要认识某一个事物，必须分别地、具体地研究这个事物内部的各个要素、各个要素之间的相互联系，以及这个事物与其他事物之间的相互联系。我们必须对事物的多种多样的复杂联系进行具体分析，抓住那些内部的、本质的、必然的和主要的联系，从而深刻地认识事物和有效地改造事物。离开了对具体事物做具体的分析，坚持普遍联系的观点就是一句空话。

2　联系、差别和中介

唯物辩证法学说认为，事物与事物之间既相互联系又相互区别，事物与事物之间的相互联系与相互区别是互为前提的。

联系是相互区别的具体事物、具体现象之间的联系，它以具体的事物、具体的现象之间的差别为前提。任何事物或者有不同于其他事物的特殊本质，或者有它独特的存在时间和存在空间，因而与其他事物相区别。否定了事物之间的差别，就不能区别事物，不知道究竟什么事物在联系。没有联系，就无所谓区别。事物与事物之间既区别又联系，这就是事物的本来面貌。

世界上各种对象普遍以系统的形式存在着和运动变化着。§4.3 叙述了在物质世界中各种层次的物质系统。不同层次的物质系统之间存在着隶属关系。可以在任何一个层次上，或者在两个不同的层次的对比上，考察和研究事物与事物之间的联系和差别。前者如两个星系的相互碰撞，后者如诗人在明朗的夜晚仰望星空。因此，事物与事物之间的差别是客观的、无限的，同时，又是有层次和相对的，与我们的考察和研究究竟是针对什么具体的对象有关。这无疑体现了联系和差别的无限的丰富性、普遍性和具体性。

即使具体的某个事物与另一个事物之间没有直接的联系，不管这具体的事物与事物之间的差别是由它们的本质差异，还是由于它们的时间和空间的界限不同所造成的，世界上每一个事物都可以通过有限个数的中介或过渡环节与其他的每一个事物联系起来。恩格斯说："如果我们拿两种极不相同的物——例如一块陨石和一个人——来比较，我们由此得到的共同点便很少，至多只有重量和其他一些一般的物体属性是二者所共有的。但是，介乎这二者之间还有其他自然物和自然过程的一个无限的系列，这些自然物和自然过程使我们有可能把从陨石到人的这个系列充实起来，并指出每一个自然物和自然过程在自然联系中的地位，从而认识它们。"（3. P. 936）世界上所有事物通过中介或者过渡环节相互联结成普遍联系之网，世界因而成为相互联系的整体。

这样，事物与事物之间具体的差异和界限都只具有相对性。事物与事物之间严格的、绝对的界线是不存在的。所以，恩格斯说："一切差异都在中间阶段融合，一切对立都经过中间环节而互相转移，对自然观的这样的发展阶段来说，旧的形而上学的思维方法不再够用了。辩证的思维方法同样不承认什么僵硬和固定的界线，不承认什么普遍绝对有效的'非此即彼!'，它使固定的形而上学的差异互相转移，除了'非此即彼!'，又在恰当的地方承认'亦此亦彼!'，并使对立的各方相互联系起来。这样的辩证思维方法是唯一在最高程度上适合于自然观的这一发展阶段的思维方法。"（3. P. 909～910）

人类社会各个区域、各个民族、各个国家的联系，随着交往的普遍化、交通通信的现代化和全球一体化，变得越来越紧密，越来越全面。这种普遍联系应当公平友好、合作共赢，促进人类的共同幸福和发展。

3　普遍联系与系统科学

普遍联系原理是唯物辩证法学说的基本观点。系统科学的产生是人们对物质存在形态的认识沿着普遍联系的方向迈出的重要一步。

现代科学的研究表明：具体的物质形态多种多样，但它们都是具有一定结构和特定功能的物质系统；系统是物质存在的基本形式，系统性是物质的固有属性。所谓系统，是由相互联系和相互作用的若干要素组成、具有一定结构和适应环境的特定功能的相对稳定的有机整体。§4.3 详细讨论了有关系统观的主要内容。

20 世纪 30 年代，奥地利生物学家贝塔朗菲在现代科学的基础上提出一般系统论。一般系统论和与之几乎同时诞生的控制论、信息论等，共同构成现代系统论的主要内容。

一般而言，每一门科学研究的对象是一个或一些特定的系统。它们并不研究离开具体的物质形态的一般系统。与之相反，系统科学并不研究特定的具体系统，而是撇开系统的具体形态和结构、特定的性质和机理，研究一般系统的各种类型、一般性质和运动规律。这就是说，系统科学研究一般系统的共同的规律性、一致性和同构性。

以往人们认识和理解世界，将注意力放在一个个彼此区分、各自独立的实物对象上，把研究对象看作是不同的实物个体如“原子”“分子”“质点”“固体”“天体”等的集合，体现了一种“实物中心论”倾向。系统科学不把事物、现象看作是实物、个体的简单的堆积，而是如实地把它们看作是由各个要素构成的系统，研究要素与要素、系统与要素、系统与环境之间的相互联系和相互作用，以及在这种联系和作用下系统所经历的演化过程。物质世界的各种物质形态普遍以系统的形式存在着和发展着，既表现为物质的系统，又表现为物质的运动变化过程。系统是过程的系统，过程是系统的过程。二者的统一才是对物质存在形态和运动变化过程的完整描述。

系统科学揭示了事物之间联系的整体性。系统方法把整体性原则作为研究的基本出发点，强调系统与部分、系统与环境之间的相互联系、相互制约。它要求人们从整体出发，从要素与要素、系统与要素、系统与环境之间相互联系、相互制约中，整体性地考察对象，统筹全局，以达到问题的最佳处理。

系统科学证实、丰富和深化了唯物辩证法学说的普遍联系原理。但是，不能把世界上一切联系都归结为系统的联系。要素与要素、系统与要素、系统与环境之间的相互联系并没有将世界无限多样的相互联系包括无遗。它们不能代替普遍联系原理。系统科学不是哲学的世界观和方法论，它属于具体科学。我们应当把两者联系起来，使之相互补充、相互促进、共同发展。

4　唯物辩证法学说的条件论

从世界联系的普遍性可以看到，每一个事物的存在和发展都依赖于与它联系的其他事物，这些事物就是这个事物存在和发展的条件。所谓条件，是指与一个事物相联系的、对该事物的存在和发展发生作用的诸要素的总和。任何事物只有在一定条件下才能产生，在一定条件下才能存在，在一定条件下才能发展，并且在一定条件下趋于灭亡。一切以条件、地点和时间为转移。其中地点和时间也是条件，是事物存在和发展的空间条件和时间条件，即事物周围的环境背景。任何具体事物无不依赖于一定的条件。随着条件的改变，事物之间以及事物内部各个要素之间的相互联系的性质和方式要发生变化。所以，在一定的意义上说，认识事物，也就是要认识事物的条件；改造事物，也就是要改变事物存在的条件。

事物与事物之间的联系是复杂的和多种多样的。对一个具体事物而言，它与其他事物的各种各样的联系，即它的存在和发展的各种各样的条件并不处于相同的地位。有外部条件和内部条件，客观条件和主观条件，一般条件和特殊条件，不利条件和有利条件，非必要条件和必要条件，非决定条件和决定条件等。具体地、正确地、全面地分析各种不同的条件，是认清问题和解决问题的前提。

承认条件，承认条件的客观性，坚持一切以时间、地点、条件为转移，是在条件问题上坚持唯物主义。同时，我们又承认条件的复杂性和可变性，而且认为，人们经过主观意识指导的实践行动可以改变条件，创造出原来不具有的条件，这是在条件问题上坚持辩证法。承认条件的可变性，并不认为条件可以随心所欲地改变，改变和创造条件必须遵循事物本身的发展规律。在条件问题上要坚持唯物主义和辩证法学说的统一。

§8.2 事物之间的相互作用 对立统一规律

1 事物之间的相互作用 内因和外因

任何事物都处在与周围事物的一定的联系之中，只有在一定的联系中，才有事物的存在、变化和发展。离开了具体的联系，任何事物的存在、变化和发展，都会成为不可能和不可理解的东西。

不同的事物之间以某种方式实现物质交换、能量转移和信息传递，以此互相制约、相互协同，或者改变对方的状态，这就是事物之间的相互作用。一个事物与它周围的其他事物之间有着直接的相互联系和相互作用。考虑到系统的层次性，即一个要素只有相对于由它和其他要素构成的系统而言才是要素，相对于构成它的要素而言则是一个系统。因此，一个事物组成部分即它的实体要素之间的相互作用，实际上也就是不同事物之间的相互作用。有鉴于此，我们讨论的主题定为事物之间的相互作用。它可以涵盖一个事物与它的周围环境中的其他事物之间的相互作用，以及事物的组成部分即它的实体要素之间的相互作用两种情况。

不同事物之间的相互作用，既包括它们之间相互制约、相互分离、相互抵触、相互排斥，以至于相互对抗、相互斗争等相互对立的关系；也包括它们之间相互依赖、相互合作、相互协同、相互吸引，以至于相互贯通、相互融合等相互统一的关系。不同事物之间相互对立的关系称为对立性或矛盾性。这类矛盾称为关系矛盾或者外部矛盾。不同事物之间相互统一的关系则称为统一性。不同事物之间相互对立和相互统一的规律称为对立统一规律。

我把不同事物之间相互对立的关系称为关系矛盾；把同一个事物自身的相互反对的两种性质、方面、倾向或趋势的对立称为自身矛盾。关系矛盾不同于自身矛盾。同一个事物由于自身矛盾，即由于事物自身的相互反对的两种性质、方面、倾向或趋势相互对立又相互共存、相互渗透、相互融合，使事物发生质变和转化的规律，称为对立同一规律。事物的基本的自身矛盾规定事物的本质，它是事物的内在根据，是事物存在和运动变化的内在根源和动力。不同事物之间相互作用的规律，即对立统一规律，并不直接等同于对立同一规律。但是二者之间存在着密切的关联。对立同一规律，以及自身矛盾，自身矛盾和关系矛盾的关系，留在§9.5和§9.6中做详细讨论。

下面我们主要着眼于、立足于一个事物，考察这个事物的诸实体要素之间的相互作用，以及这个事物与它周围环境中的其他事物之间的相互作用。

毛泽东说："唯物辩证法的宇宙观主张从事物的内部，从一事物对他事物的关系去研究事物的发展，即把事物的发展看做是事物内部的必然的自己的运动，而每一事物的运动都和它周围其他事物相互联系着和互相影响着。"[1]301

事物内部诸实体要素之间、事物与周围其他事物之间的相互作用是事物变化的必要的前提和基础。事物内部诸实体要素之间的相互作用是事物变化的内因。事物与周围其他事物之间的相互作用是事物变化的外因。外因是事物存在和变化的条件。毛泽东说："外因是变化的条件，内因是变化的根据，外因通过内因而起作用。"[1]302

当然，系统与要素、系统与环境的划分，是依据人们具体的认识和实践所指向的对象、范围、目的和任务而确定的。对象、范围、目的和任务不同，系统与要素、环境的划分也就不同。这种划分一经确定，内因和外因的区别随之被确定。如此说来，内因和外因的划分既是客观实在的反映，也包含着人为界定的因素，具有一定的相对性。

外部条件对于事物发展变化的作用依具体情况的不同而有所不同，其中有些条件起着非常重要的作用，甚至可以起决定性的作用。例如，没有适当的温度，鸡蛋就不能孵化为小鸡。在这个意义上，适当的温度这个外部条件，起着决定的作用。但是，适当的温度不管有多大作用，它不可能将石头孵化成小鸡。又如，来自地球外部的大型陨星撞击和来自地球内部的超级火山喷发等外部原因，可能造成人类社会的毁灭（详见§11.2）。当然，这种外因也是通过内因起作用，因为人和所有生物都不像非生物金属一样坚强和无须新陈代谢。这话说出来看似好笑，却是真理。反过来，这的确说明，在许多情况下，外因对于事物的变化可能起着决定的作用。

2　事物之间的相互作用按照系统归属的分类

事物之间直接的相互作用充满在自然界和人类社会之中。在微观世界，存在着粒子与粒子、粒子与反粒子、粒子与场（弥散态物质）、原子核与电子、原子与原子、原子与分子、分子与分子之间的相互作用。实际上所有聚集态粒子之间的相互作用都是通过弥散态物质（场）实现的。在宇观世界，存在星系团、星系、星团、恒星、行星等各种天体，以及星云、星际空间之间的相互作用。这种相互作用主要是引力相互作用，所有引力相互作用都是通过弥散态物质（场）实现的。在生物界，存在着生物与外界环境（首先是阳光、空气、水和土壤）之间、各种生物之间（例如捕食和被捕食、利用和被利用）、生物的各个组织器官之间的相互作用。在人类社会中，奴隶主阶级与奴隶阶级、地主阶级与农民阶级、资产阶级与无产阶级之间，一句话，剥削阶级和被剥削阶级之间的矛盾和斗争，始终贯穿于阶级社会的全部历史中。还存在工人阶级与农民阶级之间、不同的党派之间、不同的国家之间的相互矛盾和相互统一的关系。重要的是，人类与自然的对立和和谐在人类社会普遍存在，而且成为当代关注的焦点。

因此，不同事物之间直接的相互作用无处不在，无时不在，这就是事物之间相互作用的普遍性。

不管客观上或者主观上事物或系统如何划分，整个物质世界是由不同层次上相互联系和相互作用的各种部分或者各个要素构成的整体。但是，如果从世界的各个局部来研究，两个事物之间的相互作用可以做出某种分类。

第一，两个事物不构成一个系统，它们之间不存在直接的、明显的相互联系和相互作用。

如前所述，世界上每一个事物都可以通过有限个数的中介或过渡环节与其他的每一个事物联系起来；整个物质世界是一个相互联系和相互作用的整体。但是，这并不意味着，任何两个事物之间都存在直接的、明显的相互联系和相互作用。例如，月球阿尔泰峭壁上的一块岩石与南岳山上的寺庙，澳大利亚沙漠中的骆驼与长沙一位学生使用的钢笔，都属这种情况。之所以加上“明显的”这个限制词，是因为按照万有引力定律，它们之间至少存在引力相互作用，只是与其他的相互作用比较，其影响完全可以忽略不计。

这里补充一点，其实，寻根究底，事物之间的所有的相互作用都是通过其间的弥散态物质实现的。这是中国古代元气论的观点，也是现代物理学的结论。只是需要深入地研究相互作用的物理本质，在这里不做深入探讨。

第二，两个事物并不构成一个系统，它们之间却存在着直接的、明显的相互联系和相互作用。

例如，某人或者某生物被骤降的陨石所砸死。又如，一架飞机撞上一只飞鸟，机毁鸟亡。一方面，尽管所说的相互作用者可能归属人类社会或者大自然，它们是构成人类社会或者大自然的两个实体要素，但是，仅此而已，因为单凭所说的两个相互作用者，不可能构成一个大系统，即不可能构成人类社会或者大自然。另一方面，既然这些相互作用者在偶发的事件中相撞，说明彼此突然之间闯入了对方的周围环境。

如前所述，我们主要着眼于、立足于一个事物，考察该事物诸实体要素之间的相互作用。在这种情况下，我们可以将这种相互作用的对立统一关系，区分为下面（第三和第四）两种情况来研究。

第三，如果忽略背景和本底，作为事物实体要素的两个事物，合起来就组成这个较大的事物，二者之间存在着直接的紧密的相互联系和相互作用。

例如，微观领域的氢原子，它由一个带正电的原子核（即质子）和绕核旋转的带负电的电子，以及分布在二者之间的弥散态物质组成；又如，氧分子（O_2）、氢分子（H_2）、宇宙中的双星系统、生物界的藻类和真菌共生形成的地衣，都属于这类相互作用的实例。可以称它们为二元系。

又如，人类社会包含着人类和人化自然，简言之，即人和自然。人类和人化自然的各个要素的运动变化，以及人与人之间，人与自然之间，自然的各个对象、各个部分之间的相互作用，所有这些对立统一关系的总和，构成人类社会运动的全部内涵。但是，如果仅仅将人类社会作为一个事物整体来考察，例如分析人类社会面临的生态环境的危机，可以着重考察人类社会的两个构成要素即人与自然的对立和和谐，并且获得确定的认识（见§11.3）。

第四，两个事物都是某个较大事物的实体要素，它们之间存在着直接的相互联系和相互作用，但是它们合起来也只是这个作为超系统的较大事物的一个局部，二者作为要素，要和其他要素合起来才能构成这个超系统。

例如，复杂原子中两个核子之间，或两个电子之间，或一个核子与一个电子之间的相互作用；多原子分子中两个原子之间的相互作用；太阳系中太阳与一个行星或者两个行星之间的相互作用；在自然界中，两个或者两种生物之间的生存斗争，都属于这种相互作用。

又如，在一个国家中，无产阶级与资产阶级之间、工人阶级与农民阶级之间、不同的党派与党派之间、脑力劳动与体力劳动之间、城市与农村之间、不同地区之间、不同思想观点之间的对立统一关系，都属于第四类相互作用。

如前所述，由于系统具有层次性，系统与要素、环境的划分，依据人们具体的认识和实践所指向的对象、范围、目的和任务的不同，而会有所差别。因而，在各种具体情况下，两个事物之间的相互作用究竟归属于上述哪一个类别，不会是固定不变的。但是，大体上都可以归属于上述一种类别。

第一类情况并不少见，但是，既然两个事物之间不存在直接的、明显的相互联系和相互作用，就不会过多地注意它和谈论它。第二类情况也会遇到。但是，毕竟是偶发的事件，会作为特例来处理。第三类，特别是第四类相互作用是经常遇到、经常谈论、经常研究的对象。请注意，在第四类情况下，两个事物之间的相互作用，只是包容着这两个事物的作为超系统的整体事物的内部各种相互作用的一部分，有时甚至是极小的一部分。

3 相互作用是事物作为一个系统存在、变化的必要的前提和基础

在哲学史上，亚里士多德最早明确地使用相互作用这个术语。例如，他说："互相接触的不同元素体之间却有相互作用。"[2]康德在《纯粹理性批判》[3]的范畴表中，把"交互作用"确立为哲学的基本范畴，系统地论述了交互作用原理。康德认识到，相互作用才使不同事物形成一个整体。此后谢林在《先验唯心论体系》[4]一书中系统地研究相互作用问题，"推演了交互作用关系的全部规定"。黑格尔在《逻辑学》中说："相互作用首先表现为互为前提、互为条件的实体的相互的因果性；每一个对另一个都同时是能动的，又是被动的实体。"[5]230 他又说："实体通过因果性和相互作用的辩证运动，是概念的直接发生史，概念的变是由这个运动来表现的。"[5]240 黑格尔的《小逻辑》（§153～157）[6]研究了因果关系和相互作用。黑格尔认为，在相互作用里，事物的独立性是相对的，事物的自身否定却是绝对的，而事物的自身联系则是无限的。

世界普遍联系的观点是现代唯物主义哲学的基本观点。世界的普遍联系就是指世界上事物与事物之间、事物内部各个要素之间、现象与现象之间的相互影响和相互作用。马克思和恩格斯在他们一系列重要的哲学著作中，把相互作用作为基本的哲学范畴，阐述了相互作用的含义和研究方法，论述了相互作用与联系、运动、矛盾、因果性范畴的相互关系。

恩格斯说："当我们通过思维来考察自然界或人类历史或我们自己的精神活动的时候，首先呈现在我们眼前的，是一幅由种种联系和相互作用无穷无尽地交织起来的画面，其中没有任何东西是不动的和不变的，而是一切都在运动、变化、生成和消逝。"（3. P. 395）马克思说："不同要素之间存在着相互作用。每一个有机整体都是这样。"（2. P. 699）

按照系统论，可以将每一个事物看作一个系统。如§4.3所述，所谓系统，是指由相互联系和相互作用的若干个要素组成、具有一定的结构和适应环境的特定功能的相对稳定的有机整体。这个定义概括了一切系统的两个特征，即要素之间的相互作用和由相互作用的要素所形成的系统的整体性。其中要素之间普遍存在的相互作用是系统整体性的根源和基本前提。

首先，系统是一个有机的整体，系统整体的形成依赖于整体中各个要素之间的相互作用。整体只能通过它的各个部分即要素之间的相互作用而存在；没有这种相互作用，部分只能是部分而不能形成整体。同时，正是通过要素之间的相互作用，在系统整体之中才会出现部分加和时所不具有的新质。

其次，如§4.3.2所述，物质世界的各种物质形态普遍以系统的形式存在着和发展变化着，既表现为物质的系统，又表现为物质的运动变化过程。系统是过程的系统，过程是系统的过程。系统的运动变化根源于系统各要素之间，以及系统与它周围的其他事物之间的相互作用。这种相互作用本身就是作为过程出现的。如前所述，相互作用是物质交换、能量转移和信息传递的过程，它必然引起系统的状态、结构、功能等各方面的变化，从而构成运动。如恩格斯所说："我们所接触到的整个自然界构成一个体系，即各种物体相联系的总体，……这些物体处于某种联系之中，这就包含了这样的意思：它们是相互作用着的，而它们的相互作用就是运动。"（3. P. 952）他又说："整个伟大的发展过程是在相互作用的形式中进行的。"（4. P. 614）一句话，事物的诸要素之间，以及它与周围其他事物之间的相互作用，构成了事物的运动。

最后，如§4.3.4所述，所谓系统结构，是指系统内部的各个组成要素之间的相互联系和相互关系，即各个要素在空间或时间上排列和组合的方式或者顺序。系统结构的基本特点是稳定性、可变性、相对性和层次性。系统功能则是指系统整体在与外部环境的相互关系中表现出来的作用和能力。系统的结构是由其要素相互作用的方式决定的，要素相互作用方式的多样性决定结构的多样性，而相互作用方式的变化则引起结构的变化，从而引起功能和层次关系的改变。系统显示出层次性，就根源于和反映着不同层次的系统的要素之间相互作用关系的不同。研究一个系统，从根本上说，就是研究系统中各个要素之间的相互作用的形式。结构是相互作用的内在形式，功能则是相互作用的外在表现，层次是不同结构的系统之中相互作用之间的关系。不管系统结构、层次如何多样，它们都是系统所涉及的相互作用的反映。

所有这些论述，说明事物的诸要素之间的相互作用，以及事物与它周围其他事物之间的相互作用，对于事物的存在和运动变化具有重要意义，它是事物存在和运动变化的前提和基础。

4 关于事物之间相互作用的对立统一规律

不同事物之间、一个事物的各个部分之间即系统的实体要素之间的相互作用，必然既包含着相互对立又相互统一的关系。把这种关系称为事物之间的对立统一关系。我们把事物之间相互对立的关系称为关系矛盾。黑格尔说，“同一与对立本身即是对立的”[6]256，统一与对立本身就构成矛盾。因此，为简洁计，依照习惯的说法，也将事物之间相互联系、相互作用所形成的既相互统一又相互对立（统一与对立的对立）的状态，直接称为关系矛盾。这里矛盾只表达对立、排斥、冲突、对抗等意义。对立统一规律从事物之间的相互作用所形成的对立统一关系去研究事物运动变化的规律。

毛泽东的《矛盾论》[1]299－340阐述事物对立统一关系的各个方面。下面大致按照《矛盾论》来叙述事物之间相互作用的对立统一规律。

（1）对立双方的统一性和对立性

事物之间相互依赖、相互合作、相互协同、相互吸引，以至相互贯通、相互融合等相互统一的关系，称为矛盾的统一性；而事物之间相互制约、相互分离、相互抵触、相互排斥，以至相互对抗、相互斗争等相互对立的关系，则称为矛盾的对立性。

矛盾的统一性是事物之间内在的、不可分割的联系，体现着不同事物之间，或事物各要素之间相互吸引和相互结合。没有各要素之间的相互吸引和相互结合，各个要素一盘散沙，就不可能构成系统，相应地也就谈不上系统的要素。

首先，矛盾的统一性表现为事物之间的相互依赖。其中每一方都与对方彼此依赖着，不可能孤立地存在和发展；每一方的存在和发展都必须以对方的存在和发展为条件。例如，在阶级社会中，没有奴隶阶级、无产阶级，也就不会有相应的奴隶主阶级、资产阶级；反之，没有奴隶主阶级、资产阶级，也就不会有相应的奴隶阶级、无产阶级。

其次，对立的双方由此达彼，相互包含，你中有我，我中有你，相互渗透，相互贯通，并且在一定的条件下，相互转化。

在社会中，学校的学生与教师之间、城市与城市（例如深圳与香港）之间、城市与乡村之间；在自然界，海洋与陆地之间、动物的种群之间，都表现出相互依赖、相互包含、相互渗透、相互贯通，甚至相互转化的统一性。

当然，对于不同的事物，其内部的各个要素相互统一的关系情况各异，决不可能完全相同。真正需要的是，对于具体的情况做具体的分析。

矛盾的对立性是对立双方的相互排斥的联系，体现着双方的相互分离和相互否定。例如，在人类社会中，敌对阶级、敌对势力之间展开生死搏斗；在生物界，生物之间进行弱肉强食、相互吞噬等生存竞争。即使一个家庭或一个团体，各个成员之间充满友爱之情，也仍然存在差别和对立。当然，对于不同的事物，矛盾的对立性有不同的表现形式；而且在事物发展变化的过程中，贯穿其中的对立有由隐到显、逐渐激化的过程，并由此产生解决对立的必要和可能。事物最后如何转化，矛盾如何解决，有各种各样的情况。需要对于具体情况做具体的分析。

对立统一关系的统一性和对立性是相互连接的。统一性以差别和对立为前提，统一性不能脱离对立性而存在；同样，对立不是任意的两个事物之间的对立，而是有着内在联系的两个事物之间的对立，对立性不能脱离统一性而存在。例如，一个世纪来，作为中国社会中心要素的中国共产党与中国国民党的对立统一关系，鲜明地反映着这种特征。

（2）对立统一关系的普遍性和特殊性

在自然界、人类社会和思维领域，①对立统一关系存在一切事物的发展变化的过程之中；②事物的发展变化过程，就是事物内部的对立统一关系的运动变化过程；③每一个事物的发展变化过程，都自始至终存在着对立统一关系及其运动变化。这就是说，世界上事物的对立统一关系及其运动变化无处不在，无时不有。这就是事物的对立统一关系的普遍性。

不同的事物内部的实体要素之间的相互作用所包含的对立统一关系各有不同的情况、性质和特点，这就是事物的对立统一关系的特殊性。

每个事物作为一个有机的整体包含着若干个甚至许许多多的实体要素，各个要素之间存在各种各样的相互作用，因而存在着各种各样的对立统一关系。这些关系的总和决定着事物的性质和特点及其运动变化的过程。只有具体地从事物的诸多具体的对立统一关系中把握其特殊性，才能够掌握整个事物的变化的规律。为此必须分析和研究各个要素、所有要素之间的矛盾。但是，其中最为需要的是分析和研究根本对立、主要对立和主要对立方面，或者如通常所说的根本矛盾、主要矛盾和主要矛盾方面。

(3) 根本矛盾和非根本矛盾

所谓根本对立或者根本矛盾，是指贯穿于事物发展变化过程的始终，规定着事物的本质的事物实体要素之间的对立或矛盾。非根本对立或者非根本矛盾，则是指不贯穿于事物发展变化过程的始终，对事物的本质不起决定作用的事物实体要素之间的对立或矛盾。在复杂的事物之中，根本矛盾可能是一个或者多个，而非根本矛盾一般有多个。例如，在奴隶制社会中，根本矛盾是奴隶主阶级与奴隶阶级的矛盾，而其他的矛盾，如奴隶主阶级内部的矛盾、奴隶阶级内部的矛盾、奴隶主阶级与其他阶级的矛盾、奴隶阶级与其他阶级的矛盾、其他不同阶级之间的矛盾等，都属于非根本矛盾。

根本矛盾和非根本矛盾既相互区别，又相互联系、相互作用。根本矛盾规定和制约着非根本矛盾；非根本矛盾反过来影响着根本矛盾，加速或延缓根本矛盾的解决，从而加速或延缓事物的发展变化过程。在社会实践中，要善于抓住事物的根本矛盾，把握事物的进程，同时，也要注意和重视非根本矛盾，认识它们对于事物的发展变化的影响。

(4) 主要矛盾和次要矛盾

在复杂的事物中，各实体要素的力量发展是不平衡的，实体要素之间的各种对立统一关系在事物的发展变化中占有不同的地位，起着不同的作用。在复杂的事物中，往往有一种对立统一关系，由于它的存在和发展，规定或者影响着其他对立统一关系的存在或发展。所谓主要对立或者主要矛盾，是指处于支配地位的、对于事物的发展变化过程起着决定作用的实体要素之间的对立或矛盾。次要对立或者次要矛盾，是指处于从属地位的、对于事物的发展变化过程不起决定作用的实体要素之间的对立或矛盾。

例如，在资本主义社会中，无产阶级和资产阶级的矛盾是主要矛盾；其他的矛盾，例如，残存的封建阶级和资产阶级的矛盾，小资产者和资产阶级的矛盾，小资产者和无产阶级的矛盾，资产阶级内部的矛盾等都是次要矛盾。当一个国家遭遇外国入侵，如果处理得当，这个国家与侵略者国家之间的矛盾成为主要矛盾，而这个国家内部各个阶级之间的矛盾就成为次要矛盾。

主要矛盾和次要矛盾是相互区别、相互联系、相互作用的。主要矛盾对次要矛盾的发展有着支配的作用，次要矛盾也会反过来影响主要矛盾的发展。由于在事物的发展变化过程中，各个要素、力量及其相互关系的变化，主要矛盾和次要矛盾的区分不是凝固的、僵死的，它们在一定的条件下可以相互转化。在认识上和实践中，要求我们在分析和处理问题时，必须抓住主要矛盾，又注意各种次要矛盾的发展，正确预见主要矛盾和次要矛盾的转化，适时实行工作重心的转移。

根本矛盾和非根本矛盾，主要矛盾和次要矛盾，并不是完全对应的两对范畴。根本矛盾和主要矛盾有时可能重合，有时可能不重合。主要原因在于，根本矛盾贯穿于事物发展过程的始终，规定着事物的本质；主要矛盾则往往只表现在根本矛盾发展的一定阶段上。比较复杂的事物的发展过程，往往经历不同发展阶段。因此，在事物发展的不同阶段上，可能根本矛盾不变，在不同阶段上却有不同的主要矛盾。对于根本矛盾和主要矛盾，非根本矛盾和次要矛盾之间的关系，要做具体的分析，不能简单地将它们视为等同。

（5）矛盾的主要方面和次要方面

事物内部的每一个对立统一关系，涉及事物作为一个系统的两个实体要素。对立双方的力量往往是不平衡的。对立双方之中处于支配地位，起着主导作用的实体要素一方，就是矛盾的主要方面；而处于被支配地位，不起主导作用的实体要素一方，就是矛盾的次要方面。当然，矛盾的次要方面也会影响和制约矛盾的主要方面；而且矛盾的主要方面和次要方面的区分是相对的、有条件的，在一定的条件下可以发生相互转化。

例如，在封建社会到资本主义社会，再到社会主义社会的发展过程中，取得支配地位的力量，即社会主要矛盾的主要方面，依次由封建势力转变为资产阶级，再过渡为无产阶级。

本小节的上述内容，传统的哲学教科书做了许多详细的阐述。这里给出概括性的叙述，保留许多实例，重点在于说明这是关于关系矛盾的论述。

§8.3　世界的运动和变化、发展和衰退

1　运动和变化、变化的方向性

物质永恒运动的观点是现代唯物主义哲学的基本观点。运动是一切物质的存

在方式和固有属性。§4.1对此做了详细的讨论。

唯物辩证法学说用运动和变化、发展和衰退几个属于同一序列的概念和范畴来表述自己的运动变化观。

运动是物质的存在方式和固有属性，这是对物质变动不居的动态属性的一般表述。恩格斯在《自然辩证法》中指出："运动，就它被理解为物质的存在方式、物质的固有属性这一最一般的意义来说，涵盖宇宙中发生的一切变化和过程，从单纯的位置变动直到思维。"(3. P. 951)

何为变化？变化是揭示事物运动的具体内容的概念。事物的内在性质（它的要素、结构、数量、尺度、状态、运动形式等）和它的外部联系与原来相比产生的某种差异，称之为变化。

所谓发展，是揭示事物运动变化的趋势和方向的范畴。按一般的理解，发展就是指事物由小到大、由简单到复杂、由低级到高级、由无序到有序的运动变化过程。采用它作为发展概念的定义，它强调运动变化的方向性。按照这个定义，前进上升的运动变化，称之为发展。反之，后退下降的运动变化，则称之为衰退。因此，并不是任何变化都是发展。

要特别指出，不能笼统地讨论发展或衰退。发展或衰退是指一个具体的事物即一个具体的系统，在某一个确定的时间段的运动变化的方向性。

2 发展和衰退的判别标准

首先要讨论的问题是，对于一个具体事物和具体系统的变化过程，究竟如何判断它是前进上升的变化还是后退下降的变化，是发展还是衰退？对此，是否存在一个统一的评判标准呢？我认为：评判变化方向的标准是存在的；尽管发展的定义本身没有给出一个标准，我们可以从这个定义出发来确定它。

评判变化方向的第一个标准是运动形式的级别：一般而言，从低级运动形式向高级运动形式的变化，即为发展；反之，即为衰退。

§4.1已述，恩格斯根据当时的科学水平，按照从简单到复杂、从低级到高级的顺序，把各种各样的物质运动归结为机械运动、物理运动、化学运动、生命运动、人类社会运动（包括思维运动）等五种基本形式。直至今天，这个分类仍然基本适用，但是，应当根据科学的发展给出一些新的解释和说明。这些在§4.1中已经做了详细的阐述。

位移运动是物质的一切运动的基础；没有物质的位移运动，就不会有物质的任何运动。对任何物质而言，位移运动都是普遍地和永恒地存在的。

宏观物体的位移运动，称为机械运动。如§4.1所述，不宜将各种形式、各种层次的物质的位移运动都称为机械运动，例如，不宜将微观粒子的位移运动称为微观粒子的机械运动，也不宜将银河系自转称为银河系的机械运动。物理运动包括基本粒子运动、原子核运动、原子-分子的热运动和声运动，以及涉及带电粒子和弥散态电磁场的电磁运动、地球物理运动和天体运动等。化学运动的物质基础是元素，它涉及原子层次以上的所有物质层次。因此，恩格斯把化学说成是原子的物理学，因为化学运动的实质是通过原子的运动（重新组合）实现分子的变化。在条件合适的行星上，化学进化的结果促成了分子运动质的飞跃，由此出现生命运动。生物的进化产生了人类，出现了人类的社会运动和思维运动。这是最复杂、最高级的基本运动形式。

在空间中并存的各种运动形式在一定条件下可以相互转化，它们本身不过是各种运动形式在时间上相继转化的结果。从低级运动形式向高级运动形式的变化，是前进上升的变化，即发展；反之，从高级运动形式向低级运动形式的变化，是后退下降的变化，即衰退。

评判变化方向的第二个标准是事物作为一个系统的结构和功能：一般而言，导致结构复杂、完善和功能提高的变化即为发展；反之，即为衰退。这个标准尤其适用于同一基本运动形式范围内的各种变化。

系统的结构决定于两类因素：（1）组成要素的种类，以及各种要素的数量和质量；（2）各个要素之间相互联系的种类，以及各种相互联系的强度和性质。一般而言，这两类因素的进步，即组成要素的种类和数量增加，质量改善，要素之间相互联系的种类增加、强度和性质提高，将导致结构的复杂和完善。系统的功能包括三种因素：（1）功能的种类；（2）每种功能的强度；（3）每种功能的性质。所谓功能提高，包括功能的种类增加，强度增大，质量进步等。一般说来，系统结构愈加复杂和完善，则系统的功能愈加发展和提高。因此，我们断言：在一般情况下，导致结构复杂、完善和功能提高的变化，就是前进上升的变化，即发展；反之，导致结构简单、衰败和功能降低的变化，则是后退下降的变化，即衰退。然而，系统结构和系统功能与变化方向之间，有时呈现一种复杂的相互关系，有必要做深入细致的研究。

第一，结构的复杂不一定能够导致结构的完善。

应当区别结构的复杂化和结构的完善化两个概念。要素的种类和数量增加，称为结构的复杂化。要素的质量改善，要素之间相互联系的种类增加，强度增大和性质提高，称为结构的完善化。结构的完善化，一般是在结构的复杂化基础上实现的。例如，随着要素的种类和数量增加，系统的各要素之间出现新型的相互联系。结构复杂化一般需要通过结构的完善化才能对系统功能的提高做出贡献。然而，的确存在一种单纯的结构复杂化，结构复杂了，但是对结构的完善和功能的提高毫无意义。相反，在自然界和人类社会广泛存在着一类系统，结构复杂性降低，即组成要素减少，而结构却更为精巧完善，具有多样和强化的功能。因此，在评判变化方向的结构标准中，与结构的复杂这一标准相比较，结构的完善是更为重要的标准。

第二，系统结构的复杂性和完善程度降低，系统功能却可能提高。

众所周知，系统可以依照结构和功能的综合考虑划分各种等级。例如，按照从低级到高级的次序，动物界被划分为从原生动物门（单细胞动物）到脊索动物等 30 个门。每一个大的等级（如门、纲）又可以划分为若干等级（纲、目），如此将动物逐级分类。较高的等级具有较高的功能。根据系统等级的概念，发展可以区分为两种类型：第一类是在同一等级范围内促进结构完善和功能提高的发展；第二类是促成系统由原等级向高等级转化的发展。在第二类发展中，低等级结构发展为高等级结构，是由于在低等级结构内部的各要素之间出现新型的联系，对外则表现为新质的功能。在这种发展中，在过渡环节，可能出现这样一种情况：较高等级结构的低等代表，在结构的复杂性和完善程度方面，反而不及较低等级结构的高等代表。例如，由非脊索动物进化而来的脊索动物中的文昌鱼，其结构的复杂性和完善程度，比不上非脊索动物中的某些动物，如蝗虫和蜜蜂。但是，文昌鱼具有脊索、脊神经管，并有神经分出，这是原始的中枢神经系统，出现了一种完全的新质功能，由此，“便有了发展到自我意识等等的可能性”。如此看来，从非脊索动物到文昌鱼，尽管结构的复杂性和完善程度降低，但肯定是一种进化、一种发展。

因此，当评判变化方向的结构标准和功能标准发生矛盾时，我们将宁可忽略结构标准，只取功能标准，也就是说，在结构标准和功能标准中，系统的功能是首要的标准。功能的提高，是评判发展的最一般的尺度。

如何确立评判变化方向的第三个标准?

人类最为关心的事物无疑是地球和人类。人类是自然界长期发展的产物，是物质发展的最高阶段。人作为自然界的一员，处于自然界食物链的顶端，依赖于自然界而生存。人通过自己的劳动，从自然界索取和生产自己生存所需要的物质生活资料。自然生态系统的各种组成要素相互联系、相互制约和相互作用，形成一个统一的整体。人的生存和发展依赖于自己的实践，更依赖于地球生态系统的健康、完整、平衡和稳定。地球生态系统的破坏，必会影响和威胁人类的生存，这种破坏超过一定的限度，可以导致人类的毁灭。因此，评判变化方向的第三个标准，是事物及其变化是否有利于维持、保护和恢复地球生态系统的健康、完整、平衡和稳定。凡是有利于维持、保护和恢复地球生态系统的健康、完整、平衡和稳定的变化即为发展；反之，即为衰退。

3　发展是现实世界运动变化的总体趋势和主导方向

事物的变化一般表现为三种方向的运动。第一种是同一个水平的运动，即在大致同一级别、同一复杂性、同一有序度的运动形式之间的变化。第二种是后退下降的运动——衰退，即相对而言，事物由复杂到简单、由高级到低级、由有序到无序的变化，如生命体死亡、有机体分解、一个特定的社会由兴盛走向衰败。第三种是前进上升的运动——发展，即相对而言，事物由简单到复杂、由低级到高级、由无序到有序的运动变化过程。

运动变化的三种方向性是对一个具体系统在某一个确定的时间段的运动变化而言的。对任何一个具体的系统，都可以讨论其运动变化的方向性。

现代科学的研究表明，我们的宇宙（人类观测所及的宇宙，即总星系）经历了产生和发展的过程，目前仍处在发展的过程之中。

按照暴胀宇宙学，在我们的宇宙极早期，只有纯粹的真空态物质，没有任何实物粒子。这是假真空阶段，那里只有纯粹的位移运动。假真空物质的引力排斥效应，导致宇宙的超光速剧烈膨胀。经过这暴胀时期的真空相变，才产生了数量惊人的实物粒子。这是粒子形成的阶段，出现了物理运动。粒子相互作用，最后轻子的分解和正反粒子的湮灭，产生大量的电磁辐射，宇宙进入辐射为主的阶段。在辐射阶段的后期，随着宇宙的进一步膨胀和冷却，逐渐形成了许多化学元素，出现了化学运动。大爆炸之后几十万年，辐射退居次要地位，宇宙进入实物为主的阶段。气状物质在引力互相作用下凝聚成星云，并逐渐形成原星系，星系以及恒星和行星（包括太阳系和地球），直至今日的宇宙。在地球上，出现了生命运动和人类社会运动。我们的地球和人类社会经历了产生和发展的过程，目前仍处在发展的过程之中。

按照现代生命起源学说，在原始地球上，发生了多种多样的物理和化学过程，由无机分子生成低分子有机化合物，进而生成生物大分子。蛋白质和核酸这类具有催化功能和自复制功能的生物大分子结合而成多分子体系，便出现了物质运动的新形式即生命运动。从此进入了生物进化的时期。人类是生命发展到更高阶段即类人猿阶段的产物，由此产生了物质运动的最高形式——人类社会运动和思维运动。人类社会经历原始社会、农业文明社会、工业文明社会，当今要步入生态文明社会的新阶段。

物质发展史表明：在每一种基本运动形式的范围内，发展的过程迟早要达到自己的最高点，而每一种运动形式发展阶段的最高点，同时就是高一级运动形式的发展阶段的起点。

断言此前和目前我们的宇宙、地球和人类社会在发展，并不意味着在我们的宇宙、地球和人类社会中，不存在这样的时间段，不存在这样的子系统，它处于反方向的运动变化即衰退之中。事实上，在一定条件下和一定范围内，在发展着的系统之中，存在这样的时间段，存在这样的子系统，它们由高一级的运动形式转化为低一级的运动形式，或者在相同的基本运动形式下发生后退下降的变化。例如，在地球46亿年的演化史中，已经发生过5次物种大灭绝。但是，某些物种的灭绝，为新物种的出现提供了足够的进化空间。此外，其间的任何事物必然要经历产生、成长、衰退和最终消亡的历史。但是总体和长远而言，在我们的宇宙、地球和人类社会之中，直至现阶段，后退下降的变化是暂时的、局部的或次要的现象；运动变化的总体趋势和主导方向是前进、上升，是发展。

在演化、发展的问题上，人们首先关心的是现存事物由什么进化而来和如何进化而来的问题，而不是现存事物将演化成什么和如何演化的问题。但是，毫无疑问，后一个问题对我们来说更为重要。

4 星际文明社会运动

可以肯定，在相对个人寿命而言的一个很长的时间之内，我们的宇宙和作为宇宙沧海之一粟的地球及人类社会还将处在发展的进程之中。首先，社会将变得更加合理、更加理性、更加美好和幸福。其次，出现新型的更高级的运动形式即星际文明社会运动的可能性也不能说就一定不存在。显然，这种可能性只会存在于和发生在人类社会运动和思维运动发展的最高阶段上。

是否存在比人类社会运动更高级的运动形式？我在《循环演化律》[7]一文中提出了一个设想："在高度合理、美好的社会中，人类思维运动高度发展，人类深刻地认识了物质运动的规律性（如弥散态物质的运动规律，弥散态与实物粒子的转化规律，以及人体和人脑自身的运动规律），结果驾驭物质和能量的能力大为提高，可以移居异星球，自由来往于星际空间，并与地外智慧生命建立了友好联系和合作关系，共同组成了星际社会。此时，一种新型的更高级的可称之为星际社会运动的基本运动形式就产生了。"

这涉及外星文明的问题，§11.5再回到这个问题上来。这当然只是一种设想。如果人类能够解决§11.2所述的生态环境危机、核战毁灭的威胁，以及大型陨星撞击、超级火山喷发等巨大自然灾难等面临的危机，人类随同他们生存的自然界还将继续经历发展的进程则是毋庸置疑的。

问题在于，我们面对的物质世界是否将无限发展或永恒发展呢？对此，传统的哲学教科书普遍地给予肯定的回答。传统的哲学教科书强调：我们面对的物质世界是按照其固有的规律无限发展或者永恒发展的；永恒发展是对世界运动变化的普遍趋势和本质特征的哲学概括；辩证法不仅是关于世界普遍联系的科学，也是关于世界永恒发展的科学。

古希腊哲学没有无限发展或永恒发展的观念，几位古希腊的哲学家却表达了永恒循环的思想。中国古代哲学更没有无限发展或永恒发展的观念；循环演化的思想却是中国古代哲学的特征。传统的哲学教科书关于世界无限发展或永恒发展的观点，并不是马克思和恩格斯的观点，而是来自列宁和斯大林。比哲学论述更为重要的是，客观物质世界的演化事实和自然科学的研究成果证实，世界是普遍联系、永恒运动和循环演化的。

我仔细地思考之后认为：可以说辩证法学说是研究关于世界的普遍联系和运动发展的一般规律的科学；但是，不能够说辩证法学说是关于世界普遍联系和永恒发展的一般规律的科学。根据对世界和发展概念的理解，我认为：无限发展或永恒发展是不可能，也是不存在的；世界是普遍联系、永恒运动和循环演化的；唯物辩证法学说是研究世界普遍联系、永恒运动和循环演化的一般规律的科学。《循环演化律》[7]一文已经阐述了这个观点。下面两节对此给予详细的和更为准确的论述。

§8.4　古代哲学和近现代哲学的变化观

1　古希腊哲学和中国古代哲学的变化观

在古希腊，早就产生了一切都在运动和变化、产生和消逝，世界永恒地循环演化着的辩证法思想，却没有永恒发展的观念。

在《反杜林论》中，恩格斯写道："当我们通过思维来考察自然界或人类历史或我们自己的精神活动的时候，首先呈现在我们眼前的，是一幅由种种联系和相互作用无穷无尽地交织起来的画面，其中没有任何东西是不动的和不变的，而是一切都在运动、变化、生成和消逝。这种原始的、素朴的、但实质上正确的世界观是古希腊哲学的世界观，而且是由赫拉克利特最先明白地表述出来的：一切都存在而又不存在，因为一切都在流动，都在不断地变化，不断地生成和消逝。"(3. P. 395) 恩格斯指出，这种观点正确地把握了现象的总画面的一般性质。这里没有，也不涉及"永恒发展"的观念。

古希腊辩证法的奠基人（列宁语）赫拉克利特（约前 540—约前 480 至前 470 之间）认为，"一切皆流，无物常住"[8]17。他与同时代的孔子一样，把万物比作一道大川，并断言："人不能两次踏进同一条河流。"[8]27 他说："这个世界对一切存在物都是同一的，它不是任何神所创造的，也不是任何人所创造的；它过去、现在和未来永远是一团永恒的活火，在一定的分寸上燃烧，在一定的分寸上熄灭。"[8]21 列宁评价："这是对辩证唯物主义原则的绝妙的说明。"[9] 赫拉克利特认为："万物的始基是火。万物都从火产生，也都消灭而复归于火。""只有一个世界，是由火产生的，经过一定的时期后又复归于火，永远川流不息。"[8]15-16 在赫拉克利特看来，自然界的运动变化是"上升的运动和下降的运动"，是火变万物和万物复归于火的永恒的循环。他认为："一切都是火的转换。承认世界的转化有一个一定的次序和一个确定的周期，适应着不可避免的必然性。""他宣称命运的本质就是那贯穿宇宙实体的'逻各斯'。'逻各斯'是一种以太的物体，是创生世界的种子，也是确定了的周期的尺度。"赫拉克利特主张"'大年'由一万零八百个太阳年组成。"[8]17-18

赫拉克利特的论述的确与中国古代元气论的论述十分接近，火与气相似，是一种弥散态的连续性的存在，也许火比气更具活力。

在古希腊哲学的发展过程中，恩培多克勒（前 495—约前 435）具有承前启后的历史地位。运动变化和循环演化的思想同样出现在他的学说之中。恩培多克勒提出"四根说"，他把物质的多样性归结为四种元素，即"火、水、土、气。友爱是使元素结合的东西，憎恶是它们分离的东西。"[8]74 依赖于爱和恨两种力量，或者相互吸引结合为一，或者相互排斥彼此分离。世界万物由这四种元素按不同比例组合而成，分合交替，周而复始，构成宇宙的永恒的循环。由于爱和恨，"在一个时候，一个个别的存在物由多个事物结合长成，在另一个时候，这个存在物又分解了，由一个东西成为多个事物。……就经常的变化从不停止而言，事物是始终处在不可动摇的存在循环之中。""那些元素的力量是相等的，谁也不比谁更强。其中每一种都有不同的作用，每一种都有特殊的本性，它们依次在时间的循环中占据统治地位。”[8]82—83转换为恩格斯的精确表达就是：“一切运动的基本形式都是接近和分离，收缩和膨胀——一句话，是吸引和排斥这一古老的两极对立。”（3. P. 953～954）世界是在吸引和排斥这一两极对立中循环演化的。

中国古代哲学认为：一切事物都在变易之中；变易的规律是什么？世界万物在循环往复地变化着。对此，第二章做了许多叙述，兹补充如下。

循环往复的观念，在西周时代的作品《易经》中已有叙述。《易·泰卦》爻辞云：“无平不陂，无往不复。”《易·复卦》爻辞云：“反复其道，七日来复。”认为一切事物都是循环往复的，循环往复是普遍的原则。后来的《易传》详细地阐述了这一思想，把循环往复当作运动变化的根本原则。

在中国古代，老子提出了第一个完整的哲学体系，对中国传统自然观的形成产生了决定性的影响。老子哲学的核心是“道”。“道”是什么？老子说：“有物混成，先天地生。寂兮寥兮，独立不改，周行而不殆。可以为天下母。吾不知其名，字之曰道，强为之名曰大。大曰逝，逝曰远，远曰反。”（《老子》二十五章）这是说有那么一个浑然一体的东西，它先于天地而生，无声无形，独自存在着，永不改变，循环运行，永不停息。它可以算做天下万物的本原。我不知道它的名字，把它叫做“道”，勉强取名叫做“大”。道有一个重要的特征：它循环往复地运动变化着。由道乃逝，既逝而愈远，远则终于返。老子说：“万物并作，吾以观复。夫物芸芸，各复归其根。”（《老子》十六章）虽然万物都在生长变化，但是，最后都将循环往复，各自返回它的出发点。老子哲学表达着循环演化的观念。

庄子继承和发挥了老子的思想。庄子细致地描述了道由无到有，化生万物，万物最后消灭又归于道这样一个“无—有—无”循环演化的过程。庄子说：“随序之相理，桥运之相使，穷则反，终则始；此物之所有。”（《庄子·则阳》）这就是说依循时序的规律，桥起而运行的变化，物极则返，终而复始，这是万物所具有的现象。庄子说：“道无始终，物有死生，不恃其成；一虚一满，不位乎其形。年不可举，时不可止，消息盈虚，终则有始。”（《庄子·秋水》）这是说道没有始终，万物却有生死的变化，不以一时所成为可恃；万物时而空虚，时而充盈，没有固定不变的形状。年岁不能将它推走，时光不能将它留住；事物消长盈虚，终而复始。在庄子看来，变化着的世界是作为万物本原的“道”的一条循环演化的大流。

中国古代唯物主义的哲学家荀况（约前 313—前 238）说：“天地合而万物生，阴阳接而变化起。”（《荀子·礼论》）他认为：“天行有常，不为尧存，不为桀亡。”（《荀子·天论》）“以类行杂，以一行万。始则终，终则始，若环之无端也。”（《荀子·王制》）荀况认为自然的运行是循环演化的。

老庄哲学的唯物主义的理解和发挥便是中国古代元气论。第二章已详细叙述，元气论是中国古代唯物主义自然观的基本理论。

张载认为："气坱然太虚，升降飞扬，未尝止息。"(《正蒙·太和》) 运动变化的规律是什么？张载说："若阴阳之气，则循环迭至，聚散相荡，升降相求，絪缊相柔，盖相兼相制，欲一之而不能，此其所以屈申无方，运行不息，莫或使之。"(《正蒙·参两》) 阴阳二气的运行具有循环迭至的性质，因此，天地万物聚散长消具有循环往复的特征。阴阳二气相互吸引、相互排斥、相互制约，由此引起无穷的变化。张载说："太虚不能无气，气不能不聚而为万物，万物不能不散而为太虚。""其阴阳两端，循环不已者，立天地之大义。"(《正蒙·太和》)"终则有始，循环无穷。"(《横渠易说·上经复卦》)。

还可以举出许多中国的古代典籍和古代学者，例如，战国中后期的《管子》、战国末年秦国丞相吕不韦组织编纂的《吕氏春秋》、汉初刘安组织编纂的《淮南子》、汉代的扬雄和王充，直至明末清初的王夫之、清代的戴震和龚自珍等，都有关于世界循环往复变化的论述。与西方哲学关于世界循环演化的零散论述比较，中国古代哲学关于循环演化的论述比比皆是。循环演化的思想是中国古代哲学的特征。原因在于，天地终而复始循环的观点是元气论贯彻到底的必然结果。

中国古代哲学中所说的循环往复，尽管表面上相似于否定之否定规律，但是，二者实际上有着实质的差别：否定之否定规律阐述事物由简单到复杂、由低级到高级的上升、前进的过程；中国古代哲学的循环往复则是指完全的循环，尽管不一定准确地回复到起点上，但是，决不肯定地包含着任何上升、前进的性质。

2　恩格斯关于发展和永恒循环的论述

恩格斯对于唯物辩证法学说、世界的运动变化和发展、物质运动的永恒循环做过许多论述。这里大致按照其写作时间的先后顺序，分类整理、归纳恩格斯的有关论述，力求能够如实地反映恩格斯思想的全貌。

关于唯物辩证法学说，恩格斯指出：

"辩证法不过是关于自然、人类社会和思维的运动和发展的普遍规律的科学。"(3. P. 520)(《反杜林论》，约 1876—1878 年)

"辩证法是关于普遍联系的科学。"(3. P. 841)(《自然辩证法》，约 1878 年)

"在本书（指《反杜林论》——引者注）中，辩证法被看做关于一切运动的最普遍的规律的科学。"(3. P. 978)(《自然辩证法》，约 1878 年)

"辩证法就归结为关于外部世界和人类思维的运动的一般规律的科学"。(4. P. 249～250)(《路德维希·费尔巴哈和德国古典哲学的终结》，约 1886 年)

宇宙和人类的运动变化的基本趋势和主导方向是发展，而且在可预料的未来，还将经历持续发展的过程。关于世界的变化和发展，恩格斯指出：

“因此，要精确地描绘宇宙、宇宙的发展和人类的发展，以及这种发展在人们头脑中的反映，就只有用辩证的方法，只有不断地注视生成和消逝之间、前进的变化和后退的变化之间的普遍相互作用才能做到。近代德国哲学一开始就是以这种精神进行活动的。……

“这种近代德国哲学在黑格尔的体系中完成了，在这个体系中，黑格尔第一次——这是他的伟大功绩——把整个自然的、历史的和精神的世界描写为一个过程，即把它描写为处在不断的运动、变化、转变和发展中，并企图揭示这种运动和发展的内在联系。”（3. P. 398）（《反杜林论》，约 1876—1878 年）

“一个伟大的基本思想，即认为世界不是既成事物的集合体，而是过程的集合体，其中各个似乎稳定的事物同它们在我们头脑中的思想映象即概念一样都处在生成和灭亡的不断变化中，在这种变化中，尽管有种种表面的偶然性，尽管有种种暂时的倒退，前进的发展终究会实现——这个伟大的基本思想，特别是从黑格尔以来，已经成了一般人的意识，以致它在这种一般形式中未必会遭到反对了。”（4. P. 250）（《路德维希·费尔巴哈和德国古典哲学的终结》，约 1886 年）

恩格斯评论黑格尔哲学，认为它必然得出无穷发展或永恒发展的结论：

“黑格尔哲学（我们在这里只限于考察这种作为从康德以来的整个运动的完成的哲学）的真实意义和革命性质，正是在于它彻底否定了关于人的思维和行动的一切结果具有最终性质的看法。……在哲学认识的领域是如此，在任何其他的认识领域以及在实践行动的领域也是如此。历史同认识一样，永远不会在人类的一种完美的理想状态中最终结束；完美的社会、完美的‘国家’是只有在幻想中才能存在的东西；相反，一切依次更替的历史状态都只是人类社会由低级到高级的无穷发展进程中的暂时阶段。每一个阶段都是必然的，因此，对它发生的那个时代和那些条件说来，都有它存在的理由；但是对它自己内部逐渐发展起来的新的、更高的条件来说，它就变成过时的和没有存在的理由了；它不得不让位于更高的阶段，而这个更高的阶段也要走向衰落和灭亡。正如资产阶级依靠大工业、竞争和世界市场在实践中推翻了一切稳固的、历来受人尊崇的制度一样，这种辩证哲学（指黑格尔哲学——引者注）推翻了一切关于最终的绝对真理和与之相应的绝对的人类状态的观念。在它面前，不存在任何最终的东西、绝对的东西、神圣的东西；它指出所有一切事物的暂时性；在它面前，除了生成和灭亡的不断过程、无止境地由低级上升到高级的不断过程，什么都不存在。”（4. P. 222～223）

无论在认识领域还是实践领域，人类社会处于无止境地由低级到高级的无穷发展的不断过程之中。——这就是由黑格尔哲学必然得出的结论。

恩格斯接着就指出："这里确实必须指出一点：黑格尔并没有这样清楚地作出如上的阐述。这是他的方法必然要得出的结论，但是他本人从来没有这样明确地作出这个结论。原因很简单，因为他不得不去建立一个体系，而按照传统的要求，哲学体系是一定要以某种绝对真理来完成的。"（4. P. 224）黑格尔的辩证法描述了绝对精神的自我发展、自我认识的发展过程，从最直接最抽象的"存在"开始，最后在他的绝对哲学中认识到绝对理念，达到绝对真理。所以，黑格尔说："哲学就俨然是一个自己返回到自己的圆圈"[6]59。

我特别提醒读者注意我下面进一步的阐述。黑格尔把宇宙中的一切发展归结为绝对精神的自我发展，自然界中各种现象只是精神的异化，自然界由低级阶段向高级阶段的发展，不是在时间中的顺序发展，而是在空间中按照逻辑次序展开的多样性。黑格尔认为，当自然界发展到人类出现的阶段，通过人类的思维认识到绝对精神，自然界就不再发展。他说："凡是在自然界里发生的变化，无论它们怎样地种类庞杂，永远只是表现一种周而复始的循环。"[10]照此而论，黑格尔同样认为，自然界是永恒循环，而不是无限发展或永恒发展的。为什么恩格斯认为在黑格尔辩证哲学面前，"除了生成和灭亡的不断过程、无止境地由低级上升到高级的不断过程，什么都不存在"；无论在认识领域还是实践领域，人类社会处于无止境地由低级到高级的无穷发展的不断过程之中——这就是由黑格尔哲学必然得出的结论？对此，以后可以做许多讨论。问题的关键也许在于，黑格尔辩证法为了构建体系的需要，只研究概念运动变化（按唯物主义的理解，是物质运动变化）的前进、上升的过程即发展，而没有研究它们后退、下降的过程即衰退。

恩格斯认为人类社会会无穷发展或永恒发展吗？

恩格斯随后马上指出："我们在这里用不着去研究这种观察方法是否同自然科学的现状完全符合的问题，自然科学预言了地球本身存在的可能的末日和它适合居住状况的相当肯定的末日，从而承认，人类历史不仅有上升的过程，而且有下降的过程。无论如何，我们离社会历史开始下降的转折点还相当遥远，我们也不能要求黑格尔哲学去研究当时还根本没有被自然科学提到日程上来的问题。"（4. P. 223～224）（《路德维希·费尔巴哈和德国古典哲学的终结》，约 1886 年）

恩格斯接下来写道："关于人类（至少在现时）总的说来是沿着进步方向运动的这种信念，是同唯物主义和唯心主义的对立绝对不相干的。"（4. P. 238～239）

因此，可以归纳如下：恩格斯认为，至少在现时代，人类总的说来沿着进步的方向运动发展；但是人类社会无穷发展或永恒发展的论断并不符合自然科学的预言；自然科学预言了地球的可能的末日和它适合居住状况的相当肯定的末日，承认人类历史不仅有上升的过程，而且有下降的过程；只是我们离社会历史开始下降的转折点还相当遥远。

恩格斯在《反杜林论》中（1876—1878 年）就指出："无论在 18 世纪的法国人那里，还是在黑格尔那里，占统治地位的自然观都认为，自然界是一个沿着狭小的圆圈循环运动的、永远不变的整体，牛顿所说的永恒的天体和林耐所说的不变的有机物种也包含在其中。同这种自然观相反，现代唯物主义概括了自然科学的新近的进步，从这些进步看来，自然界同样也有自己的时间上的历史，天体和在适宜条件下生存在天体上的有机物种都是有生有灭的；至于循环，即使能够存在，其规模也要大得无比。"（3. P. 400）

请注意，恩格斯在这里指出，黑格尔认为，自然界沿着狭小的圆圈循环运动；但是，实际上这个循环运动的规模"要大得无比"。在《自然辩证法》中，恩格斯详细地叙述了其规模要大得无比的物质运动的永恒循环，他说：

"物理学和以前的天文学一样，获得了一种结果，这种结果必然表明：运动着的物质的永恒循环是最终的结论。"（3. P. 854）（《自然辩证法》，1875—1876 年）

"新的自然观就其基本点来说已经完备：一切僵硬的东西溶解了，一切固定的东西消散了，一切被当作永恒存在的特殊的东西变成了转瞬即逝的东西，整个自然界被证明是在永恒的流动和循环中运动着。

"于是我们又回到了希腊哲学的伟大创立者的观点：整个自然界，从最小的东西到最大的东西，从沙粒到太阳，从原生生物到人，都处于永恒的产生和消逝中，处于不断的流动中，处于不息的运动和变化中。"（3. P. 856）（《自然辩证法》，1875—1876 年）

"这是物质运动的一个永恒的循环，这个循环完成其轨道所经历的时间用我们的地球年是无法量度的，在这个循环中，最高发展的时间，即有机生命的时间，尤其是具有自我意识和自然界意识的人的生命的时间，如同生命和自我意识的活动空间一样，是极为有限的；在这个循环中，物质的每一有限的存在方式，不论是太阳或星云，个别动物或动物种属，化学的化合或分解，都同样是暂时的，而且除了永恒变化着的、永恒运动着的物质及其运动和变化的规律以外，再没有什么永恒的东西了。但是，不论这个循环在时间和空间中如何经常地和如何无情地完成着，不论有多少亿个太阳和地球产生和灭亡，不论要经历多长时间才能在一个太阳系内而且只在一个行星上形成有机生命的条件，不论有多么多的数也数不尽的有机物必定先产生和灭亡，然后具有能思维的脑子的动物才从它们中间发展出来，并在一个很短的时间内找到适于生存的条件，而后又被残酷地毁灭，我们还是确信：物质在其一切变化中仍永远是物质，它的任何一个属性任何时候都不会丧失，因此，物质虽然必将以铁的必然性在地球在再次毁灭物质的最高的精华——思维着的精神，但在另外的地方和另一个时候又一定会以同样的铁的必然性把它重新产生出来。”（3. P. 864）（《自然辩证法》，1875—1876 年）①

请仔细地和反复地读读整个这一段，这是以多么广阔的胸怀写出的文字啊！它包含着深邃的智慧，正是它启发了作者开放的循环演化律的思想。

3　列宁和斯大林关于无限发展的论述

世界无限发展或永恒发展的观点，来自列宁和斯大林。

1913 年列宁发表《马克思主义的三个来源和三个组成部分》一文，说马克思把哲学向前推进了，接着写道：“这些成果中主要的就是辩证法，即最完备最深刻最无片面性的关于发展的学说，这种学说认为反映永恒发展的物质的人类知识是相对的。”[11]310 这里提出了物质永恒发展的思想。

1914 年列宁为格拉纳特百科辞典撰写《卡尔·马克思》一文，介绍马克思及其学说。毋庸置疑，作为百科辞典的一个条目，必然要求其文字简明扼要，内容全面系统而且确凿可靠。因此，这应该是列宁反复地思考、仔细地推敲之后写下的文字。条目关于辩证法仅 1300 个汉字。其中，列宁引述恩格斯的话：“‘在辩证哲学面前，不存在任何最终的东西、绝对的东西、神圣的东西；它指出所有一切事物的暂时性；在它面前，除了生成和灭亡的不断过程、无止境地由低级上升到高级的不断过程，什么都不存在。’”[11]422

这就是前两页引用的恩格斯在《路德维希·费尔巴哈和德国古典哲学的终结》中评述黑格尔的“辩证哲学”所写下的一段话。只是因为外文翻译的问题，文字略有区别。很可惜，列宁引用这段话时没有正确反映恩格斯的原意，而且略去了恩格斯随后写下的一段重要解释：“我们在这里用不着去研究这种观察方法是否同自然科学的现状完全符合的问题，自然科学预言了地球本身存在的可能的末日和它适合居住状况的相当肯定的末日，从而承认，人类历史不仅有上升的过程，而且有下降的过程。……”（4. P. 223～224）这就是说，按恩格斯的理解，无穷发展或者永恒发展的论断并不符合自然科学的认识成果。

列宁的永恒发展的观点，通过斯大林 1938 年发表的《论辩证唯物主义和历史唯物主义》一文系统通俗的概括而得到广泛的普及。作为《联共（布）党史简明

---

①《自然辩证法》是恩格斯在 1873—1882 年撰写的一部未完成的手稿，其中各篇论文、札记和片段等写作于不同的年代。因此，在本节《自然辩证法》各段引文后面所注的写作年代各不相同。

教程》中的一节，被捧为马列主义发展史上的顶峰，审视一切理论是非的标准，编写哲学教科书的蓝本，其观点被广泛浸透到苏联和我国的哲学教科书中。无限发展或永恒发展观被视为唯物辩证法学说的基本特征。

§8.5　开放的循环演化律

《循环演化律》[7]一文阐述了开放的循环演化律的思想。本节进一步给予详细、准确的论述。

1　无限发展或永恒发展是不可能、也不存在的

根据我对世界和发展概念的理解，我认为：无限发展或永恒发展的观点是一种对人类有害的盲目乐观主义；无论就发展的程度或者时间而言，发展总有一个限度，无限发展或永恒发展，是既不可能也不存在的。

这个论断的深刻的根据在于运动不灭（运动守恒）原理。恩格斯说："运动的不灭性不能仅仅从量上，而且还必须从质上去理解"。（3. P. 862）运动在量上的不灭性，是指不管物体的能量形式如何变化，一个封闭系统所具有的总能量是始终不变的。运动在质上的不灭性，则是指在无限的演化中，物质所具有的任何一种属性和能力，包括各种不同形式运动的能力和各种运动形式之间相互转化的能力，都是物质本身所固有的，既不会从无中产生，也不会从有中丧失。我们的宇宙的发展不仅有一个限度，而且在它到达向上发展这一分支的最高阶段之后，必然要经历向下演化即向下衰退的分支。

如前所述，比哲学论述更为重要的是：客观物质世界的演化事实和自然科学的研究成果证实，无限发展或永恒发展是既不可能也不存在的；世界是普遍联系、永恒运动和循环演化的。

现代宇宙学研究表明，我们的宇宙未来有两种可能的衰亡途径。第一，宇宙将一直膨胀下去，其中所有的恒星和星系都将因为它们内部的核燃料日益消耗而衰竭，最后宇宙将变成一个黑暗的世界。第二，膨胀将转化为收缩，最后恢复到原始状态。然后又一次暴胀和膨胀，膨胀和收缩无限更替。我们的宇宙究竟按哪

一个模式走向衰亡，天文学界还没有一致的认识。20 世纪 70 年代以来，在丰富而精密的天文观察的基础上，恒星结构和演化理论的研究取得了巨大的进步，对于恒星的形成、发展和灭亡过程有了精确的了解，形成完整的理论体系，并且在绝大多数天文学家中取得了一致的意见。[12-14]恒星起源于低密度的星际分子云，尔后经历引力收缩阶段、主序星阶段、红巨星阶段，最后进入衰亡期即高密星阶段，依初始质量的不同，最终变成白矮星、中子星或黑洞。晚期恒星的爆发、致密星和黑洞发射高能粒子和辐射，以及它们的相互碰撞等，重新形成星际弥漫物质，成为产生新一代恒星的材料。

关于我们宇宙的未来，这里有必要给出补充的说明和评论。按照现代宇宙学(详见§11.5)，宇宙未来的演化图景决定于宇宙的现有平均密度，如果宇宙平均密度小于某个临界值，引力吸引对于减缓膨胀没有任何显著的效应，宇宙将永远地膨胀下去，这样的宇宙称为开宇宙。开宇宙中所有的恒星和星系都将因为它们内部的核燃料日益消耗而衰竭，它最终将变成一个永远黑暗的世界。这难道不是意味着宇宙最终的末日？宇宙学的这个预言实际上不能成立。问题在于，大宇宙是无限的，“我们的宇宙”即使是开宇宙，它外围一定有“非我们的宇宙”存在，当“我们的宇宙”膨胀到一定的程度，必定会受到它们的强大作用，改变“我们的宇宙”膨胀演化的历程。因此，开宇宙不可能无限地膨胀下去，以致变成一个永远黑暗的世界。时间、空间是无限的，同时，“运动的不灭性不能仅仅从量上，而且还必须从质上去理解”(3. P. 862)。深植于自然科学和社会科学的唯物主义哲学引导我们沿着大体符合自然的本来面目的方向去研究世界运动变化的规律。

一切产生出来的东西都一定要灭亡。毫无疑问，在我们的宇宙和银河系向下演化的过程中，首先是人类，然后是一切生命都必然要灭亡。不仅如此，到高密阶段（如中子星)，一切粒子都将消失，化学元素和化学运动不复存在，仅仅剩下物理运动。按照前述评判变化方向的标准，在向下演化的过程中，自然界变化的整体趋势和主导方向无疑是后退下降的变化，是衰退。

如果最终离不开太阳系，人类的灭亡肯定不会等到太阳系进入衰亡期。太阳在主序阶段还能维持聚变能量的稳定供应的时间还有大约 50 亿年。太阳在随之而来的红巨星阶段将停留约 10 亿年，光度将升高几十倍，那时地球表面最高温度将超过 400℃，早已不适合人类居住和生存。太阳体积膨胀，并吞噬地球。地球必将到达它的相当肯定的末日。当然，单纯考虑太阳的光和热，人类的确离社会历史开始下降的转折点还相当遥远。但是，最近 70 年来，地球上出现了人类面临毁灭的威胁和危机，以及可能发生的巨大灾难，如果我们盲目乐观，自以为我们面对的物质世界将会按照固有的规律无限发展或永恒发展下去，而不谨慎对待，坚决采取必要的防御措施，甚至可能在200年左右的时间内，导致人类的毁灭。我们在§11.2再回到这个问题上来。

当然，人类的灭亡并不等于世界的末日。按照运动不灭原理，高级智慧生命不仅可能存在于宇宙其他地方，而且在我们的宇宙的继续演化的某个时间内，还一定会重新产生出来。但是，这只是意味着物质运动的永恒的循环，谈不上一定是更高层次的发展。

2 开放的循环演化律的适应范围和表述

恩格斯主要针对太阳系论述恒星和星系物质层次的永恒循环。这个论述可以推广。首先推广到自身演化的大质量系统。世界上万事万物相互联系和相互作用，不存在绝对孤立、封闭的系统。一个大质量系统具有足够的质量，而且在演化所涉及的巨大的时间尺度内，（1）它有着基本确定的空间范围和基本稳定的外部环境；（2）尽管所处的外部环境因素是不可或缺的，但是，它与外部环境的物质、能量和信息的交换，较之它本身的物质、能量和信息，仅仅居于非常次要的地位，那么，除了系统与外部环境稳定的相互作用之外，这个大质量系统的演化历程，主要决定于该系统的要素之间的相互联系和相互作用。在上述情况下，可以认为这个大质量系统是自身演化的。这样的系统具有足够的质量，因此，具有足够的潜在能量（$E=mc^2$），可以自身充分地演化，直至产生出最复杂、最高级的运动形式来。我们称这样的物质系统为自身演化的大质量系统。例如，对于（1）太阳系；（2）往同一级次的系统看，其他恒星；（3）往高级次系统看，银河系和千千万万个（约1000亿个）河外星系；（4）往更高级次系统看，总星系；（5）往低级次系统看，合适的行星，例如，地球（注意：地球离不开太阳的光和热，因此，行星处于大质量系统的下限），恩格斯的论述都成立。其次，对于有限空间的无限时间的考察可以代之以对于有限时间的无限空间的考察，因为“诸天体在无限时间内永恒重复的先后相继，不过是无数天体在无限空间内同时并存的逻辑补充”（3. P. 864）。

推广恩格斯的论述，使之进一步明确化，对于自身演化的大质量系统，可以得到如下的规律性认识。

在自身演化的大质量系统上，演化的整体趋势和主导方向或是迂回曲折的前进上升的运动即发展，或是迂回曲折的后退下降的运动即衰退，并且无论就时间或者空间而言，发展和衰退必然是相互交替的。这就是物质运动的开放的循环演化律。

按开放的循环演化律，一个自身演化的大质量系统在其永恒演化的过程中，演化的整体趋势和主导方向在一个时期内是迂回曲折的发展，在下一个时期内则是迂回曲折的衰退，发展和衰退在时间上交替进行。因此，发展在时间上必然有衰退作为补充。

按开放的循环演化律，在同一个时期的不同的空间范围内，演化的整体趋势和主导方向在某些空间范围，即某些自身演化的大质量系统上，是迂回曲折的发展，在另一些空间范围，即另一些自身演化的大质量系统上，则是迂回曲折的衰退。发展和衰退在空间上也是交替发生的。因此，发展在空间上必然有衰退作为陪伴。这意味着，即使在今天，除了处于迂回曲折发展中的自身演化的大质量系统（如太阳系、银河系、我们的宇宙）之外，必然还存在这样的恒星、星系和非我们的宇宙，就演化的整体趋势和主导方向而言，它们正处在迂回曲折的衰退之中。

开放的循环演化律适用于任何自身演化的大质量系统和足够长的时间尺度。系统愈大，循环演化的周期愈长，周期性愈明显，单支演化进行得愈充分；一个系统可能在很长的天文时期内自身演化，如恩格斯所说的，18 世纪法国人和黑格尔都认为，自然界是沿着狭小的圆圈循环运动的；实际上，“这个循环完成其轨道所经历的时间用我们的地球年是无法量度的”（3. P. 864）；其规模“要大得无比”（3. P. 400）。只要演化的时间足够长，则开放的循环演化律的描述总是适用的。

3 循环演化的开放性 开放的循环演化律适用于小质量系统吗？

演化是系统的演化。任何系统与环境都存在着相互联系和相互作用。按系统与环境的关系，可以区分为开放系统和封闭系统。开放系统是指与外界环境存在物质、能量和信息交换的系统。一般而言，系统的开放性是绝对的，任何现实的系统都具有一定的开放性。封闭系统是指与外界环境没有任何交换和作用的系统。严格地说，封闭系统是不存在的。在一定条件下可以忽略系统与环境之间的相互联系和相互作用，环境仅仅为系统提供一个边界，不管环境发生什么变化，系统仍表现和维持着它内部的相对独立的运动演化状态。这样的系统可视为封闭系统。前小节所定义的大质量系统接近于封闭系统的性质。但是，实际上，大质量系统的演化也离不开外界环境的影响和作用。对此进行仔细的研究，是恒星演化学说和宇宙学的研究课题。对小质量系统的演化，必须更多地考虑系统与外界环境的物质、能量和信息的交换。

循环演化肯定是开放的循环演化。“开放的循环演化律”是指开放的循环演化的规律，这个名称是钱学森建议的。《循环演化律》一文在《自然辩证法》杂志1991年第2期上发表，他读到之后就给我写信，其中写道：“最好能加上二个字，称‘开放循环演化律’。循环演化不是在固有物质上的循环演化。您和我身上都可能有曾在岳飞身上的碳原子、氧原子。今天地球上的有些元素也是过去某个红巨星塌陷时制造出来的。推而广之，我们所在的这个宇宙就没有过去更大范围天地、大宇宙的东西?”钱学森的建议是完全正确的。

“一切产生出来的东西，都注定要灭亡。”（3. P. 860）每一个事物，无论物体、生物体等宏观个体，还是地球、太阳系、银河系等大质量系统，都要经历产生、成长、完善，然后衰败、消亡的历史。当它们消亡之后，就可能不同程度地与同级次的其他物质系统或其遗骸相互掺和、混合、结合，重新展开下一轮循环演化的历程。原系统不复存在，无法继续讨论原系统的物质作为一个系统的演化问题。那么，大质量系统与小质量系统演化的差别在哪里呢?

第一，大质量系统满足其定义所给出的要求，即它与外部环境的物质、能量和信息的交换，较之它本身的物质、能量和信息仅仅居于次要的地位，除了系统与外部环境稳定的相互作用之外，大质量系统的演化历程，主要地决定于该系统的组成要素之间的相互联系和相互作用。这种循环演化的规模“要大得无比”（3. P. 400）。大质量系统的开放的循环演化是在巨大的空间尺度和时间尺度上进行的演化历程。小质量系统的演化离不开与环境的物质、能量和信息的交换，演化的规模局限在宏观的空间尺度和时间尺度上。

第二，大质量系统也是分层次的，如行星、恒星、星系，以至我们的宇宙。每个大质量系统所包含的低层次的各个大质量子系统，例如银河系之包含的各个恒星，基本局限在这个高层次大质量系统（如银河系）的物质、能量和时空范围内，反复地经历着开放的循环演化的历程。任何一个子系统的循环演化图景，在统计的意义上，服从包容各子系统的超系统的循环演化的规律。这是局部和整体的关系。小质量系统则很难涵盖有循环演化的子系统。

第三，小质量系统愈小，演化周期愈短，周期性愈不明显，单支演化就愈不充分，它不可能经历大质量系统所经历的从机械运动、物理运动（含化学运动）、生命运动，到人类社会运动的完整的演化过程。小质量系统一般属于固定地包含着两三种基本运动形式的一个物质系统，它就在这种基本运动形式下产生、成长、完善，然后衰败、消亡。一旦消亡，原系统便不复存在。

对小质量系统，只能说在某种意义上，开放的循环演化律也适用。这是因为任何具体的物质系统都有其产生、成长、完善，然后衰败、消亡的历史，跟随其前进上升的运动变化，必然有后退下降的运动变化发生。

4 开放的循环演化律区别于简单循环论和单向发展观

开放的循环演化律并不否定在一定时期和一定空间范围内物质运动的发展，它把这种前进上升的运动变化作为循环演化的一支包含进来。我们的宇宙，太阳系，人类社会正处在这样的发展进程中。因此，它根本区别于孤立静止观的简单循环论。

在每次循环的终点，同级次的物质系统或其遗骸可能不同程度地相互掺和、结合，通过某种机制，形成一个新系统，成为下次循环的起点。每次循环的向下或者向上演化的分支，并不是此前向上或向下演化分支的逆向重演；每次循环的终点并不落在自己的起点上。各次循环的初始状态和外部环境不同，演化的内容和过程也不可能完全相同。物质系统就沿着这样彼此衔接但并非封闭、一个接着一个的螺绕线循环演化着。这又根本区别于简单循环论。

开放的循环演化律认为，循环演化除向上发展的一支之外，还有向下衰退的一支。因此，我们不仅要研究和了解物质世界为什么会发展，它如何发展，发展的规律是什么，而且要研究和了解物质世界为什么会衰退，它如何衰退，衰退的规律是什么。就这点而论，循环演化律也区别于单向发展观。

所有这些，提出了重要的和大量的研究课题。其中许多问题是我们以前素未接触的，需要展开深入的研究。

5 关于衰退的理解

衰退不能单纯地理解为突然的毁灭。它既包含可能的突变式的跌落，也包含可能的渐变式的退化。在向下衰退的过程中，自然也会出现某些局部的和暂时的发展，但是，从复杂到简单、从高级到低级的后退下降变化占据主导地位。总之，向下衰退的过程也呈现迂回曲折、纷繁复杂的局面。

衰退和发展一样，不是单纯的数量增减和简单重复。衰退也是量变引起质变、在质上更新的过程。但是，衰退却具有这样的特点，大多数新生事物的结构水平和功能水平不如原初事物，即新质不如旧质。对于向下的演化，我们仍然可以说：新事物适应环境，前途远大，旧事物丧失其存在的必然性，日趋灭亡。但是，由旧事物到新事物的转变无疑地大多数是由复杂到简单、由高级到低级、由有序到无序的变化。因此，如果采用“发展是新事物的产生和旧事物的灭亡”作为发展概念的定义，在向下演化的情况下，与通常的发展定义相矛盾，我们没有采用它。

6　并非任何循环都具有前进的性质

循环演化是开放的而不是封闭的，这是否意味着有限循环一定具有前进上升的性质？循环的周期加长、重元素的出现等，并不是循环的前进性的确定标志。循环的前进性意味着，物质系统在后一个周期内向上发展的分支中所达到的最高运动形式、结构水平和功能水平，要高于前一个周期内向上发展的分支中所达到过的最高形式和水平。很显然，按照这个标准，并不是任何循环都必然具有前进上升的性质。

首先，任何循环都包含着发展和衰退，这是连续的新事物产生和旧事物灭亡的过程。但是，产生新事物并不一定意味着事物（其运动形式、结构水平和功能水平）质的上升，在向下衰退的分支中，它意味着质的下降。

其次，实际过程（例如热传导过程，摩擦生热过程等）都是不可逆的。根据热力学，实际过程的不可逆性，只会导致物质系统由有序到无序、由有结构到无结构的方向的演化，因此，它不可能保证循环的前进性。

一次循环相对前一次循环而言，究竟是前进还是后退，决定于什么呢？如前所述，系统的循环演化的图景，在统计的意义上要服从于包容它的超系统的演化方向。如果超系统处在发展过程之中，则各子系统的循环大多具有前进的性质；如果超系统处在衰退的过程之中，则各子系统的循环大多具有后退的性质。一般而言，一个系统的循环过程，既可能前进，也可能后退，或停留在同一个水平上，这决定于系统本身的矛盾运动、初始状态和外部包容它的超系统的状态，并具有一定的随机性质。

7　开放的循环演化律的自然科学基础评述

达尔文的生物进化论，玻耳兹曼-克劳修斯热力学和宇宙演化论，是描绘物质演化过程的三个重要的学说。

生物进化论以无可辩驳的事实和严密的逻辑推理证明，尽管生物演化有许多方向，但是其总趋势是从简单到复杂、从水生到陆生、从低等到高等的向上发展过程。现在我们想要说明的问题是：如果生物的生存环境（地球）进入向下演化的分支，生物演化的总趋势会发生逆转，即走向退化，因此，生物的演化与循环演化律相容。

按达尔文的理解，“自然选择或者适者生存不一定包含进步性的发展，自然选择只就每个生物，在它生活的复杂关系中所起的有利变异，加以利用而已”[15]80。因此，正如恩格斯所指出的，“由于对变化了的环境有较大适应能力而发生的选择，在这里生存下来的是更能适应这些环境者，但是，在这里这种适应总的说来可以是进步，也可以是退步”（3. P. 986）。尽管如此，我们并不能够简单地断言：环境变优越，则生物必定进化；环境恶化，则生物必定退化。事实上，一方面，对寄生生活的适应总是意味着退化，例如，绦虫和各种寄生的甲壳纲动物便是如此；另一方面，对严峻环境的适应也可以促成生物的进化，从鱼纲经过两栖纲到爬行纲动物的进化就是一个例子。然而，生物对恶化环境的适应总有一定限度。“在极简单的生活条件下，高度的体制几乎没有用处，实际上可能有害，因为体制结构愈精巧，就愈容易出毛病，愈容易损坏。”[15]81 当环境发生较大、较快的改变时，高度进化的生物往往由于不能适应环境而灭绝，或者“在某些情形下，甚至使结构退化或简化，而让这种退化的生物更好地适应它们的新生活。”[15]233

早在1894年，赫胥黎就指出：“现在一般应用于宇宙过程的‘进化’一词，有它独特的历史，并被用来表示不同的意义。就其通俗的意义来说，它表示前进的发展，即从一种比较单一的情况逐渐演化到一种比较复杂的情况；但其含义已被扩大到包括倒退蜕变的现象，即从一种比较复杂的情况进展到一种比较单一的情况的现象。”他强调：“任何一种进化的理论，不仅与前进发展相一致，而且必须与同一条件下的恒久持续性以及与倒退变化相一致。从1862年以来直到现在，我一直反复地坚持这一论点。”[16]

总之，在生物演化中，自然选择是演化的主导力量。当外部环境朝一定方向变化，自然选择随着外部环境的变化也具有相应的方向性，这就从总体上决定着生物的演化相应地取进化或退化的方向。只有这样，生物才能够生存下来。因此，从更长时间尺度来考察，生物随同它所处的外部环境一起，经历向上发展和向下衰退的循环演化过程。生物的演化与循环演化律相容。

现在来讨论热力学和热寂说。热力学第二定律（熵增原理）表明，孤立系统向着均匀、简单、无序的状态演化，最后达到有序度最低，混乱度最大的热平衡状态。这显然是一种退化。克劳修斯不适当地将热力学第二定律推广到整个宇宙，认为宇宙最后也会达到这样一个温度均匀、物质均匀、除了分子热运动之外没有任何宏观差别和宏观运动的死寂状态。这就是热寂说。因此，有人认为，热力学第二定律在哲学上预示了一幅寂寞的和杂乱无章的世界图像，宣扬一种使人灰心丧气地等待世界末日的情调。热寂说违背运动在质上不灭的原理，也违背了世界的现实状况，它显然是荒谬的。

恩格斯提出了运动在质上的不灭性原理，依据它对热寂说进行了深刻的批判。热寂说认为一切运动形式最终都变成热，而热却不能进一步转化为其他运动形式。这当然是错误的。但是，散失到太空中去的热，能不能重新集结起来呢？恩格斯说："发散到宇宙空间中去的热一定有可能通过某种途径（指明这一途径，将是以后某个时候自然研究的课题）转变为另一种运动形式，在这种运动形式中，它能够重新集结和活动起来。因此，阻碍已死的太阳重新转化为炽热气团的主要困难便消除了。"（3. P. 863～864）

如上所述，恩格斯深刻地批判了热寂说在哲学上的失误。从科学上考察，导致热寂说荒谬的根本原因在于，它不适当地将热力学第二定律推广到整个宇宙，同时却没有考虑宇观系统作为引力系统的特点。

《循环演化律》[7]一文较为详细地阐明了这个认识，兹概述如下。

热力学第二定律的实质在于指出，一切与热现象有关的实际过程都是不可逆的。这种不可逆性的微观机制，在于热力学的一个基本假设即等概率假设：粒子力求达到它可能达到的空间任一位置，而且它在任一位置出现的概率都是相等的；粒子力求向空间任一方向运动，而且它向任一方向运动的概率都是相等的。一个容器分为相等的 A、B 两部分，每一个粒子出现在 A 半部的概率是 1/2，而 N 个粒子同时出现在 A 半部的概率便是 $1/2^N$，对于多粒子体系（$N \gg 1$），这个概率实际上接近于零，而 N 个粒子均匀分布在 A、B 两部分的概率取最大值。孤立系统内部发生的过程，总是使该系统由热力学概率小的宏观状态向着热力学概率大的宏观状态过渡。从等概率假设出发，就可以解释各种宏观热现象的不可逆性。

考虑自引力作用，等概率假设便不能成立：粒子出现在引力中心附近的概率，要大于出现在远离引力中心的概率；粒子向引力中心方向运动的概率，要大于向其他方向运动的概率。大量粒子在引力作用下向引力中心运动、收缩，通过碰撞（这种碰撞大多数发生在引力中心附近），引力势能转化为分子热运动能量，导致温度上升，而且会出现这种情况：中心的高温部分，温度越来越高；远离中心的低温部分，与中心温度的差别会越来越大。这就导致热力学第二定律的失效。

设想一个均匀分布的大质量点粒子物质系统（分子云），由于涨落将造成一个密度较大的区域，这个区域的引力增强，将吸引更多的物质，形成更高的密度。因此，引力作用将使该系统从均匀向非均匀、从无结构向有结构、从无序向有序演化，这显然是一种进化。引力是长程力，并且永远是吸引力，对于引力系统，不存在一个熵最大值的状态。由引力相互作用的点粒子系统形成恒星，形成稳定的轨道运动，最后塌缩为致密星。正是在“适当集中，同时适当分散”的稳定的轨道运动阶段，在某些恒星的行星上，达到高度发展，产生了生命运动。请注意，并不是引力的吸引永远导致发展，热运动的排斥永远导致衰退。发展还是衰退，除了与吸引和排斥是否平衡，或何者占优势有关外，还与系统的初始状态有关。

20 世纪 70 年代以来，恒星的结构和演化学说取得了巨大的成就，从理论探讨和天文观察上已经确认，温度约 10K、质量足够巨大的气体分子云在自引力作用下，按上述方式塌缩演化为高温、发光的恒星。可以认为，散失到太空的热究竟如何重新集结起来的问题已经解决。

总之，对于一个宏观的非生命系统，分子之间的引力势能相对分子的热运动能量而言可以忽略不计，分子热运动占据优势，热力学第二定律保持有效。对于一个宇观系统，自引力不可以忽略不计，考虑引力相互作用，热力学就必须修改和重写，而唯退化论、热寂说的迷雾将一扫而光。一部完善的引力系统热力学将表明，宇观系统在引力的吸引和热运动外向动量的排斥的矛盾运动中经历着向上发展和向下衰退交替的循环演化过程。

至于现代宇宙学（包括恒星演化学说），§8.3 已述，研究表明，我们的宇宙经历了产生和发展的过程，目前仍处在发展的过程之中。但是，它不可能无限地发展下去。

现代宇宙学的研究表明，我们的宇宙未来将进入衰亡的历程，有两种可能的衰亡途径。第一，宇宙一直膨胀下去，其中所有的恒星和星系都将因为它们内部的核燃料日益消耗而衰竭，最后宇宙将变成一个黑暗的世界。如前所述，我们的宇宙实际上不可能无限地膨胀下去，以致变成一个永远黑暗的世界。可以肯定，黑暗的宇宙还会呈现生机。第二，膨胀转化为收缩，最后恢复到原始火球状态。然后又一次爆炸和膨胀，膨胀和收缩无限更替。我们的宇宙究竟按照哪一个模式走向衰亡，天文学界还没有一致的认识。

本书多处引用现代宇宙学（包括恒星演化学说）的研究成果，作为表述开放的循环演化律的论据。这里不再赘言。

参 考 文 献

［1］　毛泽东．毛泽东选集：第1卷［M］．2版．北京：人民出版社，1991：299-340.

［2］　亚里士多德．物理学［M］．北京：商务印书馆，1982：106.

［3］　康德．纯粹理性批判［M］．邓晓芒，译．北京：人民出版社，2004：72，190.

［4］　谢林．先验唯心论体系［M］．北京：商务印书馆，1977：153.

［5］　黑格尔．逻辑学：下卷［M］．杨一之，译．北京：商务印书馆，1976.

［6］　黑格尔．小逻辑［M］．北京：商务印书馆，1980.

［7］　谭暑生．循环演化律——一种新的变化观［J］．自然辩证法研究，1991，7（2）：9-17.

［8］　北京大学哲学系外国哲学史教研室．古希腊罗马哲学［M］．北京：商务印书馆，1961.

［9］　列宁．列宁全集：第55卷　哲学笔记［M］．2版．北京：人民出版社，1990：299.

［10］　黑格尔．历史哲学［M］．王造时，译．上海：上海书店出版社，1999：94.

［11］　列宁．列宁选集：第2卷［M］．3版修订版．北京：人民出版社，2012.

［12］　什克洛夫斯基．恒星的诞生、发展和死亡［M］．北京：科学出版社，1986.

［13］　李启斌，李宗伟，汲培文．90年代天体物理学［M］．北京：高等教育出版社，1996.

［14］　黄润乾．恒星物理［M］．北京：中国科学技术出版社，2006.

［15］　达尔文．物种起源［M］．北京：科学出版社，1972.

［16］　赫胥黎．进化论与伦理学［M］．北京：科学出版社，1971：3-4.

第九章　世界普遍联系和运动变化的基本规律（2）

世界的状态怎么样？恩格斯说："除了永恒变化着的、永恒运动着的物质及其运动和变化的规律以外，再没有什么永恒的东西了。"（3. P. 864）唯物辩证法学说由一系列哲学范畴和规律组成，用以揭示世界普遍联系、永恒运动和循环演化的一般规律。

在辩证法学说发展的历史长河中，亚里士多德和黑格尔无疑是两颗最明耀的巨星。恩格斯指出："辩证法直到今天也只有两位思想家曾作过较仔细的研究，这就是亚里士多德和黑格尔。"（3. P. 874）他们两人之所以能够成为两种辩证法形态的代表，根本原因在于他们以各自特有的方式触及了辩证法的实质和核心，探索了辩证法本质的深层结构，以至在各人所处的历史时代构建成包罗万象的体系。恩格斯《自然辩证法》的重要来源是黑格尔的《逻辑学》。马克思和恩格斯实现和达到了唯物主义和辩证法的内在统一，开辟了哲学的新时代。

人们常说黑格尔的"否定辩证法"。其实，黑格尔反对对自然界或者现存事物单纯作否定的理解。黑格尔方法论包括抽象知性、辩证否定和思辨肯定三个环节。黑格尔认为，第一个环节即抽象知性是第二个环节即辩证否定的基础；没有知性的规定性和确定性作为基础，辩证法就成了无源之水，无本之木，变得不可理解，而且有陷入诡辩论的危险。辩证法的优点在于把否定性引入僵硬的知性思维之中，缺点在于流于单纯的无休止的怀疑和否定，甚至导致虚无主义。人们只把第二个环节辩证否定作为黑格尔整个方法论的标志，这并不符合他的本意。

开宗明义，本书不是在一种单纯否定的意义上理解唯物辩证法，而是将唯物辩证法学说理解为一种正确的完整的世界观和方法论，它包括黑格尔方法论的三个环节。

一切事物时时刻刻处于运动变化、普遍联系之中，我们既要注重事物的运动变化和普遍联系，又要注重事物处于相对稳定状态的特征。稳定状态的认知，即抽象知性，是唯物辩证法学说的基础之一。我们必须坚持绝对的运动变化和相对的静止稳定的统一；既反对孤立静止观，又反对纯粹流变观。这种认识富有时代的特征，是人类社会发展到今天必须明确提出的哲学观点。

亚里士多德提出了不矛盾律和排中律。他有关不矛盾律和排中律的思想自然地引申出同一律。他认为，同一律、不矛盾律和排中律，首先是事物存在的根本规律，其次才是思维的基本规律。他认识到并且指出，在这三条规律的叙述中，必须加上所有可能的限制。但是，他自己并未给出关于所有这些必要限制的完整、清晰的叙述。本章要实现的一个目标，就是给出这三条规律的准确而严谨的表述，以便使这三条规律能够准确地反映事物在相对稳定的状态下的质的规定性，成为唯物辩证法学说的基础和有机组成部分。

对立同一规律是黑格尔辩证法的核心。黑格尔认为，矛盾是同一个事物自身所包含的否定和对立的本质的和内在的规定。马克思和恩格斯批判地吸收黑格尔关于同一个事物既与自身同一又包含对立于自身的思想，表述为对立同一规律。按照黑格尔、马克思和恩格斯的观点，矛盾是同一个事物自身的相互反对的两种性质、方面、倾向或趋势的对立。传统的哲学教科书的矛盾定义与此相差甚远。为了区别，我把上述矛盾称为自身矛盾；把§8.2讨论过的不同事物之间相互对立的关系称为关系矛盾。关系矛盾不同于自身矛盾。黑格尔强调，事物的自身矛盾是这个事物变化的内在的根据和源泉；而自身矛盾的本质和根据就在于自否定；自否定是世界的最后根据和最高原则，它体现了理念、灵魂或上帝的能动性，或者说体现了神的独立性和自由意志。现代唯物主义哲学不可能接受黑格尔的客观唯心主义的解答。我们力求寻找自身矛盾的物质的动因，向前推进对立同一规律的探索和研究，并确立事物变化的终极原因。在此基础上，论述自身矛盾与关系矛盾的关系，将这种关系应用于物质世界、生物世界和人类社会的研究。

总体上说，本章在第八章的基础上进一步研究世界存在、变化和演化的重要范畴和各种规律，着重研究对立同一规律。

§9.1 唯物辩证法学说的几个主要范畴简述

哲学范畴，作为反映世界的普遍本质的最基本、最一般的概念，是对于自然、社会和思维的普遍对象的存在状态、普遍联系和运动变化的各种特性、各种关系、各个方面、各个层次和各个环节的概括、反映和表述。通过范畴的定义和界定，特别是通过对于对立范畴的辩证关系的解说，表达对物质世界存在、联系和运动变化的规律的认识。在一定意义上，范畴就是规律。

1　现象与本质、个别与一般、特殊与普遍

（1）现象与本质

在本书中，“事物”这个词，按通常的理解，是指客观存在的物质形体和物质现象。有时也说“事物、现象”，以强调现象。

我们面对大千世界，日月星辰、江河湖海、风雨冰雪、山岳田野、树木花草、飞禽走兽、男女老少、房屋街道、车水马龙等显现在我们眼前，变化多端、纷繁复杂、千姿百态。这就是现象世界。现象显现的外部形态实际上是客观物质世界的内在性质的外在表现。昏天黑地、电闪雷鸣、狂风暴雨，其本质不过是干空气和水蒸气的运动变化和相互作用。光现象呈现出光彩夺目、色彩缤纷、无穷无尽、美不胜收的各种景象，其本质不过是各种波长的电磁波的不同表现。

现象和本质是揭示事物外在表现和内在性质的一对范畴。现象是事物在运动变化之中的外部联系、表面特征和外部表现。它是事物的外在方面，直接为人们的感官所感知。它是个别的、表面的、外露的、多变的、易逝的和丰富生动的。本质深藏在现象中。本质是事物的根本性质，是构成事物的要素之间的内在联系。它是事物的内在方面，它是深藏的、相对稳定的、比较单纯的、普遍的和深刻的。本质往往是一类事物的本质（类本质），即一类事物之所以成为该类事物，而区别于它类事物的最根本的性质。如无特别说明，本书都在类本质的意义上使用本质这个概念。这就是说，即使谈一个具体事物的本质，仍然是谈论这个具体事物所归属的一类事物的本质。

事物的本质深藏在现象之中，在该事物存在的期间内不会发生根本的变化。如果一个事物的本质还没有发生根本变化，这个事物当然还是这个事物。在这种情况下，不能说它既是 A 又不是 A。如果事物的本质发生了根本变化，这个事物就不复存在，它已经消亡，变成了别的事物，A 变成了非 A。

现象和本质存在着明显的区别，然而却是相互依存的。现象是本质的现象，本质是现象的本质。这就是说，本质是现象的根据，本质决定现象；现象是本质的显现，本质只能通过现象才能表现出来。现象和本质是相互包含的。本质寓于现象之中，本质总是通过一定的现象表现自己；现象尽管纷繁复杂、丰富多彩，但是，它毕竟由本质所决定，潜在地包含于本质之中。

现象和本质的区别是明显的。如果以为本质与现象相同，它会赤裸裸地呈现在人们的感官面前，一目了然，这就取消了科学研究的必要性。马克思说：“如果事物的表现形式和事物的本质会直接合而为一，一切科学就都成为多余的了。”[1]

例如，我们每天看到，太阳东升西落，似乎太阳围绕着地球旋转。但是，哥白尼通过对天体运行现象的长期观察和科学分析，发现事物的本质是地球围绕着太阳在旋转，太阳东升西落的现象是地球由西向东自转造成的。

现象是表面的、外露的。人们的感官所直接感受到的都是现象，不是本质；事物的本质深藏于现象之中，看不见、摸不着，只能靠人们的理性思维去把握。本质只能通过现象表现出来。现象总是表现着本质。这就决定了科学分析和科学认识的可能性。人们不可能脱离现象凭空地把握事物的本质。人们通过现象认识本质。必须善于科学地观察各种现象，给出各种现象的非模棱两可的确切的描述，然后才可能依靠理性思维，认识事物的本质。

人们之所以往往不能直接从现象看透事物的本质，重要的原因还在于，第一，人作为观察者，只能够站在地球的某一位置上，从宏观的视野和特定的角度观察事物。这既不是宏观的全方位观察，也不是宇观的观察和微观的观察。宇宙航行和显微设备的出现使上述困境有所缓解，但是，也不可能根本改变人类观察客观物质世界的基本方式，即人们只能观察到现象的某些宏观的局部和侧面。第二，即使观察者身处事物的现象之中，也不可能完全地把握全局。1910 年 5 月，哈雷彗星尾部扫过地球，历时数小时之久，人们惊慌失措，以为世界的末日已经来临。其实，彗星的彗尾尺度达数百万千米，其粒子密度只有大气密度的十亿亿分之一，只不过是一个看上去发光的超真空，对于地球不会产生多大影响。人们身在其中，没有什么感觉，并不能够真正地认识和理解它。宋代苏轼的诗《题西林壁》云："横看成岭侧成峰，远近高低各不同。不识庐山真面目，只缘身在此山中。"这意味着，即使接触和感觉到了现象，认识却不能停留在表面现象上。必须透过现象，依赖于理性的思维，进行科学的观察和分析，才能准确地把握事物的本质。

现象和本质的关系是复杂的。同一个现象可以表现不同的本质，同一个本质可以表现为不同的现象。现象与现象之间，本质与本质之间也有各种程度的差别。有反映本质的重要的现象，也有无关紧要的现象，还有真相和假相的区别。有不深刻的本质，也有深刻的本质。

值得注意的是，事物的本质是分级次的，有所谓初级本质、二级本质和更高级的本质等。例如，关于中国科学家钱学森，依本质的级次由初级向着高级上升，可以说他具有物质的本质、人的本质、男人的本质、科学家的本质，以至杰出的科学家的本质等。人们对于事物的认识是由现象到本质，由初级本质到更深刻的本质的不断深化的过程。

（2）个别与一般、特殊与普遍

严格地说，个别与一般就是指个别性与一般性，特殊与普遍则是指特殊性与普遍性，这是两对既有一定区别又关系十分密切的范畴。

尽管各种事物之间存在着各种各样的联系，但是，在一定时间和一定空间中存在的现实事物都是个别的东西。事物总是作为个别的事物而存在。个别事物有许多属性，个别事物具有的属性就是个别性或特殊性；在个别事物所具有的属性中，有些属性是许多个体共同具有的，这就是一般性或普遍性。一般性或普遍性是由一类个别的东西构成的整体的属性或类属性。在一般性或普遍性之中，有的是这类事物的本质的属性，有的则不是这类事物的本质的属性。作为哲学范畴的一般性或普遍性是指前者。

应当注意，类的划分是分层次的。例如，按物质对象的能动性，可以将宏观层次的物质划分为非生物、生物和人类。生物可以划分为微生物、植物和动物，植物和动物又可以划分为许多门、纲、目、科、属和种。显然，低层次的一般性或普遍性，相对高层次的一般性或普遍性而言，便成了个别性或特殊性。因此，特殊性与普遍性是相对的，分层次的。生物性相对植物性、动物性而言是普遍性，但是，相对物质性而言则是特殊性。

一方面，人们的思维和认识离不开对于个别事物、现象的观察和理解，但是，另一方面，人们的思维和认识决不能也决不会停留在对于个别事物、现象的观察和理解上。人的思维离不开抽象和概括，它必须从事物的个别性中寻求一般性，从特殊性中寻求普遍性。人们运用分析、归纳、综合、演绎等逻辑思维的方法，形成普遍性的认识。

例如，反映个别事物的概念称为单独概念。人们的思维和认识显然不会限于单独概念。反映由有限个数的个别事物组成的一类事物、由无限个数的个别事物组成的一类事物、由个别事物组成的集合体、具体事物的各种性质和各种关系的概念，分别称为有限普遍概念、无限普遍概念、集合概念、性质概念和关系概念。这都是抽象思维的产物，是人们的头脑对客观存在的纷繁复杂、千姿百态的万事万物的个别性与一般性、特殊性与普遍性的抽象、概括和反映。

人们与认识对象接触，通过对于事物、现象的观察和感觉，获得了感性认识，经过理性思维，形成概念，做出判断，进行推理，运用逻辑思维能动地反映认识对象。无论在认识过程中，或是在用语言表达、交流思想的过程中，概念、判断、推理和论证所反映、所指称的都是认识对象即客观的事物和现象。除其中的单独概念及有关的判断和推理之外，一般的概念、判断、推理都是对一类事物和现象的类属性、一般性或普遍性的反映。

这就表明，至少在一定的时间、一定的空间、一定的方面、一定的条件下，存在着许许多多相对稳定的事物，它们由于具有普遍性即具有共同的本质而隶属于同类事物。如果一切事物转眼即逝，在每一时刻都既是 A 又不是 A，那么谈论个别性与一般性、特殊性与普遍性，就既不可能，也毫无意义。

任何属性，无论是个别性还是一般性，都寓于个别的东西之中。一般性不能脱离个别性而存在，一般性只能寓于个别性之中。但是，不能反过来说，个别性寓于一般性之中。列宁说："对立面（个别跟一般相对立）是同一的：个别一定与一般相联而存在。一般只能在个别中存在，只能通过个别而存在。任何个别（不论怎样）都是一般。任何一般都是个别的（一部分，或一方面，或本质）。任何一般只是大致地包括一切个别事物。任何个别都不能完全地包括在一般之中，如此等等。"[2]307 这是完全正确的。

2 变易与稳定、原因与结果、偶然与必然、现实与可能

(1) 变易与稳定、原因与结果

关于变易与稳定，§4.1 做了详细讨论，特别是§4.1.3"运动和静止、变易和稳定"将问题叙述得十分清晰。这里从略。

事物处于运动变化之中。事物的运动变化既根源于事物内部的对立同一，又关系于事物与事物之间的普遍联系和相互作用。恩格斯说："我们在观察运动着的物质时，首先引起我们注意的是单个物体的单个运动间的相互联系，它们的相互制约。但是，我们不仅发现一个运动后面跟随着另一个运动，而且我们也发现，只要我们造成某个运动在自然界中发生时所必需的那些条件，我们就能引起这个运动，甚至我们还能引起自然界中根本不发生的运动（工业），至少不是以这种方式发生的运动，并且我们能赋予这些运动以预先规定的方向和范围。因此，由于人的活动，因果观念即一个运动是另一个运动的原因这样一种观念得到确证。"(3. P. 921) 因果联系是世界上纷繁复杂、各种各样的事物、现象之间存在的一种最为重要的联系。

人类的科学认识开始于对于事物、现象的因果关系的探索。原因和结果这对范畴揭示事物、现象之间引起和被引起的关系。一切事物、现象都处于普遍联系、相互制约之中。每一种现象都必然是由另一种或者另一些现象所引起的，每一种现象也必然会引起另一种或者另一些现象发生。一种现象对被它引起的现象来说就是原因；而对引起它的现象来说就是结果。

各种事物、现象之间的这种引起和被引起的关系就是事物的因果联系。因果联系的突出特点就是，原因总是发生在结果之前。对于有因果联系的两个事物、现象，其出现的时间的先后次序不可能颠倒。例如，母亲必然出生在儿子之前。

又如，瞄准射击发射炮弹，经过一段时间之后击中目标，击中目标不可能发生在瞄准射击、发射炮弹之前。

相继发生的两个现象之间不一定存在因果关系。例如，白天黑夜、春夏秋冬在时间上先后发生，它们之间却没有因果关系。因果关系是包含时间的先后次序在内的由一种现象引起另一种现象必然发生的本质的联系。因果关系客观存在，但是，因果关系的确认依赖人的实践活动。恩格斯指出："单是某些自然现象的有规则的前后相继，就能造成因果观念：热和光随太阳而来；但是这里不存在任何证明，而且就这个意义来说，休谟的怀疑论也许说得对：有规则的 post hoc（在此之后）决不能为 propter hoc（因此）提供根据。但是人的活动对因果性作出验证。如果我们用一面凹镜把太阳光集中在焦点上，造成像普通的火光一样的效果，那么我们因此就证明了热是从太阳来的。"（3. P. 921）

对单个的确定的运动而言，原因和结果的区别是十分确定的，原因就是原因，结果就是结果。恩格斯说："为了了解单个的现象，我们必须把它们从普遍的联系中抽出来，孤立地考察它们，而在这里出现的就是不断变换的运动，一个表现为原因，另一个表现为结果。"（3. P. 920～921）

一般而言，原因和结果的区别又是相对的，二者在一定的条件下相互过渡和相互转化。

首先，任何一个作为原因或者结果的事物、现象都融会在世界的普遍联系和相互作用之中。因果联系表现为时空上的连续性：任何一个原因都是另一个或者另一些原因的结果，而任何一个结果又都是另一个或者另一些结果的原因。一个现象在一种关系中是结果，在另一种关系中又是原因。从整个世界的普遍联系和相互作用来说，每个具体的事物、现象都既是原因，又是结果。因果联系在时空上的连续性，构成有着无数分支的因果链，形成现实世界的普遍联系之网，其中每个具体的因果联系只是普遍联系之网上的一个纽结。恩格斯指出："原因和结果这两个概念，只有应用于个别场合时才有其本来的意义；可是，只要我们把这种个别的场合放到它同宇宙的总联系中来考察，这两个概念就交汇起来，融合在普遍相互作用的看法中，而在这种相互作用中，原因和结果经常交换位置；在此时或此地是结果，在彼时或彼地就成了原因，反之亦然。"（3. P. 397）

其次，原因和结果的真实的相互转化，两个事物、现象互为因果，也是一种普遍现象。例如，空气湿润会使植物和森林茂盛，而植物和森林茂盛又促使空气湿润；破坏植被使水土流失，水土流失进一步破坏植被。系统论所研究的负反馈现象，就是根源于原因和结果之间的不断的相互作用。反馈概念的提出和应用为控制论的诞生奠定了基础。

最后，因果联系多种多样，有直接原因、间接原因、主要原因、次要原因、内部原因、外部原因、必然原因、偶然原因等；还表现为一因一果、一因多果、一果多因、多因多果等各种情况。所有这些，要求我们对于客观情况做全面的、仔细的观察和分析。

（2）偶然与必然、现实与可能

当我们深入研究因果联系时发现，在因果联系中有两种对立的联系，即偶然联系和必然联系。原因和结果存在偶然与必然之区分。偶然联系和必然联系都与因果性有关。无论偶然现象或必然现象，都是由一定的原因引起的结果。但是，它们又有一系列不同于因果联系的特征。偶然与必然之划分并不限于因果联系，世界上任何事物都既有偶然性，又有必然性。偶然与必然范畴是揭示事物发生、发展和消亡的两种不同的趋势即非确定性趋势和确定性趋势的一对范畴，是普遍联系的又一个侧面，是原因和结果范畴的深化。所谓偶然性，是指事物在联系和运动变化中并非必定如此的不确定的趋势。它可以这样，也可以不是这样；或将是这样，也可以将不是这样；可以出现，也可以不出现；可以这样出现，也可以那样出现等。所谓必然性，是指事物在联系和运动变化中具有的确定不移的趋势，即在一定的条件下必定如此的那种不可避免的趋势。

种瓜得瓜，种豆得豆；得道多助，失道寡助，这都是一种必然性即一种必然的趋势。但是，例如，种下豆子，生长期间的气温雨水是否适宜，以至于成熟的日期、结豆的数量、每颗豆粒的大小等，决定于许许多多、各种各样、变化无常的因素，这是人们根本无法把握和穷尽的。所有这些，相对于种豆得豆的必然性而言，都是偶然性。

必然性是在事物运动变化过程中占据支配地位的、必定贯彻下去的趋势，它决定着事物变化发展的前途和方向。偶然性则相反，它不是在事物运动变化过程中居支配地位的趋势，一般说来，它只能使整个事物的变化发展加速或者延缓，以及使之具有这样或者那样的特点和细节。

每一个事物都是由它的内部所包含着的相互联系、相互作用的许许多多成分、元素、因素综合组成的复杂的对立同一体；同时，每一个事物都处于外部环境的各种事物对它的影响和作用之中；而且无论其内部的还是外部的联系影响和相互作用，其种类、性质、强度、时间分布、作用方式，更不必说只有在显微镜下才能看到的那些微观特点等，呈现绚丽多姿、纷繁复杂的画面。每一个事物的变化和发展是它内部的和外部的、主要的和次要的等各种原因综合作用的结果。无论偶然现象或者必然现象，都是有一定原因的。事物内部的、主要的原因决定着它变化发展的必然趋势和主要特征；同时，事物由于在变化发展的过程中同时受到外部的、次要的原因的作用，发生各种各样的摇摆和偏差、出现各种各样的特点和细节，表现为种种偶然性。

举例来说，地球的北温带地区，从冬至日到夏至日，气温逐渐地升高是一个确定不移的趋势。主要的原因在于，地球围绕太阳公转，地球自转轴相对于公转平面的方位在很高的精度下保持不变，使得此期间该地区的正午太阳高度（角）逐渐增大，对该地区而言，在此期间太阳光从斜射逐渐地转变为接近直射。这是致使气温升高的决定性因素。但是，在全球范围内，云层分布、气压高低、天气变化、湿度大小、洋流分布及其变化等许多次要的复杂的因素，都或多或少地，并且以确定的方式，影响着地表各处的吸热和散热状况，从而对地表各处的气温分布及其动态的变化带来影响。所以，从冬至日到夏至日，某一天北温带某处的最高、最低气温究竟为多少度、是否一定比前一天高，都具有偶然性。完全可能某一天气温比前一天低。因此，北温带气温升高的这个总趋势，是在许多偶然的上下起伏的复杂变化中实现的。

表面上看来是纯粹的必然性的事物、现象，实际上也伴随着偶然性。例如，地球按照万有引力定律围绕太阳旋转，似乎是机械决定论的纯粹的必然性。但是，实际上，地球的运动受到广袤宇宙中无数天体及其运动的影响，发生这样那样的无确定规律的摄动，只是人们难以觉察罢了。

必然性就是规律性。规律性是有条件的。规律总是表述为在一定条件下某种事物、现象必然产生或者出现。显然，规律只反映事物运动变化中稳定的必然的联系。规律并不反映事物运动变化中各种多变的偶然性方面。所以，只承认规律性和必然性而否认偶然性，是不符合客观实际的。

恩格斯指出："在似乎也是受偶然性支配的自然界中，我们早就证实，在每一个领域内，都有在这种偶然性中去实现自身的内在的必然性和规律性。"（4. P. 191～192）又说："历史事件似乎总的说来同样是由偶然性支配着的。但是，在表面上是偶然性在起作用的地方，这种偶然性始终是受内部的隐蔽着的规律支配的，而问题只是在于发现这些规律。"（4. P. 254）

任何事物总是既包含着必然性，又包含着偶然性；或者说任何事物既是必然的，又是偶然的。没有脱离偶然性的必然性，也没有脱离必然性的偶然性。偶然性和必然性不可分离。"不定"之中有"一定"，偶然之中有必然。在现实事物的变化发展中，必然性通过大量的偶然性表现出来，并为自己开辟道路。

最后阐述，偶然性和必然性的区别是相对的，而且可以相互转化。同样一个现象，相对某一个过程来说具有必然性，相对另一个过程来说则可能变成为一种偶然性，反之亦然。例如，姚明身材高大，相对他双亲的生育而言具有必然性，相对汉族人口的繁衍则具有偶然性。偶然性和必然性在一定的条件下能够直接地相互转化。例如，生物的偶然变异，成了物种的必然性状，偶然性变成为必然性。同样，新物种形成之后，原先的某些必然性状消失，失去了必然性，但是，它的某些特征在过了很长时间之后可能偶尔出现在后代中（所谓返祖现象）。这意味着必然性变成为了偶然性。

接着讨论可能与现实。必然性通过偶然性为自己开辟道路，经历从可能向着现实转化的过程。可能与现实这对范畴是历时性的范畴，既包含着历史，涵盖着现实，孕育着未来，二者不属于同一层次。历史、现实、未来的转化通过可能和现实这对范畴展现出来。所谓可能与现实，就是可能性与现实性。

现实是指一切有着内在根据的、合乎必然性的存在。事物的这个特性就叫做现实性。按照黑格尔的观点，并不是一切现存的事物都具有现实性。如恩格斯所说："在黑格尔看来，决不是一切现存的都无条件地也是现实的。在他看来，现实性这种属性仅仅属于那同时是必然的东西。"（4. P. 221）现实或现实性不是简单地表示个别事物、现象的实际存在，而是各种客观实在的事物、现象的具有必然性的运动变化和内在联系的综合。

可能是与现实相对立的范畴，它是指包含在事物之中的、预示事物变化发展前途的种种趋势。事物的这个特性就叫做可能性。可能性在其还未成为现实之前，只是一种可能性。可能不等于现实，它不是当前已经实际存在着的事物。它往往作为一种苗头、萌芽或因素包含在现存事物之中，预示事物变化发展前途的种种趋势，是潜在着的尚未实现的东西。事物在变化发展的前途中存在着多种不同的趋势，即多种不同的可能。任何一种可能都可能转变为现实，这也意味着，任何一种可能都不一定能转变为现实。在一定的条件下，其中某一种可能转变为现实，就使得其他种种可能难以转变成现实。各种事物、现象的变化和发展，新事物、新现象的产生，都是从可能的东西到现实的转化，即可能性的实现。

现实性是与必然性相联系的范畴。同时，由于必然性总是要通过偶然性表现出来，现实性也无法避免偶然性的影响。可能性主要是由必然联系所决定，同时，与偶然性也有一定的联系。一个必然出现的事物，它可能具有这样的特点和细节，也可能具有那样的特点和细节。这都由偶然因素所决定。

可能与现实是一对对立范畴，其间有着对立同一的辩证关系。

首先，可能与现实是显然不同的。现实的东西是作为整体事物已经存在而且合乎必然性的东西；可能的东西则是作为整体事物只在将来有可能出现，而现在只有某些苗头、萌芽或因素，是潜在着的尚未实现的东西。现实着眼于现在，即现存事物当前的状况；可能作为事物的潜在趋势，则着眼于未来，即未来的变化和发展。可能与现实不能等同，二者不能混为一谈。

其次，可能与现实又是相互转化，相互规定和相互包含的。

一个现存的事物，一旦丧失继续存在的必然性，迟早会变成不现实的。一个事物当它尚未出现，还不是现实，只是一种可能，但是只要它符合发展的必然性，一旦条件具备，它迟早变成现实。可能向着现实转化，现实向着新的可能转化。事物的发展变化是一个可能与现实不断地相互转化的过程。

可能是相对于现实而言的，现实则是相对于可能而言的。可能是潜在的尚待展开的现实，现实是已经展开和实现了的可能。现实之所以能成为现实，它首先必须是可能的。可能之所以成为可能，它必定是在现实的事物中存在着某种苗头、萌芽或因素，即存在着某种根据。

可能性本身具有多样性，有必要对可能性的各种情况进行具体的分析。

首先，可能性与不可能性相区别。不可能性是指违背客观的必然性，因而在任何时候、任何情况下都不能够实现的东西。例如，石头不可能孵出小鸡。这是因为在石头中不存在任何孵出小鸡的苗头、因素或根据。如果在现实的事物中不存在任何可能性的根据，就根本谈不上什么可能。其次，可能性有现实的可能性和抽象的可能性的区别。现实的可能性是在现实中有着充分根据，在当前条件下可以实现的可能性；抽象的可能性是在现实中缺乏充分根据，在当前条件下无法实现，但是从理论上、原则上和逻辑上分析存在着实现的可能。简单地否定抽象的可能性是不妥的。再次，在现实的可能性之中，往往存在两种相反的、对立的可能性，它们规定着事物变化发展的两种相反的、对立的趋势和方向，其中一种可能性的实现，就是另一种可能性的丧失。

关于部分与整体、形式与内容、相对与绝对三对范畴，在相关部分进行阐述。

§9.2 同一律、不矛盾律和排中律
——事物在相对稳定状态下的质的规定性

1 准确地反映事物在相对稳定状态下的质的规定性

如§4.1.3所述，一切事物每时每刻都处于运动变化之中；但是不能因为强调运动和变易的绝对性就否认事物的相对静止和相对稳定。

毫无疑问，唯物辩证法学说作为一种正确的、完整的世界观和方法论，在对现存事物的肯定的理解中，同时包含着对现存事物的否定的理解，即对现存事物必然灭亡的理解；而且反之亦然，也就是说，与之同时，在对现存事物的否定的理解中，同时包含着对现存事物肯定的理解，即对于事物存在的必然性、事物的稳定状态、现存事物的本质、它如何存在或者应当如何存在的认识和理解。任何事物都避免不了产生、发展、衰退和最终灭亡的命运。科学预言了太阳系（包括地球）未来的末日。人类是否必然灭亡？何时灭亡？如何灭亡？哲学家们可能会发表各种见解。但是，有一点是肯定无疑的：物质运动处在永恒的循环之中，如恩格斯所说，“在这个循环中，最高发展的时间，即有机生命的时间，尤其是具有自我意识和自然界意识的人的生命的时间，如同生命和自我意识的活动空间一样，是极为有限的”（3. P. 864）。因此，一方面，人们应当从事物的必然灭亡的视角看问题，另一方面，人们又不能只从事物必然灭亡的角度看问题。例如，人们肯定不能只考虑人类必然灭亡，只考虑人类灭亡之后，我们如何如何，或者我们应当如何如何，须知那时（我们）人类已经不存在。哲学家应当更多思考的是对现存事物的理解，即人类社会的现状、人类社会的稳定发展、人类的本质、人类社会应当如何存在下去等。§4.1.3 已述，对于人们可以影响其进程的事物，对于适当的变化和适当的稳定性、不变性的追求，正是人们努力的目标。

事物有量变和质变。事物并非在任何时候都在发生质变。当事物还没有发生质变，该事物还是它自身，在这个意义上它是稳定存在的。事物总是从一种状态变化为另一种状态。因此，在某种意义上可以说，要认识运动和变化，先要认识静止和稳定。否则，无从研究世界上万事万物的性质和状态，无从说明究竟什么在运动变化，它又变成了什么，因而也无法研究运动和变化本身。离开对于事物在相对稳定状态下的质的规定性的认识和描述谈论辩证法，谈论某一事物既存在又不存在，既是 A 又不是 A，将陷入诡辩论。

简言之，一切事物每时每刻都处于普遍联系、运动变化之中，我们既要注重事物的普遍联系和运动变化，又要注重事物处于相对稳定状态的特征。稳定状态的认知是唯物辩证法学说的基础。

事物在相对稳定状态下的质的规定性和概念的确定性涉及同一律、不矛盾律和排中律。由亚里士多德首先阐述和论证的这三个规律，作为客观事物稳定状态的规律，必须重新得到完整的严谨的表述，以便能够准确地反映事物在相对稳定的状态下的质的规定性，能够与反映事物普遍联系和运动变化的整个唯物辩证法学说相容。这就是我们在本节中要实现的目标。

2 亚里士多德、形式逻辑和形而上学

逻辑学是研究思维形式、思维方法及其规律的科学。亚里士多德是逻辑学的创始人。亚里士多德在《形而上学》[3]第4卷第3～6章和第11卷第5～6章中，对于不矛盾律与排中律给予了系统、集中、详细的阐述和论证。亚里士多德认为，不矛盾律和排中律首先是事物存在的根本规律，其次才是逻辑思维的基本规律；或者说首先是本体论的根本规律，其次才是逻辑学的基本规律。在西方哲学中，不矛盾律被称为第一原理。亚里士多德本人没有给出同一律的明确表述。但是，他说过："任何真实的事物，必定在任何方面与它自身一致。"他有关不矛盾律和排中律的思想可以自然地引申到同一律。

亚里士多德（前384—前322）是古希腊文明最重要的代表人物。他是古希腊博学多才、百科全书式的学者；集古希腊知识之大成的伟人。他是古代最伟大的思想家、哲学家和科学家；是逻辑学、物理学、生物学、政治学、经济学、心理学和伦理学的创始人或奠基者。在他死后几百上千年间，没有一个人能像他那样，对知识有过如此系统的考察和全面的掌握。

黑格尔说："如果真有所谓人类导师的话，应该认为亚里士多德是这样一个人。"马克思和恩格斯高度评价亚里士多德。马克思在《资本论》中称亚里士多德为"古代最伟大的思想家"，"这位研究家最早分析了许多思维形式、社会形式和自然形式，也最早分析了价值形式。他就是亚里士多德。"[4]74 恩格斯说："古希腊的哲学家都是天生的自发的辩证论者，他们中最博学的人物亚里士多德就已经研究了辩证思维的最主要的形式。"（3. P. 394）

亚里士多德在人类历史上起了巨大的作用。他的思想改变了几乎整个欧洲的哲学家。在欧洲，亚里士多德的学说曾经享有至高无上的权威。当然，其间也有过曲折：在整个中世纪，欧洲教会和宗教神学利用他的学说中的消极因素，使之神化和歪曲，成为僵死的东西，为巩固宗教神学的思想统治服务，束缚和限制了那个时代科学的发展。这不是亚里士多德本人的意愿和罪过，应当主要由教会和宗教神学家负责。

如§3.1所述，亚里士多德认为，哲学主要研究实体或者世界的本体，研究实体或者世界的本体的哲学是高于其他一切科学的第一哲学。"形而上学"这个名词在亚里士多德时代并未出现。公元前60—前50年，安德罗尼珂将亚里士多德关于逻辑学、事物本质、原因和结果等抽象知识的属于所谓第一哲学的文章汇集起来，放在亚里士多德的著作《物理学》之后，并且取名为"Metaphysics"，另成一卷。

这就是亚里士多德的名著《形而上学》[3]。形而上学是研究一切事物的本原和终极本性的学问。它要求哲学思维超越感性经验的领域到达现象背后的本质，它追求的是一切实在对象背后的抽象的、不依赖现实世界的那种终极存在，力图从这种不变的终极存在中去理解和把握事物的本性。一切实在对象背后的终极存在就是世界的本体。本体论是关于一切存在的最终本性或者终极存在的理论。它的核心思想是，一切实在对象背后、一切现象之外的终极实在，支配着自然界的一切，世间万事万物都是这个永恒的和终极的本原派生出来的产物。本体论就是存在论。它是形而上学的组成部分，是形而上学的基础和核心。古希腊哲学从赫拉克利特的“逻各斯”开始，经过巴门尼德、苏格拉底、柏拉图，直到亚里士多德，初步完成了“形而上学”的建构。

同一律、不矛盾律和排中律，作为事物和逻辑思维的根本规律，当然也包含在《形而上学》之中。亚里士多德不同意“同一事物存在又不存在”这个命题。“任何人都不可能主张同一事物存在又不存在，就如有些人认为赫拉克利特说过一样，因为一个人说什么，并不必然就主张什么。”[3]64 他认为，如果赫拉克利特的断定“同一事物在同一时间既存在又不存在”是真的，那么，这就要导致这个断定本身是假的。为什么？因为这个命题由肯定命题与否定命题组成。这个断定认为，肯定命题并不比否定命题更为真实。既然如此，那么，主张“事物既存在又不存在”，就不比相反的断定“事物不能既存在又不存在”更为真实些。[3]223

这里并不打算复述亚里士多德关于不矛盾律与排中律的全部叙述。仅就涉及不矛盾律与排中律（亚里士多德称为原理）的表述摘引数例如下：

“事物不可能同时存在又不存在。”（1006a3）[3]65

“同一事物不能在同一时间内既存在又不存在。”（1062a10）[3]222

“同一种东西不可能在同一方面既依存于又不依存于同一事物（所有可能的其他限制都应加上，以防备逻辑上的困难）。”（1005b18－21）[3]64

在另一个译本中，上面引文括号中的话译为：“为了防止诡辩者的责难，还可进一步加上其他限制”。

“矛盾的陈述不能同时为真。”（1011b15－16）[3]80

“对于相同的对象，矛盾的命题不可能都是真的。”（1062a35－36）[3]223

“万物或者是肯定或者是否定。”（996b29－30）[3]41

亚里士多德明确地认识到并且指出，在关于不矛盾律与排中律的叙述中必须加上所有可能的限制。他也的确加上了某些限制。但是，不能认为他已经给出了关于应有的和必要的限制的完整、清晰的叙述。

后人将形式逻辑的基本规律看作是思维规律，而不是事物本身的规律[5]，并且将三条规律用公式表达为：

同一律：A 是 A

不矛盾律：A 不是非 A

排中律：A 或者非 A

这里 A 表示一个概念或命题（判断）。这样，对于三条规律的前提不加上任何条件和限制，使之远离了事物本身的规律。

后来，"形而上学"一词被赋予另一种意义（贬义），指的是与辩证法相对立，用孤立、静止、片面的观点观察和思考世界的思维方式。这是黑格尔赋予贬义并首先使用的术语。

黑格尔在《逻辑学》[6,7]中对传统逻辑的同一律、不矛盾律、排中律做了激烈的，常常是牵强附会的批判，把它们看作是形而上学的基本原则。黑格尔认为，形式逻辑的同一律"$A=A$"确立的是一种"抽象的同一性"，它不包含内在差别，具有空洞、孤立、静止的特性，而辩证法要求把握在自身中包含着内在的差别和对立的"具体的同一性"。这种具体的同一性的充分展开，就是黑格尔的对立同一体系。不能说这没有一点道理，但是，这是继续向前推进的问题。黑格尔对赫拉克利特的思维推崇备至，他说："［像在茫茫大海里航行］，这里我们看见了陆地；没有一个赫拉克利特的命题，我没有纳入我的逻辑学中。"[8]295也许因为黑格尔对于亚里士多德的哲学思想有这样的看法，所以，他用亚里士多德著作《形而上学》的名称，来指认他所认为的与辩证法对立的思维方法。[9]94－110与马克思和恩格斯的看法相反，黑格尔尽管也高度地评价亚里士多德，但是却从来没有说过，亚里士多德的思想观念属于辩证法。

3　作为事物稳定状态的规律的同一律、不矛盾律和排中律

如前所述，亚里士多德肯定地认为，同一律、不矛盾律和排中律首先是事物存在的根本规律，其次才是思维的基本规律。事物存在的规律必然表现为思维和认识的规律，思维和认识的规律必须符合于事物存在的规律。因此，思维和认识的规律与事物存在的规律是统一的。

问题的关键在于，同一律、不矛盾律和排中律，作为事物存在的规律，是对事物在相对稳定状态下的质的规定性、稳定性和概念的确定性的表达。如何按照这种认识给出这三个规律的准确而严谨的表述呢？

世界上客观事物都有运动变化的绝对性的一面，又有质的规定性和稳定性的相对性的一面。

首先，客观事物都处于运动变化之中。但是，在绝对运动之中也有相对静止的一面。没有绝对运动就无所谓相对静止。没有相对静止就不可能确定究竟什么东西在运动，以及它以什么形式在运动，因而也谈不上有绝对运动。这三条规律描述事物处于相对稳定的状态下、没有发生质变的确定的时间内的规律。在发生质变的时候，事物可能原先存在，现在不再存在；原先是什么，现在不再是什么；原先具有某种性质，现在不再具有这种性质。

其次，客观事物的存在和性质是多方面的，应当从一个一个方面推进对事物的观察和界定，从各个方面的比较片面的认识，一步一步地达到比较全面的认识。真正完全的全面的认识实际上难以达到，甚至根本无法达到。应当力争达到比较全面的认识。“横看成岭侧成峰，远近高低各不同。”横看、侧看、远看、近看，还是“不识庐山真面目，只缘身在此山中。”如能坐上飞机鸟瞰整个庐山，就可能对庐山的地貌有比较完整的映像。显然，没有横看、侧看、远看、近看，加上空中鸟瞰等各个方面的观察，也就是说，没有各个方面的确切认识，比较全面的认识是无法达到的。

客观事物的联系是多方面的。每一个方面反映的特征、性状都是片面的，有时甚至是对立的。事物多方面的联系、特征、性状，构成整个事物的形象，反映事物的本质。人类思维的根本任务在于全面、深刻、具体地反映事物的各种内在联系及其本质，有效地指导人们改造客观世界和主观世界。但是，我们不可能一开始就能够完全地、完满地实现这个目标。当人们的思维处在抽象的阶段（即由感性认识上升到抽象概念）时，只能反映事物的某个或某些方面的规定性，只能反映事物的质的规定性的某个侧面。此时思维具有抽象性和确定性的特征。应当准确地从各个方面推进对于事物的认识。对于每一个叙述，应当注意和区分究竟是对于事物哪个方面的认识。

最后，当我们试图给出同一律、不矛盾律和排中律的严谨表述时，自始至终必须记住：事物的属性实际上是它相对其他事物的一种关系。例如，在一般情况下水能灭火，但是，在某些情况下水却能够助燃，甚至“助火为虐”。当钠、钾等物质燃烧时向它们浇水，比往火上浇油还要更加危险。因此，观察和界定事物的存在和属性往往是多视角的；按照物理学的语言，这意味着，在不同的参考系中考察同一对象，会得到不同的结果。

请看赫拉克利特的下面几句话：

“上坡路和下坡路是同一条路。”[10]24

“在圆周上终点就是起点。”[10]24

“海水最干净，又最脏；鱼能喝，有营养；人不能喝，有毒。”[10]24

“驴爱草料，不要黄金。”[10]24

“蜂蜜是甜的也是苦的。……健康的人说蜂蜜是甜的，害黄疸病的人说蜂蜜是苦的。”[8]300

这些话无疑都是对的，说明从一个事物与外界事物的普遍联系和相互关系的角度来说，同一事物对于不同的外界对象、不同的观察者具有不同的，甚至完全相反的关系。事物的质在与其他事物的关系中表现出来，称为事物的属性。事物与它的属性不可分割，事物都是有属性的事物，属性都是事物的属性。需要高度重视这种客观情况。在这三个定律的表述中，可以考虑用事物之间的“相互关系”或直接用“关系”来简洁地加以区分。

此外，还有必要在这里简单地回顾逻辑学关于性质命题的基本知识。

在形式逻辑中，性质命题分为全称肯定命题（A 或 SAP，所有的 S 都是 P），全称否定命题（E 或 SEP，所有的 S 都不是 P），特称肯定命题（I 或 SIP，有的 S 是 P）和特称否定命题（O 或 SOP，有的 S 不是 P）。

全称肯定命题 A 与特称否定命题 O，全称否定命题 E 与特称肯定命题 I 构成矛盾关系：一个真时，另一个必假；而一个假时，另一个必真；即两者之中可以由一个假推断另一个真，由一个真推断另一个假。

全称肯定命题 A 与全称否定命题 E 构成反对关系：一个真时，另一个必假；一个假时，另一个真假不定；即两者可以同假，但不能同真。

特称肯定命题 I 与特称否定命题 O 构成下反对关系：一个真时，另一个真假不定；一个假时；另一个必真；即两者可以同真，但不能同假。

以上所述，是四种性质命题在它们的主、谓项（S 和 P）相同的情况下，彼此之间存在的互相制约的真假关系。在做了这些准备之后，给出同一律、不矛盾律和排中律作为事物存在的根本规律的严谨的表述如下。

（1）同一律

同一律的本体论表述：

当事物处于相对稳定的状态，在确定的时间、确定的方面、确定的相互关系下，确定的事物如果存在，则它就存在；如果是什么，则它就是什么；如果具有某种属性，则它就具有这种属性。

当事物处于相对稳定的状态，在确定的时间、确定的方面、确定的相互关系下，确定的事物之间如果具有某种相互关系，则就具有这种相互关系。

同一律的逻辑学表述：

当事物处于相对稳定状态，在同一时间、同一方面、同一关系下，关于同一事物的任何一个概念和命题必须与其自身保持同一。

（2）不矛盾律

不矛盾律的本体论表述：

当事物处于相对稳定的状态，在确定的时间、确定的方面、确定的相互关系下，确定的事物不能既存在，又不存在；不能既是什么，又不是什么；不能既具有某种属性，又不具有这种属性。

当事物处于相对稳定的状态，在确定的时间、确定的方面、确定的相互关系下，确定的事物之间不能既具有某种相互关系，又不具有这种相互关系。

不矛盾律的逻辑学表述：

当事物处于相对稳定状态，在同一时间、同一方面、同一关系下，关于同一事物的任何一个命题不能既是真的，又不是真的。

当事物处于相对稳定状态，在同一时间、同一方面、同一关系下，关于同一事物的任何两个矛盾关系或反对关系的命题 A 和非 A 不能同时成立。

注意：不矛盾律的逻辑学表述适用于矛盾关系的命题和反对关系的命题。

（3）排中律

排中律的本体论表述：

当事物处于相对稳定的状态，在确定的时间、确定的方面、确定的相互关系下，确定的事物或者存在，或者不存在；或者是什么，或者不是什么；或者具有某种属性，或者不具有这种属性。

当事物处于相对稳定的状态，在确定的时间、确定的方面、确定的相互关系下，确定的事物之间或者具有某种相互关系，或者不具有这种相互关系。

排中律的逻辑学表述：

当事物处于相对稳定状态，在同一时间、同一方面、同一关系下，关于同一对象的任何一个命题或者是真的，或者不是真的。二者必居其一。

当事物处于相对稳定状态，在同一时间、同一方面、同一关系下，关于同一事物的任何两个矛盾关系或下反对关系的命题 A 和非 A 必有一个成立。

注意：排中律的逻辑学表述适用于矛盾关系的命题和下反对关系的命题。

十分清楚的是，如果对于三个规律的表述不加上必要的和完整清晰的限制，那么，考虑前面引用的赫拉克利特的话，例如："上坡路和下坡路是同一条路。""蜂蜜既是甜的，也是苦的。"或者说"这是上坡路又不是上坡路""蜂蜜是甜的又不是甜的"，这类陈述或命题，便构成了不矛盾律的悖论或反例。

给出了上述准确严谨的表述，再来考虑赫拉克利特的话："上坡路和下坡路是同一条路。""蜂蜜既是甜的，也是苦的。"不矛盾律并不会有悖于这类客观事实。原因在于，这类叙述涉及的是道路与上坡人、道路与下坡人，或蜂蜜与健康人、蜂蜜与黄疸病人这类同一个事物与两种不同事物之间的两种不同的相互关系，而不是同一个相互关系。

亚里士多德论证了不能要求对不矛盾律本身做出证明。(1007a)[3]92—94

亚里士多德认为，要求对一切命题（或判断）都加以证明是不可能的，因为那样就将陷入无穷后退的论证或循环论证。必须有一些不能证明的命题（或判断）作为证明的出发点。既然如此，那么，还有什么命题（或判断）像不矛盾律那样不证自明，那样适合作为论证的出发点呢？不矛盾律是所有原则中最确实无误的原则，理性上最有根据的原则，各种事物应共同遵守的最普遍的原则。我们获得任何知识，都要求知道事物是什么；如果事物是什么，就不能够同时又不是什么。不矛盾律是我们理解任何事物时所必须遵守的公理。我们必须遵守它，才能开始对某种特殊事物的研究。证明总是要断定某个意见的正确性与相反意见的荒谬性。如果不遵守不矛盾律，一个人同时主张两个相反的意见；断定了某个意见，同时又断定与它相反的意见，那么就不可能有证明。因此，一切证明都以不矛盾律为最后根据，不矛盾律是一切公理的出发点。既然不矛盾律是最普遍的、确实无误的原则或公理，是一切证明的最后根据，是一切证明的出发点，那么，我们证明不矛盾律，必须同时假设不矛盾律。因此，不矛盾律是不能证明的。按照我们所给出的关于不矛盾律的准确、严谨的表述，亚里士多德的这些论述是完全合理的。

尽管亚里士多德认为不能要求对不矛盾律本身做出证明，但是，他还是全面地严密地从语义方面、逻辑方面、实践事实方面论证不矛盾律与排中律的正确性，批评当时其他哲学流派的观点。例如，他有一段话大意如下。

当我们问："这个事物是人吗？"反对者回答说："这个事物是人又不是人。"意思是问："这个事物是人，同时，他又是白的、大的。"在反对者看来，白的、大的，……这些属性与人的属性是不同的，因而白的、大的，……这些属性是属于"不是人"的范围。反对者这种回答错了。我们问的是：这个事物有没有人的定义所指的那些属性，或者说，这个事物有没有人的本质；而不是问这个事物有或者没有人的偶性。白的、大的……这些属性与人的定义无关，只是人的偶性。人的偶性无穷多，不可穷尽。把人的偶性用来回答问题，而否定"人"这个词的定义，违反了辩论的规则。(1007a)[3]67—68

显然，亚里士多德的这些论证在而且只有在关于不矛盾律的上述准确、严谨的表述之下才能成立。如果没有这种表述，人们常说，"没有永远的敌人，也没有永远的朋友"，因此，又可以说，"他是我们的敌人，同时又不是我们的敌人"，这就构成为不矛盾律的悖论或反例。

4　绝对的运动变化和相对的静止稳定的客观辩证法

世界上客观事物有绝对的运动变化的一面，同时有质的规定性和相对稳定性的一面。我们接下来针对同一律、不矛盾律和排中律，来讨论绝对的运动变化和相对的静止稳定这种客观辩证法。

首先，世界上任何事物都处于不停歇的运动变化之中。

恩格斯说："任何一个有机体，在每一瞬间都既是它本身，又不是它本身；在每一瞬间，它消化着外界供给的物质，并排泄出其他物质；在每一瞬间，它的机体中都有细胞在死亡，也有新的细胞在形成；经过或长或短的一段时间，这个机体的物质便完全更新了，由其他物质的原子代替了，所以，每个有机体永远是它本身，同时又是别的东西。"（3. P. 397）

这只意味着，世界上没有两个完全相同的有机体。从空间横向上说，例如，世上没有两片完全相同的树叶；从时间纵向上说，在每一瞬间，任何一个有机体是它自身，同时又会有某种变化。但是，这并不意味着它一定变成了别的东西。

这里涉及对语言、词汇和概念的深入理解。通常语言中的一个词语表达某个对象，例如马，作为事物的名称，是人们从一个或一类事物的丰富而真实的感性材料，通过理性思维的抽象概括而得到的一个概念。所谓抽象，就是从感性对象的表象中，抽掉那些非本质的表面细节，留下那些反映事物本质属性的自身同一的普遍特征。概念脱离了具体事物的直接性和特殊性而上升到普遍性。因此概念不完全等同于概念所反映的具体事物。任何一个具体的事物都有天文数量的信息特征，而且每时每刻都处于不停息的运动变化之中。要真正完整地、点滴不漏地再现或者描述一个具体事物及其运动变化（例如，它的每一个细胞，每一个原子分子以至每一个电子的位置及其变化），实际上既不可能也无必要。只要事物没有发生质变，它就还是原有的概念所表达的那个东西，就不能说它已经变成了别的东西。不能够因为某人的头发今天比昨天长了半毫米，脸上多了一块伤疤，就说某人已经不是某人；更不能因为某一个物体失去一个原子，或者它的一个原子中某一个电子从原子核的上方旋转到了下方，就说它已经变成了别的东西。列宁说："如果不把不间断的东西割断，不使活生生的东西简单化，粗糙化，不加以割碎，不使之僵化，那末我们就不能想象、表达、测量、描述运动。思维对运动的描述，总是粗糙化、僵化。不仅思维是这样，而且感觉也是这样，不仅对运动是这样，而且对任何概念也都是这样。这里也有辩证法的本质。"[2]219 事物质的规定性和概念的确定性，当然包含着人为的界定，但是，正确的认识归根结底是对于客观事物的本来面目的反映。

事物处于不停歇的运动变化之中。概念和判断不可能，也不允许跟随着具体感性对象或者现象世界的不停歇的运动变化而千变万化。语言和逻辑的表达必须按照事物本质的稳定性保持其稳定性。否则，人们无法描述世界，人与人之间也无法交流思想。

赫拉克利特认为，一切事物都在永不停息的运动变化之中，“一切皆流，无物常住”。这是完全正确的。他把万物比作一道大川，并断言：“我们不能两次踏进同一条河。”[10]23 暂且不顾及河流名称和概念的质的规定性，这句哲学名言可以视为强调了运动变化的绝对性。

然而，超越真理一步，就会走向荒谬。赫拉克利特又进一步说：“我们踏进又踏不进同一条河，我们存在又不存在。”[10]23 他的学生克拉底鲁再进一步，认为：“人甚至一次也不能踏进同一条河流。”这是因为在想要踏进去和实际踏进去之间的这段时间，河流发生了变化。人们赞同赫拉克利特，而拒斥他的学生克拉底鲁。按照赫拉克利特的说法，“我们不能两次踏进同一条河”，上午踏进长江，下午再踏进去，已经不是同一条长江了。这种说法其实与“人甚至一次也不能踏进同一条河流”，没有什么本质的区别啊！所以，赫拉克利特也说：“我们踏进又踏不进同一条河。”

按照克拉底鲁的观点，万物只是一阵风，“一切皆流，无物存在”。将事物的运动变化看作不停顿、不中断的质变流，否定相对静止、相对稳定状态的存在。我称这种观点为纯粹流变观。

按照纯粹流变观，甚至可以声称：“我们看见又看不见任何东西”。为什么呢？例如，我们看见一个兔子或一个物体，这是来自这个兔子或物体的光作用于我们的视觉器官所引起的结果。但是，即使光速最大，光从这个兔子或物体到达我们的视觉器官也是需要时间的，在光传播的这段时间内，这个兔子或物体已经变了，按照纯粹流变观，它们已经变成了别的东西。请想一想，构成这个兔子或物体的每一个原子分子，特别是其中的每一个电子运动得多快，按玻尔原子理论，核外的电子绕核旋转的速度达到 10^6 米/秒即百分之一光速的量级①。瞬间之后，构成兔子或者物体的每一个原子、分子以及电子，还会处于原来的状态吗？而且在眨眼之间，这个兔子或者物体已经吸入或交换了成千上万颗空气或灰尘分子。所以，无法或者根本不可能观察到对象此时此刻的图像。按照纯粹流变观，的确，我们

①按照以玻尔为首的量子理论主流学派的观点，绕核旋转的电子既像是粒子又像是波，但是，它既不是粒子又不是波。它究竟是什么？答曰：不可能用基于日常生活的经典语言和宏观概念来清晰地描绘它。当然，这种观点正确与否，是颇有争议的。

看见又看不见任何东西。

纯粹流变观认为，事物处在不停息的运动变化之中，这种运动变化被看作是不停顿、不中断的质变流。所以，一个事物是其自身，同时又是别的东西。这被认为是世界万物所遵循的客观辩证法。这种观点的疏漏显而易见。是的，辩证法要求把握事物的具体的同一性，认为同一事物包含着内在差别和对立。但是，当我们说"一个事物"，就意味着这"一个事物"的概念已经把保持着质的稳定性的这个事物概括无余，无须再使用另一个概念来称谓它，虽然作为感性对象的这个具体的事物处在变化之中。事物内部包含的差别和对立往往作为一种苗头、萌芽或因素，预示着事物质变的种种趋势和可能。但是，这种可能性是潜在着的尚未展开的东西；可能性在还未成为现实之前，只是一种可能。可能性不等于现实性，它还不是当前已经实际存在的新事物。在一定条件下，某一种可能性变为现实性，事物发生了质变，原来的事物就转变成新事物；在事物发生质变之前，现存事物的确在变，是量变，它还是它自身，而不是他物。

纯粹流变观否定相对静止、相对稳定状态的存在。按照这种观点，人们还能辨别出谁是妈妈？谁是爸爸？谁是我们的朋友？谁是我们的敌人？什么是房舍？什么是虎穴？什么是美食？什么是毒药？按照这种观点，一切生活、一切存在和一切研究都变得完全不可能而且毫无意义。这就走向了荒谬。

因此，不加任何限制性条件的同一律、不矛盾律和排中律的表述，例如，说"是就是，不是就不是"，"事物不能既是自身，又是别的东西"，"事物要么存在，要么就不存在"，"事物要么是 A，要么就不是 A"，属于孤立静止观，是片面的、有缺陷的，因而也是错误的。但是，我赞成并且主张前述加上了必要的完整清晰的限制性条件而严谨表述的同一律、不矛盾律和排中律。它们描述了事物在相对稳定的状态下的质的规定性和概念的确定性。至于与之相反的表述，诸如"同一事物是它本身，同时又是别的东西"，"同一个事物是 A，同时又不是 A"，"我们存在，同时又不存在"等，这类同样不加任何限制和说明的表述，应当归属于纯粹流变观，有悖于处于相对稳定状态下的客观事物的本来面目，也是我们不能够和不应当接受的。

当然，我们应当更多地吸收赫拉克利特的天才的思想，而不必过多计较他的某些需要加入更多说明才能成立的话语。赫拉克利特被称为晦涩的哲学家，文章无比丰富和简练，而且他的著作失传，只留有残篇。也许残篇未见说完，原话却说得较为完整。但是，也用不着去赞美"我们存在，同时又不存在"，只能从正确的角度去理解、解释、修正和完善它。

其次，进一步讨论客观事物的质的规定性和相对稳定性。

客观事物相对稳定性的一面不是可有可无，而是至关重要的。所谓事物的质，是使事物成为它自身并使该事物与其他事物区别开来的特有的规定性。质和事物的存在是直接同一的。质是直接被感知的东西。人们的认识和思维要正确地反映客观事物，首先要从它的相对稳定的状态去认识其质的规定性。否则，就不可能确定究竟什么东西在运动变化，因而也就谈不上正确反映和认识客观事物。人们发挥理性思维的抽象概括作用，从丰富而真实的感性材料中，丢弃那些非本质的表面细节，提炼出体现事物本质的普遍特征，分层次而又深层次地分辨它是什么，用正确的概念和判断去反映客观事物。

§3.2.5明确地阐述过，具体的认识对象和关于该认识对象的概念，是既相互联系又完全不同的东西。概念和判断脱离具体认识对象的直接性和特殊性而上升到普遍性。这是思维对感性对象或现象世界的一种加工和转化过程，即“抽象”过程。形象地说，所谓抽象，就是从感性对象的大量表象之中，抽掉或排除那些非本质的表面细节和表面现象，留下那些反映本质属性的自身固有的普遍特征，产生具有普遍性和必然性的科学知识（参见§7.2.3）。因此，认识活动第二阶段又称为知性思维阶段。它使人们的意识超越感性经验而达到抽象知性。这种稳定状态的认知被称为抽象知性的认识或知性认识。

本节给出的严谨表述的同一律、不矛盾律和排中律，强调事物处于相对稳定状态的质的规定性、质的稳定性和概念的确定性。它们是对于事物相对稳定状态的肯定和描述，是认识、推理和论证过程的无可置疑的规律。本书将唯物辩证法学说理解为一种正确的完整的世界观和方法论。其中关于稳定状态的认知是认识的基础，因此也是唯物辩证法学说的基础之一。

黑格尔反复强调过知性认识的重要性。他认为，知性认识所追求的是事物的规定性和确定性；知性认识是辩证法的基础；没有知性的规定性和确定性作基础，辩证法就成了无源之水，无本之木，变得不可理解，而且有陷入诡辩论的危险。他说：“在哲学里，最紧要的，就是对每一思想都必须充分准确地把握住，而决不容许有空泛和不确定之处。”[9]175 “思维无疑地首先是知性的思维。但思想并不仅是老停留在知性的阶段，而概念也不仅仅是知性的规定。”[9]172 “在思辨的哲学里，知性也是必不可少的一个‘阶段’或环节，但这个环节却是不能老停滞不前的‘阶段’。”[9]110 知性认识毕竟具有孤立、静止、片面的特征，因此不能够停留在事物的稳定状态的认知上；必须引入辩证的或者否定的理性来消解知性思维的僵硬性。接下来我们就进入关于世界的变化或演化的规律的研究。

§9.3　人类历史上主要的辩证法学说的比较概述

本节对于亚里士多德和黑格尔、马克思和恩格斯，以及列宁的辩证法学说的主要观点，简单地做一个比较性的叙述，以便使接下来的章节中关于世界的运动和变化、联系和演化的规律所做的阐述的轮廓更为明晰。

在辩证法学说发展的历史长河中，亚里士多德和黑格尔在他们各自所处的历史时代构建了包罗万象的体系。但是，二者对于辩证法的理解存在着明显的差别甚至对立。马克思和恩格斯实现和达到了唯物主义和辩证法的统一，开辟了哲学的一个新时代。马克思一生都在运用和研究辩证法，他曾打算写一本《辩证法》，但是最终未能实现其夙愿。恩格斯《自然辩证法》的重要来源或范本就是黑格尔的《逻辑学》。列宁在他所处的时代背景下，在研读马克思和黑格尔的部分辩证法文本的过程中，以笔记的形式写下他对辩证法的理解，构建了一种在理论上有所偏颇但极富实践精神的辩证法。

1　亚里士多德的辩证法

亚里士多德作为形式逻辑的创始人，提出并阐述了同一律、不矛盾律和排中律，强调事物在稳定状态下具有同一性，即具有质的规定性和质的相对稳定性。他进一步认识到：在任何具体的同一的事物中包含内在的差别和对立；这种差别和对立预示着和推动着事物的运动、变化、发展和演化。

亚里士多德从关于形式逻辑命题的深入研究中，进入到辩证思维的领域。他认为，“苏格拉底是人”这个命题就意味着“个别”（苏格拉底）就是“一般”（人）。他明确地指出主词（苏格拉底）与宾词（人）既对立又同一的关系。列宁说：这里就有辩证法：个别就是一般。“在任何一个命题中，好像在一个‘单位’（‘细胞’）中一样，都可以（而且应当）发现辩证法一切要素的萌芽，这就表明辩证法是人类的全部认识所固有的。”[2]410

亚里士多德把握人类思维从个别到一般和从一般到个别的辩证运动，从同一和差别进到对立。亚里士多德说：“差别是指那些虽然在某些方面相同却又相异的东西。”“相似就不是绝对的相同，在所构成的实体上不是没有差异，在形式上却相同。”“相异的意思和相同相对立。”[3]98 “既然有差别的东西相互间差别有大有小，并且存在着某种最大的差别，我就把这种最大的差别叫做相反。”“相反就是终极的差别，完全的差别。”[3]201 他把相反归属于对立的范畴，进一步研究了相反和对立等事物的辩证法。

亚里士多德用“潜能”和“现实”这对范畴来描述事物的运动变化。他说：“一切自然事物都明显地在自身内有一个运动和静止的根源。”[11]43 “潜能的意思是运动和变化的本原，存在于他物之中或作为自身中的他物。”[3]101 在事物的自身内部包含着运动变化的可能性，这就是潜能；当事物的运动变化一经展开，就由潜能变为现实。从这里深入地研究事物的内在的对立，把握着由潜能向现实的转化。这种转化表现为事物运动变化的过程。在这个过程中进一步涉及一系列的范畴，例如，运动和静止、原因和结果、质料和形式、必然与偶然、个别与一般等。这些范畴作为既对立又同一的成对的范畴被把握，显示出亚里士多德思维的真正的辩证性质。

亚里士多德区分了质和量。他说：“所谓‘性质’，我是指决定某一事物如此这般的原因。”[12]26 质的基本含义就是：“质就是实体的差异”[3]104（或者译为本体的差异）。所谓量，是指事物可分解成一些组成部分，而每个部分又都能成为个体的可计量的数量。[3]103 他考察量变和质变，从量变到质变的界限、形式，以及质变的方向。他认为，量变不能无限地进行下去，必然有一个界限。“增的过程和减的过程不能无限地进行下去，而是也有转折点。……质变常常是在整个质变者上一道发生的，就像结冰那样。……质变是从一个方面趋向对立面的。”[11]226—227

亚里士多德把相关、相反、缺失、矛盾都归属于对立范畴，说“矛盾、缺失、相反、相关都是对立”。[3]202 他认为对立有四种意义[12]23—42：（1）有相互关系的两事物是对立的。如“主人”的存在就蕴含了“奴隶”的存在，并且反之亦然；又如，知识和知识对象也是属于关系范畴的对立者。（2）两个相反者是对立的。如“好”和“坏”，“白”和“黑”。好不是坏的“好”，而是坏的相反者；白不是黑的“白”，而是黑的相反者。（3）缺乏和具有是对立的。如“盲”和“视力”。（4）肯定命题与否定命题是对立的。如“他坐着”和“他没坐”。他说：“在肯定和否定意义上的所有对立命题，必有一个命题是真实的，一个命题是虚假的。”[12]41

亚里士多德认为，对立双方处于一个统一体中。如冷和热，总是某一事物的冷和热；生和死，总是某一个生物的生和死。他在举例说明“没有教养的人变成有教养的人”后，指出：“在各种情况的变化里必定有一个东西在作变化的基础即变化者”。[11]34 健康与疾病、梦与醒、生与死的基础是人或者动物。没有这种统一的基础，对立只能是抽象的对立。

亚里士多德在解释对立范畴时明确提出矛盾范畴。他做了许多讨论，把对立命题界定为对立之一种，即通常所说的逻辑矛盾，认为对立命题不能同时成立。因此，他坚决反对赫拉克利特关于同一个事物同时存在又不存在的思想，认为每一个词指示一个事物，二者之间存在确定的联系，要肯定而又同时否定同一主题是不可能的。由此可见，亚里士多德的矛盾是指逻辑矛盾；他要求人们避免逻辑矛盾的错误。

恩格斯指出："古希腊的哲学家都是天生的自发的辩证论者，他们中最博学的人物亚里士多德就已经研究了辩证思维的最主要的形式。"（3. P. 394）当然，亚里士多德的研究还处于一种起步的阶段，尚未达到对事物的对立同一关系及其相互转化的完整的和普遍的把握。

2　黑格尔的唯心辩证法学说

从亚里士多德到黑格尔（1770—1831），2000 多年过去了，其间经历了人类历史的巨大变迁。这里我只想提到哲学领域的三件大事。

第一，支撑亚里士多德的本体论哲学的两大理论支柱是形式与质料、现实与潜能。亚里士多德认为：形式先于质料，现实先于潜能。这就导致一个没有任何质料的纯形式和任何潜能的纯现实，一个永恒不动的实体，它是宇宙万物的总因，它就是那个永恒的第一推动者、一切本体的最终本体——神。进入中世纪之后，神学成为统治一切的意识形态。哲学变成了神学的婢女，形而上学哲学变成经院哲学，成了为宗教神学服务的工具。

第二，从 15 世纪下半叶开始，近代自然科学在欧洲开始发展起来。最初阶段，需要通过对经验材料的分类、比较和归纳而建立具有普遍性的知识。因此，必须对客观事物进行分门别类的研究，把事物从普遍联系中暂时割裂出来，把运动的东西当作静止的东西，以便得到对事物的某个方面、某个部分的认识。这种研究和思维的方法，由培根和洛克从自然科学移植到哲学之中。它的重大特征就是用孤立、静止、片面的观点去思考一切。我称它为机械论或者孤立静止观，以便不去玷污"形而上学"的高雅名声和崇高目标。孤立静止观认为，"是就是，非就非"，"非此即彼"，在两个矛盾的判断中只能有一方为真；把形式逻辑三个规律抬高为在任何情况下都成立的世界绝对规律。15—18 世纪欧洲哲学被这种孤立静止的思维方式统治着。被誉为人类导师的亚里士多德对此也负有一点责任，他在 2000 多年前，没有完整、清晰地给出形式逻辑规律能够成立的必要条件，即应有的和必要的限制，尽管他已经指出"所有可能的其他限制都应加上"。

第三，康德哲学。康德是18世纪德国古典哲学的奠基人。§7.1叙述了康德的唯心主义先验论和不可知论的认识理论[13]。康德承认，人的感性直观是由独立于我们之外的某种东西引起的，他把这种东西称为“自在之物”或者“物自体”。他认为，感性只是一种纯粹的主观心理状态，不反映“自在之物”的任何性质；人们只能认识事物的现象，不可能认识现象后面的本质。知性范畴只适用于现象世界，“自在之物”的本来面貌是不可认识的。他认为，当运用纯粹理性去认识和解释经验之外的“自在之物”，必然会陷入谬误推理或者自相矛盾（“二律背反”）之中。康德认为，事物本身并无矛盾，矛盾是认识活动中必然产生的不可避免的一种误认和幻相，因而被看作是一种不幸之事。康德的辩证法（“二律背反”）是认识论意义上的辩证法，即所谓先验辩证论，是人类理性认识的一种两难困境。康德辩证法是一种消极的辩证法，不具有积极意义，是人们应该予以克服的一种认识谬误。

在那种历史背景下，黑格尔论证他的对立同一学说，是从直接攻击形式逻辑，特别是形式逻辑的同一律开始的。在《逻辑学》中，黑格尔批评同一律“不过是同语反复的空话”；认为同一律确立的是一种不包含内在差别的“抽象的同一性”，因而具有空洞、孤立、静止的性质。辩证法则要求把握“具体的同一性”，即那种在自身中包含内在差别、内在对立的同一性。

黑格尔由此引出了差异、对立等概念。他说：“无论什么可以说得上存在的东西，必定是具体的东西，因而包含有差别和对立于自己本身内的东西。”[9]258何谓差别和对立？黑格尔说：“差别自在地就是本质的差别，即肯定与否定两方面的差别：肯定的一面是一种同一的自身联系，而不是否定的东西；否定的一面，是自为的差别物，而不是肯定的东西。因此每一方面之所以各有其自为的存在，只是由于它不是它的对方，同时每一方面都映现在它的对方内，只由于对方存在，它自己才存在。因此本质的差别即是‘对立’。”[9]254

亚里士多德明确地指出，相反的东西可以相互转化为对方。然而，事物何以会变化？为什么会变成其他的某种确定的东西呢？事物运动变化的原因是什么？亚里士多德对此并未真正地给予回答。黑格尔把矛盾看作是事物的本质的和内在的规定，它与同一一起，用于表达对立同一体既相互矛盾又相互同一的两种倾向或趋势，用以揭示事物运动变化的根据或源泉。黑格尔否定了康德的认识论意义上的消极辩证法，对康德的消极辩证法予以明确的批判。黑格尔认为，矛盾不是我们认识的谬误，而恰恰是真理的来源。

黑格尔说：“一切事物本身都自在地是矛盾的”。[7]65他的《逻辑学》就是要认识和把握矛盾。“思辨的思维在于思维把握住矛盾并在矛盾中把握自身。”[7]67他在

《逻辑学》等一系列著作中，从不同方面对对立同一学说做了详尽的和深入的发挥，在西方哲学史上建构了一个辩证唯心论的庞大体系。

黑格尔是亚里士多德之后集对立同一学说之大成的唯一巨匠。他紧紧地抓住亚里士多德的对立范畴，把它引申、提炼出一个更普遍、更概括的范畴——矛盾，把矛盾提升为辩证法的总体性范畴。他说："必须承认矛盾是更深刻的、更本质的东西。因为同一与矛盾相比，不过是单纯直接物、僵死之有的规定，而矛盾则是一切运动和生命力的根源；事物只因为自身具有矛盾，它才会运动，才具有动力和活动。"[7]66 在黑格尔之前，在形式逻辑中，矛盾是作为说明两个互相否定、完全对立的命题（或者判断）的概念。中世纪以后，在西方哲学史上，文艺复兴时期德意志的库萨的尼古拉、意大利的布鲁诺、德国的费希特等首先提出了"对立面一致"观点。他们认为，对立面之间是统一的或一致的。但是，矛盾作为哲学的辩证法范畴的提出则是源自黑格尔。

黑格尔批判形式逻辑的同一律和康德的消极辩证法，继而对于对立同一命题做出论证。他认为，一个事物既与自身同一又包含着对立于自身；对立同一是指同一事物内在的两种既对立又同一的性质或倾向。具体的对立同一性的充分展开就是黑格尔的对立同一体系。

有两点必须特别予以清晰的说明，并作为以下分节和论述的依据。

第一，按照黑格尔的观点，对立或者矛盾是与同一相对的同一层次的概念，对立或者矛盾与同一概念合起来表述对立同一规律。这是两者在《逻辑学》中的本真含义。例如，他说，"同一、差异和对立之过渡为矛盾"[7]65，接着说，"同一与矛盾相比，不过是单纯直接物、僵死之有的规定。"[7]66

第二，黑格尔说，矛盾是一个事物自身所包含的否定和对立的本质的和内在的规定；与同一相比，矛盾是更深刻、更本质的东西；辩证法揭示事物由于内在的对立和矛盾而运动变化的规律。

在《小逻辑》§81 中，黑格尔概括性地叙述逻辑思维的辩证法，清楚地说明，所谓对立或矛盾，是指同一个事物本身（可以称它为对立同一体）内在的对立或矛盾。他说："凡有限之物不仅受到外面的限制，而且又为它自己的本性所扬弃，由于自己的活动，而自己过渡到自己的反面。所以，譬如人们说，人是要死的，似乎以为人之所以要死，只是以外在的情况为根据，……对这事的真正的看法应该是，生命本身即具有死亡的种子。凡有限之物都是自相矛盾的，并且由于自相矛盾而自己扬弃自己。"[9]177 在《小逻辑》§119 中，黑格尔又说："同样，譬如说，财产和债务并不是特殊的独立自存的两种财产。只不过是在负债者为否定的财产，在债权者即为肯定的财产。同样的关系，又如一条往东的路同时即是同一条往西

的路。”[9]256—257

因此，黑格尔所说的对立或矛盾并不是指不同事物之间，或同一事物的不同组成部分之间相互联系形成的相互对立和相互冲突的这类相互关系。

在《小逻辑》中，黑格尔说：“逻辑思想就形式而论有三个方面：(a) 抽象的或知性［理智］的方面，(b) 辩证的或否定的理性的方面，(c) 思辨的或肯定理性的方面。”[9]172因此，黑格尔的方法论包含着三个环节：第一个环节抽象的知性（正题）；第二个环节辩证的或否定的理性（反题）；第三个环节思辨的或肯定的理性（合题）。黑格尔认为，第一个环节抽象的知性是第二个环节辩证法的基础；没有知性的规定性和确定性作为基础，辩证法就成了无源之水，无本之木，变得不可理解，而且有陷入诡辩论的危险。他说：“在哲学里，最紧要的，就是对每一思想都必须充分准确地把握住，而决不容许有空泛和不确定之处。”[9]175知性所追求的是事物的规定性和确定性。“无论如何，我们必须首先承认理智思维的权利和优点，大概讲来，无论在理论的或实践的范围内，没有理智，便不会有坚定性和规定性。”“知性的定律是同一律，单纯的自身联系。也就是通过这种同一律，认识的过程才能够由一个范畴推进到别一个范畴。”“知性又是教养中一个主要成分。一个有教养的人决不能以混沌模糊的印象为满足，他必力求把握现象，而得其固定的规定性。”[9]173—174

尽管黑格尔在《逻辑学》和《小逻辑》中对于形式逻辑的三个规律做了激烈的，常常是牵强附会的批判，他的表述也有许多自相矛盾之处，但是，我们看到，实际上，他并不完全地否定形式逻辑的三个规律。他只是认为，应当将它们置于抽象知性的适当位置上。他坚决反对将这三个规律抬高成为在任何情况下都成立的关于世界的绝对规律，反对由此而来的用孤立、静止、片面的观点观察和思考世界的思维方式。这自然是完全正确的。

黑格尔认为，抽象知性不能执着于事物的规定性，不能忘记了斯宾诺莎关于“规定就是否定”的伟大命题。他引入第二个环节辩证的或者否定的理性来消解抽象知性的僵硬性。他说：“辩证法是现实世界中一切运动、一切生命、一切事业的推动原则。同样，辩证法又是知识范围内一切科学认识的灵魂。”[9]177辩证法的优点在于把否定性引入僵硬的知性思维中，缺点在于流于单纯的无休止的怀疑和否定，甚至导致虚无主义。这样他又设置了第三个环节即肯定的理性，来限制辩证法向虚无主义方向的滑移。黑格尔认为，事物发展变化的一般进程是“正”“反”“合”：“正”是指知性阶段；“反”是指辩证理性阶段；“合”是指思辨理性阶段。一方否定另一方，否定者又被更高形态所否定，达到对立双方的统一，正和反的“融合”，即否定之否定。

黑格尔经常称第二个环节“辩证的或否定的理性”为“辩证法”。人们把它作为黑格尔整个方法论的标志，这并不符合他的本意。按照“正题—反题—合题”的三段式，第三个环节“思辨的或肯定理性”处于最高的位置上。

综上所述，黑格尔的方法论由三个环节构成。显然，不能否认其中第一个和第三个环节的存在。黑格尔的整个方法论描述、论证和倡导一种完整地、动态地、全面地、深入地观察和思考世界的思维方式。我们不好也不便另找一个词语称呼黑格尔的方法论。当我们谈论和研究黑格尔的辩证法时，应当记住：它包括知性认识、辩证否定和思辨肯定三个环节。

中世纪之后，在西方哲学史上关于对立同一的思想，除在个别杰出的思想家那里曾闪现天才的火光之外，在哲学发展的主流中差不多已经销声匿迹。黑格尔哲学“最大的功绩，就是恢复了辩证法这一最高的思维形式”（3. P. 394）。黑格尔哲学的根本缺陷是它的唯心主义根基。在他看来，辩证运动的主体不是客观存在的事物和过程，而是在世界出现以前就已经在某个地方存在着的“绝对精神”或“纯粹理念”。《逻辑学》是纯粹理念的自身发展、自身认识的思辨体系。在那里，现实的物质世界仅仅被看作是“纯粹的即抽象哲学思维的异化”。在黑格尔看来，单纯的逻辑理念如果不能和自然一起统一到精神之中并发展到绝对，就无法解决近代形而上学的根基性问题，就不具有真理性。19 世纪，马克思和恩格斯批判地吸收了黑格尔辩证法的合理内核，抛弃他的唯心主义体系，把黑格尔唯心辩证法改造成唯物辩证法学说。

3　马克思和恩格斯的唯物辩证法学说

马克思和恩格斯在构建唯物辩证法的时候，将黑格尔的量变质变学说、对立同一学说、否定之否定学说继承过来，构建成了唯物辩证法三大规律。与黑格尔不同，他们把黑格尔抽象的哲学思辨推演到现实之中，用马克思的话说，就是把黑格尔“头足倒立”的哲学再颠倒过来。

马克思指出：“辩证法在黑格尔手中神秘化了，但这决没有妨碍他第一个全面地有意识地叙述了辩证法的一般运动形式。在他那里，辩证法是倒立着的。必须把它倒过来，以便发现神秘外壳中的合理内核。”[4]22

恩格斯指出：“在自然界里，正是那些在历史上支配着似乎是偶然事变的辩证运动规律，也在无数错综复杂的变化中发生作用；这些规律也同样地贯串于人类思维的发展史中，它们逐渐被思维着的人所意识到。这些规律最初是由黑格尔全面地、不过是以神秘的形式阐发的，而剥去它们的神秘形式，并使人们清楚地意识到它们的全部的单纯性和普遍有效性，这是我们的期求之一。”“对我来说，事情不在于把辩证法规律硬塞进自然界，而在于从自然界中找出这些规律并从自然界出发加以阐发。”“马克思和我，可以说是唯一把自觉的辩证法从德国唯心主义哲学中拯救出来并运用于唯物主义的自然观和历史观的人。”(3. P. 385～387)

马克思一生都在研究和运用辩证法，他的理想是创立一种合理形态的辩证法。马克思曾打算写作一本《辩证法》：“我又把黑格尔的《逻辑学》浏览了一遍，这在材料加工的方法上帮了我很大的忙。如果以后再有功夫做这类工作的话，我很愿意用两三个印张把黑格尔所发现、但同时又加以神秘化的方法中所存在的合理的东西阐述一番，使一般人都能理解。”[14]马克思在 1868 年 5 月 9 日致约·狄慈根的信中表示：“一旦我卸下经济负担，我就要写《辩证法》。辩证法的真正规律在黑格尔那里已经有了，自然是具有神秘的形式。必须把它们从这种形式中解放出来……”[15]遗憾的是，马克思的这个愿望最终没有实现。我们只能从他对辩证法的实际运用和他从对辩证法的多种论述中去估量和揣摩他的辩证法思想。

在《哲学的贫困》中，马克思说明了辩证法作为一种辩证的逻辑思维方法的一般特征：“纯粹理性的运动又是怎么回事呢？就是设定自己，自相对立，自相合成，就是把自身规定为正题、反题、合题，或者就是它自我肯定、自我否定和否定自我否定。”马克思分析辩证思维的进程，写道：“理性一旦把自己设定为正题，这个正题、这个与自己相对立的思想就会分为两个互相矛盾的思想，即肯定和否定，‘是’和‘否’。这两个包含在反题中的对抗因素的斗争，形成辩证运动。‘是’转化为‘否’，‘否’转化为‘是’。‘是’同时成为‘是’和‘否’，‘否’同时成为‘否’和‘是’，对立面互相均衡，互相中和，互相抵消。这两个彼此矛盾的思想的融合，就形成一个新的思想，即它们的合题。这个新的思想又分为两个彼此矛盾的思想，而这两个思想又融合成新的合题。”(1. P. 220～221)

马克思讽刺蒲鲁东理论思维的贫困：“尽管蒲鲁东先生费了九牛二虎之力想爬上矛盾体系的顶峰，可是他从来没有超越过头两级即简单的正题和反题，而且这两级他仅仅爬上过两次，其中有一次还跌了下来。”(1. P. 221) 马克思批判蒲鲁东违背黑格尔辩证法的观点：“蒲鲁东先生认为，好的方面和坏的方面，益处和害处加在一起就构成每个经济范畴所固有的矛盾。应当解决的问题是：保存好的方面，消除坏的方面。”马克思举“奴隶制”这个经济范畴为例说明，范畴的“好的方面”和“坏的方面”是不可能分割的。“蒲鲁东先生从黑格尔的辩证法那里只借用了用语。而蒲鲁东先生自己的辩证运动只不过是机械地划分出好、坏两面而已。”(1. P. 223～225)

马克思给出了概括的论述：“两个相互矛盾方面的共存、斗争以及融合成一个

新范畴，就是辩证运动。谁要给自己提出消除坏的方面的问题，就是立即切断了辩证运动。”（1. P. 225）

恩格斯在《自然辩证法》中称“对立的相互渗透的规律”，表述为“两极对立的相互渗透和它们达到极端时的相互转化”（3. P. 841）。

恩格斯说：“对立——如果一个事物具有对立，那末它就同自身处在矛盾中，而且它在思想中的表现也是如此。例如，一个事物是它自身，同时又在不断变化，它本身有‘不变’和‘变’的对立，——这就是矛盾。”[16]

从这些论述可以看到，马克思和恩格斯关于矛盾的基本思想与黑格尔是一致的。马克思和恩格斯批判地吸收了黑格尔关于一个事物既与自身同一又包含对立于自身的思想，表述为对立同一规律。按照这个规律，矛盾是一个事物自身包含否定和对立的本质的和内在的规定，即自相矛盾；事物自相矛盾的两个方面不是存在于两个不同的事物之中，而是事物自身具有的自相矛盾的倾向或趋势。对立同一规律是指事物既自身同一又自相矛盾的方面相互共存、相互对立、相互渗透以及达到极端时相互转化的规律。

4　列宁的斗争辩证法

处在无产阶级革命时代的列宁，迫切需要寻找唯物辩证法来指导革命的实践活动。在十月革命之前，他研读了亚里士多德、黑格尔、费尔巴哈等人的著作；研究马克思和恩格斯，以及普列汉诺夫的著作，从中理解马克思和恩格斯在各种著作中对于唯物辩证法学说的实际运用。他在研读的过程中，以笔记的形式写下自己的辩证法思想，大部分文本收集在他的《哲学笔记》[2]中，试图创建一个合理形态的辩证法体系。其中短文《谈谈辩证法问题》[2]305—311集中地表达了他对于辩证法问题的见解。他的许多观点是独到的、杰出的、有创见的。但是，毋庸讳言，列宁实际上构建了一种在理论上有所偏颇，即强调斗争性，但是极富实践精神的辩证法。有所偏颇的观点后来被斯大林强调和利用，引向极端，并正式定格下来，随后被证明它经不起历史的检验，给国际共产主义运动带来严重的危害。接下来简单地叙述列宁的有所偏颇的辩证法观点。

第一个问题是矛盾概念的泛化。

在《谈谈辩证法问题》中，列宁开宗明义第一句话就说：“统一物之分为两个部分以及对它的矛盾着的部分的认识［参看拉萨尔的《赫拉克利特的哲学》一书第 3 篇（《认识论》）开头所引的斐洛关于赫拉克利特的一段话］，是辩证法的实质。”[2]305这里的“两个部分”是两个组成部分，还是两个方面、两种倾向？不甚明确。参看拉萨尔所引裴洛关于赫拉克利特的一段话是这样写的："因为统一物是由两个对立面组成的，所以在把它分为两半时，这两个对立面就显露出来。""宇宙中的各个部分都可分为相互对立的两半：地分为高山和平原；水分为淡水和咸水"。[2]300因此，这里"两个部分"就是指事物的两个组成部分。后来苏联的哲学教科书，例如西洛可夫、爱森堡等合著的《辩证法唯物论教程》，援引列宁此话阐释对立统一规律，分析无产阶级与资产阶级的斗争，社会主义与资本主义的斗争等问题。尔后事态发展的结果是，社会主义国家的哲学理论界渐渐地偏离黑格尔、马克思和恩格斯的理解，矛盾概念泛化为包括不同事物之间相互联系所形成的相互对立和相互冲突的矛盾关系；同时，矛盾概念超出了对立、排斥、冲突、对抗、斗争等含义，成了涵盖对立关系和同一关系两者在内的更高的范畴。

第二个问题是所谓斗争绝对论和"发展是对立面的'斗争'"。

在《谈谈辩证法问题》中，列宁说："对立面的统一（一致、同一、均势）是有条件的、暂时的、易逝的、相对的。相互排斥的对立面的斗争则是绝对的，正如发展、运动是绝对的一样。"[2]306 "斗争"一词有确定含义，按《现代汉语词典》，斗争就是"矛盾的双方相互冲突，一方力求战胜另一方"。将对立提升为矛盾，又将矛盾提升为斗争，斗争就是一方力求战胜另一方的冲突和对抗；而且斗争必定是绝对的。列宁说："发展是对立面的'斗争'。"[2]306列宁在抓住矛盾的斗争性的同时，忽略了"和合""和谐""融合"等细节，唯物辩证法的核心变成了对立面之间具有绝对性的斗争。这就是说，斗争是推动事物发展的唯一动力。这是有名的斗争绝对论。

黑格尔、马克思和恩格斯认为，对立同一规律的核心是同一事物自身的对立面之间的同一或统一。然而，列宁认为，对立面之间的同一只是暂时的、相对的，斗争才是绝对的。马克思认为："两个相互矛盾方面的共存、斗争以及融合成一个新范畴，就是辩证运动。"（1. P. 225）然而，列宁却认为，"发展是对立面的'斗争'"。按照列宁的理解和解释，原本是研究对立面之间共存、对立和融合（同一或统一）的对立同一规律，变成了关于对立面之间的斗争的学说，发生了质的改变。

列宁的上述两个观点整合在一起，结论就是：世界上各种事物都处于相互的斗争之中；斗争就是世界发展的动力。这适合当时革命斗争的需要。

有必要做以下的说明。从《哲学笔记》行文的语气可知，对列宁而言，其中写下的许多摘要、札记所表达的理论观点并非定论。列宁阅读和研究并做出笔记，他还处在思考和游移之中。例如，他也写下了以下的见解：

"可以把辩证法简要地确定为关于对立面的统一的学说。这样就会抓住辩证法的核心，可是这需要说明和发挥。”[2]192

“发展是对立面的统一”。然后说，只有这种观点“才提供理解一切现存事物的‘自己运动’的钥匙，才提供理解‘飞跃’、‘渐进过程的中断’、‘向对立面的转化’、旧东西的消灭和新东西的产生的钥匙。”[2]306

“就本来的意义说，辩证法是研究对象的本质自身中的矛盾。”[2]213

“在（客观）辩证法中，相对和绝对的差别也是相对的。对于客观辩证法说来，相对中有绝对。”[2]306—307这段引文正是紧接着关于同一的相对性和斗争的绝对性之后写下的。

的确，关于唯物辩证法学说，列宁尚处于研究之中，还没有达到最后的定论。列宁逝世后，《哲学笔记》公开出版。他的并非最后结论的斗争绝对论的观点却被斯大林概括为“列宁辩证法”，被看作是马克思主义辩证法的准确解读，成了判断辩证法理论是非的官方标准。

1938年出版的《联共（布）党史简明教程》将列宁的辩证法引向极端。其中斯大林撰写的第四章第二节写道：“辩证方法认为，从低级到高级的发展过程不是通过现象和谐的展开，而是通过现象、现象本身固有的矛盾的揭露，通过在这些矛盾基础上活动的对立倾向的‘斗争’进行的。”然后，以列宁的“发展是对立面的‘斗争’”作为终结[17]。否定了和谐与同一，“斗争辩证法”和“斗争哲学”就此按照斯大林的性格心态和现实需要定格下来。

《联共（布）党史简明教程》“以路线斗争为纲”展开叙述，它认为党内各种意见分歧都是路线斗争的体现，而路线斗争是阶级斗争的体现；它认为随着社会主义建设事业的进展，路线斗争和阶级斗争愈演愈烈。斯大林首创“人民敌人”这个概念，以对付那些不同意他的意见的人，把他们从肉体上消灭掉。在20世纪30年代中期发动的肃反运动之中，被逮捕、枪决的人数达到800万人以上。领导十月革命的第六届中央委员会的24名成员中，2/3被枪决；1922年列宁最后一次出席的十一大选出的27名中央委员中，有17人被枪决或流放；苏共十五大政治局7名成员，除斯大林之外，6人被枪决或者被暗杀；第一届苏维埃政府的15名成员中，除5人已经去世之外，斯大林之外的9人全部被枪决。1919—1935年的31名政治局委员中，有20人遇害。苏共十七大中央委员和候补中央委员98人（占总数70％以上）被逮捕或者被处决。苏共十七大的1996名代表中，有1108人在迫害中死于非命。苏共党员122万人（占党员总数40％以上）被逮捕。5名苏联元帅中的3人；16名高级军事指挥官中的15人，67名军级指挥官中的60人，199名师级军官中的136人，以及397名旅级军官中的221人，都在迫害中死于非命。这就是“一方战胜另一方”的斯大林专政斗争的“成果”。难道这就是“斗争辩证法”！

我们接下来在§8.2关于知性认识规律的基础上，遵照亚里士多德和黑格尔、马克思和恩格斯的基本观点，进一步讨论和叙述唯物辩证法学说。

§9.4　质、量、度　量变质变规律

任何事物都具有一定的质和一定的量，都是质和量的统一体。事物都处于不停息的运动变化之中，都会发生质和量这两种规定性的变化。质变和量变是事物运动、变化的两种基本形式或基本状态。事物总是由量变引起质变，质变又引起新的量变。质变和量变相互过渡、相互交替，由此构成事物的发展和演化。这是世界联系和演化的量变质变规律。它从事物的存在状态、运动变化的过程和发展演化的形式揭示事物运动变化的规律性。

1　质、量、度

质是事物成为它自身并区别于其他事物的特有的规定性。质和事物的存在是直接同一的，特定的质就是特定的事物的存在本身。黑格尔说："质是与存在同一的直接的规定性"。[8]202 世界上各种各样的事物都具有自身特定的质，所以，世界呈现出五彩缤纷、千差万别的生动景象。

事物总是具有一定质的事物，不具有一定质的事物根本不存在；同时，质又总是一定事物的质，脱离一定事物的质也是根本不存在的。

谈论事物的质，就意味着对于事物的相对稳定状态的认识和承认。任何事物每时每刻都处在不停息的运动变化之中，"一切皆流，无物常住"。但是，这决不意味着"一切皆流，无物存在"。只要一个事物还没有发生质变，它就还是原有的概念所表达的那个东西，就不能说它已经变成了别的东西。如果某个事物丧失了自己特有的质，这个事物就消失了，变成了他物，而他物也具有自己质的规定性。事物的质就是事物本身的规定性。

事物的质是指事物在相对稳定状态下的质。因此，我们在§8.2叙述同一律、不矛盾律和排中律——事物在相对稳定状态下的质的规定性的基础上，即在知性认识的基础上，研究事物的量变质变的规律。这就是说，我们从事物的存在状态，事物在相对稳定状态下的质的规定性出发，按照辩证的思维和思辨的思维，研究

事物运动变化的规律性。

事物自身的质的规定性，要通过这个事物与其他事物的联系和关系表现出来。这种联系和关系是复杂的和多方面的。事物的属性或特性，是一个事物在与其他事物的相互联系中表现出来的质。

事物的质是多方面的、丰富的。它是事物本身所特有的、确定的东西。一定质的事物常常表现出多种多样的属性或特性。对于一个事物来说，既有本质属性，又有非本质属性。本质属性表现事物的本质，或者说，本质属性是由事物的本质所决定、所表现出来的属性。

事物的本质和事物的质既相互区别又相互联系。

世界上不存在两个彼此完全等同的事物。各种事物、各个事物总是千差万别。所谓事物的质，是指一个具体的事物的质，是一个事物成为它自身并区别于其他事物所特有的规定性。一个事物的质和这个事物的存在直接同一。事物的质是多方面的、丰富的，表现为多种多样的属性。事物的属性就是该事物在与他事物的相互联系中表现出来的质。

事物有本质的属性，也有非本质的属性。本质的属性是由这个具体事物所隶属的一类事物的本质（类本质）所决定、所表现出来的属性。

事物的本质是指一类事物的本质（类本质），即一类事物之所以成为该类事物而区别于他类事物的最根本的性质。§9.1关于现象与本质对此已经详加叙述，本质深藏在一类事物的现象之中，只能依靠人们的理性思维去把握；还特别强调，事物的本质（即事物的类本质）是分级次的。

即使在同一类事物之中，不同的事物也是千差万别的。一个事物的质，除了包括这个事物所归属的一类事物的本质属性外，还有它自己所特有的质的规定性。特别地说，每一个事物都具有自己所特有的时空属性及其时空的连续性，以区别于世界上任何其他事物（包括与它同类的事物）。

例如，一棵樟树，常绿高大乔木，树冠扩展，枝叶茂密，散发樟脑香气；它涵养水源，美化环境，吸烟滞尘，吸收有害气体，净化空气，沁人心脾；它驱逐蚊蝇，有防虫功效；樟树木材坚硬美观，抗虫害、耐水湿，是建筑、造船、制作家具箱柜和雕刻的好材料；它是提制樟脑和樟油的主要原料。

这里列举了樟树的一系列属性，包括它的颜色、空间形状、气味、与环境的相互作用、性能等，是樟树与其他事物的联系中所表现出来的属性。例如，即使是它的绿色（树叶）和黄褐色（树干），也是它的树叶和树干反射太阳光而作用于人们的视觉器官所引起的结果。如果在霓虹灯的红色灯光的照耀下，它的树叶、树干就不会显现为绿色和黄褐色。

如此叙述的是樟树作为一类事物的共同属性，反映樟树所隶属的一类事物的本质（类本质）所决定、所表现出来的属性，是樟树类本质的外在表现。但是，事物的类别，或事物的类本质是分级次的。樟树首先是一种物质，学名是香樟树，一种生物，一种植物，属被子植物亚门、双子叶植物纲、樟目、樟科、樟属。它焗油作为物质的本质，第三章已经做过讨论："物质是一种永恒运动的具有广延性的存在。"植物学研究表明，它作为一种植物，在阳光照耀之下，从外界吸收水、二氧化碳和无机盐等养分，通过光合作用，制造有机物，生长发育，并放出氧气。它生长繁殖，表现出遗传和变异的现象。这就是它作为植物的本质。它作为被子植物亚门、双子叶植物纲、樟目、樟科、樟属等的本质，无须详述，那是植物学研究的内容。我们大致能够知道，它作为樟目、樟科、樟属，散发出特有的樟脑香气，表现出前述的各种性质。

以上叙述的还只是樟树作为一类事物的共同属性。一棵具体的樟树当然具有樟树的本质属性，同时还具有它特有的质，它具体的颜色、高度、粗细、形状、气味、叶片密度和大小等。特别地说，每一棵具体的樟树都生长在具体的环境下，具有确定的空间广延性，经历着成长的运动变化过程，呈现特有的时空连续性。因此，即使同属于一类事物，每一棵具体的樟树都有自己特有的质，包括其时空特性和时空连续性，它们相互之间不能相互取代，并且因此而相互区别开来。

关于事物的本质和事物的质的上述道理，适应于任何事物。

量和质一样，也是事物所固有的一种规定性。它是事物的大小、规模、程度、强度、速度，以及它的组成要素的空间排列组合等可以用数量表示的规定性。例如，物体的体积、质量和密度，温度的高低，时间的长短，速度的大小，颜色的深浅，物质分子中原子的数量、种类和组合，以至 GDP、劳动生产力、人口总量等。从自然到人类社会，从宏观到微观、宇观，大大小小，里里外外，无不涉及事物的量的规定性。与事物的质的规定性一样，事物的量的规定性是多方面的。一个事物有许多属性，每一种属性都有自己的量的规定性。

量的规定性可区分为内涵的量和外延的量。内涵的量表示事物的等级程度、构成方式和功能过程；而外延的量表示事物存在的范围和广度。在物理学中，将众多的状态参量区分为强度量和广延量。强度量，例如温度、压力和密度等，与物质的总量无关；而广延量，例如体积、质量和能量等，与物质的总量成正比。

量和质是两种不同的规定性。质与事物的存在直接同一，而量与事物的存在并不是直接同一的。黑格尔说："质是与存在同一的直接的规定性，与即将讨论的量不同，量虽然也同样是存在的规定性，但不复是直接与存在同一，而是与存在不相干的。且外在于存在的规定性。——某物之所以是某物，乃由于其质，如失掉其质，便会停止其为某物。”[9]202量有一定的变化幅度；在这个变化幅度内，量的增减不影响某物之为某物。“与质不同，它具有这样一种特性，即‘量的变化’不会影响到特定事物的质或存在。”[9]219

当然，说量是外在的规定性，只能在上述特定的意义上去理解。这决不是说量是外加给事物的。量也是事物固有的规定性。量总是事物的量。离开具体事物的纯粹的量，只是人们思维对客观事物的量与量的关系的抽象、分析和反映。

任何具体的事物都同时具有质和量，都是质和量的统一体。有质无量之物和有量无质之物都是不存在的。体现事物质和量的对立统一的是“度”。所谓度，是事物在运动变化的过程中，保持自己的质相对稳定不变的量的限度、幅度和范围，它是和事物的质相统一的数量的界限。黑格尔说：“一方面定在的量的规定可以改变，而不致影响它的质，但同时另一方面这种不影响质的量的增减也有其限度，一超出其限度，就会引起质的改变。”[9]236

任何度的两端都存在着界限，称为关节点或者临界点。度是各个关节点或者临界点所限定的变化范围的幅度。在这个范围内，事物的某种质保持不变；超出这个范围，事物的这种质就会发生变化。

例如，在一个标准大气压下，水的度是 0～100 ℃。在这个范围之外，当温度降低到 0 ℃，水凝结成冰；当温度升高到 100 ℃，则沸腾变成水蒸气。

恩格斯指出了许多从量变到质变的关节点或者临界点：“电流必须达到一定的最低强度才能使电灯泡中的白金丝发光，每种金属都有自己的白热点和熔解点，每种液体在已知的压力下都有其固定的冰点和沸点——只要我们有办法造成相应的温度；最后，例如，每种气体都有其临界点，在这一点上压力和冷却能使气体变成液体。一句话，物理学的所谓常数，大多不外是这样一些关节点的标志，在这些关节点上，运动的量的增加或减少会引起相应物体的状态的质变，所以在这些关节点上，量转化为质。”（3. P. 904～905）

在许多情况下，临界点扩大为一个值域（A_{min}～A_{max}），可称为临界域，质变发生在这个值域之内，当某一量值达到 A_{min}，质变开始发生并向前推进，当量值达到 A_{max}，完成质变的过程。更高量值的质变发生在更高的临界域（B_{min}～B_{max}）之内。在这种情况下，度的两端各自存在着一个临界域。度就是从低临界域到达高临界域所限定的变化范围（A_{min}～B_{max}）的幅度。显然，在值域（A_{max}～B_{min}）只有一种质态的事物存在着，而在两个临界域内，有两种质态的事物共存。

温度变化时水凝结成冰或沸腾变成水蒸气，是自亚里士多德以来为说明量变质变常用的实例。但是，有几点需要说明如下。第一，水蒸气、液态水和冰之间的变化只是水的物态的变化，物理学称之为相变。就物质化学组成而言，三者的本质都是水，不是本质的变化，应属阶段性的部分质变。第二，液态水变成水蒸气称为水的汽化。汽化有蒸发和沸腾两种不同的形式。蒸发发生在液体表面，在一个标准大气压下，蒸发过程在 0～100 ℃的任何温度下都在进行，否则，湿衣服、湿地面怎么会干呢？温度越高，具有足够动能能够跑出液面的分子数越多，相应的饱和蒸气压就越高。沸腾发生在整个液体内部，只在沸点下才能进行。第三，水是一种很稳定的化合物，在常温下水离解生成的游离的氢分子和氧分子极少，以至不能觉察到。温度达到 1000 ℃以上，水蒸气才开始离解为氢气和氧气。这个离解过程吸收大量的热。但是，即使温度达到 1000 ℃，2000 ℃和 3000 ℃，水蒸气的离解度也只分别达到约 0.0008%，1.8%和 12.0%，而且过程是可逆的。当然，那才是水的本质的变化。显然，水离解成氢和氧的质变发生在很宽的临界域之内。

在《自然辩证法》中恩格斯引用黑格尔的一段话："水的温度最初是不影响水的液体性的。但液体性的水的温度之增加或减少，就会达到这样的一个点，在这一点上，这水的聚合状态就会发生质的变化，这水一方面会变成蒸汽，另一方面会变成冰。"[9]236这个叙述大体成立。我国几本流行的哲学教科书引用此例，加上一些解说，其中说：在一个标准大气压下，水的度就是 0～100 ℃，在这个幅度内，水保持其自身不变；如果超出这个范围，水就失去自己的质，而变成冰或水蒸气了；冰或水蒸气的温度不是低于 0 ℃，就是高于 100 ℃；等等。这些解说显然错了。据此再加以哲学的论述，如质和量互相规定着对方，就变得难以令人信服。

由此可见，必须清晰地区分事物的质和事物的本质。同时也足以说明，不能生搬硬套哲学的道理，永远需要对具体的问题做具体的研究和分析。

在度中，存在着质与量的对立和排斥。质规定着量变化的范围和幅度。例如，不同质的动物、植物有不同的形体大小和不同的生长期，人的身高超过 2.5 米恐怕已成病态，人的寿命大概很难超过 150 岁（也许有极个别例外）。同时，度的存在表明，量对于质也有排斥的倾向和离异的趋势。量一旦超出度的范围，事物的质就会起变化，转化为他物，形成新的质和量的统一体。

2 量变和质变

量变和质变是事物变化的两种基本形式或基本状态。量变是事物的量的变化，即事物的大小、规模、程度、强度、速度，以及它的组成要素的空间排列组合等发生的变化。量变一般是指在度的范围内发生的较小的、不显著的变化。通常所见的稳定、相持、平衡和静止等，都是事物处于量变过程中所呈现的状态和面貌。质变就是事物的质的变化，即事物从一种质态向另一种质态的转变。质变表现为事物的至少某一种性质的显著的突变。单就事物的这种质而言，质变是事物运动变化的连续性和渐进性的中断。统一物分解，事物相持、平衡和静止状态的破坏等，就是事物在质变发生时呈现出来的面貌。与质变相比较，量变是一种渐进式变化，是事物在一定质的基础上的量的积累过程。

如前所述，事物的属性、特性或者性质，是事物的质的外在表现；事物既有本质的属性，又有非本质的属性。本质的属性表现事物的本质。本质属性是相对稳定的，与事物的过程共始终。非本质属性往往变动不居。所谓质变，首先是指事物本质的变化。只要事物的本质属性未变，事物总体上仍然处于量变的过程之中。从这个角度说，并不是事物的任何一种性质的变化都称为事物的质变。但是，如果事物的非本质属性发生了重大变化，事物可能呈现出明显的区别和阶段性。这种非本质属性的重大变化，称为总的量变过程中的阶段性的部分质变。生物由旧物种演化为新物种的过程之中，往往先由旧物种发展为不同的族或亚种（例如华南虎和东北虎就是虎的不同亚种），这里的种和亚种已经有了明显的但非本质的区别。这是同一物种内的部分质变。

应当注意，尽管本质是一类事物之所以成为该类事物而区别于他类事物的最根本的性质，但是事物的类本质或事物的类别的划分和界定是分级次的。因此，事物的本质属性和非本质属性的划分也是相对的。例如，温度变化时水凝结成冰或沸腾变成水蒸气，就物质的化学组成而言，尚无本质的变化，属于阶段性部分质变；但是，就物质的形态即固态、液态和气态的划分而言，显然又属于质变。黑格尔在《小逻辑》§108列举了好几个实例，如一粒粒麦粒形成一堆麦、从马尾上一根根地拔毛形成秃马尾、农夫一两一两地不断增加驴子的负担最后使之倒下，说明量变引起质变的道理。最后，他以用钱而论，在某种范围之内，多用少用无关紧要，但是超出了某种限度，原来可以认作节俭的行为就会变成奢侈或吝啬。奢侈和吝啬当然不属于人的类本质，但是，它也可以作为人的行为和性格的某种本质的划分。由此可以领悟到，类本质及其质变其实涵盖了很宽的范围。

量变和质变相互联系，相互包含，并且在一定的条件下相互转化。

量变和质变的辩证关系可以概括如下：量变是质变的必要准备，质变是量变的必然结果；质变引起新的量变，为新的量变开辟道路。这就是质变量变规律的基本内容。

事物的发展变化总是由量变开始。量变在相应的度的范围之内进行，事物便保持相对稳定的状态。质变具有突发性，但是，它不是凭空发生的，必然有一个以量变为基础的量的积累过程。量变是质变的必要准备，没有量变，就没有质变。量变达到并超过度的临界点或临界域，便导致质变。在量变过程中，实际上存在着两种相反的力量和趋势的较量，如增加或减少，上升或下降，改善或恶化等。量变作为质变的基础，准备着质变的条件，规定着质变的性质和方向。

质变是量变的必然的趋势和结果。当量变向临界点或临界域靠近，就意味着事物具有某种对于自己的质的离异和破坏的倾向，孕育着质变的可能。单纯量变不可能无限地进行下去，当量变达到那个临界点或临界域，质变的可能性就变为现实性，量变的连续性和渐进性中断，质变实际发生。量变只是同质事物的重复或增减，只有质变才是事物性质的根本变化。质变打破了限制量变范围的框架，巩固了量变的成果。

在发生质变的时间段，事物当然不是处在相对稳定的状态下，对于这个情况下的事物，形式逻辑的三个规律即同一律、不矛盾律和排中律的陈述不能成立。恩格斯说："例如，在日常生活中，我们知道并且可以肯定地说，某一动物存在还是不存在；但是，在进行较精确的研究时，我们就发现，这有时是极其复杂的事情。这一点法学家们知道得很清楚，他们为了判定在子宫内杀死胎儿是否算是谋杀，曾绞尽脑汁去寻找一条合理的界限，结果总是徒劳。同样，要确定死亡的那一时刻也是不可能的，因为生理学证明，死亡并不是突然的、一瞬间的事情，而是一个很长的过程。"（3. P. 397）

质变是事物性质的突变和飞跃。由量变引起的质变，旧质被扬弃，新质取而代之。旧质被新质所否定。这里被否定的不是一般的质，而是特定的质。它不仅体现和巩固量变的结果，而且会引起新的量变，为新量变开辟道路。质变发生在量变到质变的临界点或临界域，是从旧质到新质转化的决定性环节。这个临界点或临界域既是前一个阶段量变的结果，又是下一个阶段量变的起点；它既把不同质态的事物彼此区分开来，又将它们连接起来，成为量变和质变相互转化的契机和枢纽。把握这个临界点或临界域，是正确理解量变和质变的辩证关系的关键。

3 量变和质变的普遍性和复杂性

量变和质变及其相互转化，是事物发展变化的普遍规律。

物质的具体形态千姿百态，多种多样。在无限多样的物质世界中，按照空间尺度和质量大小的不同，区分为微观、宏观和宇观等不同的物质层次（参见§4.4）。量变质变规律的普遍性首先表现为，在无限的宇宙中，随着质量的数量级的跃迁，不同的物质层次如微观、宏观和宇观，具有不同的量的规定性，同时具有不同的质。例如，在宇观天体中，引力相互作用起主导作用；而在微观领域起主导作用的是电磁相互作用和强相互作用。微观粒子的波粒二象性在宏观物体和宇观天体中却不会显示出来。

恩格斯说："纯粹的量的分割是有一个极限的，到了这个极限，量的分割就转化为质的差别：物体纯粹由分子构成，但它是本质上不同于分子的东西，正如分子又不同于原子一样。"（3. P. 904）物质世界按照量的分割到了一定程度，总是要导致质的差别。这是物质世界运动变化的基本规律。

物理学研究自然界中物态（气体、液体、固体）的变化，物理学常数所反映的关节点或临界点，以至物理学所研究的物质和物质运动的基本规律的许多内容，都揭示了量变质变及其相互转化的规律性。

在化学领域，到处都有量变到质变的实例。恩格斯说："黑格尔所发现的自然规律取得最伟大胜利的领域是化学领域。化学可以说是研究物体由于量的构成的变化而发生的质变的科学。"（3. P. 905）

门捷列夫元素周期表揭示，元素的化学性质是原子量的一个周期函数。元素性质的周期性变化，是由于原子量的变化引起的，而原子量的变化是由于原子核内核子数的变化，加上核外电子数的相应变化引起元素原子的质变。至于分子，以氧（O_2）和臭氧（O_3）为例，三个氧原子结合而成的臭氧分子，较之两个氧原子结合而成的氧气分子，化学性质有很大的差异。两者沸点不同，氧气没有颜色，没有气味，而臭氧呈淡蓝色，有鱼腥味。氧气比臭氧的性质要稳定。在同一系列的碳氢化合物中，每增加一个 CH_2，便会形成性质不同的另一种化学物质。还有同分异构体，如乙醇和甲醚，成分相同，但是相同的成分在空间排列次序的变化，形成两者不同的化学物质，具有不同的性质。

生物进化过程就是生物变异的量的积累，突破原有遗传质而获得新的遗传质的飞跃过程。生物变异和遗传实现由旧物种到新物种的转化。

在人类社会的发展过程中，生产力量的增长导致生产关系、上层建筑的变革，以至不同质的社会形态的更替。人们在实践基础上积累了十分丰富的感性材料，借助于抽象概括，产生认识上的质变，实现由感性认识到理性认识阶段的飞跃。人类认识的发展，遵循着量变质变的规律。

不论宏观世界，还是微观世界；不论简单事物，还是复杂事物；不论自然界，还是人类社会和人类思维领域，量变质变规律都作为事物发展变化的规律普遍地存在着和实际地发挥着作用。

量变的复杂性首先表现在量变形式的多样性。量变的形式分为两大类：一类是数量的增减；另一类是构成事物的组分在空间关系即排列次序和结构形式上的变化。这两种形式的量变都可以引起质变。前一类量变如前所述。后一类量变也普遍存在。例如，在化学中的同素异形体和同分异构体；对同样素质和同样数量的士兵组成，不同的战役组织，会导致战斗胜利或者失败的完全不同的结果。在相同的生产力水平上，一个僵化的经济活动模式变化为一个充满活力的经济活动模式，可以引起质变，产生不同质的经济效果。

量变的复杂性还表现在总的量变过程中的阶段性的部分质变和局部性的部分质变。阶段性的部分质变如前小节所述。只要事物的本质属性未变，事物总是处于量变过程之中，但是，由于事物的非本质属性发生了重大的变化，事物呈现出明显的阶段性。这就是阶段性的部分质变。局部性的部分质变是指事物的全局的性质未变而其中某些个别的部分发生了本质属性或非本质属性的变化。这是事物的内部各部分之间发展不平衡的一种表现。只要事物的全局的本质属性未变，这仍然属于总的量变过程中的部分质变。

量变的复杂性的另一种表现是，各种量变作为质变的准备过程，其时间延续长度存在很大差异。微观世界的量变经历的时间一般极其短暂；社会形态的更替，则需要几百上千年；导致生物物种更替的变异因素的积累，则可能需要几千万年的时间。

同量变的复杂性一样，质变也是复杂多样的。质变的复杂性首先表现在质变形式的多样性上。按照质变过程对抗性和非对抗性的区别，可以将质变分成两类：爆发式飞跃和非爆发式飞跃。前者是解决对抗性矛盾的质变形式，通过矛盾双方的猛烈的对抗和冲突实现的质变，例如火山爆发、炸弹爆炸和不可控热核反应等。后者是解决非对抗性矛盾的质变形式，通过新质要素的逐渐积累逐渐取代旧质而实现的质变，如铁生锈、生物物种的进化或退化等。

事物的质变是由事物本身的性质所决定的，同时又受到它所处的外部条件的制约。在不同的外部条件下，同样性质的事物发生质变的形式也可以完全不同。例如，原子核裂变在原子弹爆炸中表现为爆发式质变，但是，在原子能电站中则表现为非爆发式质变。

质变的复杂性还表现在质变过程具有量的特征。事物从引起质变到完成质变，总有一个时间上和空间上实现的过程。此过程持续的时间有长有短，例如，微观粒子的衰变和湮灭在短暂的瞬间实现，由猿到人的转变却经历了上百万年。这些过程发生的空间尺度不等，甚至有极大的差异，例如，粒子衰变发生在微观层次，恒星形成则发生在广袤的宇宙空间。无论发生在什么时间和空间尺度上，质变都有一个量的延伸或扩张的过程。所有这一切，都显示出质变的多样性和复杂性。

§9.5 对立同一规律（1）

事物为什么会变化？事物变化的源泉和动力是什么？这是对立同一规律研究的内容。对立同一规律揭示事物变化的源泉、动力及其过程，揭示一个事物由于内在的对立或矛盾而变化的规律。对立同一规律是唯物辩证法学说的实质和核心。

这里称“对立同一规律”，而没有使用“对立统一规律”的名称，根本原因在于：“同一”就是指同一个事物自身的同一性；用“统一”代指“同一”，虽然也可作为“同一”来理解，但是更可以理解为不同的事物结合组成一个整体，蕴含着出现偏离的可能性，即指不同事物之间相互对立和相互统一的规律。

1 逻辑矛盾、自身矛盾和关系矛盾

矛盾是辩证法学说的核心范畴。§9.3叙述了从亚里士多德、康德、黑格尔，到马克思和恩格斯、列宁的辩证法学说，叙述了他们对于矛盾范畴的见解。可惜马克思写作《辩证法》一书的愿望没有实现，后人只能从他对辩证法的实际运用和对于辩证法的多种简单的论述中，去估量和揣摩他的辩证法思想。20世纪以来，对于矛盾范畴的探索经历了曲折的过程，至今也不能说已经达到了确切的、统一的理解。

在人们的日常生活和传统的哲学教科书中，矛盾的概念已经高度泛化。到处都是矛盾，争吵打架、杀人放火等当然也是矛盾；而“矛盾是事物发展的动力”。但是，也可以听到不理睬传统哲学的理智的声音：“不要闹矛盾，以免影响团结，耽误时间，不利工作。”之所以把这种俗话也写进哲学的沉思，目的在于说明传统哲学已经远离了人类的社会生活实践。

究竟应当如何理解和诠释矛盾范畴呢？

我们知道，汉语“矛盾”一词源于战国末期思想家韩非。《韩非子·难一》篇叙述楚人卖矛又卖盾的故事，曰：“楚人有鬻盾与矛者，誉之曰：‘吾盾之坚，物莫能陷也。’又誉其矛曰：‘吾矛之利，于物无不陷也。’或曰：‘以子之矛陷子之盾，何如？’其人弗能应也。夫不可陷之盾与无不陷之矛，不可同世而立。今尧、舜之不可两誉；矛盾之说也。”

韩非叙述了“不可同世而立”的“矛盾之说”。例如，对于盾之坚来说，既然无物能陷，就不存在无所不陷的矛；对于矛之利来说，既然无所不陷，就不存在无物能陷的盾。在逻辑学意义上的前后冲突、互相抵触、完全对立的陈述是自相矛盾的陈述，翻译为矛盾或者逻辑矛盾。广言之，所谓逻辑矛盾，是指在同一种语境之下，关于同一个对象的两个互相否定、完全对立的命题所构成的逻辑关系。构成逻辑矛盾的两个命题不能同时成立，其中至少有一个是虚假的。任何科学认识都要求排除逻辑矛盾。韩非与亚里士多德差不多同时提出形式逻辑的不矛盾律，在逻辑学上做出了杰出贡献。

逻辑矛盾并不是作为哲学概念提出来的，也不涉及辩证法问题。作为辩证法的核心范畴的矛盾具有完全不同的意义。

黑格尔说：“‘一切事物本身都自在地是矛盾的’这一命题……比其他命题更加能表述事物的真理和本质。”[7]65 对应这里的“矛盾”的德文单词是“Widerspruch”。邓晓芒指出[18]：“在黑格尔和马克思那里，Widerspruch 本来意味着同一句话本身的自相矛盾，也就是自我否定，所以他们把矛盾的辩证法称作‘否定性的辩证法’，它是事物过程取得肯定的积极成果的内在原动力。但我们在借助于韩非子的寓言来翻译这个词时，却用一个‘矛’和一个‘盾’把这个概念实物化了，使一个东西的自我否定变成了两个东西的外在冲突。”这段话除了个别的地方需要做出细微订正之外，说得的确很有道理。人们说到矛盾，不可避免地想到，这就像是矛和盾这两种古代的兵器之间针锋相对、势不两立的相互冲撞，而不会想成士兵一手执矛一手执盾，既进攻又防守，相互配合作战的形象。“矛”和“盾”的意义已经偏离了 Widerspruch 的本义。后来矛盾演化为“事物之间又斗争又统一的相互关系”，偏离就变得更为严重。问题在于，这个翻译经过了百年历史的沉积，已经深入到人们的日常生活和民族的心理之中，现在改换一个词语来翻译它，并要人们接受，需要很长的历史过程。我们姑且仍然使用它，但是，理当加以某些适当的、合理的限制。

作为辩证法的核心范畴，矛盾有什么含义？如何定义矛盾？

当黑格尔把矛盾用于阐释对立同一规律时，矛盾被赋予了辩证法的内涵。如前所述，按照黑格尔的观点，对立或矛盾是与同一相对的同一层次的概念，对立或矛盾与同一概念合起来，用于表达一个事物的两种性质、方面、倾向或者趋势的既相互反对又自身同一的状态。在黑格尔那里，矛盾包含排斥、冲突、对抗等意义，是对立同一体的一个非常重要的规定性。马克思和恩格斯也是在这种意义上使用矛盾概念的。

按照黑格尔、马克思和恩格斯的辩证法学说，我们将严格地遵照和坚持以下三个要点展开讨论。第一，矛盾是同一个事物自身所包含的否定和对立的本质的和内在的规定，即同一个事物本身的两种性质、方面、倾向或趋势的对立。有必要区分时，可称这类矛盾为自身矛盾。事物的自身矛盾是事物变化的根据和源泉。第二，矛盾是与同一相对的、同一层次的概念，矛盾与同一概念合起来表述对立同一规律。第三，自身矛盾不是不同的事物之间，也不是一个事物的各个组成部分之间相互联系、相互作用形成的相互排斥和相互冲突的对立关系。后一类相互对立的关系，按照已有的习惯，也称为矛盾，有必要区分时，称之为关系矛盾。一个事物的组成部分之间的对立，尽管对于该事物而言是内部的对立，但是，对于有关对立双方而言，却仍然是外部的对立，是一种关系矛盾。关系矛盾属于不同事物之间普遍联系的关系范畴。

还要补充说明如下。黑格尔说："同一与对立本身即是对立的"[9]256。这就是说同一与对立本身构成矛盾。因此，同一个事物本身的两种性质、方面、倾向或者趋势的既自身同一又相互反对（同一与对立的对立）的状态，也是自身矛盾。同样，不同的事物之间，或者同一个事物的各个组成部分之间的相互联系、相互作用所形成的既相互统一，又相互反对（统一与对立的对立）的状态，也是关系矛盾。矛盾仍然只表达对立、排斥、冲突、对抗等意义。

这样，按照不同的含义，矛盾被划分为逻辑矛盾、自身矛盾和关系矛盾三大类。其中只有自身矛盾才是对立同一规律的着眼点和直接讨论的对象。对立同一规律是同一个事物所包含的既与自身同一又自相矛盾的两种性质、方面、倾向或趋势相互共存、相互对立、相互渗透、相互融合，维持事物的存在、稳定和变化，最后发生质变并转化为他事物的规律。为了研究事物变化的原因，还必须研究不同事物之间的相互作用，即必须研究关系矛盾。

§9.5和§9.6两节所叙述的内容渗透着本人对于矛盾范畴和对立同一规律的理解。如前所述，马克思没有写下关于辩证法的详细的分析和叙述。黑格尔诚然是伟大的思想家，写下了人类思想史上关于辩证法的长篇巨著。但是，黑格尔的叙述晦涩难懂；何止晦涩难懂，他关于辩证法的许多概念之间的关联牵强附会，许多思辨（连同其表述）未能达到足够的清晰、全面和完善的程度。而且黑格尔辩证法的研究对象或辩证运动的主体不是客观存在的事物，而是在世界出现之前就已经在某处存在着的"纯粹理念"或者"绝对精神"。黑格尔的对立统一学说是"纯概念"的自身发展、自身认识的思辨体系。下面引证黑格尔的许多论述，则是按照恩格斯表达的思想来理解，即黑格尔所阐述的辩证法规律无非是自然界本身的最一般的规律。因此，要深入地研究矛盾范畴和对立同一规律，需要有自己的、在某些问题或者某些方面不同于黑格尔的分析和理解。这意味着，对于黑格尔的唯心辩证法学说，我们不能全盘照搬，而必须加以唯物主义的理解和改造。

2 同一、差别、对立、矛盾

首先的问题是：什么是同一？什么是差别？

在讨论同一和差别时，黑格尔曾多次指出，所谓同一是指“自身同一”或者“自我同一”；同时，不应当把同一与差别截然分开；“不要把同一单纯认作抽象的同一，认作排斥一切差别的同一。”[9]249 实际上，对于同一个事物，同一与差别同在。这是什么意思？究竟什么是同一？什么是差别？

我想，从唯物主义哲学出发，可以从如下四个方面来理解。

第一，首先考虑一个单独概念所表达的单个事物。研究一个具体事物，必定需要用一个词语即一个名称去指称它。任何一个具体事物都有着大量的（可以说天文数量的）信息特征。如前所述，作为事物的名称是人们从这个事物的丰富而真实的感性材料中，通过理性思维的抽象和概括而得到的一个概念。所谓抽象，是从感性对象的表象中，抽掉那些非本质的表面现象和表面细节，留下那些反映本质属性的自身同一的普遍特征。概念扬弃具体事物的直接性和特殊性而上升到普遍性。因此，事物的概念并不完全等同于具体事物本身。概念反映了感性对象具有的本质，这就是事物的概念与感性对象的同一，或事物与自身同一。所以，“同一乃是通过扬弃存在的直接规定性而变成的，因此同一可以说是作为理想性的存在。”[9]249 但是，概念不可能反映感性对象的全部细节，这必然留下差别。“概念以及理念，诚然和它们自身是同一的，但是，它们之所以同一，只由于它们同时包含有差别在自身内。”[9]249—250 因此，同一之中必定又包含着差别。

第二，在通常情况下，我们研究类概念（如人、商品、原子、天体等）、集合概念（如森林、军队等）、性质概念（如美丽、坚强等）和关系概念（如大于和小于、欣赏和鄙视等）所表达的事物和现象。此时，表达同一类事物和现象的概念，实际上是从许许多多（甚至是无限个数）具体认识对象的具体表象中，通过理性思维的抽象和概括得到的思维成果，反映许许多多认识对象的共同本质。在这种情况下，每个概念所反映的认识对象的共同本质，就是许许多多的认识对象中的每一个认识对象所具有的若干个主要特征，这就是同一类事物的同一性，当然也是事物与自身的同一。

类概念（例如人）和集合概念（例如森林），同样不可能反映每个具体的感性对象（例如某一个人或某一片森林）的全部细节，因而留下了差别；这就是所谓同一之中必定包含着差别。不仅如此，对每一个类概念或集合概念所涉及的许许多多认识对象中的各个对象（例如各个人、各片森林等），作为类概念或集合概念的各个"样板"，它们是不同的事物，对象之间各自独立，各自具有许多其他特性，因此，各个对象之间（例如，这个人与另一个人之间、这片森林与另一片森林之间）必然存在差别。"'凡物莫不相异'，或者说，'天地间没有两个彼此完全相同之物'。"[9]251 例如，天下找不到两片完全相同的树叶。这是同一个类概念或者集合概念指称的同一类事物之中各个具体事物之间的差别，称为外在的差别。虽然存在外在的差别，但是，各个事物都具有概念所表达的规定性，或者说具有同一性。

性质概念和关系概念反映的性质或关系，例如美丽，可以是一个美丽的女孩，或者一处美丽的山水，二者都有"美丽"的特性，这是"美丽"与这个女孩，或"美丽"与这处山水的同一，也是一种自身同一。但是，这个女孩和这处山水根本就不是一类事物，二者有着极大的差别。

第三，从一个事物与外部事物的相互联系和相互关系看，同一个事物的存在是多方面的。一个事物的许多属性，实际上是它相对于其他事物的一种关系。从不同的视角、不同的方面、不同的关系看，同一个事物表现出不同的特点或属性，显示出同一个事物自身的差别。例如，如前所述（见§9.2）：

"横看成岭侧成峰，远近高低各不同。"

"海水最干净，又最脏；鱼能喝，有营养；人不能喝，有毒。"

"健康的人说蜂蜜是甜的，黄疸病人说蜂蜜是苦的。"

"水能灭火，但是，往燃烧的钠、钾上浇水，比火上浇油还要危险。"

这意味着，对于一个实际命题（或陈述）而言，如果形式逻辑三个规律的表述中所加上的完整清晰的限制不成立，那么，相应的叙述就可以被否定。这就是说，不管一个事物是否处于相对稳定的状态中，在不同的时间、不同的方面、不同的相互关系下，关于同一个事物的命题（或陈述）可以被颠倒，即转而叙述为：它既存在，又不存在；它既是什么，又不是什么；它既具有某种属性，又不具有这种属性。所有这些，显示出同一个事物自身的差别。

作为必要的注释，我同时认为，如果根本不顾及，也不考虑必要的条件和限制，不管究竟处在何种不同的时间、不同的方面、不同的相互关系下，就武断地强调说，一个事物既存在又不存在；它既是什么又不是什么；它既具有某种属性又不具有这种属性，这必然会陷入诡辩论和克拉底鲁式的纯粹流变观。这种陈述是不可取的。

以上考虑（1）思维的语言表达与感性对象的直接性之间的比较，（2）同一类事物的各个个体之间的横向比较，以及（3）同一个事物的不同视角、不同方面、不同联系的横向比较。下面考虑一个事物随时间的纵向变化。

第四，如前所述，任何事物都处在不停歇的运动变化之中。但是，我们不能因为强调运动和变易就否认事物的静止和稳定。事物的静止和稳定是指，从一定的层次、一定的方面、一定的限度、一定的角度、一定的关系来考察运动变化的客观事物时，它所表现的相对静止、相对稳定不变的状态。事实上，事物并非在任何时候都在发生质变。当事物没有发生质变时，这个事物还是它自身。在这个意义上说，自身同一就是指同一事物所展现的相对的稳定性和不变性。通俗地说，当事物稳定时它还是它自身，它保持着同一性。所谓差别，就是事物随时间发生的变化或变异。静止和稳定是相对的，变化或变异却无时无处不在发生。不能把同一看成是排斥一切差别、变异的抽象同一，而应当把同一看成是同一与差别的辩证统一。这就是说，具体的同一不但不能排斥差别，而且包含着差别于自身。

总起来说，同一是概念所反映的事物的本质特性与作为感性对象的具体事物的同一。对于一个事物而言，完全绝对的同一性是不存在的，同一之中必定包含着差别；完全的绝对的差别、差异也不存在，差别、差异之中必定包含着同一，否则，它就不可能是同一个事物本身。

接下来讨论对立和矛盾。

在对立同一规律中，所谓对立，是指同一个事物中两种性质、方面、倾向或趋势之间相互反对的关系。从哲学上说，对立是同一个事物的自相矛盾，即自身矛盾。反过来说，自身矛盾是同一个事物的两种性质、方面、倾向或趋势的对立。自身矛盾并不是指一个事物的组成部分，即它的实体要素之间的对立，这种对立尽管对于该事物而言是内部的对立，但是，对于有关的对立双方而言，却仍然是关系矛盾。自身矛盾是同一个事物自己与自己相区别、相排斥，即自己与自己相对立，一句话是自我否定。

尽管黑格尔也说过“由对立而进展为矛盾”[9]258之类的话，似乎对立还不是矛盾，但是，这只说明黑格尔的思辨（连同其表述）还未达到足够的清晰和完善。按照矛盾的定义，同时，按照黑格尔关于矛盾的论述，即“一切事物本身都自在地是矛盾的”[7]65，而且黑格尔说过“对立作为矛盾”[7]27，我们认定：对于同一个事物而言，对立就是矛盾，自身的矛盾。

恩格斯说：“对立——如果一个事物具有对立，那末它就同自身处在矛盾中，而且它在思想中的表现也是如此。例如，一个事物是它自身，同时又在不断变化，它本身有‘不变’和‘变’的对立，——这就是矛盾。”[16]

差别、差异只是矛盾的潜伏状态或者萌芽状态，在这种状态之下，对立关系尚未充分地成熟起来，在对立同一体中尚处于从属的地位。实际上，本性的对立自始至终就潜伏于对立统一体中。黑格尔说："无论什么可以说得上存在的东西，必定是具体的东西，因而包含有差别和对立于自己本身内的东西。"[9]258 现实的、表观的对立则是差异关系进一步发展的结果，它已经从差异演化成为全面的对立，在对立同一体中占有一定的主导地位。对抗、斗争，则是一种尖锐的对立。按照《现代汉语词典》，除"努力奋斗"的含义之外，"斗争"的词义是："双方相互冲突，一方力求战胜另一方"。人为地改换日常词语的含义，如说批评和自我批评也是斗争，徒然无益。人们自然按照通常的含义理解根据这种改换了的含义所做出的哲学判断，这只会使理论远离人们的生活实践。斗争就意味着事物处在尖锐的对立，并且即将发生飞跃、突变的状态之中。因此，斗争应当理解为尖锐的矛盾。

3　对立同一的辩证关系

差别、对立（或矛盾）和同一共处于对立统一体中，它们各自都既是绝对的，又是相对的。这里所谓绝对性，是指在任何事物中，差别、对立和同一都是普遍存在的；没有差别、对立和同一的事物是不存在的；而且同一之中包含着差别、对立；差别、对立之中也包含着同一。这就是对立同一的普遍性。所谓相对性，则是指在任何事物之中，不可能只有同一而没有差别、对立；也不可能只有差别、对立而没有同一。但是对于一个事物而言，斗争作为尖锐的冲突和尖锐的矛盾，当到达某一时刻或者某个时间段，它可能是不可避免的，然而决非在任何时候都时时刻刻存在着。

每一个事物，作为对立同一体，都表现为对立性和同一性的辩证统一。

从不同的视角、不同的方面、不同的时间、不同的关系看，同一维度上相反对立的性质、倾向、趋势或势态之间呈现相互依赖、互相依存的对立同一的联系。对立的每一方都不能孤立地存在和发展，都与另一方相互依赖着。一方必须以另一方作为存在的前提和媒介，一方的发展也必须以另一方的存在和发展为条件。例如，没有上就没有下，没有前就没有后等。如黑格尔所说："在对立中，有差别之物并不是一般的他物，而是与它正相反对的他物；这就是说，每一方只有在它与另一方的联系中才能获得它自己的（本质）规定，此一方只有反映另一方，才能反映自己。另一方也是如此；所以，每一方都是它自己的对方的对方。"[9]254－255

对立的双方共处同一个事物即对立统一体之中，相互共存、相互包含、相互渗透，不可能截然分开，而且在一定的条件下，对立的双方相互贯通、互相转化。

这里所谓相互转化，是指一个事物自己运动，向着与自己相互依存的对立面转化。例如，美丑、善恶、难易、祸福、贵贱、智愚、荣辱、胜败、攻守、进退等相互共存、相互包含、相互渗透，又在一定的条件下，向着与自己依存的对立面转化。

恩格斯说："辩证法根据我们直到目前为止的自然经验的结果，已经证明了：所有的两极对立，都以对立的两极的相互作用为条件；这两极的分离和对立，只存在于它们的相互依存和联结之中，反过来说，它们的联结，只存在于它们的分离之中，它们的相互依存，只存在于它们的对立之中。"（3. P. 954）同一是对立中的同一；而对立是同一中的对立。二者互相依存、相互制约，构成对立统一体，包含同一和对立于自身，并且在一定的条件下，相互贯通、相互融合，最终促使事物发生质变和转化，旧事物变成新事物。

至少比古希腊伟大的哲学家苏格拉底、柏拉图和亚里士多德早了100年，中国古代的老子哲学阐述了丰富的辩证法思想，系统地揭示事物的存在是相反相成的对立统一，如阴阳、美丑、善恶、难易、长短、高下、前后、损益、刚柔、强弱、祸福、盈亏、荣辱、贵贱、智愚、巧拙、胜败、攻守、进退、有无、生死、动静、大小、轻重等，都是指一个事物自身的相互对立、相互否定，又互相共存、互相渗透、互相转化的联系。如果其中的一方不存在，另一方也就不存在。"有无相生，难易相成，长短相形，高下相倾，音声相和，前后相随。"（《道德经》二章）"祸兮，福之所倚；福兮，祸之所伏。""正复为奇，善复为妖。"（正常变为反常，善良变为妖孽。）（《道德经》五十八章）从老子《道德经》五千言中还可以引述很多。老子强调的是同一个事物自身的相互对立的属性之间互相共存、互相渗透、互相转化的对立同一的关系。

从柏拉图到黑格尔，对对立同一关系做过许多论证，构成柏拉图-黑格尔否定辩证法的重要内容。按照黑格尔的叙述，对立同一体是指一个事物的内部既肯定又否定，既保持自身又能变为他物的本质的内在的规定性。例如，关于"一"和"多"，"肯定"和"否定"，"存在"和"不存在"，"动"和"静"，"生"和"灭"等对立概念之间的转化，柏拉图和黑格尔就有过许多论述。兹举数例如下。

黑格尔引述柏拉图的话说："假如有人证明给我看，说我是'一'又是'多'，则他并不会令我惊异。因为他指明了我是'多'，并指出我有左右两边，上面和下面、前面和后面：所以'多'是内在于我。再则，我是'一'，因为我是我们七人中的一人。同样，石头、木头等等也是'一'和'多'的统一体。"黑格尔写道："所有这些纯理念既存在又不存在，'一'既是'一'也是'多'。在'一'是'一'这一命题里也包含'一'不是'一'而是'多'的意思。反之，在'多'是'多'这一命题里也说出了'多'不是'多'而是'一'。这些理念被证明为辩证的，本质上与其对方同一。这就是真理的所在。”[19]218－219这里“一”和“多”的对立同一，既不是从概念到概念的推演，也不是外在的牵强附会，即不是不同事物之间的差别和对立，而是从不同的视角、不同的方面出发，对同一个事物的一种内在的自然的理解。这样，世界上万事万物都是“一”和“多”的对立统一。

黑格尔论述了“肯定”和“否定”的辩证法。黑格尔认为，肯定是一种自身联系，有肯定的一面，才有自身的同一。对肯定来说，否定是其对立面，也可以说是差别；否定对自身而言，是一种自为的差别。在这个意义上，肯定不是否定，否定不是肯定，各有其自身的存在。但是，肯定和否定又是密不可分的，每一方都通过对方映现自身，如果没有对方的存在，也就没有自身的存在。在这个意义上说，没有肯定就没有否定，没有否定也就没有肯定。黑格尔说：“我们甚至可以称肯定为否定，反之，也同样可以称否定为肯定。同样，譬如说，财产和债务并不是特殊的独立自存的两种财产。只不过是在负债者为否定的财产，在债权者即为肯定的财产。同样的关系，又如一条往东的路同时即是同一条往西的路。因此肯定的东西与否定的东西本质上是彼此互为条件的，并且只是存在于它们的相互联系中。”[9]256－257

在同一个事物之中对立的东西又是相互依存的。马克思在《资本论》中所举出的商品的使用价值与价值、具体劳动与抽象劳动、货币的相对价值形式与等价形式、绝对剩余价值与相对剩余价值等，都是既相互排斥又相互依存的。马克思在谈到相对价值形式与等价形式时明确地指出：“相对价值形式和等价形式是同一价值表现的互相依赖、互为条件、不可分离的两个要素，同时又是同一价值表现的互相排斥、互相对立的两端即两极；这两种形式总是分配在通过价值表现相互发生关系的不同的商品上。”[4]62－63

§9.6　对立同一规律（2）

1　事物存在和运动变化的根源和动力

接下来我们研究客观事物运动变化的规律。所谓变化，是指事物的内在性质（如它的要素、结构、数量、尺度、状态、运动形式等）和外部联系与原来相比产生的某种差异。我们将着重讨论：事物为什么会变化？事物变化的源泉和动力是什么？

这样提出问题，容易造成一种误解：似乎凡是事物变化就是好的和积极的，而稳定不变就是退步的和保守的。决不是这样！我想开头就再一次重申：

> 毫无疑义，变化是绝对的，稳定性和不变性是相对的。但是，现代唯物主义哲学并非一味地追求变化。我们欢迎和追求适当的变化和适当的稳定性、不变性，同时避免和防备有害的恶意的变化和不利的顽固的稳定性、不变性。判别的标准是什么呢？人既是出发点，也是落脚处。因此，判别的标准就是国家的利益，民族的利益和人类的利益，其中必然包含着人与自然的和谐。世界上的任何事物都避免不了产生、发展、衰退和最终灭亡的命运。研究、掌握和尊重客观事物运动变化的规律，依据客观的规律，做最坏的打算，尽最大的努力，创造美好的未来。这既是现代唯物主义哲学的观点，也是我们生活的态度。

黑格尔强调，一个事物的自身矛盾是这个事物运动变化的内在的根据和源泉。他说：“矛盾是推动整个世界的原则，说矛盾不可设想，那是可笑的。”[9]258 “必须承认矛盾是更深刻的、更本质的东西。因为同一与矛盾相比，不过是单纯直接物、僵死之有的规定，而矛盾则是一切运动和生命力的根源；事物只因为自身具有矛盾，它才会运动，才具有动力和活动。”[7]66

> 在我看来，自身矛盾是事物存在和变化的内在根源和动力。

之所以这样断言，来自如下理由。第一，世界有自身矛盾与关系矛盾之区别。不同事物之间相互作用所构成的关系矛盾，是事物变化的外部原因。第二，传统哲学教科书说：“矛盾是事物发展的动力。”这个命题难以成立。为什么？且不说生活中的快乐烦恼、生死动静，不太可能都会成为事物发展的动力，世上坏事也不可能都变成好事；严重的问题是，在现实社会中，如果核大战这种尖锐的矛盾一旦爆发，很可能造成人类社会的毁灭。还奢谈什么发展？自身矛盾是事物存在、变化的内在根源和动力，它既可能带来发展，也可能带来衰退，甚至带来毁灭。第三，尽管矛盾作为辩证法哲学的范畴提出源自黑格尔，但是，他说“事物只因为自身具有矛盾，它才会运动”[7]66，矛盾成了运动的原因，这种说法值得斟酌，稍后再做讨论。

为了往下的讨论不至悬在空中，这里举出几个自身矛盾作为思考范例（详见§9.6.3）。物质的自引力和热运动产生的外向压力所形成的吸引和排斥的对立同一，是恒星的基本的自身矛盾；新陈代谢（即同化异化）是生物个体的基本的自身矛盾；遗传变异是生物种群的基本的自身矛盾。

黑格尔强调自身矛盾是事物变化的根源。他举例说："人是要死的，似乎以为人之所以要死，只是以外在的情况为根据，照这种看法，人具有两种特性：有生也有死。但对这事的真正看法应当是，生命本身即具有死亡的种子。凡有限之物都是自相矛盾的，并且由于自相矛盾而自己扬弃自己。"[9]177 对此，恩格斯评论说："生命总是和它的必然结局，即总是以萌芽状态存在于生命之中的死亡联系起来加以考虑的。辩证的生命观无非就是如此。"（3. P. 985）

同一性在事物的发展变化中的作用在于，它把对立的两个方面连接起来，使事物处于相对稳定的状态，提供事物存在和发展变化的条件。

第一，对立面相互依存，一方的存在以另一方的存在为条件，这是事物存在的前提。同一性使事物的两种对立的性质、方面、倾向或趋势能够在相互依存中共处于对立同一体之中，对立双方的力量的变化也是在相互依存的对立同一体中实现的。

第二，新事物总是要保留和利用旧事物中适用环境、有利于自己的因素。在事物的运动变化中，同一性使事物包含着已有的某些有利的因素。

第三，对立双方的相互贯通规定着事物运动变化的基本趋势。运动变化包含着一物转化为他物，不是转化为别的东西，而是转化为自己的他物，向着自己的对立面转化。例如，生物进化是在遗传和变异的对立同一的过程中实现的，离开遗传和变异的具体同一性，就无从确定生物进化的基本趋势。

关于对立性（即矛盾）在事物运动变化过程中的作用，可以从它在事物量变和质变过程中所起的作用来考察。

第一，对立性在事物的量变过程中，推动着对立双方力量的变化。对立同一关系的发展过程，就是两种对立的性质、方面、倾向或趋势此消彼长的变化过程。通过双方面的相互制约、相互排斥，以至相互对抗、相互斗争，一方打破另一方的限制，同时却限制另一方的发展。正是在这种对立之中，造成了不平衡的发展和力量对比的不断变化，为事物的质变创造条件。

第二，对立性在事物的质变过程中的作用更加明显。当两个对立面随着事物的运动变化沿着各自的方向达到它的极限时，只有通过相互排斥，甚至相互斗争，相互扬弃，才能突破这个极限，促使原有对立同一体解体，新的对立同一体产生。所谓对立面达到极端时相互融合的过程，就是指事物发生质变，原有事物转变成他事物的转化过程。

同一性是对立同一体中稳定的、不变性的方面；对立性是对立同一体中活跃的、能动的方面。这里决没有谁是谁非、谁优谁劣、谁革命谁保守的问题。前面已经指出，对于适当的变化和适当的相对稳定性、不变性的追求，正是人们努力的目标。注意：不是任何矛盾和斗争都能够起到推动事物前进发展的作用。客观事物都有自己客观的运动变化规律。绝对需要的是，面对具体的问题，对于事物的对立同一的具体趋势，做出具体的分析。

2 事物变化的终极原因

接下来最重要的问题是：为什么自身矛盾成为事物变化的内在根源和动力？事物变化的终极原因是什么？只要不满足于事情的表面，将问题深思到底，自然会提出这个问题，而且要寻求一个道理充分、令人信服的回答。

在邓晓芒的《思辨的张力 黑格尔辩证法新探》[20]一书中，著者以关于西方哲学（首先是康德哲学和黑格尔哲学）的丰富学识和深刻理解，详实地对黑格尔的辩证法思想做出了客观、准确的表述和系统的评价。

邓晓芒认为，按照黑格尔的思想，否定的辩证法是贯穿一切的最重要的原则，矛盾原则只不过是“内在否定性”或“自否定”原则的一种体现。矛盾之所以能成为事物“自己运动”的内在动力，只是因为这种矛盾是这个事物自己与自己的矛盾，即自相矛盾，只是因为这个事物力求自己否定自己，自己超越自己的生命冲动或者能动性。邓晓芒认为，在黑格尔那里，再追问“自否定”后面还有什么根据（即事物为什么要自否定?）这种提问毫无意义。自否定就是最后的根据，是绝对的无条件的东西。简言之，矛盾的本质和根据就在于自否定，自否定不再有本质和根据，它本身就是绝对的本质和根据。自否定实际上暗示了主体的独立性、能动性和自由。[20]302—317

黑格尔强调矛盾，同时，他认为矛盾不过是“内在否定性”或“自否定”的表现。在《逻辑学》下卷中黑格尔说：“它是本质的统一体，这个统一体不是通过他物的否定，而是通过它本身的否定，才与自身同一的。”[7]59

为什么黑格尔有这种认识？答案在于：黑格尔辩证法是唯心论辩证法。

黑格尔继承和发展了从柏拉图直至谢林的客观唯心主义的基本观点。他认为，我们直接认识的事物只是现象，但是，“它们存在的根据不在它们自身之内，而是在一个普遍神圣的理念里。这种对事物的看法，同样也是唯心论，但有别于批判哲学那种主观唯心论，而应称之为绝对唯心论。”[9]127 黑格尔把这个“神圣的理念”称为“绝对理念”或者“绝对精神”。绝对理念或者绝对精神是世界万物的本原；

自然、社会和人类思维是绝对理念的产物。黑格尔的《逻辑学》是以范畴为形式，通过范畴的逻辑推演展开为绝对理念的整个发展过程，它异化为自然界和人类，通过人类意识达到对自身的认识，最后又回到自身。黑格尔的研究对象或者辩证运动的主体不是客观存在的事物，而是在世界出现之前就已经存在的“绝对理念”或者“绝对精神”。黑格尔的对立同一学说是“绝对理念”或者概念的自身发展、自身认识的思辨体系。

绝对理念为什么能够自我发展？早先柏拉图就认为，理念作为真实的存在，本身处于不断的辩证运动的过程之中。柏拉图强调，理念的能动性在于神创论。“神遂把理念放进灵魂之中，而把灵魂放进肉体之中”[19]226。灵魂的能动性不过是神的能动性的直接的证据，个体灵魂的能动性不过是对于超验的神的原初运动的追随。黑格尔没有直接提出神和灵魂，他认为，“绝对理念”或者“绝对精神”的能动性体现在一个概念否定自身而达到与自己对立概念的统一，即表现在它的自否定。他说：“上面考察过的否定性，构成概念运动的转折点。这个否定性是自身的否定关系的单纯之点，是一切活动——生命的和精神的自身运动——最内在的源泉，是辩证法的灵魂”[7]543。

总之，按照黑格尔的唯心辩证法，理念或绝对理念是感性的物质世界的本原，感性的物质世界或现象世界不过是绝对理念的外化和表现；概念和范畴作为绝对理念的一种形式，包含着自身矛盾和同一，对立同一推动理念的外在形式即事物的变化；而矛盾不过是理念的内在否定性或自否定的表现；自否定是最后的根据，它是世界的最高的和第一的原则，体现了理念、灵魂和神或上帝的能动性，或者说体现了神的独立性和自由意志。

这就是客观唯心主义的必然结论。看似一个完整的理论，实际上隐含着同语反复的嫌疑。为什么？理念的能动性（运动变化的能力）表现为自否定，自否定表现为矛盾，矛盾成了事物（作为理念的外化或者派生物）变化的源泉和动力。结果是，理念的运动变化的能力是事物（即理念的外化或派生物）变化的源泉和动力。实在说不上有多大理论进展。真正表达的是唯心主义的独断论前提：理念的能动性体现了神和灵魂，或者绝对精神的自由意志。

马克思和恩格斯创立的唯物辩证法学说，将黑格尔的辩证法学说继承过来，构建成了唯物辩证法的三大规律。与黑格尔不同，他们把黑格尔抽象的哲学思辨推演到现实之中，用马克思的话说，就是把黑格尔“头足倒立”的哲学再颠倒过来，将辩证法规律理解为物质世界的实在的运动变化的规律。因此，对于前面的问题，即“为什么自身矛盾会成为事物变化的内在根源和动力？事物变化的终极原因是什么？”现代唯物主义哲学不能接受黑格尔的客观唯心主义的解答，而应当寻找物质的动因。

对于上述问题，我考虑再三之后认定，按照现代唯物主义哲学的基本观点和现代自然科学的成果，可以得到明确的答案，先概述如下。

事物的自身矛盾往往存在于事物的几乎每一个实体要素中，体现着事物特定的功能。事物的特定要素、特定结构和适应环境的特定功能，特别是它的基本的自身矛盾决定着事物的存在、状态、变化、根据和本质。

事物的自身矛盾如何成为事物存在和变化的内在根源和动力？

事物诸要素之间的相互作用，以及事物与周围其他事物之间的相互作用即关系矛盾，是事物存在和运动变化的必要的前提和基础。事物自身矛盾的运动变化依赖于该事物各个实体要素的状态及其变化，各实体要素之间的相互作用；环境的状态及其变化，该事物与环境中其他事物之间的相互作用。所有这些相互作用和事物的运动变化都是在事物的特定的要素、结构和功能的基础上发生的。研究事物之间的相互作用即关系矛盾，目的是认识和掌握事物的自身矛盾，即事物自身的两种性质、方面、倾向或趋势既与自身同一又相互反对的关系，以及二者相互共存、相互对立、相互渗透、相互融合，维持事物的存在、稳定和变化，最后发生质变并转化为他事物的规律。

最后将确认，位移运动是事物一切运动变化的终极原因。

下面分别讨论相互作用和位移运动，然后综合起来加以仔细的解说。

在西方哲学史上，从亚里士多德，到康德、谢林和黑格尔，对于事物的相互作用做过许多研究和论述。世界普遍联系和相互作用的观点是现代唯物主义哲学的基本观点。马克思和恩格斯在一系列重要的哲学著作中，把相互作用作为基本的哲学范畴，阐述了相互作用的含义和重要意义。

马克思说：“不同要素之间存在着相互作用。每一个有机整体都是这样。”(2. P. 699) 恩格斯说：“当我们通过思维来考察自然界或人类历史或我们自己的精神活动的时候，首先呈现在我们眼前的，是一幅由种种联系和相互作用无穷无尽地交织起来的画面，其中没有任何东西是不动的和不变的，而是一切都在运动、变化、生成和消逝。”(3. P. 395) 他又说：“所有的两极对立，都以对立的两极的相互作用为条件”。(3. P. 954) 恩格斯特别指出：“自然科学证实了黑格尔曾经说过的话（在什么地方?)：相互作用是事物的真正的终极原因。我们不能比对这种相互作用的认识追溯得更远了，因为在这之后没有什么要认识的东西了。”(3. P. 920)

让我们跟随马克思和恩格斯的思想来展开关于相互作用的讨论。

黑格尔所说的矛盾，是指事物自身具有的两种性质、方面、倾向或趋势之间的对立。问题在于，事物自身矛盾为什么会引起事物的变化？奢谈理念的自否定，而且把它归结为理念或者神的能动性，不可能深入地发现和掌握事物变化的规律。为了研究事物变化的规律，必须研究该事物的变化本身，研究事物各个实体要素的状态、变化及其相互作用，研究该事物周围环境的状态、变化，以及该事物与环境之间的相互作用。

按照系统学（参见§4.3），由相互联系和相互作用的若干个要素组成、具有一定结构和适应环境的特定功能的相对稳定的有机整体，称为系统。在自然界中，物质系统普遍存在；每一个事物都可以看作一个系统。系统的划分是客观实在的反映，但是也包含着人为界定的因素。对于具体的研究对象，人们的研究和实践所指向的目标、对象、范围和任务不同，系统与要素、环境的划分也不相同。

讨论作为一个系统的事物的本质。本质往往是一类事物的本质（类本质），即一类事物之所以成为该类事物，而区别于他类事物的根本的性质。显然，系统的要素、结构及其功能是决定作为一个系统的事物的本质的客观基础。不同事物之间的本质区别，是由不同事物各不相同的特殊的要素、结构及其功能所决定的。例如，所谓生命（参见§3.4.2），定义为生存在一定的环境之中新陈代谢，生长发育，大多数能够繁殖并且呈现出遗传变异现象，能够对外界的刺激做出反应，以水为载体，以核酸和蛋白质等大分子为基本组分的开放的、能动的物质系统。生物（又称生命体）作为有生命的个体的总称，其本质是由生命的定义所描述的作为物质系统的生命体的要素、结构及其功能所决定的。不同的生物（例如白菜、丝瓜、青蛙、水牛等）之间的本质差别是由于不同的生命具有不同的要素、结构和功能，作为种群通过不同的基因遗传机制代代遗传和变异的结果。

事物的要素、结构和功能，特别是它的基本的自身矛盾决定着事物的本质。一个事物作为一个物质系统，内部的各个组分之间即实体要素之间，以及该事物与周围环境的其他事物之间，以某种方式实现物质交换、能量转移和信息传递。不同的事物之间的这种相互作用，既包括它们相互制约、相互分离、相互抵触、相互排斥，以至于相互对抗、相互斗争等相互对立的关系；也包括它们相互依赖、相互合作、相互协同、相互吸引，以至于相互贯通、相互融合等相互统一的关系。这就是§8.2所阐述的不同事物之间相互作用的对立统一规律。所有这些相互作用使得一个事物的自身矛盾，即事物自身的两种性质、方面、倾向或趋势处于平衡或者此消彼长的变化之中。当事物的自身矛盾处于平衡的状态下，事物本身维持其质的稳定性；当自身矛盾的力量对比发生了根本的变化，对立双方的平衡无法维系，地位发生转化，于是双方相互贯通、相互融合，最后出现事物自身的质变和转化。这就是事物“自己运动、自己变化”的过程。

§8.2阐述了不同事物之间的相互作用，说明一个事物与它周围其他事物之间的相互作用，以及这个事物诸要素之间的相互作用，对于事物的存在和运动变化具有重要意义，它是事物存在和运动变化的前提和基础。

关于系统的各个要素之间的相互作用，应当做辩证的理解。如果将系统划分为若干个要素，把各个要素理解为不变的、分立的个体，然后研究系统各个要素之间的相互联系和相互作用，这种研究的方式在某种意义上等同于继承了古希腊原子论的基本观点和思考模式。原子论自然观包含的孤立静止观，诸如（1）绝对虚空的存在，（2）原子相互之间的绝对间断，（3）原子运动的外因论，（4）原子的不可分、不可变性等（见§2.4），会通过将“原子”改换为“系统要素”，影射在系统学的研究之中，使之成为一种有重大方法论缺陷的理论。

如前所述（见第二章），以连续的物质本原，气化生生不息，阴阳的对立统一和有机联系的整体观为基本特征的元气论给出了一幅物质运动变化及其相互作用的完整图像。较之古希腊原子论，中国古代元气论更深刻地反映了自然界本身的辩证法。有鉴于此，§3.5详细地论证了一种新自然图像即原子-元气论自然观。

按照原子-元气论自然观，例如，考察一个氢原子（参见§3.5.1），不能简单地想象它是由两个“子”即质子和中子构成的。细致的描述如下：氢原子由一个带正电荷的原子核（质子）和绕核旋转的带负电的电子，以及分布其间的弥散态物质构成。在带电粒子（质子和电子）的作用下，广漠的弥散态物质呈现出电场的状态或性质。电子和质子依赖弥散态物质作为中介结合成氢原子。不仅如此，按照原子-元气论自然观，聚集态粒子质子和电子，不过是元气场的自组织现象，是元气场聚而成形的能量激发态或能量凝聚区。世界是连续的物质世界。组成氢原子的质子和电子并不是独立的两个要素，它们也由彼此连续的元气场凝聚而成，并连续性地连接着二者之间广漠的弥散态物质，形成相互共存、相互渗透，你中有我、我中有你，广漠的弥散态物质中介或牵连其间作为背景和本底的一个有机的整体。这就是氢原子的真实的经典的物理图像。至于量子理论，它认为不能用日常生活的经典语言和宏观的概念，来清晰地描绘微观粒子，此处不做讨论。

将原子-元气论自然观推广到一般系统，应当认为：系统的各个实体要素不是不变的、独立的、分立的、间断性的个体存在物；系统的各个要素各自变化，相互联系，相互作用，相互共存、相互渗透，你中有我、我中有你，弥散态物质牵连其间作为系统的背景和本底，共同形成系统这个有机的整体。这就是辩证的系统观。

世上事物千姿百态，无限多样，事物的组成要素及其相互作用是千差万别的。在不同的物质层次上，事物之间，事物的组成要素之间的相互作用具有许许多多各自的特点。

接下来论述运动和位移运动的问题。黑格尔几次说道："事物只因为自身具有矛盾，它才会运动，才具有动力和活动。"[7]66这意味着，矛盾是运动的原因。这种说法准确吗？

如第三章序言所述，世界本质上是物质的世界，物质处在永恒的运动之中。这是现代唯物主义哲学在其起始处所持的直接的观点。现代唯物主义哲学认为，运动是物质的存在方式和固有属性。断言矛盾是运动的原因，而矛盾不过是事物的绝对理念内在否定性或者自否定的表现，并没有将问题的实质向前推进一步。这是一种貌似重要、实则多余的不必要的论证。

对于现代唯物主义哲学的"运动是物质的存在方式和固有属性"的观点，有进一步清晰地加以阐明的必要。如前所述，运动作为一个最高抽象的哲学范畴，涵盖宇宙中各种物质所发生的一切运动过程，从简单的机械运动，到各种复杂的物理运动、化学运动、生命运动和人类社会运动，直至人的思维。一个特定物质系统并不一定具有所有运动形式；例如，生命运动和人类社会运动大体上局限在我们的地球上。也许将来可能在别的行星上发现智慧生命，但是也会局限于数量有限的星球。在宇宙中，99％以上的空间范围内都不可能有生命运动和人类社会运动存在。因此，"运动是物质的存在方式和固有属性"这个断言，是以位移运动普遍地和永恒地存在着的基本事实为根据的（见§4.1.4）。但是，同时应当说明，如恩格斯所说：各种运动形式相互联系，并且在一定的条件下相互转化；自然界物质各种不同运动形式之间相互转化的能力永远不会丧失；实现这种转化的条件，和这种转化的能力一样，是物质所固有的；各种运动形式之间相互转化是永恒的。以上所述就是"运动是物质的存在方式和固有属性"的全部意义。

§4.1已经清晰地阐述，位移运动是一切物质所固有的运动；各种形式、各种层次的物质的位移运动，并不等同于机械运动；位移运动是一切物质现实的存在方式，是物质一切运动的基础。没有物质的位移运动，就不会有物质的任何运动。

按照原子-元气论自然观，世界是连续的物质世界，元气场（相当于统一场）是连续的物质世界的本原，它以两种不同的形态存在，即弥散态和聚集态。位移运动不能简单地理解为只是粒子或物体的位移；位移运动包括不同层次的弥散态物质和聚集态物质的位置移动。

下面综合考虑位移运动和相互作用的关系。

黑格尔认为[9]321，相互作用这个范畴不能令人满意，需要一个更高的概念作为基础，从它出发，才能正确地说明事物的相互作用。列宁[2]172和普列汉诺夫对此都予以肯定。普列汉诺夫说："应该有一个共同的源泉，作为所有这些处在相互作用中的各个方面和各种表现的基础。"[21]474这个"基础概念"是什么呢？黑格尔和普列汉诺夫没有回答，没有克服他们指出的这个缺陷。我认为：恩格斯提出了解决问题的途径；这个"基础"所指的概念就是位移运动。

恩格斯指出："一切运动的基本形式都是接近和分离，收缩和膨胀——一句话，是吸引和排斥这一古老的两极对立。"（3. P. 953～954）位移运动使物质接近或分离，收缩或膨胀。实际上，各部分的物质永恒地相互作用着，而位移运动使所有的各种各样物质的相对位置发生各种不同的变化，从而使它们之间相互联系和相互作用的实际进程随之而出现无限多样、丰富多彩的变化图景。

系统和要素的区别是相对的，系统具有层次性，即系统可以划分为各个要素（子系统），子系统又可以划分为下一级要素，以至无穷。那么，当我们说事物的自身矛盾的发展变化的展开依赖于"该事物各个实体要素的状态及其变化，各个实体要素之间的相互作用；以及环境的状态及其变化，该事物与环境中其他事物之间的相互作用"，是否意味着（参见[20]314），将在任何层次上（因而也在总体上）把事物变化的原因归之于事物内部各个层次上要素状态的变化和要素之间的相互作用，因而必定陷入"坏的无限性"？

按照位移运动的概念，可以解决所谓相互作用的无限层次循环的疑难。这个疑难的解决进一步说明位移运动是物质的一切相互作用的起因。

物理学已经确认，所有的相互作用可以归结为四种基本相互作用，即引力、电磁力、强力和弱力的相互作用。引力是长程力，出现在一切质量不为零的粒子、物体或者弥散态物质之间，两部分物质或两个物体即使相距很远，仍然按照牛顿万有引力定律相互吸引。因此，引力尽管其强度最小，但是因为涉及巨量的物质，它支配着宏观物体以至天体的运动。但是，在微观世界，与其他三种力比较，它就显得微不足道。电磁力是我们所熟悉的；它是引力之外几乎所有宏观力的缔造者。同时，电磁力在微观领域内也发挥着重要作用。强力和弱力是短程力，作用半径小于几费米（1 费米$=10^{-15}$米），因此，只会在微观世界里表现出来。强力是核子之间或夸克之间的相互作用力，强度很大。强力使夸克结合成强子，使核子即质子和中子结合成原子核。例如，当两个核子（不管是一个质子和一个中子，还是两个质子，或者两个中子）距离超过 2 费米，其间的强力相互作用就会消失；但是，当二者的距离接近进入 2 费米的范围内，二者之间就表现出强大的吸引力，强度超过二者之间的电磁力（如果二者带电）的 100 倍；当二者距离进一步接近，以至于距离小于 1 费米，强力则变为斥力；当二者的距离小于 0.4 费米，两个核子之间就会出现很强的斥力，阻止二者进一步接近。弱力在中子和其他粒子的衰变过程中出现，强度大于引力，但比电磁力和强力弱得多，仅为电磁力的 $1/10^{12}$。

物质之间的四种基本相互作用，使物质不可能过度分散，也不可能过度集中。物质分散的状态莫过于星际空间，每立方厘米少于 1 个粒子，密度为 10^{-24} 克/厘米^3；物质集中的状态莫过于黑洞和中子星，密度达到 10^{15} 克/厘米^3，这相当于将整个喜马拉雅山压缩成小食品盒大小的密度（核密度），即每立方厘米 10 亿吨。自然界实质上是在这两种极限状态之间来回振荡着。

物质运动的最高形态即生命运动和智慧生命运动（如人类社会运动），既不可能出现在星际空间中，也不可能出现在黑洞和中子星上。所以，无论在自然界还是人类社会，高度分散和高度集中的状态都意味着死亡；适当分散和适当集中的状态，才是低熵的有序的状态，在那种状态下，孕育着生命，而且让智慧生命发展和兴旺。

相互作用陷入“坏的无限性”的情况不会出现。关键在于，所有的相互作用最后都可以归结为四种基本的相互作用。按照现代物理学的研究成果，物质或者粒子之间的四种基本相互作用，都是通过一种相应的粒子即传播子传播的。弱力的传播子是三种中间玻色子（$W^{\pm}$ 和 Z^0）；强力的传播子是胶子；电磁力的传播子是光子。因为引力作用很弱，引力的传播子极难探测到，至今尚未发现它。这样说来，所有相互作用最后归结为四种基本相互作用，后者只需要用传播子在相互作用的粒子之间的位移运动就可以予以解释和说明。因此，位移运动是事物之间的一切相互作用的起因。当然，传播子的位移运动应当按照原子-元气论自然观来理解。

兹将有关位移运动的观点总结如下。

第三章指出，世界本质上是物质的世界，物质处在永恒的运动之中。这是现代唯物主义哲学在其起始处所持的直接观点。

恩格斯指出，一切运动的基本形式是接近和分离。接近和分离就是位移运动。第四章已述，位移运动是一切物质所固有的运动，是一切物质的现实的存在方式，是物质一切运动的基础。没有物质的位移运动，就不会有物质的任何运动。现在进一步论证，位移运动是事物之间一切相互作用的起因，寻根究底，位移运动是事物一切运动变化的终极原因。

我认为，这是现代唯物主义哲学的重要结论。

位移运动究竟如何构成、发展出各种形式的物质运动，例如机械运动、物理运动、化学运动、生命运动和人类社会运动，造就千姿百态、无限多样、丰富多彩、生机勃勃的物质世界？这是自然科学（首先是天文学、物理学和生物学），也是社会科学研究的问题。哲学命题体现出关于这个问题的总体性把握，表现着现代唯物主义哲学的基本思想和总体特征。

3　自身矛盾的普遍性和特殊性　基本的自身矛盾

黑格尔认为，一个事物既与自身同一，又包含对立于自身。所谓自身矛盾，我们定义它是指同一个事物自身相互反对的两种性质、方面、倾向或趋势的对立。但是，黑格尔说，“同一与对立本身即是对立的”[9]256，这就是同一与对立的对立。这种同一与对立的对立或者矛盾也是一种自身矛盾。因此，可以将一个事物本身所包含的两种性质、方面、倾向或者趋势之间既相互反对又自身同一的对立同一关系，也称为自身矛盾。因此，说“同化和异化是生物体的基本自身矛盾”，仍然是意义准确的。这里，仍然将矛盾理解为对立而不涵盖同一，不说矛盾具有对立同一性。

本小节讨论事物的自身矛盾的普遍性和特殊性。

在自然界、人类社会和思维领域中，自身矛盾存在于每一个事物的发展变化的过程之中；每一个事物的发展变化的过程就是这个事物的自身矛盾的运动变化过程；每一个事物的发展变化过程，都自始至终存在着自身矛盾及其运动变化。这就是事物自身矛盾的普遍性。

不同事物的自身矛盾具有各自不同的性质和特点，这就是事物的自身矛盾的特殊性或者差别性。事物的自身矛盾的特殊性规定事物特殊的本质，是事物千差万别的内在根据。物质世界区分为非生物、生物和人类。下面我们论述非生物界、生物界和人类社会的基本的自身矛盾。

第一，吸引和排斥是非生物界的基本的自身矛盾。

非生物界可分为宇观、宏观和微观三个层次，基本的自身矛盾是吸引和排斥的对立同一。在三个层次上，主要的吸引因素和排斥因素情况各不相同。

在宇观层次，恒星（例如太阳）是一个平衡的高温发光的气体球。恒星内部的原子核聚变反应释放巨大能量。它的基本矛盾是恒星物质本身的向内的自引力和高温气态物质热运动产生的外向压力这种吸引和排斥的对立同一，由此维系着相对的稳定。这种矛盾不是恒星不同部分之间的对立（关系矛盾），而是恒星自身内在的、每一个部分的两种性质和倾向（吸引和排斥，收缩和膨胀）的对立同一。由恒星及其周围的行星组成的恒星系（例如太阳系）的基本矛盾，是引力作用和行星围绕着恒星旋转运动的离心力的对立同一。这种对立同一无非是恒星物质的自引力和外向压力的对立同一运动变化的结果和表现。这是可以严格地、清晰地证明的。简言之，恒星内部物质的每一个位移运动的径向分量，都会被自引力所抵消，唯有其横向分量会相互加强而转化为抛射出来的物质在一个平面内的旋转运动。这里暂且略去详细的证明和解说。

吸引和排斥也是微观世界的分子、原子和原子核的基本的自身矛盾。§9.6.2描述了氢原子和核力的图像。在原子中原子核和电子通过弥散态物质（电磁场）相互吸引或相互排斥，还有电子的高速绕核旋转运动（速度达到 10^6 米/秒量级）的离心作用，构成吸引和排斥的两极对立。

第二，新陈代谢、遗传变异是生物界的基本的自身矛盾。

在生物界，生物具有新陈代谢、遗传变异等自身矛盾，其中新陈代谢是生物个体的基本的自身矛盾，遗传变异则是生物种群的基本的自身矛盾。

新陈代谢是生命个体的本质特征和存在基础。生物的新陈代谢包括物质代谢和能量代谢。物质代谢的过程同时伴随着能量的吸收和释放。物质代谢分为合成代谢和分解代谢，合成和分解相辅相成。生物从外界环境摄入物质并转化为自身的组分，这是以合成为主的代谢过程，称为同化；同化过程伴随有能量的吸收和储藏。生物将自己所产生的废物降解并排出体外，这是以分解为主的代谢过程，称为异化；异化过程伴随有能量的释放和利用。

恩格斯在《反杜林论》中，用很长的篇幅论述了新陈代谢是生命运动的基本矛盾。他的论述今天看来不够完善和具体，但仍不失其真谛。

蛋白质和核酸等生物大分子是生命的物质基础，是生命体的最低的一个结构层次。同化作用把无机物转化为有机物，把有机小分子转化为生物大分子，并且在生物大分子内储藏能量。最基本的同化作用是植物的光合作用。地球上现有的有机物和氧气，归根到底是来自光合作用。细胞中的异化作用，一般把细胞中的生物大分子分解为小分子，把有机物最后分解为无机物，同时，释放能量供其他生命过程使用。呼吸作用是释放较多能量的异化作用。

请特别注意，同化异化的自身矛盾并不是生物体内部的各个组成部分之间的对立，而是生物自身的、内在的和整体的两种倾向和趋势的对立，发生在生物体的每一个细胞内，以至于每一个生物大分子的层次上。

每一个生物个体都要经历诞生、生长、发育、繁殖、衰老和死亡的过程。如前引用的黑格尔和恩格斯关于生死的辩证的生命观的论述（参见§9.6.1），生长老死是生物个体的自身矛盾，它与生物个体同化异化的自身矛盾紧密相连：诞生意味着个体同化异化过程的开始，而同化异化的停止就意味着生命的结束，死亡的到来。

生物界有遗传和变异现象。遗传变异是生物种群的基本自身矛盾。我们身边有很多物种，种类繁多。经历了几十几百万年，人还是人，鸟还是鸟，各种树木花草，千千万万种生物仍能各自保持着自己的特征。自然界的各种生物得以各自有序地生存、生活，繁衍子孙后代。但是，另一方面，在相对的稳定之中又蕴含着变异。

繁殖是生物种群存在和发展的手段。生物亲代能产生与自己相似的后代个体的现象称为遗传；生物亲代与子代之间，以及子代个体之间总是存在着或多或少的差异，这种差异称为变异。正是因为生物具有遗传的特性，各种生物种群得以延续下来；正是因为遗传之中有变异，为新物种的产生提供了内在的根据。显然，变异是遗传基础上的变异，没有遗传，就谈不上变异；而遗传只有在比较差异的情况下才能体现出来，所以，没有变异也谈不上遗传。只有存在变异，生物才能适应环境的变化，不断进化，产生新的物种。遗传的特征可以发生变异，发生的变异也可以遗传，遗传和变异可以相互转化。

在现代生物学领域，一致公认的遗传和可以遗传的变异由遗传物质所决定；遗传物质就是细胞染色体中的基因。染色体由 DNA（脱氧核糖核酸）长链和蛋白质分子构成，主要存在于细胞核中；基因是在 DNA 链上许多特定的片段。例如，人体的每一个正常体细胞（生殖细胞除外）的细胞核中有 23 对（46 条）染色体，5 万～10 万个基因。染色体在生物生活或繁殖的过程中可能发生畸变，基因内部也可能发生突变。亲代的染色体通过生殖过程传递到子代就产生了遗传和变异。所谓遗传，其实质就在于 DNA 的自我复制；所谓变异，其实质就在于 DNA 碱基系列的变化。变异主要是基因突变、基因重组与染色体变异，其中，基因突变是产生新的生物基因和生物的多样性的根本来源。

显然，遗传和变异不是各个生物物种之间的对立，它是生物界的每一个物种在自己的繁殖的过程中自身的、内在的两种倾向、趋势（即基本的不变和绝对的变异）的对立。因此，遗传和变异是生物种群的基本的自身矛盾。

第三，生产力与生产关系之间的矛盾是人类社会的基本的自身矛盾。

生产力与生产关系之间的矛盾存在于一切社会形态之中，体现在社会的几乎每一个组分上。它是人类社会的基本的自身矛盾。设想人类社会的每个具体组分，例如，一棵树木，一片农田，一栋房舍，一个工人，一个农民等，既是生产力，也处于一定的生产关系之中，处于生产力与生产关系的对立同一关系之中。这个对立同一关系规定着人类社会的性质和基本结构，以及人类社会发展的基本趋势，贯穿人类社会的发展过程的始终，对于人类社会由低级向高级的发展起着根本的推动作用。

4　自身矛盾与关系矛盾的关系

如前所述，同一个事物自身所包含的既与自身同一又自相反对的两种性质、属性、倾向或趋势之间的同一与对立的对立，就是这个事物的自身矛盾。

当人们说“横看成岭侧成峰，远近高低各不同”，说“上坡路和下坡路是同一条路”，这意味着，一个事物的自身矛盾涉及该事物与其他事物的关系。自身矛盾与关系矛盾是紧密相关的。

这里主要研究事物的基本的自身矛盾与基本的关系矛盾之间的关系。

例如，同化异化是每一个生物个体的基本的自身矛盾；为了同化异化的实现和正常进行，生物体必须生活在适当的环境之中，必须通过呼吸、摄食和排泄来保证各种物质的供给和外泄，这涉及生物个体与环境中的各种事物的相互联系和相互作用，即生物个体与环境中其他事物的矛盾。同时，每个生物个体必须依靠体内各个组织、器官、系统的有机配合才能维持和完成同化异化过程。这里涉及生物体内各个实体要素之间的相互联系和相互作用。这就是说，同化异化依赖于相关的关系矛盾才能实现和正常维系。

又如，在生物种群的遗传变异中，基因突变是产生新生物基因和生物多样性的根本来源。基因突变的原因非常复杂，它是在一定的环境条件下（例如，物理原因包括温度、压力、射线等，化学原因包括饮食不洁、环境污染等）或者生物的内部因素的作用下，DNA 在复制的过程中发生偶然差错，使个别碱基发生缺失、增添、代换，因而改变遗传信息而形成的。这里涉及生物体内的因素，以及它与环境的相互作用。变异的特性在子代系列中能否保存、积累和发展，依赖于生物个体与个体之间、生物种群与种群之间的生存竞争，即自然选择，适者生存，不适者被淘汰。这些涉及不同事物之间的相互作用，都归属于关系矛盾。因此，遗传变异依赖于有关的关系矛盾才能实现和维系。

再如，在人类社会中，与生产力与生产关系之间的自身矛盾比较，人与自然之间的矛盾、经济基础与上层建筑之间的矛盾，是人类社会的基本的关系矛盾。首先，人与自然之间的矛盾涉及人类社会的两种基本要素即人与自然之间的对立统一关系。这个关系矛盾推动人类社会生产力向前发展。其次，上层建筑管控着人类社会的生产关系；它管控之正确与否，与经济基础之间发生对立统一的关系，制约着生产力与生产关系之间的自身矛盾。

人类社会的基本的自身矛盾，即生产力与生产关系之间的矛盾，规定着人类社会的本质特征，它在人类社会的普遍联系中发挥着核心的、决定性的作用。人与自然之间的矛盾、经济基础与上层建筑之间的矛盾，作为人类社会的基本关系矛盾，对于人类社会的存在和变化具有重要意义，是人类社会存在和运动变化的前提、原因和基础，它们维系着人类社会的基本的自身矛盾即生产力与生产关系之间的矛盾的平衡、运动变化和发展。

事物的基本的自身矛盾不是事物的各个实体要素之间的对立，相反，它往往存在于该系统的几乎每一个实体要素之中，规定着事物的本质。基本的自身矛盾是事物的内在根据，是事物存在和运动变化的内在根源和动力，在事物的普遍联系中发挥着核心的、决定性的作用。

一个事物作为一个系统，是由相互联系和相互作用的若干个要素组成的相对稳定的有机整体。环境是系统存在和演化的必要条件和土壤。事物要素之间的相互作用，以及事物与周围其他事物之间的相互作用，都是关系矛盾。它们是事物存在和运动变化的必要前提和基础，因而也是事物的基本的自身矛盾存在、变化的必要前提和基础。事物的基本自身矛盾的平衡维系和运动变化既根源于（1）该事物内部各个实体要素的状态及其变化，（2）各个实体要素之间的相互作用，这是事物的状态及其变化的内因；又关系于（3）周围环境的状态及其变化，（4）该事物与环境中其他事物之间的相互作用，这是事物的状态及其变化的外因。

研究关系矛盾，要着重于研究一个事物的根本关系矛盾和主要关系矛盾，目的就在于将所有关于关系矛盾的分析和认识集合起来，认识和掌握事物的基本的自身矛盾，以及自身矛盾的两个方面相互共存、相互对立、相互渗透、相互融合，维持事物的存在、稳定和变化，最后发生质变和转化的规律。如果只研究事物少数几个要素及其相互作用，或者只研究该事物的非根本关系矛盾，没有顾及事物的许多其他要素，凭借这点有限的认识，无从认识和掌握该事物的基本的自身矛盾及其变化的规律。我们谈论过的许多矛盾，例如工人阶级和农民阶级之间的矛盾、干部和群众之间的矛盾、两种学术观点之间的对立等，只能够视为关系矛盾，而不能看成对立同一规律的研究。

5　基本的自身矛盾的发展路径或者人类处理方法的极大差异

不同事物所包含的基本自身矛盾，无论其自身性质、持续时间、影响的广度和深度、发展路径或者处理方法，都存在着极大的差异。

太阳系所包含的基本的自身矛盾，是太阳本身的自引力和高温热运动产生的外向压力的对立同一，太阳与各个行星之间吸引和排斥的对立同一，由此维持着相对稳定的对立同一体即太阳系。太阳系已经持续地存在了约46亿年，还要继续存在约50亿年。太阳系这种吸引和排斥的对立同一的矛盾，决不是人要去解决、想去解决、能够解决的。它是不以人类意志为转移的客观规律。但是，太阳系的存在对整个地球上的生物和人类却有着决定性的影响。相比之下，维持几十年、至多100多年生命的人们，春生秋死的寒蝉，朝生暮死的朝菌，以至持续时间不超过万分之一秒的基本粒子，它们之间的差异真是大得难以想象。

许多事物不是人可以影响其进程的，其存在和运动变化遵循着不以人类意志为转移的客观规律。其中某些事物所包含的对立同一的稳定平衡关系的持续时间愈长，对人类愈加有利；另一些情况却恰恰相反。对于这类事物，人们从人类的利益出发，会有不同的期待。或者期待事物的对立同一的平衡关系长期地存在。例如，人类期望太阳系的对立同一的稳定平衡的状态永远保持下去，因为太阳系的吸引排斥的自身矛盾的“解决”，将导致人类的家园——地球的毁灭。或者期待事物的对立同一的平衡关系尽快结束。例如，厄尔尼诺现象，作为太平洋反常的自然现象，引起全球范围内的大气环流异常，导致范围广大的灾害性天气肆虐，拖延时间愈长，将给人类带来愈大的危害。

如前所述，事物的基本自身矛盾规定着事物的本质，是事物存在和运动变化的内在根源和动力。例如，同化异化是生物个体的基本的自身矛盾，而遗传变异是生物种群的基本的自身矛盾。对于这类基本的自身矛盾，人能够影响其进程。为了生物个体和种群的存在和健康成长，人决不是要去“解决”或“消灭”这种自身矛盾，它一旦“被解决”，就意味着生命个体或生物种群的终结。要做出各种努力，创造各种条件，使这类自身矛盾的对立同一关系处于平衡、正常的状态中，以维护生物个体（包括人自身）和生物种群的健康和稳定。只有对于外来破坏性入侵物种，人们才会想办法去“解决”或抑制其自身矛盾。对于人类社会生产力和生产关系的矛盾，促进生产力的进步和发展，同时，在生产力获得长足的进步时，对于生产关系做出相应的调整，以推动人类社会的发展。

世界上各种各样的事物千姿百态，事物的自身矛盾（即使是同一种自身矛盾，例如，不同生物体的同化异化)，也是千差万别的，具有各自的特点。这就决定了对立同一关系的发展路径的特殊性或差异性。对于许多情况，不是解决、克服，而是维系自身矛盾处于平衡协调的状态之中。

对于人们应当而且能够干预自身矛盾的发展路径的许多情况，必须采取积极而谨慎的态度。例如，关于生物遗传变异的基因工程，应当慎之又慎。推而广之，人类决不要去设想或者努力于解决所有的对立同一的矛盾。许多这类矛盾的解决意味着发展和进步，同时，也有许多这类矛盾的解决就意味着灾难、衰退和死亡。

事物自身矛盾的发展路径、对待或解决方法，对于不同的事物是各不相同的，它们不可能也不能够千篇一律。对于每一个具体事物的自身矛盾，有各自确定的发展路径、合适的对待或解决方法，对此必须有正确的认识和正确的选择。对于某些事物，自身矛盾的发展路径、对待或解决方法甚至只有一种唯一的正确选择。最为重要的是，必须对具体的情况做具体的分析。

§9.7 否定之否定规律

否定之否定规律是关于事物在一定环境下自己发展变化的完整过程的规律。恩格斯说："否定的否定这个规律在自然界和历史中起着作用，而在它被认识以前，它也在我们头脑中不自觉地起着作用，它只是被黑格尔第一次明确地表述出来而已。"(3. P. 521) 这个规律表明，事物的内部包含自我否定的因素和力量，使事物转化为自己的对立面，由肯定达到对自身的否定；尔后，再由否定达到新的肯定即否定之否定。肯定——否定——否定之否定，事物的运动变化呈现为螺旋式发展变化的性质。

1 肯定和否定

在任何事物的内部都包含着肯定和否定的两个方面、两种因素或两种力量。肯定的方面、因素或力量维护着事物的存在，肯定这个事物为它自身而不是他物；否定的方面、因素或力量促使事物变化和灭亡，破坏现存的事物使之转化为他物。肯定与否定的关系是对立同一的辩证关系。

首先，肯定和否定是相互排斥的。黑格尔说："肯定的一面是一种同一的自身联系，而不是否定的东西。否定的一面是自为的差别物，而不是肯定的东西。”[9]254在它们相互排斥的过程中，当肯定的方面处于优势，事物保持原有的性质和自身的存在；一旦否定的方面在变化中取得支配地位，事物就会改变自己的根本性质，转化到自己的对立面，达到对于事物自身的否定。这是事物变化过程中的质变和转化。

其次，肯定和否定又是相互渗透和相互统一的。

肯定和否定各自以对方作为自己存在的条件。没有对方的存在，就没有自身的存在。在这个意义上，没有肯定就没有否定，没有否定也就没有肯定。黑格尔论述肯定-否定辩证法：“我们甚至可以称肯定为否定，反之，也同样可以称否定为肯定。”（参见§9.5.3）从事物的发展变化过程看，如果肯定之中不包含否定的因素，事物就会停滞不前；反过来，如果否定之中不包含肯定，事物就不成其为这个事物，失去了发展变化的可能。

在一定意义上，肯定就是否定。认识一个事物，首先要肯定它是什么。肯定了它是“这个”，也就否定了它是“那个”。斯宾诺莎提出“一切规定都是否定”的论断，受到黑格尔和恩格斯的高度评价。人们对于事物做出的任何一个规定都是一个肯定，同时也就是某种否定，因为任何一个规定都确定了一种界限，肯定某个事物在这个界限之内，同时就意味着对这个界限之外的事物的排斥。反过来说，在一定意义上，否定也就是肯定。否定了黑暗就肯定了光明；对谬误的否定也就是对真理的肯定。

辩证法还从事物动态的发展变化上揭示肯定和否定的辩证关系。

辩证的否定不是指事物外在的否定、他物对此物的否定，而是指通过事物的自身矛盾实现的自我否定，即自己否定自己，从而实现“自己运动”，自我的发展或变化。辩证的否定具有两个重要特点。第一，它是发展变化的环节，标志着旧事物向新事物的转化，由旧质到新质的飞跃。第二，它又是联系的环节。它将新事物和旧事物联系起来，新事物在旧事物母腹之中生长起来，吸取、保留和改造旧事物中一切积极的有利的和适用环境的因素，作为自己生存和发展变化的基础。

否定作为发展变化环节和联系环节的统一，就是黑格尔说的“扬弃”。“扬弃在语言中，有双重意义，它既意谓保存、保持，又意谓停止、终结。”[6]98扬弃既有保留，又有克服。保留是对旧事物中一切积极的有利的和适应环境的东西的汲取，体现着事物发展变化中的历史延续，这就是事物发展变化的连续性。克服则是对旧事物的质的根本否定，即丢弃旧事物的消极的、不利的和不适应环境的东西，在新旧事物之间划出一条确定的界限，体现着事物发展变化中的非连续性。辩证的否定是这种连续性和非连续性的对立统一，是包含着肯定因素的否定。

在事物的发展变化中，到处存在着体现这种辩证的否定的扬弃。辩证的否定是事物发展变化的契机和推动力量，是辩证法的批判的革命的实质所在。因此，它成为观察和分析事物和问题的方法论基础。

2 否定之否定

事物的辩证的否定不是一次完成的，它不只是对肯定的否定，更重要的还在于对否定的否定，即否定之否定。恩格斯说：辩证法“按本性说是对抗的、包含着矛盾的过程，一个极端向它的反面的转化，最后，作为整个过程的核心的否定的否定。”（3. P. 519）否定之否定规律揭示肯定——否定——否定之否定三个阶段、两次否定的历史演化。否定之否定之所以是整个过程的核心，就在于否定之否定阶段才达到对立面的同一，实现了对肯定阶段和否定阶段的辩证综合。

任何事物内部都包含着肯定因素和否定因素的两个方面，二者处于对立同一之中。最初，肯定因素占据着主导地位，对立同一关系处于肯定阶段。随着事物内部诸要素之间相互作用的进行，以及变化着的外部环境对于它的影响和作用，经过对于不同事物的久暂各不相同的稳定平衡的肯定阶段，否定因素终于战胜了肯定因素，于是事物发生质变，由肯定阶段进入否定阶段。这就是事物发展变化过程中的第一次否定。肯定阶段和否定阶段都具有各自的合理性，但是也有各自的片面性。在第一次否定的基础上，必须经过第二次否定即否定之否定，才能使对立与同一的矛盾得到充分的解决。否定之否定阶段既克服肯定阶段和否定阶段各自的片面性，又保留了前两个阶段各自的积极的、有利的和适应环境的因素，达到肯定方面和否定方面的对立同一。因此，这是事物整个发展变化过程的两个阶段的综合。事物由肯定、否定到否定之否定体现了事物自己运动，自己完善自己，自我发展变化，自我适应环境的完整过程。

一个事物由肯定到否定，再到否定之否定，并不是直线式的发展变化，而是一种“回到出发点”的运动，表现为一种近似螺旋线的波浪式运动变化过程。

恩格斯说：“否定的否定究竟是什么呢？它是自然界、历史和思维的一个极其普遍的、因而极其广泛地起作用的、重要的发展规律；这一规律，正如我们已经看到的，在动物界和植物界中，在地质学、数学、历史和哲学中起着作用”（3. P. 519～520）。恩格斯在《反杜林论》中举出许多实例，例如，关于麦粒——麦株——麦粒，即麦粒发芽变为植株、再结果实的发展过程；全部地质学是一个被否定的否定的系列，是旧岩层不断地逐层毁坏和新岩层不断形成的系列；一切文明民族都是从土地公有制开始的，原始阶段之后被废除，被否定，转变为土地私有制，以后又会加以否定并重新建立一种高级得多、发达得多的土地公有制；原始的自发唯物主义被唯心主义否定了，但是在哲学的进一步发展中，唯心主义被现代唯物主义所否定。恩格斯说："每一种事物都有它的特殊的否定方式，经过这样的否定，它同时就获得发展，每一种观念和概念也是如此。"（3. P. 521）

在由辩证否定所组成的变化的链条中，每一个环节，每一次否定，都是一次"扬弃"，舍弃旧事物中的那些消极的、不利的和不适应环境的因素；吸取、保留和改造旧事物中的那些积极的、有利的和适应环境的因素，作为自己生存和发展变化的基础。每一次辩证的否定，都会产生新东西，都会有利于新事物的完善，适应环境，获得发展或变化，从而肯定自身。

在自然界中，每一次否定所产生的新东西的首要的最大的特点就是适应环境。恩格斯说："动物和植物迁移到新的地域，那里的新的气候、土壤等等条件会引起变异。在那里，有适应能力的个体存活下来，并且由于越来越适应而形成新种"（3. P. 985）。他说："由于对变化了的环境有较大适应能力而发生的选择，在这里生存下来的是更能适应这些环境者，但是，在这里这种适应总的说来可以是进步，也可以是退步（例如，对寄生生活的适应总是退步）。"（3. P. 986）这样，把事物推向新的阶段，为事物的生存和完善创造条件。

在辩证否定的过程中，当大环境，即包含大量事物在内的超大系统处于前进上升的阶段，前进性、上升性是大环境中的多数事物运动变化的总体趋势和主导方向。当大环境即超大系统处于后退下降的阶段，则后退性、下降性是大环境中的多数事物运动变化的总体趋势和主导方向。

我们的宇宙经历了产生和发展的过程，目前仍然处在发展的进程之中。我们的地球经历了由无序到有序、由简单到复杂、由低级到高级的发展过程，由物理运动、化学运动，一直到生命运动和人类社会运动。断言此前和目前我们的宇宙，我们的地球和人类社会在发展，并不意味着在我们的宇宙，或者地球和人类社会中，不存在这样的时间段和这样的子系统，它处于反方向的运动变化即衰退之中。例如，在地球46亿年的演化中，已经发生过5次物种大灭绝。但是，某些物种的灭绝，为另一种或另一些新物种的出现提供了足够的进化空间。因此，相对而言，后退下降的变化是暂时的、局部的、少数的现象。对于我们的宇宙，地球和人类社会，直至现阶段，运动变化的总方向和总趋势是前进、上升，是发展。

现代恒星天文学已经确认，太阳系作为一个恒星系统，必定经历主序阶段和红巨星阶段，最后演化为白矮星、中子星而消亡。到太阳的红巨星阶段，地球早已不适合生命的生存和繁衍。当太阳系演化为白矮星、中子星，人类社会、生命运动，以至化学运动都不可能存在。白矮星、中子星是恒星的残骸，它们进一步演化，成为形成恒星的材料。如果在红巨星阶段之前，人类找到了而且到达适于生命存在和繁衍的属于另一个恒星系统的行星上落户，人类社会得以存续和发展下去（§11.5将探讨这种可能性）。但是，无论如何，在太阳系范围之内，物质的运动变化将处于迂回曲折的后退、下降即衰退之中。

当太阳系处于后退、下降即衰退的阶段，为了适应环境，太阳系中包括地球上的各种事物在辩证否定所组成的变化链条中，运动变化的基本趋势也必然处于后退、下降即衰退之中。在那种情况下，前进上升的变化将是暂时的、局部的、少数的现象；运动变化的总方向和总趋势是后退、下降，是衰退。

这种论述同样适用于我们的宇宙。

参考文献

[1] 马克思，恩格斯．马克思恩格斯全集：第25卷［M］．北京：人民出版社，1974：923.

[2] 列宁．列宁全集：第55卷　哲学笔记［M］．2版．北京：人民出版社，1990.

[3] 亚里士多德．形而上学［M］．苗力田，译．北京：中国人民大学出版社，2003.

[4] 马克思．资本论：第1卷［M］．2版．北京：人民出版社，2004.

[5] 中国人民大学哲学系逻辑教研室．形式逻辑［M］．北京：中国人民大学出版社，1980：113.

[6] 黑格尔．逻辑学：上卷［M］．杨一之，译．北京：商务印书馆，1966：98.

[7] 黑格尔．逻辑学：下卷［M］．杨一之，译．北京：商务印书馆，1976.

[8] 黑格尔．哲学史讲演录：第1卷［M］．北京：商务印书馆，1959.

[9] 黑格尔．小逻辑［M］．北京：商务印书馆，1980.

[10] 北京大学哲学系外国哲学史教研室．西方哲学原著选读：上卷［M］．北京：商务印书馆，1981.

[11] 亚里士多德．物理学［M］．北京：商务印书馆，1982.

[12] 亚里士多德．工具论：上、下［M］．余纪元，译．北京：中国人民大学出版社，2003.

[13] 康德．纯粹理性批判［M］．邓晓芒，译．北京：人民出版社，2004.

[14] 马克思，恩格斯．马克思恩格斯《资本论》书信集［M］．北京：人民出版社，1976：121.

[15] 马克思，恩格斯．马克思恩格斯全集：第32卷［M］．北京：人民出版社，1975：535.

[16] 马克思，恩格斯．马克思恩格斯全集：第20卷［M］．北京：人民出版社，1971：672-673.

[17] 斯大林．斯大林文集［M］．北京：人民出版社，1985：205.

[18] 邓晓芒，欣文．“成人”的哲学——邓晓芒访问记［J］．学术月刊，2005，5：118-126.

[19] 黑格尔．哲学史讲演录：第2卷［M］．北京：商务印书馆，1960.

[20] 邓晓芒．思辨的张力　黑格尔辩证法新探［M］．北京：商务印书馆，2008.

[21] 普列汉诺夫．普列汉诺夫哲学著作选集：第1卷［M］．北京：三联书店，1959.

第十章　人类社会发展的基本规律

本书现在进入第五部分唯物主义历史观。第二部分（第三章和第四章）阐述了本体论的第一个问题，即“世界的本源是什么”，第四部分（第八章和第九章）阐述了本体论的第二个问题，即“世界的状态怎么样”。第三部分关于“人与世界”，包括第五章、第六章和第七章，分别阐述了人类的意识和意识活动，人类的实践活动和人类的认识活动。在这些理论阐述的基础上，第五部分第十章将阐述人类社会发展的基本规律；第十一章将论述人与自然的对立和和谐，在广袤的宇宙中寻求人类的未来。

人类社会是自然界长期发展的产物和最高阶段。人类社会是人类和人化自然的统一。人们在认识世界和改造世界的过程中，既与自然打交道，又相互打交道，对人类社会的本质和规律产生了一定的看法，形成社会历史观。所谓历史观，是人们对人类社会及其历史发展的总体看法和根本观点。人类社会发展的基本规律是现代唯物主义哲学的重要的有机组成部分。

人们的历史观五花八门、多种多样。但是，依照对于历史观的基本问题，即社会存在和社会意识的关系的不同回答，区分为两大派别。历史唯物主义和历史唯心主义是两种根本对立的历史观。

历史唯物主义是探讨人类社会历史的本质和一般规律的理论，它是由马克思和恩格斯在19世纪中叶创立的。起初它被称为“唯物主义历史理论”或者“唯物主义历史观”（简称“唯物史观”），后来，恩格斯正式称它为“历史唯物主义”。

马克思和恩格斯创立的唯物主义历史观是人类思想史上的伟大成果。恩格斯指出，历史唯物主义和剩余价值学说是马克思一生的两个伟大的发现，“由于这两个发现，社会主义变成了科学。”（3. P. 797）唯物主义历史观的产生，是人类社会历史观的空前的大革命。它的巨大功绩在于第一次把社会历史观置于坚实的唯物主义的基础上，第一次论证了人类社会是一个自然的历史发展过程，开创了社会科学的新纪元，给人类提供了认识历史和推动历史发展的认识工具和精神武器，极大地推动了历史科学和历史本身的发展。

历史唯物主义是马克思和恩格斯的标志性成果，但是，正如几位哲学家指出的那样[1,2]，由于种种原因，除了在《〈政治经济学批判〉序言》中马克思对其做过集中然而非常简要的表述之外，无论马克思还是恩格斯都没有对它做过专门的、系统的和详细的阐释，他们对历史唯物主义的大量论述，散见于他们在不同时期针对不同问题的论著之中；在他们的相关论述中，缺少关于历史唯物主义的基本概念如生产力、生产关系、生产方式、经济基础、社会存在、社会意识等概念的明确而严格的定义，他们在不同场合、不同角度的论述中，在不尽相同的多种含义上使用这些概念；也缺少关于历史唯物主义基本原理的精细而严密的论证。

不给出基本概念的清晰界定，就不可能对这些基本概念之间的辩证关系做出缜密而精确的研究，不可能使唯物主义历史观的根本问题得到深入细致的阐释。在科学史上，任何概念都是发展的，有一个由含义不够确切到更加确切、由外延不够确定到更加确定、由多种含义到一种确切含义的逐步地完善的过程。但是，缺少清晰的概念和严密的论证毕竟留下不完善、不完美之处。历史唯物主义理论问世至今已经170多年了。后人不应该计较马克思和恩格斯当初没有把问题论述得至善至美，也不应该在他们的论述面前踏步不前，而应该向前发展，力求阐述和论证得更加完美。

显然，历史提出了这样的任务，即在马克思和恩格斯创立的理论的基础上，建立一个概念清晰、逻辑严谨、系统完整的历史唯物主义理论体系。

历史唯物主义的创立实现了哲学的伟大革命。本章阐述历史唯物主义，论述人类社会发展的基本规律。核心的内容涵盖人类社会的起源，人的类本质，人类社会中生产力与生产关系之间、经济基础与上层建筑之间、社会存在与社会意识之间、人与自然之间的矛盾，以及围绕这四对矛盾展开的人类社会的发展。此外，还将包括阶级和国家，人民群众和个人在历史上的作用，以及社会形态的更替。其中唯有人与自然之间的矛盾留在第十一章论述。

为了有所前进，认真学习和深入理解马克思和恩格斯文本，学习和研究此前许多哲学家的研究成果，我力求给出历史唯物主义的所有基本概念的确切定义。我着重于阐述以下内容：（1）人的类本质，论述人类社会生存和发展的规律决定于自然的本性和人的类本质。（2）关于生产方式、经济基础、上层建筑等概念，阐述并给出与传统哲学教科书不同的理解和不同的定义。例如，我肯定地认为，社会经济基础是一定的社会发展阶段上生产力和相应的生产关系的总和。如果把经济基础定义为只是生产关系的总和，那么，它决不能够成为社会的经济基础。（3）给出与传统的哲学教科书不同的关于社会存在和社会意识的清晰定义；详细地论证政治上层建筑属于社会存在，而不应当属于社会意识。传统的哲学教科书叙述的是斯大林所持的相反的观点：把国家政权看作意识形态的物质附属物，在哲学上实际上推崇历史唯心主义；在实践上意识形态就成了无须实践检验的领袖最高意志，为个人意志凌驾于国家政权之上打开了理论方便之门。

§10.1　人类社会　人化自然和自在自然

1　人类社会包括人类和人化自然

如第三章和第六章所述，自然界是人类和人类社会产生和存在的物质前提，人类和人类社会是自然界的长期发展的产物。不同于动物，人们通过生产劳动，在自然界中生产自己生存所必需的物质生活资料。生产实践活动是人类生存的第一个前提，是人类历史的起点。正是在长期的生产实践的过程中，人们相互联系，相互合作，形成和建立了人类社会；同时创造出人类特有的高级思维活动，逐步地形成人类特有的意识和精神世界。

人化自然是人类的实践活动改造过、打上了人类活动印记的那部分自然界，它包括人的创造物和人所改造过的自然环境等；与人化自然不同，自在自然是指未经人类实践干预的、与人类社会尚未发生相互作用的那部分自然界。人类诞生以前的自然界和人类诞生之后、超出人类实践活动所及的范围以外的自然界，都属于自在自然。

说人类社会是人们通过交往活动形成的社会关系的总和；或者说，人类社会和人化自然合起来构成人类世界（这意味着人类社会不包括人化自然在内），诸如此类的说法都不是正确的和完整的表述。

人类社会的组成要素包括：（1）人类或者如通常所说的人口；（2）自然环境和物质条件；它就是位于地球的表层和大气层的人化自然，包括人类生产力系统的劳动资料和劳动对象；（3）人类的科学文化和社会关系体系，包括科学技术、经济关系、经济制度、政治法律制度与设施，以及社会意识形态。简言之，人类社会是人类、人化自然以及人类的科学文化和社会关系体系的统一体。在人类的科学文化和社会关系体系中，人类的意识成果和人与人的关系完全属于人类自身，而相应的物质设施则属于人化自然。因此，可以简单地说，人类社会包括人类和人化自然，人类社会是人类和人化自然的统一。人类社会现在位于地球的表层和大气层。

2　人类社会是太阳系、银河系的子系统

为了往下深入的叙述，先简单地回顾绪论所述的有关概念的精确含义。广义的自然界是指包括人类在内的各种物质运动形式和存在形式的总体。在这个意义上，自然界的概念就相当于世界的概念。狭义的自然界又称大自然，不包括人类在内。从人与自然的关系来考察，可将狭义的自然界划分为自在自然和人化自然两大类。因此，世界范畴的正确划分应当是：(1) 狭义的自然界和人类；或者 (2) 自在自然和人类社会。

请注意，人化自然“决不是某种开天辟地以来就已存在的、始终如一的东西”，它是历史的产物，是世世代代人类实践活动的结果。随着人类的实践活动的深入和扩大（上天、入地、下海），人化自然的外延在变化着、扩大着。人化自然现在大致限于地球表层和大气层。随着人类实践的发展，无限外延的自在自然的某些部分将进入人化自然的范围之内，作为一种畅想，甚至可以考虑将人化自然扩大或移至另一个宜居的行星上。

自在自然是人类社会的外部环境。这个外部环境是一种客观的存在。它包括在地球表层及其大气层之外的宇宙中近乎无限的各种各样的对象和因素。相对于人类社会而言，它们有利有弊，而且处于相对缓慢的运动变化之中。

环境是系统存在和演化的必要的条件和土壤。外部环境的某些对象和因素是人类社会所必需的和不可或缺的，人类必须适应它和利用它。这首先是指太阳的光和热：“万物生长靠太阳!”我们也许庆幸，太阳光的最强辐射恰恰落在可见光波段，给人类带来了光明。其实，这暗示着问题的实质在于，在动物和人类发展的长久岁月中，眼睛适应了太阳，变得对于太阳辐射的最强波段最敏感，太阳光谱成了“可见”的。其次，要考虑开发和利用地壳内部的资源，因为它们毕竟离人类并不遥远，问题只在于开发的难度。

存在着许多不利的外部环境。首先，现代恒星天文学确认，太阳系作为一个恒星系统在主序阶段还会维持约 50 亿年，尔后经历红巨星，再经过或不经过爆发阶段演化为白矮星、中子星而消亡。太阳在红巨星阶段将停留约 10 亿年，光度将升高几十倍，那时，地球表面的最高温度将超过 400 ℃，太阳体积膨胀，最终吞噬地球。如果在此之前，人类找到而且到达适宜生命存在和繁衍的另一个恒星系统的行星上落户，人类社会便得以存续和发展下去。当然，这离现在还十分遥远，可以考虑，但是，不必采取急速的行动，只需要稳步地朝着那个方向前进。相比之下，人类社会面临更为急迫的外部环境危机，首先是大型陨星撞击和超级火山

喷发（见§11.2），它们可能给人类社会带来毁灭性灾难。人类社会应当对此做好必要的准备和采取及时的行动。

远至太阳系的变化将使人类到达“地球本身存在的可能的末日和它适合居住状况的相当肯定的末日”（4. P. 223）（恩格斯语），近至大型陨星撞击和超级火山喷发，人类社会可能遭遇到巨大的危机甚至灭亡的命运。

可以说这是外部环境这种外因作用的结果吗？内外是相对而言的。内部矛盾和外部矛盾之说也是相对的。按系统学，系统和要素的区别是相对的，一个系统只有相对于构成它的要素而言才是系统，相对于由它和其他事物构成的较大系统而言，则是一个要素。一个系统由若干个要素即子系统构成，一个系统又可以与其他系统结合而构成更大的系统即超系统（参见§4.4～4.5）。显然，人类社会是太阳系的子系统，太阳系是银河系的子系统，还可以说，人类社会是银河系的二级子系统等。

高层次系统的运动规律并不是低层次系统的运动规律的简单加和。在高层次系统中，由于各个子系统之间的相互作用，会形成特殊的规律。这些特殊的规律不能完全地还原为低层次系统的规律。因此，高层次系统不同于低层次系统，它是一个全新的体系。低层次系统作为高层次系统的要素，其运动规律要受高层次系统规律的制约。超级火山喷发、大型陨星撞击，以及地球的末日，只是地球受到高层次太阳系发生的变化过程作用的结果。

自在自然及其组成部分，完全自发地按照自然的客观规律自在地运动和演化。陨星撞击和火山喷发，以至未来太阳系的演化，等等，其中有些事情也许人们能够通过努力阻止其发生，更多的事情人们根本无法阻止它发生。但是，人是一种智慧生命，一种能够支配自己生命的生命。它可以不受制于自然的控制，从自然的绝对主宰中获得某种程度的解放，使生命从完全被支配的地位，通过认识自然、顺应自然、利用自然和改造自然，获得某种程度的自主和自由。这意味着，尽管作为子系统，地球上的人类社会要受到高层次系统即太阳系运动变化规律的制约，但是，人类可以想方设法阻止某些事情，例如大型陨星撞击发生；即使不能阻止某些事情发生，人类还可以避开不利的毁灭性的自然环境，甚至考虑并创造新的宇航技术，离开这个超系统即太阳系，寻找、发现和到达另一个恒星系统的宜居行星上，创造另一个人化自然，以便人类社会得以存续和发展。要能够这样做，需要一个重要的条件，那就是人类协调内部，停止相互之间的毁灭性的生死争斗和相互屠杀，弘扬公平正义，建立人类命运共同体，为人类社会的和谐、平安、幸福、发展和长存而努力。

我们不是纯粹的悲观主义者，也不是纯粹的乐观主义者。对我们而言，忧虑和乐观同在。要避开大自然的不利影响和毁灭性破坏，必须敬畏自然，研究自然、认识自然、顺应自然、利用自然和改造自然，创造人类的未来。

§10.2 人的类本质

1 人类社会的发展和人的类本质的定义

本章主要探讨处于相对稳定的自在自然环境下人类社会的发展规律。按照唯物辩证法学说（参见§8.2和§9.6），在相对稳定的外部环境下，事物的内部矛盾是事物存在的必要前提和基础。在相对稳定的外部环境下，人类社会的运动变化主要是并且首先是由人类社会的内部要素、内部原因和内部矛盾引起的。

人类社会包括人类和人化自然。人是人类社会的主体，人和自然是人类社会存在的基本前提。人类和人化自然的各个要素的运动变化，以及人与自然之间、人与人之间、自然的各个对象各个部分之间的相互联系、相互作用和相互制约，构成了人类社会运动的全部内涵。自然的本性和人的本性即人的类本质体现在、同时决定着人类社会的本质联系和内部矛盾。“历史不过是追求着自己目的的人的活动而已。”[3]118−119正是这种有着自觉目的的现实的人在地球上的活动，构成人类社会的历史。为了研究人类社会的发展规律，必须首先研究人和自然，研究自然的本性和人的类本质及其外部表现。

所谓本质是指事物本身所固有的决定着事物外部表现和内在发展的根本性质。在§9.1中已述，事物本质是隐蔽的，深藏在现象之中，在事物的整个存续时间内不会发生根本变化。本质一般是指类本质，一类事物之区别于他类事物的根本特性。人的类本质是什么？这不是问个别的和具体的人的本质是什么，也不是问这个人和那个人的本质有什么差别。人的类本质是指人作为一类事物区别于它类事物的最根本的性质。全体个人的共同的类本质决定着人类历史的合力，它是不以任何个人意志为转移的。

人类社会和人类历史的一切现象，都根源于并且表现着自然的本性和人的类本质。人类社会的生存和发展的一般规律决定于自然的本性和人的类本质。对于这个重要的原理，本章和第十一章将从不同的角度做出详细的研究和讨论。

自然的本性和人的类本质决定着人类社会的生存和发展。对于人类社会发展的描述和分析，必须从现实的人和人的类本质出发；同时，必须考察和研究地球自然环境的演化和发展。这是历史唯物主义的逻辑起点。

人的类本质当然是所有人所共同具有的根本性质（也许极个别人，如植物人、精神病人、刚出生的婴儿、濒临死亡的人例外）。人所具有的其他的属性——包括任何其他的、人与人之间各不相同的社会属性和阶级属性，都建立在人人都共同具有的人的类本质的内涵的基础之上。任何一个人首先是具有区别于人世间任何其他物质、其他生物的独特的类本质的人，然后才是具有不同的社会地位和不同的阶级利益的人。因此，人的类本质不会因为人的社会地位、阶级利益乃至任何其他属性的不同而不同。

新版《现代汉语词典》对于人的本性的解释是："人性：在一定的社会制度和一定的历史条件下形成的人的本性。"什么是本性？相应解释是："原来的性质或个性。"既然"人性"是在一定的社会制度和一定的历史条件下形成的人的本性，那么，它就不是原来的性质；而且当社会制度和历史条件发生变化，人的本性也就会发生变化。这不是对人性的正确理解，或者说，这种解释不是我们所说的人的本性或人的类本质。

人的类本质的表现是具体的、历史的和现实的。社会的物质生活条件和交往关系是社会历史的现实基础，它们处在不断的运动变化之中。在不同的社会制度和不同的历史条件下，人的类本质的具体表现随着社会历史的发展变化而呈现出不同的状态。但是，人的类本质是人的普遍的根本特性，在人类社会的整个历史发展的进程中，人的类本质不会改变。

下面在不加严格区分不会造成理解混淆的情况下，会将"人的类本质"直接称为"人的本质"，以便与历史的叙述保持一致。如果所说的"人的本质"不是指"人的类本质"，而是指个别的具体的人的本质即人的个体本质，我们将会明确地指出并加以区分。

2 人的本质是一切社会关系的总和

在历史上曾经长期占据统治地位的神学历史观和唯心主义历史观，都把历史变成神灵主导或精神发展的历史。在人类社会早期产生的宗教神学认为，世界和人都是神创的。因此，宗教神学把人的本质推向了神，认为人的本质就是彰显神的形象和意志。18世纪德国唯心主义哲学家黑格尔推崇理性，认为人是绝对精神的异化，是绝对精神认识自身的工具和手段，因此，纯粹理性是人的本质。宗教神学和黑格尔哲学是在超人的神或超人的绝对观念中去寻求人的本质。

费尔巴哈与宗教神学和绝对观念划清界限，迈出了探究人的本质的关键一步。费尔巴哈认定黑格尔哲学的实质是神学的思辨表达：“黑格尔的逻辑学，是理性化和现代化了的神学，是化为逻辑学的神学。”[4]103 费尔巴哈实现了从“神本学”向“人本学”的转向，并以“现实的人”作为这种“人本学”的基石和核心，这是他超越黑格尔的关键所在。费尔巴哈提出了“人所认为绝对的本质，就是人自己”“人是人的本质”[5]555 的命题。不仅如此，费尔巴哈进一步把神的本质归结为人的本质，提出了“宗教是人的本质的异化”的论断。

可以说费尔巴哈是马克思关于人的本质观的引路人，他把马克思引向正确地思考人的本质的切入口。马克思在《〈黑格尔法哲学批判〉导言》中说：“人不是抽象的蛰居于世界之外的存在物。人就是人的世界，就是国家，社会。”“人的根本就是人本身。”“德国唯一实际可能的解放是以宣布人是人的最高本质这个理论为立足点的解放。”（1. P. 1～16）

“人是人的本质”和“人是人的最高本质”的论断确定了人的本质的居所和出处，并没有回答人的本质是什么。费尔巴哈在人类思想史上第一个把人的本质定位于“类”，提出了人的类本质的思想。“类”是对世界存在对象的种属的划分。最大的包含一切的“类”，当然就是存在和物质。§3.4.2 指出，按照物质对象的能动性，物质可以划分为非生物、生物（包括植物、动物和微生物等）和人类。费尔巴哈所说的人的类本质是指人之所以为人而与动物根本区别的特性。这无疑是正确的。人的本质在与动物的比照之中才能显现出来。

什么是人的类本质呢？费尔巴哈把人类理解为单个人的相加，在孤立的个体中去寻找那些既能把所有人自然地联系起来归于一类，又能与动物根本区别开来的普遍特性。他说：“究竟什么是人跟动物的本质区别呢？对这个问题的最简单、最一般、最通俗的回答是：意识。”[5]26 当然，如果意识活动仅仅是指对于外界事物的感觉、知觉、表象和简单的判断，那么，某些动物也具备了这种意识。因此，费尔巴哈强调：“只有将自己的类、自己的本质当作对象的那种生物才具有最严格意义上的意识。”[5]26 根据这个标准，费尔巴哈认为：“动物固然将个体当作对象，因此它有自我感觉，但是它不能将类当作对象，因此它没有那种由知识得名的意识。”[5]26 人是通过科学意识把“类”当作意识的对象，从而与动物根本区别开来。费尔巴哈不仅把人的类本质归结为最严格意义上的意识，还将意识扩展和升华。他问道：“人自己意识到的本质究竟是什么呢？或者，在人里面形成类、即形成本来的人性的东西究竟是什么呢？就是理性、意志、心。”[5]26－28 他关于人的类本质的思想主要凸显在“感情范围内”，即单个的、肉体的人的理性、意志、爱和友情等。

费尔巴哈强调社会性对人的类本质的重要性，并对此做了大量的论述。他说：“孤立的，个别的人，不管是作为道德实体或作为思维实体，都未具备人的本质。人的本质只是包含在团体之中，包含在人与人的统一之中，但是这个统一只是建立在‘自我’和‘你’的区别的实在性上面的。”[4]185。他又说：“只有社会的人才是人。因为有你存在和与你共处，我才是我。”[4]571问题在于，人的社会性是由人的实践活动确立的，但是，费尔巴哈不理解人在生命需求的基础上所进行的实践活动，不理解生产实践活动构成人类社会的基础。他看不清社会的真正实质和真正社会性的人；在他的视野中人只能是单个的、孤立的个体，人类社会不过是这些同质个人的相加。所以他找不到人的本质的科学源头，不可能在人的实践和进化中揭示人的深层本质。

马克思从人的生存基础即人的实践活动出发指出，费尔巴哈说的感情、意志、爱和友情等都脱离了现实根基，因为他没有把它们“看作是实践的、感性活动”的产物。马克思采用费尔巴哈的术语，认为人之所以为人，在于人有一种不同于动物的“类生活”“类特性”和“类本质”。马克思指出，人是有生命的类存在物，从事生活资料的生产实践，人的生产活动具有自由和有意识的特性。马克思说：“生产生活就是类生活。这是产生生命的生活。……动物和自己的生命活动是直接同一的。动物不把自己同自己的生命活动区别开来。它就是自己的生命活动。人则使自己的生命活动本身变成自己意志和自己意识的对象。它具有有意识的生命活动。”[6]57因此，马克思得出结论：“自由的有意识的活动恰恰就是人的类特性。……有意识的生命活动把人同动物的生命活动直接区别开来。”[6]57

除了用类本质划清人与动物的界限之外，还需要划清人与人之间的差别，把人的个体本质和个性凸显出来。对个别的和具体的人，如某人是什么样的人，这个人与那个人之间有什么区别，人的类本质概念就无能为力。这是“人的本质”回答的问题。实践作为哲学范畴，不仅是生成人和创造世界的活动，也是发展人、分化人、区别人的根本途径。人类的历史在生产劳动实践、社会交往实践和科学文化实践中前进。伴随这个过程，能够把人区别开来的人的现实本质也随之生成。这就是人的社会关系本质。马克思说：“人的本质不是单个人所固有的抽象物，在其现实性上，它是一切社会关系的总和。”（1. P. 139）一般认为，这里所说的人的本质是指个别的和具体的人的本质即人的个体本质。

社会中的每一个人都在与各种各样的人经历着各种各样的交往。社会关系是基于生产实践活动而形成的人与人之间各种各样的社会交往关系。一个人的本质作为与他人相区别的根本特性就在这些交往的总和中体现出来。正是这些不同的社会关系的总和既反映了人与人之间的本质区别，同时又标明了每一个人在社会关系中所承担的责任和扮演的角色。正是这些不同的责任和角色把不同的人区别开来，使人成为具体的、历史的、现实中的人。这就突破了人的类本质的局限，再现了人与人之间的实实在在的区别，将人的本质追问由人与动物的区别引入到个别的具体的人，从而将人的本质现实化，实现由人的类本质到具体的人的个体本质的过渡。

当然，强调人的本质是一切社会关系的总和，仍然只是确定了人的本质深藏在哪些行为和现象之中，并未回答某人的本质是什么，人与人的本质的差异究竟是什么，这些本质差异究竟表现在哪些方面的问题。

3 人的类本质

对于人的类本质的追寻是人类最深层次的自我意识。人的类本质的探究以其抽象性、思辨性、深邃性包容了极为广阔的思考空间。对于人的类本质的思索，其历史与哲学史一样久远，从古希腊柏拉图、亚里士多德到近代的霍布斯、费尔巴哈，几乎没有中断过。

在马克思看来，人之所以具有类本质，最深刻的原因在于“人是类存在物”。什么是人作为类存在物的标志？马克思在哲学史上第一次从人的生命需求的视角出发，把创造世界、产生人的根本特征的生产劳动实践视为自由的有意识的生命活动；生产劳动实践使人自成一类，把自己同动物区别开来。

自由的有意识的生命活动是人的类特性，这是人之所以为人的最根本的依据和底线。如何具体和全面地表述人的类本质呢？人是什么？人的生命与动物的生命有什么不同？人是从动物界分化出来的，人究竟如何改变了生命的特征？下面在马克思和恩格斯的许多论述的基础上来展开我们的讨论。

人改变了生命的生存活动方式。动物所需要的一切依靠大自然的安排和提供。人的生命不同于动物的生命，人所需要的生活资料主要靠自己的生产劳动来获得。生存方式的这种变化，对生命而言是一种根本性的变化。生存方式的改变意味着人的生命从大自然的绝对主宰下获得了解放，它不再完全依附于自然控制的生存环境；使得生命从完全被自然支配的地位获得了某种自主、自由的本性。人作为人超越了一般生命的本能，成为自我生命的主宰者。这就是说，人的生命两重化自身，在本能生命之上形成了支配生命的生命。生命的这种两重化，从本能生命发展为自主性生命，这是人性超越物性、人优越于动物的基础和本源，人的一切本质都是由此产生出来的。

对于每一个现实的人来说，生命的两重化需要经历一个过程才能完成。刚生下来的婴儿只是一个自然的存在物，具有动物的生命本能，还不具备完全的人的本质和特性。正常的婴儿由家庭到学校再到社会，在他的身体成长的同时，不断接受实践的训练和各种知识文化的教育，不同程度地发展理性思维的能力，接受世世代代人类所创造的文化成果，逐步参与各种实践活动，进入人类历史发展的进程中，在本能生命之上形成支配生命的生命。可以说，两三岁儿童就开始进入发展理性思维和参与实践活动的过程。

人是什么？§3.3.1给出了完整的叙述：人是有意识活动和理性思维，创造并使用语言和文字，制造和使用工具生产物质生活资料，并结合成社会从事实践和生活的智慧生命。从这个叙述出发，可以概括人的类本质如下。

第一，社会性。

人由类人猿进化而来。古猿曾经是一种群居动物，它们在严酷的大自然面前，只能以群体组织的协同行动来狩猎和御敌，以弥补个体能力的不足。古猿的群体关系是从猿进化到人类社会的最重要的生物学前提。同生产劳动的发展相适应，这种群体关系越来越广泛和密切，终于随着人类的出现而成为真正意义上的人类社会。人们相互联系，相互合作，组合成社会从事生产活动。人们通过交往形成生产关系和各种各样的社会关系，产生了人类社会。

人只能是一种社会性的存在。离开社会，人就无法生活下去，人就不成其为人，而且将失去生活的意义。社会性或者说合群性是人的类本质。

2000多年前，柏拉图提出，人不可能孤立自处，只能在人类社会中求得生存，社会生活是使个人完善的手段。亚里士多德提出“人天生就是政治动物”的命题。他认为，人不能离群索居，过着孤独的生活。如果个人离开社会、国家和集体，他就不成其为人。他写道：“人是政治动物，天生要过共同的生活。这也正是一个幸福的人所不可缺少的。”[7]202

如前所述，费尔巴哈也强调社会性对于人的类本质的重要性。

关于人的社会性，马克思做过许多论述。他说：“人是最名副其实的政治动物，不仅是一种合群的动物，而且是只有在社会中才能独立的动物。孤立的一个人在社会之外进行生产——这是罕见的事”。（2.P.684）他又说：“甚至当我从事科学之类的活动，即从事一种我只在很少情况下才能同别人进行直接联系的活动的时候，我也是社会的，因为我是作为人活动的。不仅我的活动所需的材料——甚至思想家用来进行活动的语言——是作为社会的产品给予我的，而且我本身的存在是社会的活动；因此，我从自身所做出的东西，是我从自身为社会做出的，并且意识到我自己是社会的存在物。”[6]83－84

现实的人是生活在社会关系中的人。人们在社会关系中处于不同地位，产生不同的利益、需求、思想和感情。但是，人们有着共同的本质：人与人相互联系，相互斗争和相互合作，从与他人以至社会共同的劳动和交往中，获得利益和快乐，同时，对他人以至社会做出自己的贡献，体会人生的意义，并且推动历史的运动变化或发展。“无论历史的结局如何，人们总是通过每一个人追求他自己的、自觉预期的目的来创造他们的历史，而这许多按不同方向活动的愿望及其对外部世界的各种各样作用的合力，就是历史。”(4. P. 254)

人是社会性的存在，这就决定了一个人不能只考虑自己，他必须考虑他人的存在，考虑与他人的关系，例如，与他人的联系、合作、斗争、需要和被需要的关系，他人对自己的印象和评价，以至与整个社会的联系，即他在整个社会中的地位和影响，他对于整个社会的需求和贡献，等等。

第二，实践活动。

人与动物的首要的区别并不在于自然的需要，而是在于满足这些自然需要的“第一个历史活动”即生产劳动活动。马克思和恩格斯说：“一当人开始生产自己的生活资料，即迈出由他们的肉体组织所决定的这一步的时候，人本身就开始把自己和动物区别开来。”(1. P. 147)

马克思说：“劳动这种生命活动、这种生产生活本身对人来说不过是满足一种需要即维持肉体生存的需要的一种手段。而生产生活就是类生活。这是产生生命的生活。”[6]57这就是说，人的类生活的基本内容是生产劳动，人的自由的有意识的生命活动是通过人的生产劳动的形式表现出来的。

实践活动，首先是生产劳动实践，是人特有的存在方式，是人的类本质。这是人区别于世界上所有物质包括植物、动物的根本特性。

第六章已经阐明，自然界和人类的生产劳动实践，是人类社会形成、存在和发展的基础。实践活动构成了社会生活的基本领域。实践是人与世界相互作用的根本途径。社会生活的形式多种多样，社会实践的形式也多种多样。作为人特有的存在方式，实践主要有三种基本形式，即生产劳动实践、社会交往实践和科学文化实践。其中生产劳动实践或者说物质生产实践，是推动人类社会发展的根本动力。人通过实践活动把握世界和改造世界，并改造人自己，推动人类历史变化和发展。

第三，理性思维或精神意识活动。

如前所述，如果意识活动仅仅是指对外界事物的感觉、知觉、表象和简单的判断，那么，某些动物也有这样的意识活动。动物将外界的具体的个体当作对象，它有对外的感觉甚至喜怒哀乐等初等的意识活动。但是，动物不能将一类事物当作对象，也不能把自己的生命活动本身变成自己意志和自己意识的内容。与动物不同，人能够通过高等的意识活动即理性思维把“类”和自身当作意识的对象，从而与动物根本区别开来。

马克思指出：“动物和自己的生命活动是直接同一的。动物不把自己同自己的生命活动区别开来。它就是自己的生命活动。……有意识的生命活动把人同动物的生命活动直接区别开来。”[6]57 人有高等意识活动，即理性思维，自由的有意识的即自觉的活动是人所特有的类特性。

人是特殊的物质存在，是体力和智力、物质和精神统一的社会存在物。人的肉体生命的存在，是人的存在的自然前提，是人一切超越生命的本质的物质载体。人有初级和高级的意识活动。初级意识活动指感性直观，包括感觉、知觉和表象，是感性地把握客体的外部现象、外部属性和外部联系的过程。理性思维则以感性直观为基础，又是对感性直观的超越。人们借助于语言符号，运用概念、判断和推理等抽象思维体系，理性地把握一类客体或各种具体的客体的内部本质、内部联系、个别和一般、个性和共性。借助于理性思维，人们得以认识外界事物及其本质，并认识自身，从而可以逐步地认识和掌握自然和自身的本质和运动变化的规律，为利用和改造自然，从自然界中获得某种程度的自由奠定认识论的基础。理性思维是人区别于动物、为人所特有的高级的精神意识活动。因此，人是一种理性的存在。

人的存在，人的实践首先依赖物质的条件和物质的力量，同时，无论从受动还是能动的角度看，人的存在，人的生活和实践也依赖于人们的意识。精神意识活动是实践活动不可或缺的环节。实践活动当然不能单纯地归结为精神意识活动，但是实践活动依赖于理性思维或精神意识活动。

第四，生活需要，追求利益和幸福。

什么是现实的人？现实的人是一定的前提条件下肉体生命与理性意识、自然存在与实践存在、个体存在与社会存在、现实存在与历史存在的统一。

现实的人首先是一个肉体生命，一个自然存在，具有衣、食、住、行等各种自然的物质需要，繁衍和抚育子孙后代；现实的人有高级的理性思维和意识活动，是一个智慧生命；现实的人是一个实践存在和社会存在，为满足生存的需要从事各种实践活动，处于社会交往之中，并产生各种精神需要。因此，生活需要包括物质生活的需要和精神生活的需要两个方面。

现实的人在各自需要的推动下，发生一定的社会交往，形成一定的社会关系，以一种社会的形式满足各自的需要。因此，现实的人的需要尤其是满足这些需要的方式本质上是社会性的，具有社会历史的内容，而且受社会历史条件的限制和规定，随着社会生活的发展而发展。

马克思和恩格斯在《德意志意识形态》中指出："我们首先应当确定一切人类生存的第一个前提，也就是一切历史的第一个前提，这个前提是：人们为了能够'创造历史'，必须能够生活。但是为了生活，首先就需要吃喝住穿以及其他一些东西。因此第一个历史活动就是生产满足这些需要的资料，即生产物质生活本身，而且，这是人们从几千年前直到今天单是为了维持生活就必须每日每时从事的历史活动，是一切历史的基本条件。……

"第二个事实是，已经得到满足的第一个需要本身、满足需要的活动和已经获得的为满足需要而用的工具又引起新的需要，而这种新的需要的产生是第一个历史活动。"（1. P. 158～159）

马克思指出："任何人如果不同时为了自己的某种需要和为了这种需要的器官而做事，他就什么也不能做。"[8]需要既是人的活动动机的内在根据，也是人们度量活动及其结果是否有价值的最终尺度。

以往的哲学在理解人类的活动时，正如恩格斯所说："迅速前进的文明完全被归功于头脑，归功于脑的发展和活动；人们已经习惯于用他们的思维而不是用他们的需要来解释他们的行为（当然，这些需要是反映在头脑中，是进入意识的）。这样，随着时间的推移，便产生了唯心主义世界观"（3. P. 996）。应当从现实的人出发，也就是从人的现实需要出发，是用他们的需要而不是用他们的思维来解释他们的行为。

人的需要和求得满足需要的方式即生产劳动实践，构成各种社会关系和社会现象的基础，它是人们生命活动的实质性内容。究竟是从人们的实际需要和相关利益出发，还是从人们的思想意识出发，究竟是认为实际需要和相关利益决定着人们的思想动机，还是认为思想动机决定了人们的需要和行为，这是能否合理地理解人类社会活动的关键，也是区分唯物史观和唯心史观的试金石和分水岭。

为了满足物质需要和精神需要，人们相互联系，相互合作，结合成社会从事生产劳动等实践活动，追求自己的利益。社会生活作为群体共同的生活，产生了一定的共同的社会需要和社会利益，同时由于生产和生产资源的有限性和稀缺性，产生了个人利益与个人利益之间、个人利益与社会利益之间的矛盾。恩格斯说："每一既定社会的经济关系首先表现为利益。"（3. P. 258）

"生活需要，追求利益"，这是人的类本质。很多人，包括许多研究者进一步认为，自私或者利己主义是人所共有的本性即人的类本质。他们认为，每一个人就像一切生物的个体一样，具有生存和发展的需要，排斥异己，牺牲别人，牟取自身利益是与生俱来的天性。人必定是自私自利的。先贤有言："人不为己，天诛地灭。”“天下熙熙，皆为利来；天下攘攘，皆为利往。”在美国安·兰德的著作《自私的德性》是一本畅销书，它的销售量仅次于《圣经》，许多大名鼎鼎的人物都是兰德哲学的拥趸。尽管如此，我还是不能同意这种认定自私或者利己主义是人所共有的本性的判断。

新版《现代汉语词典》对于自私等词语给出如下的解释：“自私：只顾自己的利益，不顾别人。”“自私自利：只为自己打算，为自己谋利益，不顾别人和集体。”“利己主义：只顾自己利益而不顾别人利益和集体利益的思想。”这样的解释也许是不确切的。因为只要不损害别人的、集体的、国家的或人类的利益，只顾自己的利益，只为自己打算，只为自己谋利益，也没什么不好，至少没什么值得别人挑剔的。问题在于，说只顾自己利益，不顾别人和集体的利益，潜台词是：为了自己的利益而不惜损人利己和损公肥私。正因为对于自私或者利己主义存在着这种潜在的、一般的或通常的理解，我不能同意自私或者利己主义是人所共有的本性或人的类本质的判断。

的确有一部分人是自私或者利己主义的。从原始社会到奴隶社会的转变过程中，掠夺其他部落的财产和人口，成为增加财富的捷径和手段。首领和少数族长利用其职权侵吞公有财产据为己有。这是在人类社会早期产生和集中私有财产的主要手段。我不去估计利己主义的人在总人口中究竟占有多大比例。但是，天下的确有许多的占人口相当比例的人不去做损人利己和损公肥私的事情。对于各个阶层和每个具体的人而言，情况丰富多彩，而且也不是完全固定不变的。但是，以上所述，是人类社会的一个基本事实。

人当然都有生活的需要，追求自己的物质利益和精神利益，但是，诚实的人依靠的是自己诚实的劳动，获得自己该得的利益，即使所获的比该得的少了一些，只要大体公平，也不会斤斤计较。必要时，他们会考虑牺牲个人利益去帮助别人。回想中华民族有过多少仁人志士，为了国家和民族，艰苦奋斗，前赴后继，英勇牺牲！此外，我有切身的体会。我是农民的子弟。我的父亲谭恩庆是地道的忠厚、善良、老实农民的典型，在村子里有口皆碑。我确切地知道，他一生辛勤劳动，从来没有、也从没想过要侵占别人的利益，相反，在别人需要和自己可能的时候，会牺牲自己的利益去帮助别人。

因此，我有把握地认为：“生活需要，追求利益”是人的类本质；但是，自私或者利己主义不是人的类本质，而只是一部分人的恶习。

美国心理学家亚伯拉罕·马斯洛在20世纪40—60年代提出和发表了人类需求层次理论。马斯洛认为，人的需求由低层次到高层次依次为生理需要、安全需要、爱和归属的需要、尊重的需要和自我实现的需要五种。五种基本需要之间表现为一种相互联系、依次上升的关系，共同构成一个等级体系。低一级的需要得不到起码的满足，它就成为激发人的行为的动机；而一旦得到满足，便让位于高一级的需要。需要的层次越高，在个体的发展中出现得越晚，与生存的联系就越间接，越是成为隶属于精神世界的范畴。人的动机越是来源于较高级的需要，人的本质也就越能得到充分的显现。

马斯洛的需求层次理论，具有十分积极的意义。它同马克思的需要理论有着许多相似之处。它是从实验心理学的角度对于马克思历史唯物主义的需要理论的证实和发展。马斯洛需求层次理论的基础是他的人本主义心理学。需求层次理论存在着人本主义的局限性。它从孤立的个体出发，对人的需要的描述，缺乏具体的社会规定性的分析和研究。

接下来进一步讨论追求幸福的问题。许多著名的哲学家，从亚里士多德开始，薄伽丘、特莱肖、爱尔维修，一直到费尔巴哈等，对幸福的深层次的理解有许多差异，但是都一致强调，追求幸福是人类的本性。

亚里士多德认为，和幸福相比，财产和荣誉不过是实现幸福的手段，而幸福本身则是纯粹的目的。快乐是幸福的外在条件。幸福以快乐为基础又高于快乐。人生离不开快乐，却不能以快乐为最终的目的。实现幸福需要三个必备的条件，即健康、财富和德行，其中最为重要的是德行。“幸福是一种完全合乎德性的现实活动。”[7]21 “合乎德性的行为，使爱德性的人快乐。”[7]14 幸福生活必然是有德性的活动状态。没有德性的快乐和没有快乐的德性都不是幸福，但是相比之下，前者比后者离幸福更远。多么精粹的语言！多么高尚的情怀！

恩格斯论述人类追求幸福的本性，他说：“追求幸福的欲望是人生来就有的，因而应当是一切道德的基础。”（4. P. 244）

人的类本质可以归纳如下：社会性或者合群性是人类社会运动变化和发展的外部形式和必备条件。实践活动首先是生产劳动实践是人最根本的类特性。正是在长期实践活动的过程中，创造出人类特有的高级理性思维活动，逐步地形成了人类特有的意识和精神世界。反过来，人们的意识和意识活动是人类的实践活动不可或缺的环节。实践活动与理性思维的能力和成果是相互促进、一起发展的。生活需要和追求利益是人类社会运动变化和发展的内在动力。

有一种观点强调，人的本质是具体的、历史的；人的本质并非凝固不变，它是随着历史的发展和社会关系的变化而发展变化的。这种论述适应于人的本质，即人的个体本质，而不适用于人的类本质。我们看到，前述四点即社会性、实践活动、理性思维、生活需要并追求利益和幸福，难道不是任何一个正常人都具有的人之所以为人而区别于它类事物的最根本的性质吗？

4　旧物质本体论不能成为研究历史唯物主义的理论基础

由前面几小节的叙述可以看到：关于人的类本质，马克思和恩格斯做过许多精辟的论述；马克思和恩格斯立足于人来解释人类社会的发展。恩格斯定义唯物史观是关于“现实的人及其历史发展的科学”（4. P. 247）。

马克思说：“旧唯物主义的立脚点是市民社会，新唯物主义的立脚点则是人类社会或社会的人类。”（1. P. 136）社会历史就是人的活动历史。恩格斯说：“现代唯物主义把历史看做人类的发展过程，而它的任务就在于发现这个过程的运动规律。”（3. P. 400）“在社会历史领域内进行活动的，是具有意识的、经过思虑或凭激情行动的、追求某种目的的人。任何事情的发生都不是没有自觉的意图，没有预期的目的的。”（4. P. 253）“历史不过是追求着自己目的的人的活动而已。”[3]118−119 正是这种有着自觉的目的的人的活动构成人类社会历史，同时也就一起形成了它的规律，即人的活动规律。所谓历史规律，就是人的活动规律，它形成于人的活动之中。

在人的类本质中，人作为政治动物的社会性，人的感觉、知觉、表象和理性思维，人的需要、目的、欲望、愿望、追求、思想和感情等，都属于人们的意识。人类的意识和意识活动是实践活动不可或缺的环节。

如§3.3 和§3.4 所述，人和人类社会既有物质的方面又有意识的方面。人是一种特殊的物质存在形态，人是物质和意识、物质性和能动性的统一。离开人们的意识和能动性，就无法谈论人和人类社会的发展。离开人的类本质，完全不从人的主体方面、不从人的能动的实践活动出发观察和理解人类社会的物质对象和社会现象，无视人们的精神意识和实践活动的目的所创造的人化自然的特征，就不能客观地研究人类和人类社会的发展规律。

针对霍布斯的机械唯物主义观点（见§3.4.4），针对从前一切唯物主义包括费尔巴哈唯物主义的主要缺点，即“对对象、现实、感性，只是从客体的或者直观的形式去理解，而不是把它们当做人的感性活动，当做实践去理解，不是从主体方面去理解”（1. P. 137），马克思做了系统的分析和批判。马克思认为，片面地强调人的肉体性即物质性的唯物主义（旧唯物主义），和片面地强调人的精神意识的唯心主义一样，都是“漠视人”和“敌视人”的。

列宁给出了著名的物质定义：“物质是标志客观实在的哲学范畴，这种客观实在是人通过感觉感知的，它不依赖于我们的感觉而存在，为我们的感觉所复写、摄影和反映。”[9]89 列宁认为：“物质的唯一‘特性’就是：它是客观实在，它存在于我们的意识之外。”[9]192

§3.3已经指出，物质定义所概括的所有物质的共同属性，也必须是作为物质世界组成部分的人所具有的属性。人们的意识和意识活动是人的存在，人的生活和实践的一个必要条件；依赖于人们的意识和意识活动，是人特殊的存在方式的一个特点。列宁的物质定义是见物不见人，不能成为唯物主义哲学研究人类社会发展的基本规律的逻辑起点。旧物质本体论貌似严整，实则与人类社会缺乏内在的必然的逻辑联系。旧物质本体论不能成为研究历史唯物主义的理论基础。

第三章引言清晰地叙述了现代唯物主义哲学的基本观点。在本章中，我们将从现代唯物主义哲学的上述观点出发，以马克思和恩格斯的文本为依据，对于每一个基本概念给出精确的定义，而且只在这个定义下使用它，用以阐释马克思和恩格斯创立的历史唯物主义的理论体系。

§10.3 人类社会的起源 物质生产原理

1 人类社会早期发展阶段的历史

在地球46亿年漫长的演化进程中，人类诞生和有文字记载的人类文明史只是短暂的一段时间。在冥古宙、太古宙和元古宙之后，地球上生命大量出现。其后直至现在的时代称为显生宙。显生宙划分为古生代（距今5.41亿—2.52亿年）、中生代（距今2.52亿—0.66亿年）和新生代（距今0.66亿年至现在）。古生代末期，地球的陆地上布满茂密的森林，植物、动物繁茂。中生代是恐龙的时代。约0.66亿年前，大型陨星撞击导致全球生态系统崩溃，统治地球达1.6亿年之久的恐龙随着75%的物种灭绝了。新生代是哺乳动物的时代。新生代划分为古近纪、新近纪和第四纪，第四纪（距今258万年至现在）出现了人类。

自然界的演化和发展是人类社会产生的物质前提。§3.1已述，人类的祖先是类人猿。约3000万年前，由于地壳运动和气候变化，古猿从林栖转到开阔的热带草原，逐渐适应了地面上的生活。它们双足直立行走，大脑较为发达，经常从事狩猎和采集，过着群居的生活。新生代第四纪，古猿已经为人和人类社会的产生准备了一切必要的自然条件。

恩格斯把人类起源和形成分成三个阶段，即攀树的猿群、正在形成中的人和完全形成的人。这是一个漫长的过程。

为了生存，必须经常地狩猎和采集，逐渐地利用和制造工具，首先是石器。人造工具的出现标志着从猿到人过渡阶段的结束。最早的石器出现在距今300万—200万年，这是完全形成的人出现的确实可靠的年代。

古猿本能的生命活动逐渐萌芽、演化和发展为人类的生产劳动。马克思说："劳动资料的使用和创造，虽然就其萌芽状态来说已为某几种动物所固有，但是这毕竟是人类劳动过程独有的特征，所以富兰克林给人下的定义是'a toolmaking animal'，制造工具的动物。"（2. P. 171～172）人类制造和使用工具，生产自己所需要的物质生活资料。这是一种有目的有意识的活动。制造和使用工具从事生产劳动，与动物的本能的生命活动有着本质的区别，它是"人猿揖别"即人类最终从动物界分化出来的根本标志。

物质生产实践一开始就是社会性的活动。古猿的生存需要所形成的群体关系是人类社会借以产生的生物学前提。面对着艰险的自然环境，人们只能相互合作，相互联系，组合成社会从事生产活动。所以，生产劳动不仅生产出人们生存所必需的生活资料，同时产生出人与人之间的社会关系，产生了人类社会。生产劳动实践是人类社会形成的基础。

§3.4已述，语言是生产劳动和社会生活的产物。人类意识的产生也是如此。人类祖先在生产劳动和社会交往中，不断地接触自然对象和社会事物的大量信息的刺激，促进和增强了大脑和大脑思维机能的发展，同时，获得愈来愈多的知识，认识自然和社会，逐渐地形成了人类所特有的理性思维能力和精神意识世界，为进一步利用自然和改造自然奠定了认识论基础。在生产劳动中逐渐形成了人类所特有的改造自然的主体性地位。

马克思和恩格斯在《德意志意识形态》中说："一当人开始生产自己的生活资料，即迈出由他们的肉体组织所决定的这一步的时候，人本身就开始把自己和动物区别开来。"（1. P. 147）恩格斯在《劳动在从猿到人的转变中的作用》中说："劳动是整个人类生活的第一个基本条件，而且达到这样的程度，以致我们在某种意义上不得不说：劳动创造了人本身。"（3. P. 988）§3.3已述，恩格斯详细地论述了从猿到人的转变过程，阐明了劳动在人类起源中的决定性作用。

恩格斯所说的劳动，是指生产劳动即人类的物质生产实践活动。因此，物质生产是人类历史的起点。

接下来我们简单地回顾人类社会早期发展阶段的历史。

在成为完全形成的人之后，按照人类体质发展的状态分期，人类经历了早期猿人（距今300万—180万年）和晚期猿人（距今180万—25万年）、早期智人

（距今 25 万—5 万年）和晚期智人（距今 5 万—1.5 万年）四个阶段。人工制造的石器工具的出现，标志着从猿到人过渡阶段的结束。人类从动物界分化出来后，经历了 200 多万年的石器时代。考古学家把石器时代划分为旧石器、中石器和新石器三个时代。旧石器时代早期相当于早期猿人和晚期猿人阶段；旧石器时代中期相当于早期智人阶段；而旧石器时代晚期和中石器、新石器时代相当于晚期智人阶段。

在早期猿人阶段，人们以石击石制造石器，加工粗糙，器形简陋。晚期猿人阶段，采用循序敲击的方法制造石器，石器种类增多，除砍砸器、刮削器之外，出现了石斧和石片。晚期猿人普遍学会了敲击取火和摩擦取火。火给人类带来了光明和温暖；用于防御野兽和狩猎；使人类由生食过渡到熟食，促进了人类大脑和体质的发展。

早期智人阶段的石器更为多样和精致，例如，石球和绳索结合做成飞石索，成为狩猎的复合工具。由于猎取大型动物，兽骨成了工具原料的补充来源。人们仍然采集，并依靠集体进行狩猎活动，学会用兽皮缝制衣服。

约 5 万年前开始的晚期智人的体质与现代人类的体质大体相同。他们经历了旧石器时代晚期，进入中石器时代（距今 1.5 万—1 万年），这是从旧石器时代向新石器时代的过渡阶段，最后进入新石器时代。

旧石器时代晚期，晚期智人掌握了石器的磨制、钻孔技术，出现了日益复杂的专用复合石器工具，如带倒钩的鱼叉、带柄的石斧、投矛器、有孔刀等。捕鱼成为重要的生产活动。人们相对定居，除洞穴之外，学会了用木材、土砖、石头和茅草建造房舍，用兽皮缝制衣服或覆盖屋顶。

中石器时代出现大中型的石器如石斧、石槌、石凿、石铲等。捕鱼是主要的经济部门，使用渔网和小舟捕鱼。中石器时代的主要标志是细石器、弓箭的发明以及狗和绵羊的驯养。其中弓箭的发明及其广泛应用是重大的成就，大大促进了古代社会生产力的发展。

生产力的发展造成现实生活条件的改善，进而导致人类社会组织形式的变化。原始社会的组织形式简单地分为血缘家族和氏族公社两大阶段。

血缘家族存在的时间很长，大约相当于早期猿人、晚期猿人和早期智人阶段，即旧石器时代的早期和中期。马克思说："血缘家族是第一个社会组织形式。"[10] 当时，社会生产力十分低下，人们互助合作，集体劳动，共同消费。男人狩猎，女人采集和养育小孩。在家族内部，同辈男女互为夫妻。

血缘家族之后是母系氏族公社，大约相当于晚期智人阶段，始于旧石器时代晚期，中石器时代和新石器时代是母系氏族公社的全盛时期。生产力的发展促进人口的增加，一部分人不得不从母群中分离出来，形成不同的群团。每一个群团大约几十人，往往居住在一个村落。母氏族派生出子氏族，母、子氏族组成胞族，胞族又组成部落。人类智力的发展使他们意识到兄弟姐妹通婚对下代体质的危害，排斥氏族内通婚成为必要。“一个部落分为好几个母系血缘亲属集团，即氏族，在氏族内部，严格禁止通婚，因此，某一氏族的男子，虽能在部落以内娶妻，并且照例都是如此，却必须是在氏族以外娶妻。这样，要是氏族是严格外婚制的，那么包括了所有这些氏族的部落，便成了同样严格内婚制的了。”（4. P. 25）这样，族外婚出现了，结成婚姻集团的两个氏族之间的同辈男女互为夫妻。互通婚姻的氏族构成早期部落。后来随着生产发展，人口增加，由群婚转为对偶婚：“一个男子在许多妻子中有一个主妻（还不能称为爱妻），而他对于这个女子来说是她的许多丈夫中的最主要的丈夫。”（4. P. 54）即使男子居住在女子的氏族（居妇家），也不算是女子氏族的成员。在群婚的情况下，人们只知其母，不知其父，世系只能按母系来计算。加上男子狩猎丰歉无常，女子采集较有保证，在氏族的日常生活中妇女占支配地位，形成了母权制氏族。母系氏族是社会经济细胞。生产力水平仍然低下。在母系氏族的内部，除个人日常使用的工具外，一切财产归集体所有；集体劳动，共同消费。

新石器时代始于约 1 万年前，是延续了 200 多万年的石器时代的最后阶段，其结束年代距今约 4000 年，实际上它在世界各地的结束年代从距今 7000 多年至 2000 多年不等。新石器遗址分布广泛，在中国就有几千处之多。此时的石器制造技术最高，成就最大。

发明陶器、纺纱和织布是新石器时代重大的技术成就。新石器时代更为重要的变革是获取食物方式的变化，即农业、畜牧业的产生和推广。这是约 1 万年前出现的人类文明的重大转折。采集野生植物改为种植植物，如大麦、小麦、水稻、玉米等，用木锄、石锄和石铲翻地、播种、收获，发展农耕，这些主要是妇女的功劳；将捕获的动物如牛、山羊、马、猪等饲养起来，发展畜牧，这主要是男子的功劳。从新石器时代开始，从采集和狩猎转变成主要依靠种植和饲养，农耕和畜牧，原始社会进入农业文明阶段。人类不再依赖自然界提供的现成食物，而是通过创造适当的条件，使自己所需的植物和动物得到生长和繁衍，并改变它们的某些属性和习性，满足人类自己的需要。

大约 6000 年前，人们开始学会炼铜，制造铜器，进而冶炼青铜。约 4000 年前发明了冶铁术。铁是价廉、质硬、耐磨的金属。在生产工具和武器制造等方面，铁器迅速地排挤了石器和青铜器。使用铁斧、铁剑、铁犁等铁制金属工具提高了生产效率，促进了农业发展。农业和畜牧业成为两大生产部门，这是第一次社会大分工。生产力的提高和产品交换经常化，促进了手工业的产生和发展。金属的冶炼、金属器的制作、制陶、制革、纺织、榨油、酿酒、造船等，“如此多样的活动，已经不能由同一个人来进行了；于是发生了第二次大分工：手工业和农业分离了。”（4. P. 179～180）

人类文明时代大约始于6500年前。从新石器时代晚期开始，金石并用，随后进入铁器时代。随着金属器的使用，生产力的发展，产品有了剩余。从母系氏族公社过渡到父系氏族公社，标志着氏族制度开始解体。氏族制度解体的过程，同时也是一夫一妻制家庭出现、私有制产生、阶级社会形成、国家产生和人类文明发生的过程。

19世纪伟大的美国考古学家路易斯·享·摩尔根的《古代社会》[11]一书，是公认的人类早期社会研究的经典名著。摩尔根按照早期人类进化的程度，把人类社会历史划分为三大阶段：蒙昧阶段、野蛮阶段和文明阶段。前两个阶段相当于原始社会（血缘家族和氏族公社）的整个过程，其过程极为漫长，大约相当于300万至6500年前。然后进入文明阶段。

世界文明的发祥地有五个：第一个是西亚两河流域（幼发拉底河和底格里斯河流域）的古代文明，始于约公元前4000年；第二个是埃及的尼罗河流域的古代文明，始于约公元前3500年；第三个是南亚印度河流域的古代文明，约为公元前2500年至公元前1750年；第四个是中国黄河流域和长江流域的古代文明，始于约公元前2500年的龙山文化晚期，传说中的黄帝时期；第五个是希腊爱琴海区域的古代文明，古希腊文明始于约公元前2000年。

什么是文明伊始的标志？摩尔根说：“文字的使用是文明伊始的一个最准确的标志。……没有文字记载，就没有历史，也没有文明。”[11]30恩格斯肯定摩尔根这个论断，指出处于野蛮时代的人类，“由于拼音文字的发明及其应用于文献记录而过渡到文明时代。”（4. P. 34）

金属冶炼和金属器的使用，农业、畜牧业的产生和发展等，导致生产力发展和产品的剩余。所有这些发展带来的必需劳动，已经主要不是由妇女而是由男子来承担。男女经济地位的变化导致其社会地位的变化。父权制是这种变化的必然结果。父权制氏族是母权制氏族阶段的后续发展。父权制的确立并不像人们想象的那么困难。“只要有一个简单的决定，规定以后氏族男性成员的子女应该留在本氏族内，而女性成员的子女应该离开本氏族，而转到他们父亲的氏族中去就行了。”（4. P. 64～65）后来，所谓“普那路亚家庭”群婚制，逐渐演化为比较固定的对偶家庭，以至固定的一夫一妻制，子女可以按父系的血统来辨认。居于支配地位的丈夫要求确凿无疑地由其亲生的子女来继承其财产和地位，一夫一妻制是父权制的必然结果。

父系氏族公社由源于一个男始祖的若干个父系家族组成，实行土地公有。对妇女的奴役是父系氏族公社的特征。生产力的发展使产品有了剩余。集体劳动逐渐转变为家庭劳动。家庭逐渐地成为独立的经济单位。每一个家庭有自己的剩余产品和财产。私有制由此产生。各个家庭由于其劳动技能、经营管理、勤劳程度、身体状况的不同和天灾人祸等其他原因，必然会引起贫富分化。在氏族公社中，首领和少数族长利用公职之便，将公共财产据为己有。掠夺其他部落的财产和人口成为增加财富的捷径和手段。“他们都是野蛮人，进行掠夺在他们看来是比进行创造的劳动更容易甚至更荣誉的事情。”战争中的战俘不再被杀死，留了下来变成奴隶。在父系氏族公社末期，公社内部的财产分化日益加剧，出现奴隶主和奴隶、富人和穷人、贵族和一般的氏族成员之间的斗争。这种斗争愈演愈烈，最终导致了原始社会的崩溃。

氏族公社解体经历了长期的过程。一夫一妻制家庭可能离开原来的氏族居住地迁移到别处；不同氏族的居民聚集在一起，形成了不以血缘关系而是以地域为纽带组织的农村公社。村社以家庭为单位进行单独生产。即使到了近代和现代，还可以看到不少聚族而居，只有一姓或者数姓的大村庄。村社的出现，表明氏族公社已经走到了尽头。这是生产力发展的必然结果。

金属器的使用，一夫一妻制家庭的出现，私有制和阶级社会的形成，氏族公社的解体，部落之间频繁的掠夺战争，世袭王权的萌芽等，都是导致国家产生的经济条件和社会条件。由于世界各地社会发展的复杂性和多样性，国家产生的形式也多种多样。国家按地区来划分它的国民，设立凌驾于社会之上的公共权力，这种权力是实行阶级压迫的手段或工具。

国家的出现，是人类历史上的一个巨大的进步。最先形成的都是奴隶制国家。国家能够以更大的规模组织社会生产，促进社会分工，发展公共事业。在当时的历史条件下，国家是推进社会进步的主要力量。

2 物质生产原理

物质生产就是指物质生产实践。§6.2已述，物质生产实践即生产劳动实践，是人们有目的地进行的、有意识活动参与的，能动地利用、改造自然，生产满足自己需要的物质生活资料和生产资料的对象性社会活动。

马克思说：“劳动首先是人和自然之间的过程，是人以自身的活动来中介、调整和控制人和自然之间的物质变换的过程。人自身作为一种自然力与自然物质相对立。”[12]207—208人通过自身的躯体器官——臂和腿、头和手的运动，作用于身外的自然对象，使之改造成为满足人们需要的物质生活资料和生产资料；同时在这一过程中也改变人自身，使自身蕴藏着的潜力发挥出来。

物质生产对于人类社会的存在和发展具有重大的和决定性的意义。

第一，§10.2阐述了实践活动首先是物质生产实践活动，是人的类本质，是人区别于世界上所有其他物质、区别于动物的最根本的特性。物质生产实践是人的实践活动的基本形式，是人与自然界的能动的相互作用中自我产生和自我发展的特有的生存方式。正是在长期的物质生产实践过程中，创造出人类特有的高级理性思维活动，逐步地形成了人类特有的意识和精神世界。物质生产依赖于人的体力和智力，而且它也是人的体力和智力发展的源泉。

第二，物质生产是人类历史和人类社会的起点。“劳动创造了人本身”。物质生产是人们相互联系、共同生活的第一个实践形式。从人类社会早期历史中我们看到：“随着新生产力的获得，人们改变自己的生产方式，随着生产方式即谋生的方式的改变，人们也就会改变自己的一切社会关系。”（1. P. 222）

第三，物质生产是人类社会存在和发展的基础。

衣食住行是人类生存和发展的必要前提。然而，自然界永远不会为人类提供全部现成的物质生活资料，自动满足人们的全部生活需要。人只有通过生产劳动，利用和改造自然，生产自己所需要的生活资料。这是人与自然的矛盾。物质生产作为人类获得物质生活资料的源泉，是维持人类生存的根本条件。

马克思和恩格斯指出：“我们首先应当确定一切人类生存的第一个前提，也就是一切历史的第一个前提，这个前提是：人们为了能够‘创造历史’，必须能够生活。但是为了生活，首先就需要吃喝住穿以及其他一些东西。因此第一个历史活动就是生产满足这些需要的资料，即生产物质生活本身，而且，这是人们从几千年前直到今天单是为了维持生活就必须每日每时从事的历史活动，是一切历史的基本条件。”（1. P. 158）

物质生产是人类一切社会形态所共有的，不管在什么社会形态下，物质生产总是每日每时都必须进行的。马克思说：“任何一个民族，如果停止劳动，不用说一年，就是几个星期，也要灭亡，这是每一个小孩子都知道的。”（4. P. 473）物质生产是一切历史的一种基本条件。就这一点来说，古代和现代、过去和现在没有什么两样。人类的历史首先是物质生产发展的历史。

第四，物质生产是推动社会发展的根本动力。

物质生产创造了人类社会的文明，推动着人类文明的发展。物质生产是制约社会生活、社会结构和社会面貌的决定因素。有什么样的物质生产，就有什么样的社会生活、社会结构和社会面貌。设想在现在的生产和生活中，还没有发现和利用电磁波，一切与电磁波有关的生活用品（如手机、电视和电脑等）、生产设备（如通信设备、自动控制设备和遥控遥测设备等）和军事武器（如导弹、雷达、航空航天飞行器等）都不可能存在，社会生活、社会结构和社会面貌将完全两样。社会生活，社会的经济、政治和思想文化，都受着物质生产水平的制约。

物质生产的发展引起社会形态的量变，量变的积累，最终必然导致社会形态的质变，即从一种社会形态向另一种更高社会形态的转变。§10.3.1叙述的人类社会早期发展阶段的历史，已经完全证实了这个论断。

第五，物质生产是人类的主体地位形成的基础，也是人类利用和改造自然，促使社会进步和发展的根本途径。通过物质生产，人才成为现实的物质力量，对自然界发挥出巨大的影响，而不再完全依附于自然的生存环境。物质生产使人类从自然的绝对主宰中获得解放；使生命从完全被自然支配的地位获得某种自主、自由的本性。人类主体能力的提高，决定性要素是物质生产的进步和发展。物质生产的高度发展是实现人类彻底解放的根本条件。

只有正确地理解了物质生产，才能正确地理解人、理解人类社会、理解人类社会的历史发展。物质生产的客观实质，及其在人类生活中的意义，是哲学理论论述人类历史的起点。

《在马克思墓前的讲话》是恩格斯1883年发表的概述马克思的主要理论贡献和毕生革命活动的重要讲话。在这篇讲话中，恩格斯对于物质生产的十分重要的地位作了极为透彻的表述。他说："正像达尔文发现有机界的发展规律一样，马克思发现了人类历史的发展规律，即历来为繁芜丛杂的意识形态所掩盖着的一个简单事实：人们首先必须吃、喝、住、穿，然后才能从事政治、科学、艺术、宗教等等；所以，直接的物质的生活资料的生产，从而一个民族或一个时代的一定的经济发展阶段，便构成基础，人们的国家设施、法的观点、艺术以至宗教观念，就是从这个基础上发展起来的，因而，也必须由这个基础来解释，而不是像过去那样做得相反。"（3.P.1002）

综上所述，物质生产是人类历史的起点，是人类社会存在和发展的基础，是人类社会发展的决定性因素，是推动人类社会发展的根本动力。这样表述的物质生产原理为理解人类社会的本质，全面地说明社会现象，给出了可靠的线索，在生产劳动的发展史中找到理解人类社会全部历史的锁钥，为历史唯物主义的创立奠定坚实的基础。物质生产原理是历史唯物主义的理论基石。

§10.4　生产力　生产关系　生产方式

1　生产力：人们物质生产实践的能力

广义地说，生产力是指人类利用、影响和改造自然，从自然界获得物质生活资料的实际能力和客观的物质力量。它是标志人类在解决人的需要与自然之间的对立和和谐方面达到的实际程度和获得的实际能力的哲学范畴，是人与自然之间现实关系的体现。

生产力是在人类长期的改造自然的生产劳动实践中形成的，是人类改造自然的本质力量，既包括以人的本质力量使客体对象化的产物，也包括人们从事生产劳动的体力和智力即科学技术水平。生产力具有属人性、社会性、客观性和历史性。这就是说，生产力是人们实践活动的产物，是个人劳动能力和思维认识能力通过一定的社会结合方式形成的社会力量，也是客观的物质要素构成的物质力量，并且随着生产的发展和社会的进步而处于不断的发展进步之中。

具体地说，生产力是人们凭借和使用劳动资料作用于劳动对象从事物质生产的能力。生产力要素分为两大类：独立的实体性要素和非独立的附着性、渗透性要素。独立的实体性要素包括劳动资料、劳动对象和劳动者。

劳动资料也称为劳动手段。劳动资料是人们在劳动过程中所运用的物质资料或物质条件，其中最重要的是生产工具，此外还包括物质生产的动力系统、能源系统、运输系统、存储系统、自动控制系统和信息传递系统等。随着生产实践的发展和科学技术的进步，劳动资料不断扩展，日益复杂、精密和高技术化。

生产工具是劳动者和劳动对象之间的中介，直接传递劳动者对于劳动对象的作用。人们利用劳动资料，按照自己的目的，改变和影响劳动对象，创造出适合人类需要的产品。劳动资料，特别是生产工具，是生产力作为改造自然的现实的物质力量的集中表现。生产工具是社会生产力发展水平的客观标志，是衡量人类利用和改造自然的实际能力的尺度。人们解决人与自然的矛盾的实际能力如何，主要取决于生产工具的质量和数量。劳动资料，特别是生产工具，直接地制约着劳动组织形式和劳动方式。因此，劳动资料，特别是生产工具，是决定社会经济形态的重要基础，是区分社会经济形态的客观依据。“各种经济时代的区别，不在于生产什么，而在于怎样生产，用什么劳动资料生产。”[12]210

劳动对象是生产过程中进行加工的一切对象。自然界是一切可能的劳动对象的总和，其中引入生产过程的部分则是现实的劳动对象。它分为两大类，一类是没有经过劳动加工的自然物，例如原始森林、地下矿藏等，另一类是经过人加工或生产的物体，称为原料，例如钢材、棉花等。土地属于劳动对象，而且是重要的劳动对象。马克思说：“土地（在经济学上也包括水）最初以食物，现成的生活资料供给人类，它未经人的协助，就作为人类劳动的一般对象而存在。”[12]208—209

劳动对象是现实生产的必要前提。没有劳动对象，就不可能进行物质生产，不可能创造物质财富。人的劳动同劳动对象相结合，才是一切物质财富的源泉。劳动对象体现了自然界是人类生存的自然物质基础。同时，它从一个侧面反映了生产力的发展水平。劳动对象不同，往往影响劳动产品的质量和数量。随着生产和科学的进步，劳动对象日益增多，越来越显示出它在生产力发展中的重要作用。

劳动资料和劳动对象是生产过程中的物的因素的总和，合称生产资料。

劳动者是具有一定生产经验、劳动技能和相关知识，能够从事生产劳动实践活动的人。劳动者的劳动能力就是其体力和相应的智力。显然，劳动者都是人，但不是所有的人都是劳动者。

劳动者是生产过程的主体，是生产力中最重要、最活跃的因素。没有劳动者这个主体，劳动资料和劳动对象只是可能的生产力；劳动资料和劳动对象与劳动者的创造性活动结合起来，才能变为现实的生产力。所以，人才资源是第一资源。

任何物质生产都是有目的有意识的活动，因此，它既需要劳动者体力的支出，也需要劳动者智力的支出。随着生产的现代化发展，智力因素的比例在日益增加。作为分工，有体力劳动者和脑力劳动者之区分。在现代生产中，脑力劳动者的质量和数量日益具有决定性的意义；在高新技术领域内，脑力劳动和体力劳动具有直接同一的趋势。

具有劳动能力即一定的体力和一定的智力，是劳动者的根本特征。不仅如此，劳动者的劳动态度对于生产力的发挥具有十分重要的意义。

生产力的非实体性要素，即非独立的附着性、渗透性要素，包括科学技术和生产管理等。其中科学技术占有突出的主要地位。

马克思指出：“生产力中也包括科学”。[13]211 “劳动生产力是随着科学和技术的不断进步而不断发展的。”[12]698 邓小平总结科学技术在现代物质生产中的巨大作用，进一步指出：“科学技术是第一生产力。”[14]274 这个论述肯定了科学技术是现代物质生产力发展的首要的推动力量。

科学技术包括了科学和技术两个方面。科学是人们关于自然、社会和思维的知识体系，是人们对于世界各种运动形式的本质及其运动变化规律的认识，属于社会意识范畴。技术是人们根据自然科学原理和生产实践经验发展和积累起来的有关生产的工艺、方法、流程、手段、工具和技能等的总和。它直接属于生产力的范畴。科学回答“是什么”和“为什么”，技术则回答“做什么”和“怎么做”。科学是认识世界、创造知识，为人们奠定发展生产力的认识论基础；技术是综合利用知识和经验于生产之需要。对科学来说，技术是科学向物质实践的延伸；对技术来说，科学是技术向思维领域的升华。科学提供物化的可能，技术提供物化的现实。当科学处于知识形态的时候，它还不是直接的物质生产力。科学转化为直接的生产力，一般通过以下几个途径来实现：（1）科学知识物化到生产资料，特别是生产工具上，改变生产资料的性质和水平；（2）科学知识改善和提高生产技术本身；（3）用科学知识来武装劳动者，提高劳动者的智力和生产技能；（4）科学知识应用于生产的组织管理，大幅度地提高管理效率。通过前三项，科学就转化为直接的物质生产力。

作为生产力的非实体性要素的生产管理、分工协作等属于运筹性因素。生产管理或经济管理是通过对生产力实体性要素的计划、组织、指挥、协调和控制，使各个要素数量合适、比例适当、运转协调，以形成最优化的总体生产力。管理的目的在于，以最少的人力物力的消耗，生产出更多更好符合社会需要的产品，取得最佳的经济效益。

生产力的实体性要素并不是与人们实践活动和意识活动无关的外部世界的物质；它是包含人们的实践活动和意识活动及其成果的物质要素所构成的物质力量。生产力的非实体性要素是人们的实践活动和意识活动的成果通过附着性、渗透性过程转化而来的直接的物质生产力。生产力当然首先是物质的力量，但是，生产力显然也离不开人们的意识和意识活动。因此，生产力是世界物质存在和人类意识存在的统一。如果按照列宁的物质定义，单纯地强调物质不依赖于人们的意识，存在于人们的意识之外，就不可能研究人类社会的发展规律。

2　生产关系：物质生产过程中人与人之间的经济关系

如前所述，人们所需要的生活资料依靠自己的生产劳动来获得，而生产劳动一开始就是在社会中进行的。马克思指出：“为了进行生产，人们相互之间便发生

一定的联系和关系；只有在这些社会联系和社会关系的范围内，才会有他们对自然界的影响，才会有生产。”(1. P. 340)

对于生产过程中人们的社会联系，马克思在两种意义上使用生产关系的概念：一种是指劳动者借以进行生产的各种各样的关系，既包括生产过程中人与自然的关系，也包括人与人之间的各种经济关系，称为广义的生产关系；另一种则仅仅指生产过程中人与人之间的经济关系，称为狭义的生产关系。

我们只在后一种意义上定义和使用生产关系的概念：生产关系是人们在物质生产的过程中形成的人与人相互之间的经济关系，即物质利益关系。

按照这个定义，并不是人们在生产过程中形成的一切联系和一切关系都属于生产关系的范畴。例如，人们在劳动过程中的技术关系、组织形式、分工协作的关系、管理关系等，体现或涉及的实质上是人与自然的关系，而与人们相互之间的经济关系无关，它们应当归结于生产方式，而不属于生产关系。

从生产过程的静态和动态两个方面来把握，生产关系大体上包括：(1) 生产资料所有制关系；(2) 人们在生产中的地位及其相互关系；(3) 产品的分配关系；(4) 产品的交换关系；(5) 产品的消费关系。

生产资料所有制关系是指生产资料归谁所有，为谁支配。它包括生产资料的所有权、占有权、支配权和使用权，其中，首要的、起决定作用的是生产资料的所有权。在不同的生产关系或不同的生产部门中，这“四权”可能结合在一起，也可能相互分离。

生产资料所有制关系是以物为中介的人与人之间的关系，是人们进行物质资料生产的前提。在生产关系中，生产、分配、交换和消费关系，在很大程度上是由这个前提决定的。所以，在生产关系中，生产资料所有制关系是基本的、具有决定意义的方面；其实质是个人或者社会集团通过对生产资料的占有实现对生产产品的占有。

生产资料所有制关系确定人们在生产过程中的地位：或者是平等的分工合作的关系；或者是统治和被统治、支配和被支配的关系。

产品的分配，指生产出来的产品通过一定的形式被社会成员所占有的过程。产品的分配关系是指产品分配的原则、方式、形式和产品分配的比例等。其中，分配形式包括实物形式、工资形式、地租形式和资本利润形式等。被分配的对象是产品，没有产品，就没有分配。生产决定着分配。生产是建立在一定的生产资料所有制基础上的，生产的这种社会性质必然通过分配的性质和方式反映出来。

把分配得到的产品让渡给其他社会成员，以换回自己所需要的产品，这就是交换。没有生产过程中的社会分工，就不会产生产品的交换。人类社会出现社会分工之后，人们依照社会分工只生产一种或者几种产品，甚至是一种产品的某个部分。人们所需要的全部消费品不可能全由自己来生产，大部分甚至全部消费品都要通过交换，才能进入消费的过程。生产过程的社会分工越发展，交换发展的程度就越高。生产的规模越大，可供交换的产品数量就越多，交换的规模就越大。生产决定着交换的规模。产品的交换实质上是物质利益的交换。表面上说，交换是平等和自愿的，其目的是各取所需，对交换双方都有利。但是，实际上在许多情况下，因为交换的具体情境之差别，盈利或者亏损随着交换的完成而变成事实。真正完全公平的交换实际上是少有的。

产品的消费，指人们为维持自身的生存和发展对各种生活资料的使用和消耗过程。广义消费，除生活消费之外，还包含生产消费以及其他形式的消费。生产决定消费。人们要消费，就必须有消费的对象，要有食品、衣服和房屋。消费的对象是在生产过程中生产出来的。人们生产出什么消费的对象，也就以什么方式消费。生产的产品越丰富、产品质量越好，人们的消费质量和水平就越高。消费方式的不同，消费的质量和水平，是由生产发展的不同水平所决定的。当还没有生产出某种产品时，消费者就不会想去消费这种产品，从这个意义上说，生产也生产出消费的动力。

分配、交换和消费并不只是消极地被生产所决定，它们对于生产起着重要的反作用。例如，分配是否合理，会加速或阻碍生产的发展；产品交换的顺畅与否，对于生产的发展起着促进或阻碍的作用；消费是生产的最终目的，它使得生产出来的产品最终成为消费品，引导生产的发展，为生产创造出动力，为再生产创造出劳动力。

生产关系是以生产资料所有制为本质基础，由生产、分配、交换和消费四个环节所构成的统一体。生产关系根源于物质生产的过程。人们在生产物质产品的同时也生产着生产关系。

马克思认为，财产关系只是生产关系的法律用语。(2. P. 2～3) 马克思关于生产关系的这个根本观点规定了生产关系的内涵。

生活需要，追求利益和幸福，是人的类本质。人有物质的需要和精神的需要。凡是能满足人类需要或欲望的事物，都可以称为利益。其中包括物质利益和精神利益，最重要最基本的利益是物质利益。物质利益是指为了满足人的物质生活和精神生活的需要而获得的一定数量和质量的物质资料，包括生活资料和生产资料。人们为满足自己的需要从事生产劳动。需要是生产的动机，生产则是满足需要的手段。恩格斯指出：“每一既定社会的经济关系首先表现为利益。”(3. P. 258) 与物质利益关系最为直接的是社会生产关系即经济关系。

在原始社会中，除了个人日常使用的工具之外，一切生产资料归集体所有；氏族内部各个成员之间完全平等，人们相互合作，集体劳动，产品归集体所有，共同消费。

在其后生产资料私有制社会中，生产资料所有者总是处于支配、指挥、管理、监督的地位，劳动者则处于被支配、被指挥、被管理、被监督的地位。生产资料所有者和劳动者之间是一种统治和被统治、剥削和被剥削、压迫和被压迫的关系。生产资料私有制进一步决定着产品的分配关系。

在奴隶社会中，奴隶主占有全部生产资料，并完全占有奴隶本身作为劳动者。奴隶主可以任意地惩处、买卖甚至屠杀奴隶。这就决定了奴隶生产的全部产品归奴隶主所有，奴隶主就像饲养牲畜一样仅供给奴隶最低限度的消费资料，以维持其生产的能力。这是一种赤裸裸的残酷的剥削制度。然而，当初不杀战俘，留下来变为奴隶，仍然是社会发展的进步现象，较之原始社会，它提供了较高的社会生产力。奴隶制的生产关系在不同的国家有不同的表现形式和不同的特点。

在土地占有制社会中（含封建社会，见§10.10），农业占绝对的优势，土地所有制成为社会生产关系的本质。地主占有基本生产资料即土地，地主出租土地给农民耕种，收取地租。农民用自己的耕作工具耕种地主（或领主、寺院主）的土地，劳动产品的相当部分或大部分以地租的形式（实物地租、劳役地租、货币地租）交给地主。农民与奴隶的不同在于，农民有了自己的经济，交付地租之后的剩余产品归自己支配，比奴隶有较高的生产积极性。在不同国家和地区，土地占有制生产关系有不同的具体形式和特点。

从原始公社解体时起，在奴隶社会和土地占有制社会中，存在有大量的占有小块土地和生产资料从事个体劳动的小生产者。他们自食其力，不剥削他人，也基本上不受剥削，但是要向国家缴纳赋税。到了土地占有制社会，个体生产普遍地发展，在社会生产中占据了主导地位。小私有制个体生产者总是会不断地分化，分化为富人和穷人、剥削者和被剥削者。

在资本主义社会中，工人阶级丧失了生产资料，靠出卖劳动力获取工资为生，成为自由的雇佣劳动者。资本家占有全部生产资料，通过雇佣劳动与资本结合，创造剩余价值。资本家是生产的投资者、决策者、有时还是组织者和管理者。剩余价值只能通过商品交换才实现。因此，生产关系全面物化，即社会所有的社会成员之间，通过商品货币交换发生利益关系。作为在生产过程中人与人相互之间的经济关系，都通过商品和货币的形式体现出来。

生产关系是社会关系中最基本的关系，而政治关系、家庭关系、宗教关系等其他社会关系，都受生产关系的支配和制约。

3 生产方式：物质生产过程中生产力的各种要素结合的方式

什么是生产方式？生产方式在马克思的各种著作中是一个多义的概念，例如，生产方式不包括生产关系，或者生产方式就是生产关系，或者指经济的社会形态等多种不同的含义。最近30年来，我国学者对于生产力、生产方式、生产关系等历史唯物主义的基本概念做过许多讨论，多数学者接受了生产方式既不是生产力，不是生产关系，也不是生产力和生产关系的统一的观点。1985年郭树清[15]提出，生产方式是生产的自然形态和生产的社会形式的辩证统一。吴易风的论文[16]于1997年发表以来，各方观点开始接近，但是，究竟如何定义生产方式，仍有各种不同的看法，存在不少差异和争论[17-19]。

在此前若干论文的基础上，下面讨论应当如何定义生产方式，而且在给定的定义下给出历史唯物主义基本原理的表述。

马克思在1846年1月28日致安年科夫的信中写道："随着新的生产力的获得，人们便改变自己的生产方式，而随着生产方式的改变，他们便改变所有不过是这一特定生产方式的必然关系的经济关系。"（4. P. 410）

马克思在《资本论》德文第一版序言（1867年）中明确规定了《资本论》的研究对象。他说："我要在本书研究的，是资本主义生产方式以及和它相适应的生产关系和交换关系。"（2. P. 82）

从上述引文看到，生产力、生产关系、生产方式三个范畴之间既不存在替代关系，也不存在包容关系。引文中马克思所说的生产方式，既不能解释为生产力，不能解释为生产关系，也不能解释为生产力和生产关系的统一。

什么是生产方式？从字面上解释，"方式"既不是物质对象，也不指行为动作，而是行为的方法和形式。生产方式是"人们用以生产自己的生活资料的方式"（1. P. 147），是物质生产过程中生产力的各种要素相互结合的方式。

生产力的各种要素（即劳动资料、劳动对象、劳动者、生产技术等）必须以一定的形式结合起来，才能进行生产。问题在于，生产资料（含劳动资料和劳动对象）各有其主，谁占有生产资料，谁就占有了生产条件。所以，生产方式必然包含着劳动者和生产资料所有者相互结合的方式。这样说来，生产方式必然涉及（1）劳动者和生产资料，（2）劳动者和生产技术，（3）劳动者和劳动者，以及（4）劳动者和生产资料所有者相互结合的方式。在生产力的一定发展阶段上，特定的上述生产力的各种要素相互结合的方式，表现为特定的生产方式。它必然受制于两方面的规定性，分别与生产力和生产关系有关，但是，这两方面的规定性并不是生产力本身或者生产关系本身。

> 按照这种思路，给出生产方式的定义如下：生产方式是在生产力的一定发展阶段上，实际的物质生产过程中生产力的各种要素相互结合的方式，它是生产的技术结合方式、劳动组织形式、劳动者与生产资料所有者相互结合的社会形式的统一。

在马克思的著作中，“资本主义生产方式”和“资本主义生产”常常具有相同的含义。这意味着，在马克思看来，生产方式就是在一定的社会历史发展阶段上实际的物质生产过程。其实，生产和生产方式可以区分：特定生产方式的生产，是指在生产力的一定的历史发展阶段上，以特定的技术结合方式、劳动组织形式和劳动者与生产资料所有者相互结合的社会形式所进行的实际的物质生产过程。生产方式和生产的表述实质相同；但是，前者针对生产及其过程的特定方式而言，后者则是针对以特定生产方式进行的生产及其过程而言。

按照前面的定义，生产力还只是生产的能力和力量。生产方式则实际上是在生产力的一定发展阶段上实际的物质生产过程中特定的生产力要素的实际结合、运用和展现。

社会生产力是不断发展的。生产力的社会属性也在变化着。生产方式相应地处于不断发展的进程之中。在人类社会发展的历史上，各种生产方式的区别主要决定于如下三个方面的因素：(1) 劳动资料、劳动对象和劳动者的水平、性质和规模；(2) 生产的技术条件、生产的社会组织形式的水平和性质；(3) 劳动者与生产资料所有者结合的社会关系形式。前两项属于生产的自然属性，即技术水平、技术结合方式和劳动组织形式，其实质涉及人与自然的关系。最后一项属于生产方式的社会属性和社会形式，其实质仅仅涉及劳动者与生产资料所有者之间相互结合的社会关系。

在生产力的一定发展阶段上，物质生产过程的技术结合方式和劳动组织形式，称为生产的技术方式。在生产力的一定的发展阶段上，物质生产过程中劳动者与生产资料所有者相互结合的社会关系形式，则称为生产的社会方式。生产方式是生产的技术方式和生产的社会方式的辩证统一。

首先，生产的技术方式体现生产力的发展水平，以及生产资料、劳动者之间的技术结合方式，它有着自己发展变化的客观规律性。

在生产过程中的技术结合方式和劳动组织形式，与生产力要素的水平、性质和规模密切相关。生产力是以一定生产方式表现出来的生产力。生产力的水平、性质表示生产力的质的方面，生产力的规模表示生产力的量的方面。生产力是质和量的统一。劳动者和生产资料（劳动资料和劳动对象）包含着生产的技术要素，但是，生产技术条件还表现在生产工艺、方法、流程等多个方面。无论使用什么生产资料和生产技术，生产过程都必须通过一定的技术结合方式和劳动组织形式来进行。劳动者和生产资料的水平、性质和规模，以及生产的技术条件的水平和性质，决定着生产的技术结合方式，并且限制着劳动组织形式的选择。

例如，行会手工业、工场手工业、机器大工业是人类历史上随着技术的发展所采取的不同的工业生产方式。恩格斯说："我们把中世纪以来的工业生产的历史分为三个时期：（1）手工业，小手工业师傅带着少数帮工和学徒，每个工人都生产整件物品；（2）工场手工业，较大数量的工人聚集在一个大工场中，按照分工的原则生产整件物品，每个工人只完成一部分工序，所以产品只有依次经过所有工人的手以后才能制成；（3）现代工业，产品是用动力推动的机器生产的，工人的工作只限于监督和调整机器的运转。"（3. P. 753）

实际的生产过程展现着人与自然的关系。生产方式中的劳动组织形式涉及在劳动的过程中人们相互之间的关系，如分工协作关系、管理关系。劳动者之间的这种结合关系，与生产关系即人们相互之间的物质利益关系所反映的内容是根本不同的。它不是人们相互之间直接的物质利益关系，也不是不同阶级之间的关系。例如，人们通过分工与协作进行劳动。分工协作关系是人们在直接的物质生产中结成的劳动关系。在《德意志意识形态》中马克思和恩格斯说，"分工和私有制是两个同义语"，意思是说分工导致私有制，而不是说分工就是私有制。分工与生产资料所有制之间没有直接的相互决定的关系。有分工就必定有协作。协作关系也与生产资料所有制关系无关。此外，任何集体劳动都需要管理，以协调劳动者与生产资料的配置以及劳动者相互之间的生产步调，就如同一个乐队需要一个指挥来协调步调一样。生产管理起着协调劳动者的生产步调的作用，这是任何大规模生产和集体劳动所不可或缺的。总之，劳动组织形式（包括协作关系、管理关系）的目的和实质是人们共同与自然发生的关系。

其次，劳动者与生产资料所有者相互结合的社会关系形式与生产关系是密切相关的，反映着生产关系的性质。

任何生产过程都是在一定的生产关系中进行的，其关键的因素是生产资料的所有制关系，它决定于生产资料归谁所有。谁占有生产资料，谁就占有了生产的条件。劳动者和生产资料所有者在生产过程中以一定的社会方式相结合。例如，奴隶制社会的生产方式是，奴隶主占有全部生产资料，并且剥夺奴隶的人身自由，役使奴隶劳动，奴隶的劳动成果全部归奴隶主所有，而奴隶只能得到最低限度的生活资料。又如，资本主义生产方式是资本家以一定的工资雇用劳动者，劳动者使用资本家购置的生产资料生产剩余价值。生产的社会方式与生产资料的所有制关系是密切相关的。在一定的生产资料和生产技术条件下劳动者以什么样的劳动组织形式和生产管理方式进行生产，不是唯一的，而是可以选择的。生产关系对其具有调整的余地，给生产方式增添了社会属性的内容。但是，无论如何，生产方式不是生产资料所有制关系和生产关系本身。

与一定的生产方式相适应，必然产生“不过是这一特定生产方式的必然关系的经济关系”。经济关系就是生产关系，包含上小节所述的丰富内容。生产的社会方式一旦确立，它必然要建立一整套产权制度，规定生产方式的社会性质和社会结构，为生产力一切要素打上社会生产关系的烙印。生产的社会方式并不将人们在物质生产过程中相互之间的生产关系的内容直接地纳入自己的内涵之中。否则，马克思在《资本论》序言中写到“我要在本书研究的”内容时，不会将生产关系和交换关系与资本主义生产方式并列。但是，生产方式与生产资料所有制关系是密切相关的，它被劳动—物权关系所规定、所制约，具有明显的社会历史的特征。

如此说来，决定生产方式的因素有三大类，每种因素又分若干类型，因此，细致地区分，实际的物质生产过程可以划分为很多不同的生产方式。在《资本论》第1卷德文第4版中，按照中译本计数，马克思使用生产方式概念约160次，每次可能针对某一个或两个因素而言，各次使用的意义不尽相同，这是可以理解的。问题在于应当首先给出有关概念的清晰界定。

考察人类社会的生产方式变迁史，包括各种各样的生产方式。举例如下。

(1) 使用原始、粗笨的手工工具进行的平等、合作的集体劳动，包括采集和狩猎，农耕和畜牧等。那是原始社会的生产方式。

(2) 奴隶制国家（或者奴隶主）组织奴隶使用比较专门化和比较完善的手工工具进行的大规模集体劳动，如修建埃及金字塔和大型水利工程等。

(3) 奴隶主役使奴隶进行的使用比较专门和比较完善的手工工具进行的个体劳动，包括农耕、畜牧和手工业等。

(4) 在奴隶社会和土地占有制社会中，存在大量的用手工工具进行的小私有制家庭和个体生产者的个体劳动，从事农耕、畜牧和手工业生产。在土地占有制社会中，个体生产越来越发展，最终在社会生产中占据着主导地位。到资本主义社会以至社会主义社会，这种个体生产仍然在一定范围存在着。

§10.3较详细地回顾了人类社会早期的历史发展。因此，上述几种生产方式在这里只简单提及。接下来我们考察资本主义的生产方式。

(5) 资本主义生产方式是以资本和雇佣劳动为起点、以生产剩余价值为目的、以工厂制度和大机器生产为手段的大规模的社会化的商品生产。

首先讨论资本主义生产方式的社会形式和社会属性，即生产的社会方式。

按照资本主义生产方式，资本家和工人首先在劳动力市场上发生契约关系，资本家以提供一定的工资报酬为代价，购买工人一定时间的劳动力使用权。这种雇佣关系以合同契约为前提，只要雇主与雇员双方意思达成一致，合同即告成立。这是法律形式上的平等交换。这是资本主义生产的起点。尔后，工人在资本家的工厂中开始商品生产的劳动活动。既然工人的劳动力使用权在此期间已让渡给了资本家，工人的劳动只能在资本家的管理下进行。资本主义生产的目的就是追求剩余价值。这就是资本主义制度下劳动者与生产资料所有者结合的社会形式，即雇佣劳动和资本相结合进行剩余价值的生产。

为追求剩余价值，资本家不仅管理，而且控制和监督工人的劳动过程。生产管理是技术的需要，是维持生产秩序、提高生产效率的产物。被管理者按照管理规则去工作，管理者按照管理规则去管理。如管理规则不尽合理，那是需要修改规则的问题。资本家不仅进行生产管理，而且控制和层层监督着工人的劳动，或温和劝诱，或强力监督，或机器驱使，或利益激励，或兼而有之，目的在于保证生产出最大限度的剩余价值。控制监督是社会属性的需要，它构成资本主义生产监督管理的本质特征。

在商品生产阶段，物质产品的生产采取了商品生产这种社会形式，人们之间的关系表现为商品这种物之间的关系。一切产品都转化为交换价值即货币，这以生产者互相之间的一切固定的和全面的依赖关系为前提。每个人的生产，依赖于其他人的生产；每个人的产品要转化为他本人的生活资料，也依赖其他人的消费。商品生产存在于不同社会中，但是在资本主义社会中发展到了最高阶段。马克思在《资本论》中明确地把商品生产看作是一种历史的社会生产方式。在马克思亲自校订的法文版中，他把某些“商品生产”用语直接地修改为“这种生产方式”。

接下来讨论资本主义生产的技术形式和自然属性，即生产的技术方式。

行会手工业和工场手工业是两种不同的生产方式。马克思指出：“人数较多的工人在同一时间，同一空间（或者说同一劳动场所），为了生产同种商品，在同一资本家的指挥下工作，这在历史上和逻辑上都是资本主义生产的起点。就生产方式本身来说，例如，初期的工场手工业，除了同一资本同时雇佣的工人人数较多而外，和行会手工业几乎没有什么区别。”[12]374

工场手工业规模一开始就比行会手工业大，因而形成了特有的劳动协作形式和特有的劳动组织形式。因此，马克思把它视为与行会手工业不同的生产方式。从生产的技术方式来说，工场手工业是资本主义生产的起点。

在《资本论》第1卷中，马克思把使用手工工具生产的家庭劳动、手工业、工场手工业看作与机器大工业的生产方式不同的三种生产方式；同时把在资本主义生产关系下工场手工业和机器大工业，称为两种不同的生产方式。这就是说，在资本主义生产关系下，可以有不同的生产方式存在。[12]529—540

在资本主义以前的人类历史中，物质生产基本上是使用手工工具的手工生产。意大利文艺复兴运动，推动和诱发了西方首先是英国的科学技术革命和产业革命。17世纪牛顿力学的建立和蒸汽机的发明，标志着近代科学技术的形成。其后18世纪玻耳兹曼热力学和统计物理学、19世纪法拉第-麦克斯韦电磁理论先后创立，伴随而来的是热力机、发电机、电动机和电磁波的发明和使用，生产技术出现了真正的跃进，大机器生产代替了人手操作，人类文明出现了第二个重大转折，从农业文明转向了工业文明。工业文明时代是人类运用科学技术，控制和改造自然取得空前胜利的时代。

大机器代替人手操作，摆脱人手的数量、速度、准确程度和熟练程度的限制；加上蒸汽机、电动机代替人的体力，开启了生产力的巨大、高速发展的可能性。这就是近代的工业革命。20世纪电脑的出现使生产进入自动化时代。自动化生产的实质，是在大机器生产代替人手操作和动力功能的基础上，电脑代替人脑实施对机器的控制和管理。在生产力的发展过程中，人手操作—大机器生产—自动化生产这一历史形态的演变，是一个必然的不以人们意志为转移的历史过程。

§10.5　生产关系一定要适合生产力的发展状况

1　生产力发展的动力

人类社会经历了200多万年的蒙昧和野蛮阶段，生活在极端艰难困苦的自然环境之中，以采集和狩猎为生；约1万年前出现了第一个重大的转折，开始农耕和畜牧，由原始社会进入农业文明阶段。人类文明时代大约始于6500年前，随着金属工具的制作和使用，手工业发展起来，并和农业相分离，社会生产力开始了缓慢的进步。约500年前的文艺复兴运动和哥白尼太阳中心说的问世（1543），诱发了近代科学技术的发展，人类文明出现第二个重大转折，从农业文明转向工业文明阶段，推动了生产力的快速发展。此后，人类社会开始经历着加速度的发展过程。

在最近100多年特别是最近约70年中，人类物质生产实践活动大踏步前进，全球经济迅速发展，已经获得巨大的生产力，具备了影响全球环境的能力。人类终归会认识到面临的危机，人类社会将进入现代生态文明的新阶段。

§10.3已经阐述了物质生产实践是人类历史的起点，是人类社会存在和发展的基础，是人类社会发展的决定性因素，是推动人类社会发展的根本动力。

我们要寻根究底地追问：人们为什么要进行物质生产？什么是物质生产发展的根本原因和内在动力呢？

人们进行物质生产，发展生产力的根本原因和内在动力，根源于自然的本性和人的类本质。生活需要，追求利益和幸福，是人的类本质。在广袤的宇宙之中，地球作为人类唯一的家园，有着适合人类产生、生存和发展的环境和资源；许多自然资源，例如阳光、空气和水，湖泊、森林、原野等，能够直接为人类所利用。但是，大多数自然资源作为“自在之物”，不能用作现成的物质生活资料，自动地满足人们的生活需要。人们只能通过生产劳动，利用和改造自然，生产满足生活需要的资料。这是人与自然的对立和和谐。物质生产，发展生产力，决定于自然的本性和人的类本质，是维持人类生存和发展的根本条件。

需要是人的类本质，作为人的内心的意向，构成了人们活动的内在动力。在现实生活中人有各种各样的需要。“任何人如果不同时为自己的某种需要和为这种需要的器官做事，他就什么也不能做。”[8]286 如果说欲望是人们自己体验到了的需要，动机是正在向着活动转化的需要，那么，目的则成为实践活动的第一个基本环节，是对于实践结果的构想和预测。马克思说：“劳动过程，就我们在上面把它描绘成它的简单的、抽象的要素来说，是创造使用价值的有目的的活动，是为了人类的需要而对自然物的占有。”（2.P.174）马克思把具体劳动称为“有用劳动”，就是说离开了人的需要，生产劳动就失去意义。

人的需要构成人们物质生产的内在动力，同时，人的需要又受到后者的制约。人的开放性需要体系的形成和发展，建立在物质生产体系的创造性本质的基础上。与动物的需要不同，人的需要并不是一成不变的，而是被人的实践活动所设定和改造的对象。为满足需要，生产不断地更新和发展；这种不断的更新和发展又不断地引导人类产生新的需要。满足需要的生产力发展到什么程度，人的需要就会随之达到什么程度。人的需要和满足需要的生产与现实生活一起发展。这种人的需要与生产的互动伴随着人类历史发展的始终。人的需要没有止境，这就是物质生产发展的内在动力。

如前所述，人作为人超越了一般生命的本能，成为自我生命的主宰者。人们依靠自己的实践活动和高级意识活动（理性思维），认识世界和改造世界，不断地发展生产力，实现对于现状的超越。即使相对而言已经丰衣足食，人也不会满足。人类进入工业文明阶段以来，至少对于发达国家，物质生产并非主要源于物质的匮乏，而是立足于对现实情境的永恒的超越。在每一种情境下，每一个正常的人都追求平等，力求享受别人享受过的享受。100多年前，大多数村民的活动半径小于50千米，而现在几乎每一位成年人都希望能乘坐高铁或飞机出外旅游。今天，人们还没听过、也没想过宇宙旅行。100年后，也许它会成为人们的日常话题。在现实的生产力发展的基础上，总会有人提出宏伟远大的理想，开辟实现目标的道路，最终成为人类科学研究和物质生产所共同追求的目标，在自然本性所允许的前提下，不断地实现新的超越。这是由人的类本质和自然的本性这种客观存在所决定的。

建立在自然本性的可能性基础上的人们的生命生活的需要和自主性生命对于现实情境永恒超越的追求，就是物质生产发展的内在动力。作为原动力，它首先依赖于和决定于物质的主体，即人和自然，同时也依赖于伴随着人而客观存在和必然存在、不以个人的意志为转移的人们的意识和意识活动。所谓人们的需要和追求都归属于人们的意识和意识活动的范畴。

2　生产力—生产方式—生产关系原理

生产力、生产方式、生产关系三者之间如何相互联系和相互作用呢？1846年1月马克思在致安年科夫的信中第一次提出了生产力—生产方式—生产关系原理。他写道："随着新的生产力的获得，人们便改变自己的生产方式，而随着生产方式的改变，他们便改变所有不过是这一特定生产方式的必然关系的经济关系。"(4. P. 410)

在1847年的《哲学的贫困》中，马克思再次阐述了生产力—生产方式—生产关系原理："随着新生产力的获得，人们改变自己的生产方式，随着生产方式即谋生的方式的改变，人们也就会改变自己的一切社会关系。手推磨产生的是封建主的社会，蒸汽磨产生的是工业资本家的社会。"(1. P. 222)

马克思在19世纪40年代形成的生产力—生产方式—生产关系的思想在后来的《资本论》中得到充分的发展。马克思写道："对资本主义生产方式的科学分析却证明：资本主义生产方式是一种特殊的、具有独特历史规定性的生产方式；它和任何其他一定的生产方式一样，把社会生产力及其发展形式的一定阶段作为自己的历史条件，而这个条件又是一个先行过程的历史结果和产物，并且是新的生产方式由以产生的现成基础；同这种独特的、历史规定的生产方式相适应的生产关系，——即人们在他们的社会生活过程中、在他们的社会生活的生产中所处的各种关系，——具有独特的、历史的和暂时的性质。”[20]这就是马克思运用生产力—生产方式—生产关系原理分析资本主义生产方式所得出的科学结论。

我们看到，马克思的生产力—生产方式—生产关系原理经历了一个形成发展的过程，贯穿于马克思从19世纪40年代到70年代的著作之中。我们决不能把它看作是偶然出现于马克思个别著作的个别提法。

生产力的各个要素只为实际的物质生产过程的展开提供了可能性。生产力的劳动者要素和生产资料要素只有在物权关系协调顺畅的基础上，以一定形式结合起来，才能形成现实的生产力，才能进入实际的生产过程。生产方式是特定生产力的各要素以及物权关系的实际结合、运用和展现。生产方式处于生产力要素和生产关系要素结合并展开为实际的生产过程的中间环节的位置上。因此生产方式体现着生产力和生产关系之间的内在联系，没有生产方式这个中间环节，生产力和生产关系的相互作用是不可能实现的。

生产力—生产方式—生产关系原理的基本内容如下。

第一，生产力的变化必然引起生产的技术方式的变化。

按照生产方式的内涵，它与生产力要素，即劳动者、生产资料（首先是生产工具）的技术水平和规模密切相关。一定历史阶段上的生产力及其发展形式，是一定的生产的技术方式由以产生的历史条件和现实基础。生产资料（特别是生产工具）的技术性质和规模，以及生产工艺、方法、流程和手段等制约着生产组织形式和劳动者之间的相互关系。在某种意义上说，不同的生产资料的技术水平和规模构成不同的生产方式，新生产资料的使用就意味着新生产方式的运用。因此，生产力的变化必然引起生产的技术方式的变化，新的生产力要求产生新的生产的技术方式。不能说一定的生产力决定了唯一一个可行的、不可选择的生产的技术方式，但是，生产的技术方式必须与生产力的发展水平相适应。唯有这样，才能获得高水平的生产效率。

第二，生产力的发展以及生产的技术方式的相应变化，必然引起生产的社会方式的变化；生产方式的改变必然导致生产关系的改变。

马克思指出：“社会关系和生产力密切相联。随着新生产力的获得，人们改变自己的生产方式，随着生产方式即谋生的方式的改变，人们也就会改变自己的一切社会关系。手推磨产生的是封建主的社会，蒸汽磨产生的是工业资本家的社会。”（1. P. 222）

新的生产力产生和它相适应的新的生产的技术方式，生产的技术方式产生与自己相适应的新的生产的社会方式。作为生产技术方式和生产社会方式的统一，生产方式必然要适合于既定的生产力水平。随着新的生产方式的形成，便会产生不过是这一特定生产方式的必然关系的经济关系即生产关系。应当注意，在既定的生产力水平上，生产者和生产资料的结合方式仍有着一定的可选择空间。一种生产方式必然要适合于既定的生产力，但是无论如何不是被后者以决定论的方式机械地确定下来的。

第三，生产力是不断发展、不断变革的，因此，由生产力所决定的生产方式都具有特殊的、历史的和暂时的性质；生产关系是从生产方式中产生的，一定的生产关系是一定的生产方式所具有的必然的关系，因此同一定的生产方式相适应的生产关系也具有特殊的、历史的和暂时的性质。

第四，生产关系对生产力的发展具有能动的反作用。

生产关系并不是消极地适应于生产力。当生产关系刚刚建立时，它一般适合生产力的状况，能为生产力的迅速发展提供广阔的空间；当生产关系不适合生产力的状况，它会阻碍甚至破坏生产力的发展，成为生产力进一步发展的桎梏。

生产力—生产方式—生产关系之间存在着一种复杂的、充满相互作用和反馈的关系，不是简单的决定论的依次决定的关系。

接下来回顾人类社会生产力—生产方式—生产关系的发展过程。

从石器时代到金属器时代，从金属器时代到机器时代，生产的技术方式发生了变化，跟随而来的是人们之间相互联系和相互合作的生产的社会形式发生变化，并进而产生与之相适应的生产关系。

原始社会是石器时代，生产力十分低下，为了在艰难困苦的自然环境下生存，人们只能互助合作，集体劳动，共同消费。生产没有剩余，不可能有私有财产；除个人日常使用的工具外，一切财产归集体所有。

如前所述，从新石器时代的晚期开始，金石并用，随后进入铁器时代。男子在生产中转而位居主导地位。父权制就是这种变化的必然结果。随着生产力发展，产品有了剩余。位居支配地位的男子要求确凿无疑地由亲生的子女继承其财产和地位。一夫一妻制是父权制的必然结果。随着一夫一妻制家庭的出现，原先的集体劳动转变成为家庭劳动或个体劳动。劳动产品归劳动者个体家庭所有。每一个家庭都有自己的剩余产品和财产。有了私有财产，随之就有了贫富分化。首领和少数族长利用公职之便，逐步地将公共财产据为己有。部落之间频繁的掠夺战争，世袭王权的萌芽，出现了压迫和被压迫、剥削和被剥削，形成了阶级社会。

再来看看资本主义生产方式和生产关系的发生。

有一种观点认为：生产关系是生产过程的前提和基础；新生产力并没有创造出资本主义的生产方式，相反，新的生产力是由资本主义的生产关系所创造出来的。例如，在资本主义的工场手工业中，生产的技术基础和中世纪的行会手工业并没有什么不同，发生变化的是生产关系，即出现了资本主义的雇佣劳动关系。因此，这种观点认为：不是先由资本主义的生产方式产生了资本主义的生产关系；而是由资本主义的生产关系产生了资本主义的生产方式。持这种观点的学者引经据典来论证自己的观点。我不能同意这种观点。

由封建小生产向资本主义大生产过渡，必须具备两个条件：一是货币和商品转化为资本，二是直接生产者与生产资料相分离。仔细地回顾西欧的历史，可以清晰地论证：正是在土地占有制社会中生产力的发展，社会分工的扩大和商品生产的发展，创造了促进资本主义的生产方式产生的条件。

马克思的确说过："就生产方式本身来说，例如，初期的工场手工业，除了同一资本同时雇佣的工人人数较多而外，和行会手工业几乎没有什么区别。"[12]374 然而，雇佣劳动和资本相结合生产剩余价值的生产方式之所以最终能够建立起来，是因为在土地占有制社会中生产力的发展使得历史前提条件已经具备。恩格斯说："包含着整个资本主义生产方式的萌芽的雇佣劳动是很古老的；它个别地和分散地同奴隶制度并存了几百年。但是，只有在历史前提已经具备时，这一萌芽才能发展成为资本主义生产方式。"(3. P. 658)

行会手工业、工场手工业和机器大工业是三种不同的生产的技术方式。14—15 世纪的西欧各国，随着社会生产力发展，社会分工扩大和商品生产增加，行会手工业已不能满足日益扩大的市场需要，要求手工业从小生产向大生产过渡。在激烈的竞争中，小生产者加速分化，少数人发财致富，集中了大量货币；多数人贫困破产，丧失生产资料。这些条件促成资本主义的萌芽。例如，英国的"圈地运动"造成生产资料和土地的集中，并将其转化为资本的条件，同时，大量农民破产变成乞丐和流浪者，成为廉价劳动力的来源。又如，从行会手工业者中分离出商人阶层，他们向小生产者收购产品往市场销售；小生产者遇到困难时，贷给他们资金、原料或工具，条件是低价收购他们的产品；久而久之，小生产者逐渐丧失经济上的独立性，成为领取一定工资的雇佣劳动者，商人成为最早的资本家。再如，在商品竞争的过程中，一部分作坊主积累了资金，为扩大生产规模，他们购置更多的设备，同时雇请更多的帮工干活，双方产生了雇佣关系，帮工转化为出卖劳动力的工人，行会手工业转变为较大规模的工场手工业。生产的社会方式一旦确立，生产资料所有制关系随之确定，而且确定了生产的主体、人们在生产中的地位和相互关系，以及产品分配等问题。这就意味着，资本主义的生产关系作为"这一特定生产方式的必然关系的经济关系"便产生了。

为什么雇佣劳动的萌芽能够发展成为资本主义生产方式？首先，土地占有制社会生产力的发展，使得产生资本主义的生产方式的历史前提已经具备；其次，西欧社会已经产生了手工业从小生产向大生产过渡的迫切需要；最后，资本主义的生产方式和生产关系，较之原来的土地占有制社会的生产方式和生产关系具有很大的优越性，大大促进了生产的发展。

较之原来的土地占有制社会，资本主义的生产方式和生产关系的优越性主要表现在：（1）资本主义的生产方式与土地占有制的生产方式的真正差别就在于，从事资本主义生产的劳动者是人身自由的，他们可以自由地寻求发财致富的机会，劳动者既可能成为雇佣工人，可能成为小商品生产者，也可能当上资本家；不论成为哪种人，要想发财致富都不能靠强制性的剥削，而只能依靠商品市场、资本市场或劳动力市场上的竞争。这是一种有力的激励，激发了人们的积极性。（2）资本主义生产方式是市场经济，它给予生产主体以极大的自主权，市场竞争规则提供了一条通向比例协调发展的道路，促进生产主体有效地、快速地对市场信息做出反应，调节资源的有效合理配置，对生产做出更快更好的调整，以适应市场的需求，推动经济的快速发展。（3）商品经济的激烈竞争，驱使资本家不断地以新技术和新设备装备自己的企业，推动了科学技术的进步和生产的快速发展。

资本主义生产关系是伴随工场手工业的出现和商品交换的发展而萌发和发展起来的。机器大生产的出现使资本主义生产关系最终得以确立。资本主义大规模社会化的商品生产获得了飞跃的发展。马克思和恩格斯在《共产党宣言》中写道："资产阶级在它的不到一百年的阶级统治中所创造的生产力，比过去一切世代创造的全部生产力还要多，还要大。"（1. P. 405）

是生产力发展以及生产的技术方式的相应变化，引起生产的社会方式的变化，进而导致生产关系的变化；还是反过来，由生产关系的变化，产生新的生产方式，进而推动生产力发展？这是一个问题的两个方面，有点类似于鸡生蛋还是蛋生鸡的问题。但是，这里的答案却是完全肯定的：相对生产方式、生产关系的变化，生产力的发展具有自主性和首要性特征。首先是由于生产力的发展引起生产方式和生产关系的变化，尔后才有生产关系对于生产力发展的反作用，而且生产关系一定要适合于生产力的发展状况，新的生产关系才能够存在下去和发展起来。

概括地说，生产方式是生产的技术方式和生产的社会方式的辩证统一，它介于生产力和生产关系之间并具有二重的属性，它是生产力与生产关系的中间环节、汇合点和相互渗透的媒体。生产力发展引起生产方式的变革，进而引起生产关系的变化；生产关系的变化也会引起生产方式的变化，从而推动或者阻碍甚至破坏生产力的发展。这就是生产力、生产方式和生产关系的相互联系和相互作用。其中，生产力的发展具有主导性和首要性的特征。

3 生产关系一定要适合生产力的发展状况的规律

物质生产是人类社会存在和发展的基础。在物质生产的过程中存在着双重的关系：体现人与自然之间关系的生产力和体现人与人之间的物质利益关系的生产关系。这双重关系之间的对立同一，即生产力和生产关系之间的矛盾，犹如历史的经纬线，构成人类社会发展过程中的基本自身矛盾。因此，我们必须在生产力和生产关系的辩证关系中去把握人类社会历史的发展规律。

如前所述，在实际的物质生产过程中，一定的生产力产生与它相适应的一定的生产技术方式，一定的生产技术方式产生与自己相适应的一定的生产社会方式，进而产生与自己相适应的一定的生产关系。一般而言，什么样的生产力，就产生什么样的生产关系。这是顺理成章的自然历史过程。

生产力主要是生产过程的物质内容，生产关系是生产过程的社会关系形式。生产力和生产关系是相互联系和相互作用的。从根本上说，生产力是矛盾的主导性方面，制约着生产关系的存在、变更和发展；生产关系的形式只能在生产力的诸要素蕴含的可能性所限定的范围内去选定。只有在特定的生产力条件所限定的范围内所选定的生产关系的形式，才可能成为现实化生产的形式。这就是生产力通过生产方式发生的对生产关系的决定作用。同时，生产关系也反作用于生产力，促进或阻碍生产力的发展。

在历史发展的过程中，生产关系是相对稳定的因素，它一经确立，只要能够满足一定时期内生产力发展的需要，就保持着相对不变。较之生产关系，生产力是最活跃、最革命的因素，处在经常的不断的发展变化之中。如§10.4所述，在生命的生活需要和自主性生命对于现实情境的永恒超越的推动下，人们不断地在生产劳动中积累和增长生产的经验和技能，同时通过科学研究越来越深入地揭示和掌握大自然的奥秘，更有效地利用和改造自然，从而获得不断发展和进步的生产力。生产力（包括劳动者、生产资料和科学技术）质量的提高和规模的增大，使得它所蕴含的可能性范围随之也在不断地扩大。通俗地说，力量强大了，能做的事情多了，涉及的领域大了，生产效率高了，就可以又多又快又好地生产物质产品。导致发生这些变化的主体各不相同，这就要求调整或改变原先的生产方式，调整或改变人们之间的物质利益关系即生产关系。这就是说，生产力的发展要求调整或改变原先的生产关系，使之能够相应地增大其容纳生产力发展的能力。

在一种新的生产关系建立之初，它所容许的生产力发展的可能性范围还较为充裕，因而使得生产力和生产关系的相互制约的关系具有一定的弹性和开放性。

在这种情况下，生产关系基本适合生产力的发展。但是，当生产力在适合自身的生产关系形式下获得较大发展，原先的生产关系提供的容许生产力发展的可能性空间越来越显得狭小。原先适应的生产关系，变得越来越不适应于生产力的发展。此时生产关系必须进行部分变革以维持它的存在。马克思指出："各个人借以进行生产的社会关系，即社会生产关系，是随着物质生产资料、生产力的变化和发展而变化和改变的。"（1. P. 340）当生产力获得了巨大的增长，僵化的生产关系阻碍或者破坏生产力的发展，变成生产力发展的桎梏。马克思说："社会的物质生产力发展到一定阶段，便同它们一直在其中运动的现存生产关系或财产关系（这只是生产关系的法律用语）发生矛盾。于是这些关系便由生产力的发展形式变成生产力的桎梏。那时社会革命的时代就到来了。"（2. P. 2～3）生产力和生产关系之间的矛盾由原先的潜在形式转化为激化形式，必然引起生产关系的根本的革命。

生产关系适合生产力发展状况的首要标志，是它能够调动和激发广大劳动者的生产积极性，因而创造出更高的劳动生产率，促进生产力的发展。

劳动者是生产过程的主体，是生产力中最重要的要素。马克思将劳动者称为"最强大的一种生产力"。生产资料不过是劳动者劳动的结果。劳动者是生产力的诸要素中起主导作用的要素。没有劳动者，就没有现实的生产力。

如前所述，生活需要，追求利益和幸福是人的类本质。人们为满足自己生活的需要从事生产劳动。需要是生产的动机，而生产是满足需要的手段。恩格斯说："每一既定社会的经济关系首先表现为利益。"（3. P. 258）生产关系即经济关系必须合理，应当保证每一个劳动者的辛勤劳动能够得到合理的收入和报酬，满足他们生活的需要；人们之间展现出合理、公平、和谐的经济关系，激励劳动者的生产积极性。这就是说，生产关系一定要适合生产力的发展状况。如果事实恰恰相反，事与愿违，损害了劳动者的生产积极性，就不可能保持高水平的劳动生产率，就会阻碍和破坏生产力的发展。

生产关系不适合生产力的状况，经济利益关系损害了劳动者从事生产劳动、科学技术研究的积极性，劳动者首先的反应可能是消极怠工。如果丧失存在必然性的生产关系僵化不变，导致矛盾进一步激化，会害苦占人口大多数的劳动人民。人民失去公平竞争的权利，他们只有团结起来，通过共同的斗争，推翻不合理的社会经济制度。生产关系不适合生产力状况造成了社会的人心背离。归根结底，这是人的类本质使然。

因此，生产关系不适合生产力状况，必然导致生产关系的改革或革命。前者是国家在基本的经济制度性质不变的条件下对既有的生产关系做出调整和改变；后者则是劳动者联合起来表达诉求，从根本上反对旧的经济制度，通过政治斗争，要求建立全新的生产关系，以取代业已丧失其存在的必然性的旧生产关系。

我国目前正在进行的经济体制改革属于前一种情况。经济体制改革是要根据生产力的发展状况，创造和建立起在现阶段与之适应，而且便于继续前进的生产关系的具体形式，充分发挥社会主义经济制度的优越性。

在阶级社会中，特定的生产关系只对某些阶级或者某些社会集团有利，这些阶级或者社会势力强行维护僵化的生产关系即利益关系，以致生产力和生产关系的矛盾表现为尖锐的阶级矛盾和阶级斗争。

生产关系一定要适合生产力的发展状况，这是人类社会发展的根本规律，是在任何社会都起作用的普遍的客观规律。这是历史唯物主义的基本原理。

最后，做两点补充说明。

第一，生产关系落后或者超前于生产力的发展状况，都是生产关系不适合生产力的发展状况的表现。例如，20 世纪 50—70 年代，不顾我国生产力相当落后的状况，把公有制看成社会主义生产关系唯一的所有制形式，片面强调不断地改变生产关系，不断地提高公有制程度，结果是欲速不达，事与愿违，势必阻碍以至破坏生产力的发展，给劳动人民带来苦难。

第二，一个国家，由于不同的行业、不同的地区生产发展不平衡，生产力的发展状况各不一样，生产关系要适合生产力的发展状况，不可以采用单一的生产资料所有制形式。例如，在中国，只有在社会主义公有制占主导地位的前提下，建立从国有经济、集体经济到个体经济的多层次的社会主义初级阶段的基本经济制度，才能同多层次的生产力的发展状况相一致。

究竟如何调整和改革生产关系，使之适合生产力的发展状况，需要展开细致和广泛的研究。这是一项浩大的工程。关键的标志还是，能否真正地调动和激发劳动者的生产积极性，创造适合劳动者积极从事生产劳动和科学技术研究的客观环境，从而提高经济效益，促进生产力发展，满足人民的生活需要，普遍地提高人民的生活水平。

4 社会发展的生产力标准

如前所述，物质生产是人类历史的起点，是人类社会存在和发展的基础，是人类社会发展的决定性因素，是推动人类社会发展的根本动力。这就是物质生产原理的表述。它科学地揭示了生产力在整个社会发展中的地位和作用，即生产力是一切社会发展和历史进步的最终的决定力量，生产力的发展是衡量社会发展和历史进步的根本标准。

社会发展是多方面、多层次的。经济水平的不断提高，政治制度的不断完善，社会的祥和稳定，科学文化的不断进步，生活方式的更加合理等，是社会发展的多种目标。生产力的发展是社会发展的根本内容，是社会发展的集中表现和客观标志，是实现社会各个方面和多种目标发展的根本条件。

生产力的发展是社会生产关系和上层建筑变革的根源，是任何社会形态得以产生、存在和发展的基础、前提和主要动力，生产力的发展状况决定了生产关系和上层建筑以至整个社会的面貌及其变化。

在一个社会中，生产力能够以它应有的速度发展，超过其他社会的发展速度，这实际上体现了这个社会的结构更为合理，社会关系更为先进，主体能力得到了更大的提高和发挥。

历史唯物主义确认，生产力的发展是社会发展的根本标准，这为人们科学地分析社会发展提供了可靠的依据。但是，对生产力标准必须准确地全面地理解，不能把它绝对化。

首先，生产力的发展是社会发展的根本标准，但是，它不是唯一标准，尤其不能撇开生产关系来理解生产力标准。发达的生产力可以创造出巨大的物质财富，但是，物质财富的分配并不直接决定于生产力，而是直接决定于生产关系。因此，不能忘记生产关系的重要性。适合生产力发展状况的生产关系才能保证生产力的持续发展、社会的稳定和人民生活的幸福。

其次，生产力标准是生产力的现实水平和发展速度的统一。不能仅仅以生产力的现实水平判断社会进步与否，而要从生产力的现实水平和发展速度的统一中考察社会的发展，考察社会的生产关系、社会制度是否有利于解放生产力、促进生产力的发展。这就是说，要从静态和动态的统一，从生产力发展的起点、现状和趋势，来判断社会的进步和发展。

最后，生产力高度发展，物质财富极大丰富，只是达到人的全面发展的手段。在生产力高度发展的基础上，要努力提高整个社会的道德水平，实现社会的共同富裕、人民的幸福和社会的稳定。

生产力的发展是评价一切社会实践和社会科学理论的是非得失的根本标准。确立生产力标准从根本上划清了科学社会主义与空想社会主义的界线。马克思和恩格斯在《德意志意识形态》中强调，生产力的巨大增长和高度发展是社会主义制度真正确立和巩固的绝对必需的实际前提；并且指出：“如果没有这种发展，那就只会有贫穷、极端贫困的普遍化；而在极端贫困的情况下，必须重新开始争取必需品的斗争，全部陈腐污浊的东西又要死灰复燃。”（1. P. 166）社会主义的实践充分证实了马克思和恩格斯这一论断的真理性。

邓小平在1992年南方谈话中，针对我国社会主义建设事业30年的经验与教训，提出关于判断改革开放和一切工作得失成败的标准。他说："判断的标准，应当主要看是否有利于发展社会主义社会的生产力，是否有利于增强社会主义国家的综合国力，是否有利于提高人民的生活水平。"又说："社会主义的本质，是解放生产力，发展生产力，消灭剥削，消除两极分化，最终达到共同富裕。"[14]372－373

正是根据生产力标准，中国共产党提出了党在社会主义初级阶段的基本路线，明确地提出发展生产力是全部工作的中心，把是否有利于发展生产力作为考虑一切问题的出发点和检验一切工作的根本标准。这是关于社会主义实践经验的深刻总结，是生产力标准在新的历史时期的具体运用。

§10.6 上层建筑一定要适合经济基础的发展状况

1 经济基础：生产力和生产关系的总和

什么是经济基础？传统的哲学教科书给出的定义如下：社会的经济基础是指同生产力的一定发展阶段相适应的生产关系的总和。

这种观点依据的是马克思在《〈政治经济学批判〉序言》中的那段著名论述："人们在自己生活的社会生产中发生一定的、必然的、不以他们的意志为转移的关系，即同他们的物质生产力的一定发展阶段相适合的生产关系。这些生产关系的总和构成社会的经济结构，即有法律的和政治的上层建筑竖立其上并有一定的社会意识形式与之相适应的现实基础。"(2. P. 2)

问题在于，在1867年出版的《资本论》中，马克思对1859年那篇序言中的论述作了重大修改。马克思写道："在那本书中我曾经说过，一定的生产方式以及与它相适应的生产关系，简言之，'社会的经济结构，是有法律的和政治的上层建筑竖立其上并有一定的社会意识形式与之相适应的现实基础'，'物质生活的生产方式制约着整个社会生活、政治生活和精神生活的过程'。"[12]100 请注意马克思在这里论述"社会的经济结构"的变化。

在1872年出版的《资本论》法文版中，马克思保持了这个重大修改，写道："在那本书中我曾经说过，一定的生产方式以及从这种生产方式中产生的社会关系，简言之，社会的经济结构，是有法律的和政治的上层建筑竖立其上的现实基础，物质生活的生产方式普遍支配着社会生活、政治生活和精神生活的发展。”[21]

这两段完全照引原文，文字和标点符号都准确无误。由此可见，这两段引文才是马克思的思想的明确表述：所谓社会的经济基础是指一定的社会发展阶段上生产方式以及与它相适应的生产关系的总和。

在马克思的各种著作中，生产方式是一个多义的概念。在§10.4中已经给出生产方式的定义：生产方式是在生产力的一定发展阶段上，实际的物质生产过程的技术结合方式、劳动组织形式和劳动者与生产资料相结合的社会形式的统一。在这种情况下，有必要给出更为确切的经济基础定义。

我们先来读读马克思和恩格斯的几段有关论述。

马克思说：“在不同的财产形式上，在社会生存条件上，耸立着由各种不同的，表现独特的感情、幻想、思想方式和人生观构成的整个上层建筑。整个阶级在其物质条件和相应的社会关系的基础上创造和构成这一切。”（1. P. 695）这里，经济基础被表述为物质条件和相应的社会关系的总和。

马克思有很多论述把生产方式归结为生产力范畴。例如，他指出：“产品本身属于任何劳动方式，而不论劳动方式的一定的社会形式如何。”[22]

恩格斯在1883年发表《在马克思墓前的讲话》，总结性地指出，马克思发现了人类历史的发展规律，“直接的物质的生活资料的生产，从而一个民族或一个时代的一定的经济发展阶段，便构成基础，人们的国家设施、法的观点、艺术以至宗教观念，就是从这个基础上发展起来的，因而，也必须由这个基础来解释，而不是像过去那样做得相反。”（3. P. 1002）

由以上的叙述，可以给出经济基础的定义如下：社会的经济基础是一定的社会发展阶段上生产力和相应的生产关系的总和。

这里关键的问题是，社会经济基础不能只是生产关系的总和。通俗地说，不能只谈论那是你的，这是我的，以及有了产品如何分配，而不谈论究竟有多少物质资料，究竟能够生产多少物质产品，究竟有多强的物质生产能力。生产关系只是形式，规定生产资料归谁所有，产品如何分配等；物质资料或生产力才是内容。如果没有内容，单纯的形式只是一种空无，不可能成为社会的基础。细读马克思和恩格斯上述三段话，自然能够明白这个道理。

前面已述，物质生产是人类社会存在和发展的基础。生产力是人类物质生产实践活动的产物和成果，是通过一定社会结合方式形成的、客观的物质要素构成的社会的物质力量。单纯的生产关系无法构成社会的经济物质基础。一个民族或一个国家在一定的经济发展的阶段上生产力和相应的生产关系的总和，作为社会的生存条件和社会的生活方式，才能构成有政治的和思想的上层建筑竖立其上的社会的现实基础。

回顾历史，一种生产方式和生产关系往往以萌芽状态、成熟状态和残余状态分别现实地存在于依次出现的社会经济结构之中。在现实社会中，往往不是只有一种生产方式和一种生产关系，而是多种生产方式和生产关系并存，相互制约、相互影响，形成一个整体，其中每一种生产方式和生产关系都有其存在的必然性和价值。但是，必有一种生产方式和生产关系占据着和创造着最大的生产力，它占据统治地位，起着主导的作用。正是这种占据统治地位的生产方式和生产关系决定社会的经济基础和整个社会的性质。例如，我国当代实行的是以公有制经济为主体，多种所有制经济共同发展的基本经济制度，这决定了当代中国社会经济结构的社会主义初级阶段的性质。

2　上层建筑

竖立在社会的经济基础之上的上层建筑由两部分组成：政治上层建筑和思想上层建筑。它们又分别称为社会的政治结构和社会的意识形态。

政治上层建筑是人们的政治交往关系制度化所形成的政治法律制度和设施。它包括两个方面，一是各种政治制度、法律制度以及各种规章、准则，即相应的各种具体的制度；二是相应的各种机构和设施，如政权机构、军队、警察、法庭、监狱等。

生产关系仅仅依靠自身不能保证它的稳定性和较大范围内的协调一致，只有超经济的政治力量才能够保证经济的正常稳定的运转。政治是经济的集中体现，政治结构反映的是阶级或阶层的经济利益。它是根据经济基础的要求，并在一定的政治观点指导下建立的。作为人们政治交往的规范，限制着人们的政治行为，把人们的政治交往强制性地限制在一个不得任意超越的范围之内，同时，强制性地规范着人们的经济生活和整个社会生活，使社会的生产得以在某种稳定的秩序下进行。各种政治法律制度都有相应的机构和设施，它们是有组织的暴力，凭借着它，以强迫的方式使人们服从特定的政治制度和经济制度。在阶级社会中，以国家政权为核心的政治上层建筑是阶级斗争和阶级统治的工具。

政治上层建筑处于一种既不同于经济基础，又不同于思想上层建筑，即社会意识形态的特殊地位上。恩格斯说：“构成这种权力的，不仅有武装的人，而且还有物质的附属物，如监狱和各种强制设施，这些东西都是以前的氏族社会所没有的。”（4. P. 187）这种附属物是物质的，当然与意识形态相区别。

在特定经济基础的制约下，人们精神生活和社会交往规范化、制度化，形成社会的意识形态。思想上层建筑是由社会意识形态构成的，包括政治法律思想、道德、宗教、艺术、哲学和其他社会科学等社会的观念形态或者意识形态。它又称为观念上层建筑。

观念（Idea）通常是指思想。“意识形态”（Ideology，翻译为思想体系、意识形态、观念形态）是指一种观念的集合。法国哲学家、政治家德·托拉西（1754—1836）于19世纪初在他的《意识形态的要素》一书中首先提出这个概念，试图揭示观念的真正的起源和本质，为一切观念的产生提供一个真正科学的哲学基础。马克思和恩格斯提出经济基础—上层建筑的社会模型，把意识形态作为与经济基础对应的重要范畴。按照马克思主义的解释，意识形态都是指反映特定的经济形态、从而反映特定的阶级或社会集团的利益和要求的观念体系。一种意识形态是否具有客观性和科学性，取决于这种意识形态所反映的阶级或者社会集团的利益和要求是否与历史发展的客观趋势相一致。

意识形态不等于社会意识。社会意识是在人们精神交往的过程中，个人意识转变而来的人们（至少是一部分人）的共同意识。社会意识是社会精神生活及其成果的概括。规范的、系统的社会意识包括两方面内容：一是意识形态；二是不反映特定的阶级或者社会集团的利益和要求的内容，如自然科学、语言学、形式逻辑等非意识形态部分。因此，意识形态属于社会意识，但是，它只是社会意识的一部分。

任何意识形态都是阶级的意识形态。意识形态是系统化、理论化的阶级意识。多种多样的意识形态形式相互协调、相互影响，构成完整的意识形态体系。其中最重要的是政治法律思想、道德、宗教、艺术和哲学等。

政治思想是关于政治制度、政治生活、政治组织以及各阶级或者社会集团的相互关系的理论和观点。法律思想是关于法的关系、制度和设施的理论和观点，是政治思想的具体化和条文化，成为人们必须遵守的规范。政治法律思想最直接、最集中地反映和体现特定的经济基础和特定的阶级利益，具有极强的阶级性，在意识形态诸形式中处于核心地位。

道德是调整人们之间和个人与社会之间关系的行为规范的总和。它不像法律那样作为强制手段起作用，而是一种依靠信念、习惯、传统、教育和社会舆论起作用的精神力量。宗教不过是通过设想天国、天堂、极乐世界的虚幻形式所表达的一种人生观、世界观和道德观。

艺术，包括绘画、雕塑、音乐、舞蹈、戏剧、文学、建筑等许多形式，通过塑造具体生动的形象，去象征性地把握世界，反映社会生活。

哲学是系统化和理论化的世界观，更概括、更完整地反映人们关于物质世界和人类社会的一般看法和根本观点。哲学从最一般的原则高度支配人们的思想，指导人们的社会生活。

每一个社会的意识形态都是复杂的，往往存在三种不同的体系：一是反映该社会占统治地位的经济制度和政治制度，并为其服务的占统治地位的意识形态；二是反映已被消灭的旧的经济制度和政治制度的意识形态残余；三是反映在现存社会中正在孕育着的新的生产关系，并服务于建立新的经济制度和政治制度的新的意识形态。这三种相互对立的意识形态之间不可避免地要展开斗争；意识形态领域中的斗争是阶级斗争的一个重要方面。

在社会生活中，统治阶级的意识形态占据统治地位，集中反映该社会的经济基础，表现该社会的思想特征。马克思和恩格斯在《德意志意识形态》中指出："统治阶级的思想在每一时代都是占统治地位的思想。这就是说，一个阶级是社会上占统治地位的物质力量，同时也是社会上占统治地位的精神力量。支配着物质生产资料的阶级，同时也支配着精神生产资料，因此，那些没有精神生产资料的人的思想，一般地是隶属于这个阶级的。占统治地位的思想不过是占统治地位的物质关系在观念上的表现，不过是以思想的形式表现出来的占统治地位的物质关系；因而，这就是那些使某一个阶级成为统治阶级的关系在观念上的表现，因而这也就是这个阶级的统治的思想。"(1. P. 178)

占统治地位的意识形态，不是各个社会成员个人意识的简单加和，而是一种系统化、规范化、制度化的阶级的社会意识。它不像政治上层建筑借助于强力发生作用，而是通过说服、感化和教育，对社会成员的精神活动发挥着规范和导向的作用。意识形态作为系统化、理论化的阶级意识，构成阶级和阶级斗争的一个重要方面，在客观的物质条件所限定的范围内，给予经济基础以重大的影响。

3 上层建筑一定要适合经济基础的发展状况的规律

马克思将人类社会比为一座大厦，把经济结构看作这座大厦的经济基础，把社会政治结构和意识形态看作这座大厦的上层建筑。经济基础和上层建筑之间的矛盾，与生产力和生产关系之间的矛盾（人类社会的基本的自身矛盾）密切相关，它也构成人类社会的一个基本矛盾，形成社会发展的基本规律。同生产关系一定要适合生产力的发展状况的规律一样，上层建筑一定要适合经济基础的发展状况，这是社会发展的普遍的客观规律。

在人类社会发展的每一个历史阶段上，经济基础和上层建筑都是相互联系、相互影响和相互作用的，其中经济基础是矛盾的主导性方面，经济基础决定上层建筑，上层建筑一定要适合经济基础的发展状况；同时，上层建筑对于经济基础具有能动的反作用。

从根本上说，经济基础制约着政治上层建筑的存在、变更和发展。经济决定着政治，经济基础是政治上层建筑的根源，政治上层建筑则是经济基础的反映。社会的政治上层建筑只能在它的经济基础所蕴含的各种可能性的范围内去选择，而不能任意地选取。政治上层建筑不能完全地自己规定自己，它的性质、功能和发展趋势，主要地由它所赖以建立的经济基础的发展状况所规定。

一般而言，有什么性质的经济基础，就会要求建立，并且或迟或早就会建立什么性质的政治上层建筑。例如，奴隶制、土地占有制、资本主义或者社会主义性质的经济基础，必然分别要求建立奴隶制、土地占有制、资本主义或社会主义性质的政治上层建筑。性质的适合是根本的。生产力的发展引起生产关系的变革，生产力的巨大发展最终将引起生产关系的根本变革。如果经济基础发生根本性质的变化，竖立其上的政治上层建筑或快或慢也将发生相应的变革。这是经济基础对政治上层建筑的决定作用。同一个性质的经济基础处于不同的发展水平和发展阶段上，经济基础处于量变的过程之中，不同国家的国情、民情不同，要求政治上层建筑做出相应的变化，以适应经济基础的状况。

传统的哲学教科书把经济基础定义为与生产力的一定发展阶段相适应的生产关系的总和。上节已述，这不是合适的科学的定义。我们的定义是：经济基础是一定的社会发展阶段上生产力和相应的生产关系的总和。从这个定义出发，容易理解，所谓经济基础制约着上层建筑的存在、变更和发展，不仅表现在生产关系作用于和决定着上层建筑的状况和发展，生产力的发展也直接地作用于和决定着上层建筑的存在、变更和发展。实际上，这种情况广泛地显现在现实的社会之中。

例如，在人类生产力发展的进程中，在发现（或者发明）和利用石油、飞机、电子器件和原子能之后，各国政府机构中都相继设立了石油工业部、民航管理局、电子工业部和核工业部等部门。最近 70 年来，人类生产力迅猛发展，以致严重地损害了全球生态环境。为了保护我们的家园，作为一项重大举措，颁布国家环境保护法规，建立国家环境保护部。还可以举出许多实例，相应的法律法规、国家的政府部门机构设置，都主要来源于或适应于科学技术和社会生产力的发展。

再看作为上层建筑的军队。军队是保卫国家利益和民族利益的根本手段。13 世纪，一代天骄成吉思汗及其子孙，以卓越的政治军事才能，统率数十万铁骑，横扫广袤的欧亚大陆，建立了从北面北冰洋到南面印度洋，从东面太平洋到西面多瑙河的史无前例的强大的蒙古大帝国。但是，如果就他们的军队和装备来说，无非就是骁勇善战的蒙古士兵和战马、战车、弓箭、大刀等，跟当今的战争机器相比，简直不可同日而语。社会生产力的巨大发展，造就了以前无法比拟的战争武器系统，例如各种飞机、军舰、坦克、枪械炮弹、通信设备、卫星导航系统、导弹和战略核武器等，数不完的进展；与之相适应，各种空军、海军和炮兵兵种、坦克兵、雷达兵、火箭军和战略核潜艇部队相继建立。这不都是科学技术的进步和社会生产力的发展直接带来的作为上层建筑的军队的巨大变化吗?

得益于科学技术的巨大进步和生产力的高度发展，20 世纪 40—80 年代，人类掌握了释放和利用原子能的技术，首先将它应用在军事上。20 世纪 70 年代之前，世界各大国竞相发展核武器，此后努力防止核扩散和防止核大战。这成为世界政治的最为重大的中心议题，对世界的经济和政治的战略格局，即整个世界的上层建筑产生了最为重要、广泛和深远的影响。在核大战之中不会有胜利者，它只是人类相互交换的自杀，是人类的完完全全的自取灭亡。核武器的发展改变了传统的军事手段，也改变了人们关于战争的传统观念。“战争无非是政治通过另一种手段的继续。”“战争不仅是一种政治行为，而且是一种真正的政治工具，是政治交往的继续，是政治交往通过另一种手段的实现。”[23]这是克劳塞维茨的至理名言。列宁说：“马克思和恩格斯一向就是从这个观点出发来考察各种战争的。”[9]673但是，核战争的结局却是核战双方连同地球的毁灭。战争的手段和结果与战争的目的相悖。核武器改变了战争的原有概念和整个国际政治的格局！这是科学技术的进步和生产力的发展对上层建筑产生直接的巨大影响的清晰证明。

政治上层建筑对于经济基础的反映是近似的，经济基础所蕴含的可能性范围大于现实性。政治上层建筑的现实形式只是诸种可能性之中的一种选择。从这点而言，政治上层建筑具有某种程度的自我规定性。这就是说，任何政治上层建筑的现实形式都不是由经济基础唯一地、完全地决定的，它还受到其他的许多复杂因素的影响。因此，政治上层建筑绝对地适合经济基础的发展状况是不可能的。

上层建筑一定要适合经济基础的发展状况，这同时意味着上层建筑对于经济基础有能动的反作用。否则，上层建筑就会成为可有可无的一种陪衬。上层建筑促进自己的经济基础的形成、巩固和完善，同时，同旧经济基础、旧上层建筑的残余做斗争，同新经济基础、新上层建筑的萌芽相协调。政治上层建筑以强制性的方式，观念上层建筑以说服教育感化的方式，维护自己特定的经济基础，使之能够在某种稳定的秩序之下生存和发展。上层建筑的反作用是在经济基础的决定作用前提下的反作用，它不能等同于、更不能超过经济基础的决定性作用。社会发展的总趋势毕竟是由经济基础的发展和性质所决定的。

政治上层建筑在它的经济基础所蕴含的可能性范围内的选择本身是一个动态过程。在一种上层建筑建立之初和之后的一个时期内，它与自己的经济基础相互适应，促进经济基础的发展；随着生产力的发展，生产关系的相应调整和改变，上层建筑不能满足经济基础的要求，相互之间发生尖锐的矛盾，就会对经济基础起破坏作用。恩格斯指出："国家权力对于经济发展的反作用可以有三种：它可以沿着同一方向起作用，在这种情况下就会发展得比较快；它可以沿着相反方向起作用，在这种情况下，像现在每个大民族的情况那样，它经过一定的时期都要崩溃；或者是它可以阻止经济发展沿着某些方向走，而给它规定另外的方向——这种情况归根到底还是归结为前两种情况中的一种。但是很明显，在第二和第三种情况下，政治权力会给经济发展带来巨大的损害，并造成大量人力和物力的浪费。"（4. P. 610）

当上层建筑与经济基础发生尖锐矛盾，在阶级社会中，这种矛盾必然会转化为对抗性的矛盾，社会形态发生质变的阶段就到来了。上层建筑一定要适合经济基础的发展状况，这是一种必然的趋势。

§10.7　社会存在和社会意识：社会历史观的基本问题

探讨人类社会历史的本质和一般规律的科学理论，就是历史唯物主义。哲学的基本问题，即物质与意识的关系问题，在社会历史观中表现为人们的社会存在和人们的社会意识的关系问题。但是人们的社会存在和人们的社会意识的关系又决不简单地等同于物质与意识的关系。正确地解决社会历史观的这个问题是解决其他社会历史观问题的基础和前提，对这个问题的不同回答是区分历史唯物主义和历史唯心主义的根本标准。

尽管社会存在和社会意识的关系是社会历史观的基本问题，但是哲学界对于这对范畴有着各种各样的理解。为了叙述的方便，相关的内容放在这节来讨论。

1　什么是人们的社会存在？什么是人们的社会意识？

大家知道，"存在"和"意识"两个概念并非马克思首创。"人们的社会存在"和"人们的社会意识"的提法，在马克思以前却没有人使用过。人们的社会存在决定人们的社会意识，是马克思创立的历史唯物主义的基本原理。

什么是人们的社会存在？什么是人们的社会意识？

关于这两个概念的内涵和外延，马克思和恩格斯没有给出足够清晰的界定。关于这对历史唯物主义的基本范畴的含义，哲学界长期以来存在各种各样的不同的理解，至今没有取得一致的意见。

传统的哲学教科书按照斯大林的《论辩证唯物主义和历史唯物主义》[24]200的理解，给出关于社会存在和社会意识的定义，即社会存在是社会生活的物质方面，即人们的物质活动和物质生活条件，包括人口、地理环境和物质资料的生产方式；“社会意识是社会的精神生活现象的总和，包括人们的政治、法律观点，哲学、道德、艺术、科学、宗教等意识形式，以及风俗习惯、社会心理，等等。”显然，其中存在着某些含混模糊、逻辑纰漏和实质性错误。例如，按传统的哲学教科书，(1) 作为社会存在的要素，人既包含在“人口”之中，又作为生产力的要素（即劳动者）包含在生产方式中；(2) 认为国家机构是“根据一定的政治思想、法律观点建立起来的物质附属物”，应当“属于社会思想关系的范畴”。

要清晰地理解社会存在和社会意识这对范畴，必须从马克思和恩格斯的论述中寻找最终的依据。为此，引用马克思和恩格斯的如下大段论述。

马克思和恩格斯最早在1846年的《德意志意识形态》中阐述了“人们的社会存在”的思想：“思想、观念、意识的生产最初是直接与人们的物质活动，与人们的物质交往，与现实生活的语言交织在一起的。人们的想象、思维、精神交往在这里还是人们物质行动的直接产物。表现在某一民族的政治、法律、道德、宗教、形而上学等的语言中的精神生产也是这样。人们是自己的观念、思想等等的生产者，但这里所说的人们是现实的、从事活动的人们，他们受自己的生产力和与之相适应的交往的一定发展——直到交往的最遥远的形态——所制约。意识在任何时候都只能是被意识到了的存在，而人们的存在就是他们的现实生活过程。……我们的出发点是从事实际活动的人，而且从他们的现实生活过程中还可以描绘出这一生活过程在意识形态上的反射和反响的发展。甚至人们头脑中的模糊幻象也是他们的可以通过经验来确认的、与物质前提相联系的物质生活过程的必然升华物。因此，道德、宗教、形而上学和其他意识形态，以及与它们相适应的意识形式便不再保留独立性的外观了。它们没有历史，没有发展，而发展着自己的物质生产和物质交往的人们，在改变自己的这个现实的同时也改变着自己的思维和思维的产物。不是意识决定生活，而是生活决定意识。”(1. P. 151～152)

马克思在1859年的《〈政治经济学批判〉序言》中提出了“人们的社会存在”这个范畴，指出：“不是人们的意识决定人们的存在，相反，是人们的社会存在决

定人们的意识。”(2. P. 2)

可以认为，关于“什么是人们的社会存在，什么是人们的社会意识”的问题，只要我们仔细地阅读和领会，马克思和恩格斯在《德意志意识形态》中已经做出了一定程度的清楚和确切的回答。

概括马克思和恩格斯这段叙述如下：人们的社会存在是人们的现实生活过程，即与物质前提相联系的人们的物质生活过程，包括人们的物质行动、物质活动、物质生产和相应的物质交往关系。思想、观念、意识（包括政治、法律、道德、宗教、形而上学等）是人们的上述物质生活过程在人们头脑中的直接产物；是人们的思维对于物质生活过程的反映即反射和反响。

在马克思和恩格斯的论述中，人们是自己的观念、思想的生产者，这些社会意识包括“政治、法律、道德、宗教、形而上学等”。

在以上的论述中，人们的社会存在只是关于人们的物质行为及其过程的一种行为现象的描述。§3.3已述，我们将存在理解为与“无”（一无所有的无）相对，是有，实有，是对无的否定。在这种意义上，存在就是对世界上所有的事物和现象（包括一切物质现象和精神现象）的一般概括。按照马克思和恩格斯的界定，人们的社会存在是指人们的现实的物质生活过程。接下来我们说明，人们的社会存在不仅包含有物质现象，而且包含某些（当然决非全部）意识现象。

人们现实的物质生活过程作为物质过程，必定有行为过程的物质载体。那么，人们的社会存在的物质载体是什么呢？答案很清楚：社会存在的物质载体是全体个人和人化自然。§3.4已述，人有高级的意识活动，人是物质和意识、物质性和能动性的统一；而人化自然是人类实践活动改造过的、打上了人类活动印记的那部分自然界，包括人的创造物以及人类改造过的自然环境等。人化自然包括人类生产力系统的劳动资料和劳动对象，还包括人类的物质财富。只有生产资料，没有物质财富，人们的衣食住行如何解决？那就谈不上人们的物质生活过程！

要构成作为社会存在的人们现实的物质生活过程，除了要有社会存在的物质载体之外，还必然涉及社会存在的物质载体的各种要素之间物质的相互作用或者物质交往关系。这些物质交往关系可以分为人与自然之间的关系以及人与人之间的物质交往关系。后者包括个人与个人、个人与群体、个人与国家、群体与群体、群体与国家、国家与国家之间的各种物质交往关系。所谓群体，包括家庭、社会生产单位、社会经济组织、社会政治组织、民族和国家、国家军队等。就关系的性质来说，有生产关系、家庭关系、政治关系等所有涉及物质的交往关系。政治关系的实质是围绕着经济利益关系而展开的，在政治关系的背景中必然包含物质利益关系。物质生活过程和物质交往关系当然包含有物质和物质现象，同时又必定包含人们的直接与之相关、参与其间的意识活动现象。

人们的社会存在是指人们现实的物质生活过程，包括人们的物质生产、物质行动、物质活动和相应的物质交往关系等。人们现实的物质生活过程，连同这种行为过程的物质载体即社会全体个人和人化自然，以及物质载体的各个要素之间的物质交往关系如生产关系、家庭关系、政治关系等，都归属于社会存在的范畴。

如前所述，物质生产是人类社会存在和发展的基础。因此，物质生产是社会存在的本质内容。作为物质生产实践活动的物质承担者和物质生产过程中形成的人们的物质交往关系，即生产力和生产关系，以至作为生产力和生产关系的统一的经济基础（见§10.6）都归属于社会存在的范畴，是社会存在的主要的和最为重要的组成部分。但是，经济基础并不是社会存在的全部，它只是社会存在的一部分。例如，人类社会生产资料之外的物质财富和军事装备等并不属于生产资料；家庭关系和政治关系并不属于生产关系。但是，它们都属于社会存在。

人们的社会存在包括相当广泛的内涵和外延。但是请注意，人们的社会存在是指人们的物质生活过程。人们的精神生活、精神交往、思想交流等纯粹的精神活动和社会意识成果，显然都不归属于社会存在的范畴。

人们的社会意识是纯粹的、不直接与物质前提相联系的社会的精神生活、精神交往和系统化的理论研究成果的总和。

人们的社会意识划分为两个基本层次，即：（1）精神生活、精神交往、社会心理；（2）社会意识形式。社会意识形式是人们精神生产的产物，是从社会物质生活中概括、提炼出来的比较系统、抽象和形式化的思想观念体系。它划分为两部分：（1）包括政治法律思想、道德、宗教、艺术、哲学和大部分社会科学的社会意识形态即思想上层建筑；（2）自然科学和少部分社会科学如语言学、逻辑学、思维科学、普通心理学等非意识形态的内容。

为简洁计，在以下的叙述中可能会将“人们的社会存在”“人们的社会意识”直接称为“社会存在”“社会意识”，其意义保持不变。

个人的意识和意识活动不等于社会意识。个人在物质生产或者物质生活过程中发生的直接与物质活动相联系的意识活动，肯定隶属于人们的现实的物质生活过程，属于社会存在，不属于社会意识的范畴。因此，说社会意识是人类社会的全部意识现象及其过程的总和，不是正确的理解和表述。

社会意识是社会群体或者一定范围内的社会整体的意识。社会意识是由个人（如思想家、科学家、艺术家等）创造的，但是，这些有才华的个人是以社会群体或社会整体的身份，反映整体的社会存在，并通过社会精神交往和思想交流形成较为系统的认识成果，其后获得了社会群体或社会整体的承认和接受，因而成为社会群体或社会整体的意识。

在阶级社会中，事实上不存在完全统一的社会意识。统治阶级，特别是代表社会的发展方向并取得统治地位的先进阶级的意识，总会在社会意识中占据主导地位。这种意识会成为这个社会历史阶段的共同意识或时代意识。

一般说来，个人的意识和意识活动与个人同生共死。但是，个人的较为系统的意识，一旦为社会群体或社会整体所接受，并为人类社会意识的发展做出积极、宝贵的贡献，或者尽管当初还没有被人们所接受，但是详细地、系统地记录保存下来（如玻耳兹曼 1898 年出版《气体理论讲义》，1906 年自杀身亡），后来被证明是相对真理，成为人类共同的精神财富。我们今天还在不断地研究德谟克里特和亚里士多德、老子和庄子、牛顿和爱因斯坦、马克思和恩格斯等人类巨星的学说，就是对本段叙述的内容的很好解读。

2　政治上层建筑属于社会存在的范畴

有一个重要的问题引起广泛的争论：政治上层建筑属于社会存在范畴，还是属于社会意识范畴？

复述一遍，政治上层建筑就是指政治法律制度和设施，如政权机构、军队、警察、法庭、监狱等。可以简单地说，政治上层建筑就是国家政权。

按照斯大林的理解[24]200—231，政治上层建筑不属于社会存在范畴。传统的哲学教科书贯彻和阐述着同样的观点，认为："如果单从本体论的意义上看，谁也不能否认，国家政权，以实物形式出现的军队、法庭、监狱等等是客观存在的，是一种物质的力量。但是，如果从逻辑的和历史的统一的意义上看，从物质关系（本原）同思想关系（派生）二者的关系上看，必须承认，法庭、监狱，以至警察、军队等等，都是根据一定的政治思想、法律观点建立起来的物质附属物，而这些国家的附属物是不能脱离相应的政治、法律观点等意识形态而独立存在的。"因此，他们认为，国家政权及其物质附属物，如政权机构、军队、警察、法庭、监狱等都不属于社会存在的范畴。

这种论述不符合马克思和恩格斯的本意。按照马克思和恩格斯的论述，社会存在指人们的现实的物质生活过程。只要是人们的物质行为，连同这种行为过程的物质载体，以及物质载体的各个要素之间的物质交往关系，都归属于社会存在的范畴。国家通过政治上层建筑，即政权的组织机构和设施，以强大的物质力量强制性地规范人们的物质生产、物质交往和社会生活，使之在稳定的秩序下进行。国家计划、组织和领导国有企业从事物质生产，成为整个国民经济中的主导力量。国家通过税务局、海关、工商稽查和监督、司法等机构，与个人和群体发生直接的物质交往关系。国家给占人口总量的相当比例的军人、公务员等提供工资福利，许多国家给几乎大部分人口提供医疗服务和医疗救助。恩格斯说："如果政治权力在经济上是无能为力的，那么我们何必要为无产阶级的政治专政而斗争呢？暴力（即国家权力）也是一种经济力量！"（4. P. 613）国家的军事实力是判断这个国家是否强大的最高标志。各国的军事力量从来都是地球上最强大的物质力量。全球核武器储量足以毁灭地球数十次。人类面临核战毁灭的威胁。

在马克思和恩格斯时代，世界尚处于资本主义的初期或中期阶段，资本主义生产力大部分掌握在资本家个人手中。国家一般不直接地组织生产和管理经济。此后，情况有了改变。国家垄断资本主义发展起来，资本主义国家的物质财富，特别是国家的生产力、军事实力空前地增长。对于20世纪产生的社会主义国家，由于其社会主义的国家性质，决定了国有经济在整个国民经济中占据着主导地位。生产资料的大部分归国家所有。对社会主义国家而言，作为政治上层建筑的国家政权不仅是进行阶级斗争和阶级统治的物质力量，而且发挥着领导全体人民进行经济建设、文化建设、军事建设的强大功能。国家设立财政部、农业部、能源部（含石油部、煤炭部）、交通部、国防部、商务部、文化部、教育部、电子工业部、核工业部、科学技术部、城乡建设部、社会保障部、国土资源部、环境保护部、卫生部，银监局、粮食局、气象局、海洋局、文物局、邮政局、铁路局、民航局、国防科技工业局、外汇管理局、医药管理局、烟草专卖局等，科学院、工程院、高等学校、中学、小学，以及医院、疗养院等，通过上述各机构，组织、管理和领导这些部门、机构名称相应的大规模经济、文化、军事等建设事业，几乎涉及人类物质活动的每一个领域，触及社会物质生活的各个方面。与国家直接相关的物质生产总值占整个国民经济总产值的大部分或绝大部分。占人口总量相当比例的人群就在上述某一部门或其辖下的企事业单位工作，从事物质资料的生产实践活动，得到相应的工资福利等报酬。社会的每一个人都离不开与国家发生广泛的物质交往关系。难道如此强大的物质力量、物质生产和如此广泛的物质交往不能算是一种社会存在，而只能附属于社会意识或思想关系的范畴？如果对这个提问给予肯定的回答，肯定陷入了唯心主义的泥坑！谁会相信呢？

传统的哲学教科书认为："从历史上看，总是先有经济关系的变化，这种变化反映到人们的思想上而形成一定的政治观点，然后才在一定的政治观点指导下建立起相应的政治制度。"因此，教科书认为国家政权是"根据一定的政治思想、法律观点建立起来的物质附属物，而这些国家的物质附属物是不能脱离相应的政治、法律观点等意识形态而独立存在的。""因此，它们又都属于思想关系的范畴，是思想关系的物化形式。"

我认为，这种观点和推理是不能成立的。

这种认为政治制度和国家政权隶属思想关系范畴的观点，直接来源于斯大林。斯大林在《马克思主义和语言学问题》一书中写道："基础是社会在其一定发展阶段上的经济制度。上层建筑是社会的政治、法律、宗教、艺术、哲学的观点，以及同这些观点相适应的政治、法律等设施。"[24]547 这就是斯大林和传统哲学教科书描绘的经济基础—意识形态—政治上层建筑的模式。斯大林这种解释的致命缺陷就在于把社会意识形态置于上层建筑的核心地位，把政治法律制度及其设施视为意识形态的物质附属物。

斯大林这种观点偏离了马克思关于经济基础—政治上层建筑—社会意识形态三者关系的著名论述。马克思在 1867 年出版的《资本论》中说："在那本书中我曾经说过，一定的生产方式以及与它相适应的生产关系，简言之，'社会的经济结构，是有法律的和政治的上层建筑竖立其上并有一定的社会意识形式与之相适应的现实基础'，'物质生活的生产方式制约着整个社会生活、政治生活和精神生活的过程'。"[12]100

无论马克思还是恩格斯，决没有意识形态产生政治上层建筑，政治上层建筑适应于意识形态，政治上层建筑隶属于意识形态范畴的观念。

国家政权可以借助于一定的政治思想和法律观点建立起来，正确的政治思想和法律观点对国家政权的建设起指导作用。但是，国家政权并不依赖政治思想和法律观点，更不是政治思想和法律观点等意识形态的物质附属物。的确，恩格斯说过："这种公共权力在每一个国家里都存在。构成这种权力的，不仅有武装的人，而且还有物质的附属物，如监狱和各种强制设施，这些东西都是以前的氏族社会所没有的。"（4. P. 187）这里说的是构成国家权力的物质附属物。国家政权的物质附属物，决不是政治思想和法律观点等意识形态的物质附属物。国家政权不仅不是意识形态的物质附属物，而且与斯大林的观点相反，国家根本就不能说成是适应政治法律观点的产物。

恩格斯在《家庭、私有制和国家的起源》中，叙述和论证了国家形成的历史过程。在雅典，"国家是直接地和主要地从氏族社会本身内部发展起来的阶级对立中产生的”；在罗马，“平民的胜利炸毁了旧的氏族制度，并在它的废墟上面建立了国家”；在德意志，“国家是作为征服外国广大领土的直接结果而产生的”。在这本著作中，根本就找不到国家依赖于社会意识而形成的思想。相反，在同一页，恩格斯写道：“国家决不是从外部强加于社会的一种力量。国家也不像黑格尔所断言的是‘伦理观念的现实’，‘理性的形象和现实’。确切地说，国家是社会在一定发展阶段上的产物；国家是承认：这个社会陷入了不可解决的自我矛盾，分裂为不可调和的对立面而又无力摆脱这些对立面。而为了使这些对立面，这些经济利益互相冲突的阶级，不致在无谓的斗争中把自己和社会消灭，就需要有一种表面上凌驾于社会之上的力量，这种力量应当缓和冲突，把冲突保持在‘秩序’的范围以内；这种从社会中产生但又自居于社会之上并且日益同社会相异化的力量，就是国家。”（4. P. 186～187）

恩格斯接着写道：“随着国内阶级对立的尖锐化，随着彼此相邻的各国的扩大和它们人口的增加，公共权力就日益加强。就拿我们今天的欧洲来看吧，在这里，阶级斗争和争相霸占已经把公共权力提升到大有吞食整个社会甚至吞食国家之势的高度。”（4. P. 188）难道世间会有如此强大的意识形态力量！

从根本上说来，国家政权是阶级斗争的工具，体现着掌握它们的那个阶级的利益和意志，但是，国家政权是建立在一定的经济基础之上，它的性质和本质，它的存在和发展，由社会的经济基础所决定。当初，奴隶制国家政权并不是根据什么确定的、系统的政治思想和法律观点建立的。国家政权的建立，是生产力的发展引起生产关系的变化，经济基础的变化引起政治上层建筑的变化的一种自然的历史过程。

马克思和恩格斯在《德意志意识形态》中详细地论述了人们的物质生活方式和交往形式是国家的现实基础，国家权力是法的基础而不是相反。其中写道：“在现实的历史中，那些认为权力是法的基础的理论家和那些认为意志是法的基础的理论家是直接对立的，这种对立，也是圣桑乔可以认为是唯实主义（儿童、古代人、黑人）和唯心主义（青年、近代人、蒙古人）之间的对立。如果像霍布斯等人那样，承认权力是法的基础，那末法、法律等等只不过是其他关系（它们是国家权力的基础）的一种征兆，一种表现。那些决不依个人‘意志’为转移的个人的物质生活，即他们的相互制约的生产方式和交往形式，是国家的现实基础，而且在一切还必需有分工和私有制的阶段上，都是完全不依个人的意志为转移的。”又说：“实际上，不是国家由于统治意志而存在，相反地，是从个人的物质生活方式中所产生的国家同时具有统治意志的形式。如果统治意志失去了自己的统治，那末，不仅意志改变了，而且也是物质存在和个人的生活改变了，而且也只因为

这一点，个人的意志才发生变化。”[8]377−379

恩格斯指出：“在现代历史中，国家的意志总的说来是由市民社会的不断变化的需要，是由某个阶级的优势地位，归根到底，是由生产力和交换关系的发展决定的。”（4. P. 258）

如何由生产力和生产关系的发展决定政治上层建筑即国家政权的变化，这是上层建筑一定要适合经济基础的发展状况的原理所讨论的问题。

国家政权的建立是经济基础的变化引起政治上层建筑的变化的一种自然历史过程。一种政治理论可以描述和论证这种客观的规律性。但是国家政权并不依赖政治法律观点等意识形态，相反，政治法律观点来源于物质生产实践、经济基础的发展和国家的政治生活实践。这是实践—理论—实践的关系。实践永远是第一位的，理论来源于实践，正确的政治理论可以对国家政权的建设发挥指导的作用。但是，政治理论可能正确，也可能错误。政治理论正确与否，它在多大程度上正确，都必须接受政治实践的检验，在实践的检验中完善和发展自身。国家权力和它的物质附属物必须从实际出发来处理问题，根本就不存在它能不能脱离相应的政治、法律观点等意识形态而独立存在的问题。国家政权和意识形态不是依赖和被依赖，或被决定和决定的关系。

这种实例举不胜举。例如，《共产党宣言》宣布：“共产党人可以把自己的理论概括为一句话：消灭私有制。”（1. P. 414）现在，我们从政治实践中知道，消灭私有制是一个长远的过程。在苏联，从 1929 年开始，斯大林停止实行列宁的新经济政策，推行社会主义革命，在农村实行激进的全盘集体化。1937 年，宣布建成社会主义。这种社会主义的特征是大一统的计划经济、单一的公有制，以及与之相适应的政治权力的高度集中等，被称为斯大林模式。按照斯大林的思想，政治上层建筑必须同政治法律观点相适应，它是意识形态的物质附属物和推行政治法律观点的工具；消灭私有制代表着无产阶级的最高利益，不存在政治法律思想要接受政治实践检验的问题。苏联社会主义的失败，归根结底是它长期地坚持僵化的斯大林模式，阻碍生产力发展的必然结果。例如，在苏联辽阔的国土上，农业一直过不了关，直到苏联解体时粮食产量还没有赶上沙俄时代的最高水平。

说国家的物质附属物是思想关系的物化形式，只能属于思想关系范畴，按照传统的哲学教科书的这种观点的逻辑，那么，军队作为国家政权的物质附属物也属于思想关系范畴，军队进行的各种各样战争，例如，中国军队进行的 14 年艰苦卓绝的抗日战争，连同 2015 年北京天安门广场举行的纪念抗日战争胜利 70 周年的盛大阅兵式，或者以后有可能发生的核大战（当然，人类的重大议题就是避免核大战）都不是社会存在，而只是思想关系的物化形式，只属于思想关系的范畴。

谁会相信这种呓语呢?

这种观点认为，国家机构、军队等只是意识形态的物化形式，“只是贯彻一定思想观点的物质手段，它不能决定什么，而它自己却是被决定的”。反驳这种观点的理由如前所述。兹补充如下：在当今世界上，国家政权享有最强大的经济实力和物质力量。例如，国家政权组织和实施核武器的研制、生产和部署，以至决定使用或者未来销毁它。这就造就了当今世界上庞大的核武器系统。它不能决定什么吗？它决定着人类社会能否继续在地球上存在下去！如前所述，核武器的存在完全改变了人类社会的战争观念。

根据政治思想建立的东西，不等于政治思想意识或政治思想关系本身。物质结构一旦建立，就必然具有物质的力量。例如，一位投资者计划在山上建筑一座美丽、宁静、适合游客度假的山庄，你不能说建好的山庄不是一种社会存在，说它只是投资盈利的思想关系的物化形式，只能属于投资思想的范畴。秦始皇时代修建的万里长城也说成是封建思想关系的物化形式，只能属于思想关系的范畴。刚说到的国有企业，以及扶贫工程等，都是根据一定的政治思想和政治制度建立的，没有听说有人坚持认为它们属于社会意识的范畴。广泛地说，生产力的各个要素和社会物质财富，以至整个人化自然，都是人们的物质生产实践活动的成果，都是人们的思想、知识、经验、技术等本质力量对象化的结果。人类社会没有也不可能有与社会意识无关的社会存在。断言国家政权的物质附属物就是意识形态的物质附属物，与断言人化自然是思想或思想关系的物化形式，只能隶属于思想关系的范畴一样，陷入了唯心主义的泥坑。

问题的关键在于，马克思和恩格斯提出社会存在和社会意识这对范畴，本意和目的在于对于社会现象做出一个区分，以此来说明人们的思想、观念、意识是如何“唯物地”产生的，将唯物主义哲学运用于人类历史的研究中。这与马克思和恩格斯提出生产力和生产关系范畴、经济基础和上层建筑范畴来阐述人类社会的发展规律是并行不悖的。但是，社会存在和社会意识这对范畴，绝对不是经济基础和上层建筑这对范畴的重复。它们涉及社会现象的不同的划分、不同的外延和不同的侧重面。社会存在决定社会意识是历史唯物主义的更为根本的规律，是历史唯物主义之所以称为唯物主义的根本原因。如果在这里重温一遍社会存在的定义，就能深谙其中的道理。

国家政权机构一经建立，并成为社会的最为强大的物质力量，它就成为产生思想、观念、意识的一个根源。恩格斯指出：“国家作为第一个支配人的意识形态力量出现在我们面前。”“但是，国家一旦成了对社会来说是独立的力量，马上就产生了另外的意识形态。”(4. P. 259～260) 人们不断地研究人类政治生活的实践，进一步发展着关于人类社会的政治学说和政治理论。恩格斯说："一切历史现象都可以用最简单的方法来说明，同样，每一历史时期的观念和思想也可以极其简单地由这一时期的经济的生活条件以及由这些条件决定的社会关系和政治关系来说明。"（3. P. 723）毛泽东说："一定的文化（当作观念形态的文化）是一定社会的政治和经济的反映，又给予伟大影响和作用于一定社会的政治和经济。"[25]请注意，由一定的经济条件所决定的社会关系和政治关系或者直接就是物质交往关系，或者包含着物质交往关系。因此，作为产生思想、观念的根源，作为思想、观念的反映对象的经济关系和政治关系是一种社会存在，而反映这些关系的思想、观念和文化则是社会意识。这是不言而喻的道理。

如前所述，社会存在的物质载体就是全体个人和人化自然。社会存在显然是一个多层次、广泛的物质和物质关系构成的超大系统，其子系统也是相互联系和相互作用的。其中，最重要的是生产力和生产关系，生产力决定生产关系；以及经济基础和政治上层建筑，经济基础决定政治上层建筑。

否定政治上层建筑属于社会存在范畴；将马克思的经济基础—政治上层建筑—意识形态模式，改换为经济基础—意识形态—政治上层建筑模式；把意识形态置于上层建筑的核心地位，把国家政权视为意识形态的物质附属物从而隶属于思想关系范畴；将政治上层建筑—意识形态—政治上层建筑这种实践—理论—实践的关系，改换成为意识形态决定政治上层建筑、政治上层建筑无条件地服从意识形态的关系。——这种理论，在哲学上，实际上推崇社会意识决定社会存在的历史唯心主义观点；在实践上，社会意识形态成了无须实践检验的领袖最高意志，为个人意志凌驾于国家政权之上打开了理论方便之门。无须进一步解说，这肯定是苏联解体的一大根源。

由于上述种种理由，我认为完全可以肯定，政治上层建筑属于社会存在范畴，是一种力量强大的社会存在。哲学家对此不可不察啊！

3　社会历史观的基本问题

社会历史观是人们对于人类社会的起源、本质和发展规律等一般问题的总体看法和根本观点。第一章已述，世界观是人们对于整个世界以及人与世界的关系的总体看法和根本观点。世界观包括社会历史观，社会历史观是世界观的重要组成部分。

人们的社会存在和人们的社会意识的关系是社会历史观的基本问题，对这个问题，唯心主义和唯物主义有着完全不同的回答。

一切形式的历史唯心主义，都坚持社会意识决定社会存在的观点。主观唯心主义者把人们的主观思想动机，特别是个别英雄人物、帝王将相的思想动机看成是历史发展的最终的决定力量。客观唯心主义者认为历史的发展规律是由神秘的“绝对精神”“神道天命”决定的。例如，黑格尔主张从“绝对精神”的自身发展的规律中去理解历史发展的规律性。主观唯心主义和客观唯心主义表现形式不同，但是都把精神看作历史发展的终极原因，否定社会发展的物质根源。

马克思和恩格斯经历了长期复杂的过程，吸收前人的思想成果，创立了历史唯物主义，达到了对于人类社会历史的深刻、清晰和准确的理解。

社会存在和社会意识的关系作为社会历史观的基本问题，与哲学的基本问题即物质与意识的关系，有着密切的联系。但是，社会存在和社会意识的关系问题并不是从物质与意识的关系问题简单地、直接地引申出来的。问题在于人类社会与自然现象具有不同的特点。

恩格斯说：“社会发展史却有一点是和自然发展史根本不相同的。在自然界中（如果我们把人对自然界的反作用撇开不谈）全是没有意识的、盲目的动力，这些动力彼此发生作用，而一般规律就表现在这些动力的相互作用中。在所发生的任何事情中，无论在外表上看得出的无数表面的偶然性中，或者在可以证实这些偶然性内部的规律性的最终结果中，都没有任何事情是作为预期的自觉的目的发生的。相反，在社会历史领域内进行活动的，是具有意识的、经过思虑或凭激情行动的、追求某种目的的人；任何事情的发生都不是没有自觉的意图，没有预期的目的的。”（4. P. 253）

第三章已经详细阐述：人有意识和意识活动，自由的有意识的生命活动是人特有的类特性。人是一种特殊的物质存在形态，是物质和意识、物质性和能动性的统一。人们的意识和意识活动是人的存在、生活和实践的一个必要条件；依赖于人们的意识和意识活动，是人的特殊的存在方式的一个特点。事实上，人一旦停止和永久地失去意识和意识活动，就等同于死亡；人类社会一旦完全丧失人们的意识和意识活动，它必定立即瘫痪和灭亡。显然，机械地搬用列宁的物质定义来划分社会存在与社会意识，必然会导致混乱。将社会存在定义为“独立于人们的意识之外，又能为人们的意识所反映的一切社会现象”，以及类似的企图都不能准确地反映事情的真实和本质。

社会的全体个人的一切活动都是有意识和意识活动参与的活动。人化自然是人们物质生产实践活动的成果，同时也是人们的思想、知识、能力等意识和意识活动的对象化产物。仅此而论，在人类社会领域中，物质和意识紧紧相连，彼此交融，相互纠缠；不存在完全与人类意识无关的物质客体，但是存在着受到物质的“纠缠”，即以语言的物质外衣表达的纯粹意识。在人类社会中各种各样的现象错综复杂。应当如何遵照唯物主义哲学的基本原则，研究和发现人类社会的发展规律？或者说历史唯物主义究竟应当如何“唯物”呢？

马克思和恩格斯的基本思想是：第一，在人类社会的一切活动中，区分：(1) 与物质前提相联系的人们的物质行动和物质活动，以及相应的物质交往关系；(2) 人们的纯粹的精神交往、思想交流和精神生产及其产物，即人们的社会意识。这就是划分人们的社会存在和人们的社会意识。第二，在人们的一切物质行动和物质活动中，划分出物质生产或经济活动；在人们的一切物质交往关系中，划分出物质生产过程中形成的物质利益关系即生产关系（参见[26]6）。物质生产是人类社会存在和发展的基础；生产力是社会发展和历史进步的最终的决定力量；生产关系则是决定其余一切关系的原始关系。生产关系一定要适合生产力的发展状况。第三，在社会结构的研究中，划分经济基础和上层建筑。经济基础是一定的社会发展阶段上生产力和相应的生产关系的总和。竖立在经济基础之上的上层建筑，由政治上层建筑和意识形态两个部分组成，形成经济基础—政治上层建筑—意识形态的模式。上层建筑一定要适合经济基础的发展状况。

如前所述，所谓社会存在，是指人们现实的物质生活过程，包括人们的物质生产、物质行动、物质活动以及相应的物质交往关系等。显然，社会存在包含着和涉及人们的意识活动。请注意，与社会存在相联系的人们的意识活动直接参与人们的物质行动、物质活动之中，是人们的物质行动、物质活动过程的必不可少的条件和不可分割的一部分。人们在其物质行动、物质活动之中的意识活动，不属于社会意识范畴。唯有前述人们的社会意识，纯粹由人们的意识构成的，除了其语言的物质外衣的表现形式之外，它是不直接与物质相联系的社会精神生活和系统化的理论研究成果的总和。

历史唯物主义正是基于这种社会存在和社会意识的划分，断言：从根本上说，社会意识是由人们的物质活动和物质交往关系所决定的，即社会存在是社会意识的根源，社会意识是人们的意识活动对于社会存在的反映，人们的社会存在决定人们的社会意识。为什么这样断言？留在下小节叙述。

历史唯物主义的创立是社会历史观上的空前大革命，它结束了唯心主义对于人类社会历史理论的长期独霸的统治地位，破天荒地第一次将人类历史的理解和解释置于科学的基础上，开创了社会科学发展的新纪元，极大地推动了历史科学和历史本身的发展。

4 社会存在决定社会意识 社会意识的相对独立性和重要地位

人们的社会意识起源于社会的物质生活，是人类意识活动对于社会物质生活过程的反映。不是人们的社会意识决定人们的社会存在，相反，是人们的社会存在决定人们的社会意识。人们的社会意识与人类的物质实践活动是不可分割的，两者共同构成了人类社会的本质特征。社会意识的产生和发展，与社会生产力的发展一样，是社会进步和发展的主要标志和必要条件。没有人们的社会意识，就不会有发达的人类文明和社会的进步。社会意识起源于社会存在，却是人类社会的不可或缺的重要一面，具有至关重要的意义。

唯物主义地理解物质生产实践，如实地把它看作是全部人类历史的基础，是科学地解决社会存在和社会意识的关系问题的关键。物质生产实践是社会存在的本质内容。马克思说："全部社会生活在本质上是实践的。凡是把理论引向神秘主义的神秘东西，都能在人的实践中以及对这个实践的理解中得到合理的解决。"（1. P. 135～136）社会意识不是与社会存在，即人类的物质生活过程无关的独立的实体，它是以观念形式反映的社会存在。马克思和恩格斯指出："意识在任何时候都只能是被意识到了的存在，而人们的存在就是他们的现实生活过程。"（1. P. 135～136）对于社会意识的本质的这种理解是关于物质和意识关系的唯物主义立场在社会生活领域的彻底贯彻。

在原始社会，物质生产水平极低，人们的思维意识水平也很低下，处于一种混沌的原始状态。在长期的劳动实践中创造出人类特有的高级思维活动，逐步地形成了人类的精神意识世界。产生了语言，出现了原始的艺术、原始的道德原则、原始的宗教、朦胧的自然观，以及政治法律思想的雏形。恩格斯说："当人的劳动的生产率还非常低，除了必要生活资料只能提供很少的剩余的时候，生产力的提高、交往的扩大、国家和法的发展、艺术和科学的创立，都只有通过更大的分工才有可能，这种分工的基础是从事单纯体力劳动的群众同管理劳动、经营商业和掌管国事以及后来从事艺术和科学的少数特权分子之间的大分工。这种分工的最简单的完全自发的形式，正是奴隶制。"（3. P. 561）在人类发展历史上，比较成型的政治法律思想、道德、宗教、艺术、哲学和科学等社会意识形式正是在奴隶制社会开始形成的。请注意，柏拉图、亚里士多德等人的浩大的著述，仍然是我们当代人研读的对象。

社会意识形式的最终来源是社会存在。社会意识是以生产实践活动为基础的整个社会的物质生活过程及其历史发展在人们头脑中的反映。反映者当然必须依赖于被反映者；人们的社会存在决定人们的社会意识。这是社会意识对社会存在的依赖性。

社会存在的发展决定社会意识的发展。社会存在是具体地和历史地发展变化的，与之相应，作为社会存在的反映的社会意识，也是具体地和历史地发展变化的，随着社会存在的变化或早或迟地发生相应的变化。在人类社会中不存在永恒不变的社会意识。社会意识的变更，其原因归根到底要到社会存在中首先是经济基础的变化中去寻找。

在阶级社会中，意识形态是系统化、理论化的阶级意识，是社会存在的阶级关系和阶级状况在观念上的反映。人们处于不同的经济地位，有着不同的生活方式，形成不同的心理、思想、感情和作风。不同阶级的意识形态是不同阶级对于自身特殊的经济地位和经济利益的反映。

社会意识作为社会存在的反映，根源于社会存在并以社会存在为内容，但是，社会意识是以自身固有的观念形式，并依照自身固有的观念逻辑去反映社会存在。因此，社会意识有着自身的相对独立性和特殊的发生、发展的规律。社会意识的相对独立性，是社会意识体系的自身联系、相互作用和运动变化功能的必然表现。

社会意识的相对独立性具体表现在如下方面。

第一，个人意识一经产生，就可能会通过语言、图画、符号等客观物质形式表现出来，脱离思维着的个人而相对独立，被社会群体或社会整体所接受而成为社会意识。被社会群体或社会整体接受的个人的意识就是人们的社会意识。社会意识不是孤立地、静止地、消极地反映对象的，它力求从对象的相互联系、运动变化中能动地反映社会存在，以便抓住对象本质及其运动变化的规律。

第二，社会意识形式在发展过程中有着自身的历史继承性和发展的规律性。首先，社会存在不是社会意识发展的唯一原因；每一个具体的社会意识形式都有两个来源：即那个时代的社会存在和历史上先辈们留下的相应的精神文化成果。因此，社会意识形式对于那个时代的社会存在就不可能是一种绝对的依附关系，它是一个具有特殊的发展规律的系统。其次，社会意识形式是由各种意识形式如哲学、科学、艺术等组成的体系，各种意识形式之间存在着相互作用和相互影响。各种意识形式是对于社会存在的不同侧面的反映，但是，社会存在本质上是一个统一的物质生活过程。因此，各种社会意识形式之间相互作用和相互影响是顺理成章的。例如，科学的进步对于哲学产生很大的影响。恩格斯说："甚至随着自然科学领域中每一个划时代的发现，唯物主义也必然要改变自己的形式。"(4. P. 234) 这种相互作用和相互影响强化了社会意识形式对于社会存在的相对独立性。

第三，社会意识的发展变化与社会存在的发展变化不会完全同步。社会意识的发展往往落后于社会存在的发展。社会上保守势力总是企图维护旧的意识形态，以便维持社会存在的现状，阻止社会的进步。先进的阶级和个人是积极地推动社会向前发展的力量，他们能够使自己的思想和理论跟上和在一定程度上超越社会存在的现状，预见未来的发展。在阶级社会中，保守和进步的斗争是一个长期的过程，这种斗争的过程、现状和胜负，决定着不同的社会意识在社会中的地位、状况和影响。

第四，社会意识的发展同经济的发展并不总是一一对应的。历史上有过经济落后的国家，在思想意识领域却超过经济上先进的国家。例如，在 19 世纪，德国经济发展水平落后于英、法两国，德国却成为马克思主义的故乡。

承认社会意识的相对独立性，是正确认识社会意识对于社会存在的能动的反作用的前提。社会意识的相对独立性，也突出地表现在它对于社会存在的能动的反作用上。

人们的社会意识涵盖自然科学和社会科学的全部领域，它包含人类关于自然、人自身和人类社会的全部认识和知识。人类是一种最高形态的自主性生命的物质存在，其全部的本质特征既在于人们的物质生产实践，也反映在人们的社会意识和意识活动。

自然科学是关于自然及其规律的理论化、系统化的理性认识的逻辑体系。当科学处于知识的形态，它属于社会意识范畴，不是直接的物质生产力，只是一种精神生产力。如§10.4 所述：技术直接属于生产力范畴；对于科学来说，技术是科学向物质实践的延伸；对于技术来说，科学则是技术向思维领域的升华；科学提供物化的可能，技术提供物化的现实；科学可以通过各种各样途径转化为直接的物质生产力。关键在于，科学是人们对于自然本质和运动变化规律的认识，它为人类顺应自然、利用自然和改造自然提供了认识论基础。科学永远是一种进步的革命的力量，是推动人类历史前进的巨大杠杆。科学对社会的推动作用，不仅表现在它的革命的精神力量，更重要的是它能够转化成为巨大的物质财富，推动社会的经济发展，改变人们的社会关系、社会结构，推动社会的变革。国家之间的竞争和人类的未来，科学的发展是最为重要和最为关键的因素。§11.3 对此再做详细的讨论。

大部分社会科学属于社会意识形态范畴。意识形态归根到底要反映社会存在的状况、内部矛盾、矛盾各方的愿望和要求，以特定的方式满足特定社会群体的要求，推动或者延缓社会存在的变化和发展。纵观人类历史，每当社会发生急剧变革的时代，凸显出那个时代的社会意识形态的力量。先进的意识形态和落后的意识形态之间的尖锐的斗争，往往是社会存在发生巨大变化的先导。此时，代表先进阶级的先进的意识形态发挥着自己的作用。马克思说："批判的武器当然不能代替武器的批判，物质力量只能用物质力量来摧毁；但是理论一经掌握群众，也会变成物质力量。理论只要说服人，就能掌握群众；而理论只要彻底，就能说服人。所谓彻底，就是抓住事物的根本。"（1. P. 9～10）

每一种意识形态都代表着特定的社会群体对现实的社会存在的认识和评价，这导致它对于社会现实的两种不同态度：维护、改善或者批判、反对之。每一种意识形态对于特定社会群体的活动起着发动和指导的作用。先进的意识形态指导和鼓励人们奋发向上，促进和推动社会的进步和发展；落后的意识形态使人消极颓废，阻碍和延缓社会的发展。在阶级社会中，各种意识形态只有与一定的阶级和社会势力的行动相结合，才能真正地产生影响社会发展的现实作用。

社会在不断地向前发展。社会的发展带动了社会意识的发展。总体上说，在迄今为止的人类社会中，社会意识是一个不断进步的发展过程。社会意识的不断创新，是推动社会进步的必不可少的和至关重要的因素。

人们的社会存在决定人们的社会意识；人们的社会意识反作用于人们的社会存在，由此构成社会存在和社会意识之间的相互作用。社会历史的运动和发展是两者相互作用的结果。作为社会存在，物质生产是人类社会存在和发展的基础；社会意识的相对独立性、能动的反作用，以及在人类社会中的重要地位如前所述，但是，这是以它对于社会存在的依赖关系为前提的。

§10.8　阶级和国家

1　阶级的起源和阶级的实质

阶级和阶级斗争是一种历史现象。它不是从来就有的，也不会永远存在下去；它是在社会生产力有了一定发展而又生产不足这样一个历史阶段上存在的现象。

§10.3 已述，在漫长的原始社会中并不存在阶级。那时人类刚刚脱离动物界，生产力极端低下，人们只能共同劳动，互助合作，平均分配，共同消费，没有任何剩余产品可供私人占有。因此也不可能发生阶级的分化。

到了原始社会后期，金属器的使用，生产工具的改善，生产知识的进步导致了生产力的发展。劳动有了剩余产品。一夫一妻制家庭出现，集体劳动逐渐转变为家庭劳动。家庭逐渐地成为独立的经济单位。私有制由此产生。出现社会分工和产品交换。各个家庭由于劳动技能、经营管理、勤劳程度、身体状况的不同和天灾人祸等其他的原因，必然会引起贫富分化。有了剩余产品、社会分工和产品交换，一部分人剥削他人和集体的劳动成为可能。氏族中的一部分富裕家庭通过分工和交换，使自己占有较多生产资料和生活资料。在氏族公社中，首领和少数族长利用公职之便，将公共财产据为己有。掠夺其他部落的财产和人口成为增加财富的捷径和手段。部落战争中的战俘不再被杀死，而是留下来变成奴隶。氏族中一部分穷人由于贫困和负债也被迫沦为奴隶。阶级和阶级斗争出现了。在父系氏族公社末期，出现了奴隶主和奴隶、富人和穷人、贵族和一般氏族成员之间的斗争。这种斗争愈演愈烈，最终导致原始社会的崩溃。

由此可见，剩余产品的出现是阶级产生的物质前提，生产资料私有制的确立是阶级产生的直接原因。阶级产生的根本原因是什么？如§10.2所述，人类社会及其历史的一切现象都根源于并表现着人的类本质和自然的本性。可以说，阶级产生的根本原因就在于人的类本质和自然的本性。

人类和人类社会是自然界长期发展的产物。自然界永远是人类的生存、活动和发展的现实基础。它是现实的人类与人类社会赖以存在的前提和基础。但是，自在自然的状态并不完全适合于人。人们必须通过生产劳动与自然界相互作用，从中获取必需的生活资料和生产资料，维持自己的生存、发展和种族的繁衍。人的类本质和自然的本性决定着社会生产力的发展和进步，以及产品的剩余和私有财产的出现。“生活需要，追求利益”，这是人的类本质。很多人包括许多研究者认为，自私或利己主义是人所共有的本性即人的类本质。我在§10.2指出，的确有一部分人是自私或利己主义的。从原始社会到奴隶社会的转变过程中，首领和少数族长利用职权，侵吞公有财产据为己有；掠夺其他部落的财产和人口，成为增加财富的捷径和手段。这是人类早期产生和集中私有财产的主要手段。这足以说明一部分人是自私或利己主义的。但是，天下的确有许多的占人口相当比例的人不去做损人利己和损公肥私的事情。对于各个阶层和一个具体个人而言，情况丰富多彩，而且也不是完全固定不变的。以上所述，是人类社会的一个基本事实。人的类本质和自然的本性决定着，在社会生产力有了一定发展而又生产不足这样一个历史阶段上存在着阶级和阶级斗争的社会现象。

阶级是与特定的生产关系相联系的、在经济上处于不同地位的各个社会集团。列宁说：“所谓阶级，就是这样一些大的集团，这些集团在历史上一定的社会生产体系中所处的地位不同，对生产资料的关系（这种关系大部分是在法律上明文规定了的）不同，在社会劳动组织中所起的作用不同，因而领得归自己支配的那份社会财富的方式和多寡也不同。所谓阶级，就是这样一些集团，由于它们在一定社会经济结构中所处的地位不同，其中一个集团能够占有另一个集团的劳动。”[27]11 列宁还说：“区别各阶级的基本标志，是它们在社会生产中所处的地位，也就是它们对生产资料的关系。”[28]所以，阶级对立的实质是由于对生产资料的占有关系的不同，一部分人能够剥削另一部分人的劳动。生产资料的所有制关系决定着人们在社会经济结构中所处的地位和所得的收入。生产资料私有制是阶级存在的基础。

在阶级社会中，除了基本阶级之外，还有一些非基本阶级。例如，在奴隶制社会中，还有既不是奴隶主也不是奴隶的所谓平民，它主要由自由民和手工业者组成；在封建社会和资本主义社会中，有占有小块土地和生产资料从事个体劳动的小生产者。此外，每一个阶级还包括不同的阶层；若干阶级和阶层因为共同的政治地位和政治要求而形成一定的社会等级。

自原始社会解体以来，到目前为止的全部人类社会的历史，都是阶级斗争的历史。阶级和阶级斗争不会是永恒存在的社会现象，它是随着生产的发展而出现、发展和消灭的。阶级社会只会是人类历史上一个短暂的阶段，却是一个很重要的阶段，而且人类社会目前仍然处在这个发展阶段上。

阶级的消灭同样是社会生产力发展的必然结果。恩格斯指出：“如果说阶级的划分根据上面所说具有某种历史的理由，那也只是对一定的时期、一定的社会条件才是这样。这种划分是以生产的不足为基础的，它将被现代生产力的充分发展所消灭。的确，社会阶级的消灭是以这样一个历史发展阶段为前提的，在这个阶段上，不仅某个特定的统治阶级的存在，而且任何统治阶级的存在，从而阶级差别本身的存在，都将成为时代错乱，成为过时现象。所以，社会阶级的消灭是以生产高度发展的阶段为前提的，在这个阶段上，某一特殊的社会阶级对生产资料和产品的占有，从而对政治统治、教育垄断和精神领导的占有，不仅成为多余的，而且在经济上、政治上和精神上成为发展的障碍。”（3. P. 669～670）我们现在已经确定地知道，要彻底地消灭阶级和阶级差别，需要一个长期的过程，需要创造一系列的精神条件和物质条件，当然，其中生产力的充分发展是首要的前提条件。

2 阶级斗争及其历史作用

如前所述，阶级对立的实质是对于生产资料占有关系的不同，一部分人能够剥削另一部分人的劳动。有阶级存在，就会有各个阶级之间的斗争。阶级斗争是经济利益根本冲突的阶级之间的对立和斗争。阶级斗争归根到底都是围绕着经济利益这个中心进行的。历史上一切剥削阶级总是凭借他们所占有的生产资料和在生产关系中所处的统治地位，对被剥削阶级实行残酷的压榨和剥削；同时，通过国家政权对被剥削阶级实行政治压迫和思想控制。哪里有政治压迫和经济剥削，哪里就有反抗。被剥削阶级为了维持自己的生存，摆脱受剥削、受压迫的地位，不得不进行反抗。阶级斗争是在阶级社会中客观存在的现象，贯穿于阶级社会的整个发展过程之中。

社会的基本矛盾，即生产力和生产关系的矛盾、经济基础和上层建筑的矛盾，在阶级社会中必然表现为阶级矛盾。恩格斯说："一切重要历史事件的终极原因和伟大动力是社会的经济发展，是生产方式和交换方式的改变，是由此产生的社会之划分为不同的阶级，是这些阶级彼此之间的斗争。"（3. P. 760）各个阶级之间的经济利益关系是同社会经济结构紧密联系的。社会经济结构的改造就意味着社会阶级关系的改变。因此，阶级斗争是推进社会经济结构的改造，并由此推动整个社会发展的直接动力。在阶级社会中，隶属哪个阶级，是人的最基本的社会存在形态。每一个阶级都是具有深刻的相同的经济基础的人数众多的社会集团，它比任何个人或其他人群的共同体都具有更强大的力量和更深刻的社会代表性。阶级的利益、阶级的目的、阶级的行动最直接地和最有力地影响着社会发展的进程。先进的革命阶级的活动是改造社会、推动历史进步的强大力量。

阶级斗争对阶级社会发展的推动作用突出地表现在社会形态的更替中。当旧生产关系不适应生产力的发展而变成生产力的桎梏，维护旧生产关系的反动阶级，必然与代表生产力发展要求的先进阶级形成尖锐的对立。这时，只有通过先进阶级反对反动阶级的社会革命，来推翻反动阶级的统治，建立新的社会形态，解放生产力，实现社会形态的更替，推动社会的发展。

在同一个社会形态的量变过程中，阶级斗争也对社会发展起着推动的作用。在同一个社会形态下，被剥削阶级反对剥削阶级的斗争不同程度打击了剥削阶级的统治，迫使后者不得不做出某些让步，调整某些经济关系和经济政策，使社会矛盾得到一定程度的缓解，从而或多或少地推动生产力的发展和社会的进步。

当代发达的资本主义国家，在税收政策、福利政策、企业结构、国家对经济实施干预等方面，采取一系列措施，改善工人阶级的生活水平，在办公室工作的白领工人的数量超过在车间劳动的蓝领工人的数量，并且造就了一个庞大的中产阶级。这一系列政策的调整，在一定程度上缓解了生产资料私人占有制对生产力发展的制约，缓解了阶级矛盾和社会矛盾，从而使资本主义的生产关系不仅能够容纳现实的生产力，而且生产力还在向前发展。

我国现阶段处于社会主义初级阶段，阶级斗争已经不是社会的主要矛盾。在社会主义初级阶段，把阶级斗争和阶级矛盾扩大化，“以阶级斗争为纲”是错误的；但是，否定阶级斗争在一定范围内仍将长期存在也是错误的。

3　国家的起源和国家的本质

随着阶级和阶级斗争的出现，在人类社会中，国家作为地位特殊、力量强大的社会组织形式出现了。国家随着阶级产生而产生，也将随着阶级消灭而消亡。

国家不是从来就有的。在原始社会中，没有私有制，没有分裂为阶级，人们共同劳动，平等相处，社会秩序主要依靠传统和习惯的力量，以及氏族首领的威信来维持和调整。在原始社会后期，金属器的使用，一夫一妻制家庭的出现，私有制和阶级社会的形成，氏族公社的解体，部落之间频繁的掠夺战争，以及世袭王权的萌芽等，是导致国家产生的经济条件和社会条件。社会分裂为几个敌对的阶级而陷入原有方式无法解决的矛盾之中。只占人口少数的奴隶主阶级要维护他们对于基本生产资料的占有，要压迫和剥削数量上远远超过自己的众多奴隶，并使之合法化或永久化，必须凭借强制性机关及其暴力工具（军队、警察、监狱、法庭等），实现对奴隶和其他劳动人民的政治统治。同时，随着生产力和社会生活的发展，需要组织某些公共事务，发展某些公共事业。此外，社会分工发展起来，脑力劳动和社会的组织管理工作逐渐专门化。专门组织和管理公共事务和公共事业的特殊机构不仅成为必要，而且成为可能。于是，国家应运而生。

区别于原始的氏族组织，国家具有三个显著的特征：第一，按照地区而不是按照血缘来划分和组织居民；第二，设立特殊权力机构，包括常设的军队和各种强制性机关如监狱、法庭等，并派常任官吏掌握这些机构，实现对于居民的统治；第三，通过征收赋税来维持这些权力机构的运转，大规模地组织社会生产，发展公共事业。这三个特征是原始的氏族组织所不具有的。当这三个特征完全具备时，就标志着国家的形成。

国家的出现，是人类历史上的一个巨大的进步。最先形成的都是奴隶制国家。国家能够以更大的规模组织社会生产，促进社会分工，发展公共事业。在当时的历史条件下，国家是推进社会进步的主要力量。

国家的起源说明了国家的本质。恩格斯指出：“确切地说，国家是社会在一定发展阶段上的产物；国家是承认：这个社会陷入了不可解决的自我矛盾，分裂为不可调和的对立面而又无力摆脱这些对立面。而为了使这些对立面，这些经济利益互相冲突的阶级，不致在无谓的斗争中把自己和社会消灭，就需要有一种表面上凌驾于社会之上的力量，这种力量应当缓和冲突，把冲突保持在‘秩序’的范围以内；这种从社会中产生但又自居于社会之上并且日益同社会相异化的力量，就是国家。”（4. P. 186～187）列宁说：“国家是阶级矛盾不可调和的产物和表现。在阶级矛盾客观上达到不能调和的地步、时候和条件下，便产生国家。反过来说，国家的存在证明阶级矛盾不可调和。”[29]114

把握国家的本质，应当正确地认识国家的阶级性和公共权力性两方面的关系。尽管国家是一种表面上凌驾于社会之上的力量，这种力量应当缓和社会冲突，把冲突保持在“秩序”的范围以内，同时需要组织管理公共事务和公共事业，发展国家的实力，形式上具有公共权力的性质。任何国家政权如果不能缓和社会矛盾，而只能加剧社会矛盾，同时，又不能组织管理公共事务和公共事业，增强国家的实力，它必定走向灭亡。但是，所谓把矛盾和冲突保持在“秩序”的范围以内，这种“秩序”即所有法律是统治阶级制定的，为维护统治阶级的经济利益和政治统治服务。因此，国家的公共权力性从属于它的阶级性。国家是在阶级冲突之中产生的，同时又是为了满足控制阶级对立的需要。国家本质上是阶级统治和阶级压迫的工具。国家是一种以阶级统治为实质的社会权力的组织形式。

国家的本质通过国家的职能表现出来。国家具有对内和对外两个方面的职能。国家的对内职能分为政治统治和社会管理两方面。

对内政治统治就是调整阶级关系，对被统治阶级和敌对势力实行专政，强制他们服从并镇压其反抗，同时在统治阶级内部实行民主，以特定的专政和民主相结合的方式实现和维护自己的统治，确保统治阶级的根本利益不受到侵犯。对内政治统治职能是任何国家所共有的，只是不同国家具有不同的阶级内容。对内的社会管理职能就是运用国家政权的力量，组织、管理和调节公共事务和公共事业；维护社会秩序，调节社会矛盾，把阶级矛盾控制在一定范围之内，不让社会陷于崩溃；干预、调节社会经济生活或者直接组织经济建设，巩固和发展自己的经济基础。一切国家都或多或少具有经济职能，只是性质和程度有所不同而已。

国家的对外职能则是国家作为特定的社会主体，在政治、经济、军事和文化等方面进行国际交流的职能。一方面组织国防，防御外来侵略和颠覆，维护国家主权和领土完整；另一方面，根据本国民众尤其是本国统治阶级的利益，调整国与国之间的关系，参与国际经济政治生活。

国家的对内职能和对外职能紧密联系，构成一个统一整体。一般说来，国家对外职能是对内职能的继续和延伸；对内职能是对外职能的基础和后盾。这一切都是国家阶级本质的鲜明体现。

人类历史上建立了许多不同的国家。为了科学地区分不同类型的国家，必须注意区别国体和政体。所谓国体是指国家的根本制度，即社会各个阶级在国家中的地位：哪个阶级是统治阶级，掌握政权；这个阶级联合哪个阶级实现其统治；哪些阶级是被统治阶级。国体决定国家的阶级性质。所谓政体是指统治阶级实现其阶级统治的具体组织方式，即政权的构成形式。

在国体和政体的关系中，必然是国体决定政体，而政体适用于和服务于国体。一定的国体必须靠一定的政体来体现，否则，阶级统治便不能落实；任何政体也都体现一定的国体，服务于一定的国体，否则，政体也不可能存在。但是，一种国体究竟采取何种政体，一方面由国体的阶级性质所决定，另一方面，也受具体的历史条件，如阶级力量对比、民族文化传统的制约。当然，归根到底，国体即国家的阶级性质是决定政体的首要因素。

自有国家以来，迄今为止存在四种不同的国体，即奴隶主专政的国家、地主阶级专政的国家、资产阶级专政的国家和无产阶级专政的国家。每一种国体都曾采用过几种不同政体。奴隶主专政的国家采用帝国政体（罗马帝国）和共和政体（雅典共和国）；地主阶级的专政国家通常采用君主专制政体，也有过共和制政体；资产阶级专政的国家大多采用议会民主共和制政体，少数采用君主立宪制政体，均实行立法、行政、司法三权分立。

无产阶级专政的国家是一种新型的国家，它是以占人口绝大多数的无产阶级和劳动人民群众的专政为实质的国家。国家有史以来成为人民的国家。它担负着全新的历史任务，即不仅要镇压剥削阶级的反抗，防御外来侵略；而且还要大大地发展生产力，提高人民的生活水平；同时，实现对整个社会的全面而深刻的改造，完成消灭阶级、废除国家，实现阶级社会向着无阶级社会过渡的任务。无产阶级专政的目的是要实现从有阶级向无阶级、从有国家向无国家的转变。马克思说："这个专政不过是达到消灭一切阶级和进入无阶级社会的过渡"（4. P. 426）。在这个意义上，无产阶级专政的国家是历史上唯一以国家消亡为最终目的的国家，是自觉地成为历史上"最后国家"的国家。

国家如同阶级一样也是一个历史范畴。同阶级的消灭联系在一起的是国家的消亡。阶级消灭是国家消亡的必要前提，国家消亡是阶级消灭的必然结果。恩格斯说："阶级不可避免地要消失，正如它们从前不可避免地产生一样。随着阶级的消失，国家也不可避免地要消失。在生产者自由平等的联合体的基础上按新方式来组织生产的社会，将把全部国家机器放到它应该去的地方，即放到古物陈列馆去，同纺车和青铜斧陈列在一起。"（4. P. 190）国家消亡与阶级消灭一样，是社会发展的必然趋势。国家消亡的实现将是一个漫长的过程。社会主义社会的建立使我们站在了这个过程的起点上。

§10.9　人民群众和个人在历史上的作用

人类社会生活的一切领域，包括社会生产力的发展，科学技术的进步，物质文明和精神文明的创造，阶级斗争和社会革命的进行，社会形态的更替等，都是人在自然环境和社会环境下活动的过程和结果。因此，为了理解人类社会历史的发展过程，就要研究人的活动在历史过程中的作用。为此，重要的问题是要正确地把握人民群众和个人在历史上的作用。马克思和恩格斯创立的历史唯物主义关于人类社会发展的一般规律的原理，是与人民群众和个人在历史上的作用的原理紧密相连的。

1　人类历史是人在自然环境和社会环境下活动和交互作用的总和

§10.2已述，人有高级的意识活动即理性思维，自由的有意识的自觉的活动是人所特有的类特性。研究人的活动在历史过程中的作用，不能不首先考察人类历史的发展与人的自由自觉的活动之间的关系。

恩格斯指出："无论历史的结局如何，人们总是通过每一个人追求他自己的、自觉预期的目的来创造他们的历史，而这许多按不同方向活动的愿望及其对外部世界的各种各样作用的合力，就是历史。"(4. P. 254)

恩格斯又说："历史是这样创造的：最终的结果总是从许多单个的意志的相互冲突中产生出来的，而其中每一个意志，又是由于许多特殊的生活条件，才成为它所成为的那样。这样就有无数互相交错的力量，有无数个力的平行四边形，由此就产生出一个合力，即历史结果，而这个结果又可以看做一个作为整体的、不自觉地和不自主地起着作用的力量的产物。"(4. P. 605)

在社会历史领域内进行活动的，是有意识的、经过思虑或凭激情行动的无数的个人；每个人都在追求着自己的某种目的。但是，人们所预期的目的在大多数场合互相干扰，彼此冲突，或者这些目的一开始就是实现不了的，或者缺乏实现的手段；人们所预期的目标很少如愿以偿。历史事件似乎总的说来由偶然性支配着。但是，在表面上是偶然性起作用的地方，这种偶然性始终是受内部的隐蔽着的规律（即恩格斯所说的"作为整体的、不自觉地和不自主地起着作用的力量"）

支配的，而问题在于发现这些规律。人类社会发展的规律主要决定于什么？如前所述，人类社会发展的规律决定于自然的本性和人的类本质。关于这个问题，在§11.3中将给出总结性的综合的叙述。

人类和人类社会是自然界长期发展的产物。自然界永远是人类的生存、活动和发展的现实基础。人们依赖自己的肢体活动和初等意识活动直接作用于自然，这就是物质生产实践活动；同时依赖高等的意识活动即理性思维逐渐地从实践中认识自然，并以此指导生产实践活动。人们通过生产劳动实践与自然界相互作用，从自然界获取必需的生活资料和生产资料，维持自己的生存、发展和种族的繁衍。人与自然，人与人交互作用，建立和创造了人化自然和社会环境。每一代人都是在前代人建立和创造的人化自然和社会环境下生存和活动，同时，又进一步改变着自然和社会环境，推动人类社会生产力的发展和人类社会的进步。人们的活动内容非常广泛，除以物质生产和物质交往为主的实践活动之外，还有政治生活和科学、艺术、宗教等精神生活活动，以及基本的日常生活和家庭生活等。

所谓人类历史，就是世世代代无数个人在自然环境和社会环境下活动和交互作用的总和。

所有个人都在一定程度上和一定范围内参与了社会生活和历史活动，在历史上留下自己的创造物或自己参与创造历史的痕迹，对历史的变迁起到一定的作用。但是，不同的个人在历史上作用的大小和性质却存在着很大的差别。按照个人在历史上作用的大小，可以区分为普通个人和历史人物。普通个人作为个人在历史上所起的作用不大或者不显著，因而未能在史册上留下姓名。每一个普通个人对于社会发展都有或多或少的贡献，其总和构成了人民群众创造历史的活动。历史人物则是对历史发展起过重大作用的人物。按照其作用是推动社会发展还是阻碍社会发展，历史人物可以区分为杰出的历史人物和反动的历史人物。杰出的历史人物又称为伟大的历史人物，或简称伟大人物，其中包括伟大的政治家、思想家、科学家、艺术家和军事家等。历史是人的活动的总和，即是无数普通个人和众多历史人物的活动的总和。

所有的个人都是历史的参与者，即使一个婴儿，他也对社会人口的出生率、性别比例、地理分布等人类历史做出了贡献。那么谁是人类历史的创造者？所谓人类历史的创造者，就是指历史规律及其发展趋势的实现者、推动者和体现者。

唯心主义的英雄史观认为，历史是少数英雄豪杰、帝王将相的活动创造的。其中，主观唯心主义从英雄人物本身的精神力量，即从英雄人物内在的主观意志、精神意识中寻找驱动他们从事历史活动的源泉；客观唯心主义则从英雄人物背后的某种精神力量，即从外在的神道天命或绝对精神等来说明英雄人物的历史活动的精神动因。

与历史唯心主义的英雄史观相反，马克思和恩格斯创立的历史唯物主义认为，人民群众是人类历史的创造者。

2 人民群众是历史的创造者

人民群众是一个社会历史范畴，它是指在任何历史时期内，由全体居民中的大多数人构成，并未留下自己姓名和个人印记，在历史进程中以群体的力量发挥作用，推动社会历史发展的人群。在阶级社会中，人民群众就是指构成一切进步阶级（包括被剥削的劳动阶级和一定历史时期内的某些剥削阶级）的人群。无论何时何地，从事物质生产实践的劳动群众总是人民群众的主体和稳定的部分。

§10.7已述，社会存在和社会意识的关系是社会历史观的基本问题。对这个问题，唯心主义和唯物主义有完全不同的回答。人们的社会存在决定人们的社会意识，这是历史唯物主义的最根本的原理。人民群众是人类历史的创造者的观点，就是从这个最根本的原理中合乎逻辑地必然引出的结论。

§10.7已述，人们的社会存在就是指人们现实的物质生活过程，包括人们的物质行动、物质活动、物质生产以及相应的物质交往关系等。其中物质生产实践是社会存在的主要的本质的内容。所谓社会存在决定社会意识，也就是物质生活的生产方式决定着精神生活的过程，决定着社会历史的观点。它的核心观念是：社会生产力是历史发展的最终决定力量。人民群众是一切生产力中最重要的因素，是社会生产的主体，所以以生产劳动者为主体的人民群众是推动历史前进的动力，归根到底是人民群众左右和掌握着历史前进的方向。人民群众是社会历史的主体，是历史的创造者。因此，在承认社会存在决定社会意识的基础上，必须坚持人民群众是历史的创造者的观点，才能有完整的唯物史观。

人民群众创造历史的决定作用，体现在社会生活的各个方面。

第一，人民群众是社会财富的创造者。

财富包括社会财富、个人财富和自然财富。社会财富是指劳动者在改造自然的生产过程中所创造的具有对于人具有使用价值的劳动产品。个人财富是指属于个人的一切可以使用、可以交换的有形之物和无形之物。自然财富是指社会财富和个人财富之外属于自然界的所有东西，例如，太阳、月亮、天空、空气、水、海洋、原野和野生动物等。

社会财富可以分为社会物质财富和社会精神财富。

首先，人民群众是社会赖以存在和发展的社会物质财富的创造者。物质生产活动的主体是劳动群众。作为物质生产承担者的劳动群众，创造人们衣食住行等必需的生活资料和扩大再生产的生产资料，以及人们从事政治、科学、文化艺术等活动所必需的物质前提。

从事社会物质财富生产的劳动群众，包括体力劳动者和脑力劳动者两部分。生产工具的改进，新科学技术的发明和运用，社会物质财富的生产，是这两部分劳动群众共同的贡献。科学技术在当代生产力发展中的地位愈来愈重要。随着生产过程的现代化和繁重体力劳动逐渐地被自动化机械所代替，从事科学技术活动的知识分子日益成为创造社会物质财富的不可缺少的重要力量。体力劳动和脑力劳动的差别，将在人类劳动的未来发展中逐渐消失。未来的新型的劳动者必然是体力劳动和脑力劳动相结合，而且脑力劳动越来越占据主导地位的劳动者。

劳动群众（包括体力劳动者、脑力劳动者和二者结合起来的劳动者）是人民群众的主体，劳动者在物质生产中的地位，从根本上决定了人民群众是社会物质财富的创造者。

其次，人民群众是社会精神财富的创造者。

劳动群众从事的物质资料的生产，为精神文化的生产创造了物质前提。任何科学、文化和艺术，都来源于人民群众的生产实践和社会实践。科学技术的创造发明，既反映了生产实践的客观需要，又是对生产实践经验的理论的概括和总结。文艺作品则以集中的、典型的形象反映和表现社会生活。一切精神财富的源泉，存在于人民群众的生产生活的实践之中。

在原始社会，人类体力劳动和脑力劳动还未形成明显的社会分工。那时作为社会精神财富的一切重要的发现、发明和创造，都是在集体劳动和生活中由劳动群众共同完成的。火的发现、畜牧业和种植业的出现、生产工具的发明和改进、语言和文字的创造等，都是人民群众智慧的结晶。

§6.2已述，精神生产出现在物质生产发展的一定阶段上，即出现在体力劳动和脑力劳动分工之后。它为人类提供理论观点、科学知识、价值取向、行为规范、行动计划和未来预见等。精神生产所生产的精神产品无疑是人类财富不可或缺的组成部分。无论最初的天文、地理、数学和生物学等学科知识，还是建筑、雕塑、绘画、音乐、舞蹈等，其客观源泉和最初形式，都是劳动群众的创造。人民群众在精神财富的创造中所起的作用，不仅在于他们以自己丰富的生产生活实践提供了精神产品生产的原料，而且在于他们对这些原料进行了初步的加工，甚至直接完成了许多精神产品的创造。

我们所说的人民群众，包括人数众多的从事脑力劳动的普通知识分子。劳动知识分子是劳动群众的重要组成部分。所有未在历史上留下姓名的劳动知识分子，都直接或间接地参与了人类精神文化的创造。例如，科学发展并不只是少数几位大科学家的功绩，广大知识分子推动科学进步的历史作用是不可磨灭的。因此，可以说，人类的精神文化是人类的集体创造。

第二，人民群众是实现社会变革的决定力量。

人民群众在创造社会物质财富的同时，也生产和改造着社会关系。生产关系的变革、社会制度的更替最终取决于生产力的发展。即使是处于经济剥削、政治压迫和思想束缚之下，人民群众依然通过世代相继的生产实践活动推动社会向前发展，从根本上决定着历史的进程。当然，生产关系的变革、社会制度的更替决不会随着生产力的发展自发地完成，必然通过人民群众的革命实践来实现。人民群众的人心向背代表了时代的精神，体现了社会的主流，预示着社会发展的方向和趋势。历史上一切真正的革命运动，实质上都是人民群众奋起推翻腐朽的社会制度的斗争。人民群众是社会革命的主力军。群众的革命运动是实现历史规律的真正途径。人民群众是历史规律的最终实现者，是实现社会变革的决定力量。

当然，人民群众不可能随心所欲地创造历史。任何时代，人民群众创造历史的活动都要受到历史条件的制约。历史既为人民群众提供活动开展的基本条件，又使他们的活动受到某种程度的限制。人民群众的生产实践和革命运动，就是在一定的历史条件下创造历史的过程。

3 历史人物在人类历史上的作用

历史人物，特别是伟大人物在人类社会的历史发展中起着特殊的作用。

第一类历史人物是历史规律的发现者和历史任务的提出者。在历史进程之中，历史规律往往是一些伟大人物首先发现的，新的历史任务往往是一些历史人物首先提出的。伟人之所以是伟人，就在于他们往往比一般人站得高、看得远，能够发现历史发展的规律，揭示历史进程所形成的新的历史任务，提出解决历史任务的可行方案。思想界的伟大人物为政治制度和经济制度的变革开辟了道路。中国古代的老子、孔子、孟子、庄子、墨子、荀子、孙子等伟大思想家的思想和学说，在当时社会中起了重要的作用，对后世也产生了深远的影响。18 世纪法国大革命时期出现如伏尔泰、卢梭、狄德罗等一批杰出的思想家、哲学家，为法国大革命奠定了思想基础。先进阶级的政治代表人物所提出的思想，能够成为社会变革的先导，他们在革命斗争中起着领导核心的作用。

这类历史人物是伟大的思想家或政治家。

第二类历史人物是历史事件的策划者、发起人、组织者和扮演了重要角色的当事人。这类历史人物作为重大历史事件的策划者、发起人、组织者和指挥者，将自己的思想、品质、风格、情感带进历史事件之中，并在其中发生作用，这样，就在历史事件上留下了自己鲜明的印记，使具体的历史事件形成了特有的外观、面貌和个性。例如，秦王嬴政与统一中国、斯巴达克斯与古罗马奴隶起义、成吉思汗与蒙古帝国、华盛顿与美国独立战争、拿破仑与法国资产阶级革命、康有为和梁启超与戊戌变法、列宁与苏联十月革命、毛泽东和彭德怀与抗美援朝或庐山会议、邓小平与改革开放等。历史人物往往对历史事件有着深刻的影响，给历史事件打上了自己个性的烙印，并使之具有这样或那样的特征，从而导致社会发生这样或那样的曲折或跳跃。但是，任何历史人物都不可能决定和改变社会发展的总进程和总方向。

这类历史人物成为伟大的政治家、政治领袖或军事家。但是，希特勒、东条英机和墨索里尼，对内实行法西斯专政，对外发动法西斯侵略战争，对人类犯下了滔天罪行，成为反动透顶的历史人物。

第三类历史人物是自然规律的发现者或者重大技术的发明人。科学技术界的杰出人物探索自然的奥秘、真谛和规律，寻找人类得以利用自然力的途径，发展人类社会的生产力，创造人类的物质文明。人类认识世界和改造世界能力的增长，离不开科学家的智慧和创造。科学的发现、技术的发明，以及科学技术的应用，不仅大大地增强社会生产力，而且成为在人类历史上起推动作用的革命力量。在当代，科学技术革命成为社会革命的起点。

科学界的杰出人物一般不会像政治、思想、军事领域的历史人物（思想家、政治家、政治领袖、军事家等）那样显赫一时、权倾四方。科学家的成就被公认之前，情况更是如此。科学是老老实实的事情，来不得半点虚假和骄傲。科学家依赖实事求是、甘坐冷板凳和默默探索的精神，去追求真理。

重大的技术发明，例如原子能技术、航空技术、电子技术、互联网技术等，一般能够很快地得到公认。重大的科学发现则情况完全不同。像牛顿、法拉第和爱因斯坦那样生前就得到承认和巨大荣誉的伟大科学家只是少数。人类科学的创新发展史在某种意义上可以说是一部蒙难史。哥白尼（日心说）、伽利略（力学）、阿贝尔（椭圆函数论）、伽罗华（群论）、康托尔（集合论）、拉马克（进化论）、迈尔（能量转化和守恒定律）、麦克斯韦（电磁场理论）、玻耳兹曼（统计物理学）、魏格纳（大陆漂移说）等都有过学说不被承认、遭受长期冷遇和辱骂攻击，不得善终的结局，尽管我们现在几乎每个人、几乎每一天都得益于他们的理论发现。人类思维的惰性真是一种可怕的力量。科学创新就意味着对传统思维和传统理论的一定程度的否定。所以，即使一流的科学家也不一定能够做出正确的判断，要人们百分之百赞成它，几乎是根本不可能的。可以从科学家传记和《科学蒙难集》《科学悲剧故事》等读物中读到许多伟大科学家的悲剧故事。哥白尼和伽利略的遭遇几乎是众所周知的。这里仅简述伟大的麦克斯韦和玻耳兹曼的悲惨人生。

麦克斯韦（1831—1879）集电磁学实验结果之大成，构建完整的电磁场理论的宏伟大厦，预言了电磁波的存在。在麦克斯韦生前，牛顿学说的习惯势力根深蒂固，麦克斯韦理论难以找到立足之地，甚至被人当作奇谈怪论。许多卓有名望的物理学家对此采取观望和怀疑的态度。麦克斯韦的功绩生前并未得到任何重视。他被派往整理卡文迪许留下的大量资料。电磁场学说不被人们理解，生活清贫，中年丧妻，心情烦闷，过分的焦虑和劳累夺去了他的健康，年仅 48 岁就去世了。在他死后 9 年，赫兹实验证实了电磁波的存在，人们终于公认，他是牛顿之后爱因斯坦之前世界上最伟大的数学物理学家。

玻耳兹曼是统计物理学的主要奠基人。著名的英文版《统计力学》[30]的扉页上唯一地印有玻耳兹曼的头像，下面写道：“玻耳兹曼（1844—1906），他的 H 定理打开了根据分子动力学理解宏观世界的大门。”H 定理用统计物理学的微观理论证明了宏观热力学过程的不可逆性或方向性。但是，当时遭到许多学者包括著名的马赫和奥斯特瓦尔德的攻击，他们反对原子和分子的存在，更反对在分子运动论的基础上建立的 H 定理。在众多攻击非难面前，玻耳兹曼难于应付。他在《气体理论讲义》序言中无奈地写道：“我清楚地认识到面对这种盛行的舆论我个人力量的薄弱。为了保证以后人们回头研究动力学时不至于做过多重复性的努力，我将对该理论最困难的部分做出尽可能清晰的解说。”他心情烦闷而忧郁，于 1906 年在意大利一所海滨旅馆自杀身亡。

今天，如果我们离开了电磁波的使用和热力学技术的应用，就没有现代技术和现代生活，就没有今天的世界。从人们的日常生活（电视、手机、空调、交通工具等），到现代军事技术（飞机、导弹、卫星等），无不建立在麦克斯韦和玻耳兹曼理论成就的基础上。麦克斯韦和玻耳兹曼对于人类做出了多大的贡献！可是，他们生前得到了什么？

不能认为今天这种情况已经有了根本的改观。自然规律的基础研究依靠厚积薄发，需要长期努力积累，才能取得重大成果。只有宽容的文化精神，才能容许和激励基础研究以至科学文化的创新和繁荣，才有利于国家的强盛和科学家个人的幸福。科学创新需要社会的宽容和制度的保障。

第四类历史人物是文学艺术的巨人和文化界的泰斗。他们是历史上涌现出来的杰出的文学家、戏剧家、音乐家、舞蹈家、雕塑家、画家和诗人。

历史人物的产生及其历史作用体现历史必然性与偶然性的统一。历史的发展总要把一些人推到历史事件的前台。历史条件成熟了，历史任务明确地摆在人们的面前，就一定会有人出来发现、提出和完成这个历史任务，这是必然的。究竟谁会出来做这件事，恰巧是某个人而不是别人，恰巧是这时而不是那时，恰巧是在此地而不是他处，这又是偶然的。但是，偶然之中有必然。如果没有这个人，或迟或早总会有另外的人来代替之，发现、提出和完成这个历史任务。历史人物凭借自己的才能、特点和性格，虽然能够改变具体历史事件的外貌或某些后果，但是终究不能改变社会发展的方向。

任何历史人物都是特定历史条件下的产物，因此，他必然带有时代的特征和历史的局限性。阶级社会中的历史人物不可避免地要受到特定阶级关系的制约，必然反映和代表一定阶级的利益和愿望。在评价历史人物时，应当坚持历史分析方法和阶级分析方法。

4 群众观点和群众路线

历史唯物主义关于人民群众是人类历史创造者的原理，是无产阶级政党群众观点和群众路线的理论基础。群众观点的基本内容包括：人民群众自己解放自己的观点；全心全意为人民服务的观点；一切向人民群众负责的观点和虚心向人民群众学习的观点。群众路线是在群众观点的指导下形成的，它是指一切为了群众，一切依靠群众，从群众中来，到群众中去。群众路线是无产阶级政党的根本领导方法和工作方法。

人民群众的人心向背，代表着不可抗拒的历史潮流，体现着每一个历史时期的时代精神，预示着社会发展的根本方向。得人心者昌，失人心者亡，这是一条颠扑不破的真理。我们必须好好牢记：最大多数人的利益和愿望，全社会全民族的积极性和创造性，对于国家事业的发展，始终是最具有决定意义的因素。

§ 10. 10 社会形态的更替

1 人类社会的发展是量变和质变交替进行的过程

社会形态是指同生产力发展的一定阶段相适应的社会的经济基础和上层建筑

的统一体。如§10.6所述，所谓社会的经济基础，是指在一定的社会发展阶段上生产力和相应的生产关系的总和，有时也称为社会的经济结构；社会的上层建筑由两个部分组成，即政治上层建筑和思想上层建筑，分别称为社会的政治结构和文化结构（或意识形态）。

社会形态的概念概括社会的基本的对立同一关系，社会的基本对立同一关系的性质决定社会的性质。因此，社会形态是标志人类社会的不同质态的范畴，用来表征社会的特定发展阶段，以便具体地把握社会发展的规律。

如§10.5所述，生产力与生产关系之间的矛盾，存在于一切社会形态之中，规定着人类社会的性质和基本结构，以及人类社会发展的基本趋势，贯穿于人类社会的发展过程的始终，对于人类社会由低级向高级的历史发展起着根本的推动作用。§9.6已述，生产力与生产关系之间的矛盾是人类社会的基本的自身矛盾。与之比较，人与自然之间的矛盾、经济基础与上层建筑之间的矛盾是人类社会中的基本的关系矛盾。首先，人与自然之间的矛盾涉及人类社会的两种基本要素即人与自然之间的对立统一关系，它推动人类社会的生产力向前发展。其次，上层建筑（包括政治上层建筑和思想上层建筑）管控着人类社会的生产关系和一般的人际关系；它管控正确与否，从而与经济基础之间发生对立统一的关系。

人类社会的基本的自身矛盾，即生产力与生产关系之间的矛盾，规定着人类社会的本质特征，它在人类社会的普遍联系中发挥着核心的、决定性的作用。人与自然之间的矛盾、经济基础与上层建筑之间的矛盾，是人类社会的基本的关系矛盾，它们对人类社会的存在和变化具有重要意义，是人类社会存在和运动变化的前提、原因和基础，它们维系着人类社会的基本自身矛盾即生产力与生产关系之间的矛盾的平衡、运动变化和发展。

人类社会这三个基本的社会矛盾的运动发展，就是社会形态的演进，并表现为量变和质变交替进行的过程。唯物主义历史观的基本原理可以概括如下：第一，生产关系一定要适合生产力的发展状况；第二，上层建筑一定要适合经济基础的发展状况；第三，人类的生产实践活动一定要维护地球生态系统的健康、完整、平衡和稳定（见§11.3）。

在一种生产关系和上层建筑建立的初期，它们一般有着较充裕的可能性范围，能够容纳生产力和经济基础的变化和发展，此时生产力和生产关系、经济基础和上层建筑相互制约的关系具有一定的弹性和开放性。在这个时期之内，整个社会呈现一种较为稳定的量变或渐变的状态。当生产力在适合自身的生产关系的形式下获得了较大的发展，原先的生产关系和上层建筑在进一步的发展中逐步地完善，同时，由它们的基本性质所决定，它们逐步地丧失自身调整的能力，以一种僵化的形式，与希望获得蓬勃发展的内容处于尖锐的对立之中。原先生产力借以发展的形式就会阻碍或破坏生产力的发展。马克思说："社会的物质生产力发展到一定阶段，便同它们一直在其中运动的现存生产关系或财产关系（这只是生产关系的法律用语）发生矛盾。于是这些关系便由生产力的发展形式变成生产力的桎梏。那时社会革命的时代就到来了。"（2. P. 2～3）生产力和生产关系、经济基础和上层建筑的矛盾由原先的潜在的状态转化为激化的形式，必须改变生产关系和上层建筑以适应生产力的发展。这种改变是社会量变或渐变过程的中断，是质变，是社会革命的过程。经过质变和革命，社会基本矛盾得到相对的解决，社会的发展变化进入新的量变过程。新的量变必然引起新的质变。这样的量变和质变交替的过程，是社会发展演化的必然历程。

在社会发展的过程中，生产力的发展是整个社会发展的基础。生产力的巨大发展要求生产关系以及整个社会的交往关系发生相应的变化。但是，现实的生产关系和社会交往关系都是制度化的关系，具有固定化的趋势。因此，每当生产力的发展提供了社会发展的可能性，提出了变革现实的生产关系和改革现实的社会制度的要求的时候，人们有一个认识和实施这种变革的过程。其中涉及不同阶级的利益得失。因此，在许多情况下，需要通过革命的手段才能够完成生产关系和社会制度的活化和改造，在破坏旧的社会制度的同时建立新社会制度。通过这种过程，人类社会从一种社会形态跃迁到另一种更高水平的社会形态。

人类社会的发展是量变和质变交替进行的过程，因而，人类社会的演化由于其间的质变而区分为具有明显不同特征的若干个阶段，其中每一个阶段构成特定的社会形态。人类社会的发展过程就是各个社会形态的依次更替的过程。马克思指出："大体说来，亚细亚的、古希腊罗马的、封建的和现代资产阶级的生产方式可以看做是经济的社会形态演进的几个时代。"（2. P. 3）后来的马克思主义研究者进一步明确划分为原始社会、奴隶制社会、封建社会、资本主义社会和社会主义社会等五种基本社会形态。这五种基本社会形态的依次更替，就是人类社会演进的历史。这是人类社会演进过程的统一性。

将人类历史作为一个整体来考察，五种基本社会形态的依次更替，的确具有不可超越性。但是，这并不意味着，每一个民族，不管它们所处的历史条件如何，都必定依照这五种基本社会形态的顺序依次更替，只能按照这个唯一确定的历史轨道一步一步地向前推进。纵览历史，西欧的日耳曼民族在征服罗马帝国之后，越过奴隶制，直接从原始社会进入封建社会；北美洲在欧洲移民到来之前还处在原始社会中，欧洲移民到来后直接建立资本主义制度；在非洲，有的民族从原始社会，有的民族从奴隶制社会，直接走上了资本主义道路；西藏农奴在中华人民共和国成立之后，由奴隶制社会直接地进入社会主义社会。这些事例举不胜举。某个民族在一定历史条件下能够跨越一定的社会形态，这是历史发展的常规现象。这是人类社会演进过程的多样性。

某个民族能够跨越一定的社会形态，与各个民族之间的交往密切相关，又以几种社会形态在世界各地的并存为条件。马克思说："不仅一个民族与其他民族的关系，而且这个民族本身的整个内部结构也取决于自己的生产以及自己内部和外部的交往的发展程度。"（1. P. 147）各个民族之间相互交往，必然导致相互影响、相互渗透、相互补充、相互借鉴。这些相互作用涉及物质的资源和力量，更涉及精神意识（包括自然科学和社会科学）的资源和力量；如果所有这些构成生产力发展的条件，跨越一定社会形态的现象就会自然地发生。

此外，还存在另一个问题。在现在称呼为"封建社会"的社会形态中，对于不同的国家，不同的地区，不同的时代，同一个社会形态可能具有许多不同特征，其差别之大可能使我们不好用现有的名称去称呼它。"封建社会"这个名称不足以描述从奴隶制社会到资本主义社会那个特定的过渡时期内各种社会形态的全部特征，应当另选一个合适的名称取代它。我们在下一小节中详细地讨论这个问题。

2 中国先秦的封建社会和秦以后的专制主义社会①

关于中国古代、中古代和近代社会性质的正确认识，对于中国社会具有重要的意义。本小节首先概述众多学者在这个问题上已达到的认识，然后阐述我个人的一些见解。至于如何进一步论证这些观点的正确性，只能留给未来的研究者和著述者。可以肯定，已经到了中国人在这个问题上统一认识的时候了。

许多学者认为[31,33−38]，说中国传统社会是封建社会并不确切，中国先秦肯定是封建制，而且唯有它符合中文"封建"之本义。秦始皇废封建、建郡县，中国封建社会就结束了。秦以后是东方专制主义社会。鸦片战争后中国沦为半殖民地。西欧 feudalism 是欧洲历史发展的产物。严复发现，西欧的 feudalism 对中国历史而言是陌生的，没有一个适当的汉语词语与之相应，于是音译"拂特之制"。中国先秦的封建制、秦以后的专制主义社会和西欧的 feudalism 本是三个不同的概念，是中西方上古社会、中古社会不同的社会形式。

中国古代的"封建"实为"封土建制""封邦建国"的简称。大规模的"封建"

---

①本节以至本书所说的"秦以后的专制主义社会"，都是指始于秦代，直至清朝灭亡（即 1911 年辛亥革命）的整个历史时期内的中国社会形态。

事实发生在西周建国初年。西周（前 1046—前 771）和东周（前 770—前 226）前后约 800 年。西周定都宗周（今西安附近）。分封的用意是以宗法血缘关系为纽带，让王族的亲戚子弟率领族人到各地去建立武装据点，以此为依托控制各个地区，从而形成拱卫宗周的态势，被封的诸侯在所封的疆土上有世袭的统治权。周天子是各个封国诸侯的“大宗”，作为“小宗”的诸侯各国必须服从命令，定期朝贡，提供兵役。所封的封建领主各自固镇封疆，分土而守；发展自己的庄园经济（详见本章参考文献［32］第三节“西周”）。显然，先秦“封建”的意义表现在：其一，周天子将作为权力、利益象征的土地及其上的农奴分封给有血缘关系的亲戚子弟，后者作为封建领主对所封疆土享有世袭的统治权；其二，封建领主在所封疆土上发展庄园经济，剥削在庄园里劳动的农奴、工奴或者农民，并且建立武装据点，解决幅员辽阔的国土的安全问题，防卫的目标主要是异姓种族，维护王族一姓的统治。司马迁称其为“褒亲亲，序骨肉，尊先祖”，即所谓“亲亲建国”。

封建制度在春秋战国之际逐步瓦解，秦统一之后，秦始皇吸取周天子在诸侯割据局面下无能为力的教训，在统一全国之后，建立了专制主义的中央集权制度，消除地方割据势力，维护国家的统一。专制主义的主要特征是：皇帝集国家最高权力于一身，以至高无上的皇权为核心，行使从决策到立法、司法、行政等独断的权力；全国设置郡县，从中央到地方的各级官吏由皇帝直接任免，官吏并非以是否有血缘关系为条件；实行帝位终身，皇位世袭。秦代之后，各朝政治制度，如皇帝的辅佐官员的设置，地方行政区的划分都做过许多改变，但是专制主义的主要特征和精神实质并没有发生根本的变化。专制皇权不断强化是传统专制主义社会发展的产物，它可能提高决策效率，但是却导致了一人独尊，将国家的命运系于一人之手，最终成为社会发展的桎梏。显然，在封建社会和专制主义社会之间存在着极大的差异。

1901 年，严复翻译亚当·斯密的著作《原富》（现名为《国民财富的性质和原因的研究》），将 feudalism 音译为“拂特之制”。1904 年，严复翻译并出版爱德华·詹克斯的《社会通诠》，第一次将 feudalism 译为“拂特封建制”或“封建制”，从而将西欧的 feudalism 与中国传统社会完全对应起来，后者不仅包括先秦时代，也包括秦代至清代。严复利用舶来的社会演进图式分解中国历史，并以“封建”对译 feudalism 的做法其后被中国学者所接受。

20 世纪初叶以来，“封建”一词已经不是先秦“封邦建国”的简称，也不是后来的“封爵而不治民”转义的封建制，而是随着西语 feudalism 而来的、带有普遍意义的、人类进入近代国家前必须经历的一个社会形态或者社会发展阶段，从而为以后五种社会形态说的流行打下伏笔。

但是，也存在不同的观点。例如，胡适[33]、郑振铎[34]、蒋伯潜和蒋祖怡[35]、张荫麟[36]，侯外庐[37]，钱穆[38]等坚持“封建”是中国西周时代的特定概念，不能混同于西欧的 feudalism，也不能概括秦汉以后的中国社会。例如，张荫麟说：“周代的社会无疑地是封建社会。而且在中国史里只有周代的社会可以说是封建的社会。”钱穆在 1940 年出版的《国史大纲》中不同意中国自秦以下社会是封建社会的说法，他说：“以政制言，中国自秦以下，即为中央统一之局，其下郡、县相递辖，更无世袭之封君，此不足以言‘封建’。既无特殊之贵族阶级，是亦不足以言‘封建’。……土地既非采邑，即难以‘封建’相拟。……中国以往社会，亦尽可非封建，非工商，而自成一格。何以必削足适履，谓人类历史演变，万逃不出西方学者此等分类之外？”[38]

布洛赫享有世界盛名的著作《封建社会》(*Feudal Society* 上下卷)[39,40]是研究西欧封建制度的综合性巨著。波斯坦称赞它是“论述封建主义的国际水准的著作”。史学家布朗在序言中肯定这部著作的历史功绩，称赞它是历史著作中的经典之作。参照比较，特别是该书第 32 章中的“2 作为一种社会类型的封建制”一节，分析“欧洲封建制的基本特征”，可以明白西欧的封建制度的本质及其与中国封建制度的相同和差别之处。白乐天主编的《世界通史》[41]第 2 卷对西欧封建制度的史实和特征做了细致的叙述。

前面简单地叙述了中国上古代西周的封建社会，下面简单地叙述中古代西欧的 feudalism 制度，从中可以比较两种制度的相同和差异。

封建社会（Feudal Society）中 feudal 一词由通俗拉丁语 feodum 演化而来，即英语的 feud，意为封地、采邑。采邑就是承担一定义务的封地。封地制度起源于 5 世纪西欧的法兰克王国。法兰克人是日耳曼人的一支。古代日耳曼人大致分布在莱茵河以东，多瑙河以北，维斯瓦河以西，北海和波罗的海以南区域。4 世纪末，他们尚处于原始氏族阶段，出现了私有制和阶级的萌芽。从 3 世纪起，罗马奴隶制帝国日益没落，无法抵御外族入侵。奴隶和隶农的起义连绵不断，起义者把日耳曼人当成救星。476 年，西罗马帝国灭亡，这是西欧奴隶制社会结束的标志。法兰克人早先居住在莱茵河下游。到 4 世纪，匈奴人西侵引发了日耳曼人持续约 200 年的民族大迁徙。法兰克人越过莱茵河，向西南方的罗马帝国侵袭、移民。486 年，法兰克人在克洛维率领下，经过苏瓦松之战，移都巴黎，建立法兰克王国。这是日耳曼人在西罗马帝国的废墟上建立的许多王国中的一个。经过查理·马特（714—741）的改革，法兰克王国迅速强盛起来，到查理曼时代（768—814），几乎征服了整个欧洲，建立起西起大西洋，东至易北河，南到地中海，北抵波罗的海的庞大帝国。

在西罗马帝国废墟上建立的日耳曼人王国，新来的蛮族统治者把从政敌手中和各种渠道没收的大量土地，作为采邑分封给自己的下属、亲兵、廷臣和教会，受封者以向国王效忠、服兵役等作为条件占有和使用这些土地。这就是采邑制。早在克洛维时代，国王夺取了原属于西罗马皇室和奴隶主的巨大地产，以及许多未开垦的土地，赏赐给自己的亲兵和教会，后者成为新的大土地所有者，剥削随土地分封而来的农奴或农民。采邑制在查理·马特统治时期开始大规模推行。到查理曼时代，长期对外征战，为了取得封建领主的支持，国家规定，领主在自己的领地上有独立的行政、司法和经济特权。

在社会上，不少大贵族也仿效查理，向部属封授采邑。以采邑为中介，形成领主与附庸的军事关系，领主作为庄园主向附庸提供采邑，附庸为领主出征；在庄园内部，领主向他的佃户提供份地，同时享用后者的劳役或货币报酬。每一个庄园都有自己的法庭、军队和行政管理制度，王室无权过问。农奴和依附的农民是庄园的直接生产者，承受领主的地租剥削（劳役、实物或货币剥削）。庄园主人的领主地位和农奴的人身依附地位世代世袭。庄园制是封建制的基础。这里有着互惠关系和人身依附关系，却几乎没有血缘关系。

推行采邑制的西欧国家不是统一的、强有力的国家。与庄园制相适应，统治阶级内部通过土地的分封，形成一整套封建等级制度。国王是全国土地的最高所有者，他把土地分封给大封建主如公爵、伯爵、大主教、主教等；大封建主又把自己的大部分土地分封给中等封建主如子爵、男爵等；而中等封建主之下又分封许多小分封主即骑士。这样形成等级的领主和附庸的关系。

西欧“feudalism”的基本特征是国家统治权力的分散；庄园制度和武士等级制；领主附庸制及其包含着的原始契约因素等方面。附庸的核心义务是服军役，平时也要提供帮助。例如，在庄园制中，封君被人俘虏了，封臣要帮助缴纳赎金；封君巡游封臣的辖地，封臣有义务款待。当然，这些负担和相互责任都在协议中加以清晰的细致的规定，包括一年款待封君的次数，一次停留的时间，封君随从人员和马匹的数量，以至伙食标准，等等。

历史是复杂多变的，以上当然只是一种粗略的大概的描述。总之，罗马因素和日耳曼因素互相影响，主要在罗马生产力的影响下，形成了一种新的生产关系。到9世纪，这种封建领主土地所有制得以确立，并且在西欧占有统治地位。

中国西周的封建制度与西欧的feudalism制度的相同和差异已经清晰地表达在前面的叙述之中。我用不着再一条一条地加以综述。只需指出，最大的差异在于二者是或否以血缘关系为纽带。

为了说明中国古代元气论自然观和古希腊原子论自然观的产生来源于中国和

希腊自然地理环境和人文社会环境及其差别，我写过很长一段文字（见§2.4）。请重读那段文字。这就是古代中国的封建社会及其随后的发展与西欧封建采邑制度的差别的根源。

在中国，西周封建说曾经是史学界的传统观点。著名史学家范文澜、翦伯赞、吕振羽等都认为，中国奴隶社会和封建社会的分界线是商、周之交，商朝是奴隶社会，周朝是封建社会，时间是公元前1046年。

范文澜等立论中留有的某些弱点或者漏洞，成了当时持不同观点的学者立论的反证，以郭沫若为代表提出战国封建说。郭沫若从1928年开始，直到1973年《奴隶制时代》[42]新版问世，对中国古代社会这一重大历史问题进行了毕生的探索。他在《中国古代史的分期问题》[43]写道："最早我认为：两种社会制度的交替时在西周与东周之交，即在公元前770年左右。继后我把这种看法改变了，我改定在秦、汉之际，即公元前206年左右。一直到1952年初，我写了《奴隶制时代》那篇文章，才断然把奴隶制的下限划在春秋与战国之交，即公元前475年。"

郭沫若的这篇论文，带有浓厚的时代色彩。"文化大革命"结束后，许多历史学家对此提出看法。例如，赵光贤积数十年研究的成果，写成《周代社会辨析》[44]一书，通过丰富的史料和精辟的分析，系统地阐述了西周封建说的观点。

接下来简单地叙述我对于上古代、中古代和近代社会性质的几点认识。

第一，我认为，按照马克思主义的观点，从奴隶制社会到资本主义社会之间，必定经历一个独立的特定的社会发展阶段，即一个特定社会形态。这个社会形态的基本特征是：土地所有者凭借着对土地这个主要的生产资料的占有，通过收取地租或雇用佃户等方式，剥削在土地上从事个体的农业劳动的劳动者，即农奴或农民；以这种基本的生产方式（农业劳动）和生产关系为基础，维持人类的生存和社会的运转。"封建社会"这个名称不足以概括这个特定社会形态的所有特征，应当另找一个合适的名称。我认为这个社会形态可称为"土地占有制社会"。土地占有制社会是从奴隶制社会到资本主义社会之间经历的特定的社会发展阶段。

这样，将人类历史作为一个整体来考察，人类社会演进的历史可以分为原始社会、奴隶制社会、土地占有制社会、资本主义社会和社会主义社会等五种基本社会形态。

第二，中国在夏朝（约前22世纪—前17世纪）、商朝（约前17世纪—前11世纪）处于奴隶制社会形态下。此后则是周朝，西周（前1046—前771）和东周（前770—前226）是中国的封建社会；从秦朝开始（始于前221）到清朝灭亡（1911）是中国的专制主义社会。中国周朝的封建社会和秦朝以后的专制主义社会，是土地占有制社会形态的前后两个不同阶段。在中国古代和近代社会的阶段式的演变和发展之中，一直保留着东方宗法社会所固有的特征。这是中国社会的东方式发展的典型道路。因此，为体现中国古代、中古代和近代宗法社会的特征，中国的这两个社会阶段又可以分别称为封建宗法制社会和专制宗法制社会。

值得注意的是，不能把秦始皇之后的专制主义社会称为"封建专制社会"。正如侯建新在《"封建主义"概念辨析》[31]一文中所说："如'封建专制'，事实上，封建的就不是专制的，封建是对专制权力的一种分散和控制。"

第三，从8世纪开始在西欧法兰克王国大规模地推行的 feudalism 制度，当然属于土地占有制社会，而且与中国周朝的封建社会类同，可以称为封建社会。这意味着 Feudal Society 翻译为封建社会是可以认可的。为什么？因为它也是凭借着国王以及大封建主分封土地给下属，实现对农奴或农民的剥削，并且保卫国家的安全。尽管与中国周朝的"封土建制""封邦建国"比较，存在着许多差别（最大的差别在于不以血缘关系为纽带），但是，二者的主要特征相同，即"封土建国"。考虑二者毕竟存在着很大的差别，如果要与中国封建宗法社会有所区别，可以称欧洲的这种封建社会为封建采邑制社会。从9世纪到大约15世纪，欧洲社会主要处于封建采邑制社会中。

第四，在土地占有制社会中，在中国，在亚洲、欧洲和北非，都存在过专制主义制度的国家。其中典型的如，始于13世纪由成吉思汗建立的蒙古帝国，始于15世纪由奥斯曼土耳其人建立的地跨欧亚非的奥斯曼帝国，它们都属于专制主义社会。由此可见，在整个世界，土地占有制社会包含着封建社会和专制主义社会两种社会形式。

3　资本主义社会和社会主义社会

在当今世界，存在着两种基本的社会形态，即资本主义社会和社会主义社会。马克思和恩格斯在1848年发表的《共产党宣言》中论证了"资产阶级的灭亡和无产阶级的胜利是同样不可避免的"（1. P. 413）（简称"两个必然"）这一重要结论。同时，马克思在1859年发表的《〈政治经济学批判〉序言》一文中指出："无论哪一个社会形态，在它所能容纳的全部生产力发挥出来以前，是决不会灭亡的；而新的更高的生产关系，在它的物质存在条件在旧社会的胎胞里成熟以前，是决不会出现的。"（2. P. 3）（简称"两个决不会"）

"两个必然"的论断揭示了社会主义代替资本主义的客观趋势。当时，马克思和恩格斯认为社会主义的胜利就近在咫尺，很快可以实现，尚未认识到社会主义代替资本主义是一个长期的曲折的历史过程。1848年欧洲革命失败之后，资本主义新的工业繁荣到来了，特别是在英国和美国，继之在德国和法国，呈现出工业繁荣的景象；工人运动处于相对的低潮之中。马克思和恩格斯的思想必然受到了影响。马克思说："在这种普遍繁荣的情况下，即在资产阶级社会的生产力正以在整个资产阶级关系范围内所能达到的速度蓬勃发展的时候，也就谈不到什么真正的革命。只有在现代生产力和资产阶级生产方式这两个要素互相矛盾的时候，这种革命才有可能。"（1. P. 541）40多年后，恩格斯回顾当年他们对欧洲新革命高潮的预测时说："历史表明我们也曾经错了，暴露出我们当时的看法只是一个幻想。历史走得更远：它不仅打破了我们当时的错误看法，并且还完全改变了无产阶级进行斗争的条件。1848年的斗争方法，今天在一切方面都已经过时了。"（4. P. 382）他还说："历史表明，我们以及所有和我们有同样想法的人，都是不对的。历史清楚地表明，当时欧洲大陆经济发展的状况还远没有成熟到可以铲除资本主义生产的程度"（4. P. 384）。他们已经感到资本主义生产力的发展潜力依然在慢慢地显示出来，资本主义社会还处在蒸蒸日上的发展阶段，无产阶级通过革命手段埋葬资本主义的机会还不成熟。马克思写下"两个决不会"，强调了社会主义代替资本主义的长期性和艰巨性。"两个决不会"在马克思主义发展史上具有重要的意义。它纠正了马克思和恩格斯在参加1848—1849年欧洲革命时提出的一些不正确的想法，指出社会主义代替资本主义是一个长期的历史过程，为"两个必然"奠定了更加科学的理论基础。必须把"两个必然"与"两个决不会"联系起来思考，才能够全面地理解和准确地把握社会主义代替资本主义的问题。

在《资本论》第1卷中，马克思说："资本的垄断成了与这种垄断一起并在这种垄断之下繁盛起来的生产方式的桎梏。生产资料的集中和劳动的社会化，达到了同它们的资本主义外壳不能相容的地步。这个外壳就要炸毁了。资本主义私有制的丧钟就要敲响了。剥夺者就要被剥夺了。"[12]874

20世纪以来世界历史的演变，在相当程度上与这部巨著给出的预测有着较大的差距。一个半世纪过去了，生产的高度社会化趋势确实被证实，但是关于资本主义生产方式的内在规律会导致经济与阶级矛盾激化的分析，关于资本越是积累工人大众越是贫困的分析，关于资本的高度集中必然引发社会革命的预言，并未被历史的发展所证实。资本主义私有制的丧钟事实上并未敲响。资本主义制度具有一定的自我调节能力，一定的生命力和扩展能力，资本主义在短时期内还不会寿终正寝。资本主义通过对于生产关系的调节，在一定范围内还能适应生产力的发展。西方资本主义国家并未发生革命。

不能不说，伟大的思想家和革命家马克思关于"资本主义私有制的丧钟就要敲响了"的警世之言催生了资本主义社会发生有利于自身的变化。他的学说阐述了资本主义社会症结之所在，从而也揭示了解决问题的方向。例如，1929—1933年资本主义世界爆发经济危机，加上两次世界大战，造成了生产力的巨大破坏和社会的严重倒退。英国经济学家凯恩斯于1936年发表的名著《就业、利息和货币通论》[45]，直接从宏观上、从需求本身的不足来说明就业的不平衡，提出了必须由资产阶级政府调节经济，促使总需求与总供给相适应的观点。他认为，“经济自由论”已经不适应生产力的发展，扩大国家对经济的干预，是“唯一切实的办法，可以避免现行经济形态之全部毁灭。”在战争结束以后，国家的垄断和调节经济的措施，由针对战时的特殊局势的非常手段，转变为经常性的制度，成了现代资本主义再生产全部机制中不可分割的组成部分。第二次世界大战后，西方所有资本主义国家都建立了现代的市场经济体系。

从20世纪70年代开始，西方经济学家采用凯恩斯的经济理论，借鉴社会主义国家的经验，用国家指导性计划调整市场，对于市场经济进行宏观管理，对微观经济和宏观经济进行干预，对社会经济活动的总量和结构进行调整。这样，国家干预市场经济，代替了完全的自由市场经济。同时，国家通过财政手段，对国民收入进行大规模的再分配，拉动“有效需求”增长；实行扩大性财政政策，实现国家投资、采购、订货和补贴；建立现代企业制度，企业普遍实行股份制，推行雇员投股计划，允许工人参加企业的管理，秉持本公司的股票；调整税收，通过税收来调节收入再分配，规定和改变税率，增加税收项目，以此抑制过高的收入，扩大中等收入；实行福利政策，为低收入阶层提供医疗、养老、失业保险，以及各种社会援助和补贴；建立社会福利制度，降低失业率，减缓了自由竞争给经济带来的波动性、破坏性。当代资本主义发达国家，在资本主义的根本性质不变的情况下，对资本主义生产关系的某些环节和经济社会的运行管理机制进行调节，在一定程度和一定范围内缓和社会矛盾，促进了生产力的发展。

第二次世界大战后以电子计算机、原子能、航天技术和生物工程为主的第三次科学技术革命，几乎都首先出现在西方资本主义国家，有力地推动了西方国家的经济发展。科学技术贡献率在西方国家的经济增长中达到70%左右。科学技术成为经济发展的主导力量，推动西方资本主义国家生产力的高度发展。

当代资本主义确实发生了一系列重大变化。资本主义生产关系与社会化生产力之间，并非只有对抗的一面，它们还有相互适应和可能协调的一面。资本主义生产关系具有一定的自我协调和自我革新的能力，对于现阶段社会生产力的发展具有相当程度的适应能力。但是这些变化并没有从本质上解决资本主义制度固有的内在矛盾，并没有消除资产阶级对于广大劳动人民的剥削和压迫。因而，这些变化不可能改变资本主义必然灭亡的历史命运。

人类社会发展的实践过程，总是比人类已有的科学认识和理论学说复杂得多，曲折得多。任何理论都是时代的产物，都具有时代的特点，因而具有时代局限性。我们坚持马克思主义的基本原理，实事求是地分析和研究当代资本主义的变化及其原因。它能否和平地长入社会主义，还是必须实行社会革命，要根据实际情况做出判断，并正确地预测、指导处理社会进步和社会革命的策略及方向。在存在核大战威胁的世界背景下，采用战争的手段输出意识形态是不可取的。各国究竟采取什么样的社会制度，是由各国人民自己决定的事情。应当让人类的理性选择世界未来的发展道路。

毋庸讳言，在社会主义前进的道路上，出现了挫折。从20世纪80年代末到90年代初，东欧各社会主义国家的政治经济制度发生剧烈的动荡和根本性的改变，斯大林模式的社会主义制度最终演变成为资本主义制度。整个事件最后以苏联的解体而告终。1991年12月25日，戈尔巴乔夫宣布辞职，以此为标志，立国69年的苏联画上了句号。这被称为苏东剧变和解体。

在过去25年里，中外各界对苏东剧变和解体的原因进行了大量探讨，提供了丰富的研究成果。但是，在众多原因中何者为主要原因的问题上，即使在马克思主义学者之间也没有形成共识。有人认为主要原因就在于赫鲁晓夫集团全盘否定斯大林，有人认为主要原因在于社会主义的斯大林模式存在着严重的弊端。这是一个敏感的问题。详细论述需要写出一本专著。事实上已有若干专著问世。下面仅简单地叙述我的所闻所见及其之后的思考，挂一漏万，算不上完整的论述。

马克思和恩格斯在1875—1882年认为，俄国农村公社及其土地所有制有两种可能的发展前途：一种是农村公社及其土地所有制瓦解，走上资本主义发展道路；另一种是农村公社及其土地所有制得以保留，不经过资本主义的发展阶段而直接过渡到社会主义社会。后者“必不可少的条件是：目前还是资本主义的西方作出榜样和积极支持。”（4. P. 313）这当然只能发生在西欧无产阶级社会主义革命胜利之后。但是，此后俄国及其农村公社和西欧社会发生了变化：一是俄国民粹派、民意党人推翻沙皇政府的斗争遭到失败；二是俄国农村公社及其土地所有制进一步瓦解；三是西欧无产阶级的社会主义革命迟迟没有爆发。马克思和恩格斯认为，在这种情况下，俄国公社不通过资本主义制度直接地过渡到社会主义的可能性已不复存在，它发展的唯一前途就是走上资本主义的发展道路。恩格斯在《〈论俄国的社会问题〉跋》（4. P. 307）和1893年2月24日致尼古拉·弗兰策维奇·丹尼尔逊的信（4. P. 638）中，有关的道理讲得十分详细和透彻。

1897年列宁在《俄国资本主义的发展》[26]161一书中指出，当时俄国农业人口约占总人口的5/6，至19世纪末，俄国是一个封建自然经济占主导地位的国家，仍处在资本主义原始积累阶段；不具备直接向社会主义过渡的条件；当时俄国革命的性质只能是资产阶级的民主革命。在 1905 年出版的《两种策略》一书中，列宁批评民粹主义者和无政府主义者关于俄国可以避免资本主义发展，经过其他道路跳出或跳过资本主义阶段的说法，是马克思主义坚决摒弃的荒诞言论。列宁说：根据马克思主义原理，“除了使资本主义向前发展以外，妄想在任何其他方面替工人阶级寻找出路，都是反动的。在像俄国这样一些国家里，工人阶级与其说是苦于资本主义，不如说是苦于资本主义发展得不够。……要最充分地保证资本主义获得最广泛、最自由和最迅速的发展。”[26]556 1917 年二月革命之后，列宁在《四月提纲》中说：“我们的直接任务并不是‘实施’社会主义，而只是立刻过渡到由工人代表苏维埃监督社会的产品生产和分配。”[29]16 在关于俄国革命性质的基本问题上，当时列宁与普列汉诺夫等俄国社会民主党人是一致的。

但是，在十月革命之后，布尔什维克在列宁领导之下，立即在国内实行激进的社会主义革命，其中包括强行解散立宪会议，没收私有企业，把银行收归国有，禁止自由贸易，废除商品和货币关系，并且实行战时共产主义体制。一系列错误政策，特别是违背诺言解散立宪会议产生了严重的后果。战争和路线政策的错误对生产力造成严重破坏。1921 年初，俄罗斯国民经济处于崩溃状态。农业总产量约为 1913 年的 50%，工业产量相当于战前的 1/7，交通运输陷于瘫痪。工人大批失业。与战前相比较，俄国的生产水平倒退了几十年。左的政策甚至遭到了工农基本群众的反对。这种情况的出现使列宁和他的战友们从快速过渡到社会主义的奢望中清醒过来。经过反复的讨论和争辩，从 1921 年开始，布尔什维克决定停止实行军事共产主义，改而实行新经济政策，其内容包括：以征收粮食税取代余粮征集制，允许农民在纳税后出售多余的农产品；开放自由贸易；用租赁制把一部分中小企业承包给私人经营；用租让制把一部分厂矿、油田、森林按一定的条件租给外国资本家经营；大力发展合作社，促进商品流通；将已经没收的雇工在 20 人以下的小型企业发还给原来的业主，允许苏俄公民自由从事手工业和开办雇工在 20 人以下的小型企业。这样，实际上在一定程度上重新开放资本主义，纠正了十月革命后急于搞社会主义的错误。

列宁似乎没有把十月革命后立即搞社会主义看成是根本路线性的错误；把新经济政策仅仅看成策略上的退却，而不是根本路线的改变。当时，列宁在认识上还存在矛盾。一方面他在许多场合做过自我批评，坦率地承认自己犯了企图在一个落后的国家“直接过渡到共产主义的生产和分配”的错误。另一方面，当一些理论家反对在俄国搞社会主义，认为俄国生产力还没有发展到足以实现社会主义的水平，列宁反驳这种观点。他在 1923 年初发表的《论我国革命》一文中写道：

“我们能够用与西欧其他一切国家不同的方法来创造发展文明的根本条件，那又该怎么办呢？……我们为什么不能首先用革命手段取得达到这个一定水平的前提，然后在工农政权和苏维埃制度的基础上追上别国人民呢？”[27]777 这意味着，社会主义生产关系的变革并不以生产力的发展水平为前提。但是，从列宁的整个论述来看，他认为，新经济政策是对战时共产主义的否定；新经济政策并非权宜之计，应当适用于整个社会主义建设时期。

在1924年列宁逝世之后，斯大林作为最高的决策者，没有沿着新经济政策的思路继续前进。1929年，斯大林停止实行新经济政策，错误地延续战时共产主义的思路，在全国重新推行社会主义革命，包括在农村以行政命令和强迫手段实行激进的“全盘集体化”，激起农民不满，一些地区出现了暴动，造成了饥荒，农业生产遭受严重影响。1937年斯大林宣布社会主义建成。大一统的计划经济、单一公有制、单一的按劳分配方式，政治上个人独裁，这些特征形成了斯大林的社会主义模式。这是一种以集权专制为根本特征的体制。斯大林及其领导的苏联政府能够顺畅地集中全国的一切人力、财力、物力，适应增强国防实力和备战的需要，同时，顺利地进行经济建设。经过两个五年计划之后，苏联工业总产值跃居欧洲第一位，世界第二位。

然而，斯大林模式严重背离了现代经济的发展规律，压抑了企业、劳动者和地方的积极性，加上在政治上无情地消灭反对派和压制持不同政见的知识分子，以及意识形态方面的严密控制，使整个社会处于僵化、封闭和麻木的状态。高速实现工业化的成就，是以牺牲农民的利益和农、轻、重的比例严重失调为代价的。工业基本建设的投资总额的一半来自农业。农民没有生产资料，他们劳动一年，收获的大部分粮食收归国有，国家出口这些粮食以获得外汇，然后购买机器用于工业生产。在第二次世界大战前夕，世界50%的机器交易是苏联人完成的。实行这种制度的直接后果便是农业的落后，例如，尽管乌克兰号称欧洲的粮仓，依然面临着严重的粮食危机，在1932—1933年大饥荒期间，乌克兰竟然有接近1000万人被饿死，占乌克兰人口的1/3。

在第二次世界大战中，高度中央集权的体制能保证苏联迅速转入战时轨道，击败德国进攻并转入反攻。此后，建立华沙条约组织，对抗美国霸权，成为影响整个地球政治的超级大国。斯大林时期的苏联，无疑是俄罗斯这片国土上有史以来经济、军事、政治最强大的时代。第二次世界大战后，随着时代主题逐渐向着和平与发展转移，斯大林模式使经济发展缓慢，国民经济发展的比例失调严重，制度性的弊端进一步凸现。显然，这种体制不能完成把苏联建成现代化民主国家的历史性任务，并且使苏联在同资本主义的世界性竞争中处于弱势地位。

另一个问题是，斯大林的专制统治造成了苏联千千万万个个人和家庭的悲剧。斯大林首创“人民敌人”的概念，以对付那些不同意他的意见的人，或者只是被怀疑有不同意见的人，通过肃反运动，对他们实施残酷的迫害和镇压，打成特务、暗害分子、叛国者，从肉体上把他们消灭掉。（参见§9.3.4）斯大林通过屠杀不同意见者，建立了愈来愈高的“威望”和对他的个人崇拜。但是，大清洗开创了人类历史上一个前所未有的先例。一个政权的绝大多数上层精英被处决，一个党的一半成员被逮捕，一支军队的中、高层军官几乎全部被消灭，一个国家的国民生活在威逼、服从和恐惧之中。

> 综上所述，我肯定地认为：无论怎样进行社会主义革命和社会主义建设，都不能够违背生产关系一定要适合于生产力的发展水平这条唯物主义历史观的基本原理；都不能够实行个人独裁、成千成万地滥杀不同意见者的极权的专制统治。如果一个社会违背了这两条，还能维持百年以上，那才真是奇迹！

苏联的问题也反映在中国共产党内。革命胜利前，中国共产党对于民主革命胜利后不能立即搞社会主义，而应该搞新民主主义，形成了广泛的共识。毛泽东、刘少奇等人都认为新民主主义阶段需要相当长的历史时期。但是，后来这个问题成了政治争论的焦点，政治分歧和政治斗争的源头。中国共产党领导的改革开放改变了整个局面，国家柳暗花明、重现勃勃生机。不搞改革开放，中国难逃苏联东欧的覆辙。改革开放解放了生产力，国民经济得到了快速发展，人民生活显著改善，中国的社会主义事业蒸蒸日上。

邓小平正确地解释了什么是社会主义制度的这个重大问题，他说：“社会主义的本质，是解放生产力，发展生产力，消灭剥削，消除两极分化，最终达到共同富裕。”[14]373社会主义制度的根本目标就是发展社会生产力，实现人民的共同富裕。创造比资本主义更高的劳动生产率，建立一个高度繁荣、高度民主、高度文明，人民共同富裕的新社会，这就是我们追求的目标。

在前进的道路上，当前我们面临着三个重大问题：（1）反腐倡廉；（2）缩小贫富差别；（3）反对和抵制“一切向钱看”。

有的党政官员利用权力贪腐，攫取财富，几百万、几千万、几亿、几十亿元，甚至更多。这是任何社会制度都不能允许的。贪腐官员站在人民的对立面，成为社会的蛀虫和剥削者。有的贪官已被揭露；有的还处在安然无事之中。允许这种贪腐行为泛滥，政权必然垮台。必须研究和克服权力贪腐的根源。反腐倡廉，对贪腐官员绳之以法，造就让党政官员不能贪、不敢贪、不想贪的体制机制是完全必要的。

改革开放之初，邓小平提出："让一部分人先富起来，先富带动后富，最终实现共同富裕。"30多年过去，"让一部分人先富起来"实现了，但是，贫富差距却越来越大。联合国计划开发署的统计显示：中国占人口总数20%的最贫困人口占收入或者消费的份额只有4.7%，占总人口20%的最富裕人口所占收入或者消费的份额则高达50%以上。基尼系数高于0.47。中国现在是全球贫富差距最为严重的国家。大部分财富被商人（房地产商等）和贪官等所侵占。占人口的极小比例的家庭控制了极大比例的个人财富。这说明没有制定好社会交往的规则。社会不能违背公正、公平的原则。如果发展只让极少数人富裕起来，多数人只能维持温饱甚至艰难度日，这肯定不是共产党人革命的初衷。继之以往，中国将会陷入恶性循环和动乱之中。巨额财富的拥有者并不都是靠劳动创造了财富。在许多情况下真正的等价交易并不存在。由于对生产资料占有关系的不同，一部分人能够剥削另一部分人的劳动。必须从制度设计上开始缩小贫富差别。

社会必须努力创造人民的物质利益。不考虑人民的和个人的物质利益，一切"政治挂帅"，平均主义，决不可能促进生产力的高速发展和人民的幸福。但是，"一切向钱看"，个人和社会都只以金钱作为衡量一切事物的取舍标准，见利忘义，不择手段地追逐金钱、利益和原始的情欲，完全舍弃了精神道德的标准，没有了对于公平、正义、真理和未来的追求，社会必然沉沦！这样的社会和民族是没有希望的。

我们正在建设中国特色社会主义的道路上前进。我们必须避免暗礁；自立于世界民族之林，致力于创造中国和世界的美好未来。

参考文献

[1] 段忠桥. 重释历史唯物主义的缘由、文本依据和方法 [J]. 哲学研究，2008，9：20-25.

[2] 赵家祥. 生产方式概念含义的演变 [J]. 北京大学学报（哲学社会科学版），2007，44（5）：27-32.

[3] 马克思，恩格斯. 马克思恩格斯全集：第2卷 [M]. 北京：人民出版社，1957.

[4] 费尔巴哈. 费尔巴哈哲学著作选集：上卷 [M]. 荣震华，李金山，译. 北京：商务印书馆，1984.

[5] 费尔巴哈. 费尔巴哈哲学著作选集：下卷 [M]. 荣震华，李金山，译. 北京：商务印书馆，1984.

[6] 马克思. 1844年经济学哲学手稿 [M]. 北京：人民出版社，2000.

[7] 亚里士多德. 尼各马科伦理学 [M]. 苗力田，译. 北京：中国人民大学出版社，2003.

［8］　马克思，恩格斯．马克思恩格斯全集：第 3 卷［M］．北京：人民出版社，1960：286.

［9］　列宁．列宁选集：第 2 卷［M］．3 版修订版．北京：人民出版社，2012.

［10］　马克思．摩尔根《古代社会》一书摘要［M］．北京：人民出版社，1978：20.

［11］　摩尔根．古代社会：上册［M］．北京：商务印书馆，1977.

［12］　马克思．资本论：第 1 卷［M］．2 版．北京：人民出版社，2004.

［13］　马克思，恩格斯．马克思恩格斯全集：第 46 卷（下）［M］．北京：人民出版社，1980.

［14］　邓小平．邓小平文选：第 3 卷［M］．北京：人民出版社，1993.

［15］　郭树清．生产的自然形态和生产的社会形式的辩证统一——马克思的生产方式概念［J］．中国社会科学，1985，5：103-108.

［16］　吴易风．马克思的生产力—生产方式—生产关系原理［J］．马克思主义研究，1997，2：3.

［17］　段忠桥．对生产力、生产方式和生产关系概念的再考察［J］．马克思主义研究，1995，3：52-61.

［18］　刘明合．对马克思生产方式概念的再解读［J］．泰山学院学报，2010，2：1-6.

［19］　张彤玉．关于劳动方式的二重属性［J］．南开经济研究，2000，3：27-30.

［20］　马克思，恩格斯．马克思恩格斯全集：第 25 卷［M］．北京：人民出版社，1974：993.

［21］　马克思：资本论：根据作者修订的法文版第 1 卷翻译［M］．北京：中国社会科学出版社，1983：61.

［22］　马克思，恩格斯．马克思恩格斯全集：第 47 卷［M］．北京：人民出版社，1979：173.

［23］　克劳塞维茨．战争论：第 1 卷［M］．北京：商务印书馆，1978：43.

［24］　斯大林．斯大林文集［M］．北京：人民出版社，1985.

［25］　毛泽东．毛泽东选集：第 2 卷［M］．2 版．北京：人民出版社，1991：694.

［26］　列宁．列宁选集：第 1 卷［M］．3 版修订版．北京：人民出版社，2012.

［27］　列宁．列宁选集：第 4 卷［M］．3 版修订版．北京：人民出版社，2012.

［28］　列宁．列宁全集：第 7 卷［M］．北京：人民出版社，1986：30.

［29］　列宁．列宁选集：第 3 卷［M］．3 版修订版．北京：人民出版社，2012.

［30］　HUANG K．Statistical Mechanics［M］．New York：John Wiley & Sons，1963.

［31］　侯建新．"封建主义"概念辨析［J］．中国社会科学，2005，6：173-188.

［32］　白乐天．中国通史：第 1 卷［M］．北京：光明日报出版社，2002：85-106.

［33］　胡适．中国哲学史大纲［M］．北京：东方出版社，1996.

［34］　郑振铎．插图本中国文学史［M］．北京：北京出版社，1999：83.

［35］　蒋伯潜，蒋祖怡．经与经学［M］．上海：上海书店，1997：17.

［36］　张荫麟．中国史纲［M］．上海：上海古籍出版社，1999：24-25.

［37］　侯外庐．中国思想通史：第 2 卷上册［M］．北京：三联书店，1950：374.

［38］　钱穆．国史大纲［M］．北京：商务印书馆，1994：21-22.

［39］　布洛赫．封建社会：上卷［M］．张绪山，译．北京：商务印书馆，2004.

［40］　布洛赫．封建社会：下卷［M］．李增洪，候树栋，张绪山，译．北京：商务印书馆，2004.

［41］　白乐天．世界通史：第 2 卷［M］．北京：光明日报出版社，2002：451-465.

［42］　郭沫若．奴隶制时代［M］．北京：人民出版社，1973.

［43］　郭沫若．中国古代史的分期问题［J］．红旗，1972，7：56-62.

［44］　赵光贤．周代社会辨析［M］．北京：人民出版社，1980.

［45］　凯恩斯．就业、利息和货币通论［M］．北京：商务印书馆，1981：323.

第十一章　人与自然的对立和和谐在宇宙中寻求人类的未来

本章首先论证：如若着眼于更长的历史时期，人类社会的产生、存在和毁灭，首先决定于自然的本性；在相对稳定的自然环境下，人类社会生存和发展的规律决定于自然的本性和人的类本质。

接着叙述人类面临的（1）生态环境的危机；（2）核战毁灭的威胁；（3）大型陨星撞击、超级火山喷发等巨大的自然灾难。

然后叙述人与自然的对立和和谐。指出人类对于自然的需求，人类变革改造自然的传统观念和传统方式，已经达到甚至超过了地球所能承受的极限；人类已濒临灾难的边缘。接着阐述对人类和自然的关系应持的观点和态度。倡导和实施生态中心主义，向现代生态文明社会转换，这是人类面临的转折。生态文明社会是人类必须和必将进入的一个新时代。人类的生产实践活动一定要维护自然生态系统的健康、完整、平衡和稳定。这是人类社会必须遵守的唯物主义历史观的一条基本原理。

本章阐述，为应对和克服人类面临的危机，必须倡导和构建人类命运共同体。人类命运共同体既是时代发展的产物，也是时代继续发展的需要。人类命运共同体是世界新秩序的基石。

最后论述，尽管着眼更长的历史时期，人类社会的产生、存在和毁灭，首先决定于自然的本性，但是，人是自主性的智慧生命，是自我生命的主宰者；人类一定要充分地认识、努力地寻找和利用在广袤的宇宙中有利于人的各种可能性。为了人类的未来，人类社会应当努力避免智慧生物具有的那种自我毁灭的倾向，更多地着眼于、着力于更广阔的时空范围和广袤的物质世界。防止大型陨星撞击、控制超级火山喷发；为寻找人类未来的避难所和发展基地，探索宜居行星、外星生命和外星文明。在广袤的宇宙之中，寻找和追求人类的未来，为人类的和谐、平安、幸福、发展和长存而努力。

这样，现代唯物主义哲学回归到自身的起点——广袤的物质世界。

§11.1　人类社会生存发展的决定因素

如§1.2所述，人类社会是人类、人化自然以及人类的科学文化和社会关系体系的统一体。在人类的科学文化和社会关系体系中，人类的意识成果和人与人的关系完全属于人类自身，而相应的物质设施组分则属于人化自然。因此，简单地说，人类社会是人类和人化自然的统一。

§3.4已给出定义：人化自然是人类实践活动改造过的、打上了人类活动印记的那部分自然界；与人化自然不同，自在自然是指未经人类实践干预的、与人类社会尚未直接地发生相互作用的那部分自然界。自在自然是人类社会的外部环境。这个外部环境是一种客观存在。它包括在地球表层和大气层之外宇宙中近乎无限的各种各样的对象和因素，对于人类社会而言，它们不可缺少，有利有弊，而且处于相对而言比较缓慢的运动变化之中。

§10.1指出，按系统学，人类社会是太阳系的子系统，太阳系是银河系的子系统，还可以说，人类社会是银河系的二级子系统等。自在自然及其组成部分，完全自发地按照自然的客观规律自在地运动和演化着。

本节力求全面和综合地阐述：人类社会的产生、存在和毁灭首先决定于自然的本性；人类社会生存发展的规律决定于自然的本性和人的类本质。

1　人类社会的产生、存在和毁灭首先决定于自然的本性

20世纪70年代以来，天文观察和探测的能力大大提高，建立在丰硕而精密的观测结果的基础上，恒星结构和演化学说取得了巨大的成就，形成了完整的理论体系，从理论探讨和天文观察上确认了许多科学事实，描绘出恒星形成、发展和死亡的一生。这是20世纪与21世纪之交天文学的最卓越的成就。对于人类社会的生存发展规律的探讨，我将利用现代科学的确定的成果，主要是恒星结构和演化学说，以及公认的现代物理学和现代生物学的成果和知识。

我们多次提到，人类和人类社会是自然界长期发展的产物。(1)人类的产生离不开太阳系和地球这个宜居行星的形成；(2)自然的本性决定地球的自然环境适宜于人类生命的存在和发展；(3)地球可能会遭遇外来的和自身的灾难，这些

灾难将威胁人类社会的生存；（4）地球连同太阳系最终必将毁灭，人类能否移居外星球而永生？我将从上述四方面说明人类社会的产生、存在和毁灭首先决定于自然的本性。

有必要说明，当提出“人类社会的产生、存在和毁灭首先决定于自然的本性”的论断时，必然着眼于数以万年计的更长的历史时期，其间自然界足以发生翻天覆地的巨大变化，影响和决定着人类社会的命运。

第一，太阳系和我们的地球的形成决定于自然的本性。

如§3.5所述，广袤无垠的恒星际空间几乎是完全真空的，其分子密度很低，每立方厘米只有1个或少于1个粒子，辐射场则是高度稀释的，每立方厘米不足1个光子，温度接近绝对零度，尺度却达到几千、几万光年。恒星形成于分子云。星际分子云情况与星际空间类似，差别仅在于，分子云的平均分子数密度高一些，约100厘米$^{-3}$；尺度小一些，几光年至几百光年；温度高一些，约10 K；主要成分是氢（70%～90%）和氦，其余的仅占2%，其中氧、氮、碳三种元素超过1%，剩下的其他元素不足1%。恒星是一个高温的发光的平衡气体球，其中主要物质是氢和氦，它们在高温下完全电离。恒星的能源来自它内部的原子核聚变反应（首先是氢核聚合为氦核）所释放的巨大能量。太阳主序阶段约100亿年。

多种多样的物质，特别是有机物和生命，决不可能产生在星际空间、星云和恒星上，而只可能产生在条件适合的行星上。物质形态的多样性在宇宙中并不是均匀分布的。在我们的宇宙中，唯有地球或有待发现的类地球呈现出物质形态的多样性，具备智慧生命产生的必要条件。

恩格斯说：“一切运动的基本形式都是接近和分离，收缩和膨胀——一句话，是吸引和排斥这一古老的两极对立。”（3. P. 953～954）恒星结构和演化学说已经确认：恒星形成于分子云；温度约10 K、尺度几光年至几百光年、质量足够巨大的气体分子云在自引力的作用下，经过几百万年或更长时间的引力收缩和质量外向流失过程，最终演化成恒星。在恒星形成的过程中，气体分子云的自引力的吸引和它在收缩过程中引力势能转化为热运动所产生的外向动量的排斥，构成古老的两极对立。恒星形成和演化理论，就是从天文观察事实出发，设定气体分子云的初始条件（尺度、温度、分子数密度等），综合考虑分子云的各种组分（中性分子、离子和电子等）在引力场和电磁场作用下的电磁学、热力学和流体动力学等各种物理过程，求解出整个星云或者恒星内部各种物理参量（密度、温度、压强、辐射、化学组成等）的分布以其随时间变化的规律，反过来与天文观察的事实相对照。

恒星的形成和演化理论研究涉及连续性方程、流体力学方程、引力场方程、质量分布方程、能量平衡方程、麦克斯韦电磁场方程、玻耳兹曼方程和物态方程等联立求解，非常复杂。但是，所有这些方程无非在描述着自然的本性或自然的规律。这就意味着，恒星的形成和演化决定于自然的本性。

这里举一个表达自然本性的物理学事实作为定性的说明。我们知道，电子和质子质量相差很大，二者电荷的绝对值却完全相等。从天体物理学角度可以证明：如果电子和质子的电荷值哪怕相差仅 2×10^{-18} e（e表示电子电荷的绝对值），尽管这样的电子和质子可以组成稳定的氢原子和氢分子（注意：一个质子和一个电子组合成氢原子，两个氢原子组合成氢分子），但是，由此产生分子云的非电中性将导致分子云的静电排斥力超过引力，从而不能够形成恒星和行星。因此，电子和质子的电荷绝对值完全相同，作为自然的本性，是恒星和行星形成的必要条件。没有恒星和行星，就没有生物和人类赖以产生的基础。

第二，自然的本性决定着地球的自然环境适宜人类生命的存在和发展。

蓝色的海空、白色的云朵、绿色的植被，地球是太阳系各个天体中最美丽的星球。研究表明，地球在太阳系中具有得天独厚的优越条件，它是太阳系中唯一适宜于生命繁衍，适宜人类产生、存在和发展的星球。

（1）地球具有优越的行星位置，得到太阳的辐射热适中。

太阳系八大行星离开太阳的距离由近及远依次是水星、金星、地球、火星、木星、土星、天王星和海王星，分别为 0.39，0.72，1.00，1.525，20，9.54，19.18 和 30.06 天文单位①。考虑地球的“邻居”，金星离太阳近一些，受太阳辐射较多，加之金星大气中二氧化碳浓密，表面平均气温高达 480 ℃；火星离太阳远一些，受太阳辐射较少，火星大气稀薄，表面平均气温只有 −60 ℃；离太阳更近或更远的其他行星，温度条件则更加恶劣。地球具有优越的行星位置，得到太阳的辐射热适中，加之地球大气层合适的温室效应，表面平均气温稳定在 15 ℃左右，适宜于生命的生存和繁衍。

（2）宜居行星的质量应当介于 $4\times10^{22}\sim1\times10^{25}$ 千克。

行星要适宜于人类生命的存在和发展，必须满足许多必要的条件。这些条件要求行星质量不能太小，即存在质量下限；也不能太大，即存在质量上限。简单的分析和推导就可以得到，行星质量应当介于 $4\times10^{22}\sim1\times10^{25}$ 千克[1]，才适宜于人类生命的存在和发展。对此，这里给出一个定性的说明。

一方面，行星的质量不能太小，即存在一个质量的下限值。

---

①天文单位是天文学中测量距离的基本单位之一，以 AU 表示，其长度等于地球到太阳的平均距离。国际天文学联合会 1978 年决定取 $AU=1.49597870\times10^{11}$ 米，约 1.5 亿千米。

生物和人类的生存要求同时有某些物质（例如水）的气态、液态和固态存在，因此要求环境温度的变化不能太大。实际上，地球表面的温度主要在－40～60 ℃范围内变化，温差仅几十度，适宜于生命的生存和繁衍。这种情况的出现，一个重要的原因是由于大气的运动交换着热量，从而有效地减小了地球表面的温差。地球大气流动畅通，是由于地球是球状的，而且没有太多太高的山脉阻挡地表上的气流运动。生物只能生存在山不太高的球状星体上。

星球的质量足够大，星球上山就不会太高，星球就会接近球形。因为星球的质量越大，星球上的山越高，其势能越大，高山对于星球地面壳层的压力就越大。当压力大于地面壳层分子的结合力，高山会下沉，以至山不至于太高。根据这个原则，可以求出，生物能够在其表面上生存的一个天体物理学条件是行星的质量应大于 10^{20} 千克。质量大于此值的星体才是球状的。许多小行星的质量小于此值，它们的确不是球状体。这样，生物生存的一个天体物理条件是能生存生物的行星的质量应大于 10^{20} 千克。

对于地球（质量为 6×10^{24} 千克），可以计算得到，最高的山的高度大约为 10 千米。地球上最高的山峰珠穆朗玛峰大约高 9 千米，接近山高的极限值。

实际上，适宜于生物和人类生存的星球质量的下限值还要增大。

生物和人类的生存需要有适宜温度的大气圈。如何确定这个适宜温度？生物不断地在新陈代谢，机体不停地在进行生化反应。这种生化反应的速度不能太快，否则，生物寿命极短；反应速度也不宜太慢，否则，生命将会熄灭。合适的温度大约就是人体的温度 37 ℃。在这个温度下机体分子的热能与分子相互作用的能量大致相同。地球表面的温度在－40～60 ℃范围内变化，平均温度稳定在 15 ℃左右。这个温度的确适宜于人体生命的新陈代谢。

要在星球表面存在平均温度约 15 ℃的大气圈，星球的质量必须足够大。对于小质量行星，位于其上的气体分子的逃逸速度小，很容易逃离，不可能形成围绕行星表面的大气圈。例如，小行星和月球质量太小，就没有大气圈包围着。究竟多大的星球质量才可以吸引住气体，形成大气圈？简单地说，星球质量必须足够大，使得位于其表面的气体分子的引力势能大于其热运动能量，气体分子就没有足够的能量克服星球引力的束缚逃离出去。根据这个原则，容易计算得到，要形成平均温度约 15 ℃的大气圈，星球质量必须大于 4×10^{22} 千克。地球的质量为 6×10^{24} 千克，满足这个要求。

另一方面，适宜生物和人类生命生存的行星的质量也不能太大，即存在一个质量的上限值。

动物和人类都要运动，运动中有加速、减速，不断受到力的作用。显然，若引力太大，超过动物和人类所能承受的限度，就会发生如骨折之类的断裂。生物和人类生存的一个必要条件就是不会轻易发生这类断裂。否则，就不能保证动物和人类有一个完整的身体。动物和人类在地面上行走或跑跳时所涉及的能量尺度，与其本身的重力势能成正比。以人为例，一般行走时这个比例约为 1∶20。物体（包括动物和人类）的重力势能与它所在的行星的质量成正比。由此可计算得到：为了不会轻易发生骨折之类的断裂，星体质量不能大于 10^{25} 千克。

一个定性的考虑可以更为容易地得到上述结果：引力决定于相互吸引的两个物体的质量的乘积；对于同一个生物体或人体，由万有引力定律知道，他的重量正比于它所在的行星的质量；一个质量为 60 千克的人，常年承受 100 千克的体重，是无法正常地生活的。由此可以用简单的计算得到：星体质量不能大于地球质量的 100/60 倍，即不能大于 10^{25} 千克。

总之，生物，特别是像人这样的生物，只能生存在质量介于 $4\times10^{22}\sim1\times10^{25}$ 千克的行星上。这个条件相当苛刻，它的范围相当窄小，上、下限之间只有不到三个量级的差别。这意味着只有相当特别的天体环境中才可能演化出像人这样的生物。地球质量为 6×10^{24} 千克，的确处于这个范围之内。

（3）地球上合适的大气成分和地球表面的水是生命系统的重要保障。

地球大气是多种气体的混合物。低层大气主要由干洁空气、水汽和杂质三部分组成。按体积分数，干洁空气中氮约占 78%，氧约占 21%，氩约占 1%，此外还有二氧化碳、臭氧等微量成分。生物新陈代谢离不开大气（氧气和二氧化碳），没有大气，生命就不可能存活。大气层对地表温度有着重要的调节作用。大气层是阻挡流星体袭击和保护地球生物免受过多太阳紫外线伤害的屏障，其中大气中的臭氧层具有强烈吸收太阳紫外线中对于所有生命的有机分子特别有害的 UV-B 紫外线的功能。

地球表面 70.8% 的面积是海洋，29.2% 的面积是陆地，总储水量约 140 亿米^3。水是人类和生物生存所必需的，水占人体和一般生物体体重的 60% 以上。水在地质演化和生物进化的过程中起着重要的作用。水循环过程是地球生态平衡系统的重要保障。

（4）地球合适的自转和公转速度适合人类和生物的生存。

平稳而合适的自转使地球上生活的人们毫无察觉，它对地球表面温度的均衡也是十分重要的。这意味着地球在太阳辐射下能够频繁地转动自己的“身躯”，以获得较为均匀的热量。水星自转周期长达 176 天，所以，水星表面白天温度高达 427 ℃，夜晚却冷到 −175 ℃。

（5）表达自然本性的物理学常数的取值及其精巧的配合，决定着地球的自然环境适宜于人类生命的存在和发展。

自然的本性涉及电子电荷、电子质量、质子质量、引力常数、普朗克常数和玻耳兹曼常数等几乎所有的基本物理学常数。生物和人类的存在几乎依赖每一个物理学常数的取值，物理学常数的极小变化，会极大地威胁生物和人类的生存。下面以两个物理学常数为例做出定性的说明。

我们知道一个物理学事实（参见§3.5.1）：质子和电子的质量相差很大，即 $m_p=1.67262158\times10^{-24}$克，$m_e=9.10938188\times10^{-28}$克。实际上，即使二者质量相等，氢原子照样还是可以存在的。但是，这种原子的原子核不再是不动的力心，而有着与电子大体相同的运动速度。物质有序结构的骨架是由不动的原子核构成的周期排列的格子。原子核和核外电子都做相同运动的原子，不能构成有序结构。没有有序结构，就不可能形成高度有序的生物。所以，质子和电子的质量有足够大的差别是生物存在的一个必要条件。

我们知道另一个物理学事实（参见§3.5.1）：中子质量比质子质量略大，$m_n=1.674927211\times10^{-24}$克，而 $m_p=1.672621637\times10^{-24}$克。因为这样，才有 β^- 衰变，中子衰变为质子，同时放出一个电子和一个反中微子。母核的质量大于子核质量，才能发生 β^- 衰变。如果反过来，质子质量比中子质量略大，则容易发生轨道电子俘获，即质子俘获电子，结合生成中子，同时释放出一个中微子。这种过程将使氢原子变得极不稳定，其他原子也将由于同样的原因而不能稳定存在。没有稳定的化学元素，生物也就不能存在。

地球或者宇宙为什么是这样的？为什么基本物理学常数恰巧取这样的数值，适合于人类生命的存在和发展？1961 年由迪克提出，后经卡特尔改进过的“人存原理”或者“人择原理”认为：宇宙之所以这样是因为我们存在；或者以更强的形式表达为：宇宙一定具备在其历史的某个时段上存在生命所必需的特征。一个更为简单明白的叙述就是：存在许多具有不同物理条件和不同初始条件的宇宙，生命和人类只能生存在适合自己生存的宇宙之中。人择原理自然导致多宇宙存在。这意味着，在我们的宇宙之外，还存在着许许多多“非我们的宇宙”。

人择原理不能算是了不起的发明。这就像是问某种动物为什么具有某种行为特征，一种简单而轻松的回答就是，如果它不具有这种行为特征，它就难以生存下来，难以留下后代，最后也就不会有这种动物存在。这能够算是什么解释呢？我们暂且不去过多地考虑它。

第三，地球可能遭受的外来的和自身的灾难，威胁人类社会的存在。

如§3.4 所述，大家普遍认同也是最为权威的观点认为，6600 万年前一颗直径 7～10 千米的小行星（或是彗星），以 2.5 万千米/时的速度坠落在地球表面尤卡坦半岛墨西哥湾沿岸，造成统治地球陆地生态系统超过 1.6 亿年之久的恐龙的灭绝。

§11.2.3 将详细叙述，来自地球外部的大型陨星撞击和来自地球内部的超级火山喷发是人类面临的毁灭性威胁。

未来近地小行星或者小天体撞击地球只是时间问题，而不是可能性的问题。小行星坠落于地球上，与地球发生猛烈的碰撞，接踵而来是地壳深层的熔岩喷发、强烈的火山爆发、汹涌的海啸巨浪，还有遮天蔽日的尘雾能持续几年之久，造成地球表面物种灭绝。直径在几百米或几千米以上的小行星撞击地球，是地球难以承受的，将给人类社会带来毁灭性的灾难。

较之大型陨星撞击，超级火山喷发也许是人类面临的更为巨大而且无法逃避的毁灭性灾难。超级火山喷发从巨大的峡谷中喷发出来，火山口延绵尺度达数百上千千米。超级火山的猛烈持续的大规模喷发，火山灰云遮天蔽日，持续数月以至数年，可能改变整个地球气候，甚至使之进入冰河期，威胁生命的存在，导致物种的灭绝。超级火山喷发是人类面临的最大自然灾难。

第四，地球连同太阳系最终必将毁灭，人类何去何从？

如前所述，最近 40 多年来，在丰富而精密的天文观察的基础上，恒星结构和演化理论的研究取得巨大的进步，对于恒星的形成、发展和灭亡有了精确的了解，形成了完整的理论体系，获得了天文观察的证实，并且在绝大多数天文学家之中取得了一致意见[2,3]。恒星起源于低密度的星际分子云，尔后经历引力收缩阶段、主序星阶段、红巨星阶段，最后进入衰亡期，依初始质量不同，最终变成白矮星、中子星或黑洞，终结自己的一生。地球连同太阳系最终必将毁灭。

如果最终不能离开太阳系，人类灭亡肯定不会等到太阳系进入衰亡期。太阳在主序阶段还能维持聚变能量稳定供应的时间还有大约 50 亿年。太阳在随之而来的红巨星阶段将停留约 10 亿年，光度将升高几十倍，那时地球表面最高温度将超过 400 ℃，早已不适合人类居住和生存。最终太阳体积膨胀，并吞噬地球。所以，地球必将到达适合人类居住状况的相当肯定的末日。

综上所述，自然的本性决定了地球这个行星的形成；决定了地球适宜于人类产生、存在和发展的自然环境的出现；同时也决定了地球必然遭受外来的和自身的灾难，给人类社会带来毁灭性的威胁；最后决定了地球最终必将随着太阳系而毁灭。人类能否移居外星球而永生？留在§11.5 讨论。

我已经清晰地论证，若着眼于更长的历史时期，人类社会的产生、存在和毁灭首先决定于自然的本性。

第十章探讨了处于相对稳定的自在自然环境下人类社会的发展规律。§10.3

强调了人类的实践活动（首先是物质生产实践活动）对于人类社会的重要意义，阐述了物质生产实践是人类历史的起点，是人类社会存在和发展的基础，是人类社会发展的决定性因素，是推动人类社会发展的根本动力。这样阐述的物质生产原理是唯物主义历史观的理论基石。如前所述，着眼于更长历史时期，人类社会的产生、存在和毁灭首先决定于自然的本性。这意味着，若着眼于更长历史时期，即使只相对于人类而言，也有着比人类的实践活动更重要的事物，那就是大自然、大自然的运动变化和大自然运动变化的客观规律。因此，人类的物质生产实践与自然界一起构成人类社会形成、存在和发展的基础。其中，人类的物质生产实践必须以自然界为前提、对象或基础；没有自然界，就没有人类，没有人类的实践活动，也没有人类社会本身。

自然环境的面貌及其变化并非仅仅受制于人类的实践活动。自在自然所发生的巨大的灾难能够毁灭一切人化自然的成果，独立地改变人类社会发展的现状和进程，甚至造成地球生命（包括人类社会）的毁灭。所谓整个人类世界对于自在自然的不可还原性，在巨大的自然灾难面前，或者核战毁灭的威胁下是不存在的。因此，无限的自在自然与人化自然一样，对人类来说并不就是无，它是人类应当和必须关注和研究的对象。

自然环境影响着实践发展的状况，从长远来说，它归根到底制约着人类社会历史的状况和发展。§11.3将论述，正是因为自然的报复，人类面临深刻的生态危机，人类社会形态从原始社会，经历农业文明和工业文明两个时代，必将进步到可以永续发展的生态文明社会的新时代。

2 人类社会生存发展的规律决定于自然的本性和人的类本质

接下来讨论处于相对稳定的外部自然环境下人类社会生存发展的规律。

对人类社会而言，所谓相对稳定的外部自然环境，就是指在某一个历史时期内，自在自然中发生的各种各样、持久激烈的物质运动过程，没有作为一种毁灭性的灾难降临于地球表面。例如，没有遭遇来自地球外部的大型陨星撞击和来自地球内部的超级火山喷发等毁灭性的灾难，人类社会得以在地球表面现有稳定的自然环境下生存和发展。至于其他持久激烈的物质运动过程，例如黑洞或中子星靠近、黑洞之间，或中子星之间，或星系之间的碰撞、超新星爆发等，如果在不太遥远的天文距离上发生，将给地球带来毁灭性的威胁。但是，在近距离上发生这类事件的概率十分微小。

按照唯物辩证法学说（参见§9.5和§9.6），在相对稳定的外部环境下，事物的自身矛盾是事物存在的基础，它规定着事物的本质，及其演化的基本的过程和方向；在相对稳定的外部环境下，人类社会的运动变化的规律主要和首先由人类社会的内部要素和内部原因所决定。

人类社会包括人类和人化自然。人是人类社会的主体，人和自然是人类社会存在的基本前提。人类社会的各个要素的运动变化，以及人与自然之间、人与人之间、自然的各个对象和各个部分之间的相互联系、相互作用和相互制约，构成人类社会运动的全部内涵。自然的本性和人的类本质体现着同时决定着人类社会的本质联系和生存发展的规律。

在自然界所提供的物质资源的基础上，通过实践活动，首先是生产劳动实践或物质生产实践，创造了人和人化自然。一方面，自然界永远是人类产生、生存、活动和发展的现实基础。自然界是人类与人类社会产生和存在的前提。另一方面，只有通过生产劳动实践，才能够在地球的自然环境之中产生人、人化自然和人类社会。人类产生之后，人当然是人类社会的主体。“历史不过是追求着自己目的的人的活动而已。”[4]许多自然资源，如阳光、空气和水，湖泊、森林、原野等，能够直接地为人类所利用，大多数自然资源，作为“自在之物”，只有通过人们的实践活动，才能转化成为“为我之物”，变成人类生存所需的生活资料。人类与自然的对立统一关系，是人类社会对立统一关系的基础。因此，作为人类与自然的对立统一关系之解决手段的社会生产力，对于人类社会的发展演化具有决定性的作用。生产力是人们凭借和使用劳动资料作用劳动对象从事物质生产的能力。它是人类在长期的改造自然的生产劳动实践中所形成的改造自然的本质力量。

§10.2将人的类本质归纳如下：（1）社会性或者合群性；（2）实践活动；（3）理性思维或者精神意识活动；（4）生活需要，追求利益和幸福。其中，人的实践活动首先是生产劳动实践是人的最根本的类特性。理性思维或者精神意识活动为人类的实践活动利用和改造自然奠定认识论的基础。社会性或者合群性是人类社会运动变化和发展的外部形式和必备的条件。生活需要和追求利益是人类社会运动变化和发展的内在动力。

§10.3阐述了物质生产原理，断言物质生产是人类历史的起点，是人类社会存在和发展的基础，人类社会发展的决定性因素和推动人类社会发展的根本动力。我们寻根究底地追问：人们为什么进行物质生产？什么是生产力发展的根本原因和内在动力？答案在于：人们进行物质生产，发展生产力的根本原因和内在动力，根源于自然的本性和人的类本质。

§10.5.1进一步阐述生产力发展的动力，详细地说明：生活需要，追求利益和幸福，是人的类本质；建立在自然本性的可能性基础上的人们生命生活的需要、自主性生命对于现实情境永恒超越的追求，就是生产力发展的内在动力。

§10.5.3 阐述生产关系一定要适合生产力的发展状况。生产关系适合生产力的发展状况的首要原因和标志，就在于这样能够调动和激发劳动者的生产积极性，因而创造更高的劳动生产率，促进生产力的发展。物质生产，发展生产力，决定于自然的本性和人的类本质，它是维持人类生存和发展的根本条件。

我们可以做出一个总结性的论断：在相对稳定的自然环境下，人类社会生存发展的规律决定于自然的本性和人的类本质。

§11.2 人类面临的危机

大约 130 年前，恩格斯写道："无论如何，我们离社会历史开始下降的转折点还相当遥远，我们也不能要求黑格尔哲学去研究当时还根本没有被自然科学提到日程上来的问题。"（4. P. 224）130 年过去了，在人类历史的进程之中，只是弹指一挥间。但是，就在这 100 多年特别是最近 70 年中，人类的实践活动大踏步前进，与之同时出现了和认识到（1）生态环境的危机，（2）核战毁灭的威胁，加上（3）大型陨星撞击、超级火山喷发等巨大自然灾难。如果我们盲目乐观，狂妄自傲，心安理得地以为我们面对的物质世界将按照固有的规律无限发展或者永恒发展，而不谨慎对待，坚决采取必要的防御措施，就有可能在 200 年左右的时间内，导致人类社会的彻底毁灭。

1 生态环境的危机

人类为了自己的生存和发展改造自然，极大地改变了地球的面貌，对于地球环境施加了影响。然而，可以说，直至 20 世纪 30 年代之前，人类活动对于全球生态系统的影响都是极其有限的。自 20 世纪 40 年代以来，随着科学技术和全球经济的发展，人类文明具备了影响全球环境的能力。人类实践活动在对自然进行巨大改造的同时，给自然造成巨大的破坏。全球已濒临灾难的边缘，人类与自然处于严重的对立之中：要么沿着原路走下去，这会加速对自然的破坏，灾难尾随而至，最终导致人类的灭亡；要么从根本上改变对待自然的态度和观念，选择可持续发展的道路，确立人类和自然的和谐关系，为子孙后代留下一个适合生存和发展的地球。

全球生态环境的危机表现在全球性的人口剧增、气候变暖、环境污染、臭氧层破坏、森林锐减、物种灭绝、土地荒漠化等方面，兹简述如下。

（1）人口剧增

1 万年前人类以狩猎采集为生，世界人口长期停滞在 100 万左右。后来，人们种植作物，饲养动物，发展农业，世界人口也没有超过 1500 万。大规模发展农业之后，世界人口以接近于零的速度缓慢增长，在公元元年之后 1000 年之内，大约稳定在 2 亿～3 亿。1650 年，世界人口达到 5.5 亿。当时人口年增长率约为 3‰，大约要经过250 年，人口才能翻一番。但是 18 世纪工业革命之后情况有了变化，世界人口开始以较快的速度增长，1800 年、1900 年和 1925 年，分别达到约 9 亿、16 亿和 20 亿。用了 1 个多世纪，世界人口才从 10 亿增长到 20 亿。第二次世界大战之后，从 20 世纪50 年代起，由于战争和饥荒减少，生活和医疗条件改善，人口死亡率下降，世界人口增长速率明显加快，每年超过 18‰，1963 年，增长 22‰，达到历史峰值；1960 年、1975 年和 1987 年，世界人口分别达到约 30 亿、40 亿和 50 亿。2000 年和 2011 年，分别达到约 60 亿和 70 亿。预测到 2050 年和 2100 年，世界人口将超过 90 亿和 100 亿。这是令人窒息的超指数的人口剧增或人口爆炸。

人口过多，人口增长过快，主要出现在欠发达国家。为了生计，人们不得不加大开发环境的力度，消耗资源的存量，给地球生态系统造成巨大的压力，带来资源枯竭和环境污染等严重问题。人口过快增长是引起人类苦难和生态环境失衡的重要原因。

现今许多国家都在试图控制人口过快增长。大多数国家的人口增长率在自然地逐年下降。这一举措可能带来年轻人口数的锐减，加剧人口老龄化。部分发达国家，例如俄罗斯，则面临人口过少问题。在这些国家中，人口老龄化已经日趋严重，也制约经济的发展。

总体而言，控制人口增长仍然是一个世界性的问题。不控制人口的过快增长，社会就不能发展，对于人类而言这无疑是一个灾难。

（2）全球气候变暖

由于人口剧增和人类生产活动规模越来越大，近 1 个世纪以来，人类向大气中排放大量二氧化碳、甲烷、一氧化二氮、氯氟烃等温室气体。这些温室气体增强了大气吸收地面放出的红外线长波辐射的能力，使气温增高。

空气中氮和氧所占比例很高，可见光和红外光可以透过它们。但是，二氧化碳等温室气体，由于其分子的能级结构，对太阳最强辐射所对应的短波即可见光吸收得很少，具有很高的透明度，对地表受热后向外辐射所对应的长波（红外线）却具有很高的吸收率。它们截留住地表向外的热辐射，减少其热量向太空散发，使地球变得温暖。这就是常说的温室效应。适当的温室效应是必要的。现在全球地表平均气温约 15 ℃，如果没有温室气体，平均气温将会下降到－23 ℃，这显然不利于生物生存。但是，如果在大气中温室气体含量过高，将导致全球气候变暖，带来严重的灾难。在几种温室气体中，相对而言，二氧化碳的含量较多，对全球升温的“贡献”所占的比例最大。

近 1 个世纪以来，随着人口剧增，工农业和交通运输业迅速发展，矿物燃料（例如煤、石油等）使用量几乎增加了约 30 倍，向大气中排入了大量的二氧化碳；同时，由于大面积毁林，特别是热带森林的破坏，使森林吸收、固定的二氧化碳迅速减少，其结果是：大气中二氧化碳浓度由 19 世纪上半叶的 270ppm（1ppm 为百万分之一），增加到 1980 年的 344ppm；2015 年 3 月，全球大气二氧化碳的平均浓度突破 400ppm；预计到 2030 年还要增加 1 倍，达到 680ppm。

科学家钻取南极深层的冰原，从存留其中的大气微小气泡的原始成分的分析中发现：大气中二氧化碳、甲烷的浓度已经远高于早期人类出现时的浓度；全球气温随二氧化碳和甲烷的浓度的变化而变化；该浓度在最近几十年间呈现指数式增长。根据政府间气候变化专业委员会（IPPC）第四次评估报告，最近 100 年（1906—2005）全球的平均气温上升了约 0.7 ℃。全球变暖的程度超过过去 600 年中的任何一段时间。进入 21 世纪以来，全球气温上升更为明显。2015 年 4—6 月，印度和巴基斯坦持续高温，局地气温达到前所未有的 48 ℃，导致 2000 多人死亡。过去 70 年来人类的活动已经伤害了大气本身的自动调节能力。

科学家估计，二氧化碳含量增加 1 倍，全球气温将升高 3～5 ℃，两极地区可能升高 10 ℃，气候将明显变暖。科学预测，到 21 世纪中叶，地球表面平均气温将上升1.5～4.5 ℃；这将导致南北极冰雪部分融化，加上海水本身受热膨胀，会使世界海平面上升25～100 厘米，许多沿海地区城市（例如北京、上海、伦敦、纽约等）、岛屿或低洼地区将被海水吞没。一般来说，各国沿海区域都是经济发达的地区，50%以上的世界人口生活在这里。沿海地区数十亿居民被迫迁移，甚至可能导致大规模冲突。海水入侵将抬高江河水位，加速泥沙淤积，使得洪水威胁加剧，江河下游的环境急剧恶化。同时，地球变暖将使不少国家和地区干旱少雨，虫害增多，农业减产；通过极端天气和气候事件（厄尔尼诺、干旱、洪涝、热浪等），扩大某些疫病流行，对人体健康造成危害；大部分沿海平原将盐渍化或沼泽化。

全球气候变暖对人类是一种战略性威胁，引起了世界各国的普遍关注。正在推进制定国际气候变化公约，减少二氧化碳的排放成为大势所趋。

(3) 环境污染、臭氧层破坏

环境污染包括空气污染、酸雨、土壤污染、垃圾污染和海洋污染等。

凡是能使空气质量变差的物质都是大气污染物。已知大气污染物有 100 多种，主要来自人为因素，如工业废气、汽车尾气、生活燃煤等。按其存在状态可分两大类。一种是气溶胶状态污染物，如粉尘、烟液滴、雾、降尘、飘尘、悬浮物等；另一种是气体状态污染物，包括以二氧化碳为主的碳氧化合物，碳氢结合的碳氢化合物，以二氧化硫为主的硫氧化合物，以二氧化氮为主的氮氧化合物等。大气中不仅含无机污染物，而且含有机污染物。随着人类不断开发新物质，大气污染物的种类和数量也在不断变化着。连南极和北极的动物也受到了大气污染的影响！

在全球 41 个城市参加的大气飘浮颗粒浓度的监测中，我国北京、上海、沈阳、广州、西安等 5 个大城市全部进入前 10 名的行列。由于污染，灰霾弥漫，灰霾日增多。污染严重的本溪市被列为“卫星上看不见的城市”。

全世界使用矿物燃料导致二氧化硫（SO_2）等排放量增加，大气中的二氧化硫与氮氧化物遇到水滴或者潮湿空气即转化成硫酸与硝酸，溶解在雨水中，使雨水的 pH 降低到 5.6 以下甚至低至 3 左右，称这种雨为酸雨。这是大气污染的一种表现。酸雨最早于 20 世纪 50—60 年代出现在北欧和中欧。后来，酸雨地区进一步扩大。欧洲、北美和东亚地区是全球三大酸雨区。据我国 23 个省市统计，其中 21 个省市发现酸雨，酸度呈现由北向南逐渐加重的趋势。

酸雨对人类环境的影响是多方面的。酸雨落到河流湖泊之中，致使鱼虾减少或者绝迹；酸雨腐蚀建筑材料；酸雨导致土壤酸化，破坏土壤营养，危害植物和森林的生长，造成作物减产。

土地是人类的衣食之本。土壤污染是指土壤中进入大大超出正常含量的有害物质，土地本身无法消除它的现象。土壤污染主要来源于生活污水，工业废水、废气、废渣，以及化肥和农药。大量的生活污水和工业废水排入江河湖海或田野，污染淡水和土壤。大气中的烟尘、二氧化硫、放射性尘埃等有害物质自然地或随雨雪沉降在土壤中。冶炼厂和汽车排放的废气中的镉、铅等金属有害物会被土壤吸附。现代农业大量地施用化肥和农药。化肥中的硝酸盐、硫酸盐、氯化物等无机物大量残留在土壤中，破坏土壤的理化性质，使土壤板结和盐渍化。农药中的多环芳烃、多氯联苯等有机物沉降在土壤中，分解得很慢，毒害动植物和人类。土壤一旦被污染，其影响很难消除，通过农作物对有害物的富集作用，危害牲畜和人体的健康。

其他诸如水污染、垃圾污染、食品污染、白色污染和更大的海洋污染等环境污染问题，不另做详细的叙述。

用作空调冰箱制冷剂或其他用途的氟氯烃类化合物（商业名称为氟利昂）的排放使大气臭氧层遭到破坏。在大气平流层①中，集中了地球上 90％的臭氧气体（O_3）。臭氧在离地面约 25 千米处浓度最大，在 20～50 千米范围内，形成浓度相对较高的区域，称为臭氧层。虽然臭氧含量极微，只占这一高度的气体总量的十万分之一，但是，它却具有强烈地吸收太阳紫外线中对所有生命的有机分子特别有害的 UV-B 紫外线（波长为 280～315 纳米）的功能，保护地球上的生命免遭过量紫外线的伤害②。同时，臭氧吸收了太阳光中的大部分紫外线，并将其转换为热能，使得在平流层中 20 千米以上温度随着高度的增加而升高（逆温层），影响平流层大气的温度和运动，进而影响全球的热平衡和气候变化。氟氯烃是一种比较稳定、易挥发、不溶于水的物质，但是，它被大气环流带到平流层，受到太阳紫外线照射激活而分解，释放出自由的氯原子（Cl）；氯原子与臭氧反应，生成氧分子（O_2）和氧化氯（ClO）；氧化氯与氧原子反应又重新产生氯原子。这种序列反应能连锁般反反复复地进行，平均每个氯原子能够破坏大约 10 万个臭氧分子，使臭氧总量迅速耗减，破坏臭氧层，形成“臭氧洞”。南极上空臭氧层空洞是臭氧层破坏的一个显著标志。2000 年南极上空的臭氧层空洞面积达到 2830 万千米^2，大约相当于中国或美国国土面积的 3 倍。氟氯烃发明于 1928 年，南极上空臭氧层却是在 20 亿年里形成的，在几十年里就被破坏 60％。北半球上空臭氧层也变得比以往任何时候都要薄，欧洲和北美上空的臭氧层平均减少 10％～15％，西伯利亚上空的臭氧层甚至减少了 35％。科学家警告说，地球上空臭氧层破坏的程度远比一般人想象的要严重得多。

臭氧层对于地球上的生命至关重要。它形成一个保护层，犹如一把保护伞，阻挡太阳的大部分紫外线，保护地球上的生物得以生存繁衍。臭氧层被破坏，太阳 UV-B 紫外线辐射到达地面，给地球上的生命会带来很大的危害。UV-B 紫外线辐射会破坏生物的蛋白质和基因物质脱氧核糖核酸，造成细胞死亡；使人类皮肤癌发病率增高；导致白内障使眼睛失明；抑制植物如大豆、瓜类、蔬菜等生长；穿透 10～30 米深水层，杀死浮游生物和微生物，危及水中生物的食物链和自由氧

---

①自对流层顶至 50～55 千米高度的范围为平流层。对流层的厚度随纬度而变化，低纬度地区厚 17～18 千米，中纬度地区厚 10～12 千米，高纬度地区厚 8～9 千米。

②为避免误解，将紫外线按照波长划分的 C、B、A 三个波段做出说明如下：UV-C 紫外线（波长为 200～280 纳米）波长短，能量高，即使臭氧层耗损，也会被氧气和臭氧所完全吸收；如果平流层的臭氧层遭到破坏，UV-B 紫外线（波长为 280～315 纳米）就会到达地面，如正文所述，这将对地表上人类和生态系统造成巨大的危害；至于 UV-A 紫外线（波长为 315～400 纳米），它不能被臭氧层有效地吸收，也不会对地表生物圈造成损害；它促进人体固醇类转化为维生素 D，是生物和人类（尤其是儿童）所必需的。

来源，影响生态平衡和水体的自净能力。可以说，地球上一切生命就像离不开水和氧气一样离不开大气臭氧层。

（4）森林锐减、物种灭绝

森林是人类赖以生存的生态系统中的重要组成部分。在人类历史的初期，地球 2/3 的陆地面积为森林所覆盖，森林面积约 76 亿公顷。然而，人类每前进一步，几乎都伴随着森林的破坏。由于世界人口剧增，对于耕地、牧场、木材的需求量日益增加，乱砍滥伐雨林、采集薪柴、开垦林地、大规模放牧和空气污染，导致森林受到前所未有的毁坏。据统计，全世界每年约有 1200 万公顷森林消失，其中绝大多数是对全球生态平衡至关重要的热带雨林。据联合国粮农组织的数据，在 1960—1990 年，全球丧失了 4.5 亿公顷热带雨林，南美洲亚马孙雨林和中非雨林各损失约 18%，东南亚雨林损失了大约 1/3。到 20 世纪末，世界森林面积已不到陆地面积的 1/3，而且还正在以每年 460 万公顷的速度消失。

森林是地球的保护神。砍伐森林，致使森林面积大幅减少，破坏了森林吸收二氧化碳的能力，把原本贮藏在植物及周围土壤里的碳释放出来。毁坏森林植被，从根本上降低了土壤的保水能力，地表的蒸发量显著增加，水土流失，土地沙化，气温上升，降雨减少，风沙增加，气候恶化，导致泥石流、山体滑坡、河湖淤积、洪水泛滥等自然灾害发生。世界上 50%以上的动植物物种以热带雨林为家，热带雨林是地球生物多样性的最重要来源。热带雨林的破坏，成千上万的动植物物种受到灭绝的威胁。现在我们认识到，失去了森林，人类就没有明天！

物种灭绝是指动植物种类不可再生性的消失。自 6 亿年前多细胞生物在地球上诞生以来，主要是由于地质灾难和气候变化，已经发生过 5 次物种大灭绝现象。从进化论的角度来看，物种灭绝本是自然规律。在物种进化过程中，每隔一段较长时期的稳定，就会发生短期的急剧变化；其时有某些物种灭绝，某些新物种出现。物种灭绝为新物种提供足够的进化空间。

地球现今正处于第 6 次物种大灭绝之中。当代物种大灭绝完全是人类活动造成的结果。自工业革命以来，人口剧增，人类的生活资源的需求和生产活动的范围越来越大，干预自然的能力越来越强，对自然的干扰也越来越多。大批的森林、草原、河流消失了，取而代之的是公路、农田、住宅和工厂，生物的自然栖息地被人类的活动所侵占、缩小、侵扰和割裂，加上气候变化，环境污染，造成许多物种的灭绝。现今地球上生存着 500 万～1000 万种生物。据估计，每年有数千种动植物灭绝，到 2000 年，地球上有 10%～20%的动植物即 50 万～100 万种动植物消失了。物种灭绝的速度提高了 100～1000 倍。生物学家认为，如果物种以这样的速度减少下去，到 2050 年，目前物种的 1/4 到一半将灭绝或濒临灭绝。一般来说，物种灭绝的速度应当与物种生成的速度平衡。但是，现在人类的活动破坏了这种平衡。地球到处处在人的管控之下，而且自然环境破坏，生物失去了自然进化的环境和条件。不像前5次，在第6次物种大灭绝中，现有物种在不断走向衰亡，新的物种却很难产生。当代正在进行中的物种大灭绝是灾难性的。

地球生态系统远比人们想象的要脆弱，物种灭绝将对整个地球的生态系统带来严重的损害，当这种损害超过一定限度，就会导致人类赖以生存的生态系统的崩溃。如此下去，人类肯定将会列入物种大灭绝的名单中。保持生物的多样性，使之处于平衡状态，这是人类面临的一个非常重要的任务。

（5）土地荒漠化

土地荒漠化是指土地的退化现象，包括土地沙漠化。到1996年为止，全球的荒漠化土地已达到3600万千米^2，约占到整个地球陆地面积的1/4。目前全球有1/5的人口和1/3的土地受到荒漠化的影响，受荒漠化影响的国家有100多个。我国是世界上荒漠化严重的国家之一。受荒漠化影响，现在我国北方地区的沙尘暴比过去频繁得多，也强烈得多。当前世界荒漠化现象仍在加剧。荒漠化以每年5万～7万千米^{2}的速度扩大。全球12亿多人受到荒漠化的直接威胁，其中有1.35亿人在短期内有失去土地的危险。对受荒漠化威胁的人们来说，荒漠化意味着他们失去最基本的生存基础，即有生产能力的土地的丧失，它给人类带来贫困和社会动荡。因此，荒漠化不是一个单纯的生态环境问题，它已经演变成为经济问题和社会问题，是最为严重的灾难之一。

2　核战毁灭的威胁

核战争，简称“核战”，是使用核武器的战争。核武器包括核弹头（各种TNT当量①的原子弹、氢弹、中子弹）、运载工具（如战略轰炸机、战略核潜艇、洲际弹道导弹、潜射弹道导弹以及各种战场战术导弹）和指挥控制设备等。

19世纪末，关于物质结构的研究进入微观领域。在短短几十年中，就在原子物理学和原子核物理学领域取得重大进展。1939年哈恩和斯特拉斯曼发现核裂变现象；1942年费米建立第一个链式反应堆。这两项突破是原子核物理学进入大发展阶段的主要标志。中子不带电，容易钻入带电的原子核中使之分裂；用中子束轰击铀、钍等重原子核，可以使之分裂为质量接近的两个原子核；这裂变的产物

①核武器的威力以相当多少吨TNT（三硝基甲苯炸药）爆炸时释放的能量来表示，通常称为“吨TNT当量”。

在库伦斥力的作用下分离飞开，具有很大的动能；同时放出更多的中子，从而使裂变反应雪崩式发生，释放出巨大的能量。

物理学的成就很快转化为前所未有的战争武器。由于担心纳粹德国攻下欧洲，最终入侵美国本土，美国人实施曼哈顿计划，于1945年7月16日，爆炸了世界上第一颗原子弹。它标志着核时代的到来。为了避免美军在攻占日本本土时出现重大伤亡，美国人在同年8月6日和8月9日，分别向日本广岛和长崎投下约2万吨TNT当量的原子弹，瞬间夺去20多万人生命，广岛和长崎几乎完全被毁灭，日本投降以结束战争。

1949年8月29日，苏联第一颗原子弹试爆成功。此后，美苏两国核军备竞赛陷入空前激烈、难以自拔的深渊。1952年和1953年，美苏两国分别成功地试爆了威力更大的氢弹。氢弹是利用原子弹爆炸的能量产生高温高压，使氘、氚等重氢原子核能够克服相互之间的库伦斥力而发生自持的聚变反应，瞬时释放出巨大能量的核武器。较之原子弹，其技术性能更好，威力更大。例如，1961年苏联试爆了一个5800万吨TNT当量的氢弹，这是世界上威力最大的一次核爆炸。

到20世纪60年代中期，制造并成功地试爆核武器的国家发展到5个：美国、苏联、英国、法国和中国，被“不扩散核武器条约”（1970年3月5日生效）承认并视为有核武器的国家。这5国获得了合法拥有核武器的国际地位。1991年苏联解体后，俄罗斯继承它的核武器。1998年，印度不顾世人反对进行5次核试验，宣布自己成为有核国家。随后印度的宿敌巴基斯坦也进行5次对抗性核试验，步入有核国家的行列。据1997年英国《简氏武器系统年鉴》记述：印度、巴基斯坦和以色列实际上已经拥有核武器。此外，南非、伊朗、朝鲜、韩国、利比亚、巴西、日本、德国、澳大利亚、加拿大等许多国家和地区也都拥有核技术，具有制造核武器的潜力。

中国研制和拥有核武器，其真实的动因并不是为了应用，而是为了打破超级大国的核垄断和核讹诈。在拥有核武器的大国中，中国是最早倡导建立无核武器世界的国家。中国在1964年10月成功地试爆核武器时，就一再地呼吁全面禁止和彻底销毁核武器，并且单方面声明，中国在任何时候、任何情况下，都不会首先使用核武器，也不对无核国家和无核地区使用或威胁使用核武器。中国一直主张制定和签署一项全面禁止核武器的公约。

毁灭地球，只需要3000颗50万吨TNT当量的核弹同时或者连续爆炸；全球的核武器储量在20世纪80年代末达到顶峰，共有6万多枚核弹头（其中98%由美国和苏联制造），达到约200亿吨TNT当量，足以毁灭地球数十次。我们发掘恐龙的化石，谈论着恐龙的灭绝。如果核大战降临人间，人类将灰飞烟灭，变成放射性尘埃四处飘荡，连化石都不会给后来的物种留下。

在一场全球大规模热核战争中，核战争的直接杀伤效应（大火、核辐射、冲击波、放射性污染等）将很快造成总人口的一部分如几亿至十几亿人死亡，更多的人伤残，其余的幸存者将处于核战争的痛苦恐慌和核战争对全球气候的破坏所造成的“核冬天效应”的严重威胁之中。

核战之后地球上会出现什么状况？全世界许多国际科学组织和几十个国家的几百上千位科学家做了仔细的研究，得到了没有政治偏见和具有科学权威的比较一致的结论。1983 年 10 月，卡尔·萨根等 5 位美国科学家经过一年半研究，正式提出“核冬天效应”理论，引起全世界的关注。研究者以美苏使用 50 亿吨核武器在北半球进行核战争作为背景，建立物理模型，利用公开发表的核武器性能数据建立数学模型，运用计算机模型计算得出推论：在这种核大战中，可将 9.6 亿吨尘埃和 2.25 亿吨烟雾抛入空中，这些尘埃和烟雾吸收阳光而变热，产生上升气流，推向 30 千米高的同温层（平流层），使臭氧层遭到破坏。厚厚的尘烟遮盖天空，终日不散，地面上见不到阳光，白天和夜晚难以区分，整个地球将会变成暗无天日的灰色世界；植物的光合作用大大降低，气温将急剧下降 15～35 ℃，足以变夏天为冬天，变冬天为北极的冰天雪地；绿色植被冻死，农业减产以致崩溃；海洋河流冻结，来自放射性尘埃的高剂量辐射，杀死浮游生物而毁坏海洋河流的食物链。地球生态将遭到严重破坏，人类生存条件毁于一旦。这就是核冬天效应所带来的悲惨世界。没有哪个国家可以储存数十年的食物，没有哪个国家可以在核战袭击后保有干净的空气，没有任何一个人可以在核大战后活下来。“核冬天理论”让人们彻底明白了核战争的毁灭效应。核大战的代价几乎是人类文明的彻底毁灭！

1983 年，在华盛顿召开了“核战争以后的世界”问题讨论会。有苏、美等近 20 个国家的 500 名正式代表参加。会上，卡尔·萨根小组宣讲他们的学术报告：《核冬天：连锁核爆炸的全球后果》。此后有许多详细的研究工作证实了萨根小组的研究结果。苏联科学院的研究结果也证实了美国科学家的观点。这篇报告公开刊登在美国 1983 年 12 月 23 日出版的《科学》杂志上。

人类已经具备毁灭整个人类的能力。核打击者不可能使对手完全地丧失报复能力，哪怕只有 10％的核力量幸存下来，核报复就足以让进攻者遭到灭顶之灾。在核大战中不会有胜利者，它只是相互交换的自杀，是人类完完全全的自取灭亡。即使如此，不可能也不应当就轻率地得出人类绝不会走上这条自杀道路的结论。

在 1950—1953 年的朝鲜战争、1954—1958 年的台湾海峡对峙中，美国曾试图使用和威胁使用核武器。例如，1951 年，美国在哈德逊港演习中模拟对朝鲜半岛上敌对目标实施核打击；1953 年，艾森豪威尔总统几乎做出了对中国使用核武器的决定，只是担心苏联介入而放弃。

1962 年，为了防止美国入侵古巴，也为了扩大自己在拉丁美洲的影响，改变在美苏核对抗中所处的劣势，苏联秘密地将导弹核武器运进古巴部署。美国侦察机发现后，肯尼迪总统下令 68 个空军中队和 8 艘航空母舰护卫，180 艘军舰出动，封锁古巴海域。美国战略轰炸机携带核弹升空，战略核潜艇出海，洲际弹道导弹和全球美军处于核战备状态，并集结了庞大的登陆部队，剑拔弩张地准备打一场全球性的核战争。美国 U-2 飞机在苏联的远东地区飞行，几乎引起美苏空战；在古巴上空，一架 U-2 飞机被苏联防空导弹击落。美国准备轰炸古巴进行报复，而苏联则试爆了一颗原子弹作为回应。一场核大战一触即发。这是冷战期间美苏两大国之间最激烈的一次对抗。美苏双方在核弹按钮旁边徘徊，世界处于千钧一发之际。这次危机仅仅持续了 13 天，最后双方做出妥协和让步，即苏联从古巴撤出导弹核武器，作为交换，美国承诺不入侵古巴，并且从土耳其撤走“木星”导弹核武器而告终，这样避免了一场核浩劫。古巴导弹危机至今仍被认为是人类存亡的最危险时刻，人类空前地站在了核战毁灭的边缘。

1969 年，中国和苏联在东段边境的珍宝岛发生了边境战争。珍宝岛之战是核时代发生的核大国之间唯一的一次真正的武装冲突。苏联最高领导层试图使用核武器，对中国实施先发制人的核攻击。为此，苏联通过驻外武官试探美国的态度，美国给予了明确的回绝，并将相关情报通报给中国。

20 世纪 70 年代之后，情况有了一些转机。从 1963 年开始，美国和苏联（苏联解体后，俄罗斯接替）举行一系列会议，谈判防止核武器扩散和双方削减战略武器问题。历经艰难曲折的谈判，达成和签订了若干条约和协议。1991 年，美苏正式签署《削减和限制进攻性战略武器条约》，1994 年 12 月生效，有效期 15 年。2010 年，美俄签署《新削减战略武器条约》。此外，1995 年，《不扩散核武器条约》得以无限期延长。1996 年，《全面禁止核试验条约》在联合国以 158 票赞成，5 票弃权，3 票反对得以通过。遏制核武器的发展和使用为世界上绝大多数人所接受。核武器的数量有所减少，核战的威胁有所减轻。

即使有了这些进展，我们不能也无法过分乐观。世界各地频繁的武装冲突和局部战争，无疑增大了局部核战争的危险性。谁能保证那些偷偷地拥有核武器的国家为了避免失败不会孤注一掷地使用核武器？设想如果原子弹在希特勒或东条英机手中制成，这些战争狂人不可能不发动核战争来挽救他们将要灭亡的命运！数万件核武器存在，谁能保证它不会失控而导致世界陷入核灾难之中？控制系统的一次事故，领导人的一次误判等，都可能引发核大战，至少是局部的核战争。在现时代，核武器可能落入恐怖主义者之手，恐怖分子滥用核武器将会造成难以估量的危险和威胁。更为严重的是，美俄关系一直处于恶化之中，如果美俄矛盾尖锐化至难以化解，条约成员国可能随时退出相关条约。世界储备了大量核武器原料钚和铀，核武器的数量可以在短时间内回升。核战毁灭的威胁就会恢复原貌。

潘多拉魔盒已经打开，恶魔在人间弥漫。只要在世界上存有核武器，就不能排除使用核武器的可能性。难道人类真的就是既智慧又愚蠢的动物？发达的文明难道真的就逃脱不了为争夺资源而自相残杀、自我毁灭的命运？如果人类不想在处于上升阶段的某个时刻就划上毁灭的句号，世界各国必须一起来消灭核武器！

3　大型陨星撞击、超级火山喷发等巨大的自然灾难

大型陨星撞击和超级火山喷发还没有引起人们的广泛注意和高度重视。我要郑重地指出并且详细地论证：这是人类面临的现实的巨大的毁灭性灾难。

§3.5 已经说到，现代科学确认，恒星形成于分子云。太阳系是在 46 亿年前由一个原始星云形成的。分子云的质量和尺度很大，主要成分是氢、氦和少量的固体尘埃。原始星云一开始就在自转，同时由于自引力而收缩；由于角动量守恒，自转逐渐加快，星云逐渐变偏，形成星云盘，经过约几千万年的引力收缩和质量外向流失过程，最终演化成太阳系。中间部分演化为太阳。外向抛出的物质作为太阳外部边缘部分，形成许多大小不同的数以万亿计的“星子”，围绕着太阳旋转。在同一轨道附近的星子相互碰撞又相互结合，大星子吸积周围的尘埃和小星子，形成了原始的地球和其他行星。

在类地行星（包括水星、金星、地球和火星，分别距太阳 0.39，0.72，1.00 和 1.52 天文单位）和类木行星（包括木星、土星、天王星和海王星，分别距太阳 5.20，9.54，19.18 和 30.06 天文单位）之间，有几千万个小行星（约占已知的小行星的 90%）分布在离太阳 2.17～3.64 天文单位的空间范围内，形成小行星带。木星质量很大，等于地球质量的 318 倍，所有大行星质量总和的 2.5 倍。这么多小行星能够被聚集在小行星带的轨道上，除太阳的万有引力以外，木星的万有引力起着更大的作用。另外，也有许多小行星分布在土星和海王星之间或海王星之外（所谓柯伊伯带）。在小行星中，有一类轨道偏心率较大，以至其轨道与地球轨道相交。这类小行星被称为近地小行星。它们在运行过程中可能与地球撞击，或者因为运行到太靠近地球的位置被地球引力所拉曳而坠落于地球形成撞击事件，给地球上生物的生存带来巨大危害，甚至造成地球物种的大灭绝。

超级火山喷发也是人类面临的毁灭性灾难。

地球的赤道半径约 6378 千米，极半径约 6357 千米。地球的内部由外向内可以

划分为地壳、地幔和地核三个主要圈层。三层之间的两个界面依次称为莫霍面和古登堡面。地壳是地面以下、莫霍面以上的固体外壳，主要由岩石组成。地壳是地球表面的一层薄壳，其厚度大致为地球半径的 1/400，但各处厚度不一，大陆部分平均厚度超过 37 千米，而海洋部分平均厚度则只有约 7 千米。一般说来，高山、高原部分地壳最厚，如我国青藏高原地壳厚度达到 72 千米。地幔是地球内部介于地壳和地核之间的圈层，从莫霍面以下到古登堡面以上，即从地壳底界到约 2900 千米。地幔主要由含铁、镁的硅酸盐类矿物组成。地幔分为上地幔和下地幔。上地幔上部存在一个软流层，在高温下可以缓慢流动，一般认为这里可能是岩浆的主要发源地。地壳和上地幔顶部（软流层以上）是由岩石组成的，合称岩石圈。地核是地球的核心部分，即古登堡面所包围的球体，深度从地表下 2900 千米直至地心。组成地核的物质可能是高温和高压状态下的铁和镍。地核分为外核和内核。外核物质在高温高压下呈液态或者熔融状态，相对地壳“流动”，可能是地球磁场产生的主要原因。一般认为地球内核呈固态。

地球内部的压力和温度随深度的增加而增加。100 千米深处的地幔温度约 1500 ℃，地幔与地核交界处的温度约 4500 ℃，地心温度在 6000 ℃以上。热能主要来源于地球内部天然放射性元素的衰变。

板块构造学说认为，地球岩石圈并不是整体一块，而是被一些断裂构造带，分割为欧亚板块、太平洋板块、美洲板块、非洲板块、印度洋板块和南极洲板块六大板块；每个大板块内部还可以划分若干小板块，例如可可板块、智利板块等。它们“漂浮”在软流层之上，各板块之间发生相对的缓慢漂移。板块运动导致了造山运动、地震、火山和其他大地质事件发生。

地幔中 100 千米深处的岩石在 1500 ℃高温下呈现熔化状态，成为熔岩或岩浆。它们在高压下通过上层地壳的岩石缝隙中喷涌出来，最后喷出地面。这就是火山喷发。与普通圆锥形火山喷发不同，超级火山是能够超大规模爆发的火山，岩浆从巨大的峡谷中喷发出来，火山口绵延尺度达数百上千千米。

在地球的演化史中，地质年代用作描述地球历史事件的时间单位。利用地质学方法和同位素技术，对全球地层（岩石和生物化石）进行对比研究，综合考虑地层形成、生物演化和古地理特征等因素，把地质历史分为：

冥古宙（距今 46 亿—40 亿年）；

太古宙（距今 40 亿—25 亿年）；

元古宙（距今 25 亿—5.41 亿年）；

显生宙（距今 5.41 亿年至现在）。

显生宙指古生代寒武纪以来的时期。自寒武纪开始，生物逐渐地向较高级的发展阶段进化，动物已具有外壳和清晰的骨骼结构。显生宙分为：

古生代（距今5.41亿—2.52亿年），分为寒武纪、奥陶纪、志留纪、泥盆纪、石炭纪和二叠纪；

中生代（距今2.52亿—0.66亿年），分为三叠纪、侏罗纪和白垩纪；

新生代（距今0.66亿年至现在），分为古近纪、新近纪、第四纪。

最初，地球轨道附近还分布着许多尚未吸附的小星体，地球内部也极不稳定；地球处于高度的混乱状态中，频繁的陨星撞击和火山爆发，不断地、重复地破坏着地壳。太古宙之后，地球轨道附近的小星体已经彻底清除，地球轨道在接近其现代的位置上固定下来。

在太古宙与元古宙就应当有过物种大灭绝事件，但是那时以菌藻为主，因此，只留下了撞击坑，缺乏生物化石的记录。根据其后的化石记录，在显生宙，地球上至少发生过20次明显的物种灭绝，其中有5次大灭绝事件发生，即：

①奥陶纪（距今4.85亿—4.44亿年）末期；

②泥盆纪（距今4.19亿—3.59亿年）末期；

③二叠纪（距今2.99亿—2.52亿年）末期；

④三叠纪（距今2.52亿—2.01亿年）末期；

⑤白垩纪（距今1.45亿—0.66亿年）末期的生物大绝灭。

大型陨星撞击、超级火山喷发和气候大变化（即3次大冰期）是发生这5次物种大灭绝事件的基本原因。这里扼要地介绍第3次和第5次物种大绝灭事件。

第3次即二叠纪末期物种大绝灭事件发生在约2.52亿年前，这是地球史上最大、最严重的物种灭绝事件，导致了95%以上的海洋生物和75%以上的陆地生物的物种灭绝。大量的生物灭绝殆尽，整个海洋、陆地都陷入死寂的状态。研究指出，在灭绝事件约500万年后，地球生态系统才开始复原；3000万年之后，进入三叠纪晚期，地球生态系统才完全复原。当然，作为结果，生态系统获得了一次彻底的更新，为恐龙统治地球铺平了道路。第3次大灭绝事件是地球历史从古生代向中生代转折的里程碑。

关于二叠纪末期物种大绝灭的原因，科学家还没有完全统一的意见。当然，原因离不开大型陨星撞击、超级火山喷发、气候大变化等。问题在于，主要原因是什么？是否找到了确切的证据？许多科学家倾向于下面的叙述。

在二叠纪中期至末期，地球大陆板块运动活跃，地表上所有大陆聚合成盘古大陆，称为泛大陆，周围由泛大洋环绕着。盘古大陆形成，使全球的生态环境和生态系统发生很大变化。例如，大部分海洋生物栖息的海洋浅水区域大部分消失；泛大陆海岸形成季风气候，广大的内陆则形成干旱气候。重要的是，大陆板块构造的巨大变化导致了强烈地震和超级火山喷发的频繁发生。西伯利亚暗色岩火山喷发是地质史上已知的最大、最强烈的火山喷发。近期研究确认，它发生在2.5120亿年前（误差为30万年），接近二叠纪末期。连绵数千千米的地壳被火山熔岩撕裂，岩浆如洪水般地喷出，在上千万平方千米的土地上肆虐蔓延。相当于现在俄罗斯国土的一半都是熔岩分布区。喷发释放大量的火山尘埃和甲烷、二氧化硫、二氧化碳等温室气体，同时降低了地球大气中氧气的含量。

关于火山喷发的后果，现今存在两种彼此对立的证据和估计。一种估计认为，巨量的火山尘云和气体遮挡阳光，显著地降低了地球表面温度，气候变冷，冰川广泛生成和分布，海平面降低，反过来又对气候和环境产生深远影响，导致物种大规模灭绝。另一种估计认为，大规模火山喷发造成大气中甲烷、二氧化碳浓度快速增加，温室效应加剧，火山喷发出的热气无法扩散，导致全球的气候变暖。全球的平均气温在数十年之间由15℃剧烈升高至40℃。这就摧毁了剩余的大部分植物。有毒气体与植物消失等因素使得大气含氧量迅速下降，又毁灭了很多动物。全球气候变暖并干旱化，造成大规模的森林野火事件频繁发生，森林快速丧失。森林的破坏使地表风化加剧，地表土壤系统快速崩溃，导致生物大量灭绝。两种估计都获得若干证据的支持。

我认为，火山爆发的这两种后果都是可能发生的，问题仅仅在于，按照火山喷发的具体情况，这两种后果发生的时间先后顺序和影响的程度各不相同。如果撇开巨量高温的岩浆喷出造成短期的地表升温不谈，火山尘云遮挡阳光持续多年，导致气候变冷，肯定是首先发生的变化；待火山尘云落下，温室气体却会在更长时期内在大气中存在，后续的变化则是全球气候变暖。

最近发现，2.52亿年前的二叠纪末期，发生过一次直径8～11千米的小行星撞击地球的事件，遗留的撞击坑位于现在澳洲海岸附近的海洋之中，直径大约200千米。有科学家认为，正是这次小行星撞击地球导致了二叠纪末期的生物大灭绝。

也许正是上述多种事件连锁交错，恶性循环，日趋严重，反复折腾造成生物大规模灭绝。从此，地球进入一个长达500万年以上的生命萧条期。

第5次即白垩纪末期约0.66亿年前发生的物种绝灭，是地球史上第二大物种大灭绝事件。科学家比较一致地认为，那次事件是因为直径为7～10千米的小行星撞击地球导致了全球生态系统的崩溃。§3.4描述了大型陨星撞击墨西哥湾沿岸，导致熔岩喷发、火山爆发、海啸汹涌；大量的尘埃和气体进入大气层，遮天蔽日数年，全球温度急剧下降，最终导致物种灭绝，统治地球达1.6亿年的恐龙随之灭绝了。恐龙灭绝为哺乳动物和人类的登场开辟了道路，这是地球历史从中生代向新生代转折的重要标志。

大型陨星撞击、超级火山喷发是人类正面临着的毁灭性威胁。

截至 2009 年 4 月 9 日，已经确认轨道并获得国际永久编号的小行星达到 212999 颗，其中直径超过 100 千米、30 千米和 1 千米的小行星分别有约 200 颗、1000 颗和 100 万颗。最大小行星直径超过 1000 千米。在 2011 年 9 月之前发现的中等大小的近地小行星有大约 19500 颗，已知其中数百颗直径超过 4 千米。这些近地小行星中的任何一颗一旦撞击地球，都将带来毁灭性的破坏。据统计，直径大于 2 千米的小行星撞击地球，约 50 万年发生一次；直径大于 6 千米的小行星撞击地球，上亿年才可能发生一次。如果计算直径大于 30 米的近地小行星，那么它们的总数有 130 万，平均每 200 年撞击地球一次。

2012 年发现的小行星 2012DA14 是一颗典型的近地小行星，直径约 50 米，它的运行轨道与地球相似。它在 2013 年 2 月 16 日以 46800 千米时速掠过印度尼西亚苏门答腊岛上空时，距地球只有 2.7 万千米，比人造地球卫星还要近。它是有记录以来最接近地球的小行星。以后大约每 40 年会飞掠地球一次。如果它撞击地球，至少可摧毁一座大城市。谁能确保它不会撞到地球上？

2014 年 5 月 3 日凌晨 4 点多，编号为“2014GY48”直径 800 米左右的小行星飞掠地球，距离地球仅 0.11 天文单位。它会再次返回，向地球飞来。

目前已知对地球威胁最大的近地小天体，是 2004 年发现的阿波菲斯小行星，直径约 320 米；它一旦撞上地球，将释放出 11 万颗广岛原子弹爆炸所产生的能量。据专家测算，它将于 2029 年 4 月 13 日与地球擦肩而过；运行到离地球最近距离约 3.5 万千米处。这接近地球同步卫星的高度，不到月地距离的 1/10。在天文学上这是极为靠近的危险的距离，考虑到各种复杂因素（如受外力扰动而偏离轨道），谁能保证它不会撞上地球呢？在埃及神话中，“阿波菲斯”是古老的毁灭之神，如此命名表达了这颗小行星可能给人类带来前所未有的灾难性威胁。全球有 100 多个研究小组从事阿波菲斯小行星的研究，希望在它接近地球时能降低或者排除它撞击地球的可能性。

仅限于列举以上几例。近地小行星或者小天体撞击地球只是时间的问题，而不是可能性的问题。人类已经接近具备微量地影响小行星运行轨道的技术能力。但是，人类的现有技术无法完全有效地观察和防御小行星撞击地球。通过广泛的国际合作，采取行动，有可能避免这种撞击发生。但是，人类并没有确定的把握做到这一点。一旦大型陨星撞击地球，后果将不堪设想。

小行星坠落于地球上，与地球发生猛烈的碰撞，接踵而来是地壳内部的熔岩喷发、强烈的火山爆发、汹涌的海啸巨浪，还有遮天蔽日的尘雾能持续几年之久，造成地球表面的物种大灭绝。直径大于几百米的小行星撞击地球，这是地球难以承受的，将给地球上的生物和人类社会带来毁灭性的破坏。

较之大型陨星撞击，超级火山喷发也许是人类面临的更为巨大而且无法逃避的毁灭性威胁。

如前所述，二叠纪末期，已知地质史上最强烈的西伯利亚暗色岩火山喷发，导致地球历史上最大、最严重的物种大灭绝事件，从此，地球进入了长达500万年以上的生命萧条期。3000万年之后进入三叠纪晚期，地球生态系统才完全复原。

地球上每5万年就可能发生一次超级火山喷发。已知最后一次超级火山喷发，发生在约7.35万年前印度尼西亚苏门答腊岛上的多巴。人们今天还能够看到一个长约100千米、最宽处约30千米的巨洞，它就是如今印度尼西亚的多巴湖。多巴火山喷发时，它喷出的硫酸烟尘如此之多，遮蔽了整个地球达好几年之久，地球处于一片如月色般的昏暗之中。在随后的几十年里，地球平均气温下降5～15 ℃。现代人探究多巴火山的威力，在世界各地发现了当年火山喷发的遗迹：火山灰遍布整个印度洋海底、印度大陆和南中国海，甚至在格陵兰冰原上都有沉积。多巴火山爆发造成地球上60%以上的生命死亡，差一点使现代人类的祖先全部丧生，只有少数的不到2万人幸存，保住了人种。美国斯坦福大学和俄罗斯科学学会的科学家通过对现代人类起源和人类基因的多年联合研究得出惊人的结论：大约7.4万年前，地球上人类的祖先曾差点濒临灭绝的边缘，人口最少的时候，地球上仅有2000多人，而且全部在非洲。目前地球上的70多亿人口，其实都是这2000多位人类祖先繁衍出来的。相关的研究成果发表在2007年美国科学杂志《人类基因》和2008年《美国人类遗传学杂志》上。

超级火山喷发在不久的将来可能再次发生。一个超级火山正好位于美国著名的黄石国家公园地底下。1959年，美国国家航空航天局（NASA）和众多的地质学家合作研究确认，9000千米^{2}的黄石公园本身就是一个巨型的火山口。黄石火山是世界上最大的位于陆地上的超级活火山。以黄石湖西边的西拇指（West Thumb）为中心，东西向约48千米，南北向约160千米，构成巨大的火山口。它最早的喷发发生在约1650万年前，此后喷发过上百次。有据可查的最近三次是：第一次喷发距今约210万年前，喷出的岩浆和火山灰覆盖了今天美国国土面积的1/2；第二次喷发在约130万年前，规模稍小；第三次喷发在约64万年前，造就了现今黄石公园的面貌，向外抛出的巨量火山灰覆盖了大半个美国。据专家测算，黄石火山的喷发周期为60万～80万年，现在已经进入新一轮喷发的活跃期。

以前认为，在黄石超级火山口下面蕴藏一个直径约70千米、厚度约10千米的岩浆库，这个巨大的岩浆库离地面最近的距离处仅为8千米，而且还在不断地膨胀着。据最新发表在《科学》（*Science*）期刊的研究论文报道，这个地底熔岩量大于过去的预期，熔岩库深入到黄石公园地底下的更深处，是前述岩浆库的 4 倍多。

科学家认为，地面隆起、地震、间歇泉喷射异常是火山爆发的前兆。从 1923 年至今，黄石公园中心地区的地面已经上升了大约 1 米。公园大片地区会突然鼓胀起来。例如，2003 年黄石湖底隆起一个 30 多米高、610 米长的“大包”。这肯定是热液爆发的结果，也是大规模热液爆发的先兆。黄石公园每年发生约 2000 次地震。有时接连几天，每天发生十几次地震，最高达里氏 3.5 级至 4.5 级。间歇泉喷射的水柱高达 120 米，其间歇期和喷射高度变化多端，毫无规律。例如，1989 年一处间歇泉有高热的水柱伴随着上万吨泥土岩石以超音速炸开，留下一个直径约 5 米的大坑。一些间歇泉异常地喷出灼热的火山气体或沸腾的酸泥。黄石公园地热异常，导致地表温度升高，沥青地面熔化以致汽车无法行驶。总而言之，黄石火山频繁地显露出喷发的征兆。

谁也不知道黄石火山下一次喷发究竟在何时发生。但是，人们知道，下一次喷发可能并不遥远，喷发一定是超级的，它将给人类带来巨大的灾难。

目前，科学家们已经证实了近 40 个超级火山喷发的热点。除了上述多巴火山和黄石火山之外，美国长谷火山、新西兰陶波火山、玻利维亚乌图伦古火山等都是超级火山，并进入了活跃期，地下岩浆正在急速膨胀。超级火山猛烈、持续的大规模喷发，火山灰云遮天蔽日，持续数月以至数年，可能改变整个地球气候，甚至使之进入冰河期，威胁着生命的存在，导致所有物种的灭绝。超级火山喷发是人类面临的最大自然灾难。

控制超级火山的大规模爆发是地球科学的或者说人类的巨大课题！

4　为人类的和谐、平安、幸福、发展和长存而努力

我用 10 多页的篇幅叙述了人类面临的危机。为什么要在一本哲学著作中详细地叙述人类面临的危机的基本事实？

马克思和恩格斯说：“对现实的描述会使独立的哲学失去生存环境，能够取而代之的充其量不过是从对人类历史发展的考察中抽象出来的最一般的结果的概括。这些抽象本身离开了现实的历史就没有任何价值。”（1. P. 153）这就意味着，哲学是对世界的现实事物及其运动变化的客观实在的总结和概括。脱离了客观的事物和现象，哲学理论就成了无源之水，无本之木。

我们看到，近 70 年来，人类对自然进行了巨大的改造，人类自身得到了极大的发展；与之同时，给自然带来了巨大的破坏。人类对自然的需求，人类变革、改造自然的传统观念和传统方式，已经达到和超过了地球所能承受的极限；人类

濒临灾难的边缘。此言决非危言耸听！

首先是地球生物的多样性受到了有史以来最为严重的威胁。地球上相互依存的所有物种面临着生存的问题。生存问题也许最后会从生物界扩展到人类。许多人在思考一个问题，即我们能够给下一代留下什么？是尽可能丰茂的世界，还是一个生物种类日渐贫乏，或者被彻底摧毁、污染的地球？生态环境的危机，核战毁灭的威胁，大型陨星撞击、超级火山喷发等可能的巨大自然灾难，威胁着人类的生存。仔细地比较大自然的变化，母亲地球已经敲响了警钟。人类改造世界的美梦蒙上了一层阴影。难道6卷本的古印度史诗《摩诃波罗多》描绘的惨烈的场景都是真实的历史——高级的文明最后都会因为自私的基因，凭借高度发达的技术内斗而自我毁灭？难道不曾孤独来世的人类，凭借着自己高度发达的技术，定要贪婪地、盲目地剥夺环境中所有其他生命的生存权，最后连自己也不得不孤独地在这个星球上消失？

美国前副总统阿尔·戈尔在他的生态名著《濒临失衡的地球》[5]中写道："现在我们面对的是急速恶化的全球环境，这类听天由命带来的将是灭顶之灾。现在谁还敢说出了什么毛病世界都会自行解决？我们大家必须齐心合力，敢作敢为，从根本处改造我们的文明。"他又说："我对全球环境危机的研究越深入，我就越加相信，这是一种内在危机的外在表现。"

在古代，以老子和庄子为代表的中国哲学家，就对人与自然的关系进行了深入探讨，阐发了重要的生态哲学思想："天地与我并生，而万物与我为一。"（《庄子·齐物论》）我们既要反对因为敬畏自然而无所作为，更要反对改造自然的狂妄。企图征服一切，急于征服一切，盲目地征服一切，不会给人类带来任何好处，招致的只是对于自然的破坏。是的，人类面临的危机是一种内在危机的外在表现。要成功地解决人类所面临的危机，最为重要的是，必须彻底改变那些完全错误的观念。

> 哲学家们只是用不同的方式解释世界，马克思说，问题在于改变世界。人类社会的进程提出了当代最为重要的问题，那就是：如何改变世界。哲学必须关注和引领人们如何改变世界，使地球的自然环境和社会环境适合或者更加适合人类的生存和发展，而不至于导致人类社会的毁灭。

任何事物都避免不了产生、发展、衰退和最终灭亡的命运。科学已经预言了太阳系（包括地球）未来的末日。人类是否必然要灭亡？何时灭亡？如何灭亡？哲学家们可能发表各种见解。人类能否永存？§11.5 再做讨论。如前所述，对于人们可以影响其进程的事物，对于适当的变化和适当的稳定性、不变性的追求，正是人们努力的目标。现在离太阳系末日还很遥远，我们要为人类的和谐、平安、幸福和长存而努力。

§11.3 人与自然的对立和和谐
——对于人和自然的关系应持的观点和对策

第十章序言中已述，在人类社会中生产力与生产关系之间、经济基础与上层建筑之间、社会存在与社会意识之间，以及人与自然之间的矛盾，是人类社会的四对基本矛盾。本节论述人与自然的对立和和谐。

如前所述，自然界是人类与人类社会赖以产生、存在和发展的基础和前提。在广袤的宇宙之中，地球作为人类唯一的家园，有着适合人类生存的自然环境和物质资源。许多自然资源，如阳光、空气和水，湖泊、森林、原野等，能够直接为人类所利用。大多数自然资源，作为“自在之物”，不能作为现成的物质生活资料，自动地满足人们的生活需要。人们只能通过生产劳动，利用自然和改造自然，生产满足生活需要的资料。在长期的历史发展过程中，人们总是希望深刻地改造自然，改造得愈多，愈能满足人们的需要。但是，与之同时，人也给自然造成了巨大的伤害。这就是人与自然的基本的对立和和谐。

要讨论人与自然的关系，首先要回顾上节用10多页的篇幅所叙述的人类面临的危机。要成功地解决人类面临的危机，最为重要的是，必须彻底改变至少对于当代来说是完全错误的观念。对于人类和自然的关系应持的观点是：敬畏自然和顺应自然；倡导和实施生态中心主义，向现代生态文明社会转换；科学技术是一把双刃剑：借重科学，但是不滥用科学；控制世界人口数量，珍惜地球上有限的资源；防止大型陨星撞击，控制超级火山爆发。

1 敬畏自然和顺应自然

在20世纪40年代之前的中国，大多数的普通百姓对于自然充满着敬畏之情：杀死一只飞鸟，视为人生的罪过；砍倒一棵大树，事先必须焚香秉烛，告慰神灵。后来，技术的进步，“思想的解放”，人们的思想观念完全变了。“战胜自然，人定胜天！”——这是当年最为响亮的口号。“人是自然的主人，人要征服自然！”——成了无可置疑的主导思想。

征服自然，会有什么后果？中华民族其实是有深刻教训的。

在遥远的古代至先秦时期，黄河流域尤其是黄河中下游地区，原始森林密布、森林草原相间、气候温暖湿润、山川秀美怡人，这是中华民族的摇篮，中华文明的发祥地。早在一万年前，六七千年前，以至四五千年前，华夏祖先在这里创造了光辉灿烂的仰韶文化、大汶口文化和龙山文化。《孟子》描绘先人生活时说：“草木畅茂，禽兽繁殖。”《穆天子传》记述周穆王西行狩猎：“得麋、豕、鹿四百又二十，得二虎，九狼。”《诗·大雅·桑柔》篇说：“瞻彼中林，甡甡其鹿。”许多的典籍细致地描述了当时这里植被繁茂，飞禽遍野，走兽成群的繁荣景象。古老的华夏文明正是在这样的生态环境中产生和发展起来的。毛泽东说：“没有黄河，就没有我们这个民族啊！”

详细地回顾黄河流域的自然环境和人文环境的历史变迁，可以写成一部几十万字的巨著。这里我只想简单地概述如下。从战国开始，经秦汉、唐宋，到元明清时期，随着人口数量的不断增长，为了生存，砍伐森林，辟地种田；建造宫殿、民宅、坊市和店铺，做饭、取暖和炼铁等各种手工业，消耗大量的木材和木柴；实行军屯、商屯、民屯，开垦土地，发展农业，以至无处不垦、无地不垦。超过自然所能承受的限度，森林草原植被逐渐地遭到破坏，生态环境逐渐地发生变化。青山绿水变成荒山秃岭、盐碱沙地、黄土高原。森林破坏加剧水土流失，到明代黄河含泥沙量达十分之六，清代上升到十分之七。泥沙淤积在河道内，河床逐年升高，黄河成了世界著名的“悬河”，河床滩面高出背河地面一般 3～5 米，在河南封丘县曹岗，竟然高出地面 10 米。气候随生态而变化，变得干燥少雨。从 1972 年开始到 1999 年的 28 年间，黄河下游有 22 年断流。1996—1998 年连续 3 年每年断流时间均超过 100 天，其中 1998 年长达 144 天；1997 年断流河段长达 700 千米，占下游河长的 91%。

黄河流域的生态环境遭遇了沧桑巨变。黄河，伟大的母亲河！几千上万年来，“黄河之水天上来，奔流到海不复回。”（李白的千年佳句）我们难道要让她在中国大地上呻吟和消失？华夏儿女难道还没有看清楚，战胜自然，过分地榨取大地母亲的乳汁，既伤害了母亲，最终也会伤害自己和子孙后代？

如果说黄河流域的生态环境恶化还只是区域性的危害，那么，现在人类面临的危机则是全球性的和更为根本的。人类继续沿着传统的道路走下去，势必加速对于自然的破坏，最终必然导致人类的灭亡。

人们常常把人与自然对立起来，宣称要征服自然。殊不知人类实际上只是大自然机体上极小的一部分；与大自然比起来，人类的力量微不足道。自然是征服不了的，人类只能顺应自然。

§3.4说，现代天文学确认，我们观测所及的宇宙（“我们的宇宙”），其尺度约137亿光年，包含1000亿个以上星系。我们的银河系只是一个中等尺度的星系，直径约8.5万光年，包括约1000亿颗恒星。地球是我们的恒星——太阳系的一颗行星，其赤道直径约为12756千米，不到1/20光秒。这清晰地说明：人类和人类生活的地球表层、大气层，相对浩瀚的宇宙来说，实实在在地只是沧海之一粟。

宇宙中物质力量是非常巨大的，大得无法想象。例如，20世纪90年代以来，现代天体物理学已经确认[2]：恒星形成于分子云；几乎所有恒星在其演化的早期，必须经历一个猛烈的、非常高能的向外抛射巨额质量的（所谓双极外向流）阶段。典型的双极分子外向流能量高达10^{36}～10^{40}焦耳；最高速度达100千米/秒以上；尺度在0.3至16光年之间；维持时间大约3×10^{4}～1×10^{5}年；向外抛射的质量为0.01～100个太阳质量。其中物理量的实际取值，主要决定于形成恒星的气体分子云的质量。请反复读读这组数据。想想这是一种什么样的图景啊！要知道，地球的质量不到太阳质量的百万分之三，高速列车的最快速度不到0.1千米/秒。人类拥有的那点能量与双极外向流比较，不及其沧海之一粟。

有人会说，那种与人分隔开来的自在自然，对人来说也是无。真是这样吗？大型陨星撞击、超级火山喷发已经导致地球上发生过5次物种大灭绝，现在仍然是人类面临的毁灭性威胁。所谓大型陨星撞击，不正是太阳系在其形成的过程中向外抛出物质，形成许多大小不同的一粒粒“星子”，作为太阳系的外部边缘组分，围绕着太阳旋转，可能与地球相撞吗？一颗直径几千米或者几十千米的“星子”的撞击，就会让地球上的人类社会毁灭殆尽！

与大自然比较，人类的力量的确是微不足道的。尽管人类的飞船飞上了太空，开始了解微观世界的奥秘，但人类根本没有沾沾自喜的理由。在大自然看来，人类翻飞的这片空间，不过是在咫尺之间，运用庄子的比喻，如同展翅九万里高空的鲲鹏看待池泽之中的麻雀，腾跃于蓬蒿丛中（见《庄子·逍遥游》）。尽管庄子其文汪洋恣肆，极富想象，这个比喻仍然远远地放大了人类活动空间的相对尺度。人类依赖大自然，又必须避开大自然的不利影响和毁灭性破坏。但是，人类至少不能自己主动地破坏自己所生存的环境。

我们的态度是：敬畏自然！研究自然，顺应自然，利用自然，改造自然！

首要的原则是敬畏自然和顺应自然。为了顺应自然，必须研究自然和认识自然。研究自然、认识自然，理解自然界运动变化的规律；在此基础上，顺应自然，利用自然和改造自然，避开自然带来的灾难，创造人类的未来。

2　倡导和实施生态中心主义，向现代生态文明社会转换

人类社会是自然界长期发展的产物。人类的生存和发展，离不开地球的自然环境。自原始社会之后，人类社会经历了农业文明和工业文明两个时代。

§10.3 叙述了人类社会早期发展阶段的历史。早期的人类生产力低下，依靠狩猎和采集为生。在长期的生产劳动中，逐渐地尝试、学会制造和使用工具。从新石器时代开始，从采集和狩猎转变成主要依靠种植和饲养、农耕和畜牧，满足人类自己的需要。原始社会进入农业文明阶段。

经历奴隶社会和封建社会之后，手工业开始发展起来。从行会手工业、工场手工业到机器大工业，资本主义生产方式产生，人类文明出现了第二个重大转折，从农业文明转向工业文明。

17 世纪牛顿力学的建立和蒸汽机的发明，标志着近代科学技术的产生。至 18 世纪玻耳兹曼的热力学和统计物理学、19 世纪法拉第-麦克斯韦的电磁场理论先后创立，伴随而来的是蒸汽机、热力机、发电机、电动机和电磁波的发明和使用，生产技术出现了真正的飞跃。

人类依赖和运用科学技术，发展出强大的生产力，控制和改造自然，取得了空前的胜利。从蒸汽机到化工产品，从电动机、电气化到原子能反应堆，广泛地利用化石能源，大规模地开采各种矿产资源，机械化的大生产，同时以工业武装农业。科学技术革命建造了一座座人化自然的丰碑。

大机器代替人手操作，摆脱人手的数量、速度、准确程度和熟练程度的限制；加上热机、电动机代替人的体力，这就开辟了生产力巨大和高速发展的可能性。20 世纪出现电脑，代替人脑对机器实施控制和管理，生产进入自动化时代。人手操作—大机器生产—自动化生产这一历史形态的演变，使人类具备了利用和改造自然的巨大力量。

人类凭借理性和知识的力量，不再畏惧自然。人类以“自然的征服者”自居。如果说在原始时代，人是自然神的奴隶；在农业文明时代，人们祈求神明保护而农耕和畜牧；那么，在工业文明时代，自然界不再具有以往的神秘和威力，人类仿佛觉得自己已经成了征服和驾驭自然的“神”。人类再也无须像中世纪那样，借助上帝的权威来维持自己对自然的统治。工业文明的出现使人类和自然的关系发

生了根本性的改变。

迄今为止的人类的发展史是一部人类改造自然，发展生产、追求增长的历史。以追求物质生产和消费为核心的价值体系不断推动着人类向自然进军，征服自然，改造自然。一切以是否有利于促进生产力发展，是否有利于提高经济效益为衡量社会进步的根本标准。人们在挣脱自然的束缚，发展自身，塑造自己。对于物质财富的追逐是发展的动力，科学技术则是发展的手段。现代科学技术装备起来的人类日益强大起来，在征服和改造自然的过程中获得越来越多的主动权。这使得现代人类洋溢着乐观的情绪，盲目地骄傲起来。

工业文明的崛起及其发展模式建立在人类中心主义的立场上。人类中心主义主张人类是自然的中心，应当以人类的利益和价值为根本尺度去评价和支配整个世界；人类享有对于自然的绝对权利，人的意志决定一切，人对于其他物种具有绝对支配的地位。按人类中心主义，人类是自然的主人和自然的征服者、剥削者和统治者。人们把自然界当作可以任意摆布的对象，可以无穷地索取的原料库和无限容纳工业废弃物的垃圾箱。人们把生活幸福诉求于对于物的无节制的占有，把快乐建立在物质需求的满足上。工业文明时代的人类过分高扬了人类的能动性和主体性，忽略了自己有受动性和对于自然的依赖性的一面，忽视了自然界对于人类的独立性的制约。工业文明对自然的开发观念和行为准则违背了人和自然的关系的辩证法。

最近半个多世纪以来，在人类文明史上始终居于主导地位的人类中心主义的价值体系，遇到了有史以来真正的挑战。人类的经济活动已经触及自然的极限，人类已经有能力改变和破坏适于人类生存的整个自然界。事实上，人类正在改变和破坏着自身赖以生存的环境与生态，在一定程度上，人类正在透支着未来。

恩格斯曾经告诫人们："我们不要过分陶醉于我们人类对自然界的胜利。对于每一次这样的胜利，自然界都对我们进行报复。"（3. P. 998）曾经陶醉于征服自然的胜利的人们，在最近几十年才开始认识到，工业文明的许多做法违背了自然的规律，超出了自然界所能承受的极限。工业文明在给人类带来优越的生活条件的同时，给自然造成了空前严重的伤害。当人们为了满足自己不断增长的欲望而对自然界进行掠夺性开发和破坏性利用的时候，自然界以自身铁的必然性，向人类实施了报复。这就是上节所叙述的全球生态的失衡和人类生存环境的恶化。人类面临着深刻的危机。藐视辩证法是不能不受惩罚的。传统意义上的发展已经走到了尽头，人类的发展来到了一个转折的关头。

人类生活在地球上。几十年来，尽管科学家努力寻找第二个地球和地外文明，收获仍然极微。作为自然界的一个组分，处于自然界食物链的顶端，人类依赖于地球的自然环境而生存。人们通过自己的劳动，从地球的自然环境中索取和生产自己生存所需要的物质生活资料。然而，地球生态系统的各种要素是相互联系、相互制约和相互作用的，形成一个统一的整体。一个或者几个物种的消灭，就会破坏生态系统的整体平衡，甚至会导致整个生态系统的全面衰退。人类的生存和发展当然依赖自己的劳动，但是，更依赖于地球生态系统的健康、完整、平衡和稳定。地球生态系统的破坏，影响和威胁着人类的生存。这种破坏超过一定限度，将会导致人类的毁灭。这是确定的事实和明白的道理。

这意味着，我们要摒弃人类中心主义，倡导和实施生态中心主义。

所以，我在§8.2中给出了发展和衰退的第三个判别标准，即事物及其变化是否有利于维持、保护和恢复地球生态系统的健康、完整、平衡和稳定。凡是有利于维持、保护和恢复地球生态系统的健康、完整、平衡和稳定的变化，即为发展；反之，即为衰退。

美国环境保护主义的先驱、生态学家奥尔多·利奥波德（1887—1948）提出了“大地伦理学”。他在他的生态学名著《沙乡年鉴》[6]中写道：“如果一件事情着眼于保护生物群落的完整性、稳定性和美感时，那么它就是正确的。反之，它就是错误的。”由此可见，他的着眼点是生态系统，而不是某一个生物个体，即强调协调生态系统中各个物种之间的关系，维持生态系统的持续、健康的发展，保护生态系统的完整性和稳定性。这个观点是非常正确、极为深刻和很有远见的。

蕾切尔·卡逊（1907—1964）的生态学名著《寂静的春天》[7]于1962年出版，这被认为是世界环境保护事业的开端。该书的问世开始了自觉地表达生态意识、深入地思考人与自然关系的一个新阶段。戈尔在为该书新版所写的序言里写道：“她的声音永远不会沉寂。她唤醒的不只是我们的国家，而是整个世界。”卡逊在该书中写道：“除核战争可能毁灭人类外，我们这个时代的另一个核心问题便是，具有强大潜在杀伤力的物质对人类生存环境的普遍污染。”“为什么智慧的人类要通过污染整个环境、毒害动物甚至人类自身的方法，来控制一小部分自己不喜欢的物种。”卡逊列举若干案例证实：人类作为破坏自然的始作俑者，最终还是不得不以血肉之躯承受巨大的反噬作用。卡逊告诫人类必须学会从整个自然系统及其内在的规律看问题，重视生态圈的完整和协调，才能确保自然的整体包括人类的生存。卡逊宣扬的是一种尊敬自然、热爱万物的生态整体主义思想。她说：“我们再不能使用‘征服自然’这个词了，人类进行的反自然的战争必然也是针对自身的战争。”

生态中心主义不同于人类中心主义，它认为人类是地球整个生态系统的一个有机的组成部分，在求得自身的生存和发展时，应当遵循自然的生态规律和生态法则，尊重自然，平等地对待其他物种，并对所有物种和整个生态系统负有直接的道德关怀义务，以实现人类社会与自然环境的和谐发展。它批判工业文明社会的无休止的物质追求和物质享乐，它要求人类超越自我利益至上的价值观，达到对于自然界的整体利益的尊重和维护，确立人类与自然的和谐统一关系。21世纪，人们将逐渐认同和接受这种新的生态价值观：未来的人类既不再是自然的奴仆，也不可能主宰万物，和谐不仅意味着人类社会本身的协调共存，而且意味着人与自然的平等关系的建立；人类并不是自然的统治者、征服者和剥削者；人类应当成为地球的守护者和成全者。人与自然的关系就会走向和谐统一的新局面。

生态中心主义并不主张对于自然采取不干预主义的态度。为了维护生态系统的健康、完整、平衡和稳定，人们采取生态干预行动，以抑制某些数量过于庞大、破坏生态平衡的物种，同时拯救濒危物种，这是正当的和必要的。当然，在维护生态平衡中应当兼顾动物的福利。人类为了自己的生存和发展，从自然界中获取必需的资源，利用自然和改造自然，创造适合人类生活的环境，这是理所当然的和无可非议的。人化自然的生态平衡系统，也许更加适合人类的生存。但是，从自然界获取资源必须取之有度，不应当超过自然环境和生态系统的承载力，也不能自以为是地改造自然。因此，必要时，必须放缓增长的速度，限制、放弃某些方面的消耗或发展。

倡导和实施生态中心主义，使生态环境和人类社会都能生生不息，维持持久的、平衡的发展和协调。其实，这正是人类的根本利益和快乐幸福的追求之源泉。归根到底，生态中心主义是从人类的利益出发，一切为了人类的利益。生态中心主义比人类中心主义更聪明、更道德，目光更长远、更全面，更好地反映和遵循了自然的规律，因此，能够真正地体现和保护人类的利益。

大自然给人类敲响了警钟，历史呼唤着新的文明时代的到来。这种新的文明，称为生态文明，它是以人与自然、经济与环境相互协调、可持续发展为基本特征的。人类只能选择生态文明的道路，确立人和自然的和谐关系。生态文明是一种源于工业文明又高于工业文明的新文明，它是人类摆脱面临的危机、实现可持续发展的必由之路和希望所在。

§11.1已经清晰地论证：（1）若着眼于更长的历史时期，人类社会的产生、存在和毁灭首先决定于自然的本性；（2）在相对稳定的外部自然环境下，人类社会生存发展的规律决定于自然的本性和人的类本质。历史唯物主义的真谛就在于清晰地说明自然界规定着人类活动的界限。

倡导和实施生态中心主义，向现代生态文明社会转换，这是人类面临的转折。生态文明社会是人类必须和必将进入的一个新时代。这个基本思想可以表述如下：人类的生产实践活动一定要维护自然生态系统的健康、完整、平衡和稳定。这是人类社会必须遵守的唯物主义历史观的一条基本原理。

恩格斯说："我们每走一步都要记住：我们决不像征服者统治异族人那样支配自然界，决不是像站在自然界之外的人似的去支配自然界——相反，我们连同我们的肉、血和头脑都是属于自然界和存在于自然界之中的；我们对自然界的整个支配作用，就在于我们比其他一切生物强，能够认识和正确运用自然规律。"(3. P. 998）因此，我们应该和必须像对待自己的血肉、眼睛和头脑一样，珍爱和保护大自然，创造一个完全新式的可以永续发展的人类生态文明社会。

3　科学技术是一把双刃剑：借重科学技术，但是不滥用科学技术

人敬畏自然，顺应自然，并不意味着人妄自菲薄。人类自有高贵之处：人是万物之灵。在继续往下叙述之前，现在就必须强调：正因为人是万物之灵，人类必须懂得并实行敬畏自然和顺应自然。否则，那是狂人或蠢材！

人是特殊的物质存在，是体力和智力、物质和精神统一的社会存在物。§3.4已述，不同于动物，人的生存方式是自为性的。人已超越生命的本能，成为自我生命的主宰者。人是万物之灵，关键的因素是什么呢？关键在于，区别于动物，人不仅有初等的意识活动即感性直观，包括感觉、知觉和表象，而且具有高等的意识活动即理性思维。借助于理性思维，人们得以分门别类地认识事物及其本质，并认识自身，从而逐步地认识和掌握自然和自身的本质及其运动变化的规律性，为按照自然的规律利用自然和改造自然，从自然界中获得某种程度的自由奠定了认识论的基础。

人类通过长久的实践、认识，再实践、再认识，逐步认识掌握自然和自身的本质及其运动变化的规律，逐步形成人类的科学技术体系。科学技术是人类物质生产力发展的首要的推动力量。科学是人们关于自然、社会和思维的知识体系，属于社会意识范畴。技术是人们根据自然科学原理和生产实践经验发展积累起来的有关生产的工艺、方法、流程、手段、工具和技能等的总和，直接属于生产力的范畴。科学是认识世界创造知识，为人们奠定发展生产力的认识论基础；技术是综合利用知识和经验于生产之需要。科学求真，技术求利。人类必须借重科学技术的力量，为了人类自身的生存和幸福，按照自然的规律利用自然和改造自然，生产物质资料满足自身的需要。

人们常常对科学做广泛的理解，把技术和技术的应用也包括在科学中。工业文明建立在科学技术长足进步的基础上。科学技术的成就极大地推动了人类物质生产力的发展，但是，同时它给自然造成了巨大的破坏。

爱因斯坦说："科学是一种强有力的工具。怎样用它，究竟是给人类带来幸福还是带来灾难，全取决于人自己，而不取决于工具。刀子在人类生活上是有用的，但它也能用来杀人。"[8]控制论之父维纳说："新工业革命是一把双刃剑，它可以用来为人类造福，……也可以毁灭人类，如果我们不去理智地利用它，它就有可能很快地发展到这个地步的。"[9]

造成科学技术的负面效应的首先是技术的应用。但是，科学技术本身并不是也不可能是完美无缺的。对于科学技术的负面效应，科学技术本身在某种情况下也应当承担一定的责任。但是，科学技术的负面效应的主要责任者是技术应用的决策者、控制者和管理者。兹分述如下。

首先，科学技术本身的缺陷是造成其负面效应的重要原因。

讨论科学技术的发展，必须保持十分清醒的认识。地球有四五十亿年的历史，地球上的人类有两三百万年的历史，而我们的科学技术，如果从近代科学技术的产生算起，至今也才不过三四百年。齐奥尔柯夫斯基说："地球是人类的摇篮，但人类不能永远生活在摇篮里。"人类凭借现有的科学技术，已经有了冲出地球引力范围的能力，这无疑是值得自豪的成就。但是，如果把眼光放得更长远一些，则可以断言：人类科学技术的发展，迄今只不过度过了自己的"摇篮期"。康德研究外星文明的问题，他说[10]，地球上的人类无论如何不能狂妄自大，某个星球上的一种能思维的生物可能把地球上进化迟缓的人（例如格陵兰人和南非霍屯督族土人）看作牛顿，另一个星球上能思维的生物却把牛顿当作猢狲。人类科学技术的发展还非常有限。科学无疑是高尚的事业。但是科学只具有相对的真理性。已有的科学认识并没有穷尽真理，要达到较为完整的认识，我们还有很长的路要走。

任何科学理论只具有相对的真理性。某实验与理论的预言一致，只是表明该实验不否定特定的理论，而不是绝对肯定地支持或者证实该理论。波普尔的证伪原则把这个道理表达得十分清晰。科学理论在不断的实验检验中逐渐地接近绝对真理，但是，永远到达不了绝对真理的彼岸。

科学家是如何获得科学知识和建立科学技术体系的？科学实验是科学认识的基础。在科学实验中，利用科学仪器设备，人为地控制或模拟自然现象，将认识对象从外界的复杂的联系中隔离出来，移至实验室中，使之处于纯粹的、典型的、理想的状态之下，以便排除偶然因素，突出主要因素，直接地进行观察和研究，得出具有普遍意义的科学认识。这种研究方法既行之有效，又有许多缺陷。简言之，如果停留在这种研究方法所得到的认识上，脱离了外界各种各样的纷繁复杂的联系，那还只是一种片面的认识。这种研究方法所产生的技术应用注定会导致许多负面效应而应用者事先不得而知。氟氯烃类化合物与DDT的使用和禁用充分地证实了上述论断。

氟氯烃类化合物（商业名称为氟利昂）发明于1928年。因为它无毒、无味、无腐蚀、不易燃烧、不爆炸，化学稳定性和热稳定性好，具有优良的热力学性质，广泛使用于日常生活中，如发泡剂、洗洁剂、杀虫剂、除臭剂、头发喷雾剂等，特别是用作最理想的制冷剂，曾被认为是制冷技术的革命性进步。它在地球表面很稳定，可是，当它被排放到大气中，蹿到15～50千米高空，受到紫外线照射，与臭氧结合会生成氧气和氯离子，序列反应能连锁般反反复复地进行，平均每个氯原子能破坏约十万个臭氧分子，而本身不受损害。臭氧层中的臭氧被消耗殆尽，使臭氧层变得越来越薄而遭到破坏，在南极上空出现了臭氧层空洞。有鉴于此，世界上主要的工业国于1987年9月在加拿大的蒙特利尔签署《蒙特利尔议定书》，分阶段限制氯氟烃类化合物的使用。自1996年1月1日起，氯氟烃类化合物正式被禁止生产。

DDT的使用和禁用是另一个有说服力的实例。DDT，化学名称是双对氯苯基三氯乙烷。1874年由德国化学家O. 蔡德勒首先合成。1939年，瑞士化学家P. H. 米勒发现它具有杀虫的特性。几经改进，于1942年正式投入市场。DDT作为一种农药有很好的杀虫效果，在根治传染疾病方面也有很好的药用功效。1948年，米勒因此而获得诺贝尔生理学和医学奖。但是，20世纪50年代之后，实践证明DDT通过生物链富集，逐级浓缩，对生态系统具有极大的危害性。1962年，美国作家蕾切尔·卡逊的著作《寂静的春天》[7]问世，她列举了DDT等剧毒杀虫剂和除草剂对于生态系统和人体健康的严重危害，告诫人们必须从整个自然系统及其内在规律看问题，重视生态圈的完整和协调，确保人类与自然环境的相互融合。其后，在美国掀起一场上至总统下至平民百姓的关乎民生、关乎地球人类前途的大讨论，生态观念开始深入人心，人们开始深入思考人与自然关系，这对政府决策和国会立法产生了重大影响。1972年，在美国DDT等剧毒农药最终被禁止使用。随后，世界各国纷纷效法。

氟氯烃类化合物和DDT，曾被认为是科学技术的重大成就。但是，它们脱离了外界各种各样的纷繁复杂的联系，只是一种片面的认识成果。它们给人类带来许多实惠和方便的同时，也给自然环境带来巨大的伤害，严重地威胁人类的生存。这就是科学技术本身的片面性缺陷所造成的负面效应。

此外，讨论科学技术的负面效应，必须指出，人们通常以为，科学研究应当无禁区；其实不然，人类社会应当给科学研究设立禁区。例如，违背伦理原则的科学研究，包括克隆人的研究、人与动物杂交的研究，应当被禁止。这类科学和相应的技术肯定是一把单刃剑，它们会成为“魔鬼”，而根本不可能成为“天使”。如果这类科学成果现世，这类科学和进行这类研究的科学家必须对其产生的社会后果负责，甚至应当受到法律的制裁。

其次，造成科学技术负面效应的首先是技术的应用。

技术伴随着人类的进化而产生和发展。技术和技术应用是人类伟大的理解力、创造力和本质力量的体现。较之原生态自然，精心设计和改造的人化自然更适合于人类的生存。毫无疑问，只要人类存在，人类必将继续应用他们所掌握的技术改造世界，创造自己的美好未来。这是我们讨论技术应用的负面效应时应当首先肯定的观点。

科学技术本身可能有着片面性的缺陷，还有这样那样的问题，具有造成负面效应的可能性。但是，只有通过技术的实际应用，这种可能性才会变成现实性。技术的应用从最初作为人类追求自身的生存、解放和幸福的手段，发展到今天，给自然造成了巨大的破坏，威胁着人类自身的生存。这是技术和技术应用问题的另一个方面。这不能不引起人们的高度警觉和重视。

技术应用的负面效应包括：（1）预料到的不可避免的负面效应。例如，塑料的应用给人们带来许多方便，同时，塑料难于降解，带来严重的“白色污染”。（2）未曾预料却不可避免的负面效应。例如，用作制冷剂、洗洁剂的氟氯烃类化合物（氟利昂），未曾预料它会使高空臭氧层遭到破坏，威胁人类的生存。（3）不恰当的技术应用带来的损失和伤害。例如，用炸药捕鱼、电击捕鱼和密网捕鱼给渔业资源带来的破坏。（4）有意识的技术应用造成的损失和伤害。例如，枪炮炸弹等常规武器、细菌武器、化学武器、基因武器以至原子弹和氢弹的使用，造成的人的伤亡和环境的污染。

技术的应用产生负面效应以至威胁人类自身生存，问题究竟出在哪里？

第一，问题首先出在人类中心主义，解决之道在于倡导和实施生态中心主义，向现代生态文明社会转换。

技术是人创造的，是人的本质力量的体现。人是技术的主人。一切为了人，似乎是天经地义的。以往的技术和技术应用大多只考虑（或只是为了）人的舒适、方便或物质利益，人的无休止的物质追求和物质享受，没有顾及生态规律和生态法则，没有平等地对待其他物种。这是在技术和技术应用中表现的人类中心主义。技术应用就意味着人对自然的改造，而且许多技术实施一种无所不及、无所不在的掠夺性开发。例如，炸药捕鱼、电击捕鱼和密网捕鱼给渔业资源带来的破坏；

滥用激素给环境和人类健康带来的严重伤害。技术和技术的应用再好，对于自然资源的攫取必须有度。超过了自然环境和生态系统的承载力，必然破坏生态系统整体平衡，导致整个生态系统的全面衰退。人类生存和发展当然依赖自己的劳动，但是更依赖于地球生态系统的健康、完整、平衡和稳定。地球生态系统的破坏，必将影响和威胁着人类生存。这种破坏超过一定的限度，将导致人类的毁灭。

人类在应用技术，求得自身的生存和发展的同时，必须遵循自然的生态规律和生态法则，尊重自然，平等地对待其他物种，并且对所有物种和整个生态系统负有道德关怀义务，以实现人类社会与自然环境的和谐发展。这就是上小节叙述的“倡导和实施生态中心主义，向现代生态文明社会转换”。

第二，传统的技术和技术的应用是单方面的和短视的，没有考虑人类的整体在遥远的未来如何生存。

传统的技术和技术应用基本上是以单个过程的最优化产品为目标，考虑某一方面的自然规律，而忽视了其他方面和整个自然界。例如，塑料、DDT、氟氯烃类化合物（氟利昂）的应用给人们带来许多方便的同时，对生态系统、人体健康带来严重的危害，甚至威胁人类的生存。内燃机是工业的主要动力之一，但是，它释放的化学烟雾严重地污染空气，给人类带来严重的危害。

第三，技术被用作制造战争的杀伤性武器，是技术应用造成负面效应的重要方面和重要根源。

在阶级社会中，阶级与阶级之间，国家与国家之间，存在尖锐的斗争。应用和发展技术，制造杀伤性武器。特别是统治阶级，利用其统治地位和经济实力，有意地应用技术制造杀人武器，如枪炮炸弹等常规武器、细菌武器、化学武器、基因武器以至原子弹、氢弹和中子弹，造成了人员的大量伤亡、物资的严重损失和环境的极度污染。

对于核武器的出现和现状应当做具体的分析。当初美国实施“曼哈顿工程”，是为了抢在希特勒的法西斯德国之前，研制出原子弹。中国研制和拥有核武器，其动因不是为了应用，而是为了打破超级大国的核垄断和核讹诈。但是，潘多拉魔盒已经打开，恶魔在人间弥漫。只要在世界上大量保存有核武器，就不能排除使用核武器的可能性。发达的文明真的就逃脱不了自我毁灭的命运?

毫无疑问，战争有正义和非正义之区分。战争无非是政治通过另一种手段的继续。但是，毋庸讳言，历史上大大小小的战争给人类带来了巨大的灾难。重要的问题在于，发展到今天，核战争成为战争的手段，结局却是核战双方连同地球的毁灭。战争的手段和结果与战争的目的相悖。难道定要让人类社会毁于一旦?人类何去何从?

第四，科学技术的负面效应的主要责任者，是技术应用的决策者、控制者和管理者。唯有技术应用才会产生现实的负面效应。技术的应用是人的活动，因此，归根到底，科学技术负面效应的责任者是人。负面效应的责任者包括科学技术的研究者，但是，主要的责任者还是技术应用的决策者、控制者和管理者。为什么？技术应用的目的、条件、对象、方式、程度，以至投资及其回报等，都是由技术应用的决策者、控制者和管理者所决定、控制和实施的。理所当然，他们是科学技术负面效应的主要责任者。所说的责任者可以是个人、团体、部门或者国家。

技术应用是人们谋取物质利益以及与之相关的社会地位（势力）的一种手段。人们应用技术的目的、条件、对象、方式和程度，可以做出多种多样、多方面的和多层次的区分；其中有正当的或邪恶的，合法的或违法的，行善的或作恶的，有德的或缺德的，正义的或非正义的等。当然，还有的介乎二者之间。邪恶的、违法的、作恶的、缺德的、非正义的技术应用，是技术应用负面效应的主要根源。必须对具体情况做出具体的分析。但是，这里所说的主要根源同样可以是个人、团体、部门或者国家。

综上所述，科学技术是一把双刃剑：借重科学技术，但是不滥用科学技术，应当成为人类的共识和遵循的法则。

4 控制世界人口数量，珍惜地球上有限的资源

首先叙述一个曾经在地球上发生过的真实的事件。

1944 年，美国海岸警卫队在白令海圣马修岛引进 29 只驯鹿，作为工作人员的后备食物。战争结束之后，基地关闭，所有人员撤离。1957 年，一位生物学家造访该岛，发现有一个数目多达 1350 只的兴旺的驯鹿种群，它们以这座面积约为 350 千米^2 岛上的灌木丛和约 12 厘米厚的苔藓为食。因为没有任何捕食它们的天敌和竞争者，驯鹿的数量爆炸性地增长。1963 年，这位生物学家又来到那里，岛上随处可见驯鹿的踪影，其数量已超过了 6000 只。但是，当他于 1966 年再度回来时，只看见岛上到处散布着驯鹿的骨架，灌木丛已被啃光，连最后一片苔藓也没留下；只有 41 只雌鹿和 1 只病态的雄鹿存活下来，没有一只小鹿。到了 1980 年，这些剩下的驯鹿也全部死光了。

从生态学的角度说，这是一个典型的、令人震惊的“超载”实例。驯鹿发展失控、数量暴增，资源消耗量大于环境的更新量，超出岛屿的自然承载能力，就必然发生生态学所说的生态崩溃的灾难。见微知著，驯鹿之于海岛，何异于人类之于地球呢？对于地球上的人类，这样的悲剧在未来几百年之中是否也会发生？

§11.2 叙述了令人窒息的超指数的世界人口剧增。1 万年前，世界人口长期停滞在 100 万左右。在公元元年之后 1000 年之内，大约稳定在 2 亿～3 亿。从 20 世纪50 年代起，人口暴增，增长速率每年超过 18‰，1963 年为 22‰，达到了历史峰值。2000 年和 2011 年，世界人口分别达到约 60 亿和 70 亿。预估到 2050 年和 2100 年，世界人口将超过 90 亿和 100 亿。

正如马尔萨斯《人口论》（1798）所预言的，世界人口呈指数式增长；但是，由于科学技术的巨大进步，人类社会的物质生产和物质资源的供应并不是按马尔萨斯预言的那样呈算术级数式增长，而是呈现指数式增长；人们的物质生活反而越来越好。加上哲学上出现“永恒发展观”“无限发展观”，人类沉浸在盲目乐观之中。马尔萨斯人口论受到批判。随着世界人口剧增，各种危机尾随而至。

人类社会在人口数量和物质生产均呈现出指数增长的同时，资源消耗和环境破坏日益加剧。整个 20 世纪，人类消耗了 1420 亿吨石油、2650 亿吨煤、380 亿吨铁、7.6 亿吨铝、4.8 亿吨铜，消耗了一半以上的世界森林，开垦了大部分可以开垦的土地。其中，只占世界人口 15%的发达国家，消费了世界 56%的石油、60%以上的天然气和 50%以上的矿产资源。巨大的资源消耗透支了地球上的自然资源存量，破坏了地球的自然生态环境，人类社会出现了严重的能源危机、资源危机和生态危机。

据 2015 年 6 月发表的世界最具权威的出版物《BP 世界能源统计年鉴》提供的截至 2014 年底的数据：世界石油的探明储量为 1.7 万亿桶（约 2300 亿吨），只能满足 52.5 年的全球生产需要；全球天然气探明储量为 187 万亿米^3，只能保证 54 年的全球生产需要；世界煤炭探明储量为 9000 亿吨，是目前化石燃料中储产比最高的燃料，也只能够满足 110 年的全球生产需要。

有关资料表明，地球上有色金属矿产资源正在趋于枯竭。世界上已经探明的金属储量和能够满足需求的年限如下：（1）铁 810 亿吨，100 年；（2）铜 7 亿吨，22 年；（3）铝土矿 280 亿吨，200 年；（4）铅 8900 万吨，20 年；（5）锌 2.5 亿吨，20 年；（6）钼 1100 万吨，42 年；等等。

不久前，一个国际科研小组发布了一份报告，称人类每年对淡水消耗的底线是 4000 千米^3，当前每年消耗 2600 千米^3，预计在 21 世纪中叶将接近底线。目前，中国正是世界人均水资源最贫乏的 13 个国家之一。

对于以上所述，从不同渠道得到的数据不会完全相同，但是也不会有太大的差异，不影响对于资源枯竭问题做出的本质判断。

人类约 1800 年前发现石油，石油工业生产才进行了 150 多年，全球石油消耗量却增加到现在的每天约 0.1 亿吨，全球石油储量只能消费大约 50 年。这是一个多么触目惊心的数据——地球用几十亿年时间集聚起来的石油，人类只用了不到200年时间，就把它消耗得干干净净！其他资源的消耗也与之相类似。

用完了煤、天然气和石油，以后还可以考虑用页岩气、可燃冰。科学家估计，海底可燃冰分布的范围约占海洋面积的10%，可燃冰储量够人类使用约1000年。如果受控热核聚变获得成功，海水中的重氢用作燃料可供人类使用约100万年。这说明，人类社会的发展和进步依赖于科学技术的进步。但是，科学技术的进步并不能解决资源危机和生态危机。只要世界人口保持现有的增长速率，科学技术的进步也不能从根本上解决能源危机。

第一，科学技术的进步可以在一定程度上解决能源危机。按照物理学的质能关系式 $E=mc^2$，哪里有物质，哪里就有能量。问题在于，究竟能否将能量开发出来，究竟需要花费多大代价才能将蕴藏在某种物质中的能量开发出来，以便能“为我所用”？页岩气、可燃冰用作燃料，有待开发。所有开发本身需要消耗大量的资源。海水中的重氢用作燃料，还只是科学的设想，受控热核反应的研究已经进行了半个多世纪，能否进入工程应用，不得而知。用它来解决能源危机，还只是一种理论上的可能性。

第二，即使科学研究找到了解决能源危机的实际方案，如果世界的人口数量不变，以现有人均能源消耗水平，海水中的重氢可供人类使用约100万年。但是，如果世界人口以现有的速率（1.33%）增长，即使人均能源消耗水平不变，海水中的重氢储存也将在大约600年内就会用完。由此可见，世界人口继续增长的确将是一个大灾难。

第三，除能源之外，各种资源特别是非可再生资源的消耗，并不会随着科学技术的进步而减少。地球上非可再生资源是有限的。随着非可再生资源的减少，往后生产同样的产品将需要消耗更多的能源和产生更多的废弃物。因而，生产的成本将变得越来越高。

美国国家科学院和英国伦敦皇家学院于1992年发表一份声明：科学和技术的进展不再能够使我们避免环境恶化和大多数人的持续贫困，这是一个不可逆转的结果。

对于人类而言，水、农田、森林和渔业资源的退化、衰竭和减少，将是未来几十年间社会动荡的主要根源。

第四，如前所述，科学技术是一把双刃剑。如果科学技术的开发和应用主要为经济建设服务，它本身也可能带来资源消耗和环境污染问题。科学技术的开发和应用究竟达到什么目的，得到什么结果，首先决定于人类社会的政治、经济和文化价值观念。

如果我们不分青红皂白，一味地高唱实践的赞歌，高喊着对自然的否定，努力于征服自然，战胜自然，必将陷入生态环境危机而无法自拔。

第五，现在发达国家人均消费的资源相当于发展中国家的3～8倍。1个美国人消费的粮食、煤炭和石油，分别是非洲居民人均消费的8倍、500倍和1000倍。如果世界上所有人口都达到美国人的消费水平，那将需要多少资源呢？科学技术的发展能够满足如此巨大的资源需求吗？答案十分清楚：完全不可能。而且即使能够满足，那将给地球带来多么沉重的负担！

追求奢侈，享乐至上，过度消费，在世界上任何国家（包括美国）都是一种自私的和不道德的行为，是一种耻辱。对资源贫乏的中国（人均耕地、水、森林、煤炭、石油和天然气，仅占世界人均水平的40%、25%、20%、70%、10%和5%），更是行不通。有专家统计，如果13亿中国人都像美国人那样消费，不说本国的资源供应不起，就是把全球的资源都供应给中国，也是不够用的。

地球的确已不堪重负！现有的世界人口数量尽管已经接近，但是还没有达到最后的极限。有人希望地球能养活更多的人。难道要像圣马修岛的驯鹿暴增，啃光岛上的灌木丛和苔藓，然后自取灭亡？将地球变成一个圈养人群的基地，让他们为有限的资源相互争夺，相互残杀，把地球折腾得乌烟瘴气，能有什么意义？适当地减小人口出生率，控制世界人口数量，是比科学技术进步更为有效的解决能源危机、资源危机和生态危机的方法。当然，单纯地控制世界人口数量，并不能够完全地解决问题；但是，完全不控制世界人口数量，人类面临的危机肯定是无法解决的。

针对过大的人口压力，自1980年以来，我国严格推行以独生子女政策为核心内容的计划生育政策。该政策已经执行35年，我国人口生育率快速下降，为控制人口的数量做出了贡献。在经历了迅速从高生育率到低生育率的转变之后，我国人口问题的主要困难已经不再是人口增长过快，而是面临着接近超低生育率水平、人口红利消失、人口老龄化、出生性别比失调等问题。为了积极应对人口老龄化等问题，2015年10月，中国共产党和中国政府决定，我国实施“全面二孩”政策，即全面实施一对夫妇可生育两个孩子的政策，自2016年1月1日起施行。

30多年来，我国严格推行独生子女政策，必然的代价是人口老龄化。未来35

年我国老年人越来越多，老年人所占比例越来越大，老龄化问题越来越凸显出来。有多少劳动年龄人口来支撑那时的老年人口呢？这是一个实际的问题。实施全面二孩政策，可以缓解人口老龄化及其带来的困难，却不会改变未来人口的负增长趋势。人口不增长的生育率，发达国家为2.17胎，发展中国家为2.3胎。中国是典型的发展中国家。中国未来人口的负增长是必然的趋势。但是，这并不是什么威胁。逐年稳步地减少人口，中国未来人口逐渐地稳定在例如8亿人左右；在控制人口数量的同时，提高人口的素质。这正是我们应当努力争取实现的目标。

回到本小节的主题——控制世界人口数量，珍惜地球上有限的资源，我们应当采取的办法是：（1）适当地减小人口出生率，控制世界人口数量；（2）压制对于物质的贪婪欲望，反对追求奢侈、享乐至上和过度消费；建立资源节约型社会；珍惜地球上有限的资源；（3）努力推动科学技术的发展和进步，借重科学技术，但不滥用科学技术，并将现代科学技术研究的主攻方向转向推进生态文明、保护环境、节约资源和开发绿色新能源的方向。

5 防止大型陨星撞击，控制超级火山爆发

我们所做的一切，我们的一切理论，归根到底，都是从人类的立场出发，是为了人类的利益。生态中心主义决不意味着对自然采取不干预主义的态度。实际上，不能让一切自然而然。自然而然，自然最终会破坏甚至毁灭适宜人类生存的环境。人类社会要长治久安，防止大型陨星撞击，控制超级火山爆发，这是人类面临的巨大课题！为避免过多的重复，有关内容留在下节一并叙述。

§11.4 人类命运共同体 人类近期的未来

1 中国政府倡导构建人类命运共同体

对于人类历史而言，当前人类的实践活动已经到达了一个新时代。

第一，随着交通、通信的现代化，瞬间万里，天涯咫尺，整个世界连成一片；世界变小了，变成了地球村。

第二，随着世界经济一体化的推进，世界各个国家之间相互依存、相互影响、

利益交融，形成了你中有我、我中有你，一损俱损、一荣俱荣，任何国家都不可能独善其身的世界体系。

第三，人类的实践能力空前提高，地球的变化日新月异。现在 10 年实践活动引起的变化超过过去的 100 年。随着科学技术和全球经济的发展，人类文明具备了影响全球环境和毁灭整个人类的巨大力量。

第四，100 多年来，特别是最近 70 年来，人类的实践活动和实践能力大踏步前进，与之同时出现了和认识到：（1）生态环境的危机；（2）核战毁灭的威胁；（3）大型陨星撞击、超级火山喷发等巨大自然灾难的威胁。

当前的世界，人口爆炸、气候变化、环境污染、物种灭绝、资源短缺、疫病流行、网络攻击、跨国犯罪、核战威胁等全球问题层出不穷，对国际秩序和人类生存构成了严峻的挑战。不论人们身处何处、国籍肤色信仰如何以及是否愿意，实际上已经处在一个命运共同体之中。人类社会何去何从？回望过往，为了争夺利益和有限资源，穷兵黩武、弱肉强食、冲突和战争在整个世界历史上无处不在。以此继往开来，必将印证一种预言，即高级文明最后都会因为高级生命的自私的基因，凭借着高度发达的技术内斗而自我毁灭。如何走出陈旧思维的陷阱，避免历史的苦难和人类的毁灭？中国人按照自己的传统文明和广博智慧给出了回答，那就是：构建和迈向人类命运共同体！

2011 年 9 月，中国政府发表了《中国的和平发展》白皮书，其中写道："不同制度、不同类型、不同发展阶段的国家相互依存、利益交融，形成'你中有我、我中有你'的命运共同体。"并进一步倡导："国际社会应该超越国际关系中陈旧的'零和博弈'，超越危险的冷战、热战思维，超越曾把人类一次次拖入对抗和战乱的老路。要以命运共同体的新视角，以同舟共济、合作共赢的新理念，寻求多元文明交流互鉴的新局面，寻求人类共同利益和共同价值的新内涵，寻求各国合作应对多样化挑战和实现包容性发展的新道路。"

习近平就任中国共产党中央委员会总书记和中华人民共和国主席以来，基于对世界大势的准确把握，对人类命运的深刻思考，在各种场合强调和阐释"人类命运共同体"的理念。

2013 年 3 月，习近平在莫斯科国际关系学院演讲，第一次在世界舞台上表达中国共产党人对于人类命运的判断和关注："这个世界，各国相互联系、相互依存的程度空前加深，人类生活在同一个地球村里，生活在历史和现实交汇的同一个时空里，越来越成为你中有我、我中有你的命运共同体。"

习近平在纪念中国人民抗日战争暨世界反法西斯战争胜利 70 周年大会上做重要讲话，他指出："战争的达摩克利斯之剑依然悬在人类头上。我们要以史为鉴，坚定维护和平的决心。为了和平，我们要牢固树立人类命运共同体意识。偏见和歧视、仇恨和战争，只会带来灾难和痛苦。相互尊重、平等相处、和平发展、共同繁荣，才是人间正道。”

2015年9月，习近平在第70届联合国大会上发表题为《携手构建合作共赢新伙伴　同心打造人类命运共同体》的重要讲话。习近平说：“和平、发展、公平、正义、民主、自由，是全人类的共同价值，也是联合国的崇高目标。目标远未完成，我们仍须努力。当今世界，各国相互依存、休戚与共。我们要继承和弘扬联合国宪章的宗旨和原则，构建以合作共赢为核心的新型国际关系，打造人类命运共同体。”

习近平在第70届联合国大会上的20分钟讲话，赢得15次热烈掌声。热烈掌声的背后，彰显人类命运共同体这一重大理念所具有的巨大感召力和深远意义。

习近平对人类命运共同体的深蕴哲理的阐释和论述，把握着人类利益和共同价值的通约性，表达了中国追求和平发展的愿望，向世界宣示，中国人民期盼同世界各国合作共赢，共同建设更加美好的地球家园；在国际舞台上充分展现中国负责任大国的形象，赋予国际关系和人类文明进步以鲜明的中国特色，为未来的世界发展勾画了美好的蓝图。“人类命运共同体”必将成为世界新秩序的基石。

2　人类近期的未来

§11.1已经详细论证：（1）如若着眼于更长的历史时期，人类社会的产生、存在和毁灭，首先决定于自然的本性；（2）在相对稳定的自然环境下，人类社会生存发展的规律决定于自然的本性和人的类本质。

§11.2详细地叙述了人类面临的三大危机，其中，生态环境的危机来源于人与自然的对立，它们是地球在相对稳定的自然环境下源自人类自身的危机，或者说，是内在危机的一种外在表现；核战毁灭的威胁完全是由人类自身的因素造成的；大型陨星撞击和超级火山爆发则是人类面临的来自自然的剧烈变化所造成的毁灭性威胁。尽管来源有所差异，但是，相同之处在于：三大危机都关系着人类的命运；如果我们盲目乐观，狂妄自傲，痴迷于物质世界会按照固有的规律永恒发展，而不谨慎对待，坚决采取所有必要的防御措施，完全可能导致人类社会的彻底毁灭。只有在全世界倡导和构建人类命运共同体，协同努力，才可能应对、克服和解决人类面临的危机。那么，人类在未来近期的几百上千年内，应当主要着力于解决什么问题和达到什么目标呢？

第一，保护生态环境，建设一个可持续发展的人类社会。

关于生态环境的危机，§11.2已经做了详细的叙述。近70年来，人类对自然进行了巨大的改造，人类自身得到了极大的发展；与之同时，给自然带来了巨大的破坏。人类对于自然的需求，人类变革改造自然的传统观念和传统方式，已经达到和超过了地球所能承受的极限。生态环境的破坏，使得每日每时人们所需要的阳光、空气、水源、食物变得有害于人体。在生态环境的危机面前，不分穷人和富人，也不分什么主义，任何人必然身受其害，而不可能独善其身。

工业革命以后，接踵而至的环境污染事故给人类造成巨大灾难。1943年美国洛杉矶光化学烟雾事件、1952年伦敦酸雾事件、20世纪50年代日本水俣事件、1984年印度博帕尔化学品泄漏事件等恶性环境污染事件，造成大面积污染和大量民众伤病死亡。这些事故引起了人们的思考。

1972年，罗马俱乐部发表《增长的极限》报告（该书已推出第三版[11]），其中指出："若世界按照现在的人口和经济增长以及资源消耗、环境污染趋势继续发展下去，那么我们这个星球迟早将达到极限进而崩溃。"该书刚一出版就受到极大的关注，引起社会广泛的争论。同年，联合国召开人类环境会议，提出"人类环境"的概念，正式讨论了可持续发展问题，通过人类环境宣言，成立环境规划署（UNEP）。可持续发展（Sustainable Development）概念的明确提出，最早可以追溯到1980年由世界自然保护联盟（IUCN），联合国环境规划署，野生动物基金会（WWF）共同发表的《世界自然保护大纲》。其中写道："必须研究自然的、社会的、生态的、经济的以及利用自然资源过程中的基本关系，以确保全球的可持续发展。"1983年，联合国成立世界环境与发展委员会（WCED），对此进行专题的研究。1987年，以挪威首相布伦兰特夫人为首的该委员会发表《我们共同的未来》报告，正式使用"可持续发展"概念，定义"可持续发展是既满足当代人的需求，又不对后代人满足其需求的能力构成危害的发展"，指出保护环境的根本目的在于确保人类的持续存在和持续发展，并对此做了系统的阐述，产生了广泛的影响。此后，这个定义被广泛接受，可持续发展成为国际社会的共识。1997年中共十五大把可持续发展确定为中国现代化建设中必须实施的战略。

1992年，联合国在巴西里约热内卢召开"环境与发展大会"，通过以可持续发展为核心的《里约环境与发展宣言》等文件，被称为《地球宪章》。2002年，联合国在南非召开"可持续发展问题世界首脑会议"，通过《约翰内斯堡执行计划》。2012年，各国首脑再次聚会里约热内卢，出席联合国可持续发展大会峰会，重申各国对可持续发展的承诺，探讨这方面的成就与不足，发表了《我们憧憬的未来》成果文件。

为了应对和克服生态环境的危机，世界各国已经开始采取统一的行动和一致的努力。

第一件事，通过多次国际会议的协商和讨论，世界主要工业国于 1987 年 9 月在加拿大蒙特利尔签署《蒙特利尔议定书》，分阶段限制氯氟烃类化合物的使用。自 1996 年 1 月 1 日起，氯氟烃类化合物正式被禁止生产。《蒙特利尔议定书》做过 4 次修正和 5 次重要调整，至今约 200 个国家加入议定书。据观测，大气中的臭氧耗损物质浓度现在已经停止上升，并且呈现逐渐降低的趋势。联合国环境规划署和世界气象组织于 2014 年 9 月宣布，臭氧层在 2000 年至 2013 年间变厚了 4%，这是 35 年来的首次，南极上空每年一次的臭氧空洞也已经停止扩大。科学家们估计，到 2065 年南极臭氧层才能恢复到当年的水平。臭氧层的恢复应当归功于国际合作对于耗损臭氧的化学品生产的管制。

第二件事，2015 年 12 月《联合国气候变化框架公约》196 个缔约方一致同意通过“具有法律约束力并适用于各方的”全球减排的《巴黎协定》。《巴黎协定》为 2020 年后全球应对气候变化，抑制全球气候变暖的行动做出了安排，通过自下而上的“国家自主贡献”，取代自上而下的“摊牌式”的强制减排，抑制或者控制温室气体排放，确保全球的平均气温较工业化前水平的升高控制在 2 ℃之内，并为升温控制在 1.5 ℃之内而努力。《巴黎协定》的通过展示出各国政府对于发展低碳绿色经济的明确承诺，向世界发出了清晰而强烈的信号：走低碳绿色发展道路是人类未来发展的必然选择。

《蒙特利尔议定书》和《巴黎协定》的成功，说明世界各国面对全球性灾难，能够克服分歧，携手合作，构建人类命运共同体，来共同应对全球性挑战。但是，这仅仅是开始，应对人类面临的危机和挑战，任重而道远。

可持续发展是人类对工业文明的进程进行反思的结果，是人类为克服全球性环境污染和生态破坏所做出的理性选择。可持续的长久的发展，才是真正的发展。人类经济的发展不能超越资源与环境的承载能力。这是对于发展的主要的限制性因素，以保证人类社会发展的持续性。因此，要在严格控制人口、提高人口素质、保护自然环境和自然资源的前提下进行经济和社会建设。既能相对满足当代人的需求，又不对后代人的发展构成危害；既达到发展经济的目的，又要保护好人类赖以生存的自然环境和自然资源，使子孙后代能够永续发展和安居乐业。

可持续发展也是当代人的一种机会和利益均等的发展。各个国家、各个地区都能均衡发展，一个地区的发展不应以损害其他地区的发展为代价。要给各地区、各国的人以平等的发展权。这就把消除贫困作为一个重要问题提了出来，要帮助欠发达国家，帮助贫困人口，达到世界均衡、协调的发展的目标。富裕地区应当帮助贫困地区，发达国家应当帮助欠发达国家。中国扶贫济困的任务十分艰巨，需要继续大力推进进一步改善贫困地区的基本生产生活条件，改变贫困地区经济、社会、文化的落后状况，解决贫困人口的温饱问题，提高其综合素质，使之逐步过上小康生活。同时中国也将忠诚地帮助中亚和非洲等欠发达国家的经济发展。

可持续发展是全人类共同面对的目标，必然要求超越文化与制度的界限看待和处理问题。虽然国情不同，实现可持续发展的具体模式可能不同，但是，无论富国还是贫国，各国都必须适当地调整其国内和国际政策。只有全人类共同努力，才能实现可持续发展的总目标，从而将各国的局部利益与人类的整体利益协调和结合起来。

实现可持续发展，必须改变传统的经济与环境二元化的经济模式，建立一种把二者内在地统一起来的生态经济模式。实现生产过程的生态化和经济运行模式的生态化；把节约资源和环境保护作为内在因素包含在经济机制之中。传统经济模式重在获得更高的GDP和更大的利润。生产不断创造出新的消费品，通过广告宣传，造成不断变化的消费时尚，诱使消费者接受。大量的生产要求大量的消费，挥霍浪费型的非生态化生产造成一种挥霍浪费型的消费。过度消费，造成极大的浪费，并且危害人们的健康。对于任何社会来说，都不是一种正确的方向。如果只凭着类似于商人"赚钱""追求利润"的本能来治理国家，一定会把世界带入死胡同。显然，GDP的增长速度不是反映生态经济模式运行质量的正确指标。中国经济高速运行几十年之后，降低GDP增长速度，不仅是正常的，而且是必需的。

可持续发展的近期目标必然是：可持续发展的能力不断增强，经济结构调整取得显著成效，人口总量得到有效控制，生态环境明显改善，资源利用率显著提高，促进人与自然的和谐，推动整个社会走上生产发展、生活富裕、生态良好的文明发展的道路。

作为"保护生态环境，建设一个可持续发展的人类社会"论述的结束语，让我们重复§11.3.2的中心论点：人类的生产实践活动一定要维护自然生态系统的健康、完整、平衡和稳定。这是人类社会必须遵守的唯物主义历史观的一条基本原理。倡导和实施生态中心主义，向现代生态文明社会转换，是人类面临的转折。生态文明社会是人类必须和必将进入的一个新时代。

第二，全面禁止和彻底销毁核武器，建立无核武器世界。

几百年以来，世界各国，特别是世界大国，以其主要的资源和科学技术力量忙于军备竞赛，忙于冲突和战争，最终制造出了核武器这个恶魔。当今全球的核武器储量，足以毁灭地球十几次。在核大战中不会有胜利者，它只是相互交换的自杀，是完完全全的自取灭亡。正是核大战的毁灭性后果，使美苏在冷战时期也没有采取直接的战争手段来消灭对方。即使如此，不可能也不应当轻率地做出人类绝不会走上这条自杀道路的结论。

爱因斯坦当年给罗斯福总统写信，建议美国研制核武器，后来，他多次表示后悔，说“写信给罗斯福总统是我一生中犯下的最严重的错误”。去世前几天，他为以色列录制节目时说：“我很难理解‘自由’和‘共产’这两个词的意义，我宁愿将其视为‘东方’和‘西方’的权力冲突。可地球是圆的，因此到底谁是‘东方’，谁是‘西方’，也很难说。”在逝世前7天，他签署了罗素-爱因斯坦宣言，对核武器威胁人类的生存深表忧虑，呼吁“各国政府公开承认不能挑起世界战争，应该用和平的方式解决一切争端”。

在拥有核武器的大国之中，中国是最早倡导建立无核武器世界的国家。中国自拥有核武器时起就单方面声明，不首先使用核武器，不对无核武器国家和无核武器地区使用或者威胁使用核武器。中国一再呼吁全面禁止和彻底销毁核武器，建立无核武器世界。

全球核武器的98%是由美国和苏联制造的。美苏在限制核武器方面已经迈出第一步（见§11.2）。即使有了这些进展，我们不能也无法过分乐观。保留巨量的核武器，对于现在的美国和俄罗斯也是一个不小的压力和负担。全球各国的许多政要和国际组织呼吁美俄达成协议，进一步削减核武器，加强防止核扩散的机制，最终彻底销毁核武器，实现无核武器世界的目标。

冷战结束之后，世界上巨大的安全威胁已经结束。共同安全的概念作为国家安全的基础结构日益被普遍接受。2009年4月5日，美国总统奥巴马在布拉格发表演讲，提出了酝酿已久的历史性倡议：美国政府带头致力于建立一个无核武器的世界。奥巴马设想分步骤地实现这个目标，包括大幅度削减现有核武器；切实强化现有的国际防扩散机制；最终实现无核武器世界。

无核武器世界的战略符合美国的利益，也适应并反映了世界绝大多数人要求和平和期盼安宁稳定的愿望，客观上将有利于加强和维护国际安全和世界和平。处理的过程涉及方方面面的安全考量；阻碍和反对的力量总是存在；前进的道路不可能一帆风顺。如果人类不想在处于上升阶段的某个时刻就画上毁灭的句号，世界必须彻底销毁核武器。无论存在多大困难，建立无核武器世界，是人类应当坚定地追求和必须最终实现的目标。

第三，防止大型陨星撞击，控制超级火山爆发。

100多年来，人类利用科学发现创造出各种技术，深入地、确切地认识地球演化史、生命进化史（包括生物大灭绝的历史），恒星结构和演化学说，能够在以10亿年计的时间尺度上，达到对人类的过去和未来的确定的了解。现在已经确切地认识到，大型陨星撞击和超级火山喷发是几千年或几万年发生一次的巨大灾难，是人类面临的毁灭性威胁，但是它们可能在最近几十、几百年之中再次骤然发生。这是需要面对的对于人类命运的更大更远的挑战。这种事情不能等待。等到事情真的发生，人类遭到了灭顶之灾，就悔之晚矣！到那时，人们已经没有机会堂而皇之坐下来，讨论当年谁是谁非，或者追究什么人的责任。

人类已经接近具备影响小行星运行轨道的技术能力。但是，人类的现有技术还无法完全有效地观察和防御小行星对地球的撞击。美国和欧洲在应对大型陨星撞击方面开展了初步的、领头的开创性的工作。美国航空航天局（NASA）和欧洲宇航局（ESA）对潜在威胁的小天体进行监控跟踪。2004 年美国“深度撞击号”探测器射出撞击器成功地轰击坦普尔 1 号彗星。“撞击”试验为防止小行星对地球的威胁进行了非常有益的尝试。世界各国需要在这方面合作，做进一步的工作。

对于超级火山爆发，现有的科学技术还力不从心。人类仅仅处于观察阶段，尚未掌握真正有效的应对方法。如前所述，一座超级火山就位于美国的黄石国家公园地下。黄石火山是目前世界上最大的位于陆地上的超级活火山。黄石火山的喷发周期为 60 多万年，上次喷发发生在大约 64 万年前，现在进入了新一轮喷发的活跃期。地面隆起、频繁地震、间歇泉喷射异常、地热异常以至地表温度升高等，频繁地显露出火山爆发的征兆。谁也不知道黄石火山下次喷发究竟在何时发生。但是，人们确切地知道，下次喷发并不遥远，今年、明年、几十年或几百年之内都有可能，喷发一定是超级的，必将给人类带来巨大的灾难。为了美国人，为了全人类，美国人和全人类应当投入更多的人力、物力和财力，有效而可靠地防止黄石超级火山的爆发。

我们不希望上述两种灾难发生；但是，人类目前还不具有可靠地防止这两种灾难发生的能力。在这种情况下，自然规律不可改变，该来的必定会来。如果这两种灾难发生，而且达到人类历史上（且不提在地质历史上）曾经达到过的激烈程度，人类和人类社会可能毁于一旦。我认为，太阳系的毁灭是人类所无法改变的，但是，人类及早联合起来，统一认识，协调行动，做出各种最大努力，取得科学知识、技术装备、探测仪器、工程设施等方面的巨大进展，人类可能在防止大型陨星撞击，控制超级火山爆发的事业中获得成功。

3　人类命运共同体的当代意义

人类命运共同体的理念首先来自人的类本质。§10.2 叙述了人的类本质。人是一种社会性的存在。离开了社会，人无法生活下去，人就不成其为人，而且将失去生活的意义。马克思指出：“人是最名副其实的政治动物，不仅是一种合群的动物，而且是只有在社会中才能独立的动物。”（2. P. 684）社会性或者合群性是人的类本质。

人与人之间相互联系，矛盾冲突又相互合作，从与他人以至整个社会共同的劳动和交往中，获得利益和快乐，同时，对他人以至社会做出自己的贡献，体会人生的意义，推动着人类历史的运动变化或发展。人的社会性或者合群性决定了人不能只考虑自己。每一个人必须考虑他人的存在，自己与他人以至社会的关系，例如，与他人的联系和合作、需要和被需要的关系，他人对自己的印象和评价，以至自己与整个社会的联系，自己在整个社会中的地位和影响，以及自己对整个社会的贡献等。

家庭、村社，以至民族和国家，都是由一个个人组成的共同体。人的共同体必然包含着人与人之间关系的基本特性。人的各种共同体，以至人类共同体是既存在矛盾冲突又必须合群共生的对立统一体。在当代地球村时代，整个地球上的人合群而产生的人类命运共同体具有了当代意义。

尽管人类的各个部分之间存在着分歧和对立，但是，我们都属于共同生活在地球上的人类，面对着共同的危机，有着共同的利益。不同的信仰、制度、民族和国家可以和平共处、有序竞争，让共同的利益压倒分歧和对立。

为了进一步阐述和凸显人类命运共同体的当代意义，我们接下来特别地回顾和阐述现代唯物主义哲学对于矛盾、冲突、斗争的理解。

第八章、第九章阐述了不同事物之间的关系矛盾和对立统一规律，一个事物的自身矛盾和对立同一规律，以及事物的自身矛盾与关系矛盾的相互关系。§9.5已述，按照《现代汉语词典》，“斗争”的词义是：“双方相互冲突，一方力求战胜另一方。”诚然，当今世界上仍然存在不同的国家利益、不同的宗教信仰、不同的意识形态、不同的社会制度的分歧、对立和斗争。对抗、斗争是一种尖锐的矛盾。斗争作为解决矛盾的一种手段，当到达某个时间段，它可能是不可避免的。然而，决非在任何时候、时时刻刻都存在着斗争；也决非在任何事物的运动变化过程中，由对立达到事物的转化，都必须通过斗争的手段才能实现。对于某种具体的矛盾，可能根本就不能采取斗争的手段来解决。因此，斗争不是绝对的。在实践中应当反对斗争哲学，慎用斗争手段。

不同事物之间的关系矛盾各有不同的情况、性质和特点，有着各自的特殊性。不同事物的自身矛盾的发展路径、对待、解决方法也各不相同，不可能千篇一律。对于不同的具体事物之间的关系矛盾，或者每个具体事物的自身矛盾，都有各自确定的发展路径、合适的对待或者解决方法。对此，必须有正确的认识和选择。在某种情况下，矛盾的发展路径、对待或解决方法甚至只有一种唯一正确的选择，不能有另一种选择，或者说另一种选择必定就是错误的选择。必须对具体的情况做具体的分析。

这里涉及对于战争和核大战的认识和态度。战争是不同的阶级，或民族，或国家，或政治集团之间，为了解决相互之间的矛盾和纠纷，互相使用暴力的手段进行斗争的最高表现形式。敌对双方为了达到如政治、经济、领土等方面的种种目的进行武装斗争。一般来说，战争是政治通过暴力手段的继续，是流血的政治。它是人类社会进入阶级社会之后出现的现象。历史上有过各种各样的战争，包括侵略战争和自卫战争、正义战争和非正义战争、传统战争和现代战争、局部战争和世界战争等多种类型。在当代世界，领土争端、边界纠纷、宗教矛盾、民族矛盾、掠夺战略资源、争夺市场和势力范围、意识形态斗争等因素是现代战争的直接动因。

克劳塞维茨的《战争论》是奠基性的战争理论名著。其中写道："战争无非是政治通过另一种手段的继续。""战争不仅是一种政治行为，而且是一种真正的政治工具，是政治交往的继续，是政治交往通过另一种手段的实现。"[12] 自从核战争可以成为战争的手段，未来核大国之间核大战的结局肯定是核战双方连同地球的毁灭，战争手段和结果与战争的目的相悖（见§11.2.2）。这样，情况显然发生了截然的变化。核武器的发展改变了传统的军事手段，改变了关于战争的传统观念。克劳塞维茨关于"战争是政治交往的继续，是政治交往通过另一种手段的实现"的至理名言，今天已经不再至理：核大国之间的核大战意味着地球的毁灭和政治交往的终结！我不想进一步仔细分析、研究和判断：（1）核大战之后是否有一定的概率，让多少人存活下来？（2）幸存者病态地苟延残喘，在那种核污染和残破的环境之中，他们能否重新谋求和实现发展？人类不应当奢望在那种苟延残喘中寻找未来。

毫无疑义，核武器的出现意味着世界上任何一方都不应该、不能够企图直接通过核大战来达到自己的军事目的、经济目的和政治目的。即使涉及社会制度的变革，在存在核战毁灭威胁的世界上，也不能采取战争的手段，或以战争的手段相威胁，强迫他国接受外来强加的意识形态。应当让各国人民自己决定自己国家的政治选择，让人类的理性选择世界的未来。

回顾恩格斯如何面对变化了的形势采取不同的策略是很有指导意义的。

恩格斯在1895年写的《卡·马克思〈1848年至1850年的法兰西阶级斗争〉一书导言》中，强调无产阶级政党应当根据变化了的条件制定符合新的形势要求的新的斗争策略。其中写道："历史表明我们也曾经错了，暴露出我们当时的看法只是一个幻想。历史走得更远：它不仅打破了我们当时的错误看法，并且还完全改变了无产阶级进行斗争的条件。1848 年的斗争方法，今天在一切方面都已经过时了，这一点值得在这里比较仔细地加以探讨。”（4. P. 382）又说：“旧式的起义，在 1848 年以前到处都起过决定作用的筑垒巷战，现在大大过时了。”（4. P. 390）他详细地比较军队和武器的变化。他指出：“在 1848 年是击发式前装滑膛枪，现在是小口径后装弹仓枪，它的射程是旧式枪的四倍，准确性和射速则是十倍。先前大炮发射的是威力不大的实心球形弹和霰弹，现在则是爆炸式的榴弹，只要命中一发，就足以摧毁最好的街垒。先前用以破坏防火壁的是工兵的丁字镐，现在则是炸约筒。”（4. P. 392）他说：“各大城市在 1848 年以后新建的街区中，街道都是又长、又直、又宽，好像是故意要使新式枪炮能充分发挥其效力似的。一个革命者，如果自愿选择柏林北部和东部的新建工人街区来进行街垒战，那他一定是疯了。”（4. P. 393）

这是对具体情况做具体的分析，根据变化了的条件制定新的斗争策略。战争的军事目的是“保存自己、消灭敌人”。从古到今，不论采取什么作战方式、作战部署和作战原则，运用何种武器装备，敌对双方的一切战争行为都是围绕着如何保存自己、消灭敌人而展开的。只有达到了军事目的，才能实现战争的经济目的和政治目的。自从核战争可以成为战争的手段，借助于核战不可能实现任何战争的目的，结局是核战双方连同地球的毁灭。

古代兵书《司马法》曰：“国虽大，好战必亡；天下虽安，忘战必危。”此言很有道理。毋庸讳言，我们不能害怕斗争。越是害怕斗争，就越是避免不了斗争。我们必须做好“不斗则已，斗则必胜”的准备。忘战必危，我们应当做许多实实在在的准备。在核武器还存留在世上，而且主人发疯时可以用核武器毁灭我们的国家十几次的情况下，我们必须具备和确保自己还手的能力，能够消灭对手一次至两次。只有具备和确保这种能力，才能制止战争。但是，好战必亡，必须慎用如冲突、战争等斗争手段。我们要与世界各国一道，竭尽全力，坚决防止核大战的爆发。中国古代哲学提倡“和而不同”。《周易》的智慧在于和谐。宋代的张载说：“气本之虚则本无形，感而生则聚而有像。有像斯有对，对必反其为，有反斯有仇，仇必和而解。”（《正蒙·太和》）张载阐述了中国古代辩证法思维所注重的阴阳同一性，论述“和”的命题，提出“太和所谓道”“仇必和而解”。和谐是中华民族五千年来一以贯之的理念。

在世界各国高度相互依存、相互影响、利益交融的时代背景下，人们有理由相信，尽管世界各个国家之间存在着利益冲突，但是各国之间，特别是世界大国之间的和平竞争合作关系，不仅有可能得以延续，而且还可以创造和平共处的新模式，走出和平共生、和谐共生的新道路。

金应忠发表多篇论文[13-15]论述国际社会的共生性。他说："国际社会是共生的，主权国家之间存在着各种各样共生关系链接。""在当今共生性国际社会里，尽管国家间的矛盾、冲突不断发生、持续存在，然而，任何国家的'自我实现'所能达到的程度，所能上升的高度，除了自身内部条件和努力，不仅离不开其他国家'自我实现'的成果，而且只能在其他国家'自我实现'的过程中才能实现。"

在各个国家之间，特别是世界大国之间和平共处、有序竞争的关系中，当今的中美关系具有最大的全球影响和战略意义。中国是当今世界上最大的发展中国家、第二大经济体，美国则是当今世界上最大的发达国家、第一大经济体，两国同是安理会常任理事国。因为其特有的国际地位和国际影响，中美关系的走向，中美双方的互动举世瞩目。2013 年习近平主席与奥巴马总统在美国安纳伯格庄园会晤和沟通，一致同意构建中美两国新型大国关系，核心内涵是不冲突、不对抗，相互尊重，合作共赢。习近平表示期待中美携手合作，成为世界稳定的压舱石、世界和平的推进器。奥巴马表示，一个和平、稳定、繁荣的中国，对美国和对世界都有利，美国愿与中国成为平等的伙伴，共同应对全球性挑战。中美双方已经存在基本共识。如果再进一步，两国在全球重要问题上互相支持，在地区问题上互相包容，在双边问题上互相尊重，在各方面开展更多的合作，双方的战略互信就会相应增强，对于世界的稳定和发展将做出更大的贡献。

我们同时应当清楚地看到：第一，俄罗斯是全球面积最大的国家，具有很强的军事实力，俄罗斯民族具有很强的内聚力。中俄两国形成了背靠背的战略协作伙伴合作关系，这种结构是世界和平的重要基础之一。第二，欧洲联盟（European Union）继承和发展了古希腊罗马的西方文明，对人类文明的发展做出过最重要的贡献。欧盟科学技术发达，经济实力已超过美国居世界第一。中国应当与美国、俄罗斯、欧盟、日本等世界大国或组织共同构建合作共赢的战略伙伴关系。

每一个正直的人，面对着眼前的局面和面临的危机，一定有自己明确的选择。应当停止人类世界内部的军备竞赛、冷战和热战。人类面临的共同挑战是全球性问题，需要超越文明类型、意识形态、国家民族各种差异而以全球性的合作方式予以应对和解决。"人类命运共同体"作为世界新秩序的基石，既是时代发展的产物，也是时代继续发展的需要。

作为当代最强大的发达国家，美国应当带头这样做。美国应当带头停止军备竞赛，带头致力于建立无核武器世界，转而在克服生态环境危机，防止黄石超级火山爆发和应对大型陨星撞击等方面做更多的工作。不仅如此，同时我还认为，中国应当与美国携手合作，共同应对全球性挑战。

本人呼吁：停止世界上人类的生死内斗。全面禁止和彻底销毁核武器，最终建立无核武器世界。世界各国共同努力应对和克服生态环境的危机。

黄石火山既是美国的软肋，也是世界的软肋。黄石火山一旦爆发，美国人首当其冲。本人建议：世界各国通过联合国协商并一致行动，包括中国给美国提供资金、人力和物力的支持，防止黄石超级火山爆发。中国投入更多资金、人力和物力，参与和推进防止大型陨星撞击的国际性研究。

倡导和构建人类命运共同体，人类行动起来，在巨大的灾难发生之前，做好社会内部矛盾的调整和各种必要的准备，以避免遭受灭顶之灾，为创造人类社会的和谐、平安、幸福、发展和长存而努力。

4 人类从必然王国向自由王国的飞跃

人类社会的进步是社会不断地从低级到高级、从不完善到完善的前进发展的历程，它主要取决于三方面的原因：根源于需要和利益的驱动，人们进行创造性的实践活动，推动着生产力的发展。社会进步的现实基础和客观标准无疑是生产力的发展，生产力是决定社会发展的最终力量。只有生产力不断发展，才能提高人类物质生活和精神生活水平，才会引起社会关系更新和社会形态的更替。但是，生产力的发展只是人们的创造性实践活动的结果，它依赖于人的需要、素质和人的发展的推动；生产力只是社会进步的前提和手段。社会进步并不是外在于主体的，不是为了进步而进步，而应当以主体为目的，即为了人本身的进步和发展。马克思提出的“每个人的全面而自由的发展”，是具有普遍意义的关于理想社会形态的基本原理。每个人的全面而自由的发展，是社会进步的最高目的，同时也是评价社会进步的最高标准。当然，在社会进步的评价标准中，人的全面而自由的发展的标准与生产力标准并不是相互对立的，前者应当把后者作为一个基础性因素包括进去。

马克思将人的发展过程概括为人的依赖性、人的独立性和人的自由个性三个基本历史阶段。第一阶段包括原始社会、奴隶制社会和土地占有制社会，生产力水平低下，人类在自然面前软弱无力，只有人与人相互依赖或者人身依附，构成氏族、部落或者农村公社等地域共同体。第二阶段是以物的依赖关系为基础的人的独立性阶段，就社会的经济形态而言，这就是商品经济的发展阶段。个人作为商品的生产者和交换者，摆脱了对直接共同体的隶属或依赖，获得了形式上的独立性。商品经济按其性质来说是平等的和自由的，在此基础上形成独立的人格。这种独立性建立在人对物的依赖关系的基础上。所以，商品经济条件下人的独立只是形式上的，在对物的依赖关系中，掩盖着更为广泛的、内在的人对人的依赖关系。这是当今的社会形态。

人类社会的未来将进入第三个历史阶段，即人的自由个性阶段。在这个阶段，社会关系不再作为异己的力量来支配人，而是置于人们的共同控制之下。当然，社会永远存在着分散与集中、自由与统一的问题。但是，在第三个历史阶段中，统一是为了更好的自由，自由是为了更好的统一。人们在自觉调节的丰富而全面的社会关系中获得全面而自由的发展，成为具有自由个性的人。人的全面而自由的发展阶段，就是马克思所设想的共产主义社会。

人类为了达到全面而自由的发展，必须认识和驾驭自然界和人类社会的客观规律。人类在实践中努力把握必然，争取自由，其最高境界是整个人类的解放。人类在实践中认识和把握世界及其运动变化的必然规律，在必然性提供的可能性范围内，选择行动的自由，能动地改造世界。人类改造自然和改造社会的过程，就是人类追求自身解放的过程。

客观世界存在着运动变化的必然规律，人的活动要受到这种客观规律的制约。当人尚未认识世界及其运动变化的必然规律，必然性作为一种异己的盲目的力量，给人们的行动以强制性的限制。但是，人们可以凭借自己理性的力量认识必然，用以指导自己的行动。人永远不要企图摆脱客观的必然性的制约，不能超出客观必然性限定的范围去寻找自由。这是人的自由的限度。然而，必然性所规定的范围仍然是十分广阔的。认识了必然性，就有了选择的余地，也就有了自由。这是人的自由的客观根据。人只有在必然性所规定的可能性范围内，根据自己的需要做出选择，然后，运用自己实践的力量，将选择的可能性变成现实，获得自由，而不是消极地被动地被客观必然性所决定。

人与客观必然性的关系，表现出人的受动性和能动性的统一。现代唯物主义哲学从这种统一中考察人的自由问题。恩格斯指出："黑格尔第一个正确地叙述了自由和必然之间的关系。在他看来，自由是对必然的认识。……自由不在于幻想中摆脱自然规律而独立，而在于认识这些规律，从而能够有计划地使自然规律为一定的目的服务。……自由就在于根据对自然界的必然性的认识来支配我们自己和外部自然"（3. P. 491～492）。因此，自由是对于必然的认识和支配；或者说，自由是对于必然的认识、依据必然所做的选择和实践。

人类长期以来一直生活在"必然王国"之中。其一，人类依赖和受制于自然界，几乎消耗全部精力，从自然界获取物质生活资料。其二，任何个人都生活在一定的社会关系中，不能脱离社会而存在。社会是人类自己创造的，但是，社会一经出现，又制约着人和支配着人。

人类是认识自然和改造自然的能动力量。物质生产必然是社会存在的前提，生产力高度发展是社会高度发展的一个必要条件。人在自然领域的自由就是人对自然必然性的自由，从自然力的支配下解放出来成为自然力的支配者。但是，物质生产领域本身还不能充分体现人的自由的程度。马克思说，真正的自由王国只存在于物质生产领域的彼岸。人类也是改造社会的能动的力量。人在社会领域的自由是人对历史必然性的自由，从社会关系对于自身的制约和支配中解放出来，个人成为自己社会关系的主人。

在人类的未来，摆脱了来自自然力量和社会力量的限制和束缚，不再屈从于任何外在的目的，人的能力的全面而自由的发展成为目的本身。人成为人自身的主人，这是人的自由的最高体现。“在那里，每个人的自由发展是一切人的自由发展的条件。”（1. P. 422）人类实现从必然王国向自由王国的飞跃。

这个自由王国，就是马克思所设想的共产主义社会。人类社会走向自由王国是一个漫长而艰巨的过程。关于共产主义社会的历史特征和实现途径，马克思和恩格斯通过对资本主义社会基本矛盾的分析做过全面的预测。实践总是丰富多彩的，而且在不断向前发展。社会进步和未来发展是合乎必然规律的自然历史进程。哲学研究的目标在于准确地认识这种客观的必然性。

§11.5　宜居行星　外星文明　人类更远的未来

1　宜居行星的搜索

接着考虑人类几千、几万年之后以至更远的未来。（1）在更远的未来，地球的资源可能耗尽；（2）地球上的生命面临着诸如大型陨星撞击、超级火山喷发等巨大的自然灾难，这种灾难一旦发生，就像曾经独霸地球的恐龙灭绝一样，必将导致人类的灭绝。（3）太阳系在主序阶段大约还会维持50亿年，尔后经历红巨星，再演化为白矮星、中子星而消亡。太阳系在红巨星阶段的光度将要升高几十倍，那时地球表面最高温度将超过400℃，人类不可能在地球上居住和生存，必须在此之前，找到并且到达适宜生命存在和繁衍的另一个行星上落户，人类社会才可能存续和发展下去。（4）人类的本性充满着好奇心和探索精神，总是力求发现大千世界的奥秘；更何况存在上述三种实际的生存需要。因此，着眼于更远的未来，为了自己的延续和发展，人类需要在宇宙中寻找避难所和未来的发展基地，必须探索宜居行星、外星生命和外星文明。这就是我们搜寻系外行星和开展深空探测的重要价值之所在。

所谓外星生命，是指存在于地球以外的生命体。外星生命包括从简单的细菌直至具有高度智慧的生命。所谓外星文明，则是指宇宙中除地球文明以外的外星智慧生命的文明。宜居行星、外星生命和外星文明是相互区别又相互关联的三个概念：在宜居行星上可能存在外星生命；外星生命经历长久的演化历程可能产生外星文明。即使在宜居行星上找不到生命，也必须寻找宜居行星。因为可以创造技术条件，考虑人类在必要的时候移居到那里，为自己留下长存和发展的空间。

寻找宜居行星、外星生命和外星文明，在必要时移居到宜居行星，这无疑是最为激动人心、雄伟壮丽的事业，同时也是艰巨无比的事业，甚至实现它的可能性，都还没有确定无疑的结论，存在讨论的必要。

最近几十年以来，人类开始认真地、系统地寻找宜居行星和外星生命。科学探索证实，组成生命的元素广布于宇宙空间，甚至连氨基酸之类生命的直接组分都能在太空中找到。但是，迄今为止并没有确切的证据表明有外星生命存在。我们现在完全没有其他可能的生命模式的知识。现阶段只能探索那些符合地球模式的生命现象，但是应当留意其他生命模式的可能性。

§3.4 给出了生命的定义。所谓生命，是生存在一定的环境中新陈代谢，生长发育，大多数能够繁殖并呈现出遗传变异现象，能够对外界的刺激做出反应，以水为载体，以核酸和蛋白质等大分子为基本组分的开放的、能动的物质系统。在外星生命中可能存在的其他生命模式，也许与这个定义所描述的生命有所不同，但是，它也必定是一种生存在一定的环境中新陈代谢，生长、发育、繁殖，能够对外界的刺激做出反应的开放的、能动的（即活的）高级物质系统。

首先在本小节叙述宜居行星（Habitable Planet）的搜索。

按照地球生命的模式，科学家一般认为，生命只可能生活在行星（或者行星的卫星）上，而且只有满足以下条件的行星（或行星的卫星），才有可能成为生命的家园：(1) 适合的温度；(2) 岩质行星；(3) 与地球大致相当的质量；(4) 表面拥有液态水。满足这些条件的行星叫做宜居行星。为了能够与宜居行星上可能存在的智慧生命建立联系，为了人类将来可能移居到那里，宜居行星最好能够满足条件：(5) 离地球不能太远，例如几光年或几十光年。

地球生命能够忍受的温度极限是－200～100 ℃，生命具有活力的温度范围是0～60 ℃。如§11.1所述，行星要能够适宜于人类生命的存在和发展，必须满足许多必要的条件。这些条件要求行星的质量既不能太大，也不能太小，应介于

$4\times10^{22}\sim1\times10^{25}$千克。地球质量约为$6\times10^{24}$千克，处于这个范围之内。因此，宜居行星的质量最好处于0.01～1.7个地球质量的范围内。

为了行星有适合的温度，表面拥有液态水，宜居行星所依附的母恒星和行星自身还必须满足以下条件：（1）母恒星不能太大，恒星过大会放出过强的辐射；也不能太小，行星从母恒星能得到足够的热量；（2）母恒星必须非常稳定；（3）行星必须在宜居带内；（4）行星必须是单星，或至少离开其他伴星非常远，而且最好在外层轨道上有大行星“充当保镖”，就像太阳系的木星、土星，它们强大的引力吸引小行星或者彗星撞向它们，让地球处于相对安全的宇宙环境之中。

为了找到宜居行星，首先要找到行星。太阳系有八大行星，自然会设想其他恒星很可能也有自己的行星系统。银河系有上千亿（10^{11}）颗恒星，如果1%的恒星拥有自己的行星系统，则太阳系外行星将达到数十亿颗以上。但是，行星本身不发光，它表面的反射光极为微弱，行星被淹没在母恒星的光辉之中，在遥远的恒星系统中发现行星是一件困难的事情。因此，太阳系外行星的设想，直到20多年前依然停留在科学猜想的阶段，缺少实际的观测证据的支持。1992年，英国《自然》杂志报道，首次发现和确认与地球质量相近的行星围绕室女座脉冲星PSR1257+12公转，这给人们带来了很大的惊喜。

世界各地的许多地面天文观测台有可能发现和观测到太阳系外行星。后来，大量的空间望远镜发射到太空轨道上，避开了地球大气的影响和地球重力所产生的畸变，又不会受到地球表面人工光源的干扰，因而，较之地面天文观测，大大提高了观测能力和分辨本领。其中一些空间光学望远镜可以兼作近红外、近紫外的观测。空间望远镜是一座太空天文台，它们可以被分成两类：观察整个宇宙或只对宇宙中某个部分进行观察。许多太空天文台已经完成了它们的任务，而另外一些则仍然在运作之中。

开普勒（J. Kepler）太空望远镜是美国国家航空航天局（NASA）设计和发射的世界上首个用于探测太阳系外行星的飞行器，于美国东部时间2009年3月6日发射升空，通过观测行星的凌星现象，对天鹅座和天琴座中约15万个恒星系统展开观测，以寻找类地行星和生命存在的迹象。开普勒望远镜不在环绕地球的轨道上，而是尾随地球在绕太阳公转的轨道上，不会被地球所遮蔽，也不会受到来自地球的漫射光线的影响，能够进行持续的观测。这种轨道避免了重力的摄动，是一个更加稳定的观测平台。光度计指向天鹅座和天琴座所在的空域，远离了黄道平面，阳光不会渗入光度计。自开普勒望远镜发射以来，在太空开展天文观测，大大提高了系外行星搜索的效率。

太阳系外行星大多数是用间接的方法发现的。第一是凌星现象观测法。这是开普勒太空望远镜采用的观测法。所谓凌星现象是指当行星围绕恒星运转，运行到开普勒望远镜与母恒星之间，由于行星的遮挡，望远镜上的光度计所接收到的母恒星的亮度信号会减弱；就像是在地球上观测水星或金星凌日的天象时，会发现太阳表面上有一个小黑点在缓慢地移动。开普勒望远镜上的光度计可以检测到恒星亮度十万分之一的微弱变化。根据恒星亮度的周期性的微弱变化，可以推算系外行星的大小和轨道周期。利用其他测量手段确定所发现的每颗行星是否位于适宜生命居住的区域，或者说测量这颗行星与母恒星之间的距离，以确定其表面是否存在液态水。第二是视向速度观测法，即从恒星光谱线的微小偏移，推算和确定行星与恒星之间的相对旋转运动。还有干涉测量法和微引力效应法等。系外行星大多数是用凌星观测法，其次是用视向速度观测法发现和观测的。直接拍摄到行星图像的只有 10 多例。

第一颗系外行星发现后，最近 20 多年来，发现的系外行星的数量急剧增加，特别是在最近几年取得了重要进展。2015 年 1 月 6 日，美国航空航天局（NASA）宣布，开普勒望远镜发现第 1000 颗系外行星，其中 K-438b、K-440b、K-442b 三颗行星的运行轨道位于宜居带内。当时称它们为“另一个地球”。但是，这三颗行星的母恒星是质量较小、温度较低的红矮星。至 2015 年 7 月 24 日，确认系外行星达 1935 颗，其中大约半数（1030 颗）是开普勒望远镜发现的。2016 年 5 月 10 日，美国航空航天局（NASA）宣布，开普勒望远镜发现 1284 颗太阳系外行星（确定性概率为 99%）；其中大约有 550 颗很可能是像地球那样的岩石行星；有 9 颗位于宜居带内，与地球极为相似；最近的一颗宜居行星离我们只有 11 光年。至此人类观测到的属于宜居带的太阳系外行星达 21 个，它们是未来的潜在的宜居星球。所有这些数据都处于不断地刷新之中，不断地变动和提升之中。

至今发现的最近似于地球的系外行星是 K-452b。据美国航空航天局（NASA）的消息，北京时间 2015 年 7 月 24 日凌晨，天文学家确认发现首颗位于宜居带上、体积最接近地球大小的行星 K-452b。NASA 认为，这是人类在寻找另一颗地球的道路上的重要里程碑。这颗行星位于天鹅座星系，距地球 1400 光年。母恒星质量比太阳大 4%，亮度高 10%，年龄约 60 亿年，比太阳早 15 亿年。K-452b到母恒星的距离，跟地球到太阳的距离相同。K-452b 的直径比地球大 60%，公转一圈 385 天，岩石星球的可能性很高，很可能拥有大气层和流动的水。K-452b 与地球的相似指数确定为 0.98。它是至今为止发现的最接近地球的“孪生星球”，被媒体称为“地球 2.0”。

我们看到，在寻找另一颗地球的道路上，人类已经取得了重要的进展。但是，要到达确实的成功，还有很长的路要走。在至今所发现的宜居带内 21 颗系外行星之中，没有一颗行星真正满足宜居行星的五个条件。

即使 K-452b，也不是严格意义上的“另一颗地球”，而只能说它是迄今为止所发现的与地球最相似的系外行星。第一，现在的 K-452b，母恒星亮度越来越高，它本身越来越热，任何可能生活在它上面的生物，可能正在目睹它们的世界变得越来越干涸，类似于地球未来的发展方向。第二，凌星观测法只能测量系外行星的直径大小，无法估算它的质量，因此，无法估算它的密度，也无法判断它究竟是不是岩质行星。必须依赖其他方法解决这些未知的疑问。如果它是岩质行星，密度与地球密度相同，其质量必定大于地球质量的 2.5 倍，作为宜居行星，质量略大。第三，K-452b 位于天鹅座，距离地球 1400 光年（1 光年 $=9.46\times10^{15}$ 米，约 10 万亿千米）。迄今为止最快的深空探测器是探测冥王星的新视野号飞船，按它的约 5 万千米/时的速度飞行，从地球飞到 K-452b 约需要 3000 万年，这对于地球上的人类来说是不可想象的。

NASA 计划在接下来 10 年中发射新的太空望远镜。例如，凌星系外行星巡天望远镜（Transiting Exoplanet Survey Telescope，TESS）和较之哈勃望远镜镜面大出 3 倍的詹姆斯·韦伯太空望远镜（JWST），预计分别在 2017 年和 2018 年发射升空，届时它们将携手搜寻宜居行星，特别是与地球大小相当的行星。类地行星搜索者号（TPF）也在未来的发射计划之中。

接下来的任务应当着重于：在我们附近的恒星周围，例如在距离地球不太远，几光年或几十光年的范围内找到真正的宜居行星。

2 外星文明和星际文明社会 人类更远的未来

随着对系外行星观测的深入，越来越多的宜居行星被发现。即便出现的概率很低，宜居行星也有很大的数量。许多迹象表明人类不是宇宙中唯一的智慧生命，地球之外应当还有其他文明存在。

接着在本小节叙述对外星生命和外星文明的探索。

自 20 世纪中叶以来，人类对太空生命的探索已经有了长足的进展。天文学家一直向外发射探测外星文明的电磁波；追踪成千上万颗星球发出的电磁波信号；天文望远镜观测潜在的宜居行星；发射宇宙飞船探测太阳系中绝大部分的行星及其主要卫星等。用这些方法探测外星生命存在的迹象。但是，这些搜寻行动一无所获。科学探索证实，尽管组成生命的元素广布于宇宙空间，甚至连氨基酸之类生命的直接组分都能够在太空找到，但是，迄今为止还没有任何确切的观测证据表明有外星生命和外星文明存在。

早在1950年，在一次非正式的讨论中，物理学家费米在讨论外星文明的问题时，突然问道："他们在哪儿呢?"费米的意思是说：如果银河系或者宇宙中存在先进的地外文明，为什么连外星人的飞船或者探测器之类的证据都找不到呢？即使难以星际旅行，如果外星文明普遍存在，为什么探测不到他们的电磁信号呢？这被称为费米悖论或者费米佯谬。

迄今为止没有任何确切的观测证据表明，有外星生命和外星文明存在。究竟如何理解这个确定的事实？究竟如何理解费米悖论？下面叙述我认可的一种系统的解释，其中某些认识学术界已经提出过，某些认识是我第一次在这里阐述的。

第一，根据物质运动形态和运动规律的统一性，首先应当确认，类似于地球生命、地球文明的外星生命和外星文明，只要具备适当的必要的条件，在宇宙中其他的天体上也肯定能够发生。

在历史上，持宇宙有限论观点的学者大多笃信地球是唯一的可居住的世界；而持宇宙无限论观点的学者大多相信存在地外智慧生命。例如，亚里士多德虽然认为时间是无限的，但是他实际上认为空间是有限的。他认为，构成星球的物质不同于地球上的物质，那里不存在生命。5世纪，罗马帝国神学家圣·奥古斯丁从神学上论证人类生命的唯一性：如果存在地外生命，他们同样需要一个救世主，这就与基督的唯一性相矛盾。但是，古希腊罗马的德谟克里特、伊壁鸠鲁和卢克莱修等原子论者用很长的篇幅和绚丽的语言描述了宇宙的无限性（见§4.2.6）。在近代欧洲，布鲁诺、惠更斯、开普勒、牛顿和康德等人进一步论述了时间空间的无限性。他们相信，没有真正的理由证明地球是宇宙中唯一的生命乐园，凡是此处能够存在的东西，也一定能够存在于他处，因此，一定存在着地外生命。

如§3.6所述，自然界无限多样的物质形态具有统一性。现代科学已经证实，来自遥远天体的宇宙射线中的粒子和地球上高能加速器中产生的粒子是相同的，自然界各种各样的物质形态都由相同的基本粒子组成；遥远天体上的物质的化学元素与地球上物质的化学元素是相同的；各种恒星、各种天体和太阳、地球具有同样的物质基础，并且遵守同样的物质运动规律。生物科学证明，生物体不过是成分和结构十分复杂的一种物质形态，生命现象是自然界自身的长期发展的结果，非生物界与生物界是统一的物质世界发展的不同阶段。这意味着，在地球上发生的进化，只要条件相同，在宇宙中其他天体上也能发生。因此，只要具备适当的必要条件，外星生命和外星文明在其他的天体上也肯定能够发生。由此可以断定，外星生命和外星文明肯定存在。

第二，尽管只要具备相同的必要的条件，外星生命和外星文明在宇宙中其他天体上也能发生，但是，总体说来，外星生命和外星文明出现的概率是极其微小的。这里所谓外星生命和外星文明出现的概率，既包括在空间上出现的概率，也包括在时间上出现的概率。

在银河系中存在多少个具有文明的星球？美国天文学家弗兰克·德雷克于1961年提出一个公式，以一连串的可能性的乘积来计算银河系中现存的能够进行星际通信的具有先进文明的星球的数目

$$N=R^{*}\times F_{p}\times N_{e}\times F_{l}\times F_{i}\times F_{c}\times L$$

其中，R^{*}表示银河系中平均每年新诞生的恒星数目；F_{p}表示拥有行星系统的恒星在全部恒星中所占的比例；N_{e}表示在这些行星系统中平均说来具备生命起源和进化条件的行星的数目；F_{l}表示在满足这些条件的行星中实际诞生了生命的行星的比例；F_{i}表示从一般生命进化到智慧生命的概率；F_{c}表示智慧生命拥有星际通信能力的比例；L代表文明的平均寿命（年）。德雷克根据这个公式预言在银河系中有10^{4}个有星际交流能力的文明星球。

美国天文学家卡尔·萨根取如下数值：

$$R^{*}\approx10,\ F_{p}\approx1,\ N_{e}\approx1,\ F_{l}\approx1,\ F_{i}\approx10^{-1},\ F_{c}\approx10^{-1},\ L\approx10^{7}$$

计算得到$N=10^{6}$，即在银河系中存在100万个恒星，其行星系统中有高度发达的外星文明存在。

对于这种估算，科学家们有不同的意见。有人对这个方程式提出疑义，否认在银河系内除地球文明之外还有其他的发达文明存在。美国天文学家麦凯尔·哈特认为，方程式中的预测值太多，不可靠；如果银河系以内还有其他的发达文明存在，那么它早就把银河系殖民化了，我们不可能至今仍未发现它。这表明，在银河系内除地球之外没有其他的发达文明存在，但是，银河系外可能有其他文明存在。苏联的修克罗斯基认为，如果其他文明的星球拥有核武器，就会因核战争而灭亡，因此，发达文明的寿命非常短暂，银河系除地球之外可能没有其他文明存在。

我认为，弗兰克·德雷克和卡尔·萨根估计的概率大大偏高。实际上，外星生命和外星文明出现的概率是极其微小的。为说明这个论断，简短地回顾地球的生命进化史，然后说明这个论断的根据以及进一步的哲学结论。

根据公认的资料，我们的宇宙已经有137亿年的历史，我们的太阳系和地球有46亿年的历史。作为太阳系一个成员，地球几乎是与太阳同时形成的。经过千万年的长期演化，逐渐形成地核、地幔和地壳，形成地球的大气圈和水圈。地球上的原始大气在高温、紫外线和雷电等自然条件的长期作用下，形成许多有机物。这些有机物随着雨水进入湖泊和河流，最后汇集到原始的海洋中。1952年，美国学者米勒（S. L. Miller，1930—2007）模拟原始地球的气候条件和大气成分，将甲烷、氨、氢气、水蒸气等气体泵入一个密封的容器，模拟闪电进行电火花放电，

合成了多种氨基酸。此外，人们在陨石中和星际空间中，发现了并非来自地球的数十种有机物和氨基酸。原始地球上的海洋就像是一盆稀释的热汤，其中所含的有机物经过漫长的岁月，在地球形成之后 5 亿—10 亿年，即距今 41 亿—36 亿年，逐渐形成了原始的生命。

太古宙（距今 40 亿—25 亿年）生物主要由细菌、单细胞藻类等组成。细胞核形成，原核生物和真核生物的分异大约始于距今 30 亿年。元古宙（距今 25 亿—5.41 亿年）生物加速进化，出现了复杂的生命体，例如有性生殖，多细胞生命，呼吸和循环系统，出现了腔肠动物和环节动物。冥古宙、太古宙、元古宙合称为隐生宙（现改称前寒武纪），意味着这是尚未出现生命或刚出现少量生命的时代。生命大量出现后的时代称为显生宙，包括古生代、中生代和新生代。这就是说，在地球存在最初的 40 亿年（占整个地球地质史的 9/10）之后，生命才大量出现。科学研究表明，地球上生命和人类的发展过程是一个十分漫长的自然而然的过程。

按照地球生命的演化历程，从简单的生命到人类文明和星际文明社会的演进，可以大致划分为如下阶段：（1）宜居行星形成，宜居行星是适宜于有机物和生命产生和繁衍的行星系统；（2）可以自我复制的生物大分子，如核酸、蛋白质等；（3）简单的原核类单细胞生命，如细菌、蓝藻、放线菌等；（4）复杂的真核类单细胞生命，如衣藻、草履虫、变形虫、鞭毛虫等；（5）有性生殖和多细胞生命；（6）脑量较大并且有心理、情感活动的高等动物；（7）目前的人类社会；（8）未来可能的星际文明社会。这里从（1）到（6）的每一步跨越都是十分漫长的过程，时间尺度都以 1 亿年、5 亿年或者 10 亿年计。智慧生命即人类的出现相对短暂，人类产生于两三百万年前。这就意味着，大约经历了 46 亿年漫长的进化过程，才产生智慧生命。

按照地球的生命进化史，德雷克公式必须做许多修正。

（1）首先需要修正的是，必须增加一个概率项 F_m，表示在银河系的所有恒星中，质量介于 $0.1M_\odot \sim 1.3M_\odot$（$M_\odot$ 表示太阳的质量），具有合适的光谱型，而且不是双星或聚星的恒星所占的比例。

根据恒星天文学研究[3]，恒星质量介于 $0.1M_\odot \sim 60M_\odot$，更小质量的天体依靠自引力不足以压缩它的中心区域达到足够高的温度实现氢核的热核反应，而更大质量的天体则是不稳定的。等于太阳质量 15 倍、5 倍、1 倍和 0.2 倍的恒星，处于主序阶段稳定地发光发热的时间尺度分别是 1000 万年、7000 万年、100 亿年和 1 万亿年。按照质量不同，恒星有着不同的演化进程，进而将恒星分成三大类：小质量恒星（$M < 2.3M_\odot$）、中等质量恒星（$2.3M_\odot < M < 9M_\odot$）和大质量恒星（$M > 9M_\odot$）。只有小质量恒星，质量在 $< 1.3M_\odot$ 范围之内，具有合适的光谱型

（从 F_2 型到 M_2 型），主序阶段稳定发光发热的时间能够超过 45 亿年，可以满足智慧生命进化所需要的时间长度和温度条件。或者说，只有这样类似太阳的恒星才是产生智慧生命的合适的候选者。此外，在银河系中，双星（或者聚星）占恒星总数的一半以上。它们即使有行星存在，也难以具有稳定的运行轨道和表面温度，不能提供稳定的孕育生命的条件。

考虑这些理由，应当取 $F_m \approx 0.1$。

（2）真正的宜居行星必须具有非常优越的条件。本节前面已经叙述宜居行星必须满足的条件。这些条件实际上是十分苛刻的要求。例如，行星一定要位于离中心恒星一定距离的生命圈内。生命圈的半径由中心恒星的光度和质量所决定。距离太近，行星温度太高，液态水和生命无法存留；距离太远，行星温度太低，生命也不能忍受。一种估计认为，对于太阳系而言，生命圈的范围大约在 0.95～1.05 天文单位之内。也就是说，如果离太阳的距离变化超过 5%，或者太阳的光度变化超过 5%，地球将不适宜于生命的繁衍。

宜居行星质量要处于 0.01～1.7 个地球质量的范围内，而且外层轨道上有大行星“充当保镖”，就像太阳系的木星和土星，它们吸引小行星或者彗星撞向它们，让地球处于相对安全的宇宙环境中。否则，小行星或者彗星与地球撞击的频率会高出 1000 倍，智慧生命将没有时间完成其进化过程。

在恒星的行星系统中，平均说来具备生命起源和进化条件的行星数目是很稀少的，只能取 $N_e \approx 0.01$。事实上，到 2016 年人类观测到大约 2000 颗行星，其中宜居带内的系外行星 21 个，还很难说这 21 个是否真正宜居的。

（3）智慧生命不一定能够发展到与外界进行通信联系的智力水平。现在人类主要以电磁波作为星际通信方式，但是，在南美亚马孙流域深处，在新几内亚的深山里，有未开化的原始人，他们不知道农耕和畜牧，缺乏制作铁器等金属用品的技术，只能使用简单的弓箭和棍棒狩猎。他们进化到人类也已经有几十万年。由此可见，要有先进的科学技术，也要具备一定的条件，才能容纳无数次变革和经验的积累。因此，智慧生命也未必都能达到高度的文明，未必都能与外界建立联系，从而使我们感知到他们的存在。

（4）的确，智慧生物具有自我毁灭的倾向。在成功发展出星际联系的手段（例如无线电通信或太空飞行技术）之前或者之后的时间内，技术文明可能倾向于，或者必定自我毁灭。可能的灭绝方式包括核战争、生物武器或者意外的病毒感染、不理智的物理实验、程序失控的人工智能等。地球文明还不算高度发达，却已经面临着核战毁灭的威胁和生态环境危机。文明程度越高，遭受毁灭性打击的可能性越大。一个意外事件就可能使文明寿终正寝。考虑到这种情况，可以取有星际交流能力的文明的平均寿命 $L\approx10^6$ 年。

总结以上讨论，在银河系现存的能够进行星际通信的具有先进文明的星球数目

$$N=R^*\times F_m\times F_p\times N_e\times F_l\times F_i\times F_c\times L$$

各个字母表示的意义同前，新增一项 F_m。公式中各项应当取如下数值：

$$R^*\approx10,\ F_m\approx0.1,\ F_p\approx0.5,\ N_e\approx0.01,$$

$$F_l\approx0.1,\ F_i\approx0.1,\ F_c\approx0.2,\ L\approx10^6$$

计算得到，$N\approx10$，即在银河系大约有 10 个恒星的行星系统中有外星文明存在。

这种估计当然只是一种估计，不能把它看得过分认真。但是，可以完全肯定：德雷克和萨根预言在银河系中有 10^4 个或 10^6 个有星际交流能力的文明星球，他们估计的概率大大偏高；实际上，外星生命和外星文明出现的概率是极其微小的。

第三，不管在银河系中有 10 个，还是 1 万个高度发达的外星文明存在，考虑到宇宙空间巨大的空间尺度，两个外星文明之间的距离都是十分遥远的，以至于实际上很难相互联系上。

§3.4 已述，银河系是一个中等尺度的星系，直径约 8.5 万光年，中心厚度约 1 万光年，包括大约 1000 亿颗恒星。如果在银河系中有 10 个外星文明存在，那么两个文明星球的平均距离大约为 2 万光年。即使使用电磁波通信，信号往返一次也大约需要 4 万年。迄今为止最快的深空探测器即“新视野号”飞船的最快速度约 6 万千米/时，即使将这个速度提高 10 倍，飞越 2 万光年的空间距离也大约需要 3600 万年。一个飞行器要在宇宙中持续飞行 3600 万年，究竟如何解决动力供给，以及人员的食物、繁衍、养育、更替等，至少对于现在和可以预见的未来，有着无法克服的困难，实际上是可想而不可企及的事情。因此，即使在银河系或宇宙中存在着先进的地外文明，我们至今连外星文明的飞船或者探测器之类的证据都看不到，其实是正常的，一点也不奇怪。这就是对费米佯谬的解释。

第四，我在《循环演化律》[16]一文中提出了存在星际文明社会的可能性。人类可以移居异星球，自由往来于星际空间，并与地外智慧生命建立友好联系和合作关系，共同组成星际社会。星际社会（或称星际文明社会）是较之于人类社会运动更为高级的运动形式。但是，按照上面第三点所述，由于两个外星文明之间的距离都十分遥远，以致实际上很难相互联系得上，所以，尽管不能完全否定存在或出现星际文明社会的可能性，如果不说完全不可能，那也是十分遥远的事情。

第五，费米佯谬表述的事实与物质世界的开放的循环演化律之间存在着深刻的联系。费米佯谬所表述的事实是：我们至今找不到外星文明的踪迹。这个事实根源于，同时也正好说明：我们的宇宙是开放地循环演化的；目前它处于新一轮演化的早期阶段。

按照现代宇宙学，(1) 宇宙未来的演化决定于宇宙的现有平均密度。(2) 如果宇宙的密度小于某个临界值 ($\rho_0 = 1 \times 10^{-29}$ 克/厘米^3)，引力吸引对于减缓膨胀没有任何显著的效应，宇宙将继续永远地膨胀下去，这样的宇宙称为开宇宙。(3) 如果宇宙的密度大于这个临界值，引力吸引将最终使膨胀停止并使宇宙重新收缩，最后坍缩到一个大挤压，最终聚集形成一颗巨大的黑洞，这样的宇宙称为闭宇宙；闭宇宙由于量子蒸发等原因会缓慢地开始新一轮的演化。(4) 在闭宇宙的情况下，当前的宇宙膨胀到逐渐减慢以至开始收缩的这段时间的长度，决定于宇宙现有平均密度超过临界密度有多少；如果超过 1%，宇宙回缩的时间会在 1 万亿年之后；如果超过 10%，则回缩的时间提前在 1000 亿年之后发生。(5) 宇宙究竟将永远膨胀下去，还是最终坍缩？要按照宇宙的现有平均密度而定。事实上，现代宇宙学所确认的现有平均密度，似乎非常接近于将无限膨胀和坍缩区分开来的临界密度上。宇宙究竟是开还是闭，一时难下定论。宇宙实际上处在临界密度的刀锋上。

我在这里要强调地阐述我的两点重要的理解：

(1) 这里讨论的宇宙肯定是“我们的宇宙”，而不是包罗万象、无所不包的无限的“大宇宙”(见§1.1)。因此，“我们的宇宙”即使是开宇宙，也不可能像现代宇宙学预言的那样，无限地膨胀下去，因为它外围一定有“非我们的宇宙”存在，当“我们的宇宙”膨胀到一定程度，必定会受到它们的强大作用，改变“我们的宇宙”膨胀演化的轨迹。恩格斯说：“我们的自然科学的极限，直到今天仍然是我们的宇宙，而在我们的宇宙以外的无限多宇宙，是我们认识自然界所用不着的。”(3. P. 941) 这句话今天应当改为：我们的宇宙以外的“非我们的宇宙”，是认识我们的宇宙时所用得着的，我们知道它们存在，可惜除此之外，对它们还一无所知。

(2) 单纯地考虑宇宙的无限性，难以理解费米佯谬。按照现代宇宙学，闭宇宙开始回缩的时间要在 1000 亿年，甚至 1 万亿年后才会发生；而开宇宙的寿命更长（但是如前所述，实际上不可能无限长）。尽管“我们的宇宙”的年龄已有约 137 亿年，但是，相对它的寿命而言，尚处于此轮开放的循环演化（见§8.5）的幼年期，远没有达到充分地发育、发展的阶段。地球经过 46 亿年的演化才出现了人类，因此，不难理解，“我们的宇宙”的物质运动演化的最高阶段，即我所理解的星际文明社会阶段，还在后面。

这就是我对外星文明、星际文明社会以及费米悖论或费米佯谬的理解和解释。总结以上两小节所述，人类应当满怀着对宜居行星、外星文明和星际文明社会的憧憬；在决定行动方案时，应当注意：搜索宜居行星比探索外星生命和外星文明更为重要，中国政府应当开始整体规划和全面开展宜居行星的搜索；在外星生命和外星文明探索中，接收外星文明的电磁波信号，比向太空发射电磁波信号更为重要，因为后者能够迅速地让我们获得期待的结果。

移居宜居行星，建立星际文明社会，无疑是人类更远未来的事业。实现这个目标，人类作为一类最高的特殊的物质存在形态的存续时间，就可能超越太阳系的寿命，而接近“我们的宇宙”的宜居期！千里之行，始于足下。人类已经开始寻找宜居行星和外星生命。人类要迈向星际文明社会。向星际文明社会迈进时，人类必然会做出自己的安全防卫。但是文明的高度发达和等级差异二者可能并存，应当追求的是和谐共处、取长补短、合作共存的目标。

参考文献

[1] 方励之，李淑娴. 宇宙的创生［M］. 北京：科学出版社，1987：184.

[2] 李启斌，李宗伟，汲培文. 90年代天体物理学［M］. 北京：高等教育出版社，1996.

[3] 黄润乾. 恒星物理［M］. 北京：中国科学技术出版社，2006.

[4] 马克思，恩格斯. 马克思恩格斯全集：第2卷［M］. 北京：人民出版社，1957：118-119.

[5] 戈尔. 濒临失衡的地球［M］. 北京：中央编译出版社，2012：10-12.

[6] 利奥波德. 沙乡年鉴［M］. 舒新，译. 北京：北京理工大学出版社，2015：231.

[7] 卡逊. 寂静的春天［M］. 许亮，译. 北京：北京理工大学出版社，2015.

[8] 爱因斯坦. 爱因斯坦文集：第3卷［M］. 许良英，赵中立，张宣三，译. 北京：商务印书馆，1979：56.

[9] 维纳. 人有人的用处［M］. 北京：商务印书馆，1978：132.

[10] 康德. 宇宙发展史概论［M］. 上海：上海人民出版社，1972：213.

[11] 梅多斯 DH，兰德斯，梅多斯 DL. 增长的极限［M］. 李涛，王志勇，译. 北京：机械工业出版社，2014.

[12] 克劳塞维茨. 战争论：第1卷［M］. 北京：商务印书馆，1978：43.

[13] 金应忠. 国际社会的共生论——和平发展时代的国际关系理论［J］. 社会科学，2011，10：12-21.

[14] 金应忠. 共生性国际体系与中国和平发展［J］. 国际观察，2012，4：46.

[15] 金应忠. 试论人类命运共同体意识——兼论国际社会共生性［J］. 国际观察，2014，1：37-51.

[16] 谭暑生. 循环演化律——一种新的变化观［J］. 自然辩证法研究，1991，7（2）：9-17.

附录一

主要参考书和一般参考书

主要参考书

[1] 马克思，恩格斯. 马克思恩格斯选集：第 1 卷 [M]. 3 版. 北京：人民出版社，2012.

[2] 马克思，恩格斯. 马克思恩格斯选集：第 2 卷 [M]. 3 版. 北京：人民出版社，2012.

[3] 马克思，恩格斯. 马克思恩格斯选集：第 3 卷 [M]. 3 版. 北京：人民出版社，2012.

[4] 马克思，恩格斯. 马克思恩格斯选集：第 4 卷 [M]. 3 版. 北京：人民出版社，2012.

说明：本书引文后面标注“(1. P. 161)”，表示该内容引自这里所列的主要参考书第 1 卷第 161 页。余类推。

一般参考书

[1] 肖前. 马克思主义哲学原理：合订本 [M]. 2 版. 北京：中国人民大学出版社，1998.

[2] 肖前，李秀林，汪永祥. 辩证唯物主义原理 [M]. 汪永祥，杨耕，郭湛，修订. 3 版. 北京：北京师范大学出版社，2012.

[3] 肖前，李秀林，汪永祥. 历史唯物主义原理 [M]. 汪永祥，郭湛，杨耕，修订. 3 版. 北京：北京师范大学出版社，2012.

[4] 李秀林，王于，李淮春．辩证唯物主义和历史唯物主义原理［M］．李淮春，杨耕，陈志良，等，修订．5版．北京：中国人民大学出版社，2004.

[5] 李武林，谭鑫田，石倬英，等．西方哲学史教程［M］．济南：山东大学出版社，1987.

[6] 黄顺基，吴延涪，黄天授，等．自然辩证法教程［M］．北京：中国人民大学出版社，1985.

[7] 邹珊刚，黄麟雏，李继宗，等．系统科学［M］．上海：上海人民出版社，1987.

[8] 白乐天．世界历史［M］．北京：光明日报出版社，2002.

附录二

本书所涉及的著名哲学家和科学家人名表

（按出生年份为序）

中国古代哲学家

老子（老聃，生卒不详）
孔子（孔丘，前 551—前 479）
墨子（墨翟，约前 468—前 376）
孟子（孟轲，约前 372—前 289）
庄子（庄周，约前 369—前 286）
公孙龙（约前 320—前 250）
荀子（荀况，约前 313—前 238）
韩非（约前 280—前 233）
刘安（前 179—前 122）
董仲舒（前 179—前 104）
王充（27—约 97）
周敦颐（1017—1073）
张载（1020—1077）
程颢（1032—1085）
程颐（1033—1107）
朱熹（1130—1200）
陆九渊（1139—1193）
王守仁（1472—1529）
王廷相（1474—1544）
方以智（1611—1671）
王夫之（1619—1692）
戴震（1724—1777）

西方哲学家和科学家

泰勒斯（Thalēs，约前 624—前 547）
阿那克西曼德（Anaximandros，约前 610—前 546）
阿那克西米尼（Anaximenēs，约前 588—约前 525）
毕达哥拉斯（Pythagoras，前 580 至前 570 之间—约前 500）
赫拉克利特（Heraclītos，约前 540—约前 480）
巴门尼德（Parmenidēs，约前 515—约前 445）
阿那克萨哥拉（Anaxagoras，约前 500—约前 428）
恩培多克勒（Empedoclēs，前 495—约前 435）

留基伯（Leucippos，约前 500—约前 440）
苏格拉底（Socratēs，前 469—前 399）
德谟克里特（Dēmocritos，约前 460—约前 370）
柏拉图（Platon，前 427—前 347）
亚里士多德（Aristotle，前 384—前 322）
皮浪（Pyrrhon，约前 365—约前 275）
伊壁鸠鲁（Epicuros，前 341—前 270）
阿尔克西劳（Arcesilaus，前 318—前 244）
卡尔尼亚德（Carneades，前 217—前 132）
卢克莱修（Titus Lucretius Carus，约前 99—约前 55）
托勒密（C. Ptolemaeus，约 90—168）
圣·奥古斯丁（St. Augustinus，354—430）
托马斯·阿奎那（Thomas Aquinas，约 1225—1274）
哥白尼（N. Copernicus，1473—1543）
布鲁诺（C. Bruno，1548—1600）
弗兰西斯·培根（F. Bacon，1561—1626）
伽利略（Galileo Galilei，1564—1642）
开普勒（J. Kepler，1571—1630）
霍布斯（T. Hobbes，1588—1679）
笛卡儿（R. Descartes，1596—1650）
斯宾诺莎（B. de Spinoza，1632—1677）
洛克（J. Locke，1632—1704）
牛顿（I. Newton，1643—1727）
莱布尼茨（G. W. Leibniz，1646—1716）
贝克莱（G. Berkeley，1685—1753）
孟德斯鸠（Charles de Secondat，baron de Montesquieu，1689—1755）
伏尔泰（Voltaire，1694—1778）
休谟（D. Hume，1711—1776）
卢梭（J. J. Rousseau，1712—1778）
狄德罗（D. Diderot，1713—1784）
爱尔维修（C. A. Helvétius，1715—1771）
霍尔巴赫（d'Holbach，1723—1789）
康德（I. Kant，1724—1804）

拉普拉斯（P. S. Laplace，1749—1827）
费希特（J. G. Fichte，1762—1814）
道尔顿（J. Dalton，1766—1844）
黑格尔（G. W. F. Hegel，1770—1831）
谢林（F. W. J. Schelling，1775—1854）
克劳塞维茨（C. Von Clausewitz，1780—1831）
法拉第（M. Faraday，1791—1867）
费尔巴哈（L. Feuerbach，1804—1872）
达尔文（C. R. Darwin，1809—1882）
马克思（K. Marx，1818—1883）
焦耳（J. P. Joule，1818—1889）
恩格斯（F. Engels，1820—1895）
车尔尼雪夫斯基（Н. Г. Чернышевский，1828—1889）
麦克斯韦（J. C. Maxwell，1831—1879）
马赫（E. Mach，1838—1916）
玻耳兹曼（L. E. Boltzmann，1844—1906）
巴甫洛夫（И. П. Павлов，1849—1936）
普列汉诺夫（Г. В. Плеханов，1856—1918）
齐奥尔科夫斯基（К. Э. Циолковский，1857—1935）
列宁（В. И. Ленин，1870—1924）
斯大林（И. В. Сталин，1879—1953）
爱因斯坦（A. Einstein，1879—1955）
德波林（А. М. Деборин，1881—1963）
玻尔（N. Bohr，1885—1962）
利奥波德（A. Leopold，1887—1948）
海德格尔（M. Heidegger，1889—1976）
费米（E. Fermi，1901—1954）
狄拉克（P. A. M. Dirac，1902—1984）
波普尔（K. R. Popper，1902—1994）
蕾切尔·卡逊（R. L. Carson，1907—1964）
马斯洛（A. H. Maslow，1908—1970）

后　记

本书稿件在今年初交给湖南教育出版社，经有关方面专家的审读，仔细的编辑校对，很快就要出版了，我感到十分欣慰。

科学在发展，社会在进步，人类进入了一个新时代。黑格尔曾说，哲学是“思想所集中表现的时代”。马克思曾说，“任何真正的哲学都是自己时代的精神上的精华”。本书所阐述的一系列真正的全新意义上创新的理论认识，是我多年来深思熟虑的结果，我自己当然确信其正确性。但是，它是否真的正确地把握了关于世界的真理，反映了时代的本质特征，体现了时代精神的精华，适宜于人们处理和驾驭人与人、人与外部世界的关系？这部著作出版之后进入社会，任由专家、读者和人们去评说。本书至少提供了一个探讨的源头。如果有越来越多的人读它，多数人认可它，有人评论、论证、发展它，便是很好的结果。

为出版本书，湖南教育出版社付出了大量的人力和物力，我在这里郑重地表达衷心的谢意。今年初，没有经任何他人的介绍，我直接找到湖南教育出版社总编辑刘新民先生，自我介绍，递上书稿，表达出版的请求。总编辑与我一见如故。他当即做了十分积极的表态。经过几个月各方面专家精心的审读，各出版流程相关人员的通力合作，书稿即将印刷出版，这完整地体现了出版者的见识、敏锐、魄力、历史担当和社会责任感。同时，我要表达对责任编辑汪文达先生的衷心谢意。他以极大的耐心仔细地阅读原稿，以编辑的眼光提出了很多很好的修改建议，做了十分完美的编辑加工。文达给予我极大的关怀和鼓励。他的编辑工作是尽善尽美的。

本书的写作过程充满辛劳。我的家人和朋友给予我很多的关心、支持和鼓励。对于他们的付出，我郑重地表达衷心的感谢。

本书内容着重表达了本人对世界的理解，对国家和人类未来命运的憧憬与关怀。祝愿祖国和人类社会更美好！

谭暑生

二〇一七年九月十六日

图书在版编目（CIP）数据

现代唯物主义哲学的沉思 / 谭暑生著．—长沙：湖南教育出版社，2017.11
ISBN 978-7-5539-5978-8

Ⅰ.①现… Ⅱ.①谭… Ⅲ.①唯物主义—研究 Ⅳ.①B019.1

中国版本图书馆 CIP 数据核字（2017）第 295974 号

XIANDAI WEIWUZHUYI ZHEXUE DE CHENSI

现代唯物主义哲学的沉思

谭暑生　著

责任编辑：汪文达
出版发行：湖南教育出版社（长沙市韶山北路 443 号）
网　　址：http：//www.hneph.com
电子邮箱：hnjycbs@sina.com
客　　服：电话 0731-85486979
经　　销：湖南省新华书店
印　　刷：长沙超峰印刷有限公司
开　　本：787×1092　1/16
印　　张：37
字　　数：684 000
版　　次：2017 年 11 月第 1 版　2017 年 11 月第 1 次印刷
书　　号：ISBN 978-7-5539-5978-8
定　　价：86.00 元